KB120328

사회주의 체제의
정치경제학
1

나남
nanam

한국연구재단 학술명저번역총서
서양편 400

사회주의 체제의 정치경제학 1

2019년 8월 30일 발행
2019년 8월 30일 1쇄

지은이__야노쉬 코르나이
옮긴이__차문석 · 박순성
발행자__趙相浩
발행처__(주) 나남
주소__10881 경기도 파주시 회동길 193
전화__(031) 955-4601 (代)
FAX__(031) 955-4555
등록__제 1-71호 (1979.5.12.)
홈페이지__http://www.nanam.net
전자우편__post@nanam.net
인쇄인__유성근 (삼화인쇄주식회사)

ISBN 978-89-300-4013-6
ISBN 978-89-300-8215-0 (세트)

책값은 뒤표지에 있습니다.

'한국연구재단 학술명저번역총서'는 우리 시대 기초학문의 부흥을 위해
한국연구재단과 (주)나남이 공동으로 펼치는 서양명저 번역간행사업입니다.

사회주의 체제의 정치경제학 1

야노쉬 코르나이 지음

차문석 · 박순성 옮김

나남
nanam

The Socialist System

The Political Economy of Communism

by János Kornai

Copyright © János Kornai, 1992

"THE SOCIALIST SYSTEM: THE POLITICAL ECONOMY OF COMMUNISM, FIRST EDITION" was originally Published in English in 1992. This translation is published by arrangement with Oxford University Press. NATIONAL RESEARCH FOUNDATION OF KOREA is solely responsible for this translation from the original work and Oxford University Press shall have no liability for any errors, omissions or inaccuracies or ambiguities in such translation or for any losses caused by reliance thereon.
Korean translation copyright © 2019 by NATIONAL RESEARCH FOUNDATION OF KOREA
Korean translation rights arranged with Oxford University Press through
EYA(Eric Yang Agency).

이 책의 한국어판 저작권은 EYA(에릭양 에이전시)를 통한 Oxford University Press 사와의 독점 계약으로 '재단법인 한국연구재단'이 소유합니다. 저작권법에 의하여 한국 내에서 보호받는 저작물이므로 무단 전재 및 복제를 금합니다.

옮긴이 머리말

헝가리의 저명한 경제학자 야노쉬 코르나이(János Kornai)의 역작인 《사회주의 체제의 정치경제학》(*The Socialist System: The Political Economy of Communism*, 1992)은 출판과 동시에 동서양을 막론하고 세계 각국에서 광범위하게 읽혔으며, 다양한 언어로 번역·출판되었다. 영어뿐 아니라 독일어와 프랑스어로 번역되었고, 이전에 사회주의 국가였던 불가리아, 러시아, 베트남에서도 번역 발간되었다. 코르나이의 《부족의 경제학》(*Economics of Shortage*, 1980)이 번역되어 10만 부 이상 팔린 중국도 예외가 아니었다.

코르나이의 《사회주의 체제의 정치경제학》이 출판되었을 때 이 책에 대한 각국의 다양한 서평들을 보면 대단히 높은 수준에서 이 책을 평가하고 있음을 알 수 있다. 일례로 영국에서 소련 연구를 이끌었던 알렉 노브(A. Nove)는 다음과 같이 평가했다. "코르나이의 저서는 의심할 여지 없이 주목할 가치가 있는 업적이다. 동방 사람들에게도 서방 사람들에게도, 경제학과 정치학에 관심을 가진 사람에게도 공산주의 전문가와 이들로부터 학습을 시작한 사람들에게도 교훈적인 저작이다. 이 저작은 대상에 대한 탁월한 지식에 의해 뒷받침되었고, 또한 훌륭하게 구상되었기 때문에 명석한 표현의 모범이라고 말할 수 있다. 저자는 (동유럽의) 제도적 기능으로부터 획득한 귀중한 지식을 경제학 이론의 포괄적 지식으로 주조하고 있다."[1] 알렉 노브의 평가는 이어진다. "사회주의 체제의 본질적인 특징과 개혁 실험의 실패에 대해서, 특히 높은 수준의 서술과 설명을 부여하고 있으며, 그것에 대해서 우리들 관계자와 많은 독자는 감사하고 싶다."[2] 한편, 뉴욕 컬럼비아대학의 리처드 에릭슨(R. Ericson) 교수는 《사회주의 체제의 정치경제학》에 대해서 "이것은 생애를 내건 사고를 정리한 기념비적 작품이다. 지혜와 혜안으로 가득 찬 걸작"[3] 이라고 평가하기도 하였다.

이미 세계적 베스트셀러이자 고전의 반열에 오른 역작인 《사회주의 체제의 정치경제학》은 코르나이가 동유럽 사회주의 체제에서 온몸으로 살아가면서, 또한 학자로서 실존적인 상황 속에서 그 체제를 연구한 일종의 거대한 삶과 지성의 서사(敍事)이다. 이 책은 그가 그동안 집필한 모든 연구들을 종합하고, 사회주의 경제를 분석한 많은 경제학자들의 연구들도 섭렵 포용하여 집대성하였다. 궁극적으로 코르나이는 이 책을 통해서 그가 몸소 살아왔고, 치열하게 연구 분석한 20

1) Nove, Alec. 1992. "No Third Way?," *New Statesman and Society*, June 19, p. 101.
2) Nove, Alec. *Ibid*, p. 103.
3) Ericson, Richard. 1994. "Book Review," *Journal of Comparative Economics*, 18 (3), p. 495.

세기 사회주의를 근본적이고 또한 철저하게 비판한다.

20세기 사회주의 체제가 전 세계적 규모에서 체제 전환의 과도기를 깊게 겪던 시기에 세계의 많은 연구자들이 《사회주의 체제의 정치경제학》을 읽으면서 20세기 사회주의 체제를 체계적이고 입체적으로 이해하게 되었다. 코르나이가 사회주의 체제에 접근하는 과학적 방법론과 객관적 인식론은 사회주의 체제 연구에서 새로운 질적 도약을 제공하였고, 코르나이가 시도한 체제의 다양한 부문(공산당, 이데올로기, 정치권력 등)의 작동과 기능에 대한 세밀한 분석과 동시에 이러한 부문들의 총괄·종합·통합 시도는 《사회주의 체제의 정치경제학》을 가히 기념비적인 위상을 가진 저작으로 인정받게 만들었다. 이로써 코르나이는 이른바 경제체제론의 선구자가 되었다.

주지하듯이 코르나이는 한국에서도 가장 널리 알려진 외국 학자 중 한 사람으로, 경제학, 경영학, 사회학, 행정학 전공 분야에서는 물론, 소련, 중국, 북한, 베트남, 동유럽 등의 사회주의 체제를 연구하는 연구자들에게는 거의 절대적인 지적 신뢰를 받는 학자이다. 한국의 사회주의 연구자들 대부분은 코르나이를 통해서, 그리고 코르나이의 지적 패러다임을 통해서 현실 사회주의에 대한 연구와 분석을 실시해 왔다고 해도 과언이 아니다. 한국에서 코르나이는 현실 사회주의 연구에서 일종의 '지적 세례자'의 위상을 갖고 있다고 할 수 있다.

코르나이의 《사회주의 체제의 정치경제학》은 출간되자마자 한국 학계에서도 시간적 지체 현상이 거의 없이 그대로 소개되었고, 수많은 한국 학자들이 이 책을 경유하여 사회주의 체제를 체계적으로 연구하였다. 20세기 사회주의 체제를 주제로 삼아 연구하는 대부분의 논문, 저서, 석·박사 학위논문들에는 코르나이가 집필한 이 책을 참고하고 인용하는 것이 마치 통과의례처럼 관행화되기도 했다.

국내·외적으로 이렇게 뚜렷하고도 선명한 코르나이의 학술적 위상, 지적 궤적과 영향력에도 불구하고, 한국에서 그의 저작들은 연구자들의 세미나와 토론에서 빈번하게 언급되고 논문과 연구서에서 인용되었을 뿐, 실제로 한국어로 번역되어 소개되지는 못하였다. 코르나이가 가진 한국에서의 학술적·지적 영향력을 고려할 때, 이는 다소 이해하기 힘든 상황이라고 할 수 있다. 이러한 현실에서 이 책《사회주의 체제의 정치경제학》은 한국에서 처음 번역되는 코르나이의 역작이다.

코르나이의《사회주의 체제의 정치경제학》을 한국어로 번역 출간하는 것은 학자로서 대단히 명예로운 작업이다. 평생에 없을 수도 있는 이러한 명예로운 기회를 본 번역자들에게 부여해 준 한국연구재단에 먼저 감사드린다. 그리고 번역 초고부터 완고까지 꼼꼼하게 교정, 교열, 윤문하여 결국 인쇄와 출판에 이르는 전 과정을 담당해 주신 민광호 선생님과 나남출판사에 우리의 신심을 담아 감사의 말씀을 드린다. 그리고 번역과 출판 작업에 다양한 방식으로 도움을 주신 분들에게도 감사의 말씀을 드리고 싶다. 특히 이 책을 함께 읽으면서 다양하게 고민했던 동국대 대학원생들, 박종철출판사 연구팀과 서강대 강정석 교수, 외국어대 오승은 교수, 서울대 이승우 석사에게, 그리고 중간에 번역 상태를 꼼꼼하게 점검해 주신 서울대 김병연 교수, 통일연구원 김석진 박사, 북한대학원대 양문수 교수, SK경영경제연구소 이영훈 박사, 한양대 장형수 교수 등에게도 감사의 말씀을 드린다.

원래《사회주의 체제의 정치경제학》번역 프로젝트는 2007년 겨울에 시작되어 몇 년 안에 완료하도록 의도되고 기획되었다. 그러나 프로젝트를 진행하는 과정에서 번역자들의 게으름과 함께 여러 차례 우여곡절을 거치면서 결국 2019년에야 출간되었는데, 이에 대해서 번역자들은 이 책의 저자인 코르나이 교수님, 한국연구재단, 나남출판사, 그리고 독자들에게 매우 죄송하고 송구한 맘을 전한다.

코르나이의 《사회주의 체제의 정치경제학》은 영어판 기준으로 600쪽이 훨씬 넘는 방대한 저작이다. 번역자들이 최선을 다해 오역이 없도록 번역 작업을 진행하였지만 저작이 워낙 방대하다 보니 혹시 있을지도 모르는 오역의 존재 가능성을 완전히 부정하기는 힘들겠다. 만약 오역이 있다면, 기회가 주어지는 대로 수정해 나가겠다는 약속의 말씀도 드리고 싶다.

옮긴이를 대표하여

차 문 석

머리말

1. 목적

이 책을 집필하여 출판하는 것은 위험 부담이 큰 작업이다. 내가 이 책의 집필을 시작했을 때, 베를린 장벽은 여전히 건재했고, 체코슬로바키아 야당의 몇몇 지도자들은 여전히 감옥에 있었으며, 동유럽 국가들의 정부 권력은 여전히 공산당이 독점적으로 장악하고 있었다. 내가 이 머리말을 쓰고 있는 1991년 봄, 앞의 국가들에서는 최초의 자유선거로 수립된 새로운 의회들이 몇 달 동안 작동하는 중이며, 탈사회주의적 이행(*postsocialist transition*)이라는 과제를 책임지고 수행할 정부들이 구성되었다. 이 책이 출간되었을 시점, 혹은 독자가 몇 년 뒤에 이 책을 보려고 할 시점이 어떤 상황일지를 누가 감히 예측할 수 있겠는가? 그러나 비록 사회주의 세계의 모든 관절에서 삐걱거리는 소리가 나고 있을지라도, 이 책의 목적은 여전히 이 체제의 일반화된 성격에 관해서 진술하는 것이다.

프랑스 혁명에 관하여 사이먼 샤마(Simon Schama)[1]가 쓴 탁월한 저서(1989)[2]의 서론을 인용해 보자. "중국 총리였던 저우언라이(周恩來)는 프랑스 혁명의 의의에 관해서 어떻게 생각하는지를 질문 받았을 때 '판단하기엔 아직 너무 이르다'라고 대답했다고 한다. 200년 후에도 여전히 판단하기엔 너무 이를 수(혹은 너무 늦었을 수)도 있다." 샤마의 역설적이게도 모호한 언급은 내가 의지하고 언급하고 싶은 말이다. 사회과학자가 어떤 거대한 사건에 관해서 언급하기에는 200년이 경과한 이후라도 너무 이를 수도, 혹은 아마도 너무 늦을 수도 있다.

그러함에도 불구하고, 이 책의 저자는 기다릴 의향이 없다. 나는 그 사건들과 시간상으로 가깝기 때문에 나타날 모든 위험과 문제점들을 받아들일 것이다. 그 시대가 시작된 1917년은 겨우 70~80년 전이며, 현재의 하루하루는 새로운 발전을 가져오고 있다. 내가 그것들이 가진 진가를 제대로 알지 못할 수도 있고, 여러 세기에 대한 역사적 관점의 부족으로 인해 그 체제의 어떤 특징들을 과대평가하거나 또 어떤

---

1) 〔옮긴이주〕 사이먼 샤마는 현재 뉴욕의 컬럼비아대학에서 미술사와 역사를 가르친다. 1995년부터 〈뉴요커〉의 문화예술 섹션 고정 필진으로 활동해 왔으며, 〈가디언〉에 다양한 분야의 글을 기고하고 있다. 지은 책으로는 《부자들의 당혹감: 네덜란드 문화 황금기에 관한 해설》과 《도시인: 프랑스 혁명의 연대기》, 《풍경과 추억》, 《렘브란트의 눈》, 《영국의 역사 3부작》, 《난폭한 항해: 노예들과 미국 혁명》 등이 있다.

2) 〔옮긴이주〕 아마도 사이먼 샤마가 1989년에 집필한 《도시인: 프랑스 혁명의 연대기》(*Citizens: A Chronicle of the French Revolution*, N.Y.: Alfred A. Knopf, 1989)를 말하는 것 같다.

특징들을 과소평가할 수도 있을 것이다. 비록 객관성을 목표로 하고 있지만, 내가 편견에 빠져 버릴 수도 있을 것이다. 그래도 나는 저항할 수 없고 저항하기를 원하지도 않는 내적 충동을 가지고 있는데, 그것은 바로 내가 말하고자 하는 바를 표현해 내는 것이다. 이 책이 기여하기를 바라는 유익한 목적을 객관적으로 진술하기에 앞서, 내가 이 책을 집필하려는 개인적 동기들을 솔직하게 밝히고 싶다. 이는 불가피하게도 내가 이전에 했던 작업들에 관한 평가를 수반한다.

지금까지 사회주의 체제에 관해서 내가 집필한 것들 대부분은 논문이나 기사와 같이 토막토막 조각난 형태로 학술 잡지에 실렸다. 어떤 특별한 연구 주제 — 왜곡된 성장전략, 만성적 부족, 혹은 개혁의 실패 — 가 그 자체로서 아무리 중요하더라도, 그리고 시도한 분석이 아무리 철두철미했다고 하더라도, 그것들은 단지 체제 작동의 일부분을 다루었을 뿐이다.[3] 이제 나는 지금까지 하나하나 따로 실린 글에서 주장했던 메시지들을 더 포괄적인 방식으로 종합하고 싶다. 이 책에는 내가 이전에 행한 대부분의 작업들에서 논의한 주요한 주장들이 요약되어 있다. 또한 이 책에는 나 자신이 심사숙고한 결과라 할 수 있는 주요한 추론들과 타인들로부터 내가 얻은 추론들이 골고루 포함되어 있다.

이 책을 편찬하면서, 나는 각 아이디어들의 원래 선구자가 누구인지를 지적하려고 노력했고, 게다가 독자들을 각 주제 영역을 요약한 저작들로 인도하려고 애썼다. 나의 아이디어는 대단히 많은 저자들로

---

3) 지금까지 출간된 나의 책 중 가장 포괄적이라고 할 수 있는 《부족의 경제학》 (Economics of Shortage) 서론에서는 그 책이 사회주의 정치경제의 모든 주제를 포괄해서 논의하지는 않는다는 사실을 단호하게 언급하였다.

부터 영향을 받았는데, 이는 참고문헌에 확실하게 나타나 있다. 그러나 나는 여기서 네 사람의 이름을 특별히 강조하고 싶다. 마르크스(K. Marx), 슘페터(J. A. Schumpeter), 케인스(J. M. Keynes), 하이에크(F. Hayek)가 바로 그들이다. 이들은 나의 생각에, 그리고 이 책에서 제기한 문제들에 대한 접근방법론에 가장 커다란 영향을 준 사람들이다. 이 네 명의 거인들은 대단히 상이한 정치적 원칙과 과학철학을 대표하는 사상가들이기 때문에, 내가 이들을 나에게 영향을 준 인물로 함께 거론하는 것은 어쩌면 책망을 들을 수 있는 일일지도 모르겠다. 덧붙이고 싶은 것이 있다. 따로 그 이름들을 거론하지는 않겠지만, 사실 나는 신고전파 경제이론으로부터 대단히 많은 것들을 활용하려고 했으며, 사회과학에 대한 오늘날 서구의 제도주의적 접근법의 결과물들도 활용하려고 했다. 다양한 영감들을 섞어 놓았다고 이를 비난하는 사람들은 이 책의 접근법이 심지어는 절충주의적이라고 말할 수도 있을 것이다. 하지만 나는 보다 우호적인 판단을 내려 주는 사람들이 있기를 바란다. 나의 이러한 시도가 상이한 방향으로부터 각각 유래한, 부분적으로는 갈등하고 부분적으로는 보완하는 접근법들 간의 하나의 종합이라고 생각해 주기를 바란다.

나의 이전 저작도 역시 사회주의 체제에 대해 비판적이었다. 나는 최고지도자의 퍼스낼리티(*personality*)라는 관점에서, 그리고 지도적인 조직이나 계획자들이 저지른 실수라는 관점에서 문제들을 설명하고자 했던 사람들의 사례를 따르려 하지 않았다. 나의 글들은 체제 그 자체야말로 해결 불가능한 내적 갈등을 만들었으며, 그 체제 고유의 작동방식들을 제대로 기능하지 못하게 만들었다는 점을 주장했다. 그러나 나의 분석들은 주로 경제 영역에 한정되었으며, 정치 영역의 역할에 대해서는 기껏해야 넌지시 언급했을 뿐이다. 이 책은 그러한 경계를 가로지른다. 정치권력 구조와 공산주의 이데올로기의 역할에 관한 논의는 나의 분석에 따라 그것들이 마땅히 차지해야 할 자리를 이 책에서 차지하게 될 것이다. 아마 독자들도 느끼게 되겠지만, 권력구조 혹은 재산관계에 관한 논의들과, 내가 수년 동안 작업해 온, 이 책에 서술된 그 체제의 수행에 관한 요약적 평결들은 즉흥적인 인상들에 기반하거나 최근의 뉴스에서 영감을 받아 이루어진 것이 결코 아니다. 그것들은 사실상 신중하게 조립된 이론적 체계의 토대들이다.

물론 나는 요즈음에는 이러한 책이 '용감한 행동'으로 여겨지지 않는다는 사실을 알고 있다. 누구든지 오늘날 사회주의 체제에 관하여 가혹하게 비판적인 묘사를 회피하면서 과학적 냉정함을 가진 어조로 글을 쓰기 위해서는 약간의 용기를 오히려 필요로 한다. 뿐만 아니라, 그 체제가 오랫동안 비교적 안정적인 방식으로 작동할 수 있었으며 자신을 재생산해 낼 수 있었다는 사실을 전달하는 데에도 약간의 용기가 필요하다. 그러나 내가 나의 초기 저작들에서는 다루지 않았던 정치적 주제들을 분석에 포함시킨 것은 나의 용감함을 뽐내기 위해서가 아니다. 그러한 정치적 주제들에 대한 논의가 사회주의 정치경제를 이해하는 데에 근본적으로 중요하기 때문이다.

마지막으로 개인적 이야기를 덧붙이고자 한다. 나는 63세다. 우리 세대는 관찰한 것에 대해 증언할 수 있는 능력과 그렇게 해야 할 의무를 가졌다. 어떤 사람들은 기억이나 역사기록학적 형식으로 설명한다. 나는 내 자신의 고유한 저술 형식을 고집하고 있는데, 그것은 바로 전문적 분석이다. 우리는 사회주의 시기에 진입할 때 성인이었으며, 40년 동안 그 체제에서 살았다. 우리보다 젊은 사람들은 사회주의 체제에 대해 제공할 수 있는 경험을 덜 가지고 있다. 내 연령대의 사람들은 여전히 앞으로 활동적인 삶을 살아갈 수 있을 정도의 충분한 시간을 가지고 있으며, 그동안 우리가 경험한 모든 것들을 철저하게 분석할 수 있다. 그러나 우리는 확실히, 우리의 격동적인 개인적 경험들이 퇴적된 미사(微砂)가 되어 안정될 때까지 기다릴 수 있다고 스스로를 위안할 정도로 젊지는 않다. 그리고 이러한 사실은 내가 이 머리말을 쓰기 시작할 때 갖고 있었던 생각으로 나를 되돌아가게 한다. 나는 낭비할 시간이 없다. 나는 **지금 당장** 이 책을 집필하여 출판해야 한다.

지금까지 나의 주관적 동기들을 밝혔고, 나는 이제 이 책이 독자들에게 제공해야 할 몇 가지 것들에 관하여 소개하고자 한다. 사회주의 체제의 전개와 붕괴 및 쇠퇴는 20세기의 가장 중요한 정치적 현상이자 경제적 현상에 해당한다. 사회주의 체제가 가진 권력과 범위가 정점에 있었을 때에는 인류의 3분의 1이 이 체제에서 살았다. 그렇지만 이 체제는 과거와 현재에 그 안에서 살았던 사람들에게만 영향을 미친 것은 아니다. 사회주의 세계 외부에 살았던 사람들에게도 역시 깊은 영향을 미쳤다. 수백만의 사람들이 자신들이 공산당의 지배하에 들어갈까 봐 혹은 전쟁이 발발하여 자신들이 사회주의 국가의 군대와 맞닥뜨릴까 봐 두려워했다. 세계의 몇몇 지역에서 이것은 단순히 가상의 위험이 아닌 실제의 위험이었다. 유혈이 낭자한 전쟁이 사회주의 옹호 국가와 반대 국가 간에 발생했으며, 이러한 전쟁은 특정 국가들 내부에서 혹은 그들 간에도 발생했다. 사회주의 질서의 존재와 운명은 많은 사람들, 그중에서도 특히 지식인들의 세계관에 영향을 미쳤다. 그것은 공산주의 이데올로기에 매료된 사람들과, 그와 반대로 반공주의를 갖게 된 사람들에게 똑같이 적용되었다. 심지어는 세계적인 정치

세력들 혹은 이데올로기들 간의 투쟁으로부터 철수하고자 했던 사람들과, 스스로를 정치적 무관심자라고 선언했던 사람들조차도 사회주의 체제가 존재함으로써 나타난 결과들을 경험했다. 자신의 눈과 귀를 냉전이 펼쳐 낸 광경과 소란으로부터 닫아 버릴 수 없었기 때문에, 싫든 좋든 간에 그들은 군비 경쟁의 무시무시한 대가를 치러야 했다. 그렇기 때문에 나는 사회주의를 지지하는 사람이나 적대시하는 사람이나 모두가 똑같이 이 체제의 성격에 대해서 정통할 필요가 있다고 생각한다.

잠정적으로 많은 독자층이 존재하겠지만, 나는 주로 네 개의 독자 집단을 중시하는데, 그중에서 특히 대학생들과 정규교육을 마친 사람들을 중시한다.

무엇보다도 나는 이 책을 최근까지 사회주의 체제에 속했고 지금은 민주주의, 자유기업, 시장경제의 경로를 택한 국가에 사는 시민들을 위해서 썼다. 구체제에 대한 분석은 그저 추억거리나 유물로서가 아니라 현재와 미래를 이해하기 위한 수단이라는 측면에서 필요하다.

나는 나의 책이 오늘날 여전히 사회주의 체제에서 살고 있는 사람들에게 도달하기를 바란다. 내가 이 책의 영향력 혹은 일반적으로 문자 언어가 가진 영향력을 과대평가하는 것은 아니다. 나는 나의 책이 그 사람들의 사회적 환경을 체계적으로 검토하고, 그들이 가진 생각을 명확하게 하여, 궁극적으로는 그들의 운명을 변화시키기 위한 투쟁에 도움을 줄 수 있다고 생각한다.

나는 또한 나의 작업이 과거와 현재에 사회주의 국가 외부에 있던 사람들에게도 유용했으면 하는데, 특히 사회주의 체제에 관한 지식이 전문적으로 필요한 사람들에게 도움이 되기를 바란다. 매우 많은 전문 영역의 전문가들이 있겠는데, 체제 비교를 전문으로 하는 경제학자와 정치학자, 최근의 역사를 연구하는 역사학자, 은행과 기업인에게 조언하는 전문 상담사에서부터 정부 전문가, 외교관, 그리고 저널리스트들이 바로 그들이다.

마지막으로, 보다 엄밀한 전문가적 관심 정도는 아니라 할지라도 사람들에게 사회주의 체제를 연구해 보도록 설득하려는 동기가 존재한다. 사회주의 세계와 자본주의 세계는 모든 측면에서 완전히 반대되는 것은 아니다. 정도와 빈도수는 다르지만 양 체제에서 모두 발견되는 현상들이 존재한다. 몇 가지 경제 현상들만 언급해 보자. 선진국 경제와 개발도상국 경제 모두는 (마르크스주의적 어법으로 말하면) '사회주의의 맹아'로 기술할 수 있는 경향을 하나 이상 보인다. 두 경제 모두에서 과도한 중앙집권화, 관료기구의 초과지출 경향, 그리고 위계적 조직 내에서 상급자와 하급자 간의 흥정(*bargaining*)을 발견할 수 있다. 특히 국가가 보조금을 지급하는 부문들에서 부족현상(*shortage phenomena*)을 접할 수도 있다. 또한 시민들을 대신하여 결정하는 데에 여념이 없는 가부장적 당국들의 사례를 관찰할 수도 있다. 중앙계획화(*central planning*)와 가격통제로 이루어지는 실험들도 존재하며, 금방이라도 파산할 것 같은 거대 기업들이 재정적 곤경으로부터 구제받는 것 또한 볼 수 있다. 계속 언급할 필요는 없을 것 같다. 사회주의 체제는 그러한 현상들을 극단적 형태로 보여 주는데, 이는 그러한 현상들을 연구하는 데에 특히 유익한 환경을 만들어 준다. 어떤 질병을 연구하는 의학자들은 그 질병이 완전히 성장하게 되는 '순수한 실험실 형태'에서 검토하는 것이 필요하다는 사실을 알게 된다. 그렇게 된다면 그는 미래에 그 질병의 온순한 초기 징후도 예리하게 관찰할 수 있을 것이다.

사회주의 국가들의 과거와 현재에 관한 정보들이 수많은 서적과 논문들을 통해 전례 없이 넘쳐 난다. 이 책은 독자들이 이러한 정보의 흐름에 적응할 수 있도록 도와주려는 것이다. 나는 사람들이 방대한 지식들을 보다 쉽게 개관하고 거기에 질서를 부여함으로써 그 지식들을 보다 쉽게 활용하도록 돕고 싶다. 오늘날 대단히 많은 사람들이 사회주의 체제의 역사(혹은 특정한 사회주의 국가나 특정 시기)에 대해서 자세히 이야기하고 있는데, 이는 매우 유용하다. 나는 그러한 서술들과 경쟁할 수 없으며 경쟁을 원하지도 않는다. 대신 나의 목적은 어떤 단단한 구조 내부의 영역에 존재하는 문제들을 언급함으로써 이러한 분석의 수행을 촉진하는 것이다. 이 책은 개관하고, 요약하고 그리고 종합하려는 시도의 일종이기 때문에 하나의 교과서로서도 유용하지 않을까 하는 기대를 갖는다.[4]

나는 이 책이 이 분야에 전문지식을 가진 세련된 전문가들에게 무언가 새로운 것을 말해 줄 수 있기를 간절히 원한다. 그렇지만, 나는 중요하지만 소규모인 이들 전문가 집단에게만 말을 걸 의도를 갖지는 않았다. 오히려 포괄적인 책을 쓰려고 했다. 경제학이나 정치학을 전공

---

[4] 나는 이러한 목적들이 얼핏 보면 모순적으로 보일 수 있다는 것을 안다. 내가 보기에 이 책은 전통적인 분류방식에 맞지 않는다. 기존의 분류방식에서는 학부생들을 위해 비교적 읽기 쉽게 쓰인 개론서와 기술적으로 고도로 심화된 대학원 서적을 확연하게 구별하고, 교육받은 폭넓은 독자층을 겨냥한 책과 전문가들을 위해 쓰인 전공 논문을 확연하게 구별한다. 불행하게도 내가 가진 능력의 한계로 인해 오로지 포괄적인 책 한 권만을 쓸 수밖에 없었으며, 그것도 아주 단순한 스타일로 쓰고자 했다. 나는 마음이 열려 있는 대학원생들이나 연구자들이 단지 수학적 모형을 발견하지 못했다고 해서 짜증을 내면서 이 책을 옆으로 밀치지 않을 것이라고 확신한다. 나는 그들이 이 주제에 관심을 가진 한 이런 종류의 책이 확실히 그들에게 유익할 것이라고 진정으로 확신한다.

하는 학생이나, 혹은 동유럽이나 소련으로의 첫 방문을 앞두고 단 한 권의 책만 읽어도 그 주제에 관련해서 알게 되기를 원하는 경제자문가, 외교관, 혹은 저널리스트들이 오리엔테이션에 필요로 하는 결정적 정보를 이 책에서 얻을 수 있기를 바란다. 5)

자본주의 체제의 미시경제나 거시경제에 관하여 교과서로도 사용할 수 있을 정도의 간결한 책을 최근에 쓰기 시작한 저자라면, 유사한 종합서들이 이미 많이 저술되어 있다는 사실을 알고는 안도감을 가질 것이다. 최근의 것도 아닌, 아주 소수의 저작들만이 포괄적 방식으로 다루어 온 특정한 주제를 종합하려는 시도인 이 책은 그런 경우가 아니다. 6) 그러므로 독자들은 이 책에서 수많은 결점들을 찾을 준비를 해야 할 것이다. 어떤 문제들은 전혀 탐색되지 못했으며, 많은 논쟁들은 여전히 결론에 이르지 못했다. 기록보관소들이 이제 막 개방되기 시작했고, 수많은 통계학적 오류의 사례들이 발견되고 있다. 만약 사회주의 국가들의 정치경제에 관한 열 번째 책이 지금으로부터 수년 안에 집필된다면, 그 책은 확실히 이 책보다는 기초가 튼튼한 책이 될 것이다. 하지만, 그동안에 누군가는 종합해 내는 작업에 착수해야 한다.

---

5) 이 책이 가진 포괄적 성격으로 인해, 특정 문제들에 대한 면밀한 논의는 공간의 제약상 어렵다. 구체적인 것들에 관심을 가진 독자들을 위해서는 각주에 적힌 참고문헌들이 안내를 할 것이다. 언어학적 관점에서 보았을 때 이 참고문헌들은 편향적이라 할 수 있다. 거의 대부분이 영어로 쓰인 저작들로 한정되어 있기 때문이다.

　　다른 언어로 출간된 저작들에 대해서는 원칙적으로 이 책에 특별히 포함된 아이디어나 자료의 출처이거나, 사회주의 체제의 역사에서 특수한 역할을 했거나, 영어로는 활용할 수 없는 경우에만 언급할 것이다.

6) P. Wiles(1962)의 선구적인 저작에 대해 특별히 언급해야만 한다.

2. 고전적 사회주의, 개혁, 그리고 탈사회주의적 이행

이 책의 전반부는 여기서 '고전적 사회주의'(*classical socialism*) 라고 부르고자 하는 체제를 주로 다룬다. 고전적 사회주의가 지닌 특징들은 앞으로 본문에서 보다 정확하게 설명하게 될 것이므로, 여기서는 스탈린 치하의 소련과 마오쩌둥 치하의 중국에서 발전된 것이 바로 이러한 고전적 사회주의 체제의 정치구조와 경제이며, 동유럽의 작은 사회주의 국가들에서, 그리고 아시아, 아프리카, 라틴아메리카의 몇몇 국가들에서 등장한 것도 바로 이 체제라는 것을 말하는 정도로 만족하려 한다.

이 지점에서 샤마의 인용문과 관련하여 앞에서 제기했던 문제로 되돌아가야 한다. 즉, 현상과의 거리 문제이다. 이 책의 전반부에서는 역사에서 어느 정도 결말이 난 시기의 주요한 특징들에 대해서 이론적으로 요약할 것이다. 몇몇 국가들을 제외한다면, 고전적 체제는 과거의 것이다. 따라서 그 체제를 분석하는 데 충분한 시야를 획득할 수 있을 정도의 거리는 존재한다.

그렇다고 해도 이 체제가 존재했던 시기는 아직도 너무나 가까워서 역사학의 주제로 삼기는 힘들다. 비록 다른 체제로 대체되긴 했지만, 고전적 사회주의 체제는 여전히 수많은 방식으로 오늘날의 세계에 영향을 미치고 있다. 이러한 영향들에 대해서는 이 책 후반부에서 분명하게 언급할 것이다. 고전적 체제에 대한 이해는 개혁과 탈사회주의적 이행(*postsocialist transition*) 과정에서 나타나는 복잡한 현상들을 이해하는 데 필수적이다. 고전적 사회주의를 검토하면, 사회주의 사회가 다른 체제들에 의해 '오염되기' 이전에 하나의 이론적인 '순수한 형태'(*pure form*)로서 어떻게 작동했는지를 알 수 있게 된다. 일단 이 체제가 이해되면, 정치적·이론적 결론은 거의 저절로 나오게 된다.

이 책의 후반부에서는 1968년 카다르(János Kádár) 치하의 헝가리나 1985년 고르바초프(Mikhail Gorbachev) 치하의 소련에서 시작된 변화와 같은 개혁과정을 다룬다. 개혁은 때로는 힘차게 전진하고 때로는 정체하는 사회주의 체제를 갱신하기 위한 것이었다. 여러 차례의 바람직한 변화가 발생한다. 즉, 정치적·이데올로기적 침식이 시작된다. 그리고 사적 기업가 정신이, 비록 그것에 가해지는 제약이 엄격하긴 하지만, 나타날 수 있게 된다. 하지만 초기에는 그때까지 은폐되어 있던 수많은 문제들이 표면에 드러나고, 개혁과 그에 대한 저항 사이의 갈등에 의해 야기된 모순적 상황 속에서 새로운 난관들이 발생한다. 개혁에 대해 이 책이 갖는 궁극적 결론은 부정적인 것이다. 고전적 체제는 그 자신의 그림자로부터 벗어날 수 없다. 그 체제의 어떤 부분적인 변경도 지속적인 돌파구를 만들어 내지 못한다. 따라서 체제의 변화가 요구된다.

이 책의 최종적인 정치적 결론은 쉽게 요약할 수 있다. 스탈린주의적인 고전적 사회주의는 억압적이고 비효율적이지만, 하나의 일관성을 가진 체제이다. 그 체제가 스스로를 개혁하기 시작했을 때, 그러한 일관성은 느슨하게 풀렸고, 그 체제의 내부 모순들은 격화되었다. 커다란 일련의 바람직한 변화들을 만들었음에도, 개혁은 실패할 운명이었다. 즉, 사회주의 체제는 장기적으로 생존 가능함을 입증해 보이기 위해 스스로를 내적으로 갱신하는 것이 불가능하다. 그리하여 결국에는 정말로 혁명적인 변화의 시간이 도래하는데, 이때 사회주의 체제는 제거되고 사회는 자본주의 시장경제 쪽으로 나아간다.

나는 고전적 단계뿐 아니라 개혁적 단계에 있는 사회주의에 대해 포괄적 묘사와 실증적 분석을 해야 할 때가 되었다고 생각한다. 그렇지만 현재로선 감히 탈사회주의적 이행이라는 주제에 관하여 종합적 성격을 가진 실증분석적 저작을 쓸 생각이 없다.[7] 3부에서는 사회주의 체제 내부의 개혁을 분석하게 되는데, 사회주의가 탈사회주의 시기에 물려주게 되는 유산에 대해서 되풀이해서 언급할 것이다. 그러나 나는 그 이상으로는 멀리 나가지 않을 것이다. 독자들은 탈사회주의적 이행에 관한 분석을 기대해서는 안 될 것이다.[8] 따라서 탈사회주의적 이행과 그러한 이행의 현재 상태에 관한 것을, 오로지 속성(速成)으로 학습하려는 목적만을 가진 사람들은 이 책을 가까이 해서는 안 된다. 그러나 이행이 안고 있는 모든 어려움과 내재적 난제에도 불구하고 진정으로 사회주의 이후의 이행을 이해하기를 원하는 사람들은 그것을 연구해 볼 만하다는 사실을 깨닫게 될 것이다. 단어 그 자체가 명확하게 암시하듯이, 이행이라는 것은 어딘가로부터 특정 방향으로 출발하는 것이다. 아마도 그 출발점은 사회주의 체제일 것이며, 이 체제

---

7) 나의 책 《자유경제로의 길》(The Road to a Free Economy, 1990)은 탈사회주의적 이행과 관련된 몇 가지 기본적 문제들을 일종의 규범적 관점에서 구체적으로 다룬다. 이 책은 앞으로 취해질 경제정책에 관한 나의 제안들을 요약하였다. 그러나 이는 이제 막 시작한 데다 아직도 한참 가야 할 과정을 포괄하면서 종합적 실증분석을 하는 것과는 다른 과제이다. 나는 아직 종합적 실증분석을 할 시간에 다다랐다고는 생각하지 않는다.

8) 비록 이 책이 탈사회주의적 이행을 실증적으로 분석하지는 않지만, 나는 탈사회주의적 이행에 관한 문헌을 조사하는 부분에서 독자들—그 주제를 가르치는 교사들뿐 아니라 학생들—에게 도움을 주고 싶다. 이 책의 말미에 탈사회주의적 이행 문제에 관련된 영어권 문헌들을 정리한 부록과 함께 참고문헌을 덧붙인 것은 바로 그런 이유 때문이다. 이들 저작 중에 어떤 것은 이 책의 텍스트로 언급되지 않았으며, 그리하여 참고문헌 목록에도 포함되지 않았다.

는 가고자 하는 사회에 지속적으로 영향을 미칠 것이다. 그 영향의 범위는 모든 제도, 그리고 사람들의 사고와 반응에까지 이를 것이다.

현재의 상황에 좀더 가까이 다가가기를 원하는 독자들도 확실히 존재할 것이며, 그리하여 그들은 16장부터 읽으려는 유혹을 느낄 수도 있다. 그들이 가진 조바심을 모르는 바는 아니지만, 나는 개혁 이전의 고전적 체제를 공부하려는 노력을 아깝게 생각하지 말라고 조언하고 싶다. 고전적 체제를 공부하는 것이야말로 사회주의 개혁조치들에 의해 직면하게 되는 문제, 위기, 그리고 곡절을 이해할 수 있는 유일한 방법일 뿐 아니라, 탈사회주의적 이행이 시작될 때 나타나는 사태들과 문제들을 철저하게 이해할 수 있는 유일한 경로이기 때문이다.

이 책의 출간작업이 진행되는 동안 사회주의 체제와 탈사회주의 체제에서는 여전히 커다란 변화들이 발생할 것이며, 따라서 미래에 사건들이 어떻게 진행될지 그 과정을 자세하게 예견할 수는 없을 것이다. 이들 국가에서 어떤 특수한 정치적, 경제적 사건들이 발생하든지 간에 나는 이 책의 주요한 주장이 견지될 수 있도록 노력했다. 독자들은 어떤 특정한 시간·장소와 관련된 구체적 관찰들로부터 일반적 특성을 지닌 확고한 주장들을 도출해 내기가 쉽지 않다는 것을 알아채지 못할 것이다. 비록 이 책 후반부에는 1988~1991년의 상대적으로 새로운 자료와 인용들이 많이 제시되겠지만, 나는 이 책에 나오는 모든 명제들에 대한 '최신의'(*up-to-date*) 실례들을 제시하려는 노력은 하지 않았다.

3. 감사의 말

1983년에 이 책을 쓰기 위한 사전조사를 시작했다. 이 사전조사 시기를 동유럽과 서유럽에서 번갈아 가며 보냈는데, 이는 나에게 비교방법을 통하여 사회주의 체제의 해부학을 보다 잘 이해할 수 있도록 해주었다.

1984년 이래로 나는 하버드대학(Harvard University)에서 사회주의 정치경제학 강의를 정규적으로 해왔다. 그 강의 노트들이 1986년에 사본 형태로 발간되었는데, 그 노트들이야말로 가장 먼저 작성된 이 책의 선구자인 셈이다. 비판적이고 잘 준비된 학생들에게 이 주제를 설명해야 하는 과제는 나에게 대단히 강력한 자극이 되었다.

수년에 걸쳐 반복되었으며 매번 다시 시작할 때마다 새로이 수정 작업을 했던 그 연속 강의를 들은 청중들은 일종의 국제 공동체(*international community*)였다고 할 수 있다. 그 청중들 중에는 사회주의에 관해서 아무런 지식도 갖지 않은 서구 학생들도 많이 있었고, 마오쩌둥(毛澤東) 치하에서 수년 동안 농촌으로 하방(下放)되었던 중국인 학생들도 있었으며, 사회주의 경제의 마녀 집회(*witches' coven*)를 내부에서 경험한 바 있는 폴란드인 객원 연구원들도 있었다. 또한 그들 중에는 사회주의 체제의 심각한 부조리에 대해서 전혀 모르는 순진한 '신좌파' 구성원들뿐 아니라, 편견에 차 있다고 할 정도의 반공주의자인 보수적인 청년들도 여럿 있었다. 그러한 다양성은 나를 자극하였으며, 내가 그 체제의 주요한 속성들을 어떻게 바라보는지를 그들 모두에게 분명하게 말하도록 해주었다. 나는 그들의 주의력, 흥미로운 질문들, 그리고 진지하게 생각하게 만든 시험 답안지에 감사한다. 그들은 사실상 교수 실험(*a teaching experiment*)의 대상이었고, 그 실험의 결과가 바로 이 책이다.

헝가리학술원 경제연구소(Hungarian Academy of Sciences' Institute of Economics), 하버드대학 경제학과, 유엔대학(United Nations University) 세계개발경제연구소(World Institute for Development Economics Research: WIDER) 등 이 책을 쓸 동안 진지한 고민을 할 수 있는 환경과 훌륭한 연구 여건을 제공함으로써 나를 도와준 기관들 모두에 대단히 감사드린다. WIDER의 연구소장인 랄 자야와르데나(Lal Jayawardena) 박사와 연구소 최고 수준의 효율적 지원을 제공해 준 WIDER 직원들에게 특별히 감사를 드린다. 또한 나의 연구에 관대한 재정적 지원을 제공한 슬로언 재단(Sloan Foundation), 포드 재단(Ford Foundation), 맥도넬 재단(McDonnell Foundation), 그리고 헝가리 국립과학연구재단(Hungary's National Scientific Research Foundation)에 빚을 졌다.

나의 아내 주자 대니엘(Zsuzsa Dániel)에게 감사한다. 그녀는 나를 격려하고 헌신적으로 지원했을 뿐 아니라 책을 쓸 때 발생한 문제들에 대해 항상 토론을 해주었고, 갓 완성된 초고와 원고를 제일 먼저 읽고 유익한 논평을 해주었다.

동료들 중에서는 가장 먼저, 그리고 가장 감사한 마음으로 마리아 코바치(Mária Kovács)를 거론하고 싶다. 그녀는 모든 구체적인 사항들에 대해서 헌신적이면서 지적으로 세밀하게 관심을 보여 주었으며, 참을성 있고 효과적으로 나의 집필작업에 협력해 주었다. 이는 나에게 헤아릴 수 없이 큰 도움이 되었다. 칼라 크뤼거(Carla Krüger)에게도 큰 감사를 드린다. 그녀는 헌신적인 작업, 나에게 자극이 되는 언급들, 그리고 수준 높고 폭넓은 공헌을 해주었다. 그리고 유디트 림러 (Judit Rimler)에게도 큰 감사를 드린다. 그녀는 통계표의 편집에서 매우 중요한 도움을 주었다.

나는 원고의 대부분을 헝가리어로 썼다. 번역은 줄리아나 파르티 (Julianna Parti)와 브라이언 맥린(Brian McLean)이 맡아 아낌없는 도움을 주었다. 이 책의 저자이자 모국어가 헝가리어인 내가 판단하기로는, 그들의 번역은 내가 말하고자 하는 바를 완전하게 표현하였다. 나는 그들의 정확하고 틀림없는 작업에 대해, 그리고 초고의 번역뿐 아니라 반복되는 엄청난 양의 교정작업도 거뜬히 맡아 준 그들의 노고에 대해, 그들 모두에게 진심으로 감사를 표하고 싶다.

다른 동료들로는 야노쉬 아베이(János Árvay), 아띨라 치칸(Attila Chikán), 매리언 디커(Mariann Dicker), 피로스카 게렌서(Piroska Gerencsér), 주자 카피타니(Zsuzsa Kapitány), 야노쉬 쾰뢰(János Köllö), 권구훈(權九勳), 알라다르 마다라즈(Aladár Madarász), 피터 미할위(Péter Mihályi), 라슬로 무라쾨지(László Muraközy), 요세프 팔피(József Pálfi), 제인 프로콥(Jane Prokop), 치엔잉이(錢穎一), 이스트반 살고(István Salgó), 유디트 슐만(Judit Schulmann), 안나 셀레니(Anna Seleny), 죄르지 수(György Such), 이반 제그바리(Iván Szegvári), 이스트반 야노쉬 토스(István János Tóth), 제인 타라한 (Jane Trahan), 아그네스 베지(Ágnes Vészi), 그리고 쉬청강(許成鋼)을 특별히 언급하지 않을 수 없다. 이들은 자료를 모으고, 주석, 표, 참고문헌을 정리해 주었으며, 여타의 편집과 관련된 일들을 기꺼이 수행해 주었다. 여기에 이름을 언급하지 못한 많은 분들에게서 받은 도움에도 역시 감사를 드린다. 힘든 타이핑 작업을 성실하게 맡아 준일로냐 파제카스(Ilona Fazekas), 앤 플랙(Ann Flack), 그리고 리사 로포넨(Liisa Roponen)에게도 감사드린다.

많은 동료들이 밤낮으로 원고를 읽어 주었다. 상세한 지적을 해줌으로써 나에게 매우 유익한 도움을 준 사람들을 특별히 언급하고 싶다. 타마스 바우어(Tamás Bauer), 존 버켓(John P. Burkett), 티모시 콜튼(Timothy J. Colton), 엘렌 코미소(Ellen Commisso), 에드 휴잇(Ed A. Hewett), 미하이 라키(Mihály Laki), 에드 림(Ed Lim), 프레더릭 프라이어(Frederic L. Pryor), 안쥬라스 시모노비츠(András Simonovits), 로버트 스튜어트(Robert C. Stuart), 그리고 마틴 와이츠먼(Martin Weitzman)이 바로 그들이다. 물론 동료들과 원고의 초기 독자들로부터 유용하고 중요한 지적들을 많이 받았음에도 이 책에 존재하는 모든 오류의 책임은 전적으로 나에게 있다.

마지막으로 이 책을 신속하게 출판해 준 두 출판사인 프린스턴대학 출판부와 옥스퍼드대학 출판부에게 깊이 감사드린다. 잭 레프첵(Jack Repcheck), 아니타 오브라이언(Anita O'Brien), 카렌 포트갱(Karen Fortgang), 제인 로우(Jane Low), 그리고 앤드류 슐러(Andrew Schuler)의 열정과 용기, 신중한 편집에 특히 고마움을 표한다.

1991년 4월 케임브리지, 매사추세츠, 그리고 부다페스트에서

야노쉬 코르나이

사회주의 체제의
정치경제학 1

차 례

제1부

출발점들

제1장	주제와 방법

이 장의 목적 중 하나는 이 책의 제목을 설명하는 것이다. 이 책이 다루는 것이 무엇인지, 그것을 다루기 위해 어떤 방법들이 사용되는지, 그리고 이 책에서 검토되지 않는 것은 무엇인지를 처음부터 명확하게 할 필요가 있다.

1. 역사 발전의 특수한 진로와 일반적 특징

사례 하나를 들어 이 책의 주제를 기술하는 것에서부터 시작하겠다. 바로 오늘날의 중국이다. 많은 연구자들이 중국을 연구하고 있으며, 그들 모두는 그토록 광대하고, 다층적이고, 복잡한 나라를 알고 이해한다는 것이 얼마나 어려운지를 느낀다. 여기에서 나는 중국의 속성들 중 몇 가지만을 언급하려고 한다.

1. 중국에서 공산당은 40년 이상 권력을 장악해 왔다. 이는 사회, 정치, 그리고 경제의 모든 영역에 그 흔적을 남겼다.

2. 중국은 '제3세계'의 일부이다. 중국은 산업적으로 발전된 국가들과 비교할 때 빈곤하고 후진적인 '개발도상' 국가에 속한다.

3. 지리적으로 중국은 아시아의 일부이다. 그리하여 중국의 역사, 문화적 유산, 종교적·철학적 전통, 그리고 인민들의 생활방식과 상호관계 등에서 전형적으로 아시아적인 속성들이 많이 드러난다.

4. 앞의 세 가지 속성은 중국이 3개의 다른 국가군(群) (공산당 통제하에 있는 국가들, 개발도상국들, 그리고 아시아 국가들)에 대해 가진 유사성들과 관련 있다. 그러나 중국은 독특하면서도 다른 어떤 국가들과 비교될 수 없는 많은 특징들을 갖는다. 먼저 중국은 규모 측면에서 다르다. 10억이 넘는 인구는 중국을 세계에서 가장 인구가 많은 국가로 만들었다. 중국은 수천 년의 문화를 갖고 있으며, 몇몇 다른 아시아 문화들의 요람이기도 하다. 다른 어떤 국가의 역사와 마찬가지로, 중국의 역사도 유일무이하고 독특하며 다른 국가의 역사와 현저하게 다르다. 이는 지난 몇십 년의 역사에도 동일하게 적용된다. 마오쩌둥은 스탈린이나 티토와 다르며, 덩샤오핑(鄧小平)은 야노쉬 카다르(János Kádár)나 미하일 고르바초프와 다르다. 모든 단계에서 중국의 정책은 사회주의 국가든 아니든 간에 다른 국가에서 추진된 정책과는 뚜렷하게 달랐다.

이 네 번째 점, 다시 말해 각 국가, 사회, 문화의 독특성을 강조함으로써, 일반적 규칙성들을 찾거나 일반적 역사법칙들을 도출하는 것은 부질없는 짓이라고 간주하는 인류학자나 역사학자의 학파들이 존재한다.

어떤 학자들은 좀더 일반적인 접근법을 취하는 것이 효과적이라고 생각한다. 그들은 다양한 국가군에 공통되는 특징들을 연구하려고 한다. 가령, 다수의 중국학 연구자들은 앞의 목록 중 두 번째 속성(개발도상국으로서의 중국)에 강조점을 둔다. 그들이 보기에는 이 두 번째 속성이 자신들이 중국에서 관찰한 현상들의 상당 부분들을 설명한다는 것이다. 또 어떤 학자들은 세 번째 속성이야말로 가장 주목할 만한 가치가 있다고 생각한다. 그들은 중국을 일본, 한국, 인도와 비교하며 그로부터 유사성을 찾아낸다.

이 책은 모든 종류의 일반화와 '공통의 규칙성'을 거부하는 접근법을 취하지 않는다. 동시에 모든 국가들에게는 개별적 특성들만이 존재한다는 데에도 동의하지 않는다. 이는 다른 측면에서 보았을 때, 매우 다른 국가들임에도 유사한 방식으로 적용되는 일반적 영향력이 존재한다는 사실을 인정하는 것이다. 다른 한편으로, 이 책은 사회에 대한 다중 인과관계 분석과 다중 요인 분석이 결정적으로 필요하다고 생각하며, 어떠한 종류의 단일 요인에 의한 설명도 삼간다. 오늘날 중국의 포괄적 모습을 구축하고 기존의 상황 및 그로부터 나타난 전개과정을 설명하기 위해서는 앞에서 언급한 모든 요소들을 고려해야 하며, 나아가 언급하지 않았던 대단히 많은 특징과 영향력도 고려해야 할 것이다.

다중 요인 분석이 반드시 필요하다는 점은 아무리 강조해도 지나치지 않지만, 이 책에서는 앞에서 언급한 첫 번째 속성(공산당 지배)과 관련 있는 요인들에만 한정해서 논의할 것이다. 그 목적은 중국, 소련, 북한, 유고슬라비아, 그리고 일반적으로 공산당이 집권했거나 여전히 집권하고 있는 국가들 모두에서 유사하게 나타나는 현상, 인과

관계, 규칙성들을 보다 면밀하게 연구하는 것이다. 이러한 방법이 중국, 소련 혹은 알바니아의 모든 측면에 대해 설명을 제공한다고 주장할 수 있는 사람은 아무도 없다(그리고 이는 지금까지 언급한 것으로부터 명백할 것이다). 그렇지만 이러한 유사성, 친족성, 공통된 규칙성의 확인이 이 국가들을 연구하는 데에서 (다른 비슷하게 유용한 수단들과 함께) 하나의 중요한 분석 수단으로 기능할 수 있다는 것은 확실하다.

2. 사회주의 국가들

〈표 1-1〉에는 상당히 긴 시기(최소한 수년) 동안 공산당이 집권한 국가 모두가 열거되어 있다. 표에 포함된 유일한 기준은 공산당의 분점되지 않은 완전한 권력이다. 지금부터는 여기에 포함된 국가들을 사회주의 국가(socialist countries)라고 부를 것이다.

이 책을 집필하는 지금, 표에 나와 있는 일부 국가들에서는 공산당이 여전히 권력을 장악하고 있는 반면, 다른 국가들에서는 정치구조가 변화되었다(16장 3절 참조).[1] '사회주의 국가'라는 용어는 오로지 공산당이 지배한 기간에 대해서만 사용된다.

〈그림 1-1〉은 세계 지도를 보여 준다. 음영으로 표시된 국가들은 1987년 말에 여전히 사회주의 체제에 속했던 국가들이다. 사회주의에 속하는 체제들은 1980~1987년 기간에 가장 넓은 범위에 도달했고,

---

1) 이와 같이 소괄호 안에 "(~~ 참조)"라고 쓰인 형식은 이 책의 다른 장, 다른 절, 혹은 다른 표에 대한 전후 참조를 나타낸다.

그 이후 상당히 축소되었다.

이 지점에서 이 책의 모든 장을 관통하는 중심 사상이자 근본적 인식 중 하나에 대해 미리 언급해 두는 것이 좋겠다. 사회주의 국가들 각각을 다른 모든 사회주의 국가로부터 구별해 주는 개별적 속성들이 존재함에도 불구하고, 이들은 서로 닮았으며 또한 공통의 중요한 속성들을 보인다는 것이다. 비록 그들의 실제 체제가 구체적인 부분에서는 많이 다를지라도, 그들은 모두 이 책에서 **사회주의 체제**라고 부르게 될, 보다 큰 틀에서 확실하게 동일시할 수 있는 사회-정치-경제 체제를 가진 집단에 속한다. 생물학적 유추를 사용하자면, 사회주의 체제는 사회체제 내의 하나의 '종'(species, 種)이다. 생물학적 종의 개별 구성원들이 한 종의 구성원이면서도 서로 다른 것과 마찬가지로, 다양한 사회주의 국가들은 동일한 종류의 체제에 속하는 구성원이면서도 서로 다르다. 이러한 종류의 체제가 갖는 성격을 명확히 하고, 이러한 체제의 주요한 특성들을 이론적으로 서술하고 설명하는 것이 이 책의 목표이다. 이 책의 어법에서는 이러한 공통의 현상과 속성들을 **체제특수적**(system-specific)이라고 언급한다. 그에 대한 설명은 의도적으로 한쪽으로 치우칠 것인데, 그 목적은 체제특수성을 가진 많은 현상들을 찾아내고, 그것들을 체제특수성을 갖지 않는 현상들과 구별하기 위해서이다. 그러므로 이 책은 특정한 사회주의 국가의 상황에 대한 포괄적이고 상세한 분석을 제공하지는 않을 것이다. 그보다는 어떤 사회주의 국가에도 동등하게 적용할 수 있는 일반적 진술들에 도달하는 것을 목표로 한다.

〈표 1-1〉에 나와 있는 첫 번째 14개 국가들은 적어도 30년 동안 공산당이 집권한 국가들이다. 그 정도의 기간은 사회주의 체제가 **공고화**되

<표 1-1> 사회주의 국가들(1987년)

순서	국가	권력을 획득한 해a	1986년 인구 (백만)	1986년 영토 (1천 평방km)	1985년 경제발전수준, GNP 혹은 일인당 국민소득 (미국=100)	1985년경 농업종사인구 비율 (%)
1	소련	1917	281.1	22,402	50.0	19
2	몽골	1921	2.0	1,565	–	53
3	알바니아	1944	3.0	29	–	50
4	유고슬라비아	1945	23.3	256	40.4	30
5	불가리아	1947	9.0	111	40.8	23
6	체코슬로바키아	1948	15.5	128	59.2	12
7	헝가리	1948	10.6	93	46.0	20
8	폴란드	1948	37.5	313	39.2	30
9	루마니아	1948	22.9	238	34.1	28
10	북한b	1948	20.9	121	–	48
11	중국	1949	1,054.0	9,561	19.5	74
12	동독b	1949	16.6	108	–	10
13	베트남b	1954	63.3	330	–	70
14	쿠바	1959	10.2	115	–	25
15	콩고	1963	2.0	342	8.7	90
16	소말리아	1969	5.5	638	3.1	82
17	남예멘b	1969	2.2	333	–	44
18	베냉	1972	4.2	113	4.1	60
19	에티오피아	1974	43.5	1,222	2.4	86
20	앙골라	1975	9.0	1,247	4.5	60
21	캄보디아	1975	7.7c	181	–	90d

〈표 1-1〉 계속

순서	국가	권력을 획득한 해a	1986년 인구 (백만)	1986년 영토 (1천 평방km)	1985년 경제발전수준, GNP 혹은 일인당 국민소득 (미국=100)	1985년경 농업종사인구 비율 (%)
22	라오스	1975	3.7	237	-	76
23	모잠비크	1975	14.2	802	4.1	85
24	아프가니스탄	1978	18.6c	648	-	83d
25	니카라과	1979	3.4	130	15.6	65
26	짐바브웨	1980	8.7	391	7.6	35
1-26	모든 사회주의 국가들e		1,692.6	41,654		
	세계 전체의 비율로서의 사회주의 국가들		34.4%	30.7%		

주: a) 무장 반란으로 권력을 획득한 혹은 반란이 시작된 해 (가령 1917년 소련) 혹은 반란이 승리한 해 (가령 1945년 유고슬라비아, 1954년 북베트남)로 한정했다. 평화로운 방식으로 형성된 동유럽 체제들의 경우에는 공산당과 사회민주주의당이 연합한 해로 한정했다.

b) 이 책의 다른 곳에서뿐 아니라 여기서도 국가들은 공식 이름이 아니라 지리학적 위치를 반영하는 이름으로 언급된다. 예를 들면, 공식적으로 조선민주주의인민공화국이라 불리는 북한, 독일민주공화국은 동독 등으로 언급된다.

c) 1987년 수치.

d) 농촌 인구.

e) 어떤 국가들 (가령 버마, 캄보디아, 기니비사우, 가이아나, 마다가스카르, 상투메, 그리고 세이셸)은 경계에 위치하여 결정하기 어려운 사례들이며, 표에 포함되지 않는다. 이 책의 적용된 기준에 따라 이들 국가들이 사회주의 국가들로 간주될 수 있었는지 여부는 말하기 힘들다.

출처: 세로줄 4~5는 World Development Report (1988, pp. 221~223) 와 Központi Statisztikai Hivatal (Central Statistical Office, Budapest) (1989, pp. 9, 14~15). 세로줄 6은 R. Summers & A. Heston (1988, Table 3, 4). 세로줄 7은 G. Baló and I. Lipovecz, eds. (1987).

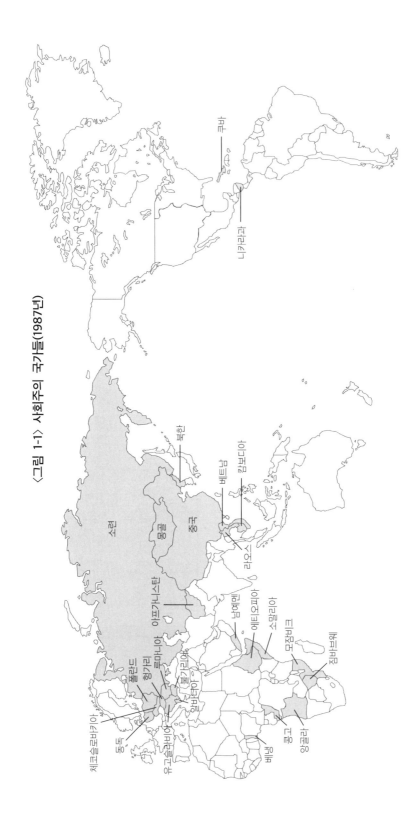

〈그림 1-1〉 사회주의 국가들(1987년)

소련
몽골
중국
북한
베트남
라오스
캄보디아
아프가니스탄
예멘
에티오피아
소말리아
모잠비크
짐바브웨
앙골라
콩고
베냉
폴란드
헝가리
루마니아
유고슬라비아
불가리아
알바니아
동독
체코슬로바키아
쿠바
니카라과

기에 충분히 긴 기간이다. 물론 '공고화'는 상대적 범주이다. 수 세기를 측정 단위로 하는 것에 비한다면, 몇십 년 동안의 체제 지배는 그저 짧고 과도기적일 뿐이다. 그러나 1948년 혹은 1949년 — 공산주의자들이 권력을 장악한 해 — 에 대학을 졸업했고 1989년에 권력이 붕괴했을 당시에 노령자가 된 체코슬로바키아나 동독 시민에게 그 시기는 한 사람이 경제적으로 활동한 생애 전체에 해당한다. 그 기간의 공고화는 체제의 속성들이 완전히 발전하기에 충분히 강력했다. 그리하여 그 속성들은 과학적 관찰, 기술, 분석의 주제가 될 수 있다. 이 책은 이들 공고화된 사회주의 국가군의 경험의 일반화에 토대를 둔다.[2]

〈표 1-1〉의 15번째 줄부터는 공산당의 권력 역사가 보다 짧은 국가들이 있다. 어떤 국가들은 이 책을 쓰고 있을 때 붕괴되었으며, 또 어떤 국가들은 머지않아 붕괴될 것이다. 이들 국가들에서 사회주의 체제는 공고화되지 않았으며, 사회주의 체제가 과연 살아남을 수 있을지 혹은 급속하게 변화하는 외적 그리고 내적 상황하에서 공고화될 수 있을지 의문이다. 이러한 이유로 인하여 두 번째 국가군의 경험으로부터 일반적, 이론적 결론을 도출한다는 것은 무리한 일이 될 것이다. 이 책의 논의에는 공고화된 사회주의 국가들에서 관찰된 규칙성들이 두 번째 국가군에서도 사회주의 체제의 공고화와 함께 조만간 똑같이 발전하게 될 것이라는 추측이 포함되어 있다. 그러나 이 책에서는 그러한 추측이 과연 옳은지를 따지지는 않을 것이다.[3]

---

2) 이 책에 나오는 실례, 자료, 그리고 다른 저작에 대한 인용문 대부분은 공고화된 국가군 내의 좀더 범위가 좁은 하위 국가군에 관련된 것이다. 〈표 1-1〉에 나오는 순서에 따르면, 이들은 소련, 유고슬라비아, 불가리아, 체코슬로바키아, 헝가리, 폴란드, 루마니아, 중국, 동독 등 9개 국가들이다.

3. '사회주의'라는 용어의 해석

사회주의라는 표현이 연상시키는 것은 두 가지이다. 한편으로는 특정한 사상들을, 다른 한편으로는 현존 사회들 내의 특정한 구성체들 (*formations*)을 떠오르게 한다. 전자와 관련하여, 사회주의라는 용어가 뜻하는 사상의 범위는 넓고 다양하며, 이 책에서는 그것들에 대해서 면밀하게 논의하지 않는다.

실제로 존재한 역사적 구성체와 관련하여, 이 책에서는 오로지 공산당의 통제하에 있는 국가들만 다룬다는 점을 앞 절에서 명확히 했다. 수많은 사회민주주의자들, 트로츠키주의자들, 그리고 신좌파 신봉자들을 포함하여 대다수의 사회주의자들은 〈표 1-1〉의 목록에 올라 있는 국가들의 체제를 결코 '진정한' 사회주의라고 생각하지 않는다. 게다가 26개 국가군에 속하는 어느 한 국가의 지도부가 다른 국가의 지도부를 사회주의를 포기했다는 이유로 비난한 사례들이 지난 수십 년 동안 존재했다. 티토에 대한 스탈린의 비난이나 중국과 소련의

---

3) 각주 2번에서 언급한 9개 국가들의 짧은 목록에 들어가지 않으면서 〈표 1-1〉에 나오는 국가들에 관하여 다양한 문서자료들이, 어떤 특정 국가의 경제 상황에 관한 몇몇 개관적이고 기술적인 연구들을 포함하여, 활용될 수 있다. 국가 현황 연구의 사례들로는 다음과 같은 연구들이 있다.

아프가니스탄: B. Sen Gupta(1986), 알바니아: A. Schnytzer(1982), 앙골라: K. Somerville(1986), 쿠바: C. Mesa-Lago(1981), M. Zxicri(1988) and A. Zimbalist and C. Brundenius(1989), 캄보디아: M. Vickery(1986), 라오스: M. Stuart-Fox(1986), 몽골: A. J. K. Sanders(1987), 모잠비크: H. D. Nelson, ed.(1985), 니카라과: D. Close(1988), 북한: F. M. Bunge(1985), 남예멘: T. Y. and J. S. Ismael(1986), 베트남: M. Beresford(1988), 짐바브웨: C. Stoneman(1989).

상호 비난을 기억해 보라. 알바니아 공산주의자들은 공산당이 지배하는 국가의 지도자들 대부분을 사회주의에 대한 배신자라고 생각했다.

이 책은 그러한 논쟁들과는 관계를 끊을 것이다. 〈표 1-1〉에 있는 모든 국가들의 공식 지도부는 권력을 장악하고 있을 때 자국의 체제가 사회주의적이라고 천명했다. 왜 이 국가들이 자신에게 적용했던 이름표와는 다른 이름표를 붙이려고 하는가? 게다가, 뒤에서 언급될 것처럼, 이들 국가의 체제는 적어도 이러저러한 사회주의 유파가 사회주의적인 것이라고 묘사할 수 있을 속성들을 가지고 있다. 다른 한편으로, 이 책은 그들의 체제가 '진정한' 사회주의인지의 문제는 다루지 않는다. 이 책의 목적은 그들의 체제가 어떤 체제인지를 밝히려는 것이지, 어떤 사상 유파가 제시한 기준에 따라서 그 체제가 마땅히 '사회주의적'이라는 수식어를 받을 자격이 있는지를 밝히려는 것이 아니다.

사회주의 세계 외부에 있는 정치가들과 언론들이 빈번하게 사용하는 용어는 '공산주의 체제' 혹은 간단히 '공산주의'이다. 아직 이 책을 읽지 않은 사람들이 보다 쉽게 알 수 있도록 이 책의 부제목(副題目)은 "공산주의의 정치경제학"이라고 붙였다. 그러나 나는 이 책의 주제목(主題目)으로, 그리고 이 책을 통틀어 '사회주의 체제'라는 용어를 사용하는 것을 더 좋아한다. 4)

---

4) 내가 '사회주의 체제'와 '공산주의'라는 용어를 선택하게 된 것은 다음과 같은 고려에 기반한다. 공산당의 공식 이데올로기인 마르크스-레닌주의는 상당히 다른 의미에서 '공산주의적'(communist)이라는 표현을 사용한다. 공산주의적이라는 용어는 도달할 수 없는 미래의 유토피아 사회를 말하는데, 거기서는 모두가 자신의 필요에 따라 사회적 생산물을 공유한다. 집권 공산당의 당원들은 결코 그들 자신의 체제를 공산주의적이라고 언급하지 않았다. 그리하여 '외부에서' 공산주의적이라는 명칭을 그 체제에 붙이는 것은 섣부른 짓이 될 것이

이 주제를 다루는 문헌에는 '사회주의 체제'라는 용어에 대한 다른 동의어들도 역시 존재하는데, 예를 들면 '소비에트형 체제', '중앙관리경제', '중앙계획경제', '명령경제', 그리고 '국가사회주의' 등이 그것이다.[5] 궁극적으로 용어의 선택 문제는 의미가 명확하게 정의되는 한 의미론의 문제이고, 따라서 더 이상의 주의를 요할 필요가 없다.

지금까지 〈표 1-1〉의 26개 국가들에 대하여 왜 '사회주의적'이라는 용어가 사용되었는가에 대한 이유에 관해서 언급하였는데, 이는 그저 논의의 절반에 지나지 않는다. 문제의 나머지 절반은 왜 '사회주의적'이라는 용어가 이들 국가에게만 배타적으로 적용되어 왔는가 하는 문제이다. 수십 년 동안 사회민주주의 정부가 존재했고 거대한 수준의 평등주의적 재분배가 이루어져 온 스칸디나비아 복지국가들에게 사회주의적이라는 용어를 사용할 수 없는가? 혹은 마르크스-레닌주의 정

다. '내부에서' 그 체제를 해석하고자 하는 이 책의 의도는 그 체제가 자신을 언급하는 '사회주의적'이라는 용어를 채택함으로써 더욱 잘 충족된다(코르나이가 말하듯, 이 책의 원제목은 《사회주의 체제: 공산주의의 정치경제학》(*The Socialist System: The Political Economy of Communism*) 이다 ― 옮긴이주).

5) 와일스(P. Wiles, 1962)는 상당한 공적 소유를 가진 경제를 '사회주의적'(*socialist*) 이라고 부르고, 공산당이 지배하는 국가를 '공산주의적'(*communist*) 이라고 부른다. 다른 학자들, 가령 캠벨(R. W. Campbell, 1974/1981)과 비니예키(J. Winiecki, 1988)는 '소비에트형'(*Soviet-type*) 이라는 용어를 사용한다. 독일어 'zentrale Verwaltungswirtschaft'로부터 우리는 나치 경제에 관한 오이켄(W. Eucken, 1951)의 논의에서 사용되었고 종종 사회주의 경제에도 적용되었던 '중앙관리경제'(*centrally administered economy*) 라는 용어를 가져올 수 있다. 유엔통계국은 '중앙계획경제'(*centrally planned economies*) 라고 부른다. '명령경제'라는 용어는 종종 그 체제를 시장경제와 구별하기 위해서 사용된다〔가령 그레고리(P. R. Gregory, 1990)를 참조할 것〕. 니와 스타크〔V. Nee and D. Stark, eds. (1988)〕같이 사회학에 좀더 기운 학자들은 종종 '국가사회주의'라고 언급한다.

당이 권력을 장악하지는 않았지만, 자신을 사회주의적이라고 생각하고 사회주의적인 특징들을 가진 몇몇 아프리카 혹은 아시아 국가들에게 사회주의적이라는 용어를 사용할 수 없는가?

이 책은 이러한 문제들에 답변을 제공하지는 않는다. 앞의 문제와 마찬가지로, 이 책에서는 방금 언급했던 체제들이 '진정한' 사회주의로서의 자격이 있는 것인지에 관해서 입장을 취할 의향도 없다. 단지 오해를 없애기 위해 지적해야만 하는 것은, 이 책에서 말하는 '사회주의 체제'라는 표현이 공산당에 의해서 운영되는 국가들의 체제만을 배타적으로 의미한다는 것이다. 다른 체제들은 오로지 비교를 위해서만 언급되며, 그렇지 않을 경우에는 이 책의 주제에 포함시키지 않는다.

4. 정치경제학

이 책은 '경제학'이 아니라 '정치경제학'이라는 용어를 부제목으로 사용한다. 아담 스미스와 리카도 시대에는 양자 사이에 구분이 아직 없었지만, 최근 몇십 년 동안 두 용어는 엄청난 중첩 현상에도 불구하고 상당히 다른 정치적·이론적 관념을 연상시키는 용어가 되었다. 이러한 판단들 및 구분들에 관하여 어떠한 일반적 합의도 아직 만들어지지 않았기 때문에,[6] 나는 이 책에서 '정치경제학'이라는 용어가 무엇을

───────────

6) 가령 '공공 선택' 이론이나 전통적인 마르크스주의의 신봉자들, 혹은 오늘날 서구의 급진적인 좌파 경제학자들은 모두 그것에 상이한 의미를 부여한다. 지성사에 관한 포괄적 연구를 참조하려면, *New Palgrave*(1987, 3: 904~907)에서 그뢰뉴어겐(P. Groenewegen)이 쓴 표제어 "*Political Economy*"와 "*Eco-*

의미하는지를 명확하게 해야 한다. 7)

이 책에서 논의하게 될 주제들은 좁은 의미에서 경제 문제들이다. 사회주의 경제에서 생산과 소비, 투자와 저축에 대한 결정은 어떻게 이루어지는가, 소득의 분배를 결정하는 것은 무엇인가, 경제활동은 얼마나 효율적인가 등이 그것들이다. 그러나 매우 많은 다른 문제들도 역시 검토될 것이다. 몇 가지 예를 들어 보자.

- 정치 영역과 경제 영역 간에는 어떠한 연계가 존재하는가? 그 체제의 정치제도 구조와 이데올로기는 경제의 작동에 어떠한 영향력을 행사하는가?
- 어떤 사회적 특징들이 정책결정자의 가치체계와 선택기준을 형성하는가?
- 마르크스주의 정치경제학의 용어를 사용한다면, 이 책은 '사물'의 관계를 연구하는 데에만 한정되지 않을 것이다. 이 책의 일차적 관심사는 사람들 사이의 사회적 관계가 될 것이고, 분석되어야 할 중요한 테마들은 상급자와 하급자의 관계, 권력을 행사하는

---

nomics" 부분을 보라.

7) 나는 이 책의 부제목이 사회주의 국가에서 '사회주의 정치경제학'을 배운 많은 독자들에게 유쾌하지 못한 기억들을 가져올 것이라는 것을 알고 있다. 수억의 사람들이 이 과목을 이수해야 했으며 이를 위해서 소련, 중국, 동독 등에서 출간된 공식 교과서를 읽어야 했다. 그것들 중 가장 잘 알려져 있고 가장 널리 보급된 것은 소비에트의 공식 정치경제학 교과서인 *Politicheskaia Ekonomiia Sotsializma*(1954)로, 스탈린의 지식인 통제하에서 준비된 것이었다. 나는 나의 부제목 선택에서 나타나는 일정 정도의 아이러니를 부정하지 않는데, 새로운 사회주의 정치경제학과 왜곡되고 상처투성이인 이들 교과서를 대비시키고 있는 것이다.

자와 복종하는 자의 관계가 될 것이다. 무엇이 이러한 관계를 형성하는가, 그리고 그것들은 경제활동에 어떠한 영향을 미치는가?

이 모든 고려사항들 때문에 독자들은 이 책이 엄격한 의미에서의 '경제학'의 경계를 넘어서 정치학, 사회학, 사회심리학, 정치·도덕철학, 역사학의 분야로 확장될 것이라고 예상할 수 있을 것이다. '정치경제학'이라는 용어를 통해 전달하고자 한 것이 바로 이러한 분야 확장이다.

검토될 주제가 이렇게 확장될 경우에는 결점들도 당연히 나타나게 될 것이다. 특정한 경제 분석들을 상세하게 개진할 수 있는 공간들이 침해될 것이기 때문이다. 하지만 반면에 사회-정치-경제 체제 내부의 내적 관계들을 더욱 포괄적으로 검토할 수 있다는 장점이 생긴다.

5. 실증적 분석

이 책에서 주안점을 두는 과제는 역사적으로 출현했던 그대로의 실제 사회주의 체제를 실증적으로 분석하는 것이다.

지난 수십 년간 사회주의 국가들에서 사회주의 정치경제학을 자체적으로 가르치는 데에 사용된 공식 교과서들은 대개 현실과 희망 사항을 뒤섞어 놓은 것이었다. 다시 말해, 실제로 존재하는 사회주의 체제의 실재하는 속성과 능률적이고 공정하게 작동하는 상상 속 사회주의 체제의 바람직한 속성을 뒤섞어 놓은 것이다. 당연히 이 책은 그러한 심각한 왜곡을 피하는 방식으로 전개될 것이다. 이 책의 목표는 경험이 드러내 보여 주는 바를 묘사하는 것이다. 이 책은 사회주의 체제에서 평소에 보이는 일상적이고 특징적인 모습들을 설명하려는 것이지, 그 체제가 만일 옹호자들의 바람대로 작동했다면 무슨 일이 일어났을까를 서술하려는 것이 결코 아니다. 이 책에서는 무엇이 이 체제에서 통상적이고 관례적이며 일반적인가 하는 질문에 대해 최선을 다해 해답을 제시하고자 한다. 공공복지와 사회의 이익이라는 관점에서 무엇이 가장 적절한가라는 규범적 질문은 제기조차 하지 않을 것이다.

이 작업은 상당히 오랜 시기 동안 수많은 장소에서 적용된 **규칙성들**(*regularities*)을 묘사하고 설명하는 것이다. 사회과학자들은 보편적이고 불변하는 법칙들을 수립하지 않는다. 규칙성이라는 것은 그보다는 훨씬 더 조심스러운 개념이다. 어떤 규칙성이든 그것은 반복적으로 일어나는 상황 조합에 의해 만들어지는데, 이러한 상황 조합은 설명이 가능한 행동 패턴들, 경제 주체의 의사결정 관례들, 정치적・경제적 메커니즘들, 경제적 과정의 경향들을 생산해 낸다. 어떤 규칙성도 영원히 타당하지는 않으며, 그 규칙성이 창출된 특정 체제에 구속된다. 그러나 특정한 역사적 시기 및 체제 내에서 장기간 지속되는 규칙성들이 발견되기도 된다. 이 책은 다음과 같은 일반적 가정에서 출발한다. 사회주의는 행동의 규칙성들이 발달하고 자리를 잡기에 충분할 정도로 오랫동안 존재해 왔다는 것이 그것이다.[8]

이 책에서 실증적 기술과 일반적 결론의 타당성에 대한 유일한 검증 작업은 그것을 현실과 대면시키는 것이다. 독자들은 이러한 타당성

---

8) 이 책에서는 특정 시기의 특정 국가에서의 현상이나 사건을 언급할 때는 과거 시제를 사용하고, 일반적으로 타당한 규칙성들에 대해 이야기할 때에는 현재 시제를 사용한다.

검증 과정이 이 시점에서 완전히 엄격하게 수행되지도 않고, 수행될 수도 없다는 점에 주의해야만 한다. 따라서 대부분의 명제는 엄격한 타당성 검증을 기다리고 있는 가설로 간주하는 것이 옳다. 그러나 이러한 사실은 이 책이 진술들에 대한 증거를 제시하는 데에 실패한다는 것을 의미하지는 않는다. 무엇보다도 중요하게, 현재의 학술적 연구 성과들이 이 책의 진술들을 결정적으로 부정하지는 않을 것임을 나는 확신한다. 9)

　　대부분의 경우, 명제를 뒷받침하는 결정적인 '증거'는 사회주의 국가에 살고 있는 사람들에 의해 제공된다. 그들은 이 책에 서술된 상황을 인정할까? 이 책에 서술된 것이 그들이 소비자나 생산자, 고용주나 피고용인, 구매자나 판매자로 매일매일 경험하는 것들과 일치할까? 나 역시 나 자신을 이러한 종류의 '목격자'라고 생각한다. 게다가 나는 수십 년 동안 여러 다른 '목격자들'과 얘기를 나눴고, '증거'로 삼을 수 있는 많은 사례 연구와 기사들, 의사록과 보고서, 인터뷰, 사회통계학적 연구서 등을 읽었다. 10) 나는 이 책의 진술과 일상적 현실 사이의 이러한 일치가 달성되고 있다는 확신 속에서 나의 명제들을 꺼내어 놓았다. 어떤 진술이라도 그것을 부정하는 핵심적 '증거'가 제시된다면, 나는 그 진술을 기꺼이 재고(再考)할 준비가 되어 있다.

---

9) 어떤 명제의 진위가 내가 아는 다른 전문 저작에서 논의된 경우, 본문이나 각주에서 이 점이 언급될 것이다. 그럴 경우에 그 명제가 논쟁이 되고 있는 가설이라는 사실을 특별히 강조할 것이다.

10) 많은 연구자들은 그러한 '증거'를 단순히 일화적인 것이나 과학자들의 주목을 받을 가치가 없는 것인 양 가볍게 처리해 버린다. 실제로 이러한 종류의 증거는 왜곡된 공식 자료에 기초한 한층 수준 높은 거창한 분석보다 진실에 대해 더 잘 이해하도록 한다.

보다 일반적인, 그리하여 보다 추상적인 진술이 과연 진실인지를 검증하는 직접적인 방법이 종종 존재하지 않을 수 있다. 따라서 그러한 경우에 검증될 수 있는 것은 한편으로는 일반적 명제, 다른 한편으로는 그 일반명제로부터 끌어낼 수 있고 현실에서 충분히 증명되는 특수한 결과 및 부분적 규칙성, 양자 사이의 일치 정도이다. 이 책은 여러 곳에서 이러한 종류의 일관성 분석을 시도한다.

이 책의 어떤 진술들은 86개의 통계표, 7개의 통계그림, 그리고 방대한 양의 데이터를 포함하는 통계자료에 의해 뒷받침된다. 11) 또한 각주들은 이 책의 진술들을 뒷받침하는 보다 상세하고 경험적인 연구들에 대해 언급하는데, 그 가운데 일부는 계량경제학적 분석이다.

그러나 이 모든 것에 대해, 나는 이 주제와 관련된 전문 서적들조차도 이 책에서 제기한 모든 문제를 경험적으로 명확하게 밝히기에는 여전히 부족하다는 점을 덧붙이고 싶다. 공식 통계자료에 나타난 수치들 가운데 다수는 의도적 왜곡이 포함되어 있고 분명히 오해를 불러일으킨다. 자료 수집은 비밀주의 때문에 어려움이 있다. 시계열 자료의 연속성은 끊임없는 (자료 체계의) 재편 때문에 파괴되었다. 원칙적으

---

11) 사용된 통계자료 가운데 일부만이 내 자신의 연구에 기초하고 있다. 그것들 대부분은 다른 학자들의 출판물에서 나온 것이다. 이 책이 갖는 포괄적인 성격으로 인해 1차 자료에만 전적으로 의존할 수는 없었다. 결과적으로 나는 이 책의 메시지를 구체적으로 설명하는 데 적합한 근거를 충분히 제공한다면, 2차 자료들에 만족한다. 대부분의 경우에 출처들은 데이터나 표의 형식을 취한 저작들에 대해서만 언급한다. 이 출판물들은 독자들에게, 가령 국가적 혹은 국제적 통계자료들과 같은 1차 자료들에 대한 상세한 참고문헌을 제공한다.
집계하여 출판된 특정한 표들을 이용할 수 있도록 해준 모든 저자들과 출판업자들에게 이 자리를 빌려 감사의 말을 전한다. 이러한 자료의 차용에 대해서는 이 책의 적절한 곳에서 상술된다.

로는 관찰할 수 있고 측정할 수 있는 것이라 해도, 대부분의 경우 특정 현상에 대한 정기적 관찰과 측정이 이루어지지 않았다. 특히 그 현상이 선전의 관점에서 보았을 때 그 체제를 난처하게 만드는 것이라면, 그러한 관찰과 평가는 누락되는 경향이 있다.

공산당의 단독지배가 끝났거나 동요된 국가들에서는 엄청난 양의 과거 비밀 정보가 햇빛을 보게 되면서, 초창기에 왜곡됐던 보고서들이 재검토되고 수정되고 있다. 비록 초창기 통계상의 위조들이 모두 정정될 것으로 기대할 수는 없겠지만 이러한 과정은 계속될 것으로 보인다. 이용 가능한 통계 보고서들에 대한 계량경제학적 분석과 더불어 일부 데이터의 수정은 언젠가는 사회주의 체제 연구자들로 하여금 초기에 그들이 내렸던 결론을 수정하도록 만들 것이다. 그렇다고 하더라도 필요한 모든 관찰과 자료가 양심적이고 객관적인 방식으로 수집되고 통계적 분석을 거칠 때까지 기다려 그제야 그 이론들의 초안을 작성하려 해서는 안 될 것이다. 결국 관찰, 측정, 혹은 경험적 검증을 수행하도록 자극하는 것은 바로 이론적 분석 그 자체일 경우가 종종 있다.

6. 모델

검증의 주제에 따라 분석에서 사용되어야 할 일정한 방법론적 원칙들이 결정된다. 우리의 과제는 사회주의 국가들의 경험을 일반화하는 것이다. 다른 많은 과학적 저작들과 마찬가지로 이 책은 일반화를 하기 위해 모델들을 도입한다. [12]

예컨대, 투자자원을 통제하는 기관과 이를 필요로 하는 기관 사이의 관계가 지닌 속성을 제시하고 싶다고 이야기해 보자. 이 관계는 1951년 소련 혹은 1985년 체코슬로바키아의 한 국유 공업 기업과 산업부 사이에 존재한 특정한 관계가 아니라, 사회주의 국가들에서의 일반적인 관계를 말하는 것이다. 이러한 경우에는 광범위한 추상을 사용하는 것을 피할 길이 없다. 우리는 국가와 시기에 따라 다른 특징들, 혹은 특정 국가의 특정 시기에 부문과 지역에 따라 상이한 특징들을 무시해야만 하며, 이를 통해 이 모든 특수 상황에서 공통적이고 전형적인 것에 도달해야만 한다. 그렇게 산출된 모델은 어떤 국가, 어떤 시기, 혹은 어떤 부문의 정확한 사정을 정밀하고 상세하게 반영하지는 못한다. 상세한 내용을 잘 아는 사람은 사물이 연구자가 주장하는 방식과 아주 다르다고 항상 이의를 제기할 수 있다. 이러한 있음직한 반론들에도 불구하고, 이 책에서는 추상화, 모델 창출, 이론적 일반화의 절차를 따라 검

---

12) 여기에서 '모델'이라는 용어는 넓은 의미로 이해되어야 한다. 오늘날의 경제학자들은 과학철학의 이러한 기술적 용어를 수학 용어로만 표현되는 모델들에만 적용시키려는 경향이 있다. 수학적 형식화가 모델을 창출하는 하나의 가능한 방식이기는 하지만, 그것만이 확실히 유일한 방법은 아니다. 그것은 장점과 약점을 모두 갖는다. 거기에는 한편으로는 정확성과 엄격성, 다른 한편으로는 현실 묘사의 풍부함 사이의 타협이 존재한다.

　이 책은 '언어적' 모델들('이상형', '원형')을 사용하는데, 이는 득이면서도 동시에 실이 된다. 그러한 조치는 확실히 보다 느슨한, 때로는 거의 모호한 표현으로 이끈다. 반면 그것은 독자들의 관념 연합 위에서 구축될 수 있기 때문에 실생활에 더 가까운, 보다 풍부한 묘사와 분석을 제공한다. 그것은 다양한 추상 수준들 사이의 그리고 단순화 가정들의 다양한 조합들 사이의 잦은 변화를 보다 단순하게 만들어 준다.

　수학적 모델 구축에 관심이 있는 독자들은 다양한 언어적 모델들과 추측들의 형식화와 관련된 참고문헌들을 각주에서 발견할 것이다.

토할 것이다.

이 책이 직접적으로 관찰된 현실이 아니라 '모델들'을 제시하고 있다는 점을 명시적으로 그리고 되풀이해서 강조하지는 않을 것이다. 하지만 독자들은 현실의 단순화, 추상화된 표상들이 제시되고 있다는 점을 시종일관 기억하는 것이 좋을 것이다. 용어 사용법 또한 다양할 것이다. 어떤 곳에서는 '전형적인 상황', '특징적인 구조' 혹은 '원형' 등으로 언급되겠지만, 이 모든 표현들은 그것들이 사용되는 곳에서 '이론적 모델'이라는 용어와 동의어로 이해될 수 있다.

이 책에서는 수많은 규칙성들을 제시할 것이다. 이러한 규칙성들은 단지 병렬적으로 그리고 독립적으로 존재할 뿐만 아니라 서로 간에 아주 밀접한 관계들을 맺으면서 존재하기도 한다. 보다 심원한 성격을 지닌 관계들도 존재하고, 별로 중요하지 않고 보다 피상적인 규칙성들을 설명하는 관계들도 있다. 이러한 규칙성들의 '서열'은 이 책을 끝까지 읽었을 때 명확하게 나타날 것으로 기대한다. 이런 점에서 독자들은 단지 느슨하게 나열된 관찰들뿐만 아니라, 몇 개의 주요 전제들로부터 결론적 생각들의 전체 망을 이끌어 내는 일련의 연역적 사유도 마주치게 될 것이다. 그러한 일련의 사유들을 구성하는 여러 요소들은 다른 저작들에서도 각기 발견된다. 이 책의 독특성은 별로 알려지지 않은 이러저러한 요소들을 서로 밀접하게 연결시키는 연역법에 있다(15장 1절 참조).

7. 평가

지금까지 언급된 것으로부터, 그리고 실증 연구 및 모델 구축 작업에 대한 강조로부터 '가치중립적' 분석이 이루어지게 될 것으로 생각해서는 안 된다. 모든 사회-정치-경제 체제들은 다양한 윤리적 요구사항들을 촉진하는 정도에 따라, 그리고 특정한 가치들을 실현하는 데에 얼마나 도움이 되는가에 따라 평가될 수 있다.

이 책은 독자들에게 나 자신의 가치체계를 주입하려고 하지 않는다. 비록 이러한 가치체계가 주제들의 특정한 선택에서, 드러내 놓은 강조들에서, 사실들이 정리된 방식에서 부지불식간에 나타날지도 모르지만, 될 수 있으면 편파적이지 않으려고 노력할 것이다. 자유, 평등, 사회정의, 복지, 그리고 다른 많은 궁극적 가치들이 체제의 수행을 평가하는 데에서 동등한 역할을 할 것이다. 누군가는 이러한 가치들이 은유적으로 다양한'교과목들'이라고 말할 수도 있다. 이 책은 진지하게 고려해야 할 모든 주제들에서 사회주의 체제의 성적을 매기고자 한다. 이 책은 체제들을 비교할 때 관례적으로 고려되고 또한 체제 자체의 이데올로기에 의해 투사되는 '주제들'을 가능한 한 모두 평가한다.

은유를 조금 더 밀고 나가자면, 성적표가 작성될 때 모든 관련자들 (부모, 교사, 그리고 학생들) 은 각각의 과목에 대해 비중을 다르게 둔다. 어떤 사람은 수학을, 어떤 사람은 체육이나 역사를 최우선으로 고려한다.

만약 사회주의 체제가 어떤 과목에서 어떤 점수를 받을 만한가, 그리고 각각의 특정 가치를 얼마나 잘 촉진시켰는가를 객관적이고도 설득력 있게 결정할 수 있다는 점을 입증한다면, 이 책은 의도한 바를 완료하게 될 것이다. '교과목들'에 의한 이러한 평가는 과학적 작업이다. 이 책이 이러한 과학적 과업을 만족스럽게 수행했다는 것에 대해 다양한 세계관과 다양한 정당 소속 관계를 가진 사람들이 동의할 수도 있을 것이다. 만약 그렇다면, 이 책은 다양한 세계관과 정당 소속 관계를 가진 이 모든 사람들이 자신들의 생각을 명료하게 만드는 데 도움을 줄 수도 있을 것이다.

일단 그렇게 되면, 독자는 자신의 양심과 정치적·도덕적 신념을 가지고 홀로 남게 된다. 이것을 넘어서는 것, 즉 수행의 다양한 구성 요소들에 '비중 매기기'를 하는 것, 그리고 그 체제의 전반적 수행을 자신의 가치관과 대조하는 것은 당연히 독자들의 몫이다.

유토피아, 미래 사회 건설을 위한 '청사진', 전망, 행동 계획 등과 같은 일련의 사회주의적 관념들을 자주 언급할 것이다. 그러나 이 모든 것은 이데올로기의 실제적 효과를 검토하고 어떤 사전(事前)의 구상을 현실과 대조한다는 목적을 위한 부차적 문제 정도로 취급될 것이다. 이 책은 사회주의 사상의 역사에 대해 체계적으로 탐구하거나 평가하지 않을 것이다.

그리고 이 책은 사회주의 체제에 대한 실증적 분석과 평가를 넘어서 규범적 이론을 확립하는 데로 나아가지도 않는다. 이 책은 사회주의 체제에서 일어나는 개혁과정을 서술하고 설명하지만, 개혁과 관련한 독자적 제안을 만들어 내지는 않는다. 사실 나는 사회주의 체제하에 있는 국가들은 체제 변화가 일어날 경우에만 그 사회와 경제의 심각한 문제들을 궁극적으로 극복할 수 있다고 확신하기 때문이다.

제2장 사회주의 체제의 전례와 원형

이 책의 핵심 주제인 고전적 사회주의 체제와 그 체제의 개혁을 검토하기에 앞서, 우리는 사회주의 체제 성립 이전의 시기에 대해 언급해야만 한다. 사회주의와 관련된 지성사를 상세히 다루지는 않겠지만, 매우 중요하기 때문에 마르크스가 사회주의에 대해 가지고 있던 이미지를 간략히 살펴볼 필요가 있다. 그 뒤에 혁명-이전 체제에 관한 간략한 분석과 사회주의 체제의 주요 원형들에 관한 간결한 묘사가 뒤따를 것이다. 마지막으로 사회주의 이전의 사회와 제도화되고 공고화된 고전적 사회주의를 연결하는 시기를 간단히 훑어볼 것이다.

1. 마르크스의 사회주의 이미지

마르크스의 과학적 저술들 대부분[1]은 자본주의와 관련한 것들이었다. 그는 미래의 사회주의 사회에 대해서는 거의 논의하지 않았다. 하지만 그가 산발적으로 언급한 것들로부터 그가 생각한 청사진을 만들어 낼 수는 있다. 비록 그것이 개괄적인 작업에 그칠지라도 말이다. 여기에서 나는 이 장의 주제와 관련된 청사진만을 다룰 것이지만, 이 책의 다른 부분에서도 마르크스의 사회주의에 대한 관념을 여러 차례 다루게 될 것이다.

자본주의에 관한 혁명적 비판가였던 마르크스는 생산력을 발전시키고, 중세의 후진성을 일소하고, 기술적 진보를 증진하고, 생산을 위해 더 나은 조직화와 더 엄청난 집중화를 가져다주는 자본주의의 능력에 대해서는 변함없이 높은 찬사를 보냈다. 마르크스는 이러한 과정이 프롤레타리아트의 착취를 통해서 이루어진다고 주장했다. 자본의 축적은 피착취계급의 빈곤이 심화되면서 일어난다. 그러나 종국에 가서 이 과정은 반드시 혁명으로 귀착된다. 자본가들의 권력은 전복되고, '수탈자가 수탈을 당한다'.

확실히 이러한 일련의 사고들은, 마르크스주의적 표현을 사용하자면, 사회주의가 자본주의를 '대체할' 것이라는 관념을 담고 있다. 사회주의는 자본주의가 완전하게 발전하였을 때, 적당히 성숙한 것이 아니라 완전히 무르익었을 때 도래할 것이다. 사회주의에 의한 대체

---

1) 독자들은 마르크스의 사상과 마르크스주의를 요약한 다음 저작들에 주목할 필요가 있다. T. Bottomore, ed. (1983), L. Kolakowski(1978), G. Lichtheim (1961), D. McLellan(1980)를 참조하라.

는 자본주의 생산체제가 생산력 발전에 장애가 되어 버린 그곳, 또한 사회주의를 위한 물적 조건들을 제공함으로써 자본주의 자체보다 훨씬 더 발달된 생산체제를 위한 길을 닦아 놓은 그곳에서 일어날 것이다. 자본주의는 현대적 과학기술과 공장 내 고도의 조직화를 통해 생산의 대부분이 거대 공업 규모로 이루어지도록 만듦으로써 이와 같은 준비를 마치게 될 것이다. 이러한 고도의 조직화와 생산의 집중화 속에서 오직 소수의 자본주의적 소유자들만 남게 되겠지만, 이들도 일소되어 결국 프롤레타리아트가 생산의 관리를 이어받게 될 것이다.[2]

이상과 같은 사회주의 이미지에 따르면, 생산을 통제하는 것은 대단히 단순한 문제이다. 일단 우리의 시야가 시장의 무정부 상태와 화폐를 매개로 한 상품교환의 복잡성에 의해 방해받지 않는다면, 생산관계는 쉽게 조망된다. 이와 같이 명료한 상황 속에서는 사회의 작업을 여러 개로 분할하여 인간의 필요를 직접적으로 만족시키도록 보장

---

[2] 마르크스는 1870년에 다음과 같이 썼다. "잉글랜드만이 진정한 경제혁명을 위한 지렛대로서 기능할 수 있다. 잉글랜드는 **자본주의적 형태**, 즉 자본주의적 고용주하에서 대규모로 결합된 노동이 이제 실질적으로 전체 생산을 포괄하는 유일한 국가이다. 잉글랜드는 **인구의 대다수가 임금 노동자로 구성되는** 유일한 국가이다. 잉글랜드는 계급투쟁과 노동조합에 의한 노동계급의 조직이 일정 정도 성숙된 유일한 국가이다. … 만약 영주제도와 자본주의가 영국의 고전적 특징들이라면, 다른 한편으로는 그것들의 파괴를 위한 물질적 조건들이 여기에서 가장 성숙되어 있다."(K. Marx, 1870/1975b, p. 118)

엥겔스도 유사한 방식으로 언급했는데, "현재 자본주의적 생산으로 막 전환되고 있는 국가들"이 종국에는 사회주의에 도달할 수 있겠지만, "그것을 위한 필수불가결한 조건은 지금까지의 자본주의적 서구의 사례와 이들의 적극적 지원"이라는 것이다. 그의 주장에 따르면, "자본주의 경제가 자신의 고향과 자신이 번성한 국가들에서 극복되었을 때에만", 좀더 후진적인 국가들이 비로소 사회주의의 길로 들어설 수 있을 것이다(F. Engels, 1894/1963, p. 428).

하는 것이 가능하다.

이러한 사고방식에 따르면, 자본주의하에서 도달한 생산력의 높은 수준과 사회주의적 형태의 경제활동이 작동하게 될 순조롭고 단순한 방식 사이에는 밀접한 논리적 연관성이 존재한다. 마르크스는 가장 고도로 발전한 자본주의 국가에서 최초로 사회주의 질서가 권력을 잡으리라는 것은 자명하다고 생각했다.

2. 체제의 원형

사회주의 체제는 세 가지 원형들로 구분될 수 있다.

  1. 혁명적-과도기적 체제(자본주의에서 사회주의로의 이행).
  2. 고전적 체제(혹은 고전적 사회주의).
  3. 개혁체제(혹은 개혁사회주의). 3)

---

3) 고전적 체제는 3~15장에서 논의되며, 16~24장에서는 개혁체제가 논의된다. 비록 통계표들을 배치하는 데 이러한 구분을 고려하려는 노력이 있었지만, 어떤 곳에서는, 예를 들면 동일한 시기에 걸쳐서 몇 개의 국가들을 포괄하는 국제적 비교를 하는 경우에는 이를 일관성 있게 적용하는 것이 가능하지 않았다. 3~15장에는 개혁경제에 관한 자료들을 보여 주는 많은 표들이 들어 있다.

만약 표가 고전적 체제와 개혁체제에도 동등하게 적용되는 현상들을 탐구하고 있다면, 다시 말해 사회주의 체제의 몇 가지 항구적 특성들이 개혁경제의 자료에 의해 설명될 수 있다면, 이는 확실히 별문제가 없다.

다른 경우에 있어서 표 자체는 고전적 체제와 개혁체제의 상황들 사이에 상당한 차이가 존재했음을 보인다. 그러나 표의 포괄적 성격 때문에 개혁 시기의 나중 자료들이 어쩔 수 없이 3~15장에서 미리 언급되어야만 했다.

이상이 세 가지 모델이다. 역사적으로 어떠한 특정 국가의 체제도 이 세 가지 모델 중 하나에 정확하게 부합하지는 않았다. 또한 이 모델들은 이상적이고 유토피아적인 사회주의에 대한 묘사도 아니다. 이것들은 역사적으로 실현되었던 사회주의에 대한 추상적 차원의 일반화를 제공한다.

얼핏 보면 이 세 가지 원형들은 역사에서 3개의 연속적 **단계**를 가리키는 것처럼 보인다. 혁명 이후에는 과도기적 시기가 이어지며, 그 다음에는 성숙한 고전적 사회주의가 발전한다. 나중에, 꽤 긴 역사적 기간이 지난 뒤, 고전적 사회주의는 개혁사회주의에 길을 내준다.

사회주의의 이러한 단계들 다음에는 체제 변화가 나타나게 된다. 이와 같은 관점에서 그 다음 단계의 원형에 대해 논의할 수도 있다.

4. 탈사회주의 체제(사회주의에서 자본주의로의 이행). 3부에서 이 단계에 대해 반복해서 논의하기는 하지만, 이 단계를 상세하게 고찰하는 것은 이 책의 범위를 벗어난다.

이 원형들을 연속적인 역사적 시기들로 해석하는 것은 단지 시범적인 초기 접근법일 뿐, 전적으로 정확한 접근법이라고는 할 수 없다. 역사의 실제 과정은 훨씬 더 복잡하다. 어떤 국가들의 경우, 그 출현 순서가 상이하거나 각 단계들이 서로 번갈아 일어나기도 한다. 예컨대 소련의 전시 공산주의는 그 이후에 신경제정책(NEP)이라는 특유의 개혁 시기가 곧바로 이어진 혁명적-과도기적 시기로 간주될 수 있다. 이 단계 이후에야 고전적 체제가 완벽히 형성되었다. 중국의 경우, 사건들의 극적 전환이 일어나서 문화대혁명이 시작되었을 때에는 이미 고전적 체제가 등장해 있었다. 그런데 문화대혁명은 이 책이 혁명적-과도적 체제라고 묘사하는 것과 많은 측면에서 닮았다.

역사는 첫 번째 유형이 무한정 지속될 수 없음을 보여 주었다. 이 단계는 진정 과도기적이며, 곧바로 혹은 얼마 후에 고전적 체제로 전환되어야 한다. 하지만 고전적 체제가 필연적으로 개혁사회주의 체제로 대체되리라고 주장할 만한, 한결같고 결정적인 경험적 증거는 없다. 이 글을 쓰는 시점에도 고전적 체제가 여전히 유지되고 있는 국가들 (북한과 쿠바)이 있다. 다른 곳(가령, 동독이나 체코슬로바키아)에서는 사회가 개혁사회주의로 이행하는 대신에 고전적 사회주의에서 탈사회주의적 이행으로 바로 건너뛰고 있다.

앞에서 제시된 유형들 중 어느 하나도 순수한 형태로서 특정한 역사적 시기와 국가에 존재한 적은 없다. 어떤 유형이 지배적일 수는 있지만, 다른 유형의 속성들이 그것에 엉켜 들어가 있다. 그리고 이러한 혼합형은 내부 갈등을 동반할 것이며, 대립하는 경향들을 동시에 표출하기도 한다.

역사 속에서 특수한 시기 동안 특정 국가에서 특정한 원형이 지속된 기간을 측정해 보는 것은 상당히 쉬울지 모르지만, 그 체제가 해당 시기를 통틀어 전혀 변화하지 않고 유지되었다고는 누구도 주장할 수 없다. 고전적 체제의 주요 속성은 스탈린이 자신의 권력을 공고화하기 시작한 때부터 그가 죽기 전까지 형성된 소련의 사회-정치-경제 체제를 통해 명확히 나타났지만(논쟁적으로 말하자면, 그 시기는 1928년부터 1953년까지의 25년간이다), 그 체제는 이러한 특징들이 발전되고 고착되던 처음의 시기와도 달랐고, 마찬가지로 마지막 시기와도 다소간 달랐다. 흐루쇼프(Khrushchev) 집권기(1952~1964년)의 개혁을 통한 과도기적 경험을 한 이후, 브레즈네프(Brezhnev) 집권기(1964~1982년) 동안 고전적 체제는 되살아났다. 하지만 브레즈네프 집권기가 스탈린 집권기와 상당히 달랐다는 사실을 부정하는 사람은 없다. 원형은 시기와 시기 사이의 평균을 반영하려고 한다. 우리가 든 예를 계속 사용해 보면, 스탈린 집권기의 초기·중기·말기와 브레즈네프의 전체 집권기 사이에 공통적으로 존재했던 것을 골라내야 한다는 것이다. 사회에서 오랫동안 지속된 현상에 초점을 맞추어야 하며, 또한 지속한 상태들(예를 들면, 고전적 사회주의와 개혁사회주의 체제들, 혹은 사회주의와 자본주의 체제들)을 비교하는 데에도 주목해야 한다. 특정한 원형이나 사회경제적 체제가 지속된 기간 내에 발생한 단발적 동요들이나 여타 변화들은 통상적인 검토의 범위에서 제외된다.

원형들의 개념적 구조물을 세우는 것은 몇십 년간의 역사를 응축된 형태로 요약하는 데에 도움을 준다. 원형들은 정지된 상태로 머물러 있지 않는다. 그것들은 앞으로 보게 되듯이 역동적으로 변화하는 체제를 보여 주며, 또한 자신들의 행위를 통해서 체제의 특징을 창출해 내기 때문이다. 문학적 비유를 사용하는 것이 더 적합할지도 모르겠다. 이것은 마치 오랜 기간의 역사를 다루는 대하소설을 네 개의 독립적 단막극으로 압축하는 것과 같다. 분명 소설의 많은 부분은 유실되겠지만, 가장 중요한 사건, 등장인물, 갈등들은 압축된 형태로 여전히 단막극들 속에서 분명하게 드러날 것이다.

사건에 대한 사후적 해석에서나 미래에 대한 실제적인 예측에서도, 원형에 대한 이해는 결코 구체적인 역사적 검토를 대신할 수 없다. 그렇다고 하더라도, 이 모델들은 서술뿐 아니라 예측을 위한 연구에서도 유용한 개념적 도구라는 점이 증명될 것이다.

3. 사회주의 혁명 이전의 체제

먼저 사회주의 혁명 이전의 사회체제에 관한 기술을 시작으로 해서 실제 역사 과정을 살펴보기로 하자. 대답해야 할 첫 번째 질문은, 여러 사회주의 국가들이 사회주의 체제를 건설하기 시작하던 시기에 그 국가들의 내적 조건이 얼마나 유사했는가 하는 것이다. 이 질문에 대답하기 위해서는 내부 세력에 의해 사회주의 혁명이 일어난 국가들과 외부 세력에 의해 사회주의 체제가 도입된 국가들을 엄격히 구분해야 하며, 또한 이 두 집단을 따로따로 검토해야 한다. 그런데 최초의 사회주의 국가인 소련의 경우에만 판단을 아주 쉽게 내릴 수 있다. 레닌의 볼셰비키당은 외부 세력으로부터 어떠한 도움도 받지 않고 권력을 잡았다. 다른 모든 사회주의 국가들의 경우에는 이 점이 좀더 불분명하다. 왜냐하면 혁명을 준비하는 세력들은 소련으로부터 (그리고 나중에는 다른 사회주의 국가들로부터) 최소한 도덕적 지원을 받았으며, 많은 경우 그들이 받은 지원은 훨씬 더 실체적인 종류의 것들이었다. 정치적, 조직적, 재정적, 그리고 군사적 지원이 그것이다. 비록 사회주의가 다른 사회주의 국가들로 단순히 '수출되었다'라는 주장이 총체적인 과장일지라도, 대부분의 경우에 내부 세력과 외부 지원이 다양한 비율로 결합된 결과라고 말하는 것은 확실히 사실과 다르지 않다. [4)]

이 연구의 목적과 관련하여 그 비율이 각 국가들에 따라 세부적으로 어떠한지를 검토할 필요는 없다. 대신에 다음과 같은 절차를 적용할

---

4) 소련의 특수한 초기 상태와 역사적 발전이 그 체제의 일반적 특성들을 형성하는 데에 가져온 결과, 그리고 다른 사회주의 국가들에 대한 소비에트 패턴과 소비에트 개입의 영향 등에 관한 질문은 나중에(15장 4절 참조) 논의될 것이다.

것이다.

〈표 2-1〉에 나와 있는 14개 국가들은 〈표 1-1〉에서 제시한 26개 국가들 가운데 대다수 학자들이 외부 지원보다는 내부 세력이 작용한 부분이 상대적으로 컸다고 여기는 국가들이다. 이들 국가에서 공산당은 주로 내부 세력을 통해서 권력을 장악하였다. 그러한 국가들을 모두 〈표 2-1〉에 제시했다고 주장하는 것은 아니다. 하지만 의심의 여지가 있는 경우는 제외시켰다. 또한 공산당이 권력을 잡을 때 외부의 정치적, 재정적, 그리고 군사적 지원이 미미했다고 주장하는 것도 아니다. 다만 이러한 국가들에서 내부 세력은 혁명을 진전시키는 과정에서 핵심적인, 혹은 적어도 상당히 중요한 역할을 담당했다는 점을 말하고자 하는 것이다.

다음 문장의 내용들은 이 표에 나와 있는 국가와 관련하여 사회주의 체제 이전에 이 국가들의 사회-정치-경제 체제들이 공유했던 주요한 몇 가지 특징을 정리한 것이다.

1. 이 국가들은 가난했으며, 경제적으로 저발전 상태에 있었다.[5]
   혁명 이전 이 국가의 일인당 생산 수준은 당시 가장 발전한 국가

---

5) 마오쩌둥(1977, p. 306)은 그러한 사실에 관해 심오한 설명을 제공했다. 1956년에 그는 이렇게 말했다. "우리가 가진 두 가지 약점은 또한 강점이다. 내가 어느 곳에서 언급했던 것처럼, 우리는 첫 번째로 '빈곤'하고, 두 번째로 '백지'이다. '빈곤'이라는 것은 우리가 많은 산업을 갖지 않았고, 우리의 농업이 저발전되어 있다는 것을 의미한다. '백지'라는 것은 우리가 백지상태와 같고, 우리의 문화와 과학 수준이 높지 않다는 것을 의미한다. … 이것은 나쁘지 않다. 빈자들은 혁명을 원하지만, 반면에 부자들이 혁명을 원하기란 어렵다. 높은 과학기술 수준을 가진 국가들은 지나칠 정도로 오만하다. 우리는 그 위에 쓰기가 좋은 백지상태를 좋아한다."

〈표 2-1〉사회주의 국가: 주로 내적인 동력에 의해 혁명을 수행

순서	국가	권력 획득 연도	경제발전수준, 일인당 GDP[a] (미국 = 100)	공산당이 권력을 획득하기 이전	
				외부 종속의 유형	전쟁의 유형
1	소련	1917	21.8[b]	독립 상태	제1차 세계대전
2	알바니아	1944	-	독립 상태, 이탈리아의 점령	제2차 세계대전, 독립전쟁
3	유고슬라비아	1945	14.0[c]	독립 상태, 독일과 이탈리아의 점령	제2차 세계대전, 독립전쟁
4	중국	1949	-	독립 상태, 일본의 점령	제2차 세계대전, 독립전쟁 전후로 혁명전쟁
5	베트남	1954	-	프랑스의 식민지, 일본의 점령	제2차 세계대전, 일차적으로는 일본, 다음으로는 프랑스에 대항한 독립전쟁
6	쿠바	1959	-	독립 상태	국가 안에서의 게릴라전
7	콩고	1963	12.8	1960년까지 프랑스의 식민지	독립을 위한 식민지 투쟁, 권력의 군사적 강탈
8	소말리아	1969	5.4	이탈리아의 식민지	권력의 군사적 강탈
9	남예멘	1969	6.0	영국의 식민지	독립을 위한 식민지 투쟁
10	베냉	1972	5.0	1960년까지 프랑스의 식민지	권력의 군사적 강탈
11	에티오피아	1974	4.5	독립 상태	권력의 군사적 강탈
12	모잠비크	1975	12.4	포르투갈의 식민지	독립을 위한 식민지 투쟁
13	니카라과	1979	21.4	독립 상태	무장 봉기
14	짐바브웨	1980	14.7	과거 영국의 식민지, 사실상 독립	7년간의 게릴라전

주석: a) 혁명 직전 마지막 평화 시기의 데이터가 각 국가의 경제적 발전 수준을 좀더 제대로 보여 주겠지만, 관련 자료의 부족으로 실행에 옮길 수가 없었다. 아무런 표시가 없는 데이터는 1970년의 것이다.

　　　b) 영국과의 비교를 통해 유럽 쪽에 있는 러시아 영토 내에서의 1913년 일인당 국민소득에 기초했다.

　　　c) 1937년의 자료이다.

출처: 가로줄 1은 S. N. Prokopovich(1918, p. 66), 가로줄 3은 É. Ehrlich(1990, 표 8), 다른 모든 가로줄은 I. B. Kravis, A. W. Heston, and R. Summers(1978, 표 4).

들의 생산 수준에 비하면 아주 빈약했다는 사실이 이러한 특징을 명확히 보여 준다.

2. 공업이 차지하는 비중이 낮았다. 이 국가들은 기본적으로 소작농들과 땅이 없는 농업노동자가 인구의 대다수를 차지하던 농업 국가들이었다.

3. 최신 과학기술을 갖추고 최신 방식으로 조직화된 거대 공장들로 구성된 근대 산업 부문이 상대적으로 미약했다.

4. 그들의 사회적 관계와 재산형태는 상당수 전(前) 자본주의적 특징을 갖고 있었다.

5. 소득분배에서 심각한 불평등이 존재했으며 이는 동시대의 발전된 국가들에서보다 훨씬 더 불평등한 수준이었다. 빈부격차는 주민들을 혁명화하는 데 수단이 되었다.

6. 정치체제와 관련하여, 이 국가들 내에는 공고화된 의회 민주주의가 자리를 잡지 못하였다. 이들 모두는 정치적 자유를 상당한 정도로 억압하는 체제였으며, 상당수의 국가들이 폭압적인 독재 정권이었다.

7. 〈표 2-1〉에 나와 있는 국가들 모두는 아니라고 할지라도 상당수의 국가들이 부분적으로 혹은 완전히 다른 국가에 종속되어 있었다. 식민지 아니면 반식민지였으며, 군사적 점령하에 있거나 경제적·정치적으로 더 강하고 더 많이 발전된 이런저런 국가에 종속되어 있었다. 결과적으로 민족 독립 성취가 이 국가들에게는 주요한 의제였다.

8. 이 국가들 대부분에서는 혁명이 사회제도를 휩쓸기 수년 전에 외부의 적에 대항한 전쟁, 내전, 게릴라전, 혹은 빈번한 반란과 같

은 사건들이 존재했다. 이 사건들 가운데, 전쟁은 몇몇 경우에 바로 앞의 7번에서 강조한 상황과 결부되어 있다.

　이러한 특징 가운데 처음의 네 가지는 마르크스가 예견한 부분과 명백히 상치된다. 사회주의는 자본주의가 무르익고 생산력을 발전시키기 위해 가능한 모든 일들을 마친 국가들에서 최초로 출현하지 않았다. 이 국가들에서 상대적으로 빈약한 근대 부문마저도 무시한다면, 사회주의는 거대 단위로 집중된, 발전되고 잘 조직된 생산을 물려받지 못하였다. 더욱이 사회주의는 격변의 과정에서 사회를 장악했다.

　이러한 여덟 가지 사항은 사회주의 혁명 이전에 존재했던 사회-정치-경제 체제의 공통된 주요 특징을 잘 요약해 준다. 이 장의 나머지 부분과 다음 장들에서 나는 혁명 이전 상황의 특징과 새로운 체제 등장 시점의 특징을 몇 차례에 걸쳐 다시 다룰 것이다. 유산으로 물려받은 후진성과 초기 상태의 다른 특징들은 사회주의의 형태에 지울 수 없는 흔적을 남겼는데, 이는 소련과 중국뿐만 아니라 주로 내부 세력을 통해서 사회주의의 길에 들어서게 된 나머지 국가들에서도 깊이 뿌리를 내렸다.

　다음으로 사회주의 혁명이 기본적으로 내부 세력에 의해 일어나지 않은 국가들에 대해 살펴볼 필요가 있다. 이들 국가들은 앞서 제시한 여덟 개의 기준에 비춰 볼 때 매우 이질적이다. 〈표 2-1〉에 있는 국가들에 부여된 특징들은 몽골과 아프가니스탄 같은 몇몇 국가에는 잘 들어맞는다. 그러나 제2차 세계대전 이후 소련에 의해 점령된 동유럽의 대다수 국가들은 〈표 2-1〉에 있는 국가들이 혁명 당시 기록한 저발전 수준을 한참 넘어서 있었다. 체코슬로바키아와 동독과 같은 국가들은 사실상 산업 발전이 가장 고도의 수준에 도달한 국가군에 속했다. 이 국가들은 후진사회에서 역사적으로 처음 실현된 어떤 체제를 받아들이도록 강요당했으며, 이 강요는 말하자면 소련의 공개적이면서도 은밀한 개입에 의한 것이었다.

여기서 우리는 다음과 같은 결론을 내릴 수 있다. '외부의 힘에 의해 혁명이 진행된' 국가들의 초창기 특징들은, 사회주의 체제의 특성을 발전시킨 요인들을 해명하기 위한 향후의 검토 과정의 기준이 되기에는 부적절하다. 적절한 출발점은 〈표 2-1〉에 제시된 국가들의 초기 상황이며, 무엇보다도 소련의 상황이다.

4. 고전적 체제로의 혁명적 이행

이 절에서는 사회주의 이전의 체제로부터 제도화된 고전적 체제에 이르는 기간의 성격에 대해서 간략하게 기술하고자 한다.

이행은 각국에서 다른 방식으로 일어났지만, 기본적으로 자체의 노력을 통해서 사회주의적 경로를 취한 국가들의 경우에는 대체로 공통적인 특징을 찾아낼 수 있다. 여기서는 일차적으로 이러한 공통적인 특징들에 강조점을 두고자 한다. 다음의 요약은 구체적이고 특정한 역사의 기술이 아니라, 여러 국가의 이행 시기에 대한 복합적이고 전형적인 묘사이다.

당시에 일어났던 가장 중요한 행동들을 검토하는 것만으로는 부족하다. 그 시기의 대중적 분위기와 정치적 풍토에 대한 인식도 필요하다. 혁명의 옹호자들은 열정으로 불탔다. 그들은 승리감을 맛보았으며, 역사적 정의를 위한 위대한 행동을 하고 있다고 느꼈다. 수감, 고문, 죽음의 위험을 무릅쓰고 혁명을 위해 싸우면서, 그들은 자신들의 이상을 실현하기 위해 더 많은 희생을 할 준비가 되어 있었다. 그들에게 공동체를 위해 일하는 것은 자명한 의무였다. 열정은 적극적인 혁명가들의 집단에만 한정된 것이 아니었고, 대다수 대중들이 그 열정을 따랐다. 이러한 이유에서 이 단계는 종종 사회주의의 '영웅적 시기'로 이해된다. 6)

'수탈자들에 대한 수탈'이 즉시 시작된다. 공장과 은행 및 다른 기관들의 주요 부분이 국가 소유 혹은 집단적 소유로 전환된다. 생산과 분배를 집단화하는 작업이 즉각 시작된다.

가장 중요한 재분배 조치는 토지 소유자들의 대토지들을 몰수하여 토지 없는 사람들과 가난한 소작농들에게 나눠 주는 것이다.

단지 국유화와 사회주의화의 물결만이 일어난 것은 아니다. 그것은 재산과 소득의 재분배도 수반했다. 혁명 이전의 체제가 안고 있던 심각한 불평등을 생각해 보라. 새로운 체제는 그것을 될 수 있는 대로 빨리 제거하려고 한다. 상층 계급들은 그들의 고소득을 박탈당하고, 그

---

6) 이 명칭은 소련 경제사학자 크리츠먼(L. N. Kritsman)이 소련 전시 공산주의를 연구한 *The Heroic Period of the Great Russian Revolution* (1926)에서 제시했다. 전시 공산주의 시기는 이 책에서 '혁명적-과도기적 체제'로 언급된 원형을 역사적으로 실현한 시기이다. 그것은 이 절에서 묘사된 일반화된 모델의 (전부는 아니지만) 여러 가지 속성과 부합된다.

사회주의 체제 원년과 관련해서, 소련에 대해서는 M. H. Dobb(1948/1960), A. Nove(1969, 3장), L. Szamuely(1974)를 보라. 중국에 대해서는 H. Harding(1986)과 M. Meisner(1986)를, 유고슬라비아에 대해서는 D. D. Milenkovitch(1971)과 F. B. Singleton and B. Carter(1982)를, 헝가리에 대해서는 I. Peto and S. Szakàcs(1985)를 보라.

들이 가졌던 재산 대부분을 몰수당한다. 여러 곳에서 빈곤한 가족들이 실제로 부유한 사람들의 집으로 옮겨 간다. 궁전들은 학교와 노동자들의 휴양지로 접수된다.

대부분의 국가에서 이러한 초창기의 혁명적 변혁은 경제가 붕괴 상태에 있던 내전 시기 혹은 외부의 적들에 맞선 전쟁 시기에 발생한다. 따라서 가장 즉각적인 과업들 가운데 하나는 식량을 공정하게 분배하는 것이다. 기본 식료품들이 적정한 가격에 빈민들에게도 보장될 수 있도록 배급제가 도입된다. 배급제를 비껴가려고 하는 암시장 상인들은 공격당하고 고소당한다.

경제 문제가 아무리 심각하다고 해도, 모든 주민을 대상으로 하는 교육 캠페인이 시작되고, 모든 사람들을 위한 무료 기초 보건이 약속되고, 자녀 양육 휴가가 조직된다.

역사적 정의를 시행하려는 충동은 경제재의 재분배에서만 표출되는 것은 아니다. 귀족, 부자, 구체제의 지도적 정치인들과 관료들이 박해를 당한다. 그들 가운데 다수는 수감되거나 강제노동 수용소로 보내지거나 처형된다. 신체적 폭력과 무자비한 테러는 혁명기의 공통적 부수물이다.

물질적 재화의 몰수와 구 지배계층에 대한 개인적 박해는 법에 의해 허용되지 않은 자생적 행동들과 새로운 입법에 의해 급히 도입된 조치들 모두와 관련 있었다. 이러한 일들은 동시에 일어나며, 또한 진행과정에서 서로 대립하기조차 한다. 사회에는 더 이상 어떤 법과 질서 혹은 법적 안전이 없는데, 그것은 혁명 이전의 내전과 대외전쟁에 의해 이미 파괴되어 왔을 수 있다. 무정부 상태의 징후들은 만연하게 된다.

시작에서부터 국민들은 분열된다. 혁명의 지지자들과 혁명에 무관심한 사람들 혹은 단지 살아남으려고만 하는 사람들과 함께, 혁명적 변화에 대한 적극적 저항자들도 나타난다. 어떤 곳에서는 저항이 소규모의 지역적 행동들로 표출되고, 다른 곳에서는 봉기와 내전을 초래하는 조직된 형태를 취한다. 이것은 더욱 무자비한 보복을 낳는 보복을 통해서 양측에서 폭력의 수준을 점점 더 높이게 된다.

종종 이러한 질문이 제기된다. 만약 마르크스가 기대했던 바가 완전히 충족되었다면, 만약 가장 고도로 발전된 국가에서 사회주의가 권력을 장악했다면, 과연 무슨 일이 일어났을까? 만일 사회주의가 자본주의에 의해 광대한 규모로 발전된 근대적 생산력을 평화 시기에 통제할 수 있게 되어서, 바로 출발 단계에서부터 인민들에게 물질적 재화를 충분하게 공급할 수 있었다면, 과연 어떠한 결과가 나왔을까?

역사적 사실은 사회주의 체제가 어떤 선진 자본주의 국가에서도 내부 세력에 의해 지배력을 갖게 되지는 않았다는 것이다. 혁명을 촉발하고 공산당이 권력을 장악하도록 허용한 것은 앞의 절에서 묘사한 상황(대부분 전자본주의적 성격의 후진성, 빈곤, 현저한 불평등, 극심한 억압, 전쟁, 그리고 그에 따른 심각한 사회 위기)임이 명백하다. 체제의 변화를 위한 이러한 조건들이 앞에서 요약한 특징적 사건들, 곧 승리한 편의 열정과 자기희생, 다른 편의 저항, 급속도로 전개되는 재분배, 사회 질서의 해체 등을 이끌어 내는 동인이었다.

혁명기의 수많은 속성들은 이전의 사건들에 비추어 이해될 수 있고, 그 사건들에 의해 쉽게 설명된다. 이 체제를 지탱하는 여러 요소들이 일시적인 것이기 때문에, 이 시기는 단지 과도기가 될 수밖에 없는 것으로 이해할 수 있다.

아주 드문 경우에만 혁명적 열정과 자기희생이 일평생 지속된다.

위대한 대의와 대중운동에 고취되고 승리에 다가간다는 확신을 가진 보통 사람은 공동체를 위해 자기희생을 할 수 있지만, 이는 오로지 단기적으로만 그렇다. 그 후 그는 평범한 일상생활로 되돌아가기를 원하고, 자신의 행위와 자신이 한 희생 그리고 자신의 물질적 복지 사이의 연관성을 알고 싶어 한다. 사회가 물질적 보상을 베풀고 처벌을 가함으로써 사람들이 일을 잘할 수 있도록 격려하는 것이 사활적 요소가 된다.

모든 부자들이 가능한 모든 것을 몰수당하고 나면, 그러한 방식의 재분배를 할 여지는 사라지고 만다. 생산은 혁명 전후에 발생한 사건들과 이행의 혼란 때문에 축소되었다.[7] 몰수가 아니라 생산이 주민들의 물질적 상태를 지속적으로 개선하는 방식이라는 점이 명백해진다. 이제 그 대부분이 집단적 방식으로 공공의 수중에 들어가 있는 생산은 조직화와 효과적 통제를 필요로 하게 된다.

혁명 이전의 체제는 국가를 후진 상태로 남겨 놓았는데, 혁명가들은 일단 자신들이 권력을 잡으면 이러한 후진성을 제거할 것이라고 권력을 잡기 전부터 약속하였다. 사회가 대내외의 유혈 전쟁으로부터 벗어나고 평화로운 노동을 위한 기회가 다가오면서, 권력을 장악한 사람들은 경제의 생산력을 신속하게 증가시킴으로써 이러한 약속을 이행해야만 한다는 것을 깨닫는다. 그들은 신속하고 눈부신 경제적 성공을 이룩하고자 한다. 더욱이 그들은 자신들의 체제가 군사적으로 위협받고 있다고 느끼고, 따라서 빠르게 군사력을 증강시키고자 하는

---

7) 예컨대, 소련에서 1920년의 산업 생산은 1917년 수준의 21%까지 하락했다. L. N. Kritsman(1926, p. 80)을 참조하라.

바람은 그들의 관심을 신속한 경제성장에 돌리도록 만든다.

앞에서 대략 제시된 목표들의 달성은 이제 무정부적 상황, 법과 질서의 부족, 통제되지 않는 국지적 행위들 때문에 방해를 받는다. 어떤 종류의 규율 없이도 기능을 할 수 있는 사회란 없다. 질서가 회복되기를 원하는 요구가 증가하게 된다.

이 모든 변화된 상황들은 국가가 사회주의적인 혁명적-과도기적 체제를 넘어선 단계로 나아가는 기반을 마련한다. 혁명적 낭만주의와 영웅주의 정신은 예전에 혁명에 열정적이었던 사람들에게서조차 점차 퇴색하고 사라지게 된다. 새로운 체제가 제도화되고 관료화되며, 삶은 정상화된다. 고전적 사회주의 체제가 출현하고 공고해지는 것이다.[8]

이쯤에서 잠깐 주의를 돌려서 동유럽의 특수한 역사적 발전을 고려해 볼 필요가 있다.[9] 유고슬로비아와 알바니아는 기본적으로 자체 노력으로 사회주의의 길을 취했다. 따라서 앞에서 사회주의적인 혁명적 이행의 주요 특징을 요약하여 정리한 모델의 타당성은 이 국가들을 포함하는 데까지 확장될 수 있다. 그러나 3절에서 강조한 것처럼 불가리아, 체코슬로바키아, 헝가리, 폴란드, 루마니아에서 독일의 군사점령을 제거하고, 독일 군대가 패배한 이후 동독을 점령한 것은 소련군

---

8) 혁명적-과도기적 체제가 고전적 체제로 변모해 간 과정은 여러 역사 저작에서 다루어졌다(각주 6번 참조).

9) 동유럽에서 전후 민주주의의 고통스러운 딜레마는 탁월한 헝가리 정치학자 I. Bibo의 1986년 저작에 다시 수록된 1945년과 1946년의 논문에서 논의되었다. 1945년과 1949년 사이의 동유럽 국가들의 정치사 및 그 국가들에 대한 소련의 역할을 다룬 저작들 중에서는 Z. Brzezinski(1961/1967)의 획기적 저작이 언급되어야만 한다. 그 외에는 T. T. Hammond, ed. (1975)와 C. Gati(198 4)를 보라.

이었다. 이들 국가에서 소련의 군사적, 정치적 존재는 사회주의 체제를 제도화하기를 원하고 있던 공산당에 대한 매우 강력한 지지를 상징했다. 소련은 공산당이 종국적으로 완전한 권력을 획득할 수 있도록 하는 국내 정치 상황을 강요하는 방식을 주로 사용해서, 이 국가들에 사회주의 체제를 도입했다.

전쟁 직후 몇 년간 이 국가들에서는 다당제 의회 민주주의가 작동하였다. 이 국가들은 연립정부를 가지고 있었는데, 공산당은 이 연립정부에서 자신들의 득표수보다 더 큰 비중을 차지하였다. 당시에 나타난 경제는 한편으로는 '표준적인' 자본주의적 부문과 다른 한편으로는 사회주의적 요소가 기묘하게 혼합된 것이었다. 점진적인 국유화 과정이 진행되었고, 토지개혁이 대대적으로 실시되었다.

이 시기는 1948~1949년 무렵 공산당과 사회민주당의 합당, 복수정당 체제의 제거와 더불어 종식되었다. 그 이후, 사회주의 체제의 건설은 전력을 다해 고전적 사회주의와 함께 곧장 나아가기 시작하였다.

이 국가들에서 1945~1949년의 시기는 앞에서 묘사한 혁명적-과도기적 체제의 여러 속성들을 가지고 있었지만, 또한 여러 결정적 측면에서 이와 다르기도 했다. 이러한 차이점들은 1945년 이전의 체제가 1945년에 발생한 내적으로 촉발된 사회주의 혁명 대신에 외부 세력인 소련에 의해 파괴되었다는 사실에 의해 정확히 설명된다.

2부

고전적 사회주의 체제의 해부

제3장   권력

사회주의 체제를 이해하는 데에서 핵심은 **권력구조**(*structure of power*)
를 검토하는 것이다. 하지만 권력구조는 경제체제에 관한 많은 비교
연구들에서 거의 주목을 받지 못한다. 내 견해로는 권력구조의 특징
들은 체제의 주요 규칙성들이 도출될 수 있는 원천이다.[1]

　권력을 다루는 이 장과 이데올로기를 다루는 4장은 서로 밀접하게
연관되어 있다. 이 장은 권력의 제도들과 그 제도들이 작동하는 방식

---

[1] 독자들에게 다음의 순서를 고려해 보기를 권한다.
　　3장을 시작하기 전에 15장을 읽는 것도 좋겠다. 15장에서는 고전적 체제를
다루면서 2부 전체를 요약한다. 비록 3~14장을 다 읽을 때까지 15장에 나오
는 몇 가지 개념들이 명확해지지 않을 수도 있지만, 15장의 요약은 이하의 장
들을 보다 쉽게 이해할 수 있게 만드는 다소간 중요한 결론들을 내놓는다. 나
의 제안은 독자들이 15장을 읽은 후에 3~14장을 읽으라는 것이다. 그 뒤에
15장에 다시 도달했을 때, 2부를 연구함으로써 축적된 정보에 기초해서 15장
을 다시 읽을 필요가 있다. 물론, 일련의 연관된 사고 과정은 15장을 미리 읽
지 않아도 명확하게 이어질 수 있다.

을 다룬다. 4장은 그러한 권력을 소유한 사람들의 정치적 행위의 배후에 존재하는 목표, 가치체계, 사상을 다룬다. 이 장은 권력의 육체를, 4장은 권력의 영혼을 다룬다고 말할 수도 있다.

기술과 분석은 간략하게 이루어질 것이다. 왜냐하면 이 책의 주제인 사회주의 체제의 경제라는 관점에서 본질적이라고 여겨지는 특징들에 기술과 분석이 집중하기 때문이다. 역사학자나 정치학자에게 똑같이 흥미로울 수 있는 정치구조의 여러 가지 다른 속성들에 관해서는 논의하지 않는다.

1. 당

한편으로는 국가 법률에 따른 공식 법규와 공포된 내부 규정이라는 의미에서의 특정 조직이나 제도의 공식적 운용 규칙, 다른 한편으로는 조직·제도가 작동하는 방식을 지배하는 실제적 규칙성, 이 양자를 구별하는 것이 사회과학의 기존 관행이다. 이들 2개의 '게임 규칙'은 얼마나 유사하고 얼마나 다른가? 이러한 구별은 당, 국가, 그리고 이른바 대중조직들이 어떻게 작동하는가에 대한 다음의 기술에서 이루어지게 될 것이다.

권력구조에서 근본 기관은 공산당이다(간결함을 위해서 공산당은 이후부터 아무런 단서 없이 일반적으로 모두 '당'이라고 불릴 것이다). 2) 사회

2) 스탈린주의적 당 역사를 대표하는 *Short History of the Communist Party of the Soviet Union*은 오랫동안 소련에서 당의 핵심적 역할을 강조하는 신성한 문서였다. 이 문서는 나중에 동유럽 사회주의 국가들에서도 유사한 기능들을

〈표 3-1〉 사회주의 국가에서 당원 비율(1986)

국가	당원 (천 명)	당원 (인구 비율)
알바니아	147	4.9
불가리아	932	10.4
중국	44,000	4.2
쿠바	524	5.1
체코슬로바키아	1,675	10.8
동독	2,304	13.8
헝가리	871	8.2
몽골	88	4.5
북한	2,500	12.2
폴란드	2,126	5.7
루마니아	3,557	15.6
소련	18,500	6.6
베트남	1,700	2.7
유고슬라비아	2,168	9.3

참조: 당원에 관한 자료들은 당들이 스스로 발표한 자료에 근거한다. 당원 비율은 전체
인구 대비 비율이다. 성인 인구에 대한 비교는 훨씬 높은 비율을 가져올 것이다.
출처: R. F. Staar(1987, pp. 45~47).

주의 국가들은 **단일 정당 체제**를 가지고 있으며, 다른 어떤 정당들도
운영될 수 없다.[3] 당의 권력이 정점에 있을 때, 당원은 전체 인구에서
상당한 비율을 차지하고 있었다(〈표 3-1〉 참조).

당의 조직 규칙 중에서 핵심 원칙은 '민주집중제'이다. 당 가입은 자

수행했다.
　　공산주의 정당들의 역사와 기능에 관한 학술적 저작들에는 다음과 같은 것
들이 있다. 소련의 경우 J. F. Hough and M. Fainsod(1953/1979), J. F.
Hough(1969), 중국의 경우 H. Harding(1981), J. W. Lewis, ed. (1970),
동유럽의 경우 S. Fischer-Galati, ed. (1979) 등이 있다.
3) 중국과 폴란드 같은 몇몇 사회주의 국가들의 경우, 다른 정당들이 심지어 고
전적 체제하에서도 공식적으로 존재했지만, 그들은 실질적 권력이나 정치문제
에 대해 독립적 영향력을 갖지 못했다.

발적이며, 지원자에 대한 승인은 당 지부에서 이루어진다. 4) 당 지부는 특정한 지역 단위(가령, 시 혹은 시의 일부 지역) 혹은 노동 장소(가령, 공장)의 모든 당원들을 책임지는 당의 기본세포이다. 지도부는 지부의 당원회의에서 특정 임기를 기준으로 선출된다. 지부는 당 비서가 이끈다.

지부는 대개 지역적 원칙에 따라 조직된 상위 당 조직의 지시를 따른다. 예를 들면, 지구(*district*) 당 비서가 이끄는 지구 당 위원회는 그 위에 지역(*county*) 당 위원회와 지역 당 비서를 둔다. 피라미드의 최상위에는 중앙위원회, 혹은 소련, 중국, 유고슬라비아와 같이 몇 개의 주로 구성된 연방 국가들의 경우에는 연방 중앙위원회가 존재한다. 전국 혹은 연방 중앙위원회는 통제를 담당할 소규모 집행부를 그 구성원들로부터 선출한다. 이를 칭하는 통상적 용어는 정치위원회이다. 잘 알려진 소련의 용어는 '정치국'(*Politbureau*)이다. 또한 중앙위원회는 당의 지도자(총비서)와 그의 최측근들인 국가 혹은 연방 비서들도 선출한다.

공식적 규칙에 따르면 모든 수준의 당 지도부와 당 비서진은 당원들에 의해 선출되는데, 이는 이미 선출되어 있는 당 지도자들에 의한 선거 위임 혹은 선거 행위를 통해서 직접적으로 혹은 간접적으로 이루어

---

4) 이 책에서 사용되는 특정한 용어('지부', '당 지도부', '당 비서' 등)는 국가마다 다를 수 있다. 그러한 경우에 이 책은 특정 사회주의 국가에 관계없는, 그리고 그들 모두에게 적용 가능한 용어들을 사용하려고 시도했다. 또한 거의 예외 없이 이 책에서는 각 국가들에서 사용되는 특수한 용어들을 열거하는 것을 자제한다.

이 책의 나머지 부분에서 동일한 의미를 가지면서도 국가마다 약간씩 다른, 여타 표준화되지 않은 용어들에 대해서도 동일한 절차를 따르게 될 것이다.

진다. 이러한 선거 절차는 당의 결정이 오로지 선거로 선출된 기관들에 의해서만 가결될 수 있다는 규칙과 함께, 민주집중제 원칙의 민주적 측면을 구성한다. 다른 측면은 집중제이다. 상위 당 기관의 결정은 하위 당 기관에게 의무가 되며, 궁극적으로는 모든 당원들에게 강제된다. 당의 문제는 결정되기 전까지는 논쟁에 붙여질 수 있지만, 결정된 이후에는 논쟁이나 저항 없이 수행되어야 한다.

실제 생활에서 집중제는 대단히 강력하다. 집중제의 공식적 규칙에 따르면 조직은 아래로부터 건설되지만, 실제로 조직은 엄청난 정도로 위로부터 작동한다.

중앙 지도부는 부장, 부부장, 그리고 직원들이라는 하나의 관료적 위계구조로 이루어져 있는 거대한 관리진을 거느린다. 공식적 규칙에 따르면, 결정권은 오로지 선거로 선출된 기관에만 있기 때문에, 임명된 당 관리들은 권력을 갖지 않는다. 실제로는 당 관리들이 업무의 관리에서 거대한 영향력을 행사한다.

형식적으로 총비서는 중앙 지도부의 결정들을 집행하며, 중앙 지도부 회기들 사이에 정치위원회의 결정들을 집행하는 사람일 뿐이다. 하지만 실제로는 총비서의 수중에 거대한 권력이 집중되어 있다. 여기서 가장 중요한 사례로 소련에서의 스탈린의 역할을 생각해 볼 수 있지만,[5] 총비서의 거의 절대적인 권력은, 극단적 형태로든 아니면 다소 덜 극단적 형태로든, 고전적 사회주의 단계에 도달한 모든 사회

---

5) 스탈린에 관한 전기적 문헌은 아주 많다. 가령, I. Deutscher(1966), R. Tucker(1973, 1990), A. Ulam(1973) 등을 참조하라. 특히 터커(Tucker)는 볼셰비키 운동의 성격과 스탈린이 제공했던 카리스마적-테러적 리더십 사이의 상호작용을 보여 준다.

주의 국가에서 조만간 발전하게 된다.

비서의 지위는 어쨌든 규모가 큰 지부에서는 전임직책이다. 중간 수준의 모든 당 기관들과 그리 작지 않은 규모의 지부에는 임명된 당 관리들로 구성된 조직이 만들어진다.

종국적으로 나타나는 것은 당 전체를 아우르는 관료적 위계구조이다. 위로부터 내려오는 지시는 하급자가 반드시 수행해야만 한다. 이러한 상급자와 하급자의 체계하에서는 선출된 관리와 임명된 관리 사이의 구별은 아무런 의미가 없다. 일반적 용어법에 따르면 (비록 전임일지라도) 선출된 당 지도자들과 임명된 당 관리들은 구분 없이 모두 **당 기구**(*party apparatus*)로 알려져 있다.

선출 과정을 보면 명백하게 거꾸로 되어 있다. 실제에서는 선출을 통해 구성되는 당 기관의 사람들이 당 기구의 구성원들을 뽑지 않는 것이다. 대신에, 당 기구가 다음 선거에서 선출직 기관에 결합하게 될 사람들, 그리고 그 사람들이 이후에 비서로 선출할 사람을 고른다. 궁극적으로 당 기구가 누가 당 가입 승인을 받을지, 어떤 당원이 당 기구의 구성원, 다른 말로 하면 당직자가 될지, 그리고 어떤 당직자가 보다 높은 당직으로 승진할지를 결정한다. 유사한 방식으로, 당이나 선출직 당 기관으로부터의 추방도 역시 당 기구의 수중에서 결정된다. 공식적으로는 입당, 승진, 당 기관으로의 진입, 하위 당직으로의 강등, 혹은 추방 등 모든 사항들이 선거 절차나 선출직 기관의 결정에 의해 비준된다. 그러나 이 모든 것들은 대체로 무의미한 형식이라고 할 수 있다. 왜냐하면 선거가 개최되거나 결정이 이루어지기 전에 그러한 것들은 이미 결정되기 때문이다.

2. 국가

공식적인 헌법, 법률, 법규 면에서 볼 때, 고전적 사회주의 체제하의 국가는 여타의 다른 근대 국가들과 유사하다. 국가는 3개의 독립된 부문으로 나뉘어 있다. 바로 입법부, 법률을 적용할 책임이 있는 국가 행정부, 사법부이다. (이하에서는 의회로 부르게 될) 입법부의 구성원들은 일반대중에 의해서 선출된다. 그 뒤에 의회가 정부를 임명한다. 지역 입법부(이하에서는 지방 의회)는 각자의 지역 단위(연방국가의 경우 주, 그리고 주 내에서는 지역(county), 시(city), 읍(township) 같은 각 지역 단위들)에서 작동한다. 이들 지방 의회는 법에 의해 규정된 범위 내에서는 독립적이며, 자체의 집행조직들을 가진다.

많은 사회주의 국가에서 헌법은 그 국가를 주도하는 세력이 공산당임을 단언하지만, 이러한 주도적 역할이 실제로 적용되는 방식은 구체적으로 명시되지 않는다. 첫 번째 방식으로서 당과 국가의 활동들은, 당이 이들 양자의 공동 활동에서 주도적 세력임을 보증하는 방식을 통해 서로 밀접하게 혼합된다고 생각할 수 있다.[6] 비록 국가의 법률은 그것을 명백하게 정의하지는 않지만, 실제로 당의 권한은 다음과 같은 것을 포괄한다.

1. 모든 주요한 임명, 승진, 면직은 다양한 당 기관들에 의해 결정된다. 국가의 법규는 그 문제에 대해 침묵한다. 하지만, 당 규약은 특

---

[6] 1950년대에 나는 헝가리 당에서 최고의 이데올로기 신봉자였던 요제프 레바이 (József Révai)가 적절한 '변증법적' 관찰을 했다고 들었다. "당과 국가는 하나가 아니다. 그러나 그것들은 둘도 아니다."

정 직위가 채워지기 전에 어떤 당 기관의 결정이 요구되는지 보통 명확하게 규정한다. 바꾸어 말하면, 어떤 인사상의 결정이 정치위원회의 우선적 권한인지, 어떤 인사상의 결정이 지역, 시, 혹은 지부에 있는 당 지도부의 우선적 권한인지가 엄밀하게 규정되어 있다.[7] 이러한 선발 관련 우선권은 국가 행정부의 관리들과 주요 경제 관리자들 모두에 해당한다. 당 위원회는 누가 공화국의 대통령이 되어야 하는지, 그리고 누가 의회와 지방정부 선거에 후보로 나갈지를 결정한다. 대부분의 경우 각 자리에 대하여 오로지 한 명의 후보만이 존재하기 때문에, 실제 결과는 당에 의해서 대표들이 선발되는 셈이다. 마찬가지로 당 조직들은 판사와 검사의 임명을 결정한다.

선출된 당 조직의 성원들을 선발하는 데에서 당 기구가 갖는 역할의 중요성에 대해서는 앞 절에서 지적했다. 여기서 덧붙여야 할 것은 당 기구가 다른 인사 문제에 관한 당 위원회의 결정들도 역시 준비한다는 사실이다. 그리하여 당 위원회의 결정은 당 기구에 의해 사전에 제출된 선택을 확정하는 것에 지나지 않는다. 그러므로 당 기구는 입법부, 국가 행정부, 그리고 사법부 구성원들을 선출하는 데에서 핵심적 역할을 한다고 결론 내릴 수 있다.

2. 당 조직들은 책임 있는 국가조직이 자신의 결정에 도달하기 이전에 모든 주요 국가 업무에 대해 결정한다. 정부의 주요 결정들에 앞서 당의 중앙 지도부 혹은 정치위원회가 먼저 결정하며, 지역 의회의 주

---

7) 소비에트 전문 용어로 이러한 규제 기관은 노멘클라투라(nomenklatura)로 알려져 있다. 노멘클라투라라는 용어는 주도 계층을 나타내기 위한 비유적 의미에서도 사용된다.

요 결정들에 앞서 지역 당 위원회가 먼저 결정한다.

3. 당 기구는 국가기구와 직접적으로 접촉한다. 그 결과 일종의 기묘한 중복 현상이 나타나는데, 거기서 당 기구 내의 특정 당직자 혹은 당직자 집단이 국가 활동의 모든 중요한 영역에 대해 책임을 지고 있다. 중앙 당 기구는 공업, 농업, 교육, 문화, 외교, 군사 등을 책임지는 부서들을 갖고 있다. 그러나 이러한 중복 현상은 전적이지는 않다.[8] 하나의 불일치가 규모의 측면에서 나타난다. 보통 당 기구 내에서 특정 영역을 다루는 사람들은 국가조직에서 동일한 영역을 다루는 사람들보다 수적으로 훨씬 적다. 반면 바로 이 소수 인원이 거대한 권력을 가지고 있다. 비록 공식적으로는 결코 지시를 내리지 않지만, 그 소수의 말은 결정적이다.

추가적으로, 그리고 매우 중요하게도, 당 기구의 업무에는 국가기구에 대한 감독이 포함되어 있다. 국가기구는 자신이 발견한 모든 불법행위를 즉각 보고해야 한다.

헌법에 따르면 국가 관료, 의회나 지방 의회의 구성원, 판사 등이 당의 지시에 복종해야 할 의무는 존재하지 않는다. 하지만 그들 대다수는 당원이며, 그것만으로도 당의 지시를 수행할 의무가 있다. 실제로 그들이 수행해야 할 의무는 선출직 당 기관들의 결정을 넘어서 관련된 특정 당직자의 개인적 명령으로까지 확장된다. 이 경우, 그 당직

---

8) 보다 낮은 수준의 당 기관들은 지역적 원칙에 따라서 조직되지만, 각각의 지역 당 기구도 마찬가지로 많은 기능적 국가제도들(산업, 농업 등의 국가 행정부)에 상응하는 기관들을 갖고 있다.

자의 개인적 명령은 당의 결정을 수행하기 위한 것이라고 뭉뚱그려서 정당화된다.

당과 국가가 서로 뒤섞여 있다고 말할 때, 나는 지금까지 당(혹은 오히려 당 기구)이 국가를 지배하는 유일한 방법을 언급했다. 이 '뒤섞임'이라는 용어의 사용은 다음과 같은 환경에 의해서 정당화될 수 있다.

선출직 당 기관들(party bodies)의 어떤 구성원들은 장관, 차관, 국유기업의 최고경영자, 대사, 장군, 경찰서장, 의원 등과 같이 국유 부문의 국가 공무원이나 고위 직책을 가지고 있다. 그러므로 이 정도라면 당이 '국가'에 침투한 것만이 아니라 '국가'가 당에 침투한 것이다.

이러한 뒤섞임 현상은 또한 개인들의 경력에서도 발생한다. 낮은 지위의 당직자로부터 인생을 출발한 누군가는 물론 당 기구 내에서만 승진할지도 모른다. 이는 국가기구에도 동일하게 적용된다. 어떤 개인은 국가기구에 진입할 수 있고, 평생 동안 그곳에 남을 수도 있다. 그렇지만 한 자리에서 다른 자리로 이동하는 것은 결코 예외적이지 않다. 공장 관리자는 시의 당 비서로 승진할 수 있으며, 그 후에 차관으로서 국가 행정부로 복귀할 수 있다. 역으로, 당 비서로 출발해서 대기업의 최고경영자나 경찰서장을 거쳐서 나중에 당의 고위직에 충원될 수도 있다. 이러한 이유 때문에 사회주의 국가에서 그 기능이 수행되는 곳(당에서든 국가에서든)을 굳이 명기하지 않아도, 포괄적 의미에서 '기구 요원', '공직자', 혹은 '간부'라고 말하는 것이 관례가 되어 있다. 또한 이러한 점이 일부 저자들이 당-국가(party-state)라는 용어를 사용하는 근거가 된다.

논쟁에서 항상 제기되는 하나의 논지는 당과 국가의 명백한 중첩이 있음에도, 그들 사이에는 '자연적 분업'이 존재한다는 것이다. 즉, 당은 정치적 기능을 수행하고, 국가는 행정적 기능을 수행한다는 것이다. 그러나 이러한 구별은 이 체제에는 적용되지 않는다. 정치는 삶의 모든 차원에 영향을 미친다. '정치로부터 자유로운' 행정 업무는 존재하지 않는다. 공산당은 스스로 모든 것을 책임지고 있다고 생각하며, 국가조직들과 국가기구 근무자들에게 어떠한 자율성도 허락하지 않는다. 사실상, '당-국가'의 존재와 정치적·행정적 기능의 혼합은 이 체제의 주요 특징 중 하나이다.

3. 대중조직

사회에 존재하는 다양한 조직과 연합체를 총괄적으로 **대중조직**이라고 한다.[9] 대중조직의 주요 특징은 각각 자신의 분야에서 거의 예외 없이 조직적 독점을 가진다는 것이다. 하나의 노동조합운동이, 하나의 청년동맹이, 하나의 여성조직이 존재한다. 과학아카데미만이 과학을 대표할 권리를 가지고 있다. 또한 다양한 전문가 단체들을 특별히 언급할 필요가 있다. 단 하나의 기술자연합, 작가조합, 음악가조합, 영화인조합 등이 존재한다.

이러한 조직적 독점은 대중조직으로 하여금 동시에 권력기관(*authorities*)으로서도 기능하도록 만든다. 많은 사회주의 국가들의 노동조합은 국가예산으로부터 제공되는 복지기금을 운용하며, 복지기금의

---

9) 대중조직에 관한 문헌들 중 독자들은 B. Ruble and A. Pravda, eds. (1986) 와 A. Kahan and B. Ruble, eds. (1979)를 참고할 수 있다. 이 두 책은 노동조합의 역할을 기술하였다.

혜택을 그 구성원들에게만 제공한다. 특정한 예술가 조직의 회원이라는 사실은 바로 그 분야의 예술 활동에 전문적으로 참가할 수 있는 허가증과 같다. 회원 자격이 없으면, 그 분야의 전문적인 예술 활동은 허용되지 않는다.

법적으로 그리고 형식적으로 모든 대중조직들은 자율적이며, 임원들은 조직의 정관에 따라서 직접적으로든 간접적으로든 회원들에 의해 선출된다. 하지만 실제로는 선거에 나갈 후보자를 당이 결정한다.[10] 최종적으로 볼 때, 대중조직의 주요 임원은 기구 요원 혹은 고위 국가 공무원과 마찬가지로 일종의 공직자들이다. 바로 이러한 점에서, 국가 공무원에 관해 앞 절에서 언급한 모든 것들이 대중조직 임원들에게까지 적용될 수 있다. 그들 역시 당의 지휘하에 있다. 왜냐하면 그들이 통과시킨 주요한 결정들은 관련 당 기관이 사전에 결정한 것이기 때문이다. 당 기구의 구성원들은 대중조직의 업무에 적극적으로 개입한다. 공식적으로는 아니지만 실제로는, 그들은 대중조직에게 특수한 조치들을 취할 것을 명령한다. 대중조직의 주요 기능은 궁극적으로 당의 사상과 의지를 각 조직의 영역에 해당하는 사회의 '대상' 부문들(노동자, 청년, 여성)에 전달하는 것이다. 레닌이 말한 것처럼, 대중조직은 당과 대중 사이를 연결하는 '인전대'(*transmission belts*)이다.

---

10) 1929년에 소련 공산당(볼셰비키)은 톰스키(Tomsky)를 노동조합 지도자 직위에서 해임했다(나중에 그는 자살했다). 스탈린의 최측근 중 한 사람이었던 카가노비치(Kaganovich)는 톰스키의 해임에 대해서 다음과 같이 언급했다. "지도부 대부분이 … 교체되었다. 이는 프롤레타리아 민주주의의 위반이었다고 말할 수 있을 것이다. 그러나 동지들, 우리 볼셰비키에게 민주주의는 맹목적 숭배물이 아니라는 것은 오랫동안 알고 있었다."(*Report on the Sixteenth Congress*, quoted by R. Conquest, 1968/1973, p. 41)

앞에서 언급한 뒤섞임 현상이 대중조직에도 마찬가지로 적용된다. 대규모 조직(노동조합, 청년동맹)의 지도자는 흔히 다양한 수준(국가, 지역 및 지부)의 주요 당 기구의 구성원이다. 그들은 당 지도부 내에서는 자신의 운동을 대표하고, 그들의 운동 내에서는 당을 대표한다. 만약 그들이 그들의 운동 내에서 당을 대표하는 데에 실패할 경우, 당은 그 자리에 다른 사람을 임명한다.

공직자들의 경력에 관해서 보았던 것들이 대중조직에도 똑같은 방식으로 적용될 수 있다. 당 혹은 국가에서 보다 고위직으로 승진하는 것은 노동운동 혹은 청년운동 간부들에게 매우 흔하다. 당 및 국가의 공직자가 대중조직에서 보다 높은 지위로 승진하는 것 또한 마찬가지이다.

4. 응집력

당, 국가, 대중조직 등의 당직자들, 또한 국유 부문의 관리자들로 구성된 조직을 총괄적으로 언급하기 위해서, 이 책의 나머지 부분에서는 2개의 용어가 동의어로 사용될 것이다. 바로 **기구**(*apparatus*)와 **관료기구**(*bureaucracy*)이다. 11) 특정한 관료기구(당이나 국가 기구, 혹은

---

11) '관료기구'는 일상회화에서 사용되며, 사회학에서는 몇 가지 다른 의미로 사용된다. 일상회화적으로는 문제를 빙빙 돌려서 다루기, 열성 없는 작업, 그리고 결정 지연하기 등을 의미하여 경멸적 느낌을 갖는다. 사회과학자들에게는, 특히 막스 베버(Max Weber, 1925/1978, chaps. 3, 11) 이후 관료기구는 그것이 훌륭하고 빠르고 인정 많게 작동하든 아니면 나쁘고 마지못해, 비인간적인 방식으로 작동하든 간에 상관없이 특수한 사회적 구성을 의미하는 가치중립적

노동조합과 같은 특수한 대중조직)에 대해 구체적 언급이 없는 경우라면, 이 두 개의 용어는 모든 기구들에 총괄적으로 적용된다. 따라서 이 책의 용어법에 따르면, 당 기구는 관료기구의 일부분 — 관료기구에 외재하는 것이 아니라 그것의 필수적 구성요소 — 이며, 사실상 다른 구성요소들을 지배하는 가장 강력한 관료기구의 일부분이다.

관료기구를 함께 묶는 힘은 무엇인가?

1. 이데올로기. 관료기구, 그리고 특히 그 주도 세력인 당은 특수한 사상, 목표, 가치에 의해 결합되어 있다. 대부분의 관료기구 구성원들은 고결한 목적을 따르는 사람들로서, 그렇게 함으로써 자신들이 당과 인민의 대의, 인류의 공동선과 이익에 복무한다는 확고한 신념을 가지고 오랫동안 힘들게 일한 사람들이다. 이 지점에서 나는 다른 힘들을 언급하기 전에 공동의 이데올로기가 가진 응집력에 대해서만 언급해 두고자 한다. 앞에서 이미 지적했듯이, 이데올로기의 영향력은 너무나 중요하기 때문에, 다음 장 전체는 이데올로기만을 다룰 것이다.

2. 권력. 당을 포함해서 관료기구 구성원들은 권력을 계속 유지하려는 자신들의 의지에 의해 함께 묶여 있다. 관료는 고전적 체제의 파워

이고 기술적인 용어로 사용되었다. 이 책은 관료기구라는 용어를 후자의 입장, 즉 가치중립적인 의미로 사용한다〔그러나, 사회주의 체제하의 관료기구는 막스 베버가 언급한 관료기구와는 많은 면에서 다르다(6장 1절 참조)〕. (옮긴이주: bureaucracy를 일반적으로 '관료기구'로 번역하지만, 때로는 문맥에 맞춰 '관료'로 번역하기도 한다. apparatus는 '기구'로 번역한다.)

엘리트를 구성한다.[12] 물론 권력은 관료기구가 구축되는 다층적이고 위계적인 방식으로 인해 불평등하게 분할된다. 당 기구는 주도적 역할을 한다. 당 기구는 다른 영역의 관료기구보다 '더 강하다'. 고위직들은 하위직들보다 더 큰 권력을 갖는다. 또한 관료기구에 소속된 어떠한 사람도, 최정상에 위치한 최고의 지도자를 제외한다면, 주인이자 하인이라는 사실에 주목해야 한다. 아래에 있는 사람에게는 명령할 수 있지만, 위에 있는 사람에게는 복종해야 한다. 그러나 궁극적으로 사회에서 이 집단은 시민들의 운명을 결정하고 국가의 자원을 배치하면서 다른 시민들을 집단적으로 지배한다. 권력의 소유자로서 관료기구는, 비록 그 구성원들은 항상 변화하지만, 스스로를 무한정 재생산한다.[13]

---

12) '엘리트' 개념에 관해서는 R. Michels(1991/1962)와 V. Pareto(1916/1935)를 참조하라.

13) 몇몇 학자들은 고전적 사회주의 체제의 관료를 지배계급으로 분류한다. 이러한 관념은 L. Trotsky(1937/1970)와 M. Djilas(1957)의 저작에서 처음 나타났다. 그와 유사한 개념들이 J. Kuron and K. Modzielewski(1968)에 의해서 제시되었다.
　　G. Konrád and I. Szelényi(1979)는 지식인 집단이 가지고 있는 잠재적인 계급 권력을 강조했다. 자기 비판적인 추후작업에서 슐레레니는 권력을 분할하려는 관료기구의 의지와 기업가계급의 등장 기회를 다루었던 이전의 자신의 책의 몇 가지 관념을 수정하였다. 그는 I. Szelényi(1988)에서 후자의 지점에 대해 보다 상세하게 논의하였다.
　　물론 이 논쟁에서의 입장은 '계급'(class)이라는 용어를 어떻게 정의하는가에 달려 있다. 계급과 계급 갈등에 대한 대안적 개념들에 관해서는, 그리고 이러한 개념 영역의 근대적 사용법에 관해서는 R. Dahrendorf(1959)를 참조하라. 어쨌든 개념적 어려움은 사회주의 사회의 파워 엘리트를 분석할 때 발생한다. 예를 들면, 필자는 방금 권력 배분에서 나타나는 엄청난 불평등을 언급했다. 따라서 이 책은 고전적 사회주의 체제하에서 권력을 가진 관료기구를 언급할 때 '지배계급'이라는 표현을 사용하는 것을 피할 것이다.

3. 위신과 특권. 관료기구 구성원들은 위신을 가진다. 이는 무엇보다도 먼저 관료기구 내에서 적용된다. 관료기구 내부에서 고위직 구성원은 하위직 구성원들의 눈에 위신을 가진다. 그 체제하에서는, 자체적인 위신의 척도를 가진 학자, 과학자, 예술가, 그리고 스포츠 인사 등과 같이 약간의 예외적 전문직을 제외하면, 관료기구 내부에서 획득한 지위 수준은 서열을 측정하는 유일한 기준이다(이는 다원주의적 권력구조와 사적 소유에 기반을 둔 사회에서의 상황과는 대비된다. 이러한 사회에서는 기업의 성공, 소득, 부가 위신을 측정하는 수단이 된다).14)

고위직에 따라붙는 위신의 최고 사례는 사회주의 국가에서 '개인숭배'라고 불리는 현상이다. 국가의 최고지도자는 문자 그대로 초인처럼 유능하고, 실수하지 않고, 박식한 사람으로서 숭배된다. 고전적 사회주의 체제하에서 나타난 주요한 사례는 가장 거대한 사회주의 국가인 소련과 중국의 스탈린과 마오쩌둥이다. 그와 유사한 개인숭배가 스탈린 시기에 다른 모든 사회주의 국가의 당 지도자를 중심으로 생겨났으며, 심지어 스탈린 사망 이후에도 개인숭배의 많은 특징들이 고전적 사회주의 체제가 지속되는 국가들에서 관찰될 수 있었다.15)

한 국가의 지도자를 둘러싼 개인숭배보다는 작은 규모이기는 하지만, 유사한 징후들이 지역 당 비서 혹은 부문 당 비서의 경우에도 나타

---

14) '동급'에 대한 비공식적 정의뿐만 아니라 공식적이고 의전상의 목적을 위한 정의들도 존재한다. 가령, 이러한 정의는 어떤 국가적 지위(장관, 차관, 부서장 등)가 당직자, 군 장교, 기업 책임자, 대중조직 임원 등과 같은 다양한 등급들과 동일한 서열을 받게 될 것인가를 결정해 준다.

15) 예를 들면, 루마니아의 니콜라이 차우셰스쿠(Nicolae Ceausescu), 쿠바의 피델 카스트로(Fidel Castro), 북한의 김일성 등이다.

난다. 이들은 특별한 아우라(aura)를 소유하고 있으며, 그들의 모든 말은 현명하고 정확한 진실로 간주된다.

위신은 서열에 비례하는 물질적 특권을 수반한다(13장 5절 참조). 비록 고위직과 하위직 간의 상대임금 비율은 자본주의 국가의 관료기구에서 통상적으로 나타나는 비율과 다르지 않지만, 실제 보수는 특별히 높지는 않다. 반대로, 오히려 중요한 것은 보수 외에 물질적 부가급부가 뒤따른다는 점이다. 거기에는 무료로 혹은 매우 낮은 가격으로 제공되는 현물 급부가 포함된다. 또한 관료기구의 공직자들은 공급이 부족한 재화와 서비스에 접근할 수 있다. 그들은 일반 상점에서는 구입할 수 없는 상품들을 제공하는 특별 상점에서 물건을 살 수 있다. 그들은 기관별로 소유한 아파트에 거주한다.16) 그들은 보다 시설이 좋고 덜 붐비는 병원에서 치료를 받는다. 그들은 통상적인 회사 휴양지보다 공급 상황이 더 좋은 폐쇄된 장소에서 휴가를 보낸다. 심지어 이러한 특별한 서비스도 몇 개의 등급으로 나누어 제공되기도 한다. 고위직들은 훨씬 좋은 병원에서 치료를 받고, 훨씬 좋은 제품들이 쌓여 있는 상점에서 쇼핑을 하고, 운전수가 딸린 기관 소유의 자동차를 이용하고, 개인적으로 휴가용 별장을 소유한다. 이러한 물질적 특권들 대부분은 그들의 가족들도 이용할 수 있다.

여기에서 오해는 없도록 하자. 이러한 물질적 특권들이 있음에도, 관료기구 공직자들의 생활수준은 자본주의 사회의 부자들의 수준에는

---

16) 사회주의 국가에서 사용되는 용어에 대한 완전한 번역은 존재하지 않는다(러시아어의 sluzhebnaia kvartira, 헝가리어의 szolgálati lakás). 아파트 혹은 자동차는 고용주(가령, 기업 혹은 정부 부서)에 의해 소유되거나 임대되며, 전체 부가급부의 일부로서 종업원들에게 할당된다.

못 미친다. 그렇지만, 그러한 특권은 그것을 몰수당할 때 하나의 타격으로 다가올 정도로 충분히 크다.

4. 강제. 나는 모든 당원에게 당의 결의와 지시를 실행에 옮겨야 할 의무가 있음을 언급했다. 의심할 여지없이, 상부에서 결정된 조치들을 수행해야 할 의무는 국가 관료에게도 주어진다. 최종적으로 준수가 강제되는 당과 국가의 규율이 만들어진다.

당 내부에는 징벌 체제가 존재한다. 다양한 등급의 견책, 낮은 직무로의 이전, 그리고 궁극적 처벌인 당으로부터의 추방 등이 그것이다. 고전적 체제에서 당으로부터의 추방은 매우 혹독한 처벌이다. 왜냐하면 당 기구 내에서의 공직자 경력이 갑자기 끝나 버리며, 대부분의 경우 국가에 의한 기소가 뒤따르기 때문이다.

국가 규율의 위반은 다른 체제하에서도 관례가 되어 있는 현금 보너스의 철회에서부터 좌천 혹은 해고에 이르기까지의 법적 결과를 가져올 수 있다. 그러나 처벌은 이보다 더 무거울 수 있다. 노동 수용소나 감옥행, 혹은 사형의 구형이 그것이다.

지금까지 나는 당과 국가 규율의 실질적 위반에 따른 처벌에 대해서 언급했지만, 고전적 체제하에서 규율의 개념은 확장된다. 공직자의 의무는 아주 세세하게 내려진 지시들을 맹목적으로 따르는 것뿐만 아니라, 당시에 유효한 정치노선을 충실하게 따르는 것도 포함한다. 이러한 노선으로부터의 이탈은(혹은 극단적인 경우, 그것으로부터의 실질적인 이탈 혹은 이탈 의도만으로도, 또는 그러한 의도를 가지고 있다는 근거가 있거나 혹은 근거가 없는 의혹들뿐이라도) 당의 징계나 국가에 의한 기소를 초래하기에 충분하다. 이는 다음의 문제로 인도한다. 바로 **관료기구 내부의 갈등**이다.

5. 내부 갈등

관료기구와 그 배후의 원동력인 당은 단일체로 이루어져 있지 않다. 다양한 내부 갈등이 그 속에서 나타나기 때문이다. 극도의 억압이 존재하는 시기에는 이러한 갈등이 거의 표면 아래에 가라앉아 있지만, 약간만 느슨해지면 갈등은 다양한 형태로 다시 나타난다.

가장 첨예한 형태의 내부 갈등은 당내 '진영' 혹은 분파의 작동이다. 보통은 매우 느슨하게 조직된 형태를 취하기는 하지만, 사실 진영 혹은 분파는 당 내부의 맹아적 당(당의 맹아)이라고 할 수 있다. 분파는 정치적 중요성을 지닌 문제에 관하여 다른 집단들이 가지고 있는 노선과는 결정적으로 다른 자신만의 노선을 위하여 결집한 집단이다. 예를 들면, 이러한 종류의 독립적인 정치 강령을 가진 집단은 강제적이고 급속한 농업 집단화 계획에 반대한 당 지도자들에 의해 소련에서 형성되었다.

분파의 운영과 독립적인 정치 분파 결성은 공산당 내부 규약에 의해 금지된다. 그러나 특정 시기에 권력을 장악한 정치집단이 자신의 정치노선을 공격하는 집단들을 제거하는 일은 조만간 결국 일어난다. [17]

---

17) 스탈린은 모든 정치적 반대집단에 성공적으로 보복하기 위해서 무자비한 테러를 사용했다. 이에 관해서는 R. Conquest(1968/1973)의 고전적 저작과 S. F. Cohen(1973/1980)의 부하린(Bukharin) 전기를 참조하라. 동유럽의 경우,

이러한 이유들로 인해, 당내에서 정치집단을 형성하려는 시도는 상당히 위험한 것으로 판명된다. 물론 새롭고 근본적인 문제들이 결정되어야 할 때, 새로운 분파들 혹은 적어도 새롭고 보다 느슨한 정치집단의 결성은 대개 다시 나타나게 된다. 그러나 고전적 체제하에서는 어떤 분파든 장기적인 생존능력을 갖춘 안정적인 반대파가 될 정도로 강해질 수는 없다.

또한 당내 갈등은 대단히 많은 차원에서, 예를 들면 다양한 인종 집단 간에 정치적 영향력의 분할을 두고, 혹은 세대 간에 권력 투쟁의 방식으로 나타날 수도 있다. 세대 간에 나타나는 권력 투쟁은 최고지도자를 계승하는 문제가 등장할 때 특히 고조된다.

당 기구는 당 지시의 수행에서 국가와 대중조직이 보여 주는 열정의 수준이 만족스럽지 못하다고 생각할 때 국가와 대중조직에 개입한다. 그러나 이러한 당 기구의 개입은 국가와 대중조직 공직자들의 성질을 돋우며, 이는 또 다른 유형의 갈등을 발생시킨다.

고전적 사회주의 체제가 압력 집단 혹은 로비라고 미국인들에게 알려진 사회적 현상으로부터 전혀 영향을 받지 않는 것은 아니다.[18] 다양한 지부 혹은 산업 부문, 전문 직종, 조합, 그리고 지역 등의 이해

'민족 공산주의'의 실질적인 혹은 혐의가 있는 대표자들이 유사한 방식으로 제거되었다. 당시의 정치노선에 반대하는 집단이 제거되는 잘 알려진 또 하나의 예는 중국에서 마오쩌둥 사후에 일어난 마오의 최측근들인 '4인방'의 재판이다.

18) 이러한 관념을 소련에 적용해서 처음으로 연구한 사람은 H. G. Skilling(1966)과 F. Griffiths and H. G. Skilling, eds.(1971)이다. 이 문제를 놓고 벌어진 광범위한 논쟁은 J. F. Hough(1972), W. Odom(1976), S. Solomon, ed.(1983)을 통해 이루어졌다. 중국 정치 사례에 관한 논의는 K. Lieberthal and M. Oksenberg(1988)가 있다.

를 대변하는 대표자들은 (예를 들면, 자원 배분 혹은 임명과 관련하여) 중앙 조직에 압력을 가하려는 시도를 한다. 어떤 집단들은 당, 국가, 대중조직 관료기구의 여러 부문으로까지 뻗쳐나갈 정도로 확장되어서, 매우 광범위하고 다양한 직책들 속에서 자신들을 대변해 주는 '그들의 사람들'을 가지고 있다. 가령, 농업 로비는 농민 출신의 중앙 지도부 구성원, 농업 지역 출신의 당과 국가의 지도적 공무원들, 농업부 수장들, 농민 유권자를 가진 의회 구성원들, 그리고 농업대학 교수들을 포함한다. '광업 로비', '문화 로비' 등도 존재한다. 각 집단들은 자신들의 목적을 개인적 연줄을 통해서나 정치적 압력을 행사하는 (예를 들면, 대표의 파견, 회의에서의 발언, 신문 기사 게재 등과 같은) 다양한 수단들을 통해서 실현하려고 노력한다.

이 장의 초반부에서는 관료기구의 다양한 부분들을 서로 묶어 주는 응집력을 강조하였지만, 완전한 그림을 그리기 위해서는 그들 간의 갈등도 함께 고찰해야만 한다.

6. 억압, 그리고 권력의 전체주의적 성격

앞의 절들에서는 관료기구의 성격을 기술하였고, 이제 지배 엘리트와 다른 사회구성원들 사이의 관계에 대해 관찰할 때가 왔다.

관료기구는 자신의 정책을 지지하도록 교육과 근대적 정치선전 등 모든 수단을 사용해서 인민들을 설득하기 시작한다(4장 참조). 집회와 대규모 행진은 고전적 체제의 정치적 특징이다. 그러나 그러한 수단을 강화하고 계몽의 언어들을 특별히 강조하기 위해서 억압이 이용된다. 적극적인 정치적 반대와 조직뿐만 아니라 심지어 억눌러 새어 나오는 불평조차도 끔찍한 결과를 가져올 수 있다. 고전적 체제의 가장 극단적 시기에는 고문으로 억지 자백을 받아 내는 일이 흔했으며, 많은 사람들이 투옥되고 노동 수용소로 끌려가고 처형당하였다. [19] 억압은 정치적 장에서 투쟁한 사람들을 넘어서서(3장 4절 참조) 다양한 이유로 사회의 다른 집단들에게로 확장된다. 부유한 농민들, 일부 종교 교파들, 도시 지식인계급의 특정 집단들, 높은 임금을 요구하는 노동자들 등이 그들이다. 고전적 체제의 정치구조가 공고화되었을 때에 대다수 인민들의 정신은 저항이라고는 감히 생각조차 하지 못할 정도로 파괴된다. 이러한 대중 억압은 지도부의 규제와 지시를 강제로 집행하는 기반이다. 이것이야말로 사회에 규율을 확보하게 한다.

많은 의미에서 고전적 사회주의 체제하의 권력구조는 전체주의적 성격을 갖는다. [20]

관료기구의 영향력은 삶의 모든 영역으로 확장된다. 어떤 사회체제 하에서든 국가가 일정한 역할을 하는 일들은 존재하기 마련이다. 국가는 법적 울타리를 세우고, 국가 규제를 발표하여 개입하고, 소비자로서 또는 국유기업의 소유자로서 활동하는 등의 역할을 한다. 어떤 체제하에서는 국가가 개입할 수 없거나 개입하지 않을 '사적' 영역이 존재한다. 그러나 국가와 '시민사회', 국가 업무와 사적 업무 사이의

---

19) 이러한 것을 요약해 보여 주는 가장 중요한 책은 솔제니친(A. I. Solzhenitsyn)의 유명한 책 《수용소 군도》(*The Gulag Archipelago*, 1974~1978)이다.

20) 전체주의에 관한 고전적 연구들로는 전체주의의 심리학에 초점을 맞춘 H. Arendt(1951)의 연구와 전체주의의 일반적 특징을 분석한 Z. Brzezinski and C. Friedrich(1956)의 연구가 있다.

이러한 구별은 고전적 사회주의 체제하에서는 완전히 흐려지고 만다. 물론 관료기구가 모든 것에 관해 결정하거나 규칙을 만들 수는 없지만, 관료기구가 할 수 없는 일은 그것이 실무적으로 어렵기 때문에 발생한다. 관료기구는 원칙적으로 어떠한 문제도 자신의 권한 밖에 있다고 단언하거나, 그 문제에 개입하기를 원하지 않는다고 말하지 않는다(6장 7절, 19장 5절, 19장 6절 참조).

따라서 관료기구의 영향력은 문화, 종교, 가족생활, 산아계획, 이웃관계, 여가 이용, 경력과 고용 선택 등과 같이, 전통적으로 사적인 영역으로까지 확장된다. 모든 경제적 거래가 당과 국가의 관심사가 되는 것은 언급할 필요조차 없다. [21]

관료기구의 권력은 사회 전체에 침투하고 모든 시민들에게 영향력을 행사한다는 의미에서 또한 전체주의적이다. 당 지부, 대중조직, 국가기구, 그리고 각 지역과 노동 장소에 위치한 경찰 당국에 의해서 모든 주민과 종업원에 관한 기록이 남겨진다. 일례를 들면, 모든 성인은 자신의 근무지, 거주지 그리고 가족 상황이 기재된 신분증을 지참

---

21) 몇몇 연구들은 고전적 사회주의 체제를 '군부독재'에 비유했다. 그러한 비유는 몇 가지 이유에서 잘못된 것이다. 그 하나는 군부독재에서 권력은 장군들과 참모들의 수중에 집중된다는 점이다. 이와는 달리 고전적 사회주의 체제하의 관료기구 배후의 주도 세력은 군 수뇌가 아니라 당이다. 물론 군과 경찰조직이 중요한 역할을 하기는 하지만 말이다. 사실 전체주의 사회에서 군부세력은 항상 당의 통제하에 있다. 마오쩌둥이 말했듯이, "우리의 원칙은 공산당이 총을 지배하며, 총이 결코 공산당을 지배하지 못하게 해야 한다는 것이다"(Mao Zedong, 1938/1967, p. 272).

또 다른 이유는 비록 군부독재 체제들(가령, 라틴아메리카, 아프리카, 그리고 아시아에서의)이 주민들에게 잔인한 테러를 가했을지라도, 그 체제들은 성격상 '전체주의적'이지는 않다는 점이다. 어떤 전형적인 군부독재의 주도 집단들도 결코 영향력을 행사하지 않으려 하는 수많은 생활 영역이 존재한다.

한다. 이들 사항 중 어떤 것이 변화해도 신분증에 기록되는데, 사람들은 당국의 명령에 따라 신분증을 제출할 의무를 갖는다. 또 다른 예를 들면, 어떤 시민이 어떤 기능을 수행하더라도, 그 기능이 당, 대중조직, 국가 혹은 경제에서 가장 보잘것없는 것이라고 해도, 그에 관한 정보 사항은 관련 인사부서에 의해 기록될 것이다. 그때부터 이 정보 파일은 그의 나머지 인생 동안 그를 따라다니게 된다. 그가 어디에서 근무하든지 그의 파일과 모든 정보를 이 손에서 저 손으로 끊임없이 인계하는, 유일하고 분할할 수 없는 관료기구가 궁극적으로 존재한다.

마지막으로 권력이 전체주의적이라는 세 번째 관점이 존재한다. 관료기구는 어떤 고정된 법적 체계에도 종속되지 않는다. 헌법이 있기는 하지만 그 조문은 입법자들에게 자유 재량권을 부여할 정도로 너무나 일반적이다. 형식상으로 법률은 의회를 통과해야 하지만, 실제로는 관련 당 조직, 따라서 사실상 당 기구가 법이 규정해야 할 것이 무엇인지를 결정한다. 게다가 심지어 형식적인 측면에서조차 법적 지위를 갖지 않는 국가 규제가 엄청나게 많이 존재한다. 그것들은 정부 혹은 내각 부처의 명령으로 남아 있거나, 혹은 거의 대부분의 경우 단순히 관료기구의 특정 구성원의 개인적 결정권으로 남아 있다. 왜냐하면 관료기구 자체가 자신이 가진 다양한 결정권에 부여하고 싶은 법적 형태를 결정하기 때문이다.

관료기구, 특히 그 내부의 특정 집단들 및 지부들이 명문화된 법률을 실질적으로 침해하는 일은 드물지 않다. 적법성을 침해함으로써 수백만 개인들에게 심각한 피해를 줄 때, 예를 들면 대량 이주, 추방, 투옥, 고문, 처형 등이 존재할 때, 이러한 일은 특히 심각한 상황을 초래한다. 그러나 덧붙여야 할 말은, 만약 권력을 잡은 자들이 원한다면 대중 억압을 위한 '법적 토대'는 언제든지 만들어질 수 있다는 것이다. 집단 혹은 개인들에 대한 박해를 형식적으로 또한 법적으로 인가하기 위해서 법률, 정부 명령, 법원 판결 등이 통과될 수 있다. 이는 관료기구가 법적 체계에 종속되지 않는다는, 이미 앞에서 언급한 주장을 정확히 뒷받침한다. 효력의 방향은 정확하게 정반대 방향을 취한다. 형식적 법체계가 관료기구의 통례적 조치들에 종속하는 것이다.

유권자, 입법부, 관료 조직〔'국'(bureau)〕 사이의 관계를 서술하고 그 관계로부터 관료기구의 행위 규칙성을 도출하고자 하는, 잘 알려진 관료기구에 대한 이론적 모델들이 존재한다.[22] 그러한 모델 중 하나에 따르면, 입법자들은 다음 선거를 목표로 해서 유권자들의 신뢰를 얻는 데에 이해관계를 가진다. 이러한 이해관계를 잘 의식하고 있기 때문에, 입법자들은 그에 맞추어 관료기구에게 지시를 내리며, 관료기구가 어떻게 일하는지를 감시한다. 이러한 모델들 내에서는 관료기구가 입법부에 종속된다.

이러한 모델들은 고전적 사회주의 체제에는 적용되지 않는다. 왜냐하면 이 모델들의 주요 전제들 중 두 가지가 유효하지 않기 때문이다. ① 이 모델들의 가정들과는 완전히 반대로, 입법부는 유권자들에 의존하지 않는다. 그 대신에 관료기구의 구성원들은 관료기구 그 자체에 의해서 임명된다. 따라서 입법부는 관료기구의 한 구성요소가 된다. ② 동일한 이유로 입법부는 관료기구와 분리되지 않으며, 관료기구를 규제하거나 통제하지 않는다. 입법부는 관료기구의 일부이며, 더군다나 종속적인 일부이다.

---

22) W. Niskanen(1971)을 참조하라.

그 결과, 의회 민주주의에서 관료기구가 단독으로 영구히 권력을 획득하거나 독점하지 못하도록 하는, 혹은 경쟁하는 정치세력들 위에 자신을 위치시키지 못하도록 하는 견제와 균형이 고전적 사회주의 체제에서는 작동하지 못한다. 행정부의 법률, 법령 혹은 활동들이 헌법이나 선행 법률과 충돌하지 않도록 견제할 수 있는, 시민들이 상태의 시정을 위해 의지할 수 있는, 그리고 기존 권력에 대항해서 개인들을 보호할 수 있는 독립적인 사법부는 존재하지 않는다.

앞 절에서 고전적 체제의 권력이 단일하지 않다는 것, 권력 속에는 내부 분파 결성과 갈등이 존재한다는 것을 언급하였다. 그렇지만 방금 표현된 보다 좁은 의미에서 볼 때, 그리고 여기에서 제시된 세 가지 기준에 따르면, 고전적 사회주의 체제하의 권력구조는 결국 분할할 수 없는 전체주의적 성격을 지닌다.[23]

---

23) 사회주의 체제를 연구하는 서구의 정치학자들은 전체주의 이론을 극단적으로 해석하여 그들의 저작에 적용함으로써 정치구조 내에서 서로 갈등하는 집단들이 존재한다는 생각에 반대했다. 이 책에서는 이 견해들을 상호 양립 가능하고 보완적인 이론들로서 취급한다. 즉, '100%' 전체주의적인 고전적 체제는 존재하지 않는다. 그러나 동시에 전체주의는 몇 가지 중요한 현상들을 무시한 이론적 모델이기는 하지만, 여전히 실재에 대해 충분히 현실적인 접근이다. 사실, 바로 그렇기 때문에, 전체주의가 서구 학계에서 유행에 뒤떨어지기 시작한 것과 마찬가지로, 동유럽의 반체제주의 학자들은 전체주의의 중요성을 깨달았고 그것을 언급하기 시작했다.

제4장 　이데올로기

이 장이나 이 책의 다른 부분에서 지성사(*intellectual history*)를 체계적으로 분석할 의도는 가지고 있지 않다. 이 장의 목적은 그보다는 좀 한정된 것으로, 고전적 사회주의 체제의 형성, 안정화, 유지에 실질적으로 기여하고 있는 이데올로기의 여러 측면과 그것의 관념, 신념, 약속, 가치, 그리고 도덕적 요청들을 보여 주는 것이다.

1. 공식 이데올로기

여기서 나는 공식 이데올로기에 관심을 갖는데, 공식 이데올로기는 당의 결정, 당 지도자의 연설과 저작, 이데올로기적 주제에 관한 교과서, 언론의 주요 논설, 그리고 여타 공식적인 성명 등에 명문화되어 있다.

완전히 성숙하고 안정화된 고전적 사회주의에서는 주민들의 마음을 사로잡기 위한 대안적 이데올로기 간에 공개 경쟁은 존재하지 않는다. 관료기구는 거의 완전한 이데올로기적 독점을 향유한다. 물론 묵인되는 대안적 이데올로기들이 있긴 하다. 예를 들면, 종교적 사상을 전파하는 것은 불법이 아니다. 하지만 교회들은 실제로 다양한 행정적, 경제적 장애에 부딪치며, 특정한 국가들에서, 그리고 특정한 시기에 무자비한 박해를 당하기도 한다. 공식 이데올로기에 정반대되는 이데올로기들도 역시 나타나지만 오로지 일시적으로만, 그리고 대개는 반(半)합법적으로, 혹은 완전히 불법적으로만 나타난다. 반면에 공식 이데올로기는 당, 국가, 대중조직 등의 방대한 기구에 의해서 제출되고, 언론, 여타 매체, 그리고 교육적, 과학적, 문화적 활동에 의해 뒷받침된다.

공식 이데올로기는 여러 가지 원천으로부터 도출되며 사회주의 사상의 역사에 깊이 뿌리를 두고 있다. 공식 이데올로기는 마치 지질층(地質層)이 형성되는 것과 유사한 방식으로 쌓이며 단단히 굳어 간다.

그중에서 가장 깊은 곳에 있는 층은 초기 사회주의자들의 사상, 그리고 나중에는 특히 마르크스의 사상이다. 또한 이것들에 연결되어 있는 것은 사회주의 혁명 이전 유럽 노동운동의 지적 전통이다.

그 다음 층은 나중에 사회주의 국가로 전환한 국가들의 혁명운동이 가졌던 관념, 열정, 그리고 가치로 구성된다(1장 2절, 2장 3절 참조).

그 다음에는, 혁명적 야당에서 전적인 책임을 지는 집권당으로 이행한 공산당의 경험으로부터 혁명적-과도기적 단계에 생겨난 일련의 관념이, 그 시기에 그들이 인민에게 행한 공약과 함께 등장한다.

이 모든 층은 고전적 사회주의 체제가 구축될 때 나타나는 이데올로기적 요소들과 중첩된다. 이것들은 그 체제의 발전과 안정화 겸 경직화(stabilization-cum-rigidification)와 대단히 밀접하게 연결된다. 왜냐하면 이것들은 이러한 과정들을 조장하고, 실제로 발생한 것들을 정당화하기 때문이다.

소련의 경우, 공식 이데올로기의 이 마지막 층은 스탈린과 개인적으로 관련되기 때문에 많은 사람들이 스탈린주의라고 부른다. 스탈린주의의 영향력은 소련의 국경을 넘어서 모든 사회주의 국가의 공식 이데올로기 속에서 강하게 느껴진다.

이러한 이데올로기의 형성에는 각국의 당 지도자들이 공헌하였기 때문에, 1) 고전적 사회주의의 공식 이데올로기는 국가에 따라 다양하다. 시간이 경과함에 따라 다양한 종류의 변화도 나타난다.

다양한 층들은 서로 무관하지 않다. 공식 이데올로기는 보다 이전의 층들에 존재하는 사상들, 잊혔거나 체제의 '무의식' 속으로 가라앉은 사상들, 그리고 새로운 중요성과 배경을 획득한 사상들로부터 쓸모 있는 부분을 선별하면서 발전한다.

이 장에서 궁극적으로 시도하려고 하는 것은 몇 가지 변이로부터 일반적인 것을 추출하고, 고전적 사회주의 체제가 작동하는 모든 국가의 공식 이데올로기 속에서 고도로 공통적이고, 특징적이고, 지속적인 특성들을 규명해 내는 것이다. 2)

다음 절들에서 공식 이데올로기에 대해 반론을 제기하지는 않는다.

---

1) 마오쩌둥이 수행한 역할은 특히 주목할 만하다. 마오쩌둥은 스탈린 이후 자신의 국가 외부에 가장 거대한 영향력을 행사한 지도자였기 때문이다.
2) 공식 이데올로기의 어떤 요소들은 나중에 논의될 것이다(5장 7절, 7장 1절, 19장 3절, 21장 1절 참조).

공식 이데올로기는 기술(記述)과 분석을 위한 주제에 지나지 않기 때문이다. 여기서 이러한 기술에 관련하여 유일하게 정당한 요구는 주제를 왜곡 없이 충실하게 묘사해야 한다는 것이다. 나는 내가 진행하는 작업이 나 자신의 관점이 아니라 공식 이데올로기에 관한 하나의 해석일 뿐이라는 사실을 되풀이해서 지적하지는 않을 것이다. 고전적 체제의 공식 이데올로기에 관한 논쟁은 여기에서 다루지 않지만, 이후의 장들에서는 공식 이데올로기를 고전적 체제하의 현실과 비교할 것이다.

2. 고전적 체제의 우월감

공식 이데올로기의 지지자들은 사회주의가 인류를 구할 것이라는 메시아적인 신념을 가진다. 사회주의 체제가 자본주의 체제보다 우월하다는 확신은 공식 이데올로기의 가장 중요한 구성요소이다. 이러한 확신의 배후에 있는 주요한 가정은 사회주의적 생산관계가 자본주의적 생산관계보다 생산력 발전에 더 우호적인 조건들을 제공한다는 것이다. 몇 가지 요소들이 이를 암시한다.

사회주의는 효율성을 손상시키는 자본주의의 몇 가지 속성들을 제거할 수 있다. 시장의 무정부성과 수요와 공급의 불안정한 동요는 자원 배분의 총체적 실패를 유발한다. 이러한 문제들은 계획에 의해서 극복될 수 있는데, 계획은 대량실업을 없애고 무엇보다도 대량실업에 따른 가장 중요한 생산력, 즉 인간의 낭비를 없앤다. 계획은 과잉생산 위기와 그로 인한 막대한 손실을 피할 수 있게 한다. 3) 사적 재산에 기초한 경쟁은 사업 비밀 유지를 유도하지만, 사회주의에서 혁신은 공동의 재산이 된다. 경쟁은 값비싼 광고의 급증, 상품 모델과 유형의 끊임없는 변경 등과 같은 낭비를 유발한다. 이것들은 사회주의가 없앨 수 있는 것들이다. 마지막으로, 사회주의는 착취계급에 의한 기생적 소비에 자원을 낭비하는 것을 끝장낸다.

사회주의는 사적 재산, 경쟁, 시장에 의해 야기되는 낭비를 방지하는 것 외에도 부가적인 장점을 갖는다. 착취로부터 해방된 노동자들은 착취받는 프롤레타리아보다 더 열광적으로, 더 성실하게 일한다. 이러한 열광 덕분에 실적은 향상되고 감독비용은 줄어든다. 노동에 대한 책임과 열광은 사회 발전의 최고 단계인 공산주의가 도래할 때까지 계속 증가할 것이다. 공산주의가 도래하면, 그것들은 모든 사람의 생활에서 욕구(need)가 되며, 따라서 노동에 대한 인센티브를 제공하는 데 드는 사회적 비용, 돈을 벌기 위해 상품을 판매하는 데 드는 사회적 비용, 시장의 잔존물을 유지하는 데 드는 사회적 비용 등도 모두 없앨 수 있다.

사회주의의 우월감은 자본주의가 사회 진보에 공헌하는 단계를 넘어섰으며, 이미 쇠퇴의 많은 조짐을 보여 준다는 확신과 연결된다. [4]

---

3) 이러한 우월성을 가장 잘 보여 준 역사적 계기는 서구가 1929년 대공황의 엄중한 결과로 고통을 받았을 때이다. 이 시기 생산은 후퇴하였으며 수백만 명이 직장으로부터 내팽개쳐졌다. 반면에 소련의 경우, 제1차 5개년 계획을 힘차게 수행하고 있었다.

4) 알바니아의 장기집권 지도자 엔버 호자(Enver Hoxha)는 이런 식으로 표현했다. "'미래 사회'로서 부르주아지가 그토록 떠들썩하게 광고하고 극구 찬양했던 이른바 소비자 사회는 부패하고 쇠퇴하는 사회에 불과하다. 소비자 사회는 자본주의가 숨기려고 애를 썼지만 그러지 못한 오래된 만성 병폐를 점점 더 드

마르크스는, 그리고 나중에 레닌은 사회주의의 우월성이 윤리적 차원이 아니라(또는 그보다는 주로) 경제적 성취를 통해 명백해진다는 점을 강조했다.[5] 고전적 사회주의의 공식 이데올로기는 이러한 경제적 우월성이 그 체제 자체로부터 도출된다는 신념을 반영한다. 사회주의는 위대한 업적을 성취한다. 그러한 업적은 주민들이 엄청난 희생을 하기 때문이 아니라, 혹은 자본주의 국가보다 경제정책이 더 발전되었기 때문이 아니라, 바로 그 체제의 기본적인 속성들 덕분이다. 체제의 기본적 속성들 덕분에 일단 초기의 불리한 점이 극복되면 조만간에 체제의 우월성이 명백하게 나타나게 된다.[6]

고전적 체제의 종말을 암시하는 주요한 지표들 중에는 그 체제의 경제적 우월성에 대한 이러한 무조건적인 신뢰가 흔들린다는 사실이 존재한다. 심지어 사회주의 옹호자들조차도 사회주의가 필연적으로 혹은 자동적으로 자본주의보다 훨씬 더 경제 실적을 향상시킬 수 있는지에 의문을 갖기 시작하며, 자본주의가 체제 간 경쟁에서 몇 가지 괜찮은 성공을 거두었음을 인정하게 된다. 일단 자본주의가 가진 어떤 특징들이 어찌되었든 모방할 필요가 있거나 사회주의에 추가할 필요가 있다는 관념이 관료들에게 침투되기 시작하면, 그 체제는 고전적인

러내고 있다. 그러한 일들은 우리에게는 결코 발생하지 않을 것이다."(E. Hoxha, 1975, p. 9)

5) 예를 들어 레닌의 언급을 참조하라. "사회주의는 자본주의에 비해서, 그리고 자본주의가 성취한 그 기초 위에서 훨씬 높은 노동생산성을 요청한다."(V. I. Lenin, 1918/1969b, p. 248)

6) 헝가리의 저명한 마르크스주의 철학자 게오르그 루카치는 다음과 같이 말했다. "나는 언제나 최선의 자본주의에서 사는 것보다는 최악의 사회주의에서 사는 것이 더 낫다고 생각해 왔다."(G. Lukács, 1971, p. 58)

상태로부터 이탈하기 시작한다.

체제 간 경쟁에서 가장 중요한 기준으로 간주되지는 않지만 사회주의가 갖는 우월감의 또 다른 중요한 요소는 도덕적 우월이다. 공식 이데올로기에 따르면 사회주의는 사회적 정의와 평등을 보장하는, 보다 순수하고 고귀한 체제이다. 이런 체제하에서 대중들은 스스로 변화하여 자발적으로, 그리고 점점 더 열심히 공익에 봉사함으로써 그들 자신의 이기심과 개인주의를 극복한다. 이러한 관념은 스탈린주의 이데올로기에서 나타나지만 마오주의(*Maoism*)에서 특히 결정적 역할을 한다. 그리고 이것은 우리를 이전의 논의로 돌아가게 한다. 즉, 인간 본성의 심오한 변화는 사회주의의 경제적 우월성을 보장하는 하나의 중요한 요소라는 것이다.

이 책은 **가치**(*values*)의 문제를 반복해서 검토할 것이다(1장 7절 참조). 철학적 용어를 사용하자면, 이 책은 사회의 어떤 집단이 **내재적 가치**(*intrinsic value*)를 갖는다고 간주하는 사회적 현상들을 열거하고, **기본재**(*primary goods*)로 간주되는 것들과 단순히 다른 어떤 내재적 가치 혹은 기본재를 획득하기 위한 수단이나 도구로 간주되는 것들을 구분할 것이다. 공식 이데올로기는 사회주의 체제의 창출과 유지가 그 자체로서 가치 있는 것, 즉 하나의 기본재라고 주장한다. 비록 사회주의 체제가 특정한 지점에서는 그 고유한 특성들이 만들어 낼 수 있는 성과를 산출하는 데 실패한다 하더라도, 조만간에 그 체제는 성과를 내놓게 될 것이다. 결국, 성과의 어떠한 단일 요소(가령, 물질적 부, 효율성, 혹은 공정한 분배)든지 그것은 속성상 오로지 수단에 불과한 성격을 갖는 것으로서 사회주의 질서를 창출하고 방어하는 실질적 목적을 위해서 존재한다. 이러한 성과 요소들은 확실히 사회주의 체제의 부산물로서 나타날 것이다. 그 요소들이 나타나기까지 어떤 지체가 존재하더라도 말이다. 가장 중요한 것은 사회주의가 성취되었다는 사실 그 자체이다.

3. 기본적 약속

공식 이데올로기의 중요한 요소 중 하나는 권력을 장악할 때 당이 주민들에게 행한 기본적 약속으로 구성된다. 비록 즉각적인 미래가 아니더라도 적어도 나중에, 10년 혹은 20년 후에 있을 것으로 예상되는 주요한 성취란 무엇인가?

고전적 체제는 전형적으로 혁명 이전에 가난하고 후진적이었던 국가에서 출현한다. 대부분의 경우, 국내외에서의 전쟁을 동반한 과도기의 혼란이 경제성장이라는 전선에서 해당 사회주의 국가와 산업화된 국가들 사이의 격차를 크게 만들었다. 기본적 약속은 이런 식으로 제시된다. 곧 그러한 격차가 좁혀질 것이며, 사회주의 국가들은 가장 고도로 발전된 자본주의 국가들을 따라잡을 것이다. 앞 절에서 언급했듯이, 그러한 잠재력은 체제의 우월성에서 비롯한다. 그러나 그것은 개발되어야 할 잠재력일 뿐이다. 이 잠재력은 성장을 자극하는 데 자원을 집중함으로써, 그리고 고도성장을 위해 희생함으로써 실현될 수 있다(9장 참조).

자본주의 경제를 따라잡겠다는 이러한 약속은 반복적으로 말해진다. [7] 비록 그러한 메시지가 그 성격에 따라서 국가마다 상이한 형태를 취할 수 있겠지만, [8] 그것의 기본 내용은 동일하다. 역사적으로 가까운 장래에 자본주의의 경제발전 수준에 도달할 것이며, 나아가 능가하게 된다는 것이다. 고전적 체제의 공식 이데올로기가 가진 몇 가지 중요한 특징이 여기서 나타난다. 체제가 가진 장점에 대한 자신감과 확고한 신념, 현재의 문제들은 그저 일시적인 것이며 곧 보다 나은 생활이 존재할 것이라는 희망, 그리고 전도유망한 미래를 위해서 노동하고 희생하자는 독려 등이 그것이다.

또 다른 약속들은 시민들의 생활방식과 체제가 수행해야 할 의무와 관련된 것이다. 출발할 때부터 빈곤과 후진성을 물려받았기 때문에 사회주의 체제는 여전히 내외부의 적들과 초기 단계의 투쟁을 벌이고 있으며, 당국이 높은 경제발전 수준을 가진 복지국가들이 시도한 것과 유사한 역할을 맡으려 할 때에도 여전히 비참함과 혼돈이 존재한다. 모든 사람들이 자신의 과제를 적절하게 수행하기만 하면, 나머지 모든 것은 국가가 돌봐 줄 것이다. 이데올로기의 이러한 요소들은 부분적으로는 노동운동과 유럽 사회주의 정당의 지적 전통으로부터 유래하였으며, 부분적으로는 극도로 불평등한 체제하에서 활동하면서 자신들이 권력을 장악하면 그러한 부당한 부의 분배를 없애겠다고 맹

---

7) 동독의 경우, 오랫동안 그 슬로건은 "Überholen, ohne Einzuholen"(추격함 없이 추월한다)이었는데, 이는 사회주의가 어떤 결점도 재생산함이 없이 자본주의를 이기게 될 것이라는 것을 의미한다.

8) 그러한 관념은 스탈린에 의해서 처음으로 틀이 만들어졌고, 흐루쇼프에 의해서 국정과제로 부활하였다. 흐루쇼프는 이것을 1960~1967년의 7개년 계획의 과제라고 말했다: 1967년경에, "혹은 아마도 조만간에 소련은 물리적인 생산량과 일인당 산출량 모두에서 세계 최고가 될 것이다. 이는 자본주의와의 평화로운 국제 경쟁에서 사회주의가 거둔 세계사적 승리가 될 것이다"(N. S. Khrushchev, 1960, p. 56).

세하던 혁명운동들의 강령으로부터 유래했다.

제공해야 할 최초의, 그리고 아마도 가장 중요한 요소는 일자리이다. 즉각적으로는 아니지만 가까운 장래에 완전고용이 존재하게 될 것이다. 일할 수 있는 모든 사람들은 일할 수 있는 헌법상의 권리를 갖는다.

몇 가지 다른 공급 항목들도 역시 시민의 권리로서 주어져야 한다. 주민들에게 식품, 주거지, 보건, 교육, 휴가, 그리고 문화적인 재화와 서비스와 같은 기본적 요소들을 제공하는 것은 국가의 의무이다. 약속을 이행하려는 진지한 의도를 보여 주는 전형적인 첫 번째 징후들은 다음과 같다. 기본적인 식품은 국가 보조를 통해 매우 낮은 가격으로 판매되며, 많은 경우에는 구매 능력을 평준화하는 배급제를 통해서 판매된다. 도시의 아파트 단지는 국유화되고, 임대료는 국가 보조 덕분에 매우 싸게 책정되며, 임차권은 당국에 의해서 배정된다. 단일하고 보편적인 국가〔혹은 반(半) 국가 그리고 반 조합〕사회보장체계가 도입되고, 주민들에게 무료로 보건 서비스가 제공된다.[9] 교육 역시 무상이다. 노동조합은 무료 혹은 극히 싼값에 휴가시설들을 분배한다. 책, 축음기 음반, 그리고 극장 좌석에도 큰 폭의 보조금이 지급된다.

비록 약속을 이행하려는 초기의 실질적인 조치들이 가격과 조세 정책을 통해서, 그리고 다양한 기관(가령 식량분배기관, 주택관리소, 사회보장센터, 그리고 기업이 운용하는 문화센터와 휴양센터 망)을 설립함

---

9) 대부분의 사회주의 국가에서 보건은 고전적 체제가 공고화되는 후기 국면에 가서야 시민의 권리로서 전체 주민을 포괄할 정도로 확대된다. 초기에는 그러한 권리가 오로지 국가 부문에 고용된 사람들에게만 주어진다. 몇 가지 다른 '기본적 욕구' 및 국가에 의한 그것들의 공급에서도 상황은 마찬가지다.

으로써 처음부터 곧바로 취해진다고 할지라도, 약속의 완전한 이행은 결코 이루어지지 않으며, 결코 이루어질 수 없다(13장 7절 참조). 고전적 체제의 전체 시기를 통틀어 공식 이데올로기가 내세운 약속들과 체제의 실질적인 경제 실적 간에는 엄청난 긴장이 형성된다. 시간이 경과할수록, 초기의 약속을 이행하지 못하는 이러한 실패는 무거운 부담으로 다가온다(18장 3절 참조).

4. 권력의 자기-정당화와 가부장주의적 성격

공식 이데올로기가 갖는 중요한 요소 중 하나는 권력구조와 그 구조 내에서의 당의 역할에 대한 관점이다. [10]

공식 이데올로기는 고전적 체제가 독재적이라는 사실을 조금도 숨기려 하지 않는다. 왜냐하면 공식 이데올로기는 존재하는 모든 정치 체제를 독재로 간주하기 때문이다. 누구에 대해 누가 독재를 행사하느냐가 문제가 될 뿐이다. 부르주아 사회의 경우 부르주아지의 독재

[10) 공식 이데올로기의 형성된 지층(地層)을 고려할 때, 이 시점에서 가장 깊숙한 혁명 이전 지층으로까지 파고들어 갈 이유는 존재하지 않는다. 마르크스는 권력구조의 주제를 다루지 않았으며, 그가 혁명 이후 권력에 관해 약간이나마 짧게 언급한 것들은 매우 일반적이었다. 그가 그렸던 프롤레타리아 독재는 결코 관료적 권력이 아니라 일종의 집단주의적 자주관리(*collectivist self-management*)를 의미한다.

여기서 묘사되는 관념들(권력과 관련된 고전적 체제의 공식 이데올로기의 요소들)은 발생한 상황을 설명하고 이데올로기적으로 정당화하기 위해 권력 장악 이후에 개발되었다. 이러한 관점들의 전개는 주로 레닌과 스탈린의 노력들과 관련되어 있다.

가 존재한다. 사회주의 체제에서는 프롤레타리아트가 부르주아지에 대해 독재를 행사한다. 공식 이데올로기에 따르면, 근로 농민과 여타 사회 계층은 프롤레타리아트와 동맹하며, 그들은 프롤레타리아트의 권력을 지지하지만, 그들 자신은 권력을 갖지 않는다. 그리하여 권력을 장악한 사람들은 자신들이 계급 정책을 추구하고 있음을 공공연히 인정한다.

노동계급이 직접적으로 권력을 행사하는 것은 아니다. 노동계급은 당에 의해서 대표된다. 당은 노동계급의 전위이며 그리하여 궁극적으로는 사회 전체의 전위이다. 그 자체로서 당은 사회를 지도할 운명을 갖는다.

특정 정치집단이 권력자의 정책을 반대할 경우, 이는 정책에 문제가 있음을 의미하는 것이 아니다. 반대로 그것은 해당 집단이 둔감하고 악의에 차 있거나 노골적으로 적대한다는 것, 즉 그들이 내외부에 있는 계급의 적(class enemy)의 대변인이라는 것을 의미한다. 그러나 공식 이데올로기는 훨씬 더 나아간다. 광범위한 대중적 반대도 인민들의 어떤 계층이 권력자들을 지지하지 않는다는 주장에 대한 증거가 될 수 없다. 당은 인민의 이해가 요구하는 것을 인민 자신들보다 더 잘 알고 있다. 이것이야말로 엄밀하게 '전위'가 의미하는 바이다. 11) 당은 혁명을 지도하고 혁명의 적들을 패배시킴으로써 인민들을 인솔할 수

---

11) 1953년에 동베를린 인민들이 폭동을 일으킨 뒤(동유럽에서 일어난 첫 번째 폭동) 소련의 탱크에 의해 진압되었을 때 동독에 거주했던 시인 베르톨트 브레히트(Bertolt Brecht)는 다음과 같이 야유 섞인 시를 썼다. "인민들은 정부에 대한 확신을 잃어버렸다. … 차라리 정부가 인민을 해산시켜 버리고 다른 인민들을 선출하는 것이 더 간단하지 않겠는가?"(B. Brecht, 1967, p. 1009)

있는 자신의 능력을 증명한 조직이다. 공식 이데올로기에서 '과학적 사회주의'라 불리는 관념과 방법들은 그것을 알고 도입하는 사람들에게 다른 어떤 관념과 방법들의 옹호자들과 비교했을 때도 지적 우월성을 보장한다. 왜냐하면 그것은 그들에게 어떤 새로운 상황을 이해하고 그것이 노정하는 새로운 과업들을 식별하기 위한 믿을 만한 나침반을 제공하기 때문이다. 그 덕분에 당은 당 외부에 있는 수많은 사람들보다 인민의 이익을 더 잘 이해할 수 있으며, 따라서 권력자들은 다른 정당들이 참여하는 선거과정의 통제를 받을 필요가 없다. 사실, 선거의 통제를 받는 것은 중대한 실수나 인민에 대한 범죄행위가 될 수 있을 것이다. 다수의 표가 인민의 진정한 이익에 잘못 복무하는 당에 갈 수도 있기 때문이다. 스탈린을 인용하자면, "당이 노동계급이 느끼고 생각하는 것을 기록하는 것에만 그치고, 자연발생적인 운동의 꽁무니만 따라다닌다면 그것은 진정한 당이 아니다. … 당은 노동계급의 선두에 서야만 하며, 노동계급보다 더 멀리 내다보아야 한다". 12)

스탈린은 이 점에 관해서 레닌을 인용했다. "우리가 … 프롤레타리아트 독재에 기초하여 수행하는 오랜 투쟁에서 프롤레타리아트 자신들 — 그들은 자신의 쁘띠부르주아적 편견을 단숨에 버리지 못하고 광범위한 쁘띠부르주아적 영향력에 대한 오래고도 힘겨운 대중 투쟁의 과정에서만 버린다 — 을 재교육해야 하는 것과 마찬가지로, 수백만의 농민과 소(小) 소유자, 수십만의 사무직원과 관리, 부르주아 지식인들이 프롤레타리아 국가와 프롤레타리아 지도부에 복종하게 하도록 하기 위해 프롤레타리아트 독재하에서 그들을 재교육하지 않으면 안

---

12) J. V. Stalin (1947, p. 82) 을 참조하라.

될 것이다."13)

 이렇게 권력은 기이한 자기 정당화 과정을 경험한다. 지배집단이 다수자의 욕구와 이해를 대변하는지와 인민 대다수가 그들을 지지하는지 여부는 이러한 지지가 실체적인 어떤 형태(예를 들면, 투표용지)로 나타나는지 여부에 의해 측정되지 **않는다**. 권력 소유자들은 스스로를 인민의 이익의 명백한 표현이자 영원한 공공선의 보고(寶庫)라고 지칭했다. 함축적 사고(思考) 방식에 따라 묘사하자면, 그들은 자신의 권력을 '정의상'(by definition) 정당화했다고 말할 수 있다.14)

 고전적 체제가 자기 정당화와 관련해 언급한 내용을 볼 때, 그 체제는 일종의 가부장주의적(paternalistic) 성격을 갖고 있음이 명백하다. 즉, 권력을 가진 자들은 자신들이 지배하는 사람들의 이해관계가 무엇을 요구하는지를 잘 안다고 확신한다. 관료기구는 **부모의 입장**(in loco parentis)에 서 있다. 사회의 모든 계층, 집단 혹은 개인은 자식들이며, 관료기구는 후견인이자 성인 보호자로서 이들 자식들을 위해 모든 결정들을 내려야 한다.15) 이러한 설정(set-up)은 관료기구에 맡

---

13) 같은 책, pp. 41~42를 참조하라.

14) T. H. Rigby and F. Fehér, eds. (1982)에 실린 F. Fehér, Á. Heller, 그리고 T. H. Rigby의 논문을 참조하라.

15) 가부장주의적 정부에 대해서 이미 칸트(Kant)가 비판했다. 다음의 인용문이 그러하다. "그러한 **가부장적 통치**(imperium paternale) 하에서 신민들은 자신들에게 무엇이 진정으로 유익하고 해로운지를 식별하지 못하는 미성년의 자식들로서 단지 수동적으로만 행동해야 하고, 그들이 어떻게 행복해져야 하는지에 관해서 국가 원수의 판단에 의존해야 하며, 그의 친절에 자신들의 행복을 온전히 내맡겨야 한다."(I. Kant, 1793/1970, p. 74)
 벌린(I. Berlin)은 가부장주의적 독재자의 입장에 서서 독재자의 사고방식을 다음과 같이 표현한다. "그들을 위해서, 나의 이익이 아니라 그들에게 이익이

겨진, 그리고 앞 절에서 언급한 복지 관련 역할과 밀접하게 연관된다. 시키는 대로 하는 한 시민들은 세상에서 걱정이 없을 것이다. 당과 국가가 모든 것을 돌보아 줄 것이기 때문이다. 이와 똑같은 입장이 절정의 권력을 가진 사람을 에워싸게 되는 개인숭배에서도 노골적으로 나타날 수 있다. 탁월한 지도자로서 그는 단순히 최고의 정치가, 장군, 과학자가 아니다. 그는 무엇보다도 인민의 아버지이다. 가부장적 역할은 권력의 중앙집권화와 관료적 조직화에 대한 거대한 이데올로기적 정당화의 하나이다.

5. 규율, 자발적 희생, 그리고 경계

공식 이데올로기의 본질적 요소 중 하나는 도덕적 명령 (*moral imperatives*) 이라는 규범이다. 이것은 공식적으로 성문화되지는 않지만 공식적 진술, 보상과 처벌의 실천, 그리고 어느 정도는 공식 승인을 받은 문학과 예술 작품으로부터 재구성될 수 있다.

물론 도덕적 명령의 많은 부분은 다른 체제와 이데올로기에도 적용될 수 있다. 예를 들면, 가족생활과 관련된 규범들은 상당히 보수적이어서, 서구 문명의 빅토리아 시대의 도덕 (*Victorian morals*) 16) 과 거의

되도록 내가 다른 사람들에게 행동을 강요하고 있다고 생각하기란 쉽다. 그래서 나는 그들이 진실로 원하고 있는 것을, 그들 자신보다 내가 더 잘 안다고 주장하고 있는 것이다. … 일단 이러한 입장을 취하게 되면 나는 사람들이나 사회의 실제 소망을 무시하고, 그들의 '진정한' (*real*) 자아라는 미명하에 그리고 그들의 자아를 대표한다는 명분으로 그들을 위협하고 억압하고 고문하는 위치에 서게 된다."(I. Berlin, 1969, p. 133)

구별할 수 없다. 여기서는 그 체제에 특수하면서도 이 책의 주제인 정치경제와 관련된 도덕적 규범을 집중적으로 검토할 필요가 있다.

규율은 모든 시민들이, 그중에서도 특히 당원들이 따라야만 한다. 독창성(*originality*)은 오염된 괴팍함(*affected eccentricity*)으로, 독립심은 통제 불가능한 개인주의(경멸적인 단어)로, 그리고 비판적 관점은 상급자 무시, 규율 결여, 파괴적 행동으로 낙인찍힐 수 있다. 이 세 가지 속성 중 어느 것도 금지되지는 않지만, 실제로는 모두 위험한 것들이다. 확실하게 인정받은 성격은 무조건적으로 규율을 지키는 태도이다. 지배적인 정치노선은 반드시 따라야 하고, 결정은 지지해야만 하며, 상급자의 명령은 주저 없이 복종해야 한다. 이것이 당국에 의해서 높이 평가받고 보상받는 행동이며, 관료기구에서 성공적인 경력을 가져오는 행동이다. 주요한 선별 기준은 당과 그 사상(다른 말로 하면 공식 이데올로기)에 대한 정치적 신뢰성, 충성, 그리고 충실성이다. 만약 이러한 것들이 확실하다면 능력 혹은 전문지식의 부족을 상쇄할 수 있다.[17] 그 역은 성립하지 않는다. 즉, 최고의 재능이나 전문적 경험을 가지고 있다고 해도 충성, 신뢰성, 혹은 순종이 없으면 안 된다는 것이다.

고전적 체제의 전례들을 검토해 보면, 마르크스나 혁명 이전 유럽

16) 〔옮긴이주〕 19세기 빅토리아 시대 영국의 엄격한 도덕주의를 지칭한다. 당시 영국 사회에 널리 퍼진 여왕의 화목한 가정에 대한 이미지를 통해서 공중도덕에서부터 보수적인 성 문화에 이르기까지 도덕과 윤리를 확산시켰다.

17) 이러한 기준은 일찍이 폴란드 공산당의 바르샤바 당서기였던 스타세프스키(S. Stasevski)에 의해서 극단적인 형태로 정식화되었다. "당의 인사정책〔은 다음과 같다〕: 어떤 직위에서든 능력이 없어도 된다. 그는 단지 충성하기만 하면 된다." R. Toranska(1987, p. 187)에 의한 인용이다.

노동운동의 전통에서는 충성이나 순응에 대한 존중을 발견할 수 없을 것이다. 18) 그러한 존중의 뿌리가 발견되는 최초의 지층은 사회주의가 자체의 내부 자원을 통해 승리한 국가들에서 사회주의 체제가 설립되기 이전 시기에 있었던 혁명운동이다(2장 3절 참조). 이들 국가들은 억압적인 정권하에 있었는데, 혁명가들과 특히 공산당원들이 모진 박해를 받으면서 수많은 장소와 시간 속에서 불법 상태로 활동했다. 만약 규율이 없었더라면 그 운동은 결코 살아남지 못하였을 것이다. 게다가 혁명의 준비는 무장 투쟁, 게릴라 전투, 혁명적 돌격, 그리고 내전을 수반하게 마련인데, 이러한 활동은 군사적 규율을 필요로 한다. 혁명 성공 이후 민간의 권력, 평시의 권력은 명령과 복종에 익숙해진 사람들에게 넘겨진다.

과도기에 당은 당원, 당과 국가 관리들에게 규율이 잘 잡힌 방식으로 행동할 것을 요구한다. 왜냐하면 그들은 혼돈에 휩싸여 있고, 사회는 해체되어 새로운 질서가 수립되어야 하며, 내외부의 적들과 군사적 전투가 진행 중이기 때문이다. 공장과 여타 조직들의 국유화가 시작되는데, 그것에 대한 관리 또한 규율을 요구한다.

규율과 충성을 도덕적 명령이라고 생각하는 태도가 육성될 수 있었던 가장 중요한 역사적 토양의 층위(層位)는 고전적 사회주의 체제가 건설되는 과정이다. 이 책의 뒷부분(7장 3절, 21장 10절 참조)에서는 사회와 경제의 관료적 규제를 상세하게 다루게 되는데, 이러한 윤리

---

18) 철저한 유럽 유대인 지식인의 한 사람이었던 마르크스에게 이러한 '군대식' 특징들은 전혀 어울리지 않는 것이었는데, de omnibus dubitandum(모든 것을 의심하라)라는 말은 그가 가장 좋아한 모토였다. D. McLellan(1973, p. 457)을 참조하라.

적 자세는 관료적 규제를 위해 반드시 필요한 것이다.

규율의 미덕은 자발적 희생의 미덕과 밀접하게 연관된다. 개인들은 자신의 이익을 특정 상황에서 관료기구에 의해 정의되는 보다 고차적인 이익에 복종시킬 준비가 되어 있어야 한다. 필요할 경우 그들은 공식적으로 규정된 노동 시간 외에 초과 노동을 해야 한다. 필요할 경우 그들은 자신들의 물질적 생활수준을 향상시키는 즐거움을 단념해야 한다. 필요할 경우 그들은 가족생활을 국가의 이익에 복종시켜, 성인 가족 구성원 모두의 대부분의 시간을 노동과 정치활동에 바쳐야 한다. 이러한 점에서 재차 공식 이데올로기는 일종의 '군인 정신'을 포함한다. 즉, 모든 시민이 자신들이 동원되어 있다는 것을 느껴야만 한다는 것이다. 군대 생활로부터 가져온 은유들이 흔하게 사용된다. '노동 전선'(the labor front), '사회주의 노동 영웅'(hero of socialist labor), '생산 전투'(the battle for production) 등이 그것이다. 사회주의 건설은 모든 사람이 자신의 의무를 다해야 하는 장기적인 전쟁에 비유된다. 자신의 의무를 다하지 않는 사람들(혹은 그렇게 하지 않는다고 의심되는 사람들)은 비겁자, 도망자, 그리고 반역자이다.

이러한 '전쟁 의식'은 내외부의 적들에 대한 경계와 같은 또 다른 미덕을 요구한다. 정치적 동의나 반대를 표출할 수 있는 평화롭고 문명화된 표현 방식들(예를 들면, 여러 안을 놓고 투표하기)이 존재하지 않기 때문에, 어떤 사람이든 그가 그 체제를 지지하는지, 당시의 지배적인 정치노선에 동의하는지 여부를 결코 확실하게 알 수 없다. 만약 그들이 지지하거나 동의하지 않으면 어떻게 할 것인가? 숨어 있는 적들을 감시해야 한다. 그러한 요구 자체는 감시체계의 개발, 그것도 다중적인 개발을 필요로 하는 불신, 비밀, 의심의 분위기를 야기한다.

외부 세계와 자본주의적 환경에 대한 불신이 발생하는 이유는 전적으로 사회주의 국가들의 곤궁으로부터 나온다. 국경 너머에는 공산당 권력과 사회주의 체제의 창출에 반대하고, 그러한 체제에 대한 대항 활동을 지지하는 경향을 가진(혹은 실제로 지지하는) 수많은 정치인과 정치운동이 존재한다. 이 모든 것들은 외부 세계로부터 자기-강요적 (self-imposed) 고립을 낳는다. 가능하다면, 자본주의 국가들로부터 나오는 모든 영향력들은 그것들이 정치적이든, 문화적이든, 아니면 단순히 그들의 소외된 생활양식의 표출이든 간에 거부되어야 한다. 모든 정치적 관계 혹은 모든 경제적, 상업적, 혹은 금융적 관계에 가장 커다란 주의를 기울여야 한다. 왜냐하면 외부의 적은 그러한 관계들을 악용할 수 있으며, 그것들을 공갈 협박을 위해서 혹은 정치적 압력을 가할 수단으로 이용할 수 있기 때문이다. 이러한 공적인 분위기의 하나의 상징은 머리를 내부로 향하면서 공격에 대비하는 마차들의 원형 방어진일지도 모른다. 이러한 고립주의적 태도를 일관되게 보여주는 사람은 누구든지 덕 있는 사람으로 간주된다.

6. 권력과 이데올로기

일단 당이 권력을 장악하고 권력의 유일한 담지자가 되면 어떤 환경에서도 그것을 결코 포기하지 않아야 한다. 스탈린은 "권력의 문제는 혁명의 근본적인 문제이다"라는 레닌의 금언을 인용하고 나서 다음과 같이 덧붙였다. "권력 장악은 오로지 시작일 뿐이다. … 전반적인 목적은 권력을 유지하고, 그것을 공고히 하고, 그것을 난공불락으로 만드는 것이다. "[19)]

공식 이데올로기의 가치체계에서 권력은 단순히 다른 중요한 목적들을 획득하기 위한 수단이 아니다. 권력은 그 자체만으로도 본질적이고 궁극적인 가치를 가진 일차적 목표물이 된다. 사회주의 체제가 어떻게 작동하는지를 평가할 때에는 이 점을 반드시 기억해야 한다. 앞에서 언급한 유추를 다시 사용해 보면(1장 7절 참조), 체제의 성적을 매길 때 다음 사항을 교과목 혹은 평가기준의 하나로서 고려할 수 있다. 즉, 공산당의 수중에 있는 권력이 얼마나 확고하냐 하는 것이다. 공식 이데올로기는 이 과목이 성적표에서 커다란 비중을 차지하고 있음을 시사한다. 3장에서 언급한 것처럼, 고전적 체제는 이 과목에서 좋은 점수를 받았다. 왜냐하면 고전적 체제는 권력이 유지될 수 있도록 제도적인 틀을 구축하기 때문이다.

3장의 서론에서 강조한 것처럼, 권력과 공식 이데올로기는 마치 육체와 영혼의 관계처럼 분리가 불가능하다. 고전적 체제를 창출한 제도와 조직, 혹은 그러한 제도와 조직의 구성원들에게 동기를 부여하는 사상 중 어느 것이 먼저인지를 질문한다는 것은 부질없다. 혁명 이전, 과도기, 그리고 고전적 체제의 전개 과정을 통틀어, 말은 살아 있는 사람들의 행위에서 구현된다. 반대로, 이러한 행위들과 그 이후에 형성되는 체제의 자기 정당화 욕구는 고전적 체제의 공식 이데올로기가 성숙할 때까지 이러한 사상을 항상 조정하고 수정한다. 한편으로는 제도, 조직, 운동, 다른 한편으로는 정책, 기대, 확신, 도덕적 의무, 가치가 모두 결합하여 고전적 체제를 만들어 내고 지킨다.

---

19) J. V. Stalin(1947, p. 39)을 참조하라.

이러한 점에서 볼 때, 고전적 체제하에서 공산당의 역할과 중세 가톨릭교회의 역할 간에는 몇 가지 유사성이 존재한다. 양자는 모두 국가 권력과 결합된 '세속적' 권력을 향유하며, 거대한 이데올로기적 영향력을 행사한다. 각자의 시기에 이들은 권력이 보장하는 이데올로기적 독점권을 소유하며 이단과 이교 모두를 박해한다. 각자는 엄격하게 조직적이고 중앙집권적이고 위계적인 구조를 가지며, 자신의 기구 내에서 엄격한 규율을 유지한다.

물론 너무 지나친 비교는 금물이다. 고전적 사회주의 체제에서 공산당과 공식적인 사회주의 이데올로기가 갖는 역할은 역사적으로 독특한 것이며, 다른 어떤 역사적 현상과 비교할 수 없다.

막스 베버(Max Weber)는 자본주의를 창출하고 공고화하는 데 프로테스탄티즘(*Protestantism*)이 중요한 역할을 했다고 주장했다. 프로테스탄트 윤리에 의해서 주입된 근면함과 검소함이 사적 부의 팽창에 따른 자본주의적 축적을 유인하고 이데올로기적으로 지지하는 역할을 했다는 것이다.[20] 그러나 베버든 누구든 간에 프로테스탄티즘이 지닌 거대한 혹은 심지어 독점적인 영향력이 자본주의 발전에 결정적인 전제조건이라고 주장하지는 않았다. 가톨릭교도, 유대교도, 그리고 무슬림 또한 해당 종교들이 우세한 곳에서 자본주의가 융성할 수 있게 한 자본주의의 선구자들이었다. 이와 달리, 이 책의 2부에서 논의되는 고전적 체제는 방금 막 기술한 사회주의의 공식 이데올로기가 막강한 영향력을 행사하는 곳에서만 발전하고 공고화한다.

---

20) M. Weber(1904/1930)를 참조하라.

제5장   재산

주제와 관련된 개념들에 대한 설명에서부터 논의를 시작한다. 그런
다음에 고전적 사회주의 체제하에서의 재산권(*property rights*)[1]에 관
하여 체계적으로 설명한다.

1. 개념의 설명

종종 단순한 구별이 이루어진다. 즉, 자본주의는 사적 소유(*private
ownership*)와 관련 있으며 사회주의는 공적 소유(*public ownership*)와
관련 있다는 것이다. 이 진술은 기본적으로 사실이다. 하지만 상황에

---

1) 〔옮긴이주〕 여기서는 'property'는 재산, 'property rights'는 재산권, 'property
relations'는 재산관계 등으로 각각 번역했다. 'ownership'은 소유 혹은 소유권
으로, 'owner'는 소유자로 번역했다.

133

대해서 좀더 정확하게 이해하려면 다소 정밀한 개념 체계가 필요하다.

무엇보다도 **사적 재화**(*private goods*)와 **공적 재화**(*public goods*)를 구별해야 한다. 사적 재화의 하나의 예는 의복이 될 수 있을 것이고, 공적 재화의 예로는 해변의 등대가 보내는 신호를 들 수 있다. 사람 A가 입고 있는 의복을 사람 B가 동시에 입는 것은 불가능하다. 이와 달리, 선장 A가 등대 신호를 보고 자신의 방향을 잡는다고 해서 선장 B가 동일한 등대 신호를 보고 방향을 잡을 수 없는 것은 아니다. 공적 재화의 또 다른 세 가지 예는 햇빛, 인간의 언어, 그리고 공적 영역으로 들어온, 생산과정에 관한 지식이다. 2)

'공적 재화'(*public good*)와 '공적 재산'(*public property*)을 혼동해서는 안 된다. 공적 재화의 특징은 어떤 특정한 순간에 누구의 재산인지를 확정할 수 없다는 것이며, 그에 반해서 사적 재화는 소유될 수 있다〔후자는 개인, 단체, 혹은 국가의 재산이 될 수 있으며, 국가재산의 경우는 여전히 사적 재화의 집단적(*collective*) 소유의 한 종류일 뿐이다〕. 이는 재산 개념의 중요한 구성요소를 보여 주는데, 그것은 바로 배타성(*exclusivity*)이다. 비(非)소유자는 허락을 받아야만 소유자의 재산을 이용할 수 있다. 누군가가 적어도 재산을 주장할 수 있기 위해서는 재산권

---

2) 사적 재화와 공적 재화를 구분하는 보편타당한 분류 기준은 존재하지 않으며, 역사를 통해서 기술 상태와 사회적 조건에 따라 다르다. 공해(公海)는 공적 재화이지만, 연해(沿海) 국가는 연근해의 어업권을 규제하는 특권을 보유한다. 이 소유권은 국제법정의 법적, 경제적 제재에 의해서, 그리고 마지막 해결책으로서 해군에 의해서 강제된다. 또 다른 예를 든다면, 언어는 공적 재화이지만 실제로는 평범한 사람들이 부유한 사람들의 억양을 구사하지는 못한다. 즉, 특정한 사회 계층이 사용하는 언어는 그 계층의 사적 재화로서 기능한다. 그들의 재산권은 훈육과 교육의 사회적 기제를 통해서 보장받는다.

주장을 집행하는 사회적 기제, 즉 비소유자가 소유자의 동의 없이 재산을 자의적으로 사용할 수 없도록 금지하는 사회적 기제가 존재해야 한다.

그리하여, 한편으로, 재산은 사람과 사물의 관계를 의미한다. 예를 들면, 의복은 단 한 사람의 재산이다. 다른 한편으로, 재산은 사람들 간의 사회적 관계를 의미한다.[3] 즉, 재산권 집행을 위한 사회적 기제에 의해서 유지되는 소유자와 비소유자 간의 특수한 관계이다.

재산은 그 구성요소들로 쪼개어 내려가 볼 만한 가치가 있는 복합적이고 포괄적인 개념이다. 재산의 구성요소들을 여러 가지 분류 기준에 따라 검토해 보자.[4]

첫 번째 기준은 소유자가 자신의 소유로 가진 것이 무엇인가와 관련된다. 여기 좀더 중요한 몇 가지 선택대상(*alternatives*)이 있다.

- 물건(의복이나 기계와 같은)
- 자원(토지나 자연자산과 같은)
- 정보(생산과정의 발견이나 지식과 같은)
- 개인적 능력(*faculty*) : 어떤 서비스를 제공할 수 있는 육체적, 정

---

3) 이러한 면은 재산 문제에 대한 마르크스주의적 접근에서 특별한 주의를 끈다.
4) '재산권' 학파의 발전에 독창적으로 공헌한 것은 A. A. Alchian(1965)과 A. A. Alchian and H. Demsetz(1972)의 저작들이다. 이 학파의 주요한 사상들은 이전의 다양한 이론들로부터 생겨났다. 중요한 선구자들만을 언급하자면, F. Knight의 불확실성과 위험에 관한 이론(1921/1965)과 R. H. Coase의 회사(*the firm*)와 거래비용에 관한 고전적 저작(1937, 1960)이 있다.
E. G. Furubotn and S. Pejovich(1972)는 재산권 접근법을 사회주의 기업의 행위에 최초로 적용했다. F. L. Pryor(1973)도 참조하라.

신적 능력(그러한 능력을 해당 개인이 소유하고 있는지는 자명하지 않다. 노예제도의 경우를 고려해 보면 된다)

흔히 한 명의 소유자는 몇 가지 종류의 물건, 자원, 그리고 정보를 동시에 소유한다. 예를 들면, 다양한 기계와 건물을 갖춘 공장의 소유자가 생산과정에 대한 재능도 역시 소유할 수 있다. 하지만, 공장에 '속한'(belonging) 대단히 많은 것들이 결코 소유주(proprietor)에 의해서 소유되지는 않는다는 사실을 염두에 두어야 한다. 예를 들면, 소유주는 노동자들을 소유할 수 없으며, 오로지 그들의 육체적, 정신적 능력을 고용할 수 있을 뿐이다. 어떤 사람은 단지 공장 부지와 그 안에 있는 몇 가지 설비만을 임대할 수도 있다. 어떤 사람은 공장에 필요한 자본의 일부를 대부금(loan)으로서 받을 수도 있다.

사회경제체제를 연구할 때에는 추가적인 상품과 서비스를 만들 수 있는 생산수단을 누가 소유하는가를 밝히는 것이 특히 중요하다. 다음 절에서는 이 점에 초점을 맞출 것이다. 한편 나는 소유자의 개인적 사용을 위한 물건의 재산권 문제는 무시할 것이다. [5]

두 번째 분류 기준은 소유자가 누군지와 관련된다. 그것은 개인, 가족, 혹은 특정 단체와 같은 실제 사람인가? 아니면 기업, 대학, 연금기금이나 국가조직, 중앙정부 혹은 지방당국과 같은 법적 실체(legal entity)인가?

세 번째는 좀더 상세하게 논의할 필요가 있는 분류 기준인데, 소유

---

5) 사회주의 국가들의 공식적인 정치경제학 강의에서는 이를 개인적 재산(personal property)이라고 칭한다.

자가 할 수 있는 권리 행위가 무엇인지와 관련되어 있다. 재산권은 다음과 같이 세 가지 주요한 그룹으로 나뉜다. 이후의 분석에서 이것들을 유형 1, 2, 3의 재산권으로 언급한다. 이 세 가지 경우 모두에서 우리가 많은 수의 구체적이고 특수한 재산권으로 구성된 어떤 집단적 범주를 다루고 있다는 점을 미리 강조할 필요가 있다.

개인은 재산권을 혼자서 행사할 수 있으며, 혹은 구체적으로 명시된 조건하에서 동일한 재산의 소유권을 다른 개인과 공유할 수도 있다. 예를 들면 후자는 주식회사의 경우에 적용되는데, 거기서는 재산에 대한 개인의 소유는 그 재산 내에서 차지하는 자신의 몫에 따라 규정된다. 이 절에서 다루는 세 가지 유형의 재산권에 관한 첫 번째 추상적 논의에서는 이런 두 유형이 아직 구별되지 않으며, '소유자'는 단수로 언급된다. 이 문제는 나중에 다시 논의할 것이다(5장 2절 참조).

1. **순소득**(*residual income*)**에 대한 권리.** 소유자는 재산에 의해 창출된 소득에 대해 처분권을 갖는다. 이 권리를 재산의 도움으로 획득한 소득에서 재산의 이용과 연관된 모든 비용을 공제하고 나서 소유자에게 속하는 나머지 소득을 뜻하는, 소득의 잔여분에 대한 권리라고 규정한다면 일반적으로 보다 정확한 설명이 될 것이다.[6] 소유자는 개인과 가족 소비, 투자, 보다 많은 재산의 취득 등과 같은 구체적인 목표

---

6) 순소득 개념을 명확하게 하려면, 소작농의 지위를 고려해 볼 필요가 있다. 소작농은 토지 이용에 대한 대가로 지주에게 고정지대(*fixed rent*: 수확의 변동과는 무관하게 지불되는 지대를 말함 — 옮긴이주)를 지불한다. 이 경우 순소득은 지대를 포함한 모든 비용을 제한 토지의 생산물로부터 나온 소득으로 구성된다. 그러한 범위에서 생산물에 대하여 유형 1의 재산권(*property rights*)을 갖는 것은 지주가 아니라 소작농이다.

를 위해서 순소득을 얼마만큼 사용할 것인지를 자유롭게 결정할 수 있다. 7)

순소득에 대한 처분권은 만약 소유자가 원할 때 개인적 소비로 모두 소비할 수 있다면 완전하다 (사회주의 사회의 국유기업의 경우 처분권은 이러한 점에서 제한된다는 사실을 나중에 보게 될 것이다).

순소득에 대한 완전한 처분권은 재산의 이용 과정에서 지게 되는 부채에 대해, 적어도 해당 재산의 가치까지, 그리고 아마도 이를 넘어서 소유자의 사적인 부 (*wealth*) 의 전체 가치까지 재정적 책임을 져야 하는 소유자 측의 의무를 동반한다. 8)

순소득에 대한 완전한 처분권은 소유자에게 극히 강력한 자동적이고 자발적인 유인책을 제공한다. 만약 성공적으로 재산을 이용한다면 자신이 원하는 대로 이용할 수 있는 양 (*positive*) 의 순소득이 발생하게 될 것이다. 만약 실패한다면 그러한 소득을 놓치게 될 것이고, 그러면 그와 관련된 재산, 그리고 어떤 상황에서는 심지어 다른 개인적 부가 그러한 손실을 벌충하는 데 충당되어야 할 것이다. 순소득에 대한 완전한 처분권을 향유함이 없이 재산의 일부를 활용하는 데에 협력하는 모든 다른 개인들에게는 그들이 그 재산 활용의 성공에 이해관계를 가질 수 있도록 인위적 (*artificial*) 인센티브가 제공되어야 한다. 이는 단

---

7) 자본주의 생산의 경우 이러한 권리는 마르크스주의자의 용어법을 사용하면 다음과 같이 표현된다: 자본의 소유자는 잉여가치에 대한 통제권을 갖는다. 유추에 의해서, 이러한 재산권은 다른 사회체제하에서도 역시 존재하는 것으로 해석될 수 있다.

8) 이러한 책임을 제한하기 위해서 주식회사 그리고 여타 유사한 법적 제도의 근대적 형태가 발생했다 (5장 2절 3번째, 재산형태 참조).

순하고 잘 알려진 관계에 지나지 않는데, 이것에 의해서 유형 1의 권리의 경우 모든 것이 소유자 자신의 주머니에 영향을 미친다. 소유자는 양의 순소득이 발생할 때 이익을 얻고, 음(*negative*)의 순소득이 발생할 때 손실을 본다. 이 진술은 뒤집어 말할 수도 있다. 유형 1의 재산권은 오로지 재산 활용이 소유자 자신의 주머니에 영향을 미치는 경우에만 완전하다.[9]

2. **양도 혹은 이전의 권리.** 이 유형의 권리는 소유자가 돈을 받고 재산을 팔거나, 임대하거나, 선물로 증여하거나, 혹은 유증할 수 있도록 허용하는 권리이다. 이 네 가지 권리 모두가 반드시 동시에 일어나지는 않는다. 예를 들면, 물건이나 자원을 임대할 수 있지만 팔지는 못할 수 있고, 혹은 그 역도 마찬가지이다.

이러한 권리들은 자동적이고 자발적인 인센티브와도 결합한다. 만약 소유자가 구매에 의해 재산을 획득하였고 그것을 다시 판매에 의해 처분한다면, 그는 재산의 순가치(*net value*)가 두 거래 사이에 가능한 한 많이 증가하도록 하는 데에 이해관계를 갖는다. 부를 증가시키려는 동일한 이해관계는 마찬가지로 재산이 선물이나 유산으로서 소유자에게 주어지거나 또는 선물이나 유산으로서 처분되는 경우에도 적용된다. 또한 소유자가 재산을 임대하기로 결정할 때 그는 그 재산이 가능

---

9) 자기 자신의 직접적 이득을 위해서 사용하지 않는 한에서만 순소득을 처분할 수 있고 또한 발생한 어떤 손실에 대해서 자기 자신의 재산의 범위까지 책임질 필요가 없는 개인도 역시 앞에서 언급한 의미에서 '인위적'(*artificial*) 인센티브를 필요로 하는 사람에 속한다. 비록 그가 부분적으로 유형 1의 재산권을 갖고 있다 하더라도, 재산이 이용되는 방식은 그의 주머니에 영향을 미치지 않으며, 그러한 의미에서 그는 소유자가 아닌 것이다.

한 한 가장 좋은 조건으로 임대되도록 하는 데에 이해관계를 갖는다.

  3. 통제권. 또 다른 중요한 재산권은 재산의 활용(관리, 의사결정, 그리고 감독)에 관련된 권리이다. 이러한 재산권의 가장 단순한 예는 사적으로 관리되는 소규모 기업이다. 그 기업의 소유주는 누구를 고용하고 해고할 것인지, 무엇을 생산할 것인지, 어떤 가격으로 상품을 판매할 것인지 등을 결정한다.

  예가 보여 주듯이, 단 하나의 '통제권'뿐 아니라 수많은 특수한 통제권의 집합(collection)도 존재한다. 소유자는 다른 사람, 대개는 유급 종업원에게 이 권리의 한두 개 혹은 심지어는 대다수를 위임할 수 있다. 소유자는 상이한 종업원에게 상이한 통제 기능을 위임할 수 있다. 그는 계층적이고 위계적인 통제 조직을 구축할 수도 있다. 소유자는 다양한 인센티브 제도를 활용하여 종업원이 통제기능을 만족스럽게 수행하도록 할 수 있다.[10]

  비록 1, 2, 3으로 묶인 권리의 범위가 서로 밀접하게 연관되어 있기

---

10) 주인-대리인 관계(principal-agent relationship)는 광범한 저작들에서 분석되고 있으며, 이들 문헌은 점점 더 많은 수의 문제들을 다루고 있다. 이 연구 프로그램의 선구자들로는 K. J. Arrow(1964), T. Groves(1973), S. A. Ross (1973), 그리고 J. A. Mirrlees(1974, 1976) 등이 있다. 이 분야의 이론적 저작들을 포괄적으로 요약한 것은 O. Hart and B. R. Holmström(1987), B. R. Holmström and J. Tirole(1989), 그리고 *The New Palgrave*(1987, 3: 966~972)에 J. E. Stiglitz가 쓴 항목 등이다.
    위계제(hierarchies)에 대하여 주목할 만한 문헌이 존재한다. 그 선구자는 O. E. Williamson(1967, 1975)이다. 많은 저작들이 위계제에 대한 이론적이고 수학적인 분석을 다룬다. 예를 들면, G. A. Calvo and S. Wellisz(1978), T. C. Koopmans and J. M. Montias(1971), Y. Qian(1990), 그리고 S. Rosen (1982) 등이 있다.

는 하지만, 그 권리들은 어느 정도 분리 가능하다. 유형 3의 권리 중 많은 부분은 유형 1, 2의 권리와 여러 측면에서 분리될 수 있다는 사실은 특별한 중요성을 갖는다. 즉, 소유권은 통제권과 분리될 수 있다.

완전한 소유권에 의해 제공되는 자동적이고 자발적인 인센티브와, 부분적인 재산권은 가지고 있지만 자동적 인센티브를 갖지 못한 사람들에게 주어지는 인위적 인센티브 간에는 일종의 보완관계가 존재한다. 어떤 사회적 기능을 자동적, 자발적 인센티브에 의존할 것인가, 어떤 경우에 인위적 인센티브에 의존할 것인가를 결정하는 것은 경제 체제가 직면한 근본 문제 중 하나다.

네 번째 분류 기준은 소유자의 재산권 행사를 제약하는 것은 무엇인가를 결정하는 것이다. 실제 생활에서는 무조건적 재산권은 극히 드물다. 대부분의 재산권은 국가와 법적 규제에 의해, 혹은 적어도 관습법, 전통, 그리고 용인된 도덕규범에 의해 제약된다. 심지어는 기업과 경쟁에 가장 커다란 자유를 허용하는 체제에서조차도 소유자는 수많은 제약을 받는다.

마지막으로 다섯 번째 분류 기준이 존재한다. 법적으로 유효한 문건에 기입된 명목적인 재산권과 실질적인 재산권을 구별할 수 있다.

2. 사회주의 체제 출현 이전의 특징적 재산형태

앞 절에서 논의한 분류 기준의 측면에서 볼 때, 재산권의 다양한 **형식** (*configurations*)이 (혹은 유사한 표현을 사용하자면, 다양한 재산관계들이) 출현할 수 있다. 각각의 형식은 어떤 물건이 재산을 구성하는지, 혹은 어떤 물건 집합이 합쳐져 재산을 구성하는 물건이 되는지, 소유자가 누구이며 그가 가진 재산권이 어떤 제약을 받고 있는지, 그리고 마지막으로 이러한 재산권의 '패키지'는 얼마만큼 명목적이고 실질적인 것인지에 따라서 묘사될 수 있다. 이론상으로는 가능한 형식의 수가 무궁무진하지만,[11] 실제로는 역사적 체제들이 특수한 유형의 형식들을 나타나게 했다. 지금부터 이러한 유형의 형식들을 **재산형태** (*property forms*)라고 부를 것이다. 각각의 재산형태는 실제로는 하나의 이론적 모델이며, 앞에서 실시한 분류에서 이런저런 특수한 특징들을 무시하고 오로지 몇 가지 일반적인 특징들만을 강조한 모델이다.

---

11) 이는 '계급'(*class*) 범주에 대한 마르크스주의적 해석의 부적절한 사용에 반대하는 가장 비중 있는 논의 중 하나이다(3장 4절 참조). 전통적인 마르크스주의적 계급 개념은 재산관계, 일차적으로는 생산수단에 대한 그들의 관계가 해당 사회에서 동일한 사람들의 집단(*set*)을 말한다. 하지만 재산권의 형식이 아주 다양하기 때문에 다양한 개인들을 같은 계급으로 분류하기 위해 특정한 형식으로부터 얼마만큼의 유사성을 기대할 수 있는지를 결정하기는 어렵다. 완전한 빈민과 저축성 예금 구좌 및 임대용 여름 별장을 가진 사람이 똑같이 '노동계급'의 구성원인가? 그의 가족이 유형 1, 2, 3의 권리를 모두 갖고 소수의 사람을 고용하는 기업(*undertaking*)을 소유한 사람과 대체로 보유 주식의 범위 내에서 유형 1의 권리를 갖고 있지만 그 기업의 관리(유형 3의 권리)에는 개입하지 않는 부유한 주주(株主)를 동일하게 '자본가 계급'의 구성원으로 취급할 수 있을까? 고연봉을 받고 있으며 동시에 상당한 주주이기도 한 고급 관리직원은 노동계급의 구성원이면서 동시에 자본가 계급의 구성원인가?

이 장의 실질적 주제, 즉 고전적 사회주의 체제에서 작동하는 재산형태에 대해 언급하기 전에, 동시대의 자본주의에서 전형적인 세 가지 재산형태를 간략하게 고찰해 볼 필요가 있다.

1. **가족기업**(*the family undertaking*). 이 범주에 속하는 주요 항목은 가족농장(*family farm*)이지만, 당연히 가족기업은 산업, 무역, 그리고 여타 서비스 부문에서도 역시 나타난다.

가족농장의 사례에서는 가족이 토지, 경작에 필요한 모든 주요한 생산수단, 그리고 가축을 소유한다. 가족은 그 자신의 주택과 기타 농장 건물을 소유한다.

가계(*household*)와 생산기업(*production undertaking*) 간의 엄밀한 구분은 존재하지 않는다. 생산품의 일부는 가족 그 자체에 의해서 소비되며, 일부는 시장에서 팔린다. 가족은 자신의 노동만을 사용하며 어떤 외부인력도 고용하지 않는다. 12)

경제발전이 진전된 단계에서는 고도로 기계화되고 고도로 자본화되고 매우 생산적인 가족기업이 출현할 수 있는데, 이런 기업에 '소규모 공장'(*small-scale plant*)이라는 표현을 적용할 수 있는지는 논란거리이다. 그러나 일반적으로 이것은 [자발적인(*self-induced*)] 사회주의 혁명이 발생한 국가의 사례는 아니다(2장 3절 참조). 이런 국가들의 경우, 가족기업은 논란의 여지가 없는 소규모 공장이며 그 소유자 가족들은

---

12) 단순화를 위해서 임시로 고용되는 외부 노동은 무시된다. 만약 농장이 영구적으로 노동을 고용할 경우 그것은 더 이상 '순수한' 가족기업이 아니다.

　이 책에서 순수한 가족기업으로 기술된 소유형태는 마르크스주의적 용어법에서 '소규모 상품생산 단위'로 알려진 것과 다소간 일치한다.

사회에서 보다 빈곤한 계층에 속한다.

가족기업의 경우, 소유자는 1, 2, 3 모든 유형의 권리를 갖고 있다. 소유와 통제의 분리는 존재하지 않는다. 가족(전통적인 사회의 경우, 대개 가족의 대표)은 명목적인 소유자이자 실질적인 소유자이며, 동시에 모든 사업과 생산 문제에서 정책결정자이다. 가족은 기업의 성공에 대해 가능한 가장 직접적인 이해관계를 갖고 있으며, 이러한 이해관계를 추구하는 데에는 외부의 어떤 인센티브도 필요하지 않다.[13]

가족농장에 관해서 언급된 모든 것들은 유추를 통해서 다른 부문의 가족기업들에도 적용된다.

이하에서 언급하게 될 형태 2와 3의 경우, 기본적인 생산수단의 소유자들은 자신의 재산을 고용 노동의 도움으로 활용한다.[14] 이 소유자들은 **자본가**(*capitalists*)이다. 이러한 경우 이 책에서는 앞에서 언급한 의미에서, 고용된 노동을 고용하는 기업의 소유주를 '자본가'로 기술함으로써 마르크스주의적 용어법을 채택한다. 그런데 '기업'(*firm*)이라는 용어는 상용적으로 노동을 고용하는 조직들을 일컫는 경우에만 사용할 것이다. 다음의 형태 2와 3은 자본주의 기업을 묘사한다. 사회주의 기업은 3절에서 논의할 것이다.

---

13) 그 문제는 Lester Thurow(*Financial Times*, 1986. 9. 6)의 논문 제목에 명료하게 적혀 있다. "누가 병든 소와 함께 밤샘하겠는가?". 가족농에 관하여 그 대답은 명확하게 가족이다. 혹은 좀더 구체적으로는 가족의 대표에 의해서 그 업무를 맡게 된 가족 구성원이다.

14) 개념 정의상, '재산권'(*property rights*) 범주는 개인이 자신의 노동을 통제하는 정도, 또는 개인이 타인(노예주, 봉건영주, 일자리를 제공하는 자본주의적 기업, 혹은 국가 등)에 의해 통제되는 정도를 포함한다.

2. 무한 책임을 지는 소유자-경영 사적 기업(*private firm*). 형태 1과 2
의 결정적 차이는 외부 노동이 고용되는지 여부이다. 만약 고용된 노
동자의 수가 적다면 그 차이는 뚜렷하지 않지만, 중간 규모 기업 혹은
대기업의 경우에는 그 차이가 뚜렷하다.

소유주는 개인 또는 가족일 수 있지만, 외부자 역시 공동 재산을 형
성하는 데 참여할 수 있다(다른 차이점들과 함께, 이 마지막 가능성은 형
태 2를 형태 1, 즉 엄격하게 가족 틀 내에 남아 있는 기업과 구별한다). 소유
주는 소유권(유형 1, 2의 권리)과 기본적 의사결정권(유형 3의 권리)을
모두 완전히 누린다. 생산과 판매는 소유자 자신이 직접 지시하는데,
소유자는 협소한 권한만을 가진 하급 관리직위를 유급 종업원에게 양
도할 뿐이다. 그리하여 소유주는 생생하게 눈앞에 살아 있는 사람들인
자신의 고용 노동자들과 함께 일하는(그리고 그들을 대면하는) 것이다.

순이익(*net profit*) 전체는 소유자에게 속한다. 하지만 만약 기업이
파산한다면, 소유자들은 단순히 그 기업에 연관된 부만이 아니라 자
신이 사적으로 가진 부까지도 사용해서 그 부채에 책임을 진다[앞으로
보게 되듯이, 이 기업 형태와 회사(*company*) 형태의 결정적 차이점이 바로
이것이다]. 소유주의 사적 소득과 부는 그 기업의 소득 및 부와 밀접하
고도 명확하게 연결되어 있다.

3. 사적 소유 주식회사. 대다수의 소유주들은 이 형태로 기업을 집단
적으로 소유한다. 때때로 많은 양의 주식이 상대적으로 소수의 손에
집중되는데, 이 경우 주요한 소유주들이 알아볼 수 있게(*visible*) 되기
도 하지만, 종종 주주들은 개별적으로 앞에 나서지 않으며 형태 2와
대조적으로 재산은 '탈개인화'(*depersonalized*) 된다.

여기서는 한 회사(*company*)의 주식 대부분(혹은 심지어는 모두)이 국가에 의해서 소유되는 경우들은 무시할 것이며, 논의는 대부분의 주식이 사적 개인, 국가에 의해 소유되지 않은 법인(*legal entities*), 혹은 사적 기관들의 재산이 되는 회사들에 한해서만 논의할 것이다. 15)

그 회사의 순소득은 주주에게 속하는데, 그들은 주식 배당금의 형태로 그 일부분을 수령한다. 반면에 나머지 부분은 재투자된다(유형 1의 권리). 주주는 주식을, 즉 각각의 주식이 대표하는 비율만큼의 회사 재산을 자유롭게 처분할 수 있다(유형 2의 권리).

게다가 회사 형태는 그 책임이 제한되어 있다는 점에서 형태 2와는 다르다. 소유자는 오로지 자신이 투자한 만큼(즉, 소유자 주식의 가치까지)만 회사의 부채에 대해 책임을 진다. 회사는 개별적 소유주들의 총합(*sum*)과 같지 않으며 일종의 독립적 법인(*legal entity*)이다. 기업이 파산하여 주식이 그 가치를 잃게 되어도, 주주들의 사적 부는 영향을 받지 않는다. 그리하여 한편으로 사적 소득과 부, 다른 한편으로 그 기업의 소득과 부의 연계는 형태 2의 경우처럼 그렇게 총체적이거나 대칭적이지 않다. 하지만 그러한 연계는 여전히 상당히 강하다. 주주는 그 회사가 수익성이 있는지 사업 전망이 좋은지를 검토하는 데 일차적 관심을 가지고 있다.

---

15) 미국과 영국의 용어법은 그것에 완전히 친숙하지 않은 독자들을 쉽사리 오도할 수 있다. 만일 한 회사의 주식들이 상장을 위한 주식거래소 규정들을 완전히 충족시킴으로써 주식거래소에 상장된다면, 그 회사는 '공개되었다'(*public*)고 불린다. 공개되었다는 말은 공적 소유(*public ownership*)를 가리키지 않고, 회사의 주식들이 주식시장에서 매수와 매도의 품목으로 대중들에게 접근 가능하게 되었다는 것을 가리킨다. 그러한 공개된 회사의 주식들은 전적으로 개인들의 수중에 있을 수 있지만, 또한 국가에 의해 소유될 수도 있을 것이다.

순소득이 분배되는 비율에 대한 최종적인 결정권은 주주 총회에 있다. 그렇지만 총회 준비에서는 주요 임원들이 결정적 역할을 한다. 명목상으로 그들은 소유자들의 종업원에 지나지 않으며, 소유자들은 어느 때든 그들을 해고하고 그 자리에 다른 사람을 임명할 수 있다. 그러나 주주는 조직화되어 있지 않은 경우가 많으며, 그리하여 경영자들이 높은 정도의 자율적 권한을 보유하게 된다. 형태 1과 2에서 발견할 수 없는 통제와 소유의 분리가 존재하는 것이다. 16)

그리하여 사실상 일군(one group)의 재산권, 즉 통제에 관한 권리들(유형 3의 권리) 대부분은 주요 경영자들 수중으로 들어간다. 그러나 특정 회사의 주요 경영자들이 갖는 독립적 권한이 아무리 크다고 해도, 그들은 여전히 주주들에게 크게 의존한다. 다양한 인센티브가 출현한다. 만약 장기간에 걸쳐서 회사가 번영하고, 성장하고, 사업전망이 좋다면, 주요 경영자들은 매우 높은 봉급과 보너스를 받게 될 것이다. 아마도 더 중요한 것은 부정적 인센티브일 것이다. 주주들은 떠나거나 도망침으로써 반대 의사를 나타낼 수 있다. 만약 임원들이 회사를 졸속으로 경영하여 앞으로 나타날 결과가 보잘것없거나 부정적이라면, 혹은 그 회사의 지위가 다른 경쟁회사와 비교해서 악화된다면, 주주들은 가치가 떨어질 것이라고 생각하고 자신들이 투자한 주식을 팔아 버리려 할 것이다. 공격적인 새로운 집단이 회사를 인수하여 이전의 경영자 집단의 지배를 끝장내는 일도 생길 수 있다. 한 경영자의

---

16) 이 점에 대해서는 주주들이 어떻게 경영에 대한 권력을 상실하게 되는지를 설명한 A. A. Berle and G. C. Means(1932/1968)를 참조하라. 또한 경영자 혁명(managerial revolution)이라는 말을 만든 J. Burnham(1941)과 A. D. Chandler의 획기적인 논문(1977)을 참조하라.

전체 경력은 그 회사가 성공하느냐 실패하느냐에 따라서, 또 소유주가 높은 이윤을 획득하는지 낮은 이윤을 획득하는지에 따라서 영향을 받을 수 있다.

이 세 가지 모든 형태는 보다 광범위한 범주의 재산권 형식에 속하는데, **사적 재산형태**(*private property forms*)가 그것이다. 이 범주는 여기서는 언급할 수 없는 여타 다른 형식들을 또한 포함한다. 하지만 어쨌든 무엇을 재산형태로 이해해야 하는가를 전달하는 데는 이 세 가지 사례들로도 충분하다. [17]

3. 국유기업(State-Owned Firm)

이 책의 전체 계획에 따라, 나는 고전적 사회주의 체제에 특징적인 재산형태들이 생겨나게 되는 역사적 과정을 논의하지는 않을 것이다. 대신에 나는 성숙하고 안정화된 형태인 '최종 결과'(*end-product*)로 바로 넘어갈 것이다. 기껏해야 나는 그 과정에서 몇 가지 형태들에 대한 발전 경로를 간략하게 언급할 것이다.

첫 번째이자 가장 중요한 재산형태는 관료적 국유기업(*bureaucratic state-owned firm*)이다(간략하게 줄여서 '관료적'이라는 단어는 대개 생략할 것이다). [18] 〈표 5-1〉은 다양한 사회주의 국가와 자본주의 국가의

---

17) 비사회주의적 사회경제체제에서도 국유기업(*state-owned firms*)은 존재한다. 어떤 기업은 전적으로 국가에 의해서 소유되고, 어떤 기업은 국가 소유가 지배적인 혼합 기업이다(예를 들면, 국가가 다수의 주식을 소유하는 회사). 이러한 재산형태는 상세하게 다루지는 않을 것이다.

⟨표 5-1⟩ 공공부문 비율: 국제 비교

	연도	공공부문 비율		연도	공공부문 비율
사회주의 국가			자본주의 국가		
불가리아	1970	99.7	오스트리아	1978~1979	14.5
쿠바 a	1988	95.9	프랑스	1982	16.5
체코슬로바키아	1988	99.3	그리스	1979	6.1
동독	1988	96.4	이탈리아	1982	14.0
헝가리	1988	92.9	스페인	1979	4.1
폴란드	1988	81.2	영국	1978	11.1
루마니아	1980	95.5	미국	1983	1.3
베트남	1987	71.4	서독	1982	10.7
유고슬라비아 b	1987	86.5			

주석: a) 쿠바의 경우, 국유 부문만을 말한다.
　　 b) 유고슬라비아의 경우, 1972년 가격 기준 총 물적 생산(Gross Material Product)
　　　 에 기초해서 작성되었다.
참조: 수치는 사회주의 국가의 경우에는 국민소득 대비 비율(%), 자본주의 국가의 경우
　　 에는 GDP 대비 비율을 의미한다. 사회주의 국가에 관한 수치는 국유기업 및 기관
　　 뿐 아니라 농업 협동조합을 포함하며, 가족영농(household farming), 즉 농업 협동
　　 조합 구성원들이 경작하는 개인 텃밭의 순산출(net output)도 포함한다. 등록되지
　　 않은 비공식 경제(informal economy)의 기여는 무시하였다. 가족영농의 산출은 포
　　 함하고 비공식 부문은 제외하였기 때문에 수치들은 사적 부문의 기여를 충분하게
　　 반영하지 못하였다.
출처: 사회주의 국가에 관한 자료는 CMEA[19]의 공식적 통계연감(Finansy I Statistika)
　　 (1989b, p. 49), Savezni Zavod za Statistiku(Federal Statistical Office, Belgrade)
　　 (1988, p. 93)에 기초해서 P. Mihàlyi가 집계하였다. 자본주의 국가에 관한 자료는
　　 B. Milanovic(1989, p. 15)로부터 얻었다.

---

18) 고전적 사회주의 체제의 국유기업이 보여 주는 많은 두드러진 특징들은, 비록
　　덜 극단적인 형태이기는 하지만 자본주의 국가의 국유기업에서도 역시 볼 수
　　있다[예를 들면, 이 절에서 설명하는 소유의 탈개인화(depersonalizing) 문제
　　에 관한 논의, 관료기구(bureaucracy)와 국유기업의 관계(7장 3~5절 참조),
　　그리고 국유기업의 재정규율의 연성화(軟性化, 8장 4절)를 참조하라].
19) 〔옮긴이주〕 상호경제원조회의(Council for Mutual Economic Assistance)를
　　말하며 코메콘(COMECON)이라고도 한다. 1949년 1월 회원국의 경제개발을
　　촉진·조정하기 위해 설립된 기구로서 1991년 6월 해체되었다. 설립 당시의
　　회원국은 소련, 불가리아, 체코슬로바키아, 헝가리, 폴란드, 루마니아였다.

국유 부문 비율을 보여 준다.

국유기업의 재산형태는 사회주의 경제의 '관제고지들'(*commanding heights*), 20) 곧 여타 비(非) 국가적 경제 부문을 지배할 수 있도록 해주는 위치들을 차지한다. 광업, 에너지 생산과 제조업, 운수, 국내 도매거래, 대외무역, 은행, 보험 등이 관제고지에 해당한다. 다른 한편으로 농업, 소매 거래, 그리고 일반대중에 대한 여타 서비스들은 '관제고지'로서의 자격을 갖지 못한다. 비록 국유기업이 그 부문 내에 출현한다고 하더라도 다른 재산형태가 나란히 등장하게 되며, 심지어는 다른 재산형태가 우세할 수도 있다.

국유기업의 명목적 소유자는 중앙정부에 의해 대표되는 국가이다. 공식 이데올로기에 따르면 이 부문은 '전 인민'(*the whole of the people*) 혹은 '전 사회'(*the whole of society*)의 재산이다. 이는 여타 비(非)사적 재산형태, 예를 들면 국가의 지역 조직이 소유한 기업이나, 공식 이데올로기에 따르면, 인민의 일부(해당 지역 주민 혹은 그 협동조합의 조합원)만이 소유자가 되는 협동조합과는 구별된다.

명목적 소유권을 넘어서서 재산형태의 실질적 내용을 분석하기 위해서는 여러 구체적 재산권을 좀더 면밀하게 검토해야 한다.

알바니아는 1949년 2월에 가입했으나 1961년 말 활동을 중단했으며, 동독은 1950년 9월에, 몽골은 1962년 6월에 가입했다. 1964년에는 유고슬라비아도 협약을 통해 회원국과 동등한 조건으로 무역·금융·통화·산업 부문에 참가하게 되었다. 그 뒤 쿠바가 1972년에, 베트남은 1978년에 각각 9번째와 10번째 정회원국이 되었다. 코메콘 본부는 모스크바에 있었다.

20) 레닌(Lenin)이 만든 표현이다.

유형 1. 첫 번째 주요 재산권 범주는 재산을 활용하여 얻은 순소득에 대한 처분권이다. 고전적 사회주의에서 이러한 순소득은 국가의 중앙 예산으로 흘러들어 간다. 자본주의 체제에서 국가에 납부되는 회사 '과세'(taxation)로 불리는 것과 기업의 이익으로 여겨지는 것 사이에는 명확한 구분이 이루어지지 않는다. 국가예산에 들어가는 모든 납입금 총액은 국가 부문의 중앙 순소득(centralized net income)을 구성한다.

이러한 맥락에서 볼 때 '순소득'(residual income)이라는 표현이 의미하는 바가 무엇인지를 정확하게 말하는 것이 문제가 된다. 동일한 중앙관료기구가 국유기업의 판매 가격, 노동자에게 지불하는 임금, 이용하는 생산수단의 가격, 그리고 국가예산에 납부해야 하는 분담금(contribution)을 결정한다. 관료기구는 중앙 순소득이라는 항목 아래 각각의 국유기업이 총수익(gross returns)의 얼마만큼을 납입해야 하는지(혹은 기업이 얼마만큼의 예산 지원을 받아야 하는지, 즉 그 기업의 마이너스 순소득이 얼마인지)를 결정한다. 물론 동일한 사정이 각각의 기업에게 개별적으로 적용될 뿐 아니라, 모든 국유기업의 합(sum)에도 역시 적용된다. 관료기구는 총예산수입의 얼마만큼을 국가 부문의 중앙 순소득으로부터, 또한 국가수입의 나머지 항목 및 채널로부터 끌어낼 것인지를 결정한다. 지출 측면에 대해서도 거의 같은 방법을 적용한다. 어떤 항목으로든 중앙예산으로부터 하나의 국유기업 혹은 모든 국유기업의 합(sum)에 보내지는 액수는 그 국유기업 혹은 모든 국유기업의 합(sum)으로부터 수령한 액수에 의존하지 않는다.

요약해 보자. 이러한 재산형태의 경우, 순소득은 관료기구에 의해 자의적으로 설정된 경제량(economic magnitude)이라 할 수 있다. 그러나 일단 설정되면(재무관리 전문용어를 빌려 말하자면) 그것은 국가의 중앙예산으로 흘러들어 가며, 그러한 의미에서 소유자는 '국고'(state coffers)가 된다. 따라서 질문을 고쳐서 해야 한다. 국가예산에 대해 누가 통제권을 가지고 있는가? 그리고 순소득의 규모를 결정하는 요인이 될 모든 경제 변수들(가격, 임금, 세금 등)을 누가 설정하는가? 이 두 가지 질문 모두에 대한 대답은 동일하다. 이러한 처분권은 관료기구에 속한다. 그리하여 '국고'라는 비인격적 제도 이면에는 권력을 가진 집단이 있으며, 유형 1의 재산권은 그들의 것이다.

이러한 유형 1의 재산권은 사적 소유자의 경우와 비교할 때 어떤 차원에서는 보다 광범위하며, 또 다른 차원에서는 보다 협소하다. 사적 소유자의 경우 사람들은 순소득을 엄격한 의미로 말한다. 사적 소유자의 수중에 떨어지는 순소득의 양은 그의 활동에 의존하지만, 소유자와는 독립적인 환경(시장가격과 국가 조세와 같은)에 의존하기도 한다. 반면에 앞에서 본 것처럼, 국가 부문으로부터의 중앙 순소득은 거의 전적으로 관료기구 그 자체에 의해서 결정된다. 다른 한편으로, 이러한 처분권은 보다 협소하다. 왜냐하면 관료기구의 개별 구성원 그 누구도 순소득에 대한 전적인 처분권을 갖지 못하기 때문이다. 처분권은 일련의 규제와 금지에 의해 제한된다.

유형 1의 재산권은 거의 대부분 계획, 국가 수입과 지출, 가격, 그리고 임금을 설정하는 데 가장 커다란 영향력을 행사하는 사람들의 수중에 집중된다. 그런데 이러한 정책결정권을 가지고 있는 수준에서는, 가장 영향력 있는 개인들의 소득 및 부는 국유기업의 소득 및 부와 연계되지 않는다. 국유기업으로부터 발생하는 어떠한 이익도 자동적으로 이들 관료기구 구성원들의 주머니로 옮겨 가지 않는다. 그리고 반대로 그들은 자신들의 주머니를 털어 국유기업의 손실을 벌충해 줄 필요도 없다. '개인의 주머니'(*personal pocket*) 와 국유기업의 순소득 간의 연계가 전혀 없기 때문에, 다른 점에서는 순소득이 어떻게 사용되어야 하는지에 대해서 결정적인 권한을 가진 사람들이 이러한 관점에서는 결코 실질적 소유자가 아니다. 사적 재산과 함께 언급된 자동적이고 자발적인 인센티브는 적용되지 않는다. 사회는 완전히 인위적 인센티브에 의존해야만 한다.

고전적 사회주의 체제에서는 국유기업의 최고 임원들이 이윤 증가에 관심을 갖게 할 수 있는 인센티브 제도를 도입하는 것이 관행이다. 그러한 관심은 심지어 그 기업의 전체 노동자에게까지 확장될 수 있다. 그러나 그것은 보통 느슨하고 취약한 관심이다. 인센티브의 규모 (대개는 소규모) 와 정확한 계산 방식은 고위 당국이 자의적으로 설정한다. 그렇기 때문에 인센티브는 순소득 전체가 소유자에게 속하도록 만드는 유형 1의 재산권이 아니라, 단순한 통제 수단, 즉 앞에서 인위적이라고 기술되었던 종류의 인센티브에 그치고 만다.

유형 2. 국유기업은 구매와 판매의 대상이 아니다. 국유기업들은 임대되지도, 양도되지도, 혹은 상속되지도 않는다. 고전적 사회주의 체제에서 처분권이라는 재산권은 누구도 행사할 수 없으며, 심지어 명목적인 소유자인 '국가'조차도 안 된다.

유형 3. 통제권이라는 재산권은 관료기구에 의해서 행사된다. 국유기업의 활동은 국유기업 내의 위계적 관료기구에 의해서 통제되며, 이 관료기구는 전(全) 사회를 포괄하는 위계제에서 낮은 위치를 차지한다. 그 위로 권력의 위계적 피라미드의 최정상, 즉 그 체제의 최고 수장에 이르기까지 다수의 수준들이 존재한다. 비록 유형 3의 권리는 관료기구 전체에 의해서 행사될지라도, 그 권리들은 관료기구 내 개별 기관들(bodies)과 그러한 기관들 내부의 개인들이 가진 상대적 영향력에 따라서 관료기구 내에서 불균등하게 분배된다. 관료적 통제에 대해서는 다음 장에서 상세하게 논의할 것이다. 여기서는 단지 이 장의 주제와 밀접하게 관련된 몇 가지 개념들을 설명할 필요가 있다.

국유기업에 대해 직접적 통제(유형 3의 권리)를 행사하는 관료기구는 국가의 재정업무를 다루는(그리고 유형 1의 권리를 행사하는) 관료기구와는 조직적으로 분리된다. 관료기구의 이 두 지부는 오로지 최고 정점에서만 당 총서기, 정치위원회, 그리고 정부의 공동 지시를 받는다.

관료기구가 유형 1과 3의 권리, 즉 순소득 처분권과 통제권을 행사할 때 전 인민을 위해서 행동하는지 아니면 자신의 협소한 이익을 위해서 행동하는지의 문제는 여기에서 해명하지 않아도 된다. 그것은 재산의 성격을 규명하는 것과는 관련이 없기 때문이다. 사적인 자본주의적 소유자는 설령 그가 항상 모든 소득을 이타적 목적을 위해 분배한다고 하더라도, 그리고 그 생산이 가장 완벽한 정도로 인민들의 요구에 복무하는 방식으로 공장을 운영한다고 하더라도 사적인 자본주의적 소유자일 뿐이다. 마찬가지로, 설령 관료적 사회주의 권력의 지도계층이 금욕적 삶을 살아야만 하더라도, 자신의 일차적 과업이 인민의 물질적 생활수준을 증가시키는 것이라고 생각해야만 하더라도, 그리고 이러한 과업을 효과적으로 수행해야만 하더라도, 국유기업의 재산관계는 여전히 앞에서 언급한 의미에서 관료적인 것으로 남아 있다.

이제까지 전개한 논리에 따르면, '전 인민의 재산'(*property of the whole people*)이라는 표현은 성격상 이데올로기적인 것에 지나지 않는다는 결론이 나온다. 이는 고전적 사회주의의 국유기업에서 유지되고 있는 실질적 재산관계를 표현하지 않는다.

재산의 탈개인화(*depersonalizing*)에 관하여, 그리고 가족기업에서 주식회사로 이전함에 따른 소유권과 통제권의 분리에 관하여, 앞 절에서 사적 재산형태의 경우에 대해 설명한 것을 기억하기 바란다. 확실히 고전적 사회주의 기업의 경우에 이 두 가지 경향은 극단적인 지점으로까지 나아간다.

재산의 탈개인화는 극단화된다. 어떤 국유기업을 사례로 든다 해도 소유자로 지목할 수 있는 개인, 가족, 혹은 소규모 파트너 집단은 존재하지 않는다. 누구도 이윤을 챙길 수 없으며 아무도 손실에 대해 자신의 주머니를 열어 지불할 필요가 없기 때문에, 이러한 의미에서 재산은 탈개인화될 뿐 아니라 사라진다. 국가재산은 모두에게 속하기도 하고 어느 누구에게도 속하지 않는다.

비(非)인격적인 익명의 관료기구 내에는 순소득을 징수하는 관료기구와 생산을 통제하는 관료기구 간에 엄격한 분화가 존재한다. 그러나 근대 자본주의하의 분화와 비교할 때 어떤 의미에서 일정 정도의 '재결합'이 존재한다는 사실을 첨언해야 한다. 결국 고전적 사회주의의 관료기구는 일련의 특수한 재산권, 즉 몇 가지 소유권과 모든 통제권을 행사하기 위해서 위계적인 책임의 분할을 이용하는 집중화되고 획일적인 사회적 구성체인 것이다.

4. 다른 국가재산형태들

중앙정부가 소유한 기업의 재산형태를 약간 상세하게 논의했기 때문에 이 체제하에 다른 국가재산형태들(state property forms) 역시 존재한다는 사실을 간략하게 언급하는 것으로 충분하다.

널리 퍼져 있는 재산형태 중 하나는 국가의 지역조직(연방국가의 경우, 주정부, 도, 시 혹은 촌락 위원회)이 소유한 기업이다. 명목상의 소유자가 소규모 지역 단위에 있는 국가조직인 것을 제외하면 3절에서 언급된 모든 것들이 이러한 형태에도 역시 적용된다. 하지만 결국에 가서는 이 지역적 국가조직 자체는 포괄적인 관료적 권력의 일부로서, 보다 높은 수준의 통제에 종속한다.

마찬가지로 널리 퍼져 있는 또 다른 재산형태는 그 물질적 부를 국가(중앙정부든 지역 국가조직이든 간에)가 소유하고 국가 통제하에 있지만, 국가 법률상 '기업'(firm)이라 할 수 없는 기관이다. 이러한 제도에 적용되는 가장 흔한 명칭은 **예산제 기관**(budgetary institution)이다. 이러한 종류의 조직은 심지어 명목상으로도 그 지출을 감당할 수 있는 수입을 벌어야 할 의무를 지지 않는다. 획득하는 모든 수입은 국가예산으로 넘어가며, 발생한 모든 지출도 국가예산으로 충당한다(이 점에서 예산제 기관은 국유기업과 다르다. 국유기업의 경우 기업과 국가예산 사이에 순환하는 것은 단지 소득과 지출 간의 양의 혹은 음의 잔액일 뿐이다). 이러한 범주에 포함되는 기관의 예로는 국가가 운영하는 대학, 병원, 그리고 박물관이 있다.

이러한 기관들을, 이익을 남기려는 자본주의 기업과 대조적인 성격을 갖는 자본주의 국가의 비영리 기관들과 비교하려는 욕구가 생길 수도 있다. 그러나 그러한 비교는 완전히 적절한 것은 아니다. 사실 고전적 사회주의의 국유기업도 실질적인 이윤 동기를 갖고 있지 않다(8장 4절 참조). 그리고 특정한 조직의 법적 지위가 '기업'인지 아니면 '예산제 기관'인지에 관한 의사결정은 상당히 자의적이다. 21) 이 장의 주제인 재산관계와 관련해서는 그들 간에 실질적 차이는 거의 존재하지 않는다. 모든 재산권은 양쪽 모두에 유사하게 적용된다. 각각은 관료적 국가재산의 일종이다.

5. 협동조합

고전적 사회주의 체제에서 두 번째 기본적 재산형태는 협동조합(cooperative) 이다. 22) 이 재산형태의 중요성은 주로 농업에 있는데, 따라서 이에 대해서 좀더 상세하게 다루고자 한다.

협동조합에 대해서는 국가마다 다른 명칭을 사용한다. 예를 들면, 소련에서는 농업 협동조합을 콜호스(kolkhoz) 라고 부른다. 이 책의 전반적인 의도에 맞게 여기서는 모든 농업 협동조합에 공통적인 특징들을 검토하는 데에 주된 강조점을 둘 것이다. 23)

---

21) 마르크스주의 정치경제학의 공식적 분석에서는 생산적 부문과 비생산적 부문을 구별하는데, 교육, 문화적 활동, 그리고 보건 등은 후자에 속한다. 통상 생산 부문의 조직은 기업이며, 비생산 부문의 조직은 예산제 기관의 법적 테두리 안에서 작동한다.

22) 다루고자 하는 국가 통제적 협동조합들은 개혁과정에서 나타난 소규모 협동조합과 구별되어야 한다. 이것들은 사적 파트너십(private partnerships) 과 유사하다(19장 2절 참조).

대부분의 국가에서 고전적인 농업 협동조합은 전적으로 생산 및 판매 협동조합이다. 명목상으로 그것은 구성원들의 자발적 결사에 기반한 조직인데, 그 속에서는 생산수단이 협동조합의 집단적 재산이며 구성원들이 스스로 지도자를 선출한다. 하지만 실상은 방금 말한 것과는 상당히 다르다.

대규모 집단화 과정은 고전적 사회주의 체제가 종국적으로 안정화된 거의 대부분의 사회주의 국가에서 발생했다.[24) 소련의 집단화에 관한 자료는 〈표 5-2〉와 〈그림 5-1〉에 제시되어 있다. 집단화가 일어나기 전에도 다소간 자발적인 방식으로 조직된 농업 협동조합이 존재하기는 했지만, 그것은 생산에서 낮은 비율을 차지하였을 뿐이다. 농업에서 지배적인 재산형태는 외부의 정규 노동력을 고용하지 않는 소규모 가족기업(family undertaking)이었다. 게다가 외부 노동을 고용한 소규모 사적 농업 기업들(agricultural undertaking)이 존재하기는 했지만 많은 수는 아니었다. 마르크스주의적 분류에 따르자면 전자는 소상품 생산자이고, 후자는 자본주의적 농장이다. 자본주의적 농장을 분류하는 데에는 외부 노동의 정규적 고용 이외의 다른 기준도 사

---

23) 사회주의 국가 내외부의 경제학자들은 또한 **집단적 재산**(collective property)이라는 표현도 사용한다. 이 책에서는 이 표현을 사용하지 않으려고 한다. 혼동을 줄 수 있기 때문이다. 즉, 앞 절에서 설명한 관료적 국가재산도 역시 명목상으로나 실제상으로나 '집단적'이기 때문이다. 이러한 집단적 성격은 개인적・사적 재산에 그것을 비교할 때 특히 명백하게 나타난다.

24) 유고슬라비아와 폴란드의 역사는 이와는 어느 정도 다르다. 비록 강제적인 집단화가 존재했지만, 집단화 캠페인이 지속적으로 실시되지는 않았고, 그리하여 농업의 상당한 비율이 여전히 집단화되지 않은 가족기업으로 남아 있었다. 이러한 점에서 이들 두 국가는 순수한 형태의 고전적 체제에 완전하게 도달하지는 못했다.

〈표 5-2〉 소련의 농업집단화

연도	집단농장 (1천 개)	전체 가구 중 집단화된 농가 수(%)	농업 총생산 (지수)	가축 생산 (지수)
1913	-	-	96	87
1918	1.6	0.1	-	-
1928	33.3	1.7	100	100
1929	57.0	3.9	93	87
1930	85.9	23.6	88	65
1931	211.1	52.7	84	57
1932	211.1	61.5	76	48
1933	-	-	82	51
1934	-	-	86	52
1935	245.4	83.2	99	74
1936	-	-	93	76
1937	-	-	116	83
1938	242.4	93.5	107	100

출처: P. R. Gregory and R. C. Stuart(1986, p. 109, 111).

〈그림 5-1〉 소련의 농업집단화

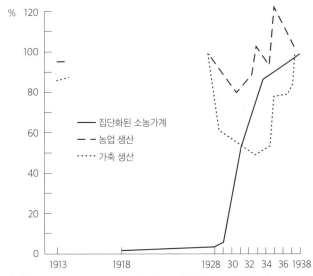

출처: P. R. Gregory and R. C. Stuart(1986, pp. 109, 111).

용되어 왔다. 즉, 특정 규모 이상의 토지 소유, 특정 수 이상의 가축이나 탈곡 기계, 혹은 어떤 다른 거대한 설비의 소유 등이 자본주의적 농장을 분류하는 데 충분할 수 있었다. 소련에서 소규모 자본주의적 농민들은 쿨락(*kulaks*)으로 알려져 있는데, 이 명칭은 다른 사회주의 국가들에도 역시 퍼져 나가 사용되었다.

집단화 과정에서 소농들에게 자신이 책임진 농사를 포기하고 협동조합에 가입하여 그들의 토지[25]와 여타 생산수단을 양도하도록 유도하기 위해서, 저항하는 사람들에게는 공격적인 설득, 위협, 잔인한 제재가 사용되었다. 소규모 자본주의적(쿨락) 농장들은 몰수당했다. 소련과 몇몇 다른 사회주의 국가들에서 자본주의적 농장 소유자들은 대중의 신체적 공격, 추방, 투옥, 그리고 처형에 이르는 테러를 당하였다. 때때로 소규모 생산자 농민들도 자의적으로 쿨락으로 분류되었으며 동일한 취급을 당했다. 이런 취급이 그들에게 불안을 야기하여 사람들로 하여금 협동조합에 대대적으로 가입하도록 만들었다.

강제적 집단화[26]의 트라우마는 협동조합적 농업에 영원한 상처를 남겼다. 협동조합 부문이 제도화되고 정상화된 이후 잔인한 대규모 테러는 끝났다. 하지만 고전적 사회주의 체제하의 농민들은 어떤 대안도 갖지 못했기 때문에 협동조합은 심지어 제도화 이후에조차도 순

---

25) 어떤 사회주의 국가에서는 혁명 이후에 즉각 토지가 국유화되었다. 그리하여 비록 재산권은 실제로 농민들에 의해서 행사되기는 했지만, 그 토지는 집단화 이전에도 명목상으로는 국가재산이었다(예를 들면, 이는 소련의 경우였다). 다른 사회주의 국가(예를 들면, 유고슬라비아)에서는 농사짓는 농민이 개별적으로 자신의 토지에 대한 명목상의 권리를 소유하고 있었다.

26) 소련에서 발생한 강제적 집단화에 대한 설명을 보려면, R. W. Davies(1980), M. Lewin(1968/1974), R. Conquest(1986)를 참조하라.

수한 자발적 연합이라고 부를 수 없다. 농민들은 ① 협동조합을 떠나는 것(혹은 만약 그들이 협동조합 구성원이 아니었다면, 가입을 안 하는 것), 그리고 대신에 사적 재산에 기초한 가족기업(*family undertaking*)에서 일하는 것, ② 만약 여유가 된다면 자신의 농업 기업(*agricultural undertaking*)에 외부 노동력을 상용으로 고용하는 것, 혹은 ③ 자발적으로 협동조합에 가입하는 것(혹은 만약 그들이 이미 조합원이라면 자발적 조합원으로 남는 것) 등을 자유롭게 선택할 수 없었다. 땅에서 일하기를 원하는 사람은 누구든지 협동조합원이 되어야만 했다(혹은 어쩌면 국유농장의 종업원이 되어야만 했다).

협동조합 지도부는 오로지 명목상으로만 조합원들에 의해 선출된다. 사실상 그들은 관료기구의 임명된 구성원들이며, 이러한 점에서 그들은 지위상으로는 당이나 대중조직의 선출된 간부나 국가 혹은 지역 입법부의 선출된 구성원들과 하등 다를 바가 없다(3장 참조). 그들역시 관료기구의 상층부에 전적으로 의존한다.

협동조합 지도부는 협동조합의 소득을 어떻게 사용할 것인지를 독립적으로 결정할 수 없다. 소득의 사용은 일반적 규제와 상부로부터의 특별하고 특수한 개입에 의해 제약된다(유형 1의 재산권은 존재하지 않는다).

지도부는 협동조합의 생산수단을 양도할 수 없다. 그 상위에 존재하는 당국이 특정한 생산수단의 이전 여부, 그리고 그 협동조합을 다른 협동조합과 합병할 것인지 여부를 결정한다(유형 2의 재산권은 존재하지 않는다).

지도부는 생산수단을 어떻게 사용할 것인지를 결정할 자유가 없다. 협동조합은 국유기업과 마찬가지로 중앙집중화된 관료기구의 통제에 종속한다〔(7장 참조) 그리하여 유형 3의 재산권도 역시 부족하다〕.

이제까지 말한 것으로부터 고전적 체제에서는 국가 소유 재산형태와 협동적 재산형태 간에 실질적이고 명확한 구별이 거의 존재하지 않는다는 결론이 나온다. 협동적 재산은 기묘한 협동적 성격이 부여된 관료적 국가재산의 일종이다. 실제로 협동적 재산은 '국유화된'(national-ized) 협동조합으로서 작동하며, 그 재산은 준국가재산(quasi-state pro-perty)으로 간주될 수 있다.

유일한 본질적 차이는 소련과 대부분 동유럽 국가들의 협동조합 조합원들이 **텃밭**(household plot)으로 알려진 얼마간의 사적 토지를 경작할 수 있다는 것이다. 이는 아주 자그마한 보유자산으로서, 그 텃밭에서 농민들은 실제로 생산수단의 일부만을 사적으로 소유한다. 협동조합에 의해 아주 작은 토지만이 개인에게 할당되는데, 협동조합은 언제든지 이를 몰수할 수 있으며 대신에 또 다른 작은 토지를 제공할 수도 있다. 몇몇 장비를 협동농장이나 국유농장으로부터 대여받기도 한다. 비록 가족농지(household farm)에 대한 농가의 재산권은 부분적인 것에 불과하기는 하지만, 그 부분적인 재산권은 그로부터 발생한 순소득에 대한 권리를 포함한다(유형 1의 권리). 그것만으로도 텃밭에서 열심히 일하도록 자극하는 데 충분하다. 그리하여 가족농지가 생산하는 축산물, 채소, 과일이 국가총생산에서 차지하는 비율은 가족농지가 전체 농지에서 차지하는 비율을 훨씬 초과한다. 〈표 5-3〉은 소련 콜호스 농민의 텃밭에 관한 자료들을 보여 준다.27)

---

27) 불가리아 농업의 상황들은 〈표 5-3〉에 기술된 소련 상황과 비교할 만하다. 불가리아에서 1985년에 닭의 37%, 육류의 46.5%, 그리고 달걀의 53.1%가 소규모 가족농지(family small holdings)에서 생산됐는데, 이 가족농지는 전체 경작지의

<表 5-3> 소련 농업에서의 텃밭

연도	콜호스 농민의 텃밭 소득 (전체소득 중 %)	전체 생산에 대한 사적 부문의 기여도	
		육류 (%)	달걀 (%)
1960	45		
1965		40	67
1970	35		
1975		31	39
1980	28		
1983		29	30
1985	26		

출처: 세로줄 1(콜호스 농민의 텃밭소득 — 옮긴이주) - V. G. Treml (1987, 표 A3), 세로
줄 2(육류), 세로줄 3(달걀) - P. R. Gregory and R. C. Stuart (1986, p. 270).

무엇이 농업의 협동적 부문으로의 전환을 정당화하는가? 그 문제에
는 두 가지 측면이 존재한다. 한편으로, 사적 재산형태를 제거하기 위
해서 어떠한 인센티브가 제공되었는가? 다른 한편으로, 협동화를 진
행할 때 왜 그것을 국유화로서 공개적으로 추진하지 않았는가?

집단화가 진행되는 동안 공식적인 선전은 당시 상황에 적합한 논거
를 대대적으로 강조한다. (예를 들면, 소련의 집단화 시기에 중요한 문제
는 도시에 곡물을 공급하는 데에 중대한 어려움이 존재했다는 것이었다.)
그러나 처음부터 집단화에 관한 공식적인 선전은 또한 장기적인 경제
적 고려사항을 매우 강조하기도 한다. 소규모 기업에 대해서 대규모
기업이 갖는 장점, 규모의 경제 원리가 그것이다. 이러한 주장에 따르
면, 소규모 가족기업은 생산성이 낮고 많은 것들을 가족 내에서 소비
하기 때문에 시장에 내다팔 상품이 별로 없다는 것이다. 공식 선전은

12.8%에 불과했다(R. J. McIntyre, 1988, p. 105).

대규모 기업의 경우 생산성이 훨씬 더 높을 것이라고 주장한다. 집단화의 배후에 존재하는 공식 이데올로기에 따르면 설령 가계에 의한 자가소비가 줄지 않는다고 하더라도, 시장으로 보낼 생산물의 비율은 상당히 증가할 것이라고 한다. [28]

사실상, 이러한 논의는 서구의 경제이론에서 발견되는 생각과 유사하다. [29] 만약 대규모 기업이 보다 효율적이라면, 소규모 기업들을 보다 높은 이익을 올릴 수 있는 대규모 기업으로 결합시키는 것이 바람직하다. 이런 식의 추론방식을 유지한다고 할 때, 분명히 핵심적인 문제는 대규모 기업의 효율성이 과연 실제로 더 높은가 하는 점이다. 이 문제에 대해서는 소규모 혹은 대규모 기업들이 작동하는 사회적, 정치적, 경제적 환경에 상관없이, 경제의 어떤 부문에 대해서든, 혹은 소규모 기업들을 대규모 기업으로 결합시키는 어떤 과정에 대해서든, 일반적으로 타당하고 올바른 대답은 존재하지 않는다. 결국 고전적 사회주의 체제의 대규모 협동농장이 소규모 농장보다 더 생산적이거나 효율적인 것으로 판명되지는 않았다.

하지만 집단화의 동기는 경제적 고려사항과 효율성에만 한정되지는 않는다. 동일하게 중요한 혹은 훨씬 더 중요한 동기는 정치적 의도, 즉 관료적 권력을 강화하려는 시도이다. [30] 사적 재산에 기반을 둔 소

---

28) 대규모(국유 그리고 협동) 농장은 협동을 통해서 노동 생산성을 증가시킨다. "오늘날 … 농민들은 자신의 노동력을 그들의 이웃들의 노동과 결합시킬 수 있다. … 그리고 이전보다 훨씬 많이 생산할 수 있다."(J. V. Stalin, 1947, p. 312)

29) 거래비용에 관한 이론에 관해서는, 그리고 위계제(*hierarchies*)와 시장의 관계에 관해서는 O. E. Williamson(1975)뿐 아니라 R. H. Coase(1937)를 참조하라.

30) 조직형태의 선택과 정치권력의 노력 간의 관계에 관해서는 S. Marglin(1976)

농(*peasant farming*)은 관료기구의 전체주의적 권력과 양립할 수 없다. 왜냐하면 소농 경영은 독립적인 사회적, 정치적, 그리고 경제적 세력을 대표하게 될 수 있기 때문이다. 반면에 중앙집중화된 관료기구로 통합된 대규모의 협동적 경영은 전체주의적 권력구조에 완전히 적합하다. 사적 소농민들의 자율성과 자기결정권은 중지되며, 더 이상 관료기구에 대한 농촌인구의 종속과 다른 주민계층의 종속 사이의 차이는 없어지고 만다.

게다가 사적 재산의 제거와 공적 재산의 창출이야말로 권력을 쥔 자들의 눈에는 본질적 가치를 갖는다. 이것은 또한 소규모 가족기업에도 적용되는데, 소농은 '쁘띠부르주아'적 사리사욕에 개별적으로 오염될 것이고, 공익을 위한 서비스를 회피할 것이며, 탐욕과 후진성에 물들게 될 것이다. 더욱이 소규모 생산이 확산되는 곳이면 어디에서든지 축적 과정은 점차로 자본주의적 재산을 낳게 될 것이다. 소규모 혹은 중소규모로 가장 성공적이거나 가장 운이 좋은 소농민들은 쿨락이 될 것이다(19장 3절 참조).

두 번째 문제(왜 국유화를 진행하지 않았는지의 문제)와 관련해서, (공개적인 국유화 대신에) 협동적 형태를 활용하고 가족농(*household farming*)을 묵인한 것은 실질적이고 궁극적인 의도와 당시의 사회적 현실 간의 타협이다. 실질적이면서 가장된 양보들은 저항을 현저하게 감소시키며 농민 대중으로 하여금 스스로 경작할 기회의 손실을 다소간 더욱 쉽게 수용하도록 만든다.

그런 점에서 이것이 단지 타협일 뿐이라는 사실은 협동적 재산이 국

을 참조하라.

가재산보다 낮은 형태의 사회적 소유라는 반복되는 공식적인 선언에 의해서 확증된다. 그리하여 비록 과도기가 오래 진행될 수 있을지라도 그것은 오로지 과도기적일 뿐이다. 결국, 모든 생산은 '전 인민'(*the people as a whole*)에 의한 소유라는 틀 속에 포함시켜야만 한다.[31]

사실상, 국유농장은 고전적 사회주의 체제의 농업에서 초기부터 존재했다[소련에서는 소호즈(*sovkhoz*)라는 이름이 사용되었다].[32] 협동농장의 장기적 쇠퇴 경향은 여러 사회주의 국가들에서 협동조합에 대한 국유기업 비율이 꾸준히 증가하고 있다는 사실에 의해서 확인된다.[33]

지금까지 말한 것들과 비교해 볼 때, 중국 코뮌[34]의 상황은 한 가지 점에서 특별하게 언급될 필요가 있다. 집단화가 소련과 여타 사회주

---

31) 이러한 관념은 이미 마르크스에게서 발견할 수 있다. "근면한 대중을 구제하기 위해서 협동적 노동을 국가적 차원에서 개발해야 하며, 결과적으로 국가적 수단에 의해서 육성해야만 한다."(K. Marx, 1864/1957a, p. 12) 스탈린이 쓴 마지막 경제 연구는 "집단농장 재산을 공적 재산으로 끌어올리기 위해서 무엇을 해야 하는가"에 관한 논의였다(J. V. Stalin, 1952, p. 65).

32) 오랜 기간에 걸쳐서, 농업 생산물을 제공하는 소호즈와 나란히, 국가가 소유한 다른 종류의 조직들이 소련에서 작동했다. 그것은 '기계 트랙터 스테이션'(machine tractor station: 러시아어로는 엠떼에스 — 옮긴이주)이라고 불리는 것인데, 이 조직은 대용량의 기계류(트랙터와 콤바인 수확기와 같은)를 협동조합에 임대해 주었다. 오랫동안 협동조합은 대용량 기계류를 구매할 권리를 갖지 못했다. 왜냐하면 그것들의 소유권은 국가 기계 트랙터 스테이션에 의해 독점되었기 때문이다. 이는 국유 부문에 대한 협동조합의 종속성을 훨씬 더 '공개적으로'(openly) 증가시켰다. 이들 스테이션들은 몇몇 다른 사회주의 국가들에서도 역시 설립되었다.

33) 1953년에 소호즈(국유농장)는 소련 경작지역의 9.6%를 운용했다. 1983년에는 그 비율이 53.4%였다(P. R. Gregory and R. C. Stuart, 1974/1986, p. 269).

34) [옮긴이주] Chinese commune, 인민공사를 말한다. 그리고 이하에서는 인민공사라고 칭한다.

의 국가들에서보다 훨씬 더 멀리까지 진척된 것이다. 심지어 소비에
트 콜호스의 가족농과 같은 사적 생산의 흔적조차도 제거되었다. 인
민공사는 농업 생산에만 한정되지 않았다. 인민공사는 산업, 상업,
그리고 여타 서비스 활동까지 추구했다. 인민공사 내부에서는 몇 가
지 종류의 소비 집단화도 도입되었다. 권력의 전체주의화(*totalization*)
도 훨씬 심층적으로 진행되었다. 왜냐하면 인민공사는 국가 행정 기
능과 경제적 통제 기능을 결합했기 때문이다. 인민공사는 개별 가계
들 위에 존재하는 일종의 관료 당국(*bureaucratic authority*), 일종의 기
업(혹은 다양한 활동을 추구하는 일종의 거대 복합기업), 그리고 일종의
소비 공동체가 되었다.

지금까지 이 절에서는 농업을 검토했다. 고전적 사회주의 경제의
여타 부문들에서도 역시 협동조합을 발견할 수 있다. 하지만 그 협동
조합들의 기본적인 특징은 협동농장(*cooperative farms*)과 다르지 않으
며, 각각의 부문에서 그들의 생산이 갖는 상대적 비중은 훨씬 작다.
그러므로 나는 그것들에 대해 상세하게 논의하지 않을 것이다.

6. 사적 재산 그리고 사적 성격의 생산 활동

고전적 사회주의 체제에서 노동을 고용하는 사적 기업들은 존재하지
않거나, 경제의 극히 작은 부분에 제한된다. 사적 자본주의의 거의 총
체적인 제거야말로 공식 이데올로기가 사회주의의 중요한, 혹은 심지
어 주된 기준으로 삼고 있는 것이다. 오로지 국가 소유와 협동적 소유
만이 이데올로기적으로 사회주의적인 것으로서 인정된다.

그러나 국가 부문과 협동 부문에 의해 축소되어 있다 하더라도 다양한 형태의 사적 재산들(그리고 그것들과 부분적으로 관련된 사적 성격의 생산 활동들)이 살아남아 있다. 다음과 같은 것이 가장 전형적이다.

1. **소규모 사적 공업과 상업**. 동독, 헝가리, 폴란드와 같은 몇몇 고전적 사회주의 국가들의 경우, 소규모 가족기업(*family undertakings*)이 공식적으로 허용되어 운영될 수 있다. [35] 하지만 그 부문은 공업 생산과 상업 서비스에서 낮은 비율을 차지한다. 〈표 5-4〉는 동독, 헝가리, 폴란드에서의 사적 부문에 관한 자료를 보여 준다. [36] 다른 국가들의 경우 이 부문은 결코 운영이 허락되지 않는다.

2. **가족농**(*household farming*). 사실 이것은 일종의 혼합형이다. 앞절에서 설명한 바와 같이, 가족농의 생산수단 중 어떤 것은 협동적 재산이며 또 어떤 것은 사적재산이다. 농민 가족은 가장 중요한 생산수단인 토지의 이용권만을 받는다. 그것은 언제든지 회수될 수 있으며 가족은 그것을 양도할 수 없다(다른 말로 하자면, 그들은 유형 2의 재산권이 없다). 그러나 가족농의 생산으로부터 세금을 납부한 이후의 순소득은 농가에 속한다(유형 1의 재산권). 또한 거기에 투입될 노동량

---

35) 개념상으로 소규모 가족기업은 외부 노동을 고용할 수 없다. 하지만 사실상 사적인 직공(*artisan*)이나 상인들은 공식적인 허가를 얻어 제한된 수의 노동자를, 실제로는 고전적 사회주의하에서 기껏해야 1명의 노동자를 고용할 수 있었다.

36) 〈표 5-4〉는 사적 부문의 제거 과정이 다른 많은 사회주의 경제에서보다 동독에서 훨씬 더 많은 시간이 걸렸음을 보인다.

은 농가가 결정한다(유형 3의 재산권).[37] 그리하여 기본적으로 그 형태는 사적 소유와 사적 경제활동으로 분류될 수 있다.

〈표 5-4〉 동독, 헝가리, 폴란드에서의 사적 부문의 제거

연도	전체 비농업 고용 중 사적 비농업 고용의 비율[a]		
	동독[b]	헝가리[c]	폴란드
1949	-	20.3	11.6
1950	-	17.1	6.6
1952	34.0	4.5	4.7
1955	30.8	2.7	3.6
1960	21.6	-	4.8
1965	19.0	-	4.3
1970	16.5	3.8	4.4
1972	8.4	3.5[d]	4.0
1975	6.8	3.1	4.0
1980	5.9	2.9	4.9

주석: a) 경제의 '관제고지'가 이미 국유화된 첫 번째 국유화 물결 이후인 1949년에 자료
　　　가 시작된다.
　　 b) 이 수치는 반(半)사적 부문, 즉 국가가 참여하는 사적 기업들을 포함한다. 1960
　　　년대에 그 비율은 전체 비(非)농업 고용의 7%에 달했다. 1971~1972년에 그것
　　　들은 거의 완전히 국유화되었다. A. Åslund(1985).
　　 c) 이 수치는 오로지 적극적으로 활동하는 종업원들만을 포함한다. 수산업과 산림
　　　업은 농업의 일부로 기록된다. 그래서 포함되지 않았다.
　　 d) 1973년 1월 1일.
출처: 세로줄 1(동독)과 세로줄 3(폴란드) - A. Åslund(1985, pp. 230~231, 247), 세로
　　　줄 2(헝가리)의 가로줄 1~4(1949~1955) - Hungarian Central Statistical Office
　　　(1959, pp. 65~66), 가로줄 7~10(1970~1980) - Központi Statisztikai Hivatal
　　　(Central Statistical Office, Budapest) (1971, pp. 104~105; 1973, p. 109; 1975,
　　　p. 111; 1980a, pp. 128~129).

37) 이러한 재산권 역시 제한된다. 왜냐하면 농가는 특정 시간을 노동해야 하며
　　협동조합을 위해서 특정한 양의 노동을 수행해야 하기 때문이다. 기껏해야 그
　　들은 가족농장에 자신의 여분의 시간을 투여할 수 있을 뿐이다.

3. 비공식 사적 경제(*informal private economy*) . [38] 여기에는 광범위한 활동들이 포함된다. [39]

    a. 화폐 혹은 현물 보상을 목표로 어떤 개인이 타인을 위해 수행하는 생산 혹은 서비스 활동. 비육체적 활동의 사례에는 의료적 치료, 법률 상담, 타이핑, 번역, 사적인 언어 교습, 그리고 탁아(*baby-sitting*) 등이 속한다. 육체적 활동에는 수리와 설치 노동, 주택 건설, 청소, 그리고 여객과 상품 운송(*personal and goods transportation*) 등이 속한다.

    b. 정규 직업이 농업이 아닌 사람들에 의한 식료품(육류, 과일, 그리

---

38) 어떤 경제 문헌들에서는 이 책에서 말하는 '비공식 경제'를 지칭하는 데에 '이차 경제'(*second economy*) 라는 용어를 적용한다. 나는 다음과 같은 식의 구별에 동의한다. **일차 경제**(*first economy*) 는 고전적 체제의 공식 이데올로기에서 '사회주의 부문'(*socialist sector*) 으로 간주하는 것, 즉 관료적 국가 부문과 협동적 부문을 가리킨다. 반면에 **이차 경제**(*second economy*) 는 공식적으로 허용된 소규모 가족기업으로 구성된 공식 사적 부문과 비공식 사적 부문의 합이다.

39) 사회주의 국가들에서의 사적 부문, 이차 경제, 그리고 특히 비공식적 활동에 관한 대단히 많은 문헌 중에서 몇 가지 포괄적인 저작들만을 언급한다. **일반적인 개관**: S. Alessandrini and B. Dallago, eds. (1987), B. Dallago (1990), E. L. Feige, ed. (1989), I. R. Gábor (1979), G. Grossman (1985), M. Los, ed. (1990), 그리고 V. Tanzi, ed. (1982). **소련**: G. Grossman (1977a), T. I. Koriagina (1990a, 1990b), 그리고 이차 경제에 관한 이론적 연구를 제시하면서 소련 망명자와의 인터뷰 자료를 요약한 *the Berkeley-Duke Occasional Papers*. **중국**: W. Zafanolli (1985). **폴란드**: A. Korbonski (1981), S. Taigner (1987), 그리고 J. Rostowski (1989a). **헝가리**: P. Galasi and G. Sziráczki, eds. (1985). **불가리아**: D. C. Jones and M. Meurs (1991).

    배급제를 포함한 일반균형의 틀 내에서 사회주의 경제의 시장균형에 미치는 사적 부문의 효과를 모델화하려는 많은 시도가 존재해 왔다. 예를 들면, R. Ericson (1983, 1984), D. O. Stahl and M. Alexeev (1985), S. Wellisz and R. Findley (1986), B. G. Katz and J. Owen (1984), 그리고 C. Davis (1988) 를 참조하라.

고 채소)의 생산과 판매.

c. 사적으로 소유되거나 임대된 집의 전대(*subletting*).

d. 국가 소유의 상업, 협동적 상업, 그리고 공식적으로 허용된 사
적 상업의 틀 밖에서 이루어지는 상업 활동(*trading activity*) : 암
시장 활동과 합법적으로 수입했거나 외국 여행 후에 밀수한 상품
의 판매도 모두 여기에 속한다.

앞의 목록에 적혀 있는 활동들과 그와 유사한 활동들은 오로지 그러
한 활동들을 추구하는 사람들의 노동만을 요구한다. 반면에 다른 활
동들에는 장비도 필요하다. 비공식 경제에서 노동하는 어떤 사람들은
자신이(혹은 그 작업을 의뢰한 사람이) 소유한 장비를 이용하고, 또 어
떤 사람들은 국가 소유 혹은 협동적 소유의 장비를 이용한다〔국가 소유
나 협동적 소유의 사례로는 국가 소유의 트럭을 이용하는 운전자에 의한 '불
법적인'(*black*) 상품 운송을 들 수 있다〕.

어떤 비공식적 활동은 국가 부문과 협동적 부문에 고용되어 있는 사
람들에 의해서 공식적인 노동 시간 외에 이루어진다.[40] 또 다른 비공
식적 활동의 경우에는 공식적인 작업 시간을 희생하여 '기업의 작업
시간 내에'(*on the firm's time*) 에 이루어진다.

고전적 사회주의 체제에서 어떤 비공식적 활동이 허용되고 어떤 활
동이 법적 규제에 의해서 금지되는지, 그리고 그러한 금지가 얼마나 엄
격하게 강제되는지는 국가마다 시기마다 다르다. 이와 관련해서 비공
식 경제의 규모와 전체 경제에서 차지하는 비공식적 경제규모의 상대적

---

40) 이것을 영어로 생생하게 표현한 말은 '야간 부업'(*moonlighting*)이다.

비중은 국가마다 시기마다 차이가 난다. 하지만 보통 가장 엄격한 금지가 적용될 때조차도 비공식경제가 결코 완전히 사라지지는 않는다.[41]

'그림자 경제'(shadow economy)는 다른 체제들에도 역시 존재하는데, 주로 세금을 회피하는 방법으로서 존재한다. 세금 회피는 고전적 사회주의 체제에서는 주된 동기가 아니다. 이 체제에서는 심지어 조세가 정상적으로 납부될 때에도 관료기구가 온갖 종류의 사적 재산과 사적 경제활동을 매우 좁은 범위 내로 제한하려 한다. 비공식 경제는 법 조항이 특별히 금지하지 않는 기회들을 포착해 냄으로써, 그리고 그 법을 조롱하는 위험을 감수함으로써, 그러한 엄밀한 제한들을 넘어서서 공식적 허가 없이 작동하려는 시도를 보여 준다. 그리하여 이 책은 '비공식적'(informal)이라는 용어를 불법적이지 않은(nonillegal) 활동과 용인된 활동, 단속이 심하지 않은 금지된 활동과 엄격하게 금지되는 활동 모두를 동일하게 포함하는 포괄적 용어로 사용한다.[42]

---

41) 검사 측 증인으로 참석한 브레즈네프(Brezhnev)의 말은 1988년 9월 18일 Literaturnaya Gazeta에서 F. Burlatskiy가 다음과 같이 인용했다. "당신은 인생을 모른다. 아무도 임금(wages)만으로 살 수 없다. 나는 기억한다. 내 젊은 시절에 우리는 철로화물차의 짐을 부려서 돈을 벌었다. 그렇다면, 우리가 어떻게 했는가? 3개의 상자 혹은 가방을 부리면 우리 자신에게는 하나가 떨어진다. 이것이야말로 모든 인민들이 어떻게 (우리)나라에서 살아왔는지를 보여 준다."(V. G. Treml, 1990, p. 2)

42) '유색'(colored) 시장과 활동에 관한 A. Katsenelinboigen의 논문(1977)을 참조하라. 유색 시장에는 흰색(white: 합법적), 핑크색(pink: 국가 공무원이 연루되는 비공식적 활동 등), 회색(gray: 비공식적)과 검은색(black: 명백히 형사범죄적인) 활동들이 포함된다.

7. 자본주의, 사회주의, 그리고 재산

지금까지 이 장은 고전적 사회주의 체제의 재산관계들을 다루었다. 사적 재산은 고전적 사회주의 체제에서도 존재하지만 그 범위는 극도로 제한된다. 지배적인 재산형태는 다양한 종류의 관료적인 공적 소유이다. 즉, 국가재산과 협동적 재산이 그것인데, 이 경우에 구체적인 재산권들은 앞에서 기술한, 고전적 체제에 전형적인 재산권 형식에 따라 분배된다. 공적 소유의 틀 내에서 추구되는 모든 활동을 고전적 체제의 공식적 용어로는 경제의 '사회주의 부문'(socialist sector)이라고 말한다.

사회주의 이전의 사회에서는 자본주의적 소유를 포함한 다양한 형태의 사적 소유가 자생적인 경제 과정의 결과로서 기본적으로 발전하여 자리를 잡는다. 이러한 전환은 사적 소유를 보호하고 사적 계약을 집행하는 법적 체계를 수반한다. 국가 규제가 특정 시기에 자본주의적 소유를 대대적으로 촉진하기도 하지만, 확실히 국가가 자본주의의 발전과 안정화를 조직했다고 말할 수는 없을 것이다.

이와 달리, 자본주의적 재산관계의 거의 완전한 제거와 고전적 사회주의 체제의 재산관계의 창출과 안정화는 자생적인 경제 과정의 결과가 아니다. 이 전환은 당-국가에 의한 혁명적 행동의 결과이다. 특정한 국가 규제의 법률적 승인이 변화가 이루어지는 순간에 입안된 것인지, 아니면 나중에 소급적으로 법제화된 것인지는 그리 중요하지 않다. 어느 경우든 간에, 관료기구는 어마어마한 비율의 사적 재산을 몰수하기 위해서, 생산수단을 국유화하기 위해서, 그리고 지금까지 자신의 농토에서 일해 온 소농민과 다른 소생산자들을 강제로 협동적 재산형태로 통합하기 위하여 강제력을 사용한다.

여기서 놀랄 만한 것은 없다. 마르크스-레닌주의 정당 강령에서 핵심적인 사항은 '수탈자에 대한 수탈'(expropriation of the expropriators), 다른 말로 하면, 정치적으로 가능한 한 빨리 사적 소유 대신에 공적 소유에 기초해서 사회를 조직하려는 결정이다. 여기서 우리는 가치체계의 문제로 돌아가게 된다. 공산당 추종자들에게 가치체계는 세 가지 밀접하게 관련된 가치에 의해서 지도되는데, 그 각각의 가치는 다른 것을 전제하며 부분적으로 중첩된다. 무엇보다도 사회주의는, 그리고 그것의 설립과 유지는 단순히 다른 궁극적 가치들에 대한 공헌이라는 도구적 가치가 아니라, 그 자체가 본질적인 궁극적 가치이다. 사회주의는 오로지 공산당이 권력을 장악할 때, 그리고 장악한 곳에서만 존재하게 된다. 권력은 근본적이며 궁극적인 가치이다. 사회주의는 무엇보다도 먼저 사적 소유를 공적 소유로 대체했다는 점에서 자본주의와 다르다. 그리하여 사적 소유의 제거와 공적 소유의 설립과 안정화도 역시 하나의 본질적인 가치이다. 물론, 도구적 가치들도 역시 사회주의적 소유의 창출로부터 기대된다. 즉, 사회주의적 소유는 자본주의적 소유가 제공하는 것보다 높은 생산성을 보장해야 한다. 그러나 그것은, 자본가들이 더 이상 노동자들을 착취할 수 없다는 의미에서, 노동자들이 더 이상 자본가들에게 종속하지 않는다는 의미에서, 그리고 자본가 계급이 역사의 국면에서 사라진다는 의미에서 이미 거대한 본질적이고 내부적인 가치를 가지고 있다. 게다가 두 가지 가치는 가장 밀접한 관계를 갖고 있다. 즉, 관료기구에 의해서 획득된 재산은 관료기구의 권력의 가장 중요한 요소이다.

재산 문제에 관해서 취해진 입장과 실천적인 행동(예를 들면, 농업 집단화)은 당의 전위적 성격에 관해서, 권력의 자기정당화에 관해서, 그리고 가부장주의에 관해서 앞에서 언급한 것의 확실한 사례이다(4장 4절 참조). 집단화의 경우를 예로 들면, 권력을 가진 사람들은 사적 재산의 제거가 인민에게 이익이 된다는 것, 그리고 농민들이 자신들의 독립을 포기하고 협동조합에 가입하는 것이 그들 자신에게 이익이 된다는 것을 확신한다. 하지만 그들의 후진성과 근시안은 스스로의 이익을 인식하는 것을 방해하므로, 설령 그들이 변화에 저항한다 하더라도 이를 강요할 수밖에 없다는 것이다. 목적은 종국적으로 그들 자신에게 도움이 되는 생활방식을 채택하도록 인민들을 그들의 의지에 반해서 강제하는 것이며, 이를 위해 권력이 필요하다.

지금 논의하는 주제는 최고지도부에서부터 관료기구 내에서 아무런 역할을 갖지 않은 정직하고 열성적인 당원에 이르기까지 공산당의 신봉자들에게 심층적으로 영향을 미치는 가치체계이다. 이러한 신념은 그들에게 어떠한 대규모 저항이 있더라도 작업하고, 희생하고, 인기 없는 과업을 수용하며, 자신들의 강령을 수행하도록 만든다. 바로 이 지점에서 마르크스-레닌주의적 공산주의의 가치체계와 행동 강령과 다른 계보의 사회주의의 그것들 사이에 중요한 차이가 있음을 발견한다. 그중에서도 사회민주주의자들에 의해서 제출된 가치체계와 가장 명백한 차이가 난다. 예를 들면, 사회주의 사상에 관한 사회민주주의적 해석에서 생산과 분배의 공적 소유형태들은 오로지 도구적 가치를 갖는다. 생산과 분배의 공적 소유형태들은 본질적인 것으로 간주되는 가치들, 즉 일차적으로는 복지, 사회 정의, 그리고 자유의 보장 등을 진실로 촉진하는 한에서만 도입되어야 한다는 것이다. 사적 소유는 국유화 혹은 집단화가 할 수 있던 것보다 이들 본질적 가치에 도움을 더 잘 줄 수 있다면 반드시 폐지될 필요가 없다. 확실히 강제에 의해서, 혹은 투표함을 통해 표현된 인민 대다수의 의지에 반하면서까지 재산형태를 변화시키는 것은 피해야만 한다.

애초의 계획에 맞게, 이 책에서는 가치에 관해 어떤 주장을 하지는 않는다. 단지 체제의 다양한 특징들이 각각의 가치를 얼마만큼 증진시키고 그 가치들에 얼마만큼 나쁘게 작용하는가를 기술하려는 것뿐이다. 고전적 사회주의 체제는 공산당 이데올로기가 가장 중요하다고 생각하는 세 가지 가치의 지배를 강요한다고 말하는 것은 동어반복(*tautology*)이 아니라, 검토될 수 있고 경험에 의해 검증되거나 논박될 수 있는 하나의 진술이다. 그것은 이 운동의 배후에 존재하는 사상, 즉 공산당의 독점적(*undivided*) 권력, 사적 소유의 (거의 총체적인) 제거, 그리고 공적 소유의 전반적 확산에 기초한 사회가 실제로 건설된다는 사상에도 적용된다.

가치에 관한 문제를 논의하고 있으므로, 나는 여기에 속하는 개념적 문제 하나를 언급해야 한다. 1장 3절에서는 이 책에서 사용하는 '사회주의 체제'라는 표현의 의미를 분명히 밝혔다. 이에 상응하는 문제는 '자본주의 체제'라는 표현에 대한 해석이다.

사회를 전체로서 고려할 때, 각각의 사회는 재산형태라는 관점에서 볼 때 사실상 '혼합적'(*mixed*)이다. 역사는 단 하나의 재산형태가 완전히 순수한 상태로 작동하는 그런 사회를 만들지 않았다. 이런 점에서 일군의 사회 연구자들은 체제들의 종(*species*)과 족(*families*)에 관해서 생각하기를 포기하거나 거부하는 경향이 있다. 이들 학자들이 보기에 체제들의 종과 족이 그 성격상 너무나 뒤섞이고 혼성되고 혼합되어 있는 데다가, 실제로 상상할 수 있는 혼합체와 변이들의 수가 무한하기 때문이다.

하지만 이 책은 그러한 원칙을 따르지 않는다. 대신에 전체 체제를 사회주의 체제와 자본주의 체제로 분명히 분류하는 사람들을 따르고자 한다.[43] 이러한 방법에 따라 1장 2절에서 단지 입문의 의미로만 도입한 개념정의들을 이 시점에서 확장하여 보다 완전히 표현할 수 있다.

앞에서 언급했듯이, 사회주의 체제의 첫 번째 속성은 마르크스-레닌주의 당이 독점적(*undivided*) 권력을 행사한다는 것이다. 이제 그 이상의 특징을 덧붙일 수 있다. 당은 사적 재산의 제거에 전념할 것인데, 자신의 독점적 권력과 국가와의 상호침투를 통해 조만간 당은 그 강령을 실행에 옮길 수 있게 되거나 혹은 적어도 그에 근접하게 될 것이다.

사회주의 이전의 체제와 사회주의 체제가 발전하는 방식의 차이에 관해 방금 언급한 것에 기초해서 볼 때, 사회주의 체제에서 본질적인 것은 집권 정당이 성취하고자 원하는 그리고 성공적으로 성취하려는

---

43) 이러한 용어적 전통에 찬성하는 많은 학자들과 정치인들의 세계관과 이론적, 정치적 전망은 매우 다양하다. 그들 중에는 마르크스주의자들도 있고 반(反) 마르크스주의자들도 있다. 그들 중 어떤 사람들에게 '사회주의'는 명예로운 단어이고 '자본주의'는 경멸적인 용어이다. 또 다른 사람들에게 사회주의와 자본주의는 이와 정반대의 함의를 갖는다. 사회주의-자본주의 개념 쌍을 거부하는 학자들과 정치인들도 마찬가지로 다양하다. 이들 역시 철저하게 이질적인 집단이다.

　양 집단 모두가 갖는 유사한 이질성은 여기서 논의하는 것이 가치-중립적인, 의미론상의 문제라는 것을 간접적으로 확증한다.

　개념들을 적용할 때 주요한 필요조건은 그러한 개념들이 개념적으로 명확하고 명료해야 한다는 것, 그리고 그것들을 분석 도구로서 응용하는 것이 가능한지를 확인해야 한다는 것이다.

그 무엇이다. 이와 달리 비사회주의 체제의 경우에는 사회에서 '저절로'(of its own accord) 발전한 것에서 출발해야 한다. 자본주의 체제는 자본주의적인 사적 재산형태가 우세한 사회이다.[44] 여기에 하나의 소극적 기준을 덧붙여야 한다. 자본주의적인 사적 재산의 우세함을 끝장내는 데 전념하는, 독점적 권력을 보유한 당이 존재하지 않는다는 것이다.

이러한 논리 전개에 따라, 이 책은 자본주의 체제라는 개념을 폭넓게 정의한다. 자본주의 체제는 미국과 스위스(Switzerland) 같은 대단히 개인주의적인 체제와, 사회민주당이 수십 년 동안 권력을 장악하여 사회주의적(socialistic) 사상에 따른 많은 규제들이 도입되어 있는, 좀더 집단주의적인 스칸디나비아(Scandinavian) 복지국가들[45]을 함께 포괄한다. 자본주의의 범주에는 중앙적 계획 수단들을 가진 국가들(특정 시기의 인도와 프랑스 같은)과 그런 기미가 없었던 국가들이 함께 포함되며, 상당히 광범위한 국가 부문을 가진 국가들(오스트리아)과 매우 협소한 국가 부문을 가진 국가들도 포함된다. 이런 차이들이 수많은 비교 분석에서 매우 중요하며 정확하게 주의해야 할 핵심사항이라는 것을 부정할 사람은 없을 것이다. 그러나 이것이 20세기 사회적-정치적-경제적 구성체들을 사회주의 체제와 자본주의 체제라는

---

44) 물론 이것은 사회주의와 자본주의 간의 모든 중요한 차이들의 철저한 비교가 아니다. 사회주의에 관한 분석이 진행됨에 따라 그 이상의 속성들이 첨가될 것이다. 예를 들면, 사회주의하에서 관료적 조정의 지배적 역할과 자본주의하에서 시장의 우세한 역할이 그것이다.

45) 〔옮긴이주〕 스칸디나비아반도와 그 주변에 위치한 복지국가들인 노르웨이, 스웨덴, 덴마크, 아이슬란드와 핀란드 등을 일컫는다.

두 가지 거대한 체제 부류(classes)나 종(species)으로 분할할 수 있는 가능성을 배제하지는 않는다. 46)

---

46) 20세기 역사에서 발견되는 어떤 특수한 체제들의 경우 자본주의나 사회주의 중 어느 한쪽에 집어넣기가 어렵다는 사실이 두 범주로의 분할에 반대하는 결정적인 논거가 되지는 않는다. 예를 들면, 자본주의적 소유형태가 오로지 산발적으로 혹은 취약하게만 나타났고 대신에 전(前)자본주의적 형태들이 지배적인 아프리카와 아시아 사회를 단순히 '자본주의 체제'의 범주에 집어넣을 수 없다는 것은 분명하다.

또한 '아프리카 사회주의'(African socialism)나 '이슬람 사회주의'(Islamic socialism)로 알려진 사회구성체(social formation)(탄자니아는 아프리카 사회주의, 알제리는 이슬람 사회주의의 사례에 해당한다)에 대해서도 분류의 문제를 제기할 수 있다. 이 경우 비록 독점적 집권세력이 존재하여 이 세력이 반(反)사적 소유, 친(親)공적 소유 정책을 추구하긴 하지만, 사태는 이 책에서 기술한 패턴에 따라 진행되지 않는다. 이데올로기뿐만 아니라 실제로 나타난 체제의 중요한 특징들은 (고전적 사회주의와는) 다르다.

'순수하지 않은'(not pure), 경계에 걸쳐진 사례들, 혼합체들, 그리고 특수한 사례들은 과학적 분석이라는 목적을 위해서 도입된 모든 분류에서 발생한다. 몇 가지 종류로 분류하는 단순한 분류법은 대규모의 일반화를 진행하는 데 그리고 모델과 이론을 창출하는 데 도움이 된다.

제 6 장

조정기제

정치권력의 성격, 지배 이데올로기, 그리고 재산관계는 다양한 조정
기제들이 사회에서 할 수 있는 역할(혹은 적어도 그 역할의 주요 특징)을
공동으로 결정한다. 나는 먼저 일반적으로 조정기제라는 개념에 내가
부여하는 의미에 대해 언급한 다음, 조정기제의 주요 유형들을 개관
할 것이다. 그 후에 이 장의 중심 주제, 즉 고전적 사회주의 체제에서
의 다양한 조정기제들의 지위와 기능 및 그것들 간의 상호 관계를 다
룰 것이다.

1. 주요 유형

각각의 조정기제는 사회체제의 하위 체제(*subsystem*)이다. 명칭이 암
시하는 바와 같이, 조정기제는 사람들 혹은 조직들의 활동을 조정한

다. 둘 이상의 사람 혹은 조직 간에 어떤 관계가 존재할 경우 그들의 활동은 언제나 어떤 형태의 조정을 필요로 한다.

이 책은 다섯 가지 주요 조정기제들을 다소 상세하게 논의하겠다. ① 관료적 조정, ② 시장 조정, ③ 자치적 조정, ④ 윤리적 조정, ⑤ 가족 조정 등이 그것이다.

각각의 기제는 고유한 범위의 특징들을 갖는다. 참가자는 누구인가? 그들 간에는 어떠한 관계가 존재하는가? 조정이 이루어지도록 하기 위해 그들 간에 어떠한 소통이 일어나고 있는가? 그리고 어떤 동기로 인해 참가자들이 조정 과정에 참가하게 되는가? 각각의 기제는 전형적인 절차들을 갖고 있으며, 참가자들 간의 관계는 특수한 '양식' (*style*), 윤리, 그리고 성문 혹은 불문의 규칙들을 갖는다.

각각의 주요한 유형은 몇 가지 변종들(*varieties*)을 포함한다. 일반적 정의를 제시할 때 첫 번째 목표는 모든 관료적 조정, 모든 시장 조정, 그리고 기타의 조정 등에서 일반적인 것, 공통적인 것이 무엇인지를 식별해 내는 것이다. 이러한 의미에서 나는 전형적인 순수한 이론적 모델들을 논의하고 있으며, 이러한 추상 수준에서 모델들의 구조는 특수한 성격들을 지닌 변종을 무시한다.

1. 관료적 조정 (*bureaucratic coordination*) . [1] 조정하는 개인 혹은 조직

---

1) 이 책의 용어법에서 관료기구(*bureaucracy*)와 관료적 조정(*bureaucratic coordi-nation*)이라는 개념은 서로 구별된다. 관료기구는 조직을 의미하며, 관료적 조정은 조정기제를 의미한다. 관료기구는 일차적으로 관료적 조정기제를 통해서 사회의 과정을 통제한다. 그러나 관료기구는 그러한 목적을 진척시키기 위해서 다른 기제들, 가령 시장과 같은 기제도 역시 사용할 수 있다. 동일한 사정은 역으로도 적용된다. 관료적 조정은 관료기구의 구성원이 아닌 개인들에

과 그리고 조정되는 개인 혹은 조직 사이에는 우월 - 종속(superiority-subordination)의 관계가 형성된다. 이 관계를 **수직적 연계**(vertical link-ages)라고 부른다. 많은 사례를 보면, 여러 수준에서 우월 - 종속의 위계제가 발전한다. 아래 수준의 사람들에게 상급자로 행동하는 개인 혹은 조직은 동시에 위 수준에 있는 상급자에 종속한다. 하지만 수직적 연계는 비대칭적이다. 상급자도 어느 정도 하급자에 의존하기는 하지만, 하급자들이 상급자에게 훨씬 더 의존한다. 상급자는 하급자에 의해서 선택되는 것이 아니라 그들의 상급자에 의해 임명된다.

정보의 수직적 흐름은 몇 가지 종류의 커뮤니케이션으로 구성되어 있다. 이 중 관료적 조정에 가장 전형적인 것은 명령, 즉 하급자가 복종해야 하는 상급자의 지령이다.

하급자는 상급자의 명령을 수행하려는 여러 종류의 동기를 가진다. 그중 가장 특징적인 것은 상급자의 승인을 얻으려는 노력, 제공되는 보상을 받으려는 노력, 그리고 명령을 수행하지 못했을 때 받을 수 있는 처벌을 피하려는 노력이다. 하급자들은 상급자의 명령이 법적 강제에 의해서 뒷받침되고 있으며 그것을 수행하는 데 실패할 경우 법적 제재를 당하리라는 것을 알고 있다.

 2. 시장 조정(market coordination). [2] 구매자와 판매자는 횡적 관계

의해서 사용될 수 있다. 예를 들면 주주(株主)는 자신들이 소유한 기업을 관리하기 위해서 관료적 조정을 사용할 수 있다.

[2] 관료적 조정에서와 마찬가지로, 이 책은 여기서 가능한 한 일반적인 기술을 하려고 한다. 달리 말하면, 시장 조정기제의 정의는 전문서적에서 기술되는 한두 가지 구체적인 하위 유형들에 한정되지 않는다.

혹은 **수평적 연계**(*horizontal linkage*)를 갖는데, 거기서 두 당사자는 법적으로 동등한 지위를 갖는다.

구매자와 판매자 간에 발생하는 거래에서 판매자는 구매자에게 무엇인가를 양도한다. 거래는 상이한 종류의 수많은 커뮤니케이션 흐름을 수반하는데, 그중에서 가장 특징적인 것은 가격이다.

구매자와 판매자는 거래 조건을 포함한 자발적 계약을 체결한다. 양측은 계약 조건을 수용하려는 다양한 동기를 갖고 있다. 그중 가장 특징적인 것은 양측이 거래로부터 물질적 이득을 추구하는 것이다.

이러한 조정 유형의 표지(標識)는 그것이 화폐를 매개로 이루어진다는 것이다. 상품이 판매자로부터 구매자로 넘어갈 때, 화폐가 반대 방향으로 넘어가는 것이다(물론, 대신에 직접적인 물질적 상품의 교환이 존재할 수도 있다).[3]

3. 자치적 조정(*self-governing coordination*). 이러한 조정 유형에 참가하는 사람들은 자치 연합(*association*) 내의 횡적 위치에 있는 동등한 구성원들이다. 그러한 만큼 그들의 연계는 수평적이다.

조정은 구성원들이 결정한 특수한 규약체계나 규칙서에 따라서 이

---

3) 사회주의 국가의 경우, 이 책에서 '시장 조정'이라고 부르는 것에 대하여, 마르크스의 정치경제학 용어법으로부터 차용한 '가치 법칙의 작용'(*operation on the law of value*) 혹은 '상품과 시장 관계'(*commodity and market relations*)라는 용어가 공식 경제학 강의 및 전문적 문헌에서 사용된다. 이러한 핵심적인 표현들을 사용하게 되면 하나의 '언어'(*language*)에서 다른 언어로의 번역이 쉬워진다. 예를 들면, 사회주의 국가의 정치경제학 교사들이 사회주의 경제의 개혁과 관련하여 '노동이 상품인가?'를 논의할 때, 그들은 시장 조정이 실제로 노동의 공급, 수요, 고용에 적용되는지, 그리고 이러한 조정 유형이 바람직한가를 질문하는 것이다.

루어진다. 많은 연합의 경우, 전체 구성원은 모든 측면에서 자치권을 직접 행사할 수는 없으며(혹은 하고 싶지 않으며), 실천적인 세부 사항들은 조정 업무를 수행하도록 구성원들이 위임한 사람들로 이루어진 기구에 맡겨진다. 그런 만큼 이 기제는 오로지 수평적 관계만으로 구성되어 있지는 않다. 구성원들과 통치 업무를 수행하는 위원회 사이의 연계에는 수직적 요소가 존재한다. 그렇지만 이 기제는 이론적 논의에서는 유형 1의 기제(즉, 관료적 조정기제)와는 엄격히 구별되어야한다. 여기서는 구성원이 관리 기관(*governing body*)을 직접적으로 혹은 간접적으로 선출하며, 그 기관을 해산할 수 있다. 이는 위원회 구성원들을 관료적 조정의 상급자 혹은 상급 조직과 확실하게 구별해 준다. 관료적 조정의 경우, 상급자 개인 혹은 상급 조직은 하급자들에의해서 선출되는 것이 아니라 하급자들의 상급자에 의해서 임명된다.

또한, 자치의 경우에는 수많은 종류의 정보가 구성원들 간에 그리고 그들과 관리 기관 간에 흐른다. 가장 전형적인 것은 구성원들의 투표와 집단적 결정이다.

또 하나, 자치 조정의 동기에는 다양한 종류가 있지만, 그중 가장 중요한 것은 이익의 일치를 인정하는 것, 즉 개별 구성원의 이익과 자치 조정에 참가하는 사람들의 집단적 이익이 일치한다는 자각이다.

4. 윤리적 조정(*ethical coordination*). 윤리적 조정기제의 경우, 참가자들은 기부자 개인 혹은 조직과 혜택의 수혜자인데, 그들은 개인일 수도, 조직일 수도, 혹은 익명의 단체일 수도 있다. 수혜자는 법적으로 기부자에 종속하지 않으며, 그리하여 시장 조정의 경우처럼 횡적이고 수평적인 연계가 이 조정기제의 참가자들을 연결한다. [4]

이 조정에서 이루어지는 많은 종류의 커뮤니케이션 중 가장 전형적인 것은 신청(*application*)과 제공(*offer*)이다.

여기에서도 역시 대단히 많은 종류의 동기가 관련될 수 있지만, 지배적인 동기가 수혜자가 갖는 두려움일 수는 없다(이 경우 종속 관계가 존재할 것이다). 마찬가지로 물질적 이득에 대한 기부자의 기대도 지배적 동기일 수 없다(그렇게 될 경우 구매자-판매자 관계가 존재하게 될 것이기 때문이다). 이러한 두 가지 소극적 속성은 이 네 번째 유형(윤리적 조정)을 처음의 두 가지 유형(관료적 조정과 시장 조정)으로부터 구별해 준다. 기부자는 어떤 이타적 동기에 의해서 움직이는데, 이타적 동기는 정치적, 종교적 신념에 기초할 수도 있고, 고결한 행동이나 관대함을 과시하려는 내적 욕구에 기초할 수도 있으며, 우정, 동지애, 연대감, 공동체 의식에 기초할 수도 있고, 심지어는 예의 바름이나 에티켓에 기초할 수도 있다.

일반적 정의(*definition*)에 있어서 선물이 화폐나 물리적 재화의 형태를 취하는지, 행동이나 제스처, 아니면 커뮤니케이션의 형태를 취하는지는 중요하지 않다. 하지만 윤리적 조정은 화폐화가 나타나지 않는 경우가 많다는 점에서, 전형적으로 화폐화된 시장 관계인 여타 수평적 연계와 다르다.

5. 가족 조정(*family coordination*). 가족 조정기제에 참여하는 참가자들은 가족 관계로 묶여 있다. (지금까지의 정의들이 그 사실을 강조하지

---

4) 개인 혹은 조직은 이들 두 가지 기능을 교대로 수행할 수 있으며, 그들은 동시에 기증자이자 서로의 선물을 받는 수혜자가 될 수도 있다(폴라니(Polányi)의 표현을 사용하면, 그들 간에는 호혜(*reciprocity*) 관계가 형성된다).

는 않았지만, 유형 1~4의 참가자들은 대개 가족적 연계를 갖고 있지 않다.) 5)

가족 내에서 다양한 역할을 하는 구성원들 사이에 상부-하부 관계 혹은 횡적 관계, 즉 수직적 연계 혹은 수평적 연계가 존재하는지 여부는 해당 가족의 특수한 구조에 의존한다.

어떤 종류의 커뮤니케이션이 가장 전형적인지는 분명치 않다. 동기는 다양하지만 확실히 주요한 역할을 하는 것은 가족 사랑의 의식이며, 이는 도덕, 종교, 법이 규정하는 가족 의무에 대한 자각에 의해 보충된다.

다소간 순수한 형태의 이론적 모델의 의미를 쉽게 이해시키기 위해, 각각의 주요 유형에 대해 몇 가지 실제적 사례를 제시할 수 있다.

관료적 조정기제는 군대와 경찰에서, 거대한 근대적 기업의 내부 행정기구에서, 그리고 철도교통 운영에서 작동한다.

시장 조정기제는 도시의 장마당(*market place*) 혹은 중앙시장(*market hall*)에서, 특매장(*bazaar*), 상점, 백화점에서, 혹은 원자재시장(*commodity market*)이나 주식시장에서 발생한다.

자치 조정기제는 성가대, 자율대학, 혹은 전문직업인 협회 등에 적용된다.

────────

5) 이 점을 정의상 엄격하게 주장할 필요는 없다. 가족관계도 특정한 관료기구에서 하급자와 상급자로 묶일 수 있고, 누군가는 가족 구성원에게 돈을 바라고 무언가를 팔 수도 있다. 한 가족의 구성원들이 동일한 자치 연합의 구성원일 수도 있다. 이러한 중첩을 피하기 위해서 유형 4(윤리적 조정)에 관해서 그것이 수혜자가 기부자 가족의 구성원이 아닌 이타적인 종류의 관계를 의미한다는 것을 언급할 필요가 있다.

윤리적 조정기제는 구호 조직에서, 혹은 공공장소에 다른 사람이 떨어뜨린 쓰레기를 사람들이 자발적으로 청소할 때 나타난다.

가족 조정기제는 한 가계에서 공동 소비 조직을 지배한다.

여기서 사례들은 각각의 주요 유형에 대해 앞에서 주어진 일반적 정의의 주요한 특징들을 예시하기 위해서 의도적으로 선택되었다. 주요 유형들의 명칭은 이 책에서 비유적 의미가 아니라 글자 그대로의 의미로 사용된다. 예를 들면, 모든 인간의 행동은 시장적 성격을 가지며 어떤 종류의 교환에 기초한다고 말장난할 수도 있다. 심지어 어떤 사람은 종교적 순교자가 자신의 생명을 거룩한 천국과 교환했다고 주장할 수도 있다. 또 어떤 사람은 모든 시장 거래의 배후에 존재하는 궁극적 원동력은 경제적 필요라고 말하면서 명령과 강제라는 단어를 희화화할 수 있다. 하지만 그러한 유희는 사회 현상들 간의 유용한 구별들을 흐릴 수 있다. 앞에서 언급한 정의에서 핵심 단어들은 기본적으로 사회과학에 전문적으로 종사하는 사람들이 아니라 대중들이 이해하는 것과 동일한 방식으로 사용된다. 6)

---

6) 이 절에서 표현되는 유형학은 만약 그 유형들이 다음과 같은 이미지들을 연상시킨다면 그 목적을 성취했다. ① 관료적 조정: 명령, 규율, 상급자에 의한 지배, 보상과 처벌, 엄격함, 법적 규정. ② 시장 조정: 가격, 화폐, 이득, 이윤, 사업. ③ 자치 조정: 멤버십, 선거, 규정집, 규약. ④ 윤리적 조정: 무사무욕, 불문(不文)의 명령, 자발적 희생, 타인에 대한 배려. ⑤ 가족 조정: 부모와 자식, 형제와 자매, 가족에 대한 충실, 한 식구(common household).

이미지의 연상은 '인상에 근거한'(impressionistic) 것이지 이 절의 정의들을 대체하는 것은 아니다. 그러나 그것들은 유형학의 모델들이 삶으로부터 도출된 특징적인 관계들을 묘사하는 것을 전달하는 방법으로는 여전히 유용할 수 있다.

2. 주요 유형에 대한 몇 가지 관찰

문헌에서 사용되는 유사하거나 심지어 같은 뜻의 몇 가지 개념들도 역시 조정기제의 개념을 조명하는 데 도움을 줄 수 있다. '통제 과정'(*control process*)이라는 용어는 조정기제가 참가자들의 활동을 통제한다는 사실을 강조한다. '적응 기제'(*adjustment mechanism*) 혹은 '적응 과정'(*adjustment process*)은 조정기제에 참여하는 참가자들이 서로 간에(그리고 외부 환경에) 적응하는 것을 강조한다. '통합 기제'(*integration mechanism*)라는 용어는 사회를 묶어 주는 다양한 기제 덕분에 사회가 그 구성요소들로 해체되지 않는다는 것을 강조한다.

신고전파 경제학자들은 종종 '배분 기제'(*allocation mechanism*)라는 표현을 사용한다. 그들은 희소한 자원의 배분에 관한 분석을 경제학의 목적이라고 생각한다. 이 책의 용어법에서 조정은 배분을 포괄하지만, 무생물의 물건, 자원, 정보를 입수처로부터 다른 곳으로 옮겨서 그것들을 활용하는 것은 바로 살아 있는 사람이라는 사실에 강조점을 둔다. 무생물의 자원이 누군가에게, 어디론가 배분되도록 하려면 살아 있는 사람들 간의 조정이 필요하다. 각각의 조정기제들은 특수한 사회관계들의 집합(*collection*)을 의미한다.

앞 절에서 소개한 유형학은 모든 상상 가능한 조정 유형에 대한 총괄적인 분류나 유일하게 가능한 분류를 제공한다고는 말할 수 없다. [7] 여타 수많은 유형들이 자본주의 이전 사회에서 발생했다. 오늘날의

---

7) 이전의 저서(1984)에서 나는 다소 상이한 분류 체계를 도입했고 그것이 포괄적이라고 가정했다. 6장 1절에서 기술한 유형학과 그것에 대한 앞의 평가는 그러한 이전의 입장을 수정한다는 것을 의미한다.

사회체제를 기술할 때에는 앞 절에서 소개한 다섯 가지 유형에 몇 가지 추가적 유형을 덧붙이는 것이 유용할 수도 있을 것이다. 이 책의 유형학과 관련되어 있기는 하지만 그와는 다른 많은 유형학들이 발표된 바 있다.[8] 현재의 유형학에 도달하는 과정에서 나는 두 가지 주요한 기준을 적용했다. 첫 번째는 주요한 유형들은, 어떤 유형도 다른 것의 특수한 사례로서 기술될 수 없다는 의미에서, 독립적이어야만 한다는 것이다. 두 번째는 바로 이 책에 적용 가능해야 한다는 것이다. 이 책은 사회주의 국가들의 현실에서 나타난, 그리고 사회주의를 위해 제안된 대안적 전망, 강령, 그리고 청사진에서 나타나는 조정기제들을 효과적으로 분석할 수 있는 유형학을 요구한다.

앞 절의 끝 부분에서 언급한 사례들은 명료성을 위하여 가능한 한 주요 유형들의 순수한 형태에 근접하는 사례로서 선택되었다. 그러나 실제 삶에서 대부분의 조정기제들은 서로 중첩되는 몇 개의 순수한 주

---

8) 폴라니(K. Polányi, 1944, 1957)는 거래와 통합에 관한 세 가지 기본적 양식을 구별했다. 호혜관계, 재분배, 그리고 시장교환이 그것이다. 폴라니는 또한 1944년 자신의 책에서 '살림살이'(*householding*)를 또 하나의 독립된 활동 원칙이라고 언급했다. 린드블롬(C. E. Lindblom, 1977)이 적용한 분류는 권위, 시장, 그리고 개인지도 체제(*preceptorial system*)이다. 양자의 접근방법은 나의 아이디어 발전을 자극했지만, 나는 그러한 방법으로부터 벗어날 필요성을 느꼈다. 그들과 나의 접근방법 간에 유사한 점이 있음은 명백하지만, 몇 가지 차이점을 확인하고 이를 정당화할 필요가 있다. 관료적 조정은 폴라니의 재분배보다 범위가 넓은 범주이다. 마찬가지로 윤리적 조정도 호혜관계보다 범위가 넓은 범주이다. 린드블롬의 개인지도 체제는〔나의 접근방법에서는〕독립적인 조정기제로 나타나지 않는다. 그것은 이 책에서 나타나는 다섯 가지 기제 중 어느 것에도 활용할 수 있는 일종의 방법이다. 폴라니도 린드블롬도 자치 기제를 독립적 종류로 취급하지 않지만, 그것은 어떤 다른 기제의 특수한 사례는 아니다.

요 유형들의 조합이다. 자치 조정과 관료적 조정의 요소들 모두는 자본주의 회사의 내부 통제 과정에서 결합된다. 예를 들면, 교회 집회가 열릴 때에는 윤리적, 자치적, 관료적 조정이 혼합된다. 때때로 다양한 기제들은 서로 긴밀하게 접합된다. 자본주의하의 거대하고 사적으로 소유된 기업은 내부적으로 스스로를 관료적으로 조직한다. 반면에 이스라엘의 키부츠9) 같은 협동조합은 내부적으로 자치 조정을 이용하며, 소규모 가족기업의 생산은 내부적으로 가족 조정기제에 의해서 규제된다. 한편 이 세 가지 모두의 경우에, 외부적으로 각 조직 단위는 해당 단위에 무언가를 공급하는 판매자와 해당 단위로부터 무언가를 구입하는 구매자와 함께 시장 조정에 참여한다. 10)

오로지 가족 조정만이 인간 문명 이래로 어떤 형태로든 존재해 왔지만, 다른 네 가지 조정 역시 매우 오랜 역사를 가지고 있다. 하나 혹은 두 가지 유형에 대해서만 배타적으로 안정적인 미래를 예견하는 사람들의 예측에는 동의하기 힘들며, 다른 유형들이 소멸할 것을 기대하거나 원하기도 어렵다. 11) 다섯 가지 유형 모두 매우 강건해 보이며 앞으로도 그럴 것으로 보인다. 하지만 이렇게 말한다고 해서 이 유형들

---

9) 〔옮긴이주〕 kibbutz: 이스라엘의 집단농장의 한 형태로, 철저한 자치조직에 기초를 둔 생활공동체이다. 구성원들은 사적 재산을 갖지 않고 토지는 국유이고, 생산 및 생활재는 공동 소유이며, 구성원의 전체 수입은 키부츠에 귀속된다.

10) 기업 내의 위계제와 기업들을 연결하는 시장에 관한 문제들을 보려면 O. E. Williamson(1967, 1975)의 저작을 참조하라. 나아가 이 책 5장 1절의 각주 10번에서의 언급을 참조하라.

11) 예를 들면, 어떤 사람들에게 모든 길은 시장으로 통한다. 관료적 기제는 언젠가는 사라질 괴상한 변태(aberration)라는 것이다. 또 어떤 사람들에게 미래는 자치 기제에 속한다. 조만간 관료기구와 시장, 둘 다 사라진다는 것이다.

이 모두 무한정 함께 평화롭고도 동등하게 존재하게 될 것이라는 뜻은 아니다. 하나의 유형이 생활의 특정 영역에서 토대를 상실하는 반면 다른 하나의 유형이 전면으로 부상하게 되는 것, 즉 다른 하나의 유형이 여타 유형들과 엮이면서도 실질적으로 그것들을 몰아내는 것은 사회체제의 변화 과정에서 매우 전형적으로 나타나는 현상이다. 자치에 기초한 운동, 당, 혹은 연합이 관료화되거나 상업화되는 일이 발생할 수 있다. 관료기구가 자기의 기능을 영업적 기업에게 이관할 수도 있고, 그 반대의 일, 즉 국가 당국이 영업적 기업의 기능을 맡게 될 수도 있다. 사회주의 이전의 사회들에서 이런 모든 변화의 사례, 혹은 균형과 조합의 사례들을 발견할 수 있다.

3. 관료적 조정

고전적 사회주의 체제에서 관료적 조정은 가장 광범위하고도 강제적으로 적용되는 기제이다. 다른 주요한 유형들도 존재하지만, 그것들은 억압받으며 얼마간 위축된다. 반면에 관료적 조정은 스스로를 지속적으로 재생산한다.

물론, 이러한 유형의 조정은 사회주의 이전의 체제에서도 역시 존재한다. 근대 자본주의의 경우, 관료적 조정은 국가 기구, 군대, 대기업, 그리고 여타 거대 조직들 내부에서 두드러지며, 이 국부적인 관료기구들은 커다란 권력을 휘두를 수 있다. 하지만 고전적 사회주의는 이러한 국부적인 관료기구들을, 전 사회를 포괄하는 하나의 단일한 존재로 융합해 만든 역사상 최초의 체제이다. 이것이야말로 국부적인, 융합되어 있지 않은 관료기구를 가진 체제들과의 본질적인 차이점이다.

지금까지 이 책의 여러 장들은 서로 관련된 일단의 현상들을 좀더 상세하게, 그리고 다양한 각도에서 설명하고자 하는 의도로 권력, 재산, 그리고 조정의 문제를 다루어 왔다. 이 지점에서 분할되지 않은 전체주의적 권력구조, 사회적 생산 대부분의 국가 소유, 그리고 다른 기제들에 대한 관료적 조정의 지배 등이 서로 밀접하게 연관된 세 가지 현상이라는 것을 강조할 필요가 있다. 위계적으로 구조화되고 다른 집단과 권력을 공유하지 않는 권력 엘리트는 국가 소유의 생산수단에 대해 배타적 처분권을 갖는다. 자신의 서열 내에서 권력 엘리트는 할 수 있는 한 최대로 다른 조정기제들을 근절하고 가능한 한 많이 관료적 조정에 의존한다. 국유기업들 간의 관계는 시장에 의해서 조정되지 않으며, 그들 내부에 자치 조정도 적용되지 않는다. 대신에 기업들 간의 관계는 관료적으로 조정되며, 기업들 내부는 작업대에 이르기까지 회사 그 자체를 지배하는 동일한 수직적 연계 체계로 이어진다. 피라미드의 정점에는 당과 국가의 최고 실력자(*top man*)가 위치한다. 피라미드의 토대에는 전체 기구에서 아무런 기능을 갖지 않은 시민들, 즉 노동하는 개인들과 그들의 가족 구성원들이 있다. 연속적인 수직적 연쇄 관계는 꼭대기에서 밑바닥에 이르기까지 뻗쳐 있다.

각 구성원이 적어도 특정 활동에 대해서는 오로지 한 사람의 직속 상급자만을 갖는 완벽한 위계제(*a perfect hierarchy*)라는 개념은 위계제를 다루는 이론적 저작들에서 명확하게 정의되어 왔다. 고전적 사회주의의 위계제는 이러한 의미에서 완전하지는 않다. 정상적 상황에서 하나의 동일한 개인이나 조직, 혹은 좀더 엄밀하게 말하면 그 개인이나 조직의 명료하게 정의된 각각의 활동은 여러 상급자 혹은 상급 조직에 의해서 규제되고 통제될 것이다. 당, 국가, 그리고 대중조직의 활동에서 나타나는 중첩 현상에 대해서는 이미 언급했다(3장 2, 3절 참조). 12) 당 조직과 그 내부의 당 기구는 여타 모든 조직과 기관의 활동을 관리하고 감독한다. 게다가 당 기구 내에는 상호 간에 중첩되고 상호 통제하는 기능적, 지역적 수직연쇄가 존재한다. 모든 수준에 존재하는 당 지도자들은 정치경찰을 고용한다. 정치경찰은 후보 관리들의 신뢰성을 검토하고, 온갖 종류의 정치 결사를 방지하며, 정치적으로 수상쩍은 사람들을 제거하는 역할을 한다. 이 모든 예방 조치는 심지어 당 기구 자체로 확장되며, 그러한 의미에서 당 그 자체는 어느 정도 정치경찰에 의한 감시의 대상이 되는데, 정치경찰도 역시 그러한 임무를 맡은 당 지도자들과 조직에 의해서 관리되고 통제된다. 13) 상대방의 활동을 상호 감시하고 중복 수행하는 기능적·지역적 수직연쇄의 복제물은 국가 행정기구에서도 역시 나타난다. 거기서는 특수한 검열기관, 14) 검찰, 그리고 정치·경제 경찰에 의해서 감시가 이루어

---

12) 병렬적으로 존재하는 기구들(*apparatuses*)에 관해서는 던모어(T. Dunmore, 1980)를 참조하라. 던모어 역시 위계제의 모든 부분들은 자체의 목적과 동기, 그리고 자신의 정보 배경을 갖는데, 이것은 위계제 내의 다른 부분들과의 분리적 경향과 갈등을 낳는다는 사이먼(H. Simon)의 관찰을 인용한다.

13) 고전적 사회주의의 가장 과도했던 시기(예를 들면, 스탈린의 테러 시기)에, 이는 당 기구 구성원들에 대한 극단적인 협박으로까지 진행되었다. 하지만 이런 협박이 고전적 사회주의에서 관료적 조정의 작동에 불가피한 부수물은 아니라는 점에 주의해야 한다. 의심할 여지 없이, 모든 고전적 사회주의 체제의 하나의 특징은 관료기구의 모든 부서들을 통제하고 규율하는 데 정치 경찰이 커다란 역할을 한다는 점이다.

14) 소련에서 이것은 오랫동안 노농검열단(Work-Peasant Inspection)으로 알려

진다. 노동조합과 여타 대중조직들도 주요 국가 경제 간부들의 작업을 어느 정도 통제할 수 있다. 그들은 자신이 발견한 비리 사례를 상급기관에 보고할 수 있다. 그런데도 또 하나의 통제망이 주거지에 기초해서 일반대중을 감시한다. 모든 주택 혹은 주택단지는 담당자들을 지정해 놓았는데, 이들은 행정적 기능(다양한 면허증을 발급하고, 증명서를 발급하거나 서명한다)을 수행하고, 자신이 맡은 구역에서 일어난 일들을 관찰한다.

얼핏 보면 이러한 다수의 규제와 통제는 기구 내부에서 모순적 행동과 갈등을 유발할 수 있다는 의미에서 역기능적인 것으로 보인다. 사실 관료적 조정이 이런 식으로 조직된다는 것은 꽤 이해할 만한 일이다. 그 이유는 의심이다. 즉, 하급자를 완전하게 신뢰하는 상급자는 없다. 신뢰할 수 없는 부품으로 신뢰할 수 있는 자동기계를 만드는 방법에 관하여 잘 알려진 이론은 존 폰 노이만(John von Neumann) 15)에 의해 제안되었다. 16) 그 이론은 구성 부분들의 수가 증가되어야 한다

져 왔다.

15) 〔옮긴이주〕 John von Neumann. 1903년 헝가리 부다페스트에서 출생했다. 부다페스트대학에서 수학과 박사학위를 받았으며, 이후에 독일로 건너가 당대 최고의 수학자인 힐베르트(David Hilbert) 아래서 수학을 공부했다. 1930년에 미국 프린스턴 고등과학원 교수로 초빙되어 평생 고등과학원 수학 교수로 활동했다. 노이만은 젊은 시절에는 주로 수학이론을 최신 물리학에 적용하여 이론물리학자로서 명성을 얻었고, 그 후에는 순수수학과 응용수학에서도 명성을 얻었다. 노이만은 현대 경제학을 특징짓는 중요한 이론 중 하나인 '게임이론'의 창시자이기도 하다. 그 밖에도 양자역학, 함수론, 집합론, 위상수학, 컴퓨터과학, 수치해석, 경제학, 수리물리학, 통계학 등 다방면에서 뛰어난 업적을 남겼다. 원자폭탄 개발 계획인 '맨해튼 프로젝트'와 이후의 '수소폭탄' 개발 계획에도 참여했다. 그는 원자폭탄의 적극적 찬성자였으며, 수소폭탄 실험을 직접 참관하기도 했다.

고 주장한다. 체제 내부에 잉여 부분들이 존재할 경우 어떤 구성단위든 그것의 고장으로 입게 되는 손해를, 마침 그때 적절하게 기능하게 된 다른 구성단위들에 의해서 방지하거나 교정할 수 있게 된다.

　수직적 연쇄에서 주요한 영향력의 방향은 위에서 아래로 향한다. 상급자는 하급자에게 명령을 내릴 수 있지만, 그 반대는 불가능하다.[17] 하지만 이는 위로 행사하는 영향력이 전혀 없다는 것을 의미하지는 않는다. 허쉬만(Hirschman)[18]의 이론에서 제출된 표현을 사용하자면,[19] '항의'(voice)가 존재한다. 모든 수준의 기구 구성원들, 심지어는 피라미드의 제일 밑에 위치하면서 아무런 기능을 갖지 않는 시민들조차도 제안과 비판을 제출하면서 자신의 목소리를 표출할 수 있

---

16) J. v. Neumann(1956). 심지어 이 논문 제목조차 앞에서 언급한 개념을 가리키고 있다. 논문 제목은 "확률론적 논리와 신뢰할 수 없는 요소로부터 신뢰할 수 있는 유기체의 합성"(Probabilistic Logics and the Synthesis of Reliable Organism from Unreliable Components)이다.

17) 이것이 조정기제로서 자치 조정과의 중요한 차이이다. 자치 조정에서는 보다 작은 규모의 정책결정 기구가 모든 구성원들을 구속하는 결정을 한다(아래로 향하는 영향력). 동시에 구성원은 위원회의 토론에서 특정한 입장을 지지하도록 대리자에게 권한을 위임할 수 있으며, 구성원의 입장을 일관되게 대표하는 것을 다음 재선을 위한 조건으로 삼을 수도 있다(위로 향하는 영향력).

18) 〔옮긴이주〕 A. O. Hirschman. 불균형성장이론을 주창한 학자로 알려져 있지만, 1970년에 쓴 저작에는 그가 주창한 독창적 개념인 '이탈'(exit)과 '항의'(voice), 그리고 '충성심'(loyalty) 등이 등장한다. 허쉬만은 '전방과 후방 연계 효과'라는 경제발전 개념을 내놓은 '제1세계 근대화론자'로 오해되기도 하지만, 보이지 않는 손에 의한 자유시장 경제에 대한 환상을 논파한다.

19) 그의 고전적 저서(1970)에서 허쉬만은 두 가지 종류의 환류 신호(feedback signal)를 대비한다. 만약 어떤 사람이 자신이 소속된 조직의 작동에 대해서 느끼는 반감을 표현하고자 한다면, 두 가지 환류 신호를 이용할 수 있다. 이탈(exit)이나 항의(voice)가 그것인데, 조직에 반감을 느끼는 그 사람은 비판하고, 저항하고, 변화를 요구한다는 것이다.

다. 그러나 이러한 것들에 대해서는 엄격한 제약이 존재한다. 항의는 결코 그 체제의 기본 원칙들, 당의 주요 정치 노선, 혹은 경제계획으로 표현되는 전반적인 경제정책을 문제 삼을 수는 없다. 특정한 개인에 대한 비판에 관한 한, 그 위험성은 위계제에서 해당 개인의 직책과 관용 범위의 정도에 비례한다. 상황은 국가와 시기에 따라 다양하지만, 일반적으로 말해서 아래로부터의 비판이 표출될 수 있다. 하지만 비판의 목소리는 대개 매우 미약하다. 비판의 소리가 들리거나 영향을 미치게 하려면 불만의 정도가 최소한의 하한선을 넘어서야만 한다.

허쉬만의 용어를 계속 사용하자면, 이는 '이탈'(exit)의 부재와 밀접하게 연관된다. 고전적 사회주의 체제에서 이탈 ─ 퇴장의 선택(opting out) ─ 은 시민들에게 여러 차례에 걸쳐 허용되지 않는다. 그들은 자신을 고용한 기업이나 기관으로부터 허가받지 않고서는 자신의 직장을 그만둘 수 없다(10장 4절 참조). 직장을 변경해도 좋다는 허락을 받았다 하더라도, 그들은 사실상 고용주를 바꿀 수 없다. 중요하지 않은 예외를 제외하면 궁극적으로 국가라는 단 하나의 고용주밖에 없기 때문이다. 거주지를 바꾸는 것도 대단히 힘들다. 행정적 제약과 주택 부족이 이를 어렵게 하기 때문이다. 당원들은 당에서 탈퇴할 수 없다. 그것은 너무 눈에 띄는 조치여서 그들 삶의 평화를, 어쩌면 그들의 자유를, 혹은 극단적인 테러의 물결 속에서는 그들의 생명까지도 쉽사리 위험에 빠뜨릴 수 있다. 그런데 심지어는 노동조합, 청년운동, 혹은 여타 다른 대중조직이나 전문조직으로부터의 탈퇴도 위험하다. 당, 국가, 그리고 대중조직의 직원들이 이견을 표현하기 위해 사임하는 일은 있을 수 없다.[20] 궁극적인 형태의 이탈, 이주는 결코 사용될 수 없다. 심지어는 그 신청조차도 위험스러운 일이 될 것이다. 당연히 모든 이탈 방법의 봉쇄와 어려움, 위험이 항의(*voice*)에 영향을 미쳐, 필연적으로 침묵하거나 훨씬 더 소심하게 만든다. 그리하여 이 체제는 아래에서 위로 흐르는 피드백의 주요한 요소들 자체를 거부한다.

4. 시장 조정

고전적 사회주의 체제에서 시장 조정이 차지하는 위치를 보여 주려면 생산물과 자원의 전체적인 흐름을 관찰할 필요가 있다. 〈표 6-1〉은 사회 부문별로 구성된 도식적인 투입-산출 표(*input-output table*)이다. 가로줄들은 재화와 자원의 공급자들을 나타낸다(시장 관계의 경우에는 판매자에 해당한다). 세로줄들은 이러한 재화의 소비자를 나타낸다(시장 관계의 경우에는 구매자에 해당한다). 이 표는 두 종류의 기제, 즉 관료적 조정과 시장 조정 사이의 분업만을 다룬다. 이런 식으로 비교해야 시장 조정의 역할이 분명해지기 때문이다.[21] 이 표는 포괄적 성격

---

20) 막스 베버(1925/1978, chaps. 3, 11)는 의회 정치구조와 사기업에 기초한 관료기구에 대해서 기술했다. 그러한 종류의 관료기구에서 관료들은 개인적으로는 자유로우며, 비개인적(*impersonal*), 공식적 의무와 관련되는 한에 있어서만 상급기관(*higher authority*)에 종속한다. 관료기구 내의 자리는 자유로운 계약에 따라 충원되며, 구성원의 선택기준은 전문적 능력이다.

이러한 성격들 중 어느 것도 고전적 사회주의의 관료기구에는 해당되지 않는다. 기구와 그 구성원들 간에는 직원들이 언제든지 자신의 의사에 따라 그 기구를 그만둘 수 있는 것과 같은 식의 자유로운 계약은 존재하지 않는다. 만약 어떤 자리를 권력자에 의해서 부여받는다면 그것은 받아들여야만 하는 것이다. 주요한 선별 기준은 전문능력이 아니라 정치적 신뢰성과 상급자에 대한 충성심이다. 보다 높은 기관들(*institutions*)에 의한 통제는 낮은 계층에 위치한 사람들의 삶의 모든 측면으로 확장된다.

<표 6-1> 사회 부문의 각 단위 간의 투입-산출 흐름:
관료적 조정과 시장 조정의 역할

공급 부문	소비 부문				
	1 국유 기업	2 협동 조합	3 공식 사적 부문	4 비공식 사적 부문	5 소비재와 서비스 구매자로서의 가계
1. 국유기업	B	B	B + M	0	B + M
2. 협동조합	B	B	B + M	0	B + M
3. 공식 사적 부문	0	0	M (B의 개입으로)	M	M (B의 개입으로)
4. 비공식 사적 부문	0	0	M	M	M
5. 노동 판매자로서의 가계	B + M	B + M	0	M	-
6. 투자자원의 배분	B	B	0	0	-

참조: 기호가 의미하는 바는 다음과 같다. B = 관료적 조정, M = 시장적 조정, 0 = 거래 없음.

을 갖도록 설계되어 있으며, 또한 이 책 뒷부분에서 좀더 구체적으로 다룰 투입-산출 흐름의 영역들도 간략하게나마 언급한다. 22)

가로 1과 세로 1 항목(이하 1-1 항목 등의 방식으로 표기)은 국유기업 간의 흐름을 나타낸다. 23) 이는 기본적으로 관료적 조정기제에 의해서 지배된다. 구체적인 것은 다음 장에서 논의할 것이다. 24)

---

21) 이 장의 이후 절들에서는 〈표 6-1〉의 항목들에서 다른 조정기제들도 역시 역할을 맡고 있음을 보게 될 것이다.

22) 이에 대해 하나의 예외가 존재한다. 여기에는 대외무역에 관한 어떤 논의도 아직 이루어지지 않았다(14장 참조). 그래서 해당 국가와 다른 국가들 간의 상품 흐름, 즉 수입과 수출은 〈표 6-1〉에는 등장하지 않는다.

23) 1 부문은 중앙정부 통제하의 국유기업과 지역 기구들의 통제를 받는 국유기업을 포함한다. 간결하게 하기 위해서, 비(非)기업, 즉 '예산제 기관' 부문에 대해서는 독립적인 항목 공간을 부여하지 않았다(5장 4절 참조). 국유기업에 관해 언급한 것은 예산제 기관 부문에도 역시 적용된다.

24) 국유기업들 간의 교환은 기본적으로 관료적 조정에 의해서 지배된다. 심지어

재화와 자재에 대한 관료적 관리는 몇 가지 퇴화한 형태의 시장 관계에 의해서 보완된다. 만약 어떤 기업이 생산수단[원료, 반(半) 제품, 부품]이 부족하다면, 그것을 획득하기 위해서 공급 기업의 대표에게 호의(favors), 선물, 혹은 심지어 돈으로 뇌물을 제공하려고 할 것이다. 이러한 노력은, 공급 기업의 소유자 대신에 그 거래에 연루된 극히 소수의 공무원들이 여분의 이득을 받는 것을 제외하면, 시장 관계의 경우에 보다 높은 가격의 제안으로 나타날 것을 왜곡된 형태로 대체하는 것이다. 간혹 공장들은 이러한 종류의 거래 관계를 위해 몇몇 직원들을 일부러 훈련시킨다. 이들은 공세적인 개입이나 부패를 통해서 자신이 속한 기업 쪽으로의 생산품 유입을 가속화하려 한다.[25]

협동조합은 국유기업과 거의 다르지 않다(5장 5절 참조). 현재의 주제와 관련해서 그 차이는 중요하지 않다. 1-1 항목에 대해 말한 내용은 1-2, 2-1, 그리고 2-2 항목에도 역시 적용된다. 즉, 국유기업과 협동조합 사이에, 그리고 협동조합 자신들 사이에 적용된다.

공식 사적 부문[당국으로부터 허가를 얻은 장인(craftsmen)과 소매업자, 그리고 가족농]이 존재하는 곳에서 일하는 사람들은 국유기업과 협동조합으로부터 관료적 제한 범위 내에서 생산수단을 구매할 수 있다. 간혹 그들은 공식가격보다 높은 시장가격을 지불해야 하며, 또는 오로지 뇌물을 통해서만 원하던 투입재를 획득할 수 있다. 따라서 관료적 조정과 시장 조정의 결합은 1-3과 2-3 항목에 적용된다. 드문 예외

는 교환이 화폐 단위의 계정을 수반하는 구매와 판매라는 방식으로 명목상 발생할 때조차도 그러하다. 이러한 측면은 7장과 8장에서 다루어질 것이다.

25) 이러한 '자재인수원'(expediter: 북한식 용어로 번역했다 — 옮긴이주)은 러시아 경제 속어에서는 톨카치(tolkachi)라고 한다.

를 제외한다면, 3-1과 3-2 항목의 제로(0)가 가리키듯이 자신들의 생산물을 국가 혹은 협동조합에 판매하는 것은 허용되지 않는다.

시장 조정은 3-3, 3-4, 그리고 3-5 항목에서 기본적으로 작동한다. 공식 사적 부문 내에서, 그리고 비공식 사적 부문과 가계 부문을 대상으로 하는 이 부문의 활동에서 작동한다. 그러나 3-4 항목을 제외하면 순수한 시장 조정은 적용되지 않는다. 공식적인 개입, 특히 가격에 대한 개입이 흔하게 발생하기 때문이다. 이러한 관료적 조정의 영향은 〈표 6-1〉의 괄호 안에서 언급된다.

진정한 시장 조정은 비공식 사적 부문 내부에, 그리고 이 부문에 의한 가계와 공식 사적 부문에 대한 판매에 적용된다(4-3, 4-4, 그리고 4-5 항목). 비공식 사적 부문은 공적 소유 부문에 제품을 공급할 수 없다.

1-5와 2-5 항목(판매자가 국유기업이거나 협동조합이며, 구매자가 가계인 곳)의 경우, 관료적 조정과 시장 조정의 기묘한 결합이 나타난다. 장기간 몇몇 국가에서, 그러한 흐름의 일부는 행정적 분배나 배급제에 의해서 지배된다. 다른 흐름은 전통적인 상업 채널을 통해 이루어진다. 그러나 다시금 이는 판매처 간의 생산물 분배 및 가격 설정과 관련하여 다양한 관료적 영향력에 종속한다. 한편 가계는 소비재와 서비스의 구매자로서 시장 거래의 참가자들처럼 행동한다(8장 7절, 12장 6절 참조).

5-1과 5-2 항목은 가계가 노동 판매자이고 국유기업과 협동조합이 노동 구매자가 되는 영역이다. 여기에서도 또 다시 관료적 조정과 시장 조정의 기묘한 결합이 나타난다(10장 참조).

일반적으로, 공식적으로 허용된 공식 사적 부문은 외부 노동을 고용하지 못하도록 되어 있다. 또한 허용되는 경우에도 엄격하고 매우 낮은 상한선이 설정되어 있다. 하지만 〈표 6-1〉은 이런 고용 가능성을 무시하고 있다(5-3 항목을 0으로 표시한 이유이다).

비공식 사적 부문의 반(半) 합법적 혹은 불법적인 운용자는 외부 노동을 사용할 수도 있을 것이다(5-4 항목). 이러한 일이 발생하는 곳에는 시장 조정이 적용된다.

노동의 배분에서 시장 조정은 적어도 부분적인 역할을 수행한다. 그러나 투자자원('자본'(capital))은 관료적 조정을 통해서 국가와 협동조합 부문에 배분된다(6-1 그리고 6-2 항목)(9장 2절 참조). 이러한 배분 영역 또한 다음 장에서 검토할 것이다. 전반적으로 보아 공식 그리고 비공식 사적 부문은 오로지 개인 저축으로 축적된 자본만을 활용할 수 있다. 중요하지 않은 예외를 제외하면, 사적 사업가는 대출을 구할 수도, 외부의 자금조달처를 확보할 수도 없다. 이것이 6-3과 6-4 항목을 '0'으로 표시한 이유이다.

이상의 개관으로부터, 관료주의적 공적 소유는 관료적 조정을 '유도한다'(attract)는 사실과 사적 소유와 사적 활동은 시장 조정을 '유도한다'는 사실을 분명히 알 수 있다. 특정한 소유형태와 특정한 조정 유형의 이러한 친화성은 눈여겨볼 만한 가치가 있다(15장 2절, 19장 4절 참조).

5. 자치 조정

명목상으로는 자치 조정기제가 고전적 사회주의 체제의 수많은 영역에 존재한다. 정치 영역에서 공산당의 규칙에 규정된 '민주집중제' 원칙은 자치 조정의 기본 관념들을 포괄한다(3장 1절 참조). 이 원칙은 모든 대중조직, 이익 대표적이고 전문직업적인 동맹, 사회적 결사체들을 운영하기 위한 토대를 제공한다.

국가의 권력은 자치(self-governing) 원칙 위에 수립된다. 가장 낮은 단위의 구역 혹은 공동체 위원회에서 최고의회에 이르기까지, 모든 입법기관의 구성원들은 선출된다. 국가의 행정은 모든 수준에서 선출된 기관들에 종속된다. 국가계획을 포함한 주요한 경제 규제들은 법의 강제력을 가진 의회에 의해서 만들어진다. 그리하여 공식적으로 이것은 마치 의회 구성원들을 선출한 유권자들이 이러한 규제를 가지고 스스로를 통치하는 것처럼 보인다.

경제 조직들 중에서 협동조합은 명목상으로는 선출된 지도부가 운영하는 자치적 성격의 제도로 간주된다.

앞 장들에서 이 모든 분야에서 실질적인 조정은 관료적 기제에 의해서 이루어진다고 지적했다(3장 1~3절, 5장 5절 참조). 이 점과 관련하여 핵심 문제는 선출된 기관 구성원들의 종속이다. 사실 그들은 누구에게 의존하는가? 그들을 선출한 사람들에게 의존하는가? 아니면 선거 이전에 그들을 뽑고, 유권자들에게 압력을 가하고 선거 이후에는 그들의 지위를 승인하는, 관료적 위계구조의 상급자들에게 의존하는가? 직접적인 관찰을 통해 대답을 얻을 수 있다. 일반적으로 한 명 이상의 후보자 사이에 선택이 존재하는 경우, 후보자가 지원을 호소하는 경우, 권좌에 있던 후보자가 선거에 의해 축출되고 대신 다른 사람이 선출될 수 있는 경우, 유권자가 이러한 기회를 규칙적으로 사용하는 경우, 그리고 실제로 유권자가 선출된 지도자들을 그들의 직무에 만족하지 못해 소환하는 경우 등은 전자의 경우에 속한다. 후자는 다음과 같은 경우이다. 선출될 수 있는 사람은 오로지 권좌에 있는 후보자뿐이고 공식적으로 지정된 후보자가 실제로 항상 당선되는 경우, 반대편 후보자가 유권자의 지지를 호소하지 못하도록 금지되는 경우, 그리고 상급 기관이 선출된 지도자에 만족하지 못해 그를 파면하는 경우 등이 그것이다.

경험을 통해서 볼 때, 일말의 의심의 여지도 없이 고전적 체제에서는 후자가 실제 경우라 할 수 있다. 혁명적-과도기적 체제에서는 아직 그렇지 않았다. 비록 보편적이거나 반드시 그렇지는 않을지라도, 자치 기제가 많은 영역에 적용되었다. 혁명가들은 실제로 혁명적 정치운동 기관(*bodies*)의 대표들을 선출했다. 혁명이 승리한 이후 많은 곳에서 얼마 동안, 새로운 국가 권력의 기관들은 진짜 선거에 의해 선택되었다. 그러한 과정은 종종 다양한 정치운동과 분파들 간의 폭력적 정치 투쟁을 거치기도 했다. 하지만 이는 일시적 현상으로 판명되었다. 일단 정치가 관료화되고 선거가 명목적인 것이 되고 관료적 규제가 참된 자치를 대체하자, 사회는 고전적 체제로 이행하였다. 이러한 상황에서 두 개의 독립적 역할, 경력, 그리고 성격(*personality*) 유형이라고 할 '정치가'와 '관료'는 하나가 된다. 전문적인 정치 경력을 추구하는 사람들은 관료기구의 구성원들이다. 모든 관료적 활동은 '정치적으로 활성화된다'.

과도기적 체제에서는 다소간 실질적인 자치를 향유하는 자발적 협동조합이 나타났다. 그러나 이것들은 강제적인 대규모 집단화, 그리고 농촌과 도시 협동조합의 행정적 확립에 의해 국유기업과 거의 흡사한, 관료적으로 관리되는 조직으로 전환되었다.

고전적 체제에서 자치 기제의 흔적은 남아 있다. '항의'(voice)의 역할과 아래로부터의 제안과 비판의 출현은 자치 기제의 몇 가지 요소가 생존해 있음을 의미한다. 그러나 이런 요소들은 앞에서 언급한 것처럼 미약하다. 고전적 체제의 권력구조는 근본적으로 자치 기제와는 양립할 수 없다.

6. 윤리적 조정

이 기제는 매우 많은 다른 형태들로 나타난다. 우리가 제시하는 개요는 다음과 같은 원칙에 따라 분류된다. 무엇이 기부자에게 동기를 부여하는가?

첫 번째 동기 군(群)은 정치적 신념과 관련한다. 많은 사람들이 당, 공장, 그리고 국가를 위해서 이타적인 희생을 할 준비가 되어 있다. 혁명 이후 과도기적 체제에서 수백만의 사람들이 공장이나 도시의 다른 일자리에서 기꺼이 자발적인 무급 노동을 하려고 한다.[26] 도시 주민과 학생들은 수확을 도와주기 위해서 농촌으로 간다. 의사들은 환자들을 무료로 진료하며, 배우들은 노동자와 농민 앞에서 공연한다.

---

26) 소련의 경우, 그러한 자발적 무급 노동은 '공산주의적 토요일'(Communist Saturday)로 알려져 있다. 유사한 종류의 노동이 중국과 여타 사회주의 국가들에서 유사한 열정으로 수행되었다.

이러한 현상들 역시 이 시기의 혁명적이고 영웅적인 특징이다.

　이러한 기꺼이 하려는 마음은 나중에는 사라진다(2장 4절 참조). 27) 고전적 체제에서 무급 노동이 이루어질 경우, 그 이유는 정직한 정치적 열정이라기보다는 압력인 경우가 더 많다.

　그보다 더 많이 살아남는 것은 보다 작은 공동체를 위한 희생이다. 지역의 유치원, 학교, 병원에 제공하는 자발적 노동이나 놀이터를 복원하려는 자발적 노동이 그것이다.

　이는 다른 동기 군(群)으로 이어진다. 즉, 오로지 남에게 관대하고 배려심이 많으며 세심하기 때문에 이타적으로 행동하거나 금전적 희생을 하려고 하는 사람들도 많이 있다. 타인의 욕구에 대한 자발적인 순응, 상냥한 몸짓, 그리고 이타적인 원조는 때때로 엄격한 관료적 조정과의 마찰로 유발되는 곤경을 상쇄하거나 혹은 적어도 참을 수 있게 한다. 물론 이러한 동기의 영향력이 얼마나 큰가를 통계적으로 측정할 수는 없지만 그것은 일할 때, 운송할 때, 쇼핑할 때, 거주지에서, 그리고 일상생활의 모든 측면에서 극도로 중요한 역할을 한다. 이러한 자발적 행동과 선물이 갖는 의미는 더욱더 강조할 가치가 있다. 공식 이데올로기에서는 '자선'(charity)이라는 것이 자본주의에서 착취에 의해 생긴 상처를 단순한 사회적 교정책으로 무마하기 위해 타협된 어떤 것으로서 경멸받기 때문이다. 공식적인 도덕 교육은 사소하고 개인적인 '선행'을 중시하지 않는다. 대신에 위대한 대의를 위한 고귀한 희생에 대한 존경이 강조된다.

---

27) 모든 인민이 평시보다 훨씬 더 자신의 조국을 위해 희생하려고 하는 전쟁 시기는 이러한 일반적 경향에 대한 예외가 된다.

이 지점에서, 비록 그것이 '순수한' 이타주의는 아니라 하더라도 상부상조와 호의에 기초한 행동에 대해 언급할 필요가 있다. 한 기업의 관리자는 다음번에 자신이 유사한 도움을 기대할 수 있다는 희망에서 부품 공급을 통해 다른 관리자를 도와줄 것이다. 친구들은 누군가의 주택을 건설하는 데 도움을 줄 것이다. 그들은 자기가 필요로 할 때 유사한 도움에 기댈 수 있을 것이라는 것을 안다. 이러한 호혜(互惠) 기제는 관료적 조정의 마찰로 인한 간극을 메우고 시장 조정에 맡겨진 협소한 관점을 확대하는 데 도움을 준다.

7. 가족 조정

조정기제로서의 가족은 모든 조정기제 중에서 가장 강건한 것으로 판명된다. 가족은 사회주의 이전의 체제에서 그런 것과 꼭 마찬가지로 정치경제체제의 극적인 변화에도 살아남아 사회주의에서 인간의 삶과 활동을 조정하는 데 근본적인 역할을 한다.

가족의 역할에 대한 공식 이데올로기의 태도와 실질적인 사회·인구·경제 정책에는 양면성이 존재한다. 한편으로는 가족의 중요성이 강조된다. 전통적인 가족 형태를 폐지하려는 경향을 갖는 아주 많은 견해들이 혁명적-과도기적 시기에 유행했다. 이런 견해들은 고전적 체제에서는 폐기된다. 고전적 체제에서 지배적인 입장은 보수적인 입장으로서, 가족에게 오늘날 자본주의 세계에서 실제로 발견할 수 있는 것보다 더 많은 도덕적이고 법적인 제약을 설정한다. 가계는 주로 가족에 기초해서 조직되는데, 어린이의 양육과 소비의 조직은 대부분

가족에게 맡겨진다. 〔소비의 조직은 부족경제라는 조건에서는 매우 어려운 과업이다(11장, 12장 참조).〕

다른 한편으로, 고전적 체제에서는 가족의 역할을 제한하고 특정 중요 영역에서 가족의 기능적 토대를 침식하려는 강력한 경향이 나타난다. 앞으로 언급할 모든 경향은 비사회주의적 체제, 즉 자본주의적 경로를 따르는 개발도상국에서, 그리고 산업적으로 발전한 자본주의 세계에서도 역시 나타난다. 여기서 고전적 사회주의를 구별해 주는 것은 이러한 경향의 강도(强度, intensity)이며, 많은 측면에서 이러한 경향이 갖는 극단적인 힘이다.

1. 몇 가지 예외가 존재함에도, 사회주의 체제는 산업 발전이 뒤떨어진 사회에서 나타난다(2장 3절 참조). 그리하여 가족기업은 혁명 이전에 촌락이나 도시 모두에서 중요한 역할을 했다. 혁명적-과도기적 체제는 경제에서 가족기업이 차지하는 비율을 더욱 증가시켰던 토지개혁을 수반한다. 나중에 고전적 체제의 수립은 가족기업의 거의 완전한 소멸을 가져온다.

그때부터 생산은, 몇몇 자취만 남은 형태들(협소한 공식 사적 부문과 광범위하지만 전적으로 혹은 부분적으로 불법적인 비공식 사적 부문)을 제외하면, 가족으로부터 분리된다.

2. 강행성장(forced growth, 9장 5절, 10장 1절 참조)은 노동력 수요를 매우 급속하게, 거의 비약적으로 증가시킨다. 촌락에서는 일자리를 발견할 수 없는 농촌 출신의 많은 사람들이 급속한 산업화에 의해서 산업 공동체로 흡수되는데, 많은 사람들은 자신들의 가족을 데리고 올 수 없

다. 무엇보다 가장 중요한 것은 여성 고용이 극도로 빠르게 증가한다는 사실이다. 여성들은 가족의 재정 형편 때문에 취업을 말 그대로 강요당한다. 한편으로, 이러한 변화는 여성에게 좀더 평등한 권리를 부여하는 데 도움을 준다. 일하러 가는 여성들의 시야와 경제적 독립성이 넓어지고 증가한다. 다른 한편으로는 여성의 어깨에 매우 무거운 짐이 지워진다. 여성들은 여전히 주부와 어머니로서 전통적인 일 대부분 혹은 전부를 수행해야 하고, 여기에 일터에서의 노동이 추가된다. 그 결과 가족생활에 새로운 압력이 가해지며, 가족 내 활동에 대한 여성의 기여는 불가피하게 하락한다. [28]

3. 앞의 것과 밀접하게 관련된 또 다른 경향이 있다. 가족의 많은 전통적 활동은 관료적 통제를 받는 기관들로(그리고 그보다는 적은 수의 활동이 기업으로) 이전된다. 요람에서 무덤까지 대중을 돌보는 역할을 친밀한 가족 공동체보다는 오히려 '대규모 조직'이 점점 더 많이 맡게 된다. 바로 탁아소, 유치원, 학교 여름 캠프, 병원, 그리고 양로원 등이 그것이다. [29] 가족의 자유 시간 중 상당 부분은 가족들이 함께 지내는 것이 아니라 연령별·직업별로 짜인 조직 활동에, 작업장에서 요구하는 소풍과 연극 상영에, 그리고 기업 혹은 사무소의 휴가에 소

---

28) 전통적 가족의 실존적 토대의 붕괴(가족기업의 제거, 여성 고용의 급속한 증가)는 이혼율의 급속한 증가를 야기하는 주된 원인이 된다.

29) 사실, 이 체제의 공식 이데올로기는 이러한 측면과 관련한 국가 공급(4장 3절 참조)에 대해 실제로 제공할 수 있는 것보다 훨씬 더 많은 것을 약속한다. 이러한, 부분적으로 지켜지지 않는 약속들 — 탁아소와 유치원 시설, 병원 병상, 양로원 자리 등의 만성적인 부족 — 은 매우 다양한 긴장을 유발한다.

비된다. 식사 중 일부는 작업장의 구내식당으로 이전한다. 30) 만약 가족의 생활수준이 높아진다면, 다음 조치는 자본주의 체제에서 그와 유사한 생활수준에 있는 가계가 하는 것처럼 개인용 자동차를 구매하는 것이 아니다. 개인용 자동차의 구매는 제한되며, 대신에 공공교통이 확대된다. 자가 소유의 가족 주택은 기껏해야 촌락에서만 관례로 남는다. 도시의 경우 사람들은 거대한 국가 소유 혹은 협동적 소유의 아파트 단지에 거주한다. 방대한 수의 새 아파트가 단일한 형태의 주거 단지로 구성된 주택 개발 방식에 의해 제공된다. 이 모든 것들이 함께 가족에 의해 조정되는 활동 영역인 '사생활'의 현저한 제한을 초래하며, 그 반대로 관료적으로 조정되는 '집단화되고', '제도화되고', '조직화된' 활동 영역의 확장을 가져온다. 31)

8. 자생적 변화와 인위적 변화

관료적 조정은 사회주의 체제가 등장하기 전에 이미 존재했다. 역사 과정에서 군대, 철도의 중앙관리, 혹은 전염병 예방 등과 같은 부분적 관료기구가 국가적 조치에 의해서 생겨났다. 국내에서 그리고 대외무역에서 시장 운영은 중앙정부의 법률에 의해 뒷받침되었다. 이 점과 관련해서는 사적 계약을 준수하도록 하는 법적 강제가 특히 중요했다.

---

30) 중국의 인민공사는 소비를 집단화하는 데에서 이보다 훨씬 더 나아갔다.

31) 이 책 뒷부분의 몇몇 구절들은 여성을 포함해서 가족 소유와 가족의 경제적 역할을 다룬다. 이러한 분석들은 '조정'이라는 용어가 텍스트에 명시적으로 나타나지 않을 때조차도 가족 조정의 검토를 확실하게 수반한다.

가족 공동체의 법적 측면에 관한 중앙정부의 법률이 존재한다. 자치 조직의 활동을 위한 법적 보장을 제공하는 것도 역시 중앙정부의 법률이다. 마지막으로 가장 중요한 것은 중앙 국가 권력의 자기제어(*self-limitation*)가 기본법과 헌법에 규정되어 있다는 점이다.

그러나 아무리 국가의 중앙 권력의 역할이 크다고 해도, 사회주의 체제 수립 이전에 사회 활동 조정을 각각의 주요 유형에 어떤 비율로 맡겨야 할지를 결정한 것은 기본적으로 중앙 법령이 아니었다. 이러한 비율은 역사 과정에서 자생적으로 생겨났다. 이러한 비율은 국가의 특정한 중앙 조치들에 의해서 느려지거나 가속화되었지만, 그 조치들이 비율을 결정하지는 않았다.

사회 발전 과정에서 중앙 권력이 법적 규제라는 수단을 동원해 위로부터 인위적으로 개입하여 어떤 특정한 주요 유형, 즉 시장 조정이 사라져야 하거나 아니면 적어도 중요하지 않은 지위로 제한되어야 하며, 집중화된 관료적 조정에 의해 대체되어야 한다는 결정을 내린 것은 역사적으로 독특한 현상이다. 이것은 자생적으로 발생한 것이 아닌 근본적인 변화로,[32] 권력의 중앙적 결정에 의해서 그리고 폭력적으로 수행되었다. 그 후에는 중앙의 명시적 결정 없이 자생적으로 일어난 수많은 부대상황들이 뒤따랐다. 자치조정 형태의 위축, 공동체를 위한 자발적 노동 열정의 냉각, 그리고 가족과 공동체 생활의 종속적 역

---

32) 사회주의적 발전과 자본주의적 발전의 두 가지 상이한 경로, 즉 '구성주의적'(*constructivist*) 발전과 '진화적'(*evolutionary*) 발전, 다시 말해서 인위적(*man-made*) 질서의 발전과 자생적 질서의 발전은 대립 쌍(*a pair of opposites*)의 명확한 사례이다. 이러한 개념들을 고안한 것은 하이에크이다(F. A. Hayek, 1960, 1973, chap. 1).

할로의 축소 등이 그것이다. 그리고 또 다른 상황이 동시에 부수적으로 나타난다. 관료적 기제들의 자생적인 자기발생(*self-generation*), 자기증식(*self- propagation*), 그리고 획기적인 변화를 개시하고 지도한 사람들의 기대를 훨씬 넘어서는 과도한 확장 등이 그것이다. 33)

---

33) 레닌(V. I. Lenin, 1917/1969a, p. 473)은 다음과 같이 썼다. "모든 시민들은 무장 노동자들로 이루어진 국가의 고용 종업원들로 전환된다. 모든 시민들은 단 하나의 전국적 범위의 국가 '신디케이트'(*syndicate*)의 종업원이자 노동자가 된다."

이것을 모든 중앙 소비에트 기관의 수장들에게 보낸 1921년 12월의 회람문에서 발견되는 레닌의 분노와 비교해 보라. "당신의 기관에서 불미스러운 관료적 형식주의(*red tape*. 이것은 관료주의와 형식주의를 의미한다 — 옮긴이주)를 완전히 끝장 낼 필요가 있다. 나의 주장은 당신이 즉각 정신을 차리라는 것이다. 다른 기관들에게 형식적인 답신과 공문서를 보내는 데에만 몰두해 있는 것은 관료적 형식주의를 양성하고 종이를 낭비하는 것을 의미할 뿐이다."(V. I. Lenin, 1912/1970, p. 423).

제7장 　계획 그리고 직접적인 관료적 통제

앞 장에서는 고전적 사회주의 체제에서 작동하는 주요 조정기제들 사이의 분업을 다루었다. 7장과 8장은 이 가운데 가장 중요한 관료적 조정에 초점을 맞출 것이다. 7장은 이 문제영역을 포괄적으로 검토하고, 8장은 가격 및 화폐와 관련된 쟁점들을 조명한다.

1. 계획을 주제로 다룬 사회주의의 선구자들

사회주의 체제의 지적 선구자들은 계획(*planning*)을 사회주의의 위대한 장점들 가운데 하나로 봤다. 마르크스는 다음과 같은 입장을 매우 명확하게 제시했다. [1]

---

1) 《프랑스 내전》(1871/1940)에서 마르크스는 미래 공산주의 체제의 성격에 대

자본주의는 기업 내에 고도의 조직을 산출하지만, 그 기업들을 연결시키는 시장에는 무정부 상태가 만연한다. 자본주의적 소유가 남아 있는 한 이는 불가피하다. 사회주의는 (생산수단의 사적 소유와 시장의 무정부 상태를 제거함으로써) 국민경제적 규모의 조직화를 가능케 한다. 마르크스는 사회적 노동의 중앙집중적 배치가 매우 단순한 업무가 될 것으로 생각했다. 인민들의 사회적 관계, 그리고 그에 따른 인민과 생산물의 관계가 더 이상 시장의 '상품 물신주의'에 가려지지 않을 것이므로 배분 업무는 투명하게 되어 쉽게 관찰할 수 있을 것이었다. 인민의 요구와 수요를 결정하는 일도 특별히 어렵지는 않을 것이었다.

마르크스의 저작들이나 1917년 이전 그의 신봉자들의 저작들은 모두 국민경제적 규모로 계획하는 것의 어려움, 혹은 예컨대 계획에 필요한 정보를 수집하고 처리하는 데 문제가 있을 것이라는 점에 대해서는 전혀 언급하지 않는다. 이 사상가들은 인민들이 노동하도록 하는 데 어떤 종류의 인센티브가 일반적으로 필요할 것인가의 문제는 자주 다루지만, 계획 입안자들과 계획 실행 기구가 그들의 특정 업무를 수행하도록 하는 데 필요한 자극의 문제는 제기하지 않는다.

해 "협동조합들이 모두 공동 계획에 의거하여 국민적 생산을 조절하고, 따라서 생산을 자기 자신의 통제 아래 두어 자본주의적 생산의 운명인 지속적인 무정부상태와 주기적으로 되풀이되는 경련을 끝장낼 것"(p. 61)으로 생각했다. 《반뒤링론》에서 엥겔스는 "생산력을 사회가 접수함으로써 생산수단 및 생산물의 사회적 성격이 완전한 이해력을 지닌 생산자들에 의해 활용될 것이다"(p. 266)라고 말했다. 그는 이어서 말했다. "사회는 스스로를 모든 생산수단의 주인으로 만들어 하나의 사회적 계획에 부합하게 생산수단을 이용함으로써, 사람들이 이전에는 자신들의 생산수단에 종속되었던 상태를 끝장낼 것이다."(p. 279)

이 장의 끝 부분에서는 고전적 체제의 경험이 사회주의 선구자들의 예상과 어떻게 달라졌는가 하는 문제로 돌아갈 것이다.

2. 초기의 접근법: 계획의 작성

이 절에서는 계획을 입안하는 문제에 대한 초기의 접근법을 다루고, 3절에서는 그것이 어떻게 수행되는지의 문제를 다룬다. 이 두 절은 이러한 과정이 공식 규정에 따라 어떻게 실행되는지를 서술한다. 참여자들의 이해관계, 동기, 갈등과 결합된 실제적인 '게임의 규칙'은 4~6절의 주제이다.[2]

국민경제적 규모의 계획에 대한 것부터 서술을 시작하는 것이 편리하다. 대부분의 국가에서 계획은 가장 강력한 관료기관인 국가계획위원회에 의해서 준비되고, 당을 대표해서 중앙위원회가, 국가를 대표해서 정부가 인준한 후, 의회에 의해서 제정된다.

계획의 기간(*time-span*)이라는 측면에서 볼 때 단기적으로는 연간계획, 그리고 중기적으로는 보통 5개년 계획이 있다.[3] 이 가운데 연간계획이 경제를 움직이는 실질적인 운영 수단이다. 5개년 계획은, 그

---

2) 고르바초프 이전 소련의 계획과 관리가 어떻게 작동했는지에 대한 자세한 묘사는 E. A. Hewett(1988, chap. 4)에서 볼 수 있다. H. Harding(1981)은 개방 이전 중국의 계획과 운영을 묘사했다.

3) 특정 시기에 특정 국가에서는 분기별 계획이 가장 중요한 역할을 맡기도 했다. 특정한 경우에 몇몇 국가는 15년에서 20년에 이르는 장기계획을 실행하기도 했다. 대부분의 경우 이는 경제 전반이 아니라 일부에만 적용되었다(예: 제1차 소비에트 전력화 계획).

것이 포함하는 투자 프로그램이 투자과정을 어떻게 발전시킬 것인가에 대한 실질적 영향력을 지니고 있음에도, 경제정책의 의도를 담은 일종의 성명서(statement)가 되는 경향을 띤다. 이하의 서술에서는 연간계획에 주의를 집중하며, 특별한 언급이 없는 한 '계획'은 항상 연간계획을 의미한다.

국민경제계획은 경제활동의 모든 측면을 포괄한다.[4] 이 책에서의 논의는 생산영역의 계획에 한정될 것이다. 지면상의 이유로 이른바 비생산적 영역(즉, 서비스 분야들)의 계획은 다루지 않을 것이다.

계획의 첫 번째 장[5]은 생산을 다룬다. 총량지표들(예컨대 총생산액 수치)은 국민경제적 규모에서 총생산량과 그것의 주요 경제 부문(산업, 농업, 운수 등)별 분포를 규정한다. 그와 별도로, 가장 중요한 이른바 **우선순위 생산물**(priority products)에 대한 생산 수치가 있는데, 이러한 생산물은 수백 개 혹은 수천 개가 될 수도 있다. 계획 문서에서 이들 생산품의 양은 가능한 한 물리적 단위들로 부여된다. 이것이 불가능한 경우에만 총액 단위로 기입된다.

두 번째 장은 생산물이 사용되는 용도와 관련된다. 규정은 일차적으로 원료와 반제품 및 완제품을 다양한 사용처로 분배하는 내용을 다루는데, 각 사용처는 각자의 다양한 투입물에 대해 할당량(quota)을 받는다. 할당량은 상한선이다. 이런 점에서 계획 자체는 '배급' 기제

---

4) 소련의 국민경제계획은 통상적으로 6만 개의 개별 항목으로 구성되었다(A. G. Aganbegian, 1989, p. 91).

5) 이 장들은 단지 주제를 보다 쉽게 개관할 수 있도록 하기 위해 번호를 매긴 것이다. 사실상 실제 계획 문서들이 주제별로 나뉜 방식은 국가와 시대에 따라 다양할 것이다.

도 역시 내포한다. 계획은 '바우처'(*vouchers*) 혹은 '쿠폰'(*coupons*)을 분배하는데, 이것이 없으면 사용자(예컨대 특정 부처에 소속된 기업 전체)는 필요한 구매력을 가지고 있다 하더라도 투입재를 획득할 수 없게 된다.

우선순위 생산물을 배분하기 위해 **대차계정**(*balances*: 원료, 반제품, 제품의 대차계정)이 준비된다. 6) 대차계정의 한쪽은 원천(*sources*: 생산, 수입, 재고 감소)으로 구성되고, 다른 쪽은 용도(*uses*: 생산 용도, 수출, 주민에 의한 소비, 재고 증가)로 구성된다. 고전적 체제의 계획방법론에서는 대차계정의 준비를 매우 중시한다. 균형화(*equilibration*)는 계획에 모순이 없는지를 판단하는 주요 기준 가운데 하나로 고려된다. 대차계정은 생산자들과 사용자들 중에서 지도적인 계획자들 간의 반복적 협상에 의해 차이를 줄여 나가는 과정, 즉 계획의 '대차계정 방법'으로 알려진 절차에 의해 합의된다. 7)

세 번째 장은 노동을 다룬다. 인력 할당량과 임금 기금이 다양한 영역에 분배된다. 명목임금의 변화를 나타내는 주요 수치가 입안된다.

네 번째 장은 투자에 관해서 다룬다. 총 투자 할당량이 분할되어 내려가고, 건설능력 활용과 자본재 수입에 대해 별도의 할당량이 설정된다. 이 부분의 계획은 추가적으로 최우선 투자계획이라 불리는 것, 즉 가장 중요하다고 간주되는 프로젝트들을 포함한다.

---

6) 고르바초프 이전 시기 소련의 계획에서 2천 개의 대차계정이 국가계획위원회 (Gosplan)에서 중앙집권적으로 작성되었고, 국가물자공급국(Gossnab)과 행정부처에서는 수만 개 이상의 대차계정이 작성되었다.

7) 소련과 동유럽에서는 대차계정 준비를 돕기 위해 수학 모델을 사용하면서 수십 년 동안 많은 실험을 진행하였다(17장 4절 참조).

다섯 번째 장은 기술발전을 위한 목표들을 다룬다. 새로 도입할 신기술, 그것을 이용한 분야들, 그리고 제조에 착수해야 하는 신제품들이 그것이다.

여섯 번째 장은 대외무역과 국제경제관계에 관한 장으로서 대차계정과 수출 목표의 균형을 유지하는 데 필요한 수입 할당량을 설정한다(14장 2절 참조).

일곱 번째 장과 마지막 장은 재정 문제를 다룬다. 이는 국가예산의 주요 항목과 은행체계의 주요 목표, 가격정책에 대한 결정을 포함한다(8장 5절 참조).

계획이 언급된 모든 분야의 모든 기업과 기관에 대한 모든 세부사항을 결정한다면, 수백만 개의 목표 수치가 필요할 것이다. 그러한 계획 수치를 중앙집권적으로 작성하는 것이 물리적으로 불가능하다는 사실은 자명하다. 따라서 **계획의 분해**라는 관행이 나타난다. 여기에는 중요한 실행 원칙이 적용된다. 바로 계획은 **수신자들**(*addressees*)에 따라 분해된다는 원칙이다. 예컨대 총 주택건설 목표가 분할되어 내려갈 때 건축부, 중공업부, 경공업부 등이 얼마나 많은 주거지를 만들어야 하는지가 언급된다. 이 경우에는 각 부처들이 '수신자들'이다. 따라서 각각의 목표 수치는 통계국이 작성한 부문별 내역의 '불명확한' 기재 수치보다 더 크다. 계획 속의 각각의 죽어 있는 수치는 책임을 맡은(그리고 책무를 지닌) 사람이 있는 살아 있는 관료기관에 연계된다.

분해는 국민경제 통제의 위계제에 존재하는 것과 똑같은 수의 층위에 따라 발생한다. 네 층위를 지닌 위계제를 예로 들면, 맨 위의 계획위원회는 각 부처들[8]을 위하여 국민경제계획을 분해한다. 그런 다음 각 부처는 자체 하위 부서들[9]에게 맞춰 그것을 분해하고(각 부서는 동일 부문 혹은 하위 부문의 여러 기업들을 통제한다), 마지막으로 부서들은 산하 기업들에게 맞춰 자체의 계획을 분해한다. 그 결과로 작성된 각 대기업에 대한 의무적인 연간계획은 수천 개의 수치들을 포함한다.

계획의 분해는 기본적으로 정보의 하향 흐름이다. 하위기관이 그보다 높은 기관으로부터 수령한 계획은 권고가 아니라 하나의 **명령**이다. 10) 하부기관은 계획 지시를 이행해야만 한다.

정반대 방향의 흐름도 있다. 계획이 최종적으로 결정되기 전에 하부기관은 초기 안에 대하여 제안과 논평을 한다. 필요하다면 하부기관은 계획이 실행되는 동안 목표를 수정할 것을 요청할 수도 있다. 마지막으로 하부기관은 계획 실행에 대해 보고해야만 한다.

정보의 수직적 흐름과는 별도로 수평적인 것도 있다. 같은 수준에 있는 기관들은 계획이 수립되는 동안 서로 협력한다. 예컨대 특정 제품의 생산과 분배에 대한 논의가 생산 부처와 사용 부처 대표자들 간에 이루어지거나, 더 낮은 수준에서는 생산 부서와 사용 부서 대표자들 간에 이루어진다. 대체로 그러한 논의는 협상 파트너들보다 상위에 있는 기관의 감독 아래 열린다.

요약하자면, 계획의 작성은 경제 과정의 사전적 조화를 목표로 하는 관료적 조정의 기념비적 작품이다. 당 기구, 국가 행정부, 기업 및

---

8) 〔옮긴이주〕 예를 들면, 소련 초기의 중공업부, 경공업부 등이 이에 해당한다. 나중에는 기계공업부, 철강공업부 등으로 더 세분된 부처 체계가 성립하였다.

9) 〔옮긴이주〕 예를 들면, 중공업부 산하의 석탄공업국, 전자재공업국 등이 이에 해당한다. 소련에서는 이런 하위 부서를 glavk라고 불렀다.

10) 스탈린은 계획에 대해 다음과 같이 말했다. "우리 계획은 예측 계획이나 추측 계획이 아닌 지령성 계획(*directive plan*)이다."(J. V. Stalin, 1927/1954, p. 335)

협동조합, 대중조직에 있는 수천, 수만 명의 직원들이 수백만 개의 계획 명령들을 모든 수준에서 최종적으로 결정하기 전에 협상하고, 계산하고, 재협상하고, 그리고 재계산하는 것이다.

3. 초기의 접근법: 계획 실행과 관리

계획 실행을 논의하는 출발점은 앞 절에서 언급한 내용, 즉 실행은 의무라는 것이다. 이 원칙은 너무나 중요해서 어떤 논자들은 이 체제에 '지령성 계획'(directive planning), '의무적 계획'(imperative planning), 혹은 '명령경제'(command economy) 와 같은 명칭을 붙임으로써 이 원칙이야말로 체제의 가장 두드러진 특징이라고 말했다.

계획 작성은 일차적으로 전문화된 기구에 위임된다. 국가계획위원회와 부처, 부서, 기업, 기관의 계획 담당 단위들이 바로 그것이다. 그러나 이러한 기구는 관리 조직들과 밀접하게 연결되어 있다. 모든 단계에서 책임 있는 지도자(장관, 국장, 기업 관리자)는 예비계획 준비에서부터 실행과 그에 대한 보고에 이르는, 계획 작업의 모든 국면에 대해 개인적으로 책임을 진다. 전문화된 계획 기구는 계획의 공식적, 비공식적 변경과 전반적 관리에서 적극적인 역할을 담당한다.

이 장의 나머지 부분은 공적(국가 소유 및 협동조합) 부문의 관리를 다룬다.[11] 계획을 실행하는 동안 제기되는 의사결정 문제도 간략하게

---

11) 사적 부문에 대한 관료적 통제의 효과는 나중에 다룰 것이다(19장 5절). 지면상의 이유로 비기업적 성격을 띤 국가 기관들(예산제 기관들)의 관료적 통제까지 다루는 것은 불가능하다. 그러나 그 주요한 특징은 국유기업들을 규제하

검토된다.

1. **기업 설립.** 사적 재산에 기초한 경제에서 '진입' 문제는 시장 경쟁의 틀 내에서 결정된다. 새로운 기업들은 기업가가 가치 있다고 생각할 경우 어디에서든 설립된다. 고전적 사회주의 체제에서 그러한 결정은 관료기구의 몫이다.

2. **기업 청산.** 여기에서도 상황은 마찬가지다. 자본주의 경제에서 '퇴출'은 경쟁에 달려 있다. 지불 능력을 영구적으로 상실한 기업은 도산한다. 기업 소유주들은 반독점법에 의해 주어진 한계 내에서 기업을 합병할 것인지 분할할 것인지를 결정한다. 고전적 사회주의 체제에서 기업 청산, 분할, 합병을 결정하는 것은 관료이다.

위의 1번과 2번 내용은 다음과 같은 방식으로 요약할 수 있다. 하나의 집단적 조직 혹은 조직적 유기체로서 기업의 '생사'는 시장 경쟁의 '자연선택'이 아니라 관료기구에 의해 결정된다. 슘페터가 건강한 경제발전 배후의 가장 중요한 추진력이라 생각한 것이 전혀 존재하지 않는다. 새로운 제품 혹은 기술을 도입하고 새로운 조직을 설립하며 새로운 시장을 정복하면서 구식의 생산과 경화된 조직들이 퇴출당하도록 만드는 기업가들의 출현은 없다. 바꿔 말하면, 고전적 사회주의 체제에는 슘페터가 '창조적 파괴'의 혁명적 효과[12]라고 부른 것을 허용할 여지가 없다.

는 관료적 통제와 유사하다.

12) J. A. Schumpeter (1912/1968).

3. **지도자들의 임명, 승진, 해임.** 이와 관련한 요점이 3장에서 언급되었지만 논의의 완벽을 기하기 위해 관리자들에 대해 설명할 때 다시 언급될 필요가 있다. 지도자들의 선발은 전적으로 관료의 수중에 있다.

정책결정과 통제의 다음 영역들은 앞 절에서 논의했던 계획에 관한 장들과 상응한다. 관리자들은 계획의 각 부분을 확실히 실행하기 위해 노력하며, 가장 꼼꼼한 계획조차도 미리 상술할 수 없는 임무들을 식별하기 위해 노력한다고 할 수 있다.

4. **생산 관리.** 기업의 창설자(보통 관련 행정부처)가 새로운 기업의 '프로필'(*profile*), 즉 그 기업의 허용된 (그리고 의무적) 활동 분야를 규정하면서부터 제약이 시작된다. 기업은 자기의 프로필과 '동떨어진' 생산물을 만들 권리가 없다.

가장 중요한 제약은 연간 생산 계획이다. 연간 생산 계획은 달성해야 할 총생산량뿐만 아니라 (광범위한 제품을 생산하는 기업의 경우 수백 가지가 될 수도 있는) 우선순위 생산물의 연간 생산량을 규정한다.

게다가 상부 조직은 원래 계획을 변경하여 새로운 과업을 지시하고 다른 과업을 취소하며, 특별히 어떤 특정 제품의 생산을 독촉하는 등 생산과정에 자주 직접적으로 개입한다.

5. **생산물과 원료의 배분.** 이 부분은 일차 원료, 반제품 및 완제품의 배분, 그리고 생산 대차계정과의 연계에 대한 논의에서 언급했다. 생산 대차계정의 분해는 생산물과 원료의 배분을 위한 전반적인 틀을 제공하지만, 관리자들은 훨씬 더 상세한 세부사항까지 다룬다. 이 지점에서 관료기구가 시장기제의 위치를 대체한다는 것이 특히 명백해진

다. 아주 많은 생산물에 대해 관료는 사용자를 특정 생산자에 할당하고 생산자가 생산물을 얼마만큼 공급하고 사용자는 얼마만큼 받아야 하는지를 규정한다. 특정한 생산자(생산 혹은 유통) 기업들에게는 어떤 기업 혹은 예산제 기관이 특정 제품에 대한 '바우처'를 획득하고 누가 배제되는가를 결정할 법적 권한이 부여된다.

여기에서 다시 상급당국들이 자주 개입한다. 그들은 계획에 규정된 혹은 하급 조직들이 지정한 배분을 변경할 수 있으며, 어떤 거래가 특히 긴급하다고 생각할 경우 납품 대상을 바꾸도록 지시할 수 있다.

6. 노동 배분. 여기에서도 역시, 계획이 전반적인 제약을 설정하지만 관리자들은 세부사항에 개입하며 심지어는 계획 자체를 변경할 수도 있다. 노동자들은 한 기업에서 다른 기업으로 이전될 수 있고, 기업들은 인력의 수를 늘리거나 감축하도록 강요당할 수 있다. 임금 수준은 직종별로, 또 작업의 질에 따라 아주 세세하게 규정된다. 임금총액에는 엄격한 제한이 주어진다.

7. 투자과정의 규제. 여기에서 이 문제는 단지 논의의 완벽을 기하기 위해 언급한다(9장 2절 참조).

8. 기술발전. 보통 이 업무는 계획에서 그 개요만 묘사된다. 우선시되는 기술발전의 몇몇 영역은 상급당국이 관리한다. 바로 특정 공정의 기계화, 새로운 자동화된 생산 시설의 설치, 새로운 특정 제품의 도입에 대한 결정 등이 그것이다.

9. 대외무역 및 국제경제관계. 이 과정들은 다양한 방식으로 상급당국의 수중에 있는데, 수입 허가 및 구체적인 수출 지령, 대외무역의 외환거래 업무에 대한 엄격한 통제 등이 그러한 것들이다(14장 2절 참조).

10. 가격결정 그리고 **11. 금융규제.** 이 두 부분 또한 논의의 완벽을 기하는 차원에서만 언급한다(8장 참조).

의사결정 및 관리의 모든 영역에서 하위기관을 통제하기 위해 상급당국이 사용하는 주된 수단은 명령이다. 회유, 논쟁, 설득이 사용되고 그에 따른 보상과 처벌도 있지만 그 목적은 하급자들이 명령을 이행하도록 강제하는 것이다. 최고위 관리자가 받는 보상은 계획의 실행과 상급당국이 내린 여타 명령의 수행 여부에 의존한다. 비난이나 해고에서부터 '사보타주'에 대한 투옥과 처형에 이르는 처벌도 계획 규율의 위반과 여타 실행 명령의 이행 실패에 대해 부과된다. 13) 그리하여 보상과 처벌은 실적과 직접 연관되는 것이 아니라, 규율과 상급자에 대한 복종을 엄격하게 유지하기 위함이 분명하다.

이러한 상황은 산하 단위가 상급 단위가 지정한 의무 계획을 알아서 이행한 뒤에 이를 보고하고 다음 계획을 받는 식의 부분적 자율과는 거리가 멀다. 계획과는 별도로, 그리고 계획과 모순될 경우, 상급 단위는 산하 단위의 모든 세부 활동에 일상적으로 개입한다. 서구의 문

---

13) 베런드(I. T. Berend, 1979)는 계획 경제를 방어하기 위해 헝가리에서 형법의 일부로 도입된 1959년 법령에 대해 서술한다. 베런드는 "세부 계획으로부터의 중대한 이탈에 대해 '불가피한 이유가 없다면' 징역 '2년 선고'가 규정되어 있다. '국가경제계획이나 어떤 세부 계획에 대한 심각한 위험 혹은 손해를 내포하는' 범죄에 대해서는 최고 5년형이 선고될 수 있다"고 서술한다(p. 117).

헌들은 종종 그러한 사회주의 경제를 '중앙집권적으로 계획된 경제' (centrally planned economy) 라고 부른다. 14) 중앙집권적 계획이 수행하는 역할이 크긴 하지만, 이 용어는 일면적이다. '중앙집권적으로 관리되는 경제'(centrally managed economy) 라는 표현이 더 적절하다. 이 용어가 중앙집권화된 관료적 조정과 통제의 역할을 더 잘 강조하기 때문이다. 계획은 극히 중요한 것이지만, 이러한 조정 형태에서 사용되는 여러 수단 가운데 하나일 뿐이다.

이 책 7장 2절과 3절에서 서술된, 고전적 사회주의 체제에 전형적인 조정기제는 경제에 대한 **직접적인 관료적 통제**라고 부를 수 있다. 15) 이 용어는 명령의 효력을 지닌 계획의 작성과 그것을 실행하기 위한 행정적 강제, 명령에 기초한 관리, 생산 및 배분 과정과 산하조직의 일상적 운영의 모든 세부사항에 일상적으로 개입하는 상급 조직의 관행 등을 모두 포괄한다. 16)

이러한 조정기제는 존속 가능하다. 경제는 그 기본적 기능들을 수행한다. 즉, 생산하고 배분하며 소비자들에게 공급한다. 계획은 정확하게는 아니지만 대체적으로 이행된다. 체제를 운영하는 데 일차적인 중요성을 지닌 것으로 생각되는 업무들은 실행될 가능성이 특히 높다.

---

14) 이 용어를 권장한 학자는 잘레스키(E. Zaleski, 1980)이다.

15) 이 표현은 헝가리의 개혁과정에서 채택된 용어법에 속한다. '직접적 통제'란 용어는 스짜보(K. Szabo, 1967), 나지(T. Nagy, 1966), 안탈(L. Antal, 1985)의 헝가리어 저작에서 최초로 나타났는데, 보통 개혁된 기제에서 적용되는 간접적 통제와 대조적인 상황을 지칭한다.

16) 사회주의 계획과 직접적인 관료적 통제에 대한 선구적 연구들 중에는 베를리너(J. Berliner, 1957), 그래니크(D. Granick, 1954), 코르나이(J. Kornai, 1957(1959)), 몬티아스(J. M. Montias, 1962) 등을 참고하라.

이는 세계사에서 유례가 없는 실적이다. 여기에서 검토한 분야(공적 소유 부문)에서 관료적 기제는 시장기제를 거의 완전하게 차단하면서 활동을 조정하고 전 체제를 통합한다.

그러나 직접적인 관료적 통제는 여러 면에서 비효율적이라는 점을 덧붙여야만 한다. 그것은 극도로 경직적이다. 수요, 기술, 국내 정치 상황, 혹은 외부 세계의 변화에 적응하기까지 긴 지체와 심각한 손실이 발생한다. 그것은 새로운 계획, 기업가 정신 혹은 혁신 등을 불러 일으키는 어떠한 유인도 제공하지 않는다.

4. 경제적 관료기구에서의 지도자들의 동기

과거에 대한 완벽한 정보를 이용할 수 있고 미래에 대한 예측이 정확하며 모든 명령이 차질 없이 순조롭게 이행된다면, 직접적인 관료적 통제 기제는 잘 작동할 것이다. 현실 생활에서 정보는 불완전하고 정확하지 않으며, 미래에 대한 예측은 아주 많은 불확실성을 안고 있다. 더욱이 명령하는 자들, 명령에 복종하는 자들 모두는 시계 태엽장치의 부품이 아니라 실수를 저지르기 쉬운 살아 있는 인간이다. 7장 2절과 3절에서 묘사한 기제가 지닌 문제는 주로 그것에 참여하는 사람들의 동기와 갈등, 그리고 정보를 집적하고 활용하는 과정에서의 왜곡으로부터 제기된다.

어떤 동기가 관료기구 내 공무원의 행동을 불러일으키는가? 앞으로의 서술에서 초점은 장관과 당 중앙의 부서장으로부터 공장의 사업 지배인과 당 서기에 이르는 지도자들, 즉 그들에게 직접 복종하는 참모

진을 지닌 사람들에게 맞출 것이다. 17)

기업 관리자층18)의 동기와 관료기구 내 다른 집단의 동기는 별개로 취급하지 않을 것이다. 이 장의 목표는 경제적 관료기구 내 모든 지도자들에게 적용되는 일반적 유인(inducement)을 확인하는 것이다. 19)

동기(motivation)에 대한 설명을 지나치게 단순화하거나 자의적으로 하나의 목적만을 추출하는 것은 피하는 것이 현명하다. 20) 그 대신, 여기에서는 동기들(motives)의 총합에 대해 논의할 것이다. 21)

---

17) 지면상의 문제 때문에 참모진의 동기는 고찰할 수 없다. 그것은 여러 면에서 지도자들의 동기와 비슷하지만 똑같지는 않다.

18) 자본주의 체제에서는 동일 소유자(혹은 소유자 집단)에 의해 소유되는 단위는 다른 소유자들에 의해 소유되는 단위들과 명확하게 구분된다. '기업'이라는 단어를 이러한 종류의 단위에 대해 사용할 경우(이 책에서 자본주의를 언급할 때처럼), 소유자들이 고용한 최상위 임원진의 동기는 별도로 논의할 만한 가치가 있다. 그들의 동기는 중요한 점에서 자본주의에서 일하는 여타의 지도적 관리들의 동기와는 다르다.

　　이와 달리, 고전적 사회주의 체제에서는 임의적인 법적 공식에 따라 생산단위의 집합을 '기업'이라고 지칭한다. 그것은 다른 '기업들'과 위의 기준(특정한 소유자 그룹)에 따라서 구별되지 않는다. 이 장의 나머지 부분에서 보여 주려고 하는 바와 같이, 기업 지도자들의 행태는 그들 상위 부서장들의 행태와 비슷하며, 기업의 장과 상위 부서장 사이의 관계는 부서장과 장관 사이의 관계와 비슷하다.

19) 국가수반의 경우는 무시될 것이다. 다른 모든 지도자들은 상급자(혹은 상급자들)와 부하들이 있음을 알고 있다.

20) 물론 이는 문제를 보다 쉽게 논의하기 위해 특정한 고찰의 목표를 지니고 있는 연구자가 어떤 모델의 틀 내에서 특정한 동기를 추출하는 것을 반대한다는 이야기는 아니다(물론 다른 동기들에 대한 무시가 그 연구자가 검토한 문제들에 대한 이해를 위태롭게 하지 않는다는 전제하에).

21) 베를리너(J. Berliner, 1957)가 비슷한 목록을 제시한 바 있다. 동독 및 루마니아에서 관리자층의 동기에 대해서는 그래니크(D. Granick, 1975, 1장 및 2장)를 참고하라.

1. 정치적 및 도덕적 확신. 당의 관념들에 대한 믿음, 공식 이데올로기에 대한 동의, 계획 목표에 대한 열정 등은 주요한 추진력이다.

2. 직무와의 일체감. 이는 어느 체제에서든 지도적 위치에 있는 인물에게 하나의 유인으로서 작용한다. 그는 좋은 직무를 맡고자 하며 '직업에서의 명성'(credit of the profession) 을 느끼고자 한다. 기업의 중역이라면 최소한 생산이 원활하게 이뤄지기를 바란다. 엔지니어라면 최신 기술을 도입하고 기술적 규정을 적용하고 싶어 한다. 회계부장의 경우에는 회계장부가 제대로 되어 있기를 바란다.

3. 권력. 모든 사람이 권력을 갖기를 원하지는 않는다. 일부는 그것에 대해 확실한 두려움을 갖는다. 그러나 그런 사람은 지도적인 지위를 수락하지 않는다. 지도자가 된 사람은 권력에 이끌린 사람이다. 그러한 사람은 사람들이 자신에게 복종하는 것을 좋아한다. 일단 그런 사람이 권력을 갖게 되면, 그는 권력을 유지하고 또 키울 수 있게 되기를 진실로 바란다.

4. 위신. 모든 사회에서 출세 사다리상의 위치와 사회적 지위 사이에는 밀접한 상관관계가 있다. 다른 체제들에는 여러 개의 병렬적인 사다리들이 있다. 사회주의 체제에서는 실질적으로 단 하나의 사다리만 있다. 관료기구에서의 경력이 바로 그것이다. 보다 높은 위신을 추구하는 사람은 이 사다리의 더 높은 단계로 올라서야만 한다.

5. 물질적 혜택. 모든 실질적인 보상이 여기에 속할 수 있다. 높은

봉급, 보너스, 여러 종류의 혜택, 그리고 재화와 서비스에 대한 특권적인 접근이 바로 그것이다.

6. 평온한 삶. 지도자들은 곤경과 장애, 그리고 자신들의 상급자들, 공급자들, 소비자들과의 갈등을 피하고 싶어 한다.

7. 처벌에 대한 공포. 상급자로부터의 단순한 질책은 불쾌할 뿐이지만 앞서 언급한 대로 처벌은 훨씬 더 심각할 수도 있다.

이러한 동기들이 사회에서 차지하는 상대적 비중은 국가와 시대에 따라 다양하다. [22] 물론 다양한 개인들에 대해 다양한 유인이 갖는 상대적인 효력도 아주 다양할 수 있다. 여러 동기들은 부분적으로 서로를 강화하기도 하고 충돌하기도 한다. 이 점에 대해서는 이 장의 나머지 부분에서 더 논의하게 될 것이다.

공식 이데올로기는 모든 공무원들이 자기에게 맡겨진 업무를 마치 '주인처럼' 관리해야 한다고 주장한다. 실제로는 관료기구의 어떤 층위에서도 진정한 주인의식(*proprietorial motivation*)을 발전시키는 것이 불가능하다. 또한 기업 지배인이든 그의 상급자들이든 기업의 순소득을 개인적으로 챙길 수는 없다. 그들은 자신들의 의사결정에 대해 총체적 책임을 질 능력도 의지도 없다. 왜냐하면 그들은 상부로부터 지시를 받고 있으며, 일단 부여된 지시를 이행하는 와중에도 끊임없는

---

22) 고전적 체제가 유지되는 시기에 중국과 쿠바에서 금전적 인센티브는 소련이나 동유럽에서보다 훨씬 작은 역할을 차지했다.

간섭이 있기 때문이다. 해당 단위(기업이든, 행정부서 혹은 부처든)로서는 부정적 결과를 낳을 수도 있는 위험(예컨대 신기술 혹은 신제품의 도입)은 감수할 가치가 없다. 왜냐하면 그 단위도, 그 단위의 지도자도 긍정적 결과로부터 얻어지는 이익이나 순소득을 나눠 가질 수 없기 때문이다. 관료기구에서 관리들의 실질적인 사회적 지위가 본질적으로 주인으로서의 성격이 없는 것이라면 설득을 통해 '주인' 의식을 갖게 하는 것은 불가능하다.

지도자들은 자기 자신들의 환경과 관련되는 한, 내적 유인에 의해 동기를 갖게 된다. 그들은 세 가지 유형의 '파트너들'과 관계한다. 상급자들(상향 수직적 연쇄), 하급자들(하향 수직적 연쇄), 그리고 그들 자신에 대한 공급자와 그들 생산품의 수급자, 즉 (시장 용어로 말하자면) 판매자와 구매자들('전방' 및 '후방'의 수평적 연쇄)이 바로 그들이다. 이러한 관계들 중 지도자들에게 중요하지 않은 것은 없다. 특히 그것들은 상호 연관되어` 있기 때문이다. 예컨대 그들의 하급자들이나 소비자들이 만족하지 못할 경우, 그들은 그 지도자의 상급자들에게 불만을 자유롭게 제기한다. 그들은 부족경제에서 살아가기 때문에 (11, 12장 참조) 자신들의 공급자에게 의존한다. 그러나 이러한 네 가지 의존방향(상향, 하향, 전방, 후방) 가운데 가장 강력한 첫 번째 방향은 상급자들에 대한 의존이다.

앞서 이야기한 모든 동기는 하급자들이 상급자들에게 의존한다는 사실과 밀접하게 연관된다. 일차적으로 상급자의 동기는 하급자에게는 자신을 바라보는 눈이다. 하급자는 상급자 눈에 좋게 보이기를 바란다. 다시 한 번 동기들을 요약해 보자.

중간급 지도자의 상급자들은 일상적으로 그 지도자에게 '당 노선'을 전달함으로써, 그가 자신의 정치적 확신과 열정을 일상적 업무상의 언어로 전환하는 심리적 과정에 영향을 미친다. 상급자들은 그가 계획과 여타 명령들을 정확히 실행함으로써 당과 사회주의에 복무하고 있음을 그에게 확인해 준다. 상급자는 과업의 만족스러운 성취와 직업적 존중에 필요한 사항들을 구체적인 용어로 설명한다. 그의 상급자들은 그가 어떻게 출세 사다리를 오를지, 그럴 때 그의 권력과 위신은 어떻게 되는지, 그가 얻게 될 금전적 보상은 무엇이고 그가 받게 될 처벌은 무엇인지를 결정할 것이다. 무엇보다 그의 삶이 얼마나 평온할지 불안할지는 그의 상급자들의 만족도에 달려 있다. 가장 깊숙한 내면적 충동에서 비롯되는 여덟 가지 종류의 동기를 실천 행동으로 전환하는 심리적 과정은 관료적 종속에 대한 자각이라는 여과장치를 불가피하게 통과한다.

이 모든 상황은 업무의 일상적 관리에 직접 영향을 미치며, 보다 중요하게는 관료기구의 각 구성원의 성격에 장기적 영향을 미친다.[23] 상부를 비판하거나 이상한 관념을 들고 나오거나 주도권을 행사하려는 것은 현명한 행동이 아니다. 독자적인 생각을 갖거나 독자적으로 위험을 무릅쓰는 행동은 보답을 받지 못한다. 어떤 일을 하려는 하급자는 자신의 상급자의 사전 승인을 획득하고 가능한 한 많은 상급 지도자들에게 위험을 분산시킴으로써 미리 '스스로를 보호'해야만 한다.

---

23) 소련의 작가 벡(A. Bek, 1971, p. 76)은 고전적 체제의 산업 지도자를 다룬 《신규 임명》(*New Appointment*)이란 소설을 썼다. 그는 경제 간부들을 다음과 같이 묘사했다. "그들의 시대는 그들에게 흔적을 남겼고, 그들에게 최고의 군인적 미덕을 불어넣어 이의 제기 없이 지시를 수행하게 하였다."
소련의 작가들이 행정적 명령체제라 부른 것의 근원에 있는 이러한 태도에 대해서는 포포프(G. Kh. Popov, 1987a)도 참조하라.

그렇다면 그는 비참한 상황에 빠지지 않게 될 것이다. 또한 대부분의 사람들에게는 최소한의 허영심이 있기 때문에 상급자에게 아첨을 떨어 둘 필요가 있다.

이러한 성격적 특징은 개인이 관료기구로 진입한 이후에야 발전한다. 애초 이러한 속성을 지닌 사람들은 가입 자격을 획득하고 누구보다 빨리 자신의 경력을 쌓아 나간다. 관료적 통제의 성격 형성과 훈련 효과, 그리고 선별 기준은 서로를 강화한다. 노예근성과 복종 성향이 우세해지는 것이다.

5. 흥정과 내부 갈등

한 사람의 지도자는 상호 모순적인 동기들로부터 영향을 받는다. 그는 가치들의 충돌 속에서 일한다. 다음은 몇 가지 사례이다.

어떤 지도자가 옳지 않은 지시를 받았다는 느낌을 갖게 되었다고 하자. 당에 대한 충성심과 직업적 자부심을 따를 때 그는 그 지시를 이행해야 하는가, 항의해야 하는가? 어떤 지도자가 계획이 이행 불가능함을 깨닫는다. 그가 그 계획을 말없이 수용한다면 그와 동료들은 여러 가지 보상을 상실하게 되고 심지어 사보타주 혐의로 기소될 수도 있다. 그는 평온한 삶을 원한다. 반대 행위는 그런 목표를 해칠 수 있다. 그러나 반대 행위를 주저하는 것 또한 말썽을 유발할 수 있다.

이러한 종류의 갈등 상황에서 지도자가 선택하는 길은 또한 그의 개성에 달려 있다. 아울러 많은 부분은 그가 살아가는 고전적 체제의 구체적 모습이 반대행위를 관용하는 정도에 달려 있다. 어떤 경우든 우리는 이러한 갈등을 처리하는 하나의 틀이자 어느 정도 갈등을 완화하는 방식으로 출현하는 전형적인 태도와 행동 방식을 발견하게 된다.

특징적인 방식 가운데 하나는 **수직적 흥정**이다(‘수직적’이라는 속성은 이것을 구매자와 판매자 간에 일어나는 ‘수평적’ 시장 흥정으로부터 구분한다).[24] 다음의 사례를 상세히 추적해 보자. 한 부서의 지도부는 생산, 원료 배분, 노동력의 연간계획을 자기 산하의 기업들에 맞춰 분해한다. 이 과정에서 부서 지도부는 배분자의 역할을 맡고, 기업 관리자층은 제안 제출자와 자원 청구자들의 역할을 맡는다. 그렇게 하기 위해서는 기업의 생산능력, 그리고 투입과 산출 사이의 관계에 대한 정보가 필요하다. 이상적 조건의 경우, 기업들은 상급자들에게 정확한 정보를 전달하며, 상급자들은 모든 기업이 현실적이면서도 도전적인 생산 과제를 부여받도록, 그리고 원료와 노동력을 가급적 아낄 수 있도록 객관적으로 과업을 분배한다. 사실, 이는 계획이 실제로 준비되는 방식이 아니다. 기업의 책임자는 가능한 한 쉬운 생산 과제를 받고, 그것을 수행하기 위한 원료 및 노동력을 가능한 한 많이 받는 데 관심이 있다. 그것은 갈등을 최대한 줄이고 보상을 잃을 위험을, 또는 심지어 계획 실패에 대한 처벌을 초래할 위험을 최소화하는 결과로 이어

---

24) 달(R. A. Dahl)과 린드블롬(C. E. Lindblom)의 고전적 저서(1953)에서 흥정은 여타의 기본적인 조정 형식들(가격 기제, 위계제 등)과는 분리된 기본 형식으로 간주된다. (이 책에서 사용된 것과 같은 종류를 포함하는) 이러한 종류의 범주화는 자의적 요소들을 불가피하게 포함한다. 그렇지만 흥정을 독립적인 주요 유형이 아니라 다양한 주요 조정 유형에 동반되는 현상 가운데 하나로 간주하는 것이 보다 이치에 맞는 것 같다. 수직적 조정은 상급자와 하급자 사이의 흥정을 포함하고 수평적 조정은 동일한 수준에 있는 조직들 사이의 흥정을 포함한다.

질 것이다. 이러한 이해관계는 계획에서 예상한 것보다 생산능력은 더 작게, 투입 수요는 더 크게 보고함으로써 정보를 왜곡하도록 자극한다. 최초의 계획 초안을 보면서 그는 순조롭게 흥정을 해나간다. 당 조직과 상위 당국에 불평을 해대고 어떤 경우에는 중재를 요청함으로써 그는 보다 느슨한 계획안, 즉 상대적으로 산출량은 작고, 투입 한도는 큰 계획안을 손에 쥐려고 노력한다. 이것은 동일한 행위를 고취하는 그의 주변 동료들의 이해관계와 일치한다. 즉, 훌륭한 상사는 부담이 덜한 계획 과제를 받아 오는 사람이라는 것이다.

그러나 지도부의 노련한 계획 입안자들은 이러한 경향을 안다. 계획의 초기 국면에서 그들은 기업이 계획 수치를 깎으려 할 것이라는 사정을 염두에 두고, 자신들이 실현 가능하다고 생각하는 것보다 10 ~20% 더 빡빡하게 계획을 수립한다. 상급 조직이 사용하는 또 하나의 방책은 기업이 전년도에 달성한 수준에 기초해 미리 할당량을 정하는 것이다. 전년도에 40단위에서 50단위로 생산이 증가한 기업의 금년 작업량은 최소한 50단위가 되어야 한다. 이것은 사회주의 국가의 계획 작성 은어인 '달성된 수준을 기준'으로 계획한다'(planning in) 는 말 속에 묘사되어 있다. 25) 서구 문헌들26) 은 계획 할당량의 끊임없는 증가를 뒤가 아니라 앞으로만 움직이는 물림기어에 비유하여 '래칫효

---

25) 나는 1959년[1957]에 쓴 책에서 처음으로 계획흥정 과정을 묘사했다. 서구의 연구자들도 동시적으로, 또 개별적으로 비슷한 결론에 도달했다. 베를리너(J. Berliner, 1957) 의 저작은 특히 강조할 만하다.

26) J. Berliner(1957), J. R. Thornton(1978), M. L. Weitzman(1980), M. Keren, J. Miller, and J. R. Thornton(1983), X. Freixas, R. Guesnerie, and J. Tirole(1985) 를 참고하라.

과'(*ratchet effect*: 역진방지톱니효과)라는 표현을 사용한다.

모든 전술적 무기들은 대항무기들이 만들어지도록 한다. 상위 조직이 '달성 수준 기준 계획'이라는 무기를 사용할 때, 대응 조치는 실적을 억제하는 것이다. 계획을 초과 이행하는 것은 그것이 가능한 공장에게조차도 현명한 일이 아니다. 다음 연도에 그 수준이 강제될 것이기 때문이다. 최적 수준의 계획 실행은 정확히 100%이거나 101% 혹은 102%이다. 그 결과 자기충족적인(*self-fulfilling*) 계획이 존재하게 된다. 여기에 개관된 상황은 1~2% 한도 내의 정확한 계획 실행이 이루어지게 되는 비밀 가운데 하나이다.

계획흥정에서 부서 지도부의 태도는 애매하다. 그것은 야누스처럼 2개의 얼굴을 가진다. '하향식' 지침에서 부서 지도부의 관심은 기업의 산출을 늘리고 투입을 줄이는 경향을 강화하는 데 있다. 반면 부서 지도부 자체는 자신의 상급자인 부처와의 흥정 과정에서 하급자의 역할을 한다. 그것의 '상향적' 역할은 기업이 부서 지도부와 맺는 관계와 똑같다. 부서 지도부는 생산능력의 예비를 마련해 놓고 그것을 상급기관에게 감추며, 보다 낮은 산출 목표와 보다 높은 투입 목표를 받기 위해 '넋두리'를 늘어놓는다. 그러나 이러한 것을 원할 경우, 부서 지도부의 자연적 동맹자는 그들 산하의 기업들이 되고, 기업의 자료와 주장은 부서 지도부가 인용할 수 있는 근거가 된다. 사정이 이러하기 때문에, 부서 지도부는 산하 기업들의 흥정 행동과 싸울 때 실질적인 힘을 발휘할 수 없다. 이런 과정에 따라 정보의 상향 흐름은 생산능력 평가절하와 실적의 억제 쪽으로 체계적으로 왜곡된다.

이상의 사례로부터 여러 가지 방향의 일반적 결론을 얻을 수 있다. 그것은 방금 언급한 세 가지 층위들(부서 지도부와 기업 간의 연관, 부서 지도부와 부처 간의 연관) 간의 관계에만 적용되는 것은 아니다. 비슷한 흥정 과정이 위계제 내의 모든 상하 관계에서 불가피하게 전개된다. 선택된 사례는 연간 생산 계획과 그것을 이행하는 데 필요한 투입량에 관한 것이었다. 비슷한 흥정이 상급기관이 산하기관에게 기대하는 것, 그리고/또는 허용하는 것과 관련한 어떤 의사결정에 대해서도 제기될 수 있다. 27)

흥정의 실질적인 결과는 주로 상급자와 하급자 간의 권력 관계에 달려 있다. 체제가 엄격할수록, 보다 '전투적'일수록 (흥정이 불가능하지는 않다고 해도) 흥정에 따른 위험은 더 커진다. 상급자 역시 하급자에 의존한다. 28) 하급자는 상급자가 필요로 하는 정보를 갖고 있기 때문이다. 하급자는 생산이나 분배에서 독점력을 가질 경우, 또는 중요하고 영향력 있는 사용자들의 공급이 자기의 활동에 달려 있는 경우, 더욱 강력한 협상력을 얻게 된다.

흥정 과정을 다른 관점에서 다시 살펴보자. 계획을 분해하는 과정에서 부서 지도부는 배분 결정을 내린다. 지도부는 다양한 자원을 자기 통제하의 생산자들에게 배분한다. 생산자들은 자원을 둘러싸고 서로 경쟁하며 가능한 한 많은 자원을 배정받기 위해 애쓴다. 생산자들의 이러한 태도는 지불을 해야만 하는 구매자의 태도가 아니라 무상 증여를 받는 수취자의 태도이다. 추가 투입이 더 높은 산출 목표의 근

---

27) 계획흥정의 형식적 모델에 대해서는 J. Halvacek(1986, 1990)과 J. Halvacek and D. Triska(1987)를 보라. 이 저자들은 명령경제와 계획흥정의 조건하에서 생산자들의 행태를 특징짓기 위해 '호모 세 아세쿠란스'(Homo Se Assecurance, 자기보존적인 인간)라는 용어를 도입한다.
28) R. W. Campbell(1978)을 참조하라.

거로 사용되지 않는 한, 자원을 더 많이 획득하는 것은 절대적인 장점을 지닌다. 그들은, 공유지가 자신의 것이 아니므로 아낄 필요가 없다고 생각하며 자기의 가축을 공유지로 몰고 가려 애쓰는 농민들과 비슷하다.[29] 이렇게 해서, 우리는 자원의 관리에서 비효율성이 나타나는 이유, 자원에 대한 초과수요가 출현하는 이유 중 하나를 확인하였다 (11, 12장 참조).

이것이야말로 자본주의 대기업 내의 관료기구와 사회 전체를 포괄하는 고전적 사회주의 체제의 전체주의적 관료기구 사이의 본질적 차이 가운데 하나다. 자본주의 거대 기업의 내부 관료기구가 아무리 많은 층위를 갖는다 하더라도 그것은 관료기구의 우두머리가 아닌, 개인적 혹은 집단적 소유자에 의해 정복된다. 이런 최상위 수준에서는 기업의 총지배인이 소유자들에게 책임을 진다는 사실을 명확하게 느낄 수 있다. 그가 일을 잘하느냐 못하느냐가 소유자들의 주머니에 영향을 미쳐, 소유자들을 더 부유하게 하거나 빈곤하게 만들 수 있다. 그러나 사회주의 관료기구에서 각각의 우두머리에게는 그에 대한 또 다른 우두머리가 있다. 그리고 실적이 좋으냐 나쁘냐에 따라 영향을 받는 주머니를 지닌 실질적 소유자는 없다. 최고지도자의 경우, 그의 동기는 분명히 '소유주적'이 아니라 정치적이다.

---

29) 모든 사람들이 약탈 대상으로 여겼던 영국 공유지의 역사는 잘 알려져 있다. 공유지는 황폐해질 때까지 아무런 제약 없이 이용당했다. G. Hardin(1968) 과 T. C. Schelling(1978, pp. 110ff) 을 참고하라.

6. 계획, 관리 그리고 정치

자본주의 체제에서 정치 영역과 경제 영역, 즉 비즈니스 세계는 서로 일부 겹치는 부분이 있지만 서로 명확히 구분된다. 정치가 경제에 널리 스며들어 있는 고전적 사회주의 체제에서는 그러한 구별이 없다.

7장 2절에서 언급한 바와 같이 연간 및 5개년 국민경제계획은 최상위 정치 기관들에 의해 승인된다. 그러나 당 중앙위원회 기구는 훨씬 일찍, 최초의 개요가 작성되는 시기부터 계획 준비에서 매우 적극적 역할을 하며, 계획의 주요 경향을 발전시키는 데에서 결정적인 발언권을 갖는다. '계획 법'(plan law) 그 자체는 일차적으로 당의 전반적인 경제 정책 노선을 표현하는 정치적 문서이다. 갈등하는 정치 세력들 사이의 투쟁이 계획에 앞서 벌어지는 것은 드문 일이 아니다. 그럴 경우 계획은 승자의 입장(혹은 양자 간의 타협)을 반영한다.[30]

정치적 사건들이 계획 주기와 항상 일치하는 것은 아니다. 중요한 정치적 변화가 발생했기 때문에 기간 중에 계획이 수정되어야만 하는 일도 드물지 않게 일어난다. 이러한 일은 정치적 변화로 인해 당초의 목표가 한물간 것이 되어 버리는 5개년 계획의 기간 중에 더 자주 발생

---

30) 일부 이론적인 계획 모델에서는 계획자들이 꽤 오랫동안 변하지 않는, 잘 정의된 명료한 선호 체계를 가지고 있으며 세부 계획을 작성할 때 그러한 선호 체계에 따라 계획을 최적화한다고 가정한다.

실제로는 지배적인 정치적 세력관계에 따라 계획 입안 결정(그리고 계획이 실행되는 동안 내려지는 결정)이 끊임없이 변화한다. 대부분의 경우 앞의 진술의 역이 성립한다는 것이다. 정치 노선은 사후적으로 실제의 경제 과정에 대체로 반영된다. 즉, 어떤 의미에서는 시현된 정치적 선호를 관찰할 수 있다. 그러나 정책결정자들의 의도에 반하여 발생하는 현상도 자주 목격하게 되기 때문에 그러한 사정이 전적으로 진실인 것은 아니다.

한다.

물론 계획과 관련하여 이야기한 모든 것은 계획의 실행, 그리고 전반적인 경제 관리에도 적용된다. 그것은 또한 정치에 종속된다.

자본주의 대기업 지도자들의 지위가 사회주의 관료기구 관리들의 지위와 어떻게 다른지에 대해서는 이미 언급했다. 이 지점에서 보다 중요한 차이를 지적할 필요가 있다. 자본주의 관리자들의 행동이 정치적 함의를 가질 수 있다고 해도 그들은 근본적으로 사업적 이해관계에 따라 움직인다. 그들은 안정적이고 지속적인 경제적 과제에 직면한다. 그들은 기업의 현재와 미래의 이익과 부, 그리고 '순가치'(*net worth*)를 증가시켜야만 하며, 기업의 시장 지배력과 상업적 전망을 개선해야만 한다. 이와 달리, 고전적 사회주의 체제에서 경제 과업들은 공산당 정책에서 단지 하나의 요소를 이루는 구성요소일 뿐이다. 경제적 고려는 다른 대내외적 정책 목표에 종속되는 경우가 많다. 다양한 정치적, 경제적 과업에 부여되는 상대적 비중도 일정하지 않다. 이러한 가중치 부여 체제(지도부의 선호 순서, '당 노선')는 때때로 변화하며, 간혹 변화는 매우 갑작스럽게 일어날 수 있다.

동기들에 대한 논의에서 언급한 이해관계의 충돌 문제로 잠시 돌아가 보자. 고전적 사회주의에서 주요 경제 목표 중 하나는 고도성장이다(9장 참조). 최고지도부는 생산의 급속한 성장을 강제하기 위해 설계된 **빠듯한 계획**(*taut plans*)을 고안한다. [31] 공식적 선전과 일상적 관리 및 통제를 통해 생산량 목표를 달성하기 위한 끊임없는 시도가 이루어진다. [32] 이러한 편향된 **양적 돌격**(*quantity drive*)을 추구하라는

---

31) 빠듯한 계획에 대해서는 H. Hunter(1961) 및 M. Keren(1972)을 참고하라.

강요는 상부기관들뿐만 아니라 생산물 사용자들의 독촉으로부터도 비롯된다. 한편 이러한 양적 돌격은 생산물의 방치 같은, 그리고 생산 범위의 확장에서 나타나는 부주의 같은 수많은 유해한 효과를 낳는다.

이것은 동기들 간의 갈등을 보여 주는 좋은 사례이다. 지도자의 마음 속 생각의 절반은 생산량을 증가시키는 데 있다. 그는 이것이 자신의 가장 중요한 정치적 임무임을 알기 때문이다. 그러나 나머지 절반은 다른 것에 대해 생각한다. 그는 실적을 억제하는 데 관심이 있다. 〔흥정과 '달성 수준 기준 계획'(*planning in*)에 대한 언급을 보라.〕제품의 품질이나 투입물을 절약할 기회를 무시하면서 그는 자신의 직업적 자부심을 거스른다. 그는 자신에게 항상 오로지 생산량만 책임지라고 요구하는 상급자들에게 의존할 수도 없다. 어느 날 제품의 품질 저하나 비용 증가가 그를 곤경에 빠뜨릴 수도 있다. 이러한 상황은 지도자들의 내적 불안을 야기한다.[33]

이 모든 것에 근거할 때, '정치가'의 사회적 역할을 '관료'와 '기술관

<hr>

32) '헝가리의 스탈린' 마티아스 라코시(Matyas Rakosi)는 1950년에 다음과 같이 말했다. "빠듯한 계획은 좋은 계획이다. … 가까스로 달성할 수 있는 계획이라야 좋은 계획이다."(I. Birta, 1970, p. 140)

33) 이러한 이해관계 충돌은 만족스러운 인센티브 제도의 정립을 저해하는 요소들 중 하나다. 고전적인 '주인-대리인'(*principal-agent*) 모델(5장 1절 각주 9번)은 소유자의 목표가 항상 명확하며 변하지 않는다고 가정한다. 그러한 경우, 대리인으로 하여금 주인의 목적을 추구하도록 독려하는 인센티브 제도를 통상 발견할 수 있다. 그와 동일한 가정은 지금 논의하는 고전적 사회주의 체제의 '상급자-하급자'라는 상황에서는 정당화되지 않는다.

사회주의 체제와 연관된 유사한 쟁점들에 대한 초기 논의를 살펴보기 위해서는 M. L. Weitzman(1976), J. P. Bonin(1976), A. Bergson(1978b), B. R. Holmstrom(1982a), D. Conn, ed.(1979)을 참고하라. 최근의 응용연구에 대해서는 P. Liu(1986) 및 K. Osband(1987)를 보라.

료' 혹은 '관리자'의 사회적 역할과 구분하는 것은 고전적 사회주의 체제에서 옳다고 말할 수 없다. 이러한 역할들은 합쳐진다. 지역이나 기업의 당 서기는 원료 선적을 서두르거나 새로운 생산 단위의 조업 개시를 감독하는 데 많은 시간을 보낸다.[34] 한편 기업이나 행정부처의 지도자는 정치적 논변으로 동료들을 격려할 것이라는 기대를 받는다. 자신의 단위에 여분의 자원을 원한다면 정치적 논변으로 그러한 신청을 뒷받침하고, 가능하다면 당 조직의 지원을 얻을 필요가 있다. 대개 순수하게 경제적이거나 기술적인 논변은 불충분하다. 정치적 담론으로 이를 보완할 필요가 있는데, 심지어는 정치적 담론이 경제적 혹은 기술적 계산을 완전히 대체할 수도 있다. 경제 관리과정의 '정치화'는 이 장의 앞부분에서 묘사한 왜곡들에 더하여 종종 정보 왜곡을 추가로 불러일으킨다.

---

34) 기업에서 '우두머리'가 당 서기인지 지배인인지는 명확하게 정의되지 않는다. 고전적 체제의 대부분 국가 및 시대에서 당 서기가 지배인보다 공식적으로 높은 지위에 있는 것으로 분류되지는 않지만, 실제로는 당 서기가 우두머리로 간주된다. 중국에서는 이것이 공식적으로 천명되었다.

당 서기들을 정치가뿐만 아니라 '톨카치'(tolkachi, 자재공급 담당자)로 변모시키는 당 서기의 활동 범위는 1990년 러시아 연방 대통령이 된 후 당을 떠난 보리스 옐친의 다음과 같은 논평(Boris Yeltsin, 1990, p. 69)에서 추측할 수 있다. "고르바초프가 스타브로폴 지역위원회 제1서기였을 때, 나는 스베르들로프스크 지역위원회 제1서기였다 … (우리는) 종종 서로의 도움을 필요로 했다. 우랄산맥에는 금속과 목재가 있었고 스타브로폴에는 식료품이 있었다."

7. 정보 문제

정보 문제, 특히 정보를 왜곡하는 영향력에 대해서는 이미 여러 번 언급했다. 그러나 왜곡은 잠시 제쳐 둔다 하더라도 관료적 조정에 필요한 방대한 양의 정보가 그 자체로 심각한 문제를 초래한다. 엄청난 양의 정보의 수집과 처리, 그리고 이러한 정보에 기초한 조정은 중앙집권화된 계획과 관리를 통해 효율적으로 업무를 추진하기에는 너무 방대하고 어렵다.

계획을 준비할 때, 상급당국들에게는 대안적인 다양한 계획들이 제출되지 않고, 계획 작성자들이 유일하게 실행 가능한, 따라서 '필연적인' 계획으로 옹호하려고 하는 단일한 계획안이 제출된다.

앞서 언급한 바와 같이 계획은 다양한 층위에 대한 조정 과정을 포함한다. 그것은 마치 계획자들이 방대한 연립방정식 체계를 조금씩 풀려고 노력하는 것과 같다. 물론 그렇게 할 수 있는 유일한 길은 시행착오를 반복하는 것이다. 좋은 성능의 컴퓨터조차도 반복을 거듭해야만 거대한 연립방정식 체계를 풀 수 있다(사실상 계획 문제에 수반되는 것만큼 거대한 연립방정식 체계는 없다). 게다가 계획을 작성하는 데 이용할 수 있는 시간은 짧다. 조사 과정은 완전하게 조정된 계획이 출현하기까지 자의적으로 분할되어야 한다. 따라서 계획은 숨겨진 모순들로 가득 차 있다.

이러한 모순들은 실행 과정에서 하나씩 드러난다. 그러면 남은 계획 기간에 임시변통의 수정 조치가 나타나거나, 그렇지 않을 경우 한동안 계획은 실제 실적에 맞춰 소급적으로 조정된다. 모든 목표는 상호 연관되어 있기 때문에 계획의 일부가 변경된다면 다른 부분에도 상응하는 변경 조치가 이루어져야 한다. 실제로는 그렇게 할 시간이나 에너지가 없다.

계획 변경에 깃든 이러한 기술적 어려움은 계획에서 예상하지 못한 사태들에 대해 관료기구가 적절한 조정안을 만드는 것에 대한 반대를 불러일으키는 요인 가운데 하나다. 이는 계획되지 않은 문제들뿐만 아니라 순조로운 전개과정에도 적용된다. 원래 계획과 비슷하지 않다면 새로운 발명을 적용하거나 새로운 제품을 도입하기도 힘들다. 계획은 실행자들에게 방향을 제시하지만, 경제적으로 경직되게 만들고 유연하게 적응하지 못하도록 하는 원인 가운데 하나가 됨으로써 그들의 행동을 구속하기도 한다.

과업이 이해할 수 없이 복잡하다면, 이를 수행하는 사람들이 알아서 단순화를 시도하는 것처럼 자연스러운 일은 없다. 널리 적용되는 한 가지 방법은 주요 업무들에 강조점을 두는 것이다. 7장 2절에서는 계획에는 전국적 수준에서 수만 가지의 수치가 포함되며 계획의 집계가 하향적으로 진행되는 과정에서 그 수가 계속 증가한다는 점을 지적했다. 따라서 고유한 '중요도의 순서'(order of importance)가 계획의 수치들 가운데서 나타나는데, 그중 가장 중요한 것은 총액 차원의 생산량 목표, 그리고 가장 중요시되는 생산물들 각각에 대한 생산량 목표이다(이러한 우선순위 체계는 '양적 돌격'을 다룬 앞 절에서 언급한 바에 상응한다). 여기에는, 적어도 특정 국가들에서는, 강제적인 수출 할당량이 추가된다. 우선적 투자 프로젝트들을 기간 내에 완성해야 하며, 그에 필요한 모든 원료와 부품, 기계를 때맞춰 공급해야 한다는 강력한 요구도 있다. 임금 기금의 한도는 엄격하게 준수되어야 한다. 인센티브(보상, 처벌)는 이러한 우선적 과업들의 이행 여부와 결부되어 있다. 그러나 그것은 계획상의 다른 지령들을 보다 쉽게 미루어 놓을 수 있게 만들기 때문에, 결국 다른 과업들은 무시된다.

'중요도의 순서'를 변경하는 것은 도움이 되지 않는다. 무엇을 앞부분에 놓든 중시되지 않은 지표를 희생하여 강조된 지표를 이행하는 것이 여전히 더 좋을 것이다. 계획의 이행을 보장하고 그에 수반되는 정보 문제를 다루는 것이 간단할 것 같았지만, 단지 겉보기에만 그럴 뿐이었다. 그러한 절차는 실제로는 아무것도 해결하지 못하고 왜곡된 일면성을 낳을 뿐이었다.

그것은 단지 계획 수치의 문제만은 아니다. 고전적 체제에서 실행되는 관리의 일반 원칙은 '결정적 고리를 장악하라'는 것이다.[35] 주요 고리, 가장 절박한 과업에 대한 캠페인이 전개된다. 정치적 동원이 진행되고 설득과 보상, 강제의 다양한 무기들이 채택된다.[36] 한편 다른 과업들은 그 가운데 한두 개가 새로운 캠페인을 구성하는 의제에 결합될 때까지 뒷전으로 밀린다.

과업들을 '강조하는' 방법, 과업들을 주요 고리로 선언하고 캠페인을 통해 처리하는 방법은 통제의 공백을 남긴다. 그것은 관료기구가 바람직하지 않다고 생각하는 자생적 행동의 출현으로 이어진다. 규제 네트워크가 촘촘하지 않다면 틈새는 연속적인 새로운 규제로 틀어막아야만 한다. 그것의 불가피한 결과는 관료기구의 팽창이다. 관료기구의 확대 재생산이 계속된다. 이것은 직원 수와 행정기구 비용의 증가, 그리고 법령 수의 증가에 의해 측정될 수 있다. 더욱 단순화된 계

---

35) 이 표현은 레닌에게서 비롯되었다. 스탈린과 마오쩌둥도 이 원칙을 강조했다.
36) A. Nove(1969)와 K. A. Soos(1986)를 참고하라.

획과 관리를 요구하는, 되풀이되는 해결책은 무익하다. 완벽하고 포괄적이며 빈틈이 없으려는 경향은 관료적 조정이라는 사회적 조건에서는 끊임없이 재출현한다.

정보 문제가 지닌 막대한 중요성은 1930년대에 전개된 계획과 시장에 대한 유명한 논쟁에서 하이에크(F. Hayek)에 의해 강조되었다(21장 1절 참조). 모든 경제체제가 공유하는 문제는 사회 구성원들이 소유한 정보(하이에크의 표현을 사용하자면 지식)의 활용이다. 사기업의 자유로운 창설에 장벽이 없고, 실제로 이것이 자본시장과 법 체계에 의해 촉진된다면, 사적 재산과 사적 계약에 대한 적절한 보호막이 존재한다면, 그리고 그러한 활동이 주로 시장에 의해 조정된다면, 정보는 탈중앙집권화된 방식으로 활용된다. 정보를 이용하는 사람들은 직접적으로 정보의 혜택을 느낀다. 자신의 공장을 향해 열린 기술상의 기회와 시장 기회를 잘 아는 한 기업가의 예를 들어 보자. 그 기회들을 효과적으로 이용한다면 그는 더 큰 이익을 올릴 수 있다. 공장 전체를 마음대로 할 수 있는 기업가뿐만 아니라 유용한 아이디어 또는 지식을 지닌 사람이라면 누구나 그런 아이디어와 지식을 자신의 직접적 이익을 위해 적용할 수 있다. 정보를 획득하고 처리하는 작업과 정보의 실질적 활용을 위한 인센티브는 분리되어 있는 것이 아니라 하나의 통합된 전체를 구성한다.

모든 방면으로 흩어져 있는 지식과 정보의 파편들을 중앙집권화하려는 시도가 이루어지고, 산하기관이 소유한 정보가 '사다리를 통해 위로 전달'되어야만 한다면 상황은 매우 달라진다. 정보를 전달하는 것이 그의 관심사가 아닐 수 있고, 단순히 게을러서 전달하지 않을 수도 있다. 지금까지 제시된 여러 예를 통해 볼 때 그의 관심은 전적으로 왜곡된 형태로 정보를 전달하는 데 있을 수도 있다. 전달된 정보에 기초하여 과업이 산출되고 나면 정보를 이용하도록 특별한 인센티브가 발전되어 있어야 한다. 게다가 이러한 인센티브가 일면적이거나 왜곡된 것일 수도 있다. 그러한 예들도 앞에서 제시한 바 있다. 어떤 경우든 정보 처리 과정과 인센티브는 서로 엇갈리며, 이것이 관료적 조정에 태생적으로 깃든 가장 심각한 문제들 가운데 하나이다.

이 문제와 더불어 이 장의 출발점, 즉 사회주의의 선구자들이 가졌던 계획에 대한 생각으로 돌아가 보자. 그들은 계획이 사회 전체를 포괄하는 규모의 질서를 창출할 것으로 예상했다. 그러나 출현한 것은 계획을 포함하는 직접적인 관료적 통제였는데, 그것은 질서와 무질서, 선견지명과 서두름, 거대한 공공 이익에 대한 복무와 부분적 이익의 무분별한 추구의 기묘한 조합이다.

마르크스와 그의 추종자들은 계획이 단순하고 손쉽게 해결할 수 있는 작업이 될 것으로 생각했다. 경험은 계획이 매우 복잡한 문제임을 보여 준다. 그것은 이런저런 방식으로 해결될 수는 있다. 그러나 실제로 이루어지는 해결 과정은 알력, 역기능적 양상, 비효율, 내부적 갈등 등을 가득 안고 있다.

제 8 장

화폐와 가격

"화폐유통은 자연적 교환으로, 실제로 생산물의 직접적 배분으로 대체됨으로써 점차적으로 사라진다. 이를 예견하면서, 인민재정위원회는 신중하게 화폐 폐지를 목표로 설정한다." 이 인용문은 소련 계획위원회의 지도자 중 한 명인 코발레프스키(N. Kovalevsky)가 1926년 발표한 글에 나온다. 1) 전시 공산주의의 혁명적-과도기적 시기를 향수에 젖어 바라보면서, 저자는 씁쓸히 결론 내린다. "그러나 이것은 우리의 운명이 아니었다."

형식적인 특성을 본다면, 고전적 사회주의 체제는 화폐경제이다. 그러나 만약 지금까지 이 책에서 사용된 절차를 따라서 형식적 외양의 이면에 있는 실질적 과정을 본다면, 많은 측면에서 단순히 외관상의 화폐화만 존재하는 것으로 드러난다. 일부 관계들에서 화폐가 수행하

---

1) 그와 관련된 인용과 정보는 자물레이(L. Szamuley, 1974, p. 7)로부터 얻었다.

는 역할은 약하거나 부차적일 뿐이기 때문이다. 앞의 인용문에서 표현된 화폐를 폐지하고자 하는 욕망은 결국 부분적으로 인정되었다. 사실, 고전적 사회주의는 **준화폐 체제**(*semimonetized system*)이다. 더군다나 가격의 역할은 자본주의 사회에서보다 훨씬 협소했으며 제한적이었다.

이 장의 1~3절은 재정제도의 기관들과 재정과정의 구조를 다루고, 4, 5절에서는 이들 과정에서 드러나는 사회적 관계를 검토한다. 이 장의 나머지 부분은 가격을 중점적으로 다룰 것이다.

이후 11, 12장에서는 재정 업무와 가격 수준의 거시경제적 측면을 다룰 것이며, 그것들과 관련시켜서 인플레이션 문제를 다룰 것이다.

1. 금융

고전적 사회주의하에서 전체 금융제도는 국가 소유로 되어 있다. 금융제도는 표면적으로 보면 여러 기관으로 구성되어 있다. 중앙은행과 다양한 특수은행(투자은행, 외국 교역은행, 일반대중을 위한 저축은행)이 그것이다. 특수은행은 명목상으로는 독립적이다. 그러나 실질적으로 이 은행들은 중앙은행의 지시에 의해 통제된다. 이들은 중앙은행의 '팔'과 같다. 바로 이런 이유 때문에, 혹자는 **단일은행**(*monobank*)이 존재한다고 말한다. [2]

---

2) 레닌은 "가장 큰 은행, 모든 농촌지역과 공장 등에 지부를 갖고 있는 단일 국가은행이 사회주의 기구의 10분의 9를 차지하게 될 것이다. 이것은 국가 전체 단위의 회계업무, 국가 전체 단위의 생산과 상품 분배를 관할하는 회계가 될

자본주의 경제에서 은행은 (중앙은행과 다른 일부 예외적 기관들을 제외하고는) 이윤을 늘리는 데 관심이 있으며 자신의 고객들과 시장관계를 갖는 기업이다. 반면 고전적 사회주의하에서 은행은 이윤에는 명목적 이해관계조차 갖고 있지 않다. 사회주의 은행은 공식적 권한을 행사할 권리를 부여받은 엄격하게 중앙집권화된 위계적 기구에 해당한다. 금융은 사회 곳곳에 침투해 있는 관료기구의 한 부문 역할을 한다. 금융을 관리하는 기구로서 중앙은행은 정치-경제 지도부에(형식적으로는 정부에) 종속되어 그 지시사항을 따라야만 하기 때문에 명목적 자치권조차 갖지 못한다.

고전적 사회주의하의 중앙은행은 자본주의하의 중앙은행이 전통적으로 행하는 주요 기능 중 하나인 화폐 발행을 실행한다. 또한 중앙은행은 자본주의 경제에서 상업은행들이 행하는 기능도 갖고 있다. 즉, 국가 부문의(그리고 몇몇 국가에서는 조합 분야의) 모든 단기 신용공급을 관리하는 것이다. 각 국유기업은 중앙은행 계좌를 가지고 있다. 기업이 자신의 금고에 보관할 수 있는 현금의 양과 그 현금을 사용할 수 있는 용처는 엄격한 규칙에 따라 결정된다. 다른 모든 돈은 중앙은행의 해당 기업 계좌에 예치되어야 한다. 그 돈의 '소유자'로서 기업은

것이다"라고 예견하였다(V. L. Lenin, 1918/1964, p. 106).

이원화된 금융제도로 나아가기 이전인 1986년에 소련 국가금융제도(고스방크와 전문 은행들)는 40만 6,300명을 고용하였다(N. V. Garetovskii, 1989, p. 10).

금융을 개관하려면 다음의 연구들을 참조하라. 소련: G. Garvy(1977), H. Sigg(1981); 동유럽: G. Garvy(1966), Y. M. Laularn, ed. (1973), T. M. Podolski(1973), A. Zwass(1978); 중국: G. C. Chow (1985); 좀더 일반적인 지점들을 참조하려면 G. Grossman, ed. (1968).

은행에 맡긴 돈을 마음대로 처분할 수도 없다. 오히려 그 돈은 중앙집권적으로 내려진 명령의 체계에 따라 다양한 종류의 비용을 충당하기 위해 거의 자동적으로 인출된다.

각 계좌는 여러 '하위 계좌'로 구성되어 있으며, 각 하위 계좌 간에는 자유로운 돈의 흐름이 있을 수 없다. 원자재나 반제품을 구입하도록 할당된 돈은 임금 지불에 사용될 수 없다. 임금 지불을 위한 돈은 자재를 위해 사용되어서도 안 된다. 이처럼, 기업의 돈은 용도가 '지정'되어 있다.

투자(고정자산 축적) 용으로 지정된 돈은 다른 모든 재원, 예를 들어 매일매일의 생산을 위한 자재 투입과 관련된 비용 등을 포함한 모든 돈과 철저하게 분리된다. 어떤 국가에서든지, 어떤 시기에든지 이러한 분리는 중앙은행에서 이루어진다. 또한 어떤 나라, 어떤 시기의 경우에는 투자금융이 투자은행(즉, 이것을 전담하는 중앙은행 산하기관)에 의해 이루어진다.

이런 모든 점을 고려할 때, 화폐가 모든 거래를 통합하는 기능을 수행하지 못한다고 말할 수 있다. 화폐는 실제 '보편적 교환수단'이 아니다. 국가의 통화가 해당국가 내에서도 '태환될 수 없다'. '투자용 화폐'는 '제품 구입용 화폐' 혹은 '임금용 화폐'로 전환될 수 없고, 그 역도 마찬가지이다. 심지어 국유 부문에서조차 그렇다.[3] 이런 '내부적 불태환성'은 경제활동의 경직성을 더욱 악화시키고, 생산요소들 간에 발생할 수 있는 합리적 대체가 이루어지지 못하도록 종종 방해한다.

---

3) W. Brus(1961/1972), G. Grossman(1966), J. Kornai(1980), 그리고 M. Tardos(1981)를 참고하라.

이 문제는 국내 통화와 외화 간의 환전에서는 더욱 심각하다. 외부 세계와의 모든 금융관계는 중앙은행 또는 그 '산하조직'의 손에 엄격하게 중앙집중화되어 있다. 돈은 태환될 수 없고, 모든 환전은 일반적인 규칙과 세부적인 사례별 결정에 의해 통제된다.

기업의 은행계좌로 돌아가 보면, 은행 부문은 기업의 화폐 거래 모두를 총괄하는 정보를 갖는다. 이와 같이 돈의 흐름에 대한 중앙집중화된 완전한 정보는 이전의 어떤 사회체제하에서도 결코 얻을 수 없는 것이었다. 그러나, 사실 이 거대한 정보 덩어리가 경제에 대한 직접적인 관료적 통제에 사용된 적은 거의 없다. 그 대신 수없이 많은 자잘한 직접 개입이 '물리적'으로 여러 과정(생산할당 규정, 배분 촉진 등)에서 이루어졌다(7장 3절 참조).

금융제도에 재고자산 감시를 맡기는 것은 직접적인 관료적 통제에서 보통의 관습이다. 필요한 기본 정보는 단기신용을 제공함으로써 얻어진다. 단기신용 제공은 조잡하고 깔끔하지 못한 방법이지만 개입할 수 있는 수단을 제공한다. 만약 어떤 기업이 다양한 경험적 규범에 따라 과잉 매입한 것으로 판단된다면, 은행은 유동자본신용의 이용을 제한하게 된다. 좀더 중요한 것은 은행이 감시관을 보내고 기업의 상급 기구에 경고하는 내용의 보고서를 작성하는 것이다. 이러한 기능은 '재고자산 감시 사무소'에 의해 수행될 수도 있다. 이는 단순한 관료적 조정의 한 부분이다. 이러한 부분은, 시장 조정을 가능하게 하고 상업적 동기에 의해 이루어지는 실제 은행의 영업활동과 아무런 관련이 없다.

단일은행의 한 부분은 일반대중의 거래를 관리한다. 오직 여기에서만 주민들이 은행 계좌를 가질 수 있다. 일반대중에 대한 은행 서비스 업무는 아주 미약하고 낙후되어 있다. 현금을 축적하는 것 외에 돈을 투자할 수 있는 유일한 합법적 방법은 저축예금을 하는 것이다. 주민들은 이 독점적 저축은행에 신용 대출을 신청해 자신의 집을 지을 수도 있고, 국가와 시대에 따라 일부 내구 소비재를 할부로 살 수도 있다. 가구 신용대출의 규모는 자본주의 경제와 비교해 볼 때 미미하다.

금융제도는 예금에 대해 이자를 지불하고 대출에 대해서는 이자를 청구한다. 모든 이자율은 중앙에서 결정한다. 이자율은 보통 아주 낮으며, 어떤 국가나 시대에는 실질이자율이 마이너스인 경우도 있다.

2. 국가예산

이제부터는 국가예산에 대해 논의한다.[4] 〈표 8-1〉은 몇몇 자본주의 국가와 사회주의 국가의 예산구조를 비교한다. 〈표 8-2〉는 소련 예산의 일부 특성을 보여 준다.

고전적 사회주의 체제하의 국가예산에서 수입과 지출 모두는 자본주의 체제하의 국가예산과 같은 사항들을 담고 있다. 차이는 사항들의 형식적 특성이 아니라 상대적 규모에서 나타난다. 주요 지출 항목을 차례대로 살펴보자.

---

4) 여기서는 중앙정부의 예산만 다룬다. 각 지역 정부의 수입과 지출 규모는 상대적으로 중앙 예산에 비해 작으며 또한 수입과 지출은 중앙 관리에 의해서 엄밀하게 통제되기 때문이다. 회계 제도는 이런 점에서 볼 때 대부분의 자본주의 경제보다 훨씬 더 중앙집권화되어 있다.

사회주의 국가의 국가예산에 대해서는 R. Hutchings(1983), L. Muraközy (1985, 1989), 세금에 대해서는 F. D. Holzman(1955)을 참조하라.

〈표 8-1〉 국가예산 규모와 경제 분야 지출: 국제 비교 (1981)

	예산 총지출 (GDP에서 차지하는 비율)	예산 중 경제지출 (GDP에서 차지하는 비율)	예산 중 경제지출 (총예산에서 차지하는 비율)
사회주의 국가			
불가리아 a	47.0	22.2	47.2
중국	31.2	18.9	60.6
체코슬로바키아 a	53.1	22.8	42.9
헝가리	63.2	26.9	42.6
폴란드	53.2	32.5	61.1
루마니아	43.5	22.2	51.0
소련	47.1	25.8	54.8
고소득 자본주의 국가			
오스트레일리아	33.6	2.8	8.3
덴마크	59.2	7.7	13.1
프랑스	46.4	4.6	9.9
스위스	35.9	4.9	13.7
미국	34.8	3.5	10.1
서독	49.8	4.8	9.6
중저소득 자본주의 국가			
아르헨티나	32.5	4.0	12.4
칠레	29.5	3.4	11.5
그리스	41.5	6.9	16.7
인도	21.3	6.8	32.2
인도네시아	27.0	8.2	30.5
케냐	29.2	8.6	29.6
파나마	34.7	4.7	13.6
튀니지	33.6	11.2	33.3

주석: a) 1980.
참조: 지출은 다음과 같은 분류에 근거하였다: ① 경제, ② 사회와 문화, ③ 방위, ④ 행정
　　　지출. 세로줄 2, 3은 유형 1 국가의 비용만을 다루었다. 국가예산에 대한 자료는
　　　국제통화기금의 구상에 따른 것이다. 불가리아, 체코슬로바키아, 폴란드, 소련은
　　　제외되었으며 이들 국가에 대한 자료는 각국 통계 방식에 따라 계산된 것이다.
출처: 무라코지(L. Muraközy)가 자신의 저서에서 다음의 출처를 이용하여 편집한 자료이
　　　다 — 1980~1987년 기간에 유로파출판사(Europa publications)가 발표한 국가예
　　　산, 국제통화기금(1987) 자료, 국제통화기금이 발표한 자본주의 국가 생산 자료
　　　(1984, pp. 109~161). 사회주의 국가 생산자료는 유엔 공동데이터뱅크(UN Com-
　　　mon Data Bank)의 자료에 근거해 미하엘리(P. Mihályi)가 내놓은 추산치이다.

〈표 8-2〉 소련 국가예산 구조

	1975	1984
	수입 (총비율)	
세금 편성	30.4	27.2
이자 상환금	31.9	29.4
주민세	8.4	7.6
사회보험	5.2	6.6
기타 세입	24.1	29.2
	지출 (총비율)	
경제 지출	51.6	57.8
사회문화적 지출, 과학	35.9	31.8
국방	8.1	4.6
행정	0.9	0.8
기타 지출	3.5	5.0

출처: 금융과 통계(모스크바, 1985, pp. 54~55).

1. **행정 지출.** 이는 거대한 관료기구를 유지하는 데 쓰인다. 이 항목들은 자본주의 국가와 비교해 상대적으로 크다.

2. **군비 지출**[5]

3. **국가 투자.** 국가 투자는 다른 체제하에서도 마찬가지이지만 기업이 아닌 국가기관(예산기관)의 투자 지출을 포함한다. 체제의 특성을 좀더 드러내는 항목은 국유기업의 투자 재원 조달이다. 은행 신용이나 기업의 자체 재정으로 재원이 마련되는 투자의 비율은 고전적 체제

---

5) 지출항목은 실제 비율을 반영하지 않을 수도 있다. 일부 사회주의 국가에서는 군비지출을 축소하려는 경향이 있다. 개혁이 이루어져 군비지출 감소의 필요성을 역설할 때만 규모가 드러난다(23장 3절 참조).

하에서 그다지 크지 않다. 국유기업의 거의 모든 투자에 대한 전체 금액은 국가예산에서 나온다. 6)

예산은 또한 조합 부문에서의 투자 대부분을 감당한다(조합이 '준국유' 기업과 같다는 추가적 증거이다).

투자는 자본주의 국가에 의해서도 이루어지지만, 그 규모는 총투자에서 얼마 되지 않는다. 반면 사회주의 국가의 중앙예산은 전체 경제의 총투자에서 압도적인 부분을 조달한다. 이것은 투자과정의 높은 중앙집중화를 보장하는 하나의 수단이다.

4. 기업 보조금 지급. 이 항목에는 모든 종류의 보조금, 가격 지원금, 마이너스 과세 등이 포함되는데, 이런 보조금 지급의 수혜자는 국유기업이나 협동조합이다. 이 항목은 전체 지출에서 아주 높은 비율을 차지한다.

5. 소비자 가격 보조. 국가의 가격정책에 따라 소비자 가격을 비용보다 낮게 책정할 때마다(8장 7절 참조) 그 차액은 국가예산에 의해 보충된다. 이것은 일종의 마이너스 총거래세로 간주될 수 있을 것이다. 7)

지출 항목 3, 4, 5는 〈표 8-1〉에서 '경제 지출'로 명명된 총지출 범

---

6) 중국의 경우, 고전적 사회주의 기간 전체 국가 지출에서 국가 투자가 차지한 비율은 1968~1978년 33~46%에 달했다. State Statistical Bureau, People's Republic of China(1985, p. 40).

7) 1981~1985년 기간, 고르바초프의 개혁이 실시되기 전, 소련의 보조금 총액(항목 4와 5 포함)은 전체 예산 지출의 18%를 차지했다. G. Ofer(1990), p. 39.

주의 구성요소들이다. 이 표는 이 범주의 비중이 다른 지출 비용과 비교했을 때 자본주의 국가에 비해 사회주의 국가에서 눈에 띄게 높음을 보여 준다. 이것은 경제 과정의 국가 중앙집권화의 정도를 측정해 볼 수는 있는 한 가지 안전한 측정수단이 된다.

6. 무료 공공 서비스의 재원 조달. 이 항목은 교육, 교육 문화 서비스, 보건, 아동보호, 연금제도, 사회보험 등을 포함한다(〈표 13-7〉 참조). [8]

서류상으로 일부 지출 항목은 별도의 수입 항목에 의해 지불되어야 하지만(예를 들면 연금, 사회보험 부담금), 실제로 수입과 지출은 완전히 분리되었다. 특정 목적을 위해 사용되는 수입과 지출은 별도 재원의 형태로 다루어지지 않는다. 한 가지 예를 들자면, 연금과 사회보험 부담금은 사실상 완전히 별개의 세금으로, 시민들은 그 요율 결정에 발언권이 없다. 한 가지 더 예를 들자면, 관료들이 중앙예산을 결정할 때 이들 항목이나 다른 항목의 공공 서비스에 얼마의 비용을 지불할 것인가를 결정한다. 이 분야는 시장 조정이나 자치적 조정이 효력을 미치지 않으며,[9] 거의 완전히 관료적 조정의 통제를 받게 된다.

예산수입의 주요 항목은 다음과 같다.

---

8) 일부 국가에서 특정 공공 서비스(아동보호나 의료 서비스 등)는 완전 무료는 아니다. 수혜자는 약간의 사용료를 지불해야 한다.
9) 산발적 예외가 있기는 하다. 가장 대표적인 예는 의료 서비스 분야에서 왜곡된 형태로 발생하는 부분적/전적으로 불법적인 시장요소이다. 특별히 더 관심을 쏟거나 즉각적인 치료를 받은 대가로 지불하는 '감사금'(*gratuities*)이 있다.

1. **국유기업이 발생시키는 수입.** 여기에는 기업이 내는 이윤, 세금, 부과금이 모두 포함된다(5장 3절 참조). 다양한 지불금 서류에 명시되어 있는 '근거'와 명칭은 임의적이고 계속해서 바뀌며, 그 비율조차도 바뀐다. 기업에 부과되는 '마이너스' 세금(지출 항목 4)과 플러스 세금이 합쳐져서 수많은 '소득 유입 통로'로 구성된 복잡한 재분배 망을 이룬다. 중앙예산은 다양한 이유를 근거로 기업으로부터 돈을 가져가며, 또 수많은 근거에 의해 기업에 돈을 돌려준다. 이는 상품 판매와 비용 공제 후에 기업에 귀속되는 돈이 기업 소유의 돈이 되지 않는 이유를 분명하게 보여 준다. 그런 돈의 처분은 중앙에서만 할 수 있다.

2. **협동조합에 의한 납세.** 국유기업에서와 똑같은 상황이 협동조합에도 자명하게 적용된다.

3. **총거래세.** 이것은 자본주의 국가에서보다 훨씬 더 높은 비율로 예산수입을 제공하는 중심 항목이다. 매상액 세금은 이미 가격에 포함되어 있다. 그렇기 때문에 상품 구입자는 매번 구매할 때마다 세금으로 얼마를 지불하는지 알 수조차 없다.[10]

4. **개인 납부 세금.** 일반대중은 다양한 근거에서 세금을 납부한다(부동산세, 주택세 등). 자영업자와 같은 일부 계층은 소득세도 지불한다. 그러나 전반적으로 일반대중이 납부하는 직접세는 예산수입의 다른

---

[10] 중국의 경우 1978년 정부 수입 중 총거래세가 차지한 비율은 GDP의 11.3%에 달했다. 반면 비슷한 경제발전 수준의 자본주의 국가에서는 4~5%를 차지한다(M. I. Blejer and G. Szapáry, 1990, p. 457).

원천들과 비교해 봤을 때 아주 작다.

5. 예산 책정 대출. 두 가지 형태를 언급할 필요가 있다. 하나는 대중에게 발행되는 채권으로, 대중은 재정적으로 이로운 조건 때문이 아니라 공세적인 정치 캠페인 때문에 어쩔 수 없이 사게 된다. 이는 행정적으로 강탈되는 일종의 강제 저축이며, 부족 때문에 하게 되는 강제 저축과는 구분된다(11장 1, 2절, 12장 6절 참조).

다른 형태의 신용대출은 중앙은행이 직접 예산에 할당한다. 경제적으로 보면 이것은 예산적자를 인플레이션을 유발할 화폐 발행을 통해 메우는 것에 해당하며, 그 규모는 어떤 국가, 어떤 시기에는 상당하다.[11] 이 항목은 보통 공표된 예산 대차표에는 숨겨져 있다.

3. 화폐유통 분석

〈표 8-3〉은 고전적 사회주의 체제하에서의 화폐유통 분석을 좀더 용이하게 하고자 만들어졌으며, 이 표는 이 장에서 계속해서 여러 차례 언급될 것이다.[12]

---

11) 장기예산적자의 경우, 중앙은행의 신용대출 서비스는 형식적으로 지출로 분류된다. 그러나 새로운 신용대출과 이전 기간 대출 서비스 간의 수지는 플러스이다. 그만큼 예산에서 부채는 증가한다. 순부채를 증가시킴으로써 예산적자를 보충하는 것이다.

12) 사회주의 경제의 화폐유통에 대해서 참조할 자료는 M. Augusztinovics(1965), P. H. Dembinski and W. Piaszcynsi(1988), 그리고 P. H. Dembinski(1988) 등이다.

<표 8-3> 화폐 보유자들 사이의 화폐유통

화폐 흐름의 발행인	화폐 흐름의 수령인							
	1 금융 부문	2 국가 예산	3 예산제 기관	4 국유 기업	5 협동 조합	6 공식 사적 부문	7 비공식 사적 부문	8 가계
1. 금융 부문		C	O	C, R	C, R	R	O	C, R
2. 국가예산	S		B	B	B	O	O	O
3. 예산제 기관	O	O	O	P	P	O	O	W
4. 국유기업	D, S	T, N	O	P	P	O	O	W
5. 협동조합	D, S	T	O	P	P	O	O	W
6. 공식 사적 부문	D	T	O	P	P	P	P	W
7. 비공식 사적 부문	O	O	O	O	O	P	P	W
8. 가계	D, S	T	O	P	P	P	P	

참조: 기호의 의미는 다음과 같다. B = 지원금, C = 신용 창출, D = 은행 계좌에 대한 예금, N = 순소득 지불, P = 상품과 서비스 구매, R = 은행 계좌로부터의 인출, S = 대출, T = 세금 납부, W = 임금 지불, 0 = 화폐 흐름 없음.

〈표 8-3〉은 화폐 보유 부문을 8개로 구분한다.[13] 표의 각 행은 화폐 흐름의 발행자를 나타낸다. 다시 말해 화폐가 그곳으로부터 나와 다른 곳으로 간다. 각 열은 돈이 흘러들어 가는 곳을 보여 준다. 화폐의 일부는 같은 부문 내의 다른 단위들 사이를 오가기도 한다(이러한 흐름은 대각선상의 항목에서 나타난다). 다른 항목에서 보이는 흐름은 부문들 간(혹은 보다 정확히 말해 다른 부문들의 단위들 간)에서 이루어진다.

한 국가 내에서 나타나는 국내 통화의 화폐유통만이 이 표에서 다루어진다. 해외와의 화폐유통과 화폐들 간 환전은 여기에서 다루어지지 않았다.[14]

---

13) 여기서 '화폐 보유자'는 명목적인 화폐 보유자를 지칭한다. 본 조사의 분류에 있어 명목적 화폐 보유자가 정확히 어떤 소유권을 갖는지는 다루지 않았다.

이 표는 모든 국내 화폐유통을 다룬다. 그러나 화폐유통이 수반되지 않는 상품(과 서비스)의 유통이 존재하며, 이는 〈표 8-3〉에서 제외되었다. 예를 들면, 비기업 기관, 국유기업, 협동조합들은 개인에게 현물로 무료 혜택을 제공하며, 여기에 대한 어떤 반대급부 서비스도 거두지 않는다.[15] 비공식 사적 분야에서 상품과 서비스는 상호 호혜적으로 교환되거나 혹은 특정 개인이나 조직이 이타적인 동기에서 다른 개인이나 조직에 선물을 하기도 한다. 비록 이런 모든 화폐 거래가 중요한 역할을 하지만,[16] 이 모든 양을 합쳐도 명목적으로 화폐화된 거래와 비교하면 매우 작다.

---

14) 다른 작은 단순화도 이루어졌다. 예를 들면, 금융 부문(항목 1.1) 내에서의 화폐 흐름은 평가되지 않았다. 이것은 기술적 금융 운영으로 이에 대한 분석은 이 책의 주제와는 무관하다. 이자 지급과 관련된 화폐 흐름도 여기서는 나타나지 않는다. 일부 비기업적 국가기관들이 자신들의 서비스에 대한 반대급부로 돈을 받는 예외적 경우도 다루어지지 않는다. 그 총액이 미미하기 때문이다.

15) 국가예산은 예산 보조금을 통해 예산제 기관들을 유지하고 이 기관들이 대중에게 무료 서비스나 현금 급여를 제공하도록 함으로써 대중에게 제공되는 사회적 혜택의 재정을 주되게 담당한다. 예를 들면, 국가예산은 공공교육 재정을 담당하고, 공공교육은 무료로 교육 서비스를 대중에 제공한다. 따라서, 이러한 흐름은 항목 2.3에 나타난다. 국가예산이 가계에 무료급여 형태로 직접 제공하는 총액은 매우 적으며, 따라서 항목 2.8은 0으로 표시되었다.

16) 고전적 사회주의가 단지 준화폐화된 체제라는 생각은 이 장의 서론에서도 언급됐는데, 화폐를 회피하는 거래를 지칭한 것은 아니며 주로 그런 의도로 쓰인 것도 아니다. 다음 두 절에서는 일부 형식적으로 화폐화된 거래에서 화폐가 일차적 역할을 하지 않음을 보여 줄 것이다. '준화폐화된 체제'에 대해 미리 언급한 것은 주로 이 분야를 지칭한 것이다.

4. 연성예산제약과 경성예산제약

금융제도의 기관들, 화폐유통 구조, 운영의 공식적 원칙과 규칙들을 조사해 보았으니 이제 금융 영역에서 적용되는 실제 사회관계를 분석할 시간이다. **예산제약의 경직성과 유연성**이라는 개념을 이해한다면, 상황은 좀더 이해할 수 있을 것이다.[17] 국유기업부터 살펴보면서 자세히 설명해 보도록 하겠다.

'예산제약'이라는 개념은 가계에 대한 미시경제이론에서 나온 것이다. 의사결정권자에게 주어진 총합이 그가 선택해서 발생시킬 수 있는 소비자 지출에 제약을 가한다는 것이다. 이 개념은 사회주의 기업의 경우에도 이제 적용될 수 있다. 고전적 사회주의 체제하에서 국유기업의 지출이 예산제약을 초과한다면 무슨 일이 발생할 것인가? 그리고 이런 상황이 예외적이 아니라 규칙적으로 발생한다면 무슨 일이

---

[17] 나는 이 개념을 1980년 저서(J. Kornai, 1980)에서 처음 소개하였고 그 후 1986년(J. Kornai, 1986a)에 다시 언급하였다. 고물카(S. Gomulka, 1985)는 예산연성(*budget softness*)과 예산유연성(*budget flexibility*)을 구분한다. 만약 기업이 금융지원을 곧 받을 수 있을 것이라고 예상하지만 지연이 일어나기 전에는 예상할 수 없다면(예산유연성은 가격유연성보다 작다), 기업은 상대가격 변화에 좀더 민감할 것이다. 만약 예산이 즉각적으로 조정된다면(예산유연성이 가격유연성보다 크다면), 기업은 가격 변화에 그렇게 민감하지 않을 것이다. 이 논쟁에 대한 다른 참가자는 K. A. Soós(1984), J. Szabó(1985), J. Winiecki(1991)였다.

연성예산제약의 문제에 관련된 정형화된 모델과 관련한 논문들로는 M. Dewatripont and E. Maskin(1990), S. M. Goldfeld and R. E. Quandt(1988), J. Kornai and J. W. Weibull(1983), A. Lindbeck and J. W. Weibull(1987), J. Mitchell(1989), Y. Qian(1986), M. E. Schaffer(1989) 등이 있다.

일어날 것인가? 이 경우 예산제약이 반복되는 초과 지출에 맞게 조정 될 것이라는 관찰이다. 기업은 규칙적으로 외부에서 도움을 받을 것이며, 그 형태는 주로 다음 네 가지 중 하나가 될 것이다.

1. **연성 보조금.** '연성'이라는 수식어가 의미하는 바는 명시적으로 장기간 상정된 국가 보조금은 아니라는 뜻이다. 보조금 규모는 흥정의 대상이다. 여기서 그리고 다음에 연성예산제약을 논하는 여러 다른 곳에서, 우리는 수직적 흥정이라는 현상을 자주 보게 될 것이다(7장 5절 참조). 기업(혹은 몇몇 기업을 대신한 부문 사무국, 혹은 몇몇 부문을 대신한 정부 부처)은 더 많은 보조금을 받아 초과 지출을 충당하고자 협상을 벌인다. 보조금 액수가 정해지기 전에 미리 협상을 하거나, 아니면 보조금이 지불되는 기간이나 그 후에 미리 약속된 총액을 늘리기 위해 협상을 하기도 한다. [18]

2. **연성 과세.** '연성'은 기업이 지불해야만 하는 순수입 금액('세금') 이 적다는 것을 의미하지 않는다. 그 금액이 사전의, 그리고/혹은 이후의 흥정에 달려 있다는 의미이다. 압력을 행사하거나 간청해서 기업의 세금액을 '깎는 것'이 가능할수록 과세는 더 연성이 된다. 세금이 연성인 경우, 순수입을 예산에 바쳐야 할 의무는 안정적이고 일정한 원칙에 의해 정해져 있지는 않다. 거의 마치 세금과 이윤의 비율이 개별 기업이나 부문의 상황에 맞춰 정해진 것처럼, 기업의 의무는 개별

---

18) J. Szabó(1985)는 예산제약의 선(先) 완화와 지속적인(동시적인 또는 사후의) 완화를 구분할 것을 강조한다. 이 두 현상은 간략하게나마 똑같이 언급되어 있다.

적으로 각각의 경우에 따라 부과된다.

3. **연성 신용.** 한편으로, '연성'은 은행과의 신용계약이 일반적이고 일정한 원칙을 따르지 않는 상황을 지칭하며, 문제가 있는 기업은 실제로는 감춰진 보조금을 포함한 신용대출을 '청원'할 수 있다. 다른 한편으로, '연성'은 은행이 신용계약과 계약서의 상환일정을 철저하게 지킬 것을 고집하지 않는 것을 의미할 수도 있다. 계약의 이행이 협상 대상이 되는 것이다.

4. **연성 행정가격 책정.** 가격 책정은 이 장의 후반부에서 다루어질 주제이지만 여기에서 반드시 언급해 두자면, 고전적 사회주의 경제에서 가격의 대부분은 행정적으로 정해진다. 이 가격들은 관료적으로 기업에 강요된 것처럼 보이지만, 사실 가격정책 당국과의 수직 협상을 통해 '누그러질' 수 있다. 선(先) 협상도 있다. 기업, 부문 지도부 혹은 정부 부처의 목표는 가격 당국으로 하여금 생산의 효율성이 얼마나 낮든지 간에 비용을 '인정하여' 가격에 포함시키도록 만드는 것이다. 협상은 차후에 이루어질 수도 있다. 별도의 비용 발생 시 가격 인상을 요구할 수 있다. 다른 어떤 경우에는 가격인상이 숨겨진 형태로 일어난다. 가격이 정해졌을 당시의 품질을 더 낮추거나, 좋은 자재를 품질이 낮은 자재로 대체하거나, 일부 마감 처리를 빼버린다.

이러한 네 가지 '연성화' 방법은 개별적으로 혹은 결합되어 사용될 수 있다. 기업은 여러 관료 부문들, 기업의 직접 통제를 책임지는 정부 부서, 재정 당국, 금융 부문, 가격 당국 사이를 오가며 로비를 할

수 있다. 19)

좀더 보충적인 설명을 덧붙일 필요가 있을 것이다.

당연히, 어떠한 정태적 해설이라도 예산제약의 연성화라고 지칭되는 복잡하기 그지없는 사회현상을 심하게 단순화한 설명을 제공할 것이다. 정태적 해설은 선택의 문제를 정태적으로 묘사하지만, 분명하게도 예산제약의 연성화는 지출 흐름이 수입 흐름과 서로 얽히는 일종의 동학적 과정이다.

기업에 가해지는 예산제약의 연성 문제를 다룰 때, 특정 기업의 경우를 고른 뒤 그 기업에 가해지는 예산제약이 연성인가 아닌가 하는 형태의 질문을 제기하는 것은 허용될 수 없다. 이 개념은 거대한 일군의 기업들, 이 경우에는 고전적 사회주의 체제하의 국유기업들 전체가 겪는 집단 경험을 표현한다. 수익성에 대한 강조라는 점에서 기업들의 미래에 대한 기대가 무엇인지를 이 개념은 묻고 있다. 20) 이런 의

---

19) 이런 로비를 위해선 연줄과 후원자를 찾아서 많은 다리품을 팔아야 한다. 예산제약을 완화시키기 위한 노력을 크루거(A. O. Krueger, 1974)는 '지대추구 행위'(rent-seeking behavior)라고 불렀다. 돈이 들고 피곤하기는 하지만, 이익을 남길 수 있기 때문이다. '권력 창구'를 찾아 시간을 보내는 것이 공장이나 사무실에서 판매 협상을 하면서 보내는 것보다 더 가치 있기 때문이다. 좀더 보려면 C. Scott(1990)을 참조하라.

S. M. Goldfeld and R. E. Quandt(1988)은 수학적 모델을 통해서 연성예산제약은 기업으로 하여금 많은 노력을 흥정과 보조금을 획득하는 데 쏟아붓도록 하며, 이는 생산과 판매를 증진시키는 데 쏟아야 할 에너지를 빼앗는다는 것을 확인했다.

20) 모든 국유기업의 집단 경험이 논의된 것은 순전히 설명을 단순화하기 위한 것이다. 실제 경험은 단일하지 않을 수도 있고 어느 정도 구분도 된다. 예를 들면, 중앙에서 정한 우선순위가 최고인 분야의 기업들이 상대적으로 무시되는 분야의 기업들보다는 예산제약을 더 연성으로 간주한다(C. Davis, 1989). 또 소규모 기업보다는 대규모 기업에 대한 제약이 더 연성이다.

미에서 우리는 확률적 개념을 다루고 있다. 외부의 도움을 얻는 것은 특정 확률분포를 가진 확률 변수이며, 이에 대해 기업의 정책결정자 (그리고 그의 상관들)는 주관적인 '인식'을 갖고 있다. 주관적 확률이 크면 클수록, 다시 말해 기업이 자신들이 외부 도움을 받을 것이라고 믿는 이유가 확실할수록 예산제약은 더 연성이 된다.

또 다른 해석도 있다. 예산제약의 감시를 강화하겠다는 약속은 담당 관료가 지속적인 손실을 허용하지 않겠다는 의지의 표명이다. 경성 대 연성의 문제는 이러한 의지의 신뢰도를 가리킨다.[21]

단순화를 위해, '연성' 예산제약이라는 표현이 지금까지 서술에서 사용되었다. 사실, 초연성부터 그 사이의 무수한 중간 상태를 거쳐 초경성에 이르기까지 연성과 경성의 정도를 나타나기 위해서는 척도가 필요할 것이다.

'경성예산제약'은 '이윤 극대화' 원칙과 비슷한, 그러나 정확히 동의어는 아닌 개념이다. 이윤 극대화는 기업의 정책결정자가 가진 목표나 내적 동기를 가리킨다. 무엇을 성취하고자 하는가? 다른 한편으로, 예산제약의 연성 혹은 경성은 기업의 외부적 조건을 가리킨다. 기업의 외부 환경이 허용할 것은 무엇인가? 내적 동기와 외적 조건 사이에는 분명한 관계가 있지만, 추상적 층위에서는 둘을 구분할 필요가 있다. 기업이 계속해서 손실을 내고 재정적으로 파국을 맞을 상황이라면 파산하고 경제활동을 그만두어야 할 것이라는 사실을 인지하는

---

21) **신뢰할 만한 의지의 부족**은 연성예산제약 현상의 게임이론 모델 정립에서 중추적인 요소를 차지한다. M. Dewatripont and E. Maksin(1990), A. Lindbeck and J. W. Weibull(1987), M. E. Schaffer(1989), Y. Qian(1986, 1988)를 참조하라.

사회적 환경 속에서 기업은 운영되고 있는가?[22] 아니면, 외부 환경은 이것을 인정할 수 없고 그 기업을 구제하고자 하는가? 연성예산제약을 보여 주는 것은 기업의 생존과 팽창이 시장에 달려 있는 것이 아니라는 사실을 보여 주는 것이다. 기업의 생존과 팽창은 관료적 조정과 당국과의 재무 협상이라는 틀 안에서 결정된다.

연성예산제약이라는 복잡한 현상을 좀더 잘 설명하기 위해 가족 내 상황이라는 비유를 들어 보자. 다섯 등급의 **가부장주의**를 생각해 볼 수 있다. 우선 최고의 등급 4부터 시작해 보자. 부모는 아이들에게 필요한 물건을 제공하고, 아이는 수동적으로 무엇이든지 받는다. 이것은 신생아의 상황이다. 신생아는 아직 자신에게 필요한 것이 무엇인지 모르며 자신이 바라는 것을 분명하게 표시할 수 없다. 등급 3에서는 부모가 아직도 물건을 제공하지만, 아이가 자신의 욕구를 표현할 수 있다. 등급 2는 아이가 학생으로 부모에게 돈을 받아 자유롭게 쓰지만, 아직 독립적으로 돈을 벌 수 없어 부모에게 전적으로 의존하는 상태이다. 등급 1에서는 아이가 성장하여 스스로 돈을 벌어 생활한다. 그러나 부모는 아직 살아 있어 아이가 문제에 빠졌을 때마다 도와준다. 아이는 부모에게 이런 식으로 의존할 수 있음을 알고 있다. 마지막으로 등급 0이 있다. 부모는 더 이상 살아 있지 않고, 아이는 더 이상 어린아이가 아니다. 이제 그는 의존할 수 있는 사람이 자신밖에 없음을 알고 있다.

---

22) P. Wiles(1962, p. 20)는 자본주의 기업에 대해 이렇게 썼다. "서구 경제 교과서에서처럼, 자본주의 기업은 이윤을 극대화하길 바라지 않을 수도 있다. 그러나 손실은 절대적으로 피하고 싶어 한다. 시장경제의 근간은 손실을 일으키는 사람은 더 이상 존재할 수 없다는 것이다."

이 비유를 국유기업에 적용해 본다면, 등급 4, 3, 2의, 그리고 어느 정도는 등급 1의 요소들이 고전적 사회주의 체제하에서는 결합되어 나타난다. 등급 4는 극단적인 경우에만 발생한다. 기업이 감히 어떤 말도 할 수 없을 때이다. (고전적 체제하에서 일반적인) 협상 현상은 적어도 등급 3에 해당하며, 부분적으로는 등급 2와 1에 해당하는 경우도 있다. 비록 어린애 취급을 받고 상급기관이 모든 것을 돌봐 주지만, 기업은 자신의 이야기를 할 수 있고 보다 나은 '현물 공급'과 '쌈짓돈', 즉 더 많은 재원과 더 완화된 예산제약을 얻어 내려 한다. 이러한 가부장적 통제는 짐이 될 수 있으며 종종 자존감에 대한 모욕이 될 수도 있지만, 기업은 그것이 또한 안전을 제공한다는 것을 잘 알고 있다. 기업이 문제에 빠지면, 상급기관은 옆에 대기하고 있다가 기업이 파산하는 것을 막아 줄 것이다.

가부장주의와 그것의 한 예로서의 연성예산제약은 상급자와 하급자, 고위 당국과 기업 운영진 간의 전형적 사회관계이다. 예산제약의 연성화가 단순히 상급 통제기관이 엄격한 재정 규율을 지키지 못하거나, 세무 당국이나 금융 부문 혹은 가격 당국이 지나치게 관용적이어서 발생하는 것은 아니다. 예산제약의 연성화는 매우 규칙적인 현상이며, 고전적 사회주의 금융 부문의 근본적 특성에 깊게 뿌리 내려 있다.

지금까지 국유기업에 대해 집중적으로 다뤘다. 이제 다른 사회부문으로 가보자.

국유기업의 예산제약의 연성화에 대해 여기에서 얘기한 모든 것은 협동조합에도 마찬가지로 자연히 적용된다. 다시 말해 협동조합에 대한 예산제약도 연성이라는 것이다. 비록 국유기업에 대해서만큼 연성은 아니지만 말이다.

그렇지만 공식·비공식 사적 부문에서의 예산제약은 철저하게 경성이다. 관료기구는 이들의 활동을 여러 방법으로 제한하거나 심지어 방해하며, 분명하게 가부장적인 대우를 제공하거나 재정적 문제에 빠졌을 때 서둘러 도와주려 하지도 않는다. 이런 점에서 본다면 개인 사업은 상당히 독립적이다.

　　가계에 대한 예산제약도 기본적으로 경성이다. 가계의 구매활동은 여러 가지 요인에 의해 제약을 받는다. 예를 들면 사고자 하는 상품이 없을 수도 있다(11, 12장 참조). 그러나 기업에 대해 말할 수 있는 것을 가계에 대해 말할 수는 없다. 기업의 주요 관심사는 원하는 생산품의 구매 가능 여부이며, 필요한 돈은 어떻게든 확실히 마련할 수 있다(12장 5절 참조). 가정의 경우에는 구매에 필요한 돈이 있는가 없는가가 실로 경성 제약이다.

　　요약하면, 예산제약은 관료기구에 의해 공적으로 소유되지 않은 부문에서 경성이다.

5. 소득과 가격에 대한 반응성

예산제약의 경성과 연성을 논의하는 과정에서 보다 광범위한 문제를 제기할 시점에 이르렀다. 고전적 사회주의 체제에서 다양한 경제정책 입안자들은 자신의 수입과 여러 가격들에 대해 얼마나 반응하는가?

　　다시 논의를 국유기업들로부터 시작해 보면, 공식적인 경제원칙에 따라 국유기업들은 자체 수입에서 자체 지출을 하고 부가적으로 이윤을 창출하도록 공식적으로 요청받는다.[23] 그것은 국유기업들을 국가

예산에 일방적으로 의존하는 비기업적 성격의 예산제 기관들과 구분해 준다. 그러나 실제로 그 원칙은 적용되지 않는다.

기업은 상급기관들에 전적으로 의존한다. 실제로 상급당국들은 어떤 원칙과 지시들이 진지하게 받아들여져야 하는지, 그리고 어떤 것들이 실제로는 중요하지 않은지를 다양한 방식으로 전달한다. 양적 목표치는 가장 중요한 계획지표이다(7장 7절 참조). 양적 목표의 달성은 재정적 보상과 치하, 승진을 가져온다. 목표 달성 실패는 상급자들로부터의 견책과 상여금 취소, 처벌을 초래한다. 게다가 특정 투자 할당의 기한 내 달성, 임금 규정 준수, 수출 임무 이행 등에 대한 강력한 요구가 존재한다(9장 2절, 10장 3절, 14장 2절 참조).

원가 절감과 구체적 수준의 이윤 달성은 계획에서 제시되는 과제에 속하지만, 그것들의 준수가 강제되지는 않았다. 실제로는, 예산제약을 연성화하는 데에 사용되는 조치들은 손실분을 숨기면서 비용 초과와 '수익성 원칙' 사이의 간극을 메우는 것을 항상 가능케 한다. 손실을 발생시키는 데에 특별한 위험이 없고, 역으로 이윤을 창출하는 데에도 특별한 이익이 없다. 만일 기업이 큰 수익을 내면, 당국은 그것을 가져가 버리고, 높은 이윤은 '계획에 들어가게' 된다. 다시 말해 높은 이윤은 양적 목표들에 대해서와 똑같은 과정을 통해 이후부터 계획 과제로 규정된다(7장 5절 참조). 그렇다고 해서 기업의 지도자들과 그

---

23) 소련 경제 용어에서 그 원칙은 '독립채산제'(*khozraschet*)로 알려져 있다. 고전적 사회주의에 대한 소련의 공식 교과서인 《사회주의 정치경제학》(*Politicheskaia Ekonomiia Sotsiaizma*, 1954, p. 465)에서 독립채산제는 다음과 같이 정의된다. "경리(*economic accounting*)는 화폐 단위로 지출과 생산 결과를 비교하고, 자체 수입에 의해 기업 지출을 충당하고, 생산의 수익성을 보장할 것을 요구하는, 사회주의 기업들의 활동에 대한 계획적 관리의 수단이다."

상관들이 생산 비용과 수익에 전혀 무관심한 것은 아니다. 24) 결국 비용 절감과 특정한 수익 달성은 일반적 원칙과 계획지침에서 중요하다. 비용과 수익에 대한 그들의 관심과 **소득 반응**(*income responsiveness*)이 더 강력한 다른 이해관계들 앞에서는 매우 약하다고 말하는 것이 더 낫다.

이는 많은 결과들을 낳는데, 여기에서는 몇 가지만 언급할 것이다. 고전적 체제하의 국유기업들은 **가격 변화**에 약하게 **반응**한다. 예컨대, 완전히 대체 가능한 두 개의 투입재 가운데 하나가 다른 것보다 더 저렴해질 경우, 기업이 투입 조합 선택에서 이를 염두에 둘 것인지는 불분명하다.

투입재에 대한 기업의 수요곡선을 생각해 보자. 경성예산제약이 존재하는 곳에서 수요곡선은 일반적으로 아래쪽으로 기운다. 제약이 연성이 될수록 기울기는 더 가팔라진다. 제약이 완전히 연성이 되면 수요곡선은 수직이 되고, 수요는 가격에 반응하기를 완전히 중단한다. 오해의 소지가 없도록 하자. 이는 특정 가격에 덜 탄력적으로 반응하는 기업의 사례가 아니다. 예산제약의 연성화는 모든 가격에 대한 반응을 무디게 한다. 외부의 지원을 받을 수 있다는 확실한 인식은 반응 강도를 감소시키면서 진정제처럼 작용한다.

이처럼 약한 가격반응은 저효율성을 초래한 주요 이유들 가운데 하나이다. 그러나 연성예산제약이 간접적인 방식으로만 기업의 효율성에 영향을 미치는 것은 아니다. 경성예산제약, 보다 강력한 수익 동기

---

24) 그들이 전혀 무관심했다면 예산제약을 연성화하는 행동을 할 가치조차 없을 것이다. 그럴 때조차 손실은 어떤 형태로든, 어떤 재원을 통해서든 보충되어야 한다.

(그리고 이 장의 후반부에서 얘기할 것을 덧붙이면, 합리적 가격체계)는 기업으로 하여금 비용의 관점에서 가장 유리한 기술을 사용하도록 할 것이다. 그런 것들이 없는 강제는 느슨하다.[25] 기업 지도부는 자신들의 비용이 유사한 제품을 만드는 다른 기업의 비용보다 더 높고, 자신들이 사용하는 기술이 낙후되어 있고, 또한 자신들이 구매자들의 요구를 제대로 만족시키지 못하더라도 살아남을 여지가 있음을 안다. 기업의 수명과 성장에서 중요한 것은 구매자들이 만족하는 것이 아니라, 상급당국들이 기업을 뒷받침하고 난관의 시기를 헤쳐 나오도록 도와주는 것이다.

예산제약의 연성화는 국유기업의 투입 수요를 부풀리고 '통제되지 않고 확장되도록' 만드는 데 중요한 역할을 한다(9장 2절, 11장, 12장 참조).

기업은 투입분(논의의 편의를 위해 말하자면, 특정 원료)을 조달하기 전에 매우 많은 것을 고려해야 한다. 연간계획의 할당분이 그러한 조달을 허용하는가? 관련 원료가 원료 분배 관리자에 의해 기업에 할당되었는가? 공급자들이 조금이라도 원료를 가지고 있고 그것을 공급할 준비가 되어 있는가, 아니면 다른 기업이 우선순위를 받게 될 것인가? 그러나 원료에 소요될 비용이 얼마인지, 원료에 지불할 돈이 있는지, 미래의 소득이 현재의 비용을 충당할 것인지 등을 고려할 필요는 거의 없다. 일단 원료가 가용하다면, 그것을 얻을 수 있다. 그 원료에 지불할 돈은 언제든 얻을 수 있다.

---

25) 다음 저작들을 참고하라. S. Gomulka(1986), S. Gomulka and J. Rostowski (1988), P. Desai(1986a, 1986b, 1987).

이 절에서, 그리고 직전에 말한 국유기업에 대한 모든 것은 협동조합에도 적용된다.[26]

방금 기술한 미시적 행동의 거시경제적 결과는 화폐가 관료적인 공적 소유의 기업 영역에서 수동적인 역할을 한다는 것이다.[27] 경제적 의사결정자들의 금융수단들(수중에 있는 현금, 신용, 그들이 이용할 수 있는 모든 화폐 공급)에 실제 과정들이 맞추어지는 대신에, 정반대의 상황이 발생한다. 보유 현금, 신용 공급, 그리고 기업이 이용할 수 있는 모든 화폐 공급이 의사결정자들의 실제 행동에 맞추어진다. 예를 들어, 경제정책에서 어떤 변화가 있으면 이는 직접적인 관료적 통제의 많은 수단들(생산목표와 투입할당의 변경, 기업 활동에 대한 직접 개입 등)에 의해 실현된다(7장 3절 참조). 기업 혹은 지부의 신용 요구나 이윤이 결과적으로 증가하거나 감소한다면, 통화정책이나 재정정책은 그러한 결과에 맞추어질 수 있다(12장 5절 참조).

직접적인 관료적 통제의 수단들에는 가치 단위로 목표치가 표현되는 계획지시, 생산할당, 투입물 배급 등도 포함된다. 물리적 측정 단위가 평가될 수 없게 된 경우(대규모 집계치의 경우에 확실히 그렇게 될 수 없는 것처럼)에는 가격으로 산정하고 총계를 내는 도리밖에 없다. 따라서 화폐가 국유기업 영역에 대한 직접적인 관료적 통제에서 그 정도로까지 사용된다. 그러나 이러한 역할과 시장 조정에서 화폐의 기능 간에는 명확한 구분이 있어야 한다. 화폐, 이윤, 가격은 시장 조정

---

26) 지면이 예산제 기관들의 역할에 대한 고찰을 허락하지 않는다. 그들의 상황은 독특한 양상을 띠지만, 분석에 그것을 포함하는 것이 전반적인 결론을 변경시키지는 않을 것이다.

27) 이 표현은 W. Brus(1961/1972)와 G. Grossman(1966)에서 처음 등장했다.

에서는 주연의 역할을 하지만, 관료적 조정에서는 단지 조연에 불과하다.[28]

이제 이 장의 도입부에서 고전적 사회주의를 준화폐 체제로 부른 것에 대한 정당화를 요약할 수 있다. 〈표 8-3〉의 4.1, 4.2, 4.4, 4.5에서 화폐는 교환의 일반적 매개물로 작동하지 못한다. 나아가 〈표 8-3〉의 5.1, 5.2, 5.4 또는 5.5에서, 즉 국유기업과 관료적인 공적 소유의 협동조합 서로 간에, 그리고 금융기관 및 국가예산과 금융거래를 하는 항목들에서 화폐는 단지 수동적이고, 보충적이고, 부차적인 역할을 한다.

경제의 다른 사회적 부문과 관련해서는, 바로 앞 절에서 공식 그리고 비공식 사적 부문의 예산제약이 경성임을 밝혔다. 공적 소유 부문들과 관련하여 고찰된 모든 양상을 하나씩 검토한 결과, 다음과 같은 상반되는 징후가 나타나는 것을 알게 되었다.

- 사적 사업과 가계는 가격과 소득에 강하게 반응한다. 그들의 구매는 그들의 현재 및 미래의 소득 상황과 그들이 구매하고자 하는 생산품과 서비스의 상대가격으로부터 큰 영향을 받는다. 따라서 화폐는 이 영역에서 능동적인 역할을 한다.

---

[28] 화폐가 생산 총액 측정에서 하는 기능이 화폐의 능동성에 대한 결정적 증거임이 주장되어 왔다. 예컨대 이것은 K. A. Soos(1986)가 사용한 논거 가운데 하나이다. 이러한 입장의 수용이나 거부는 용어에 대한 동의 여부에 달려 있다. 화폐의 '능동성-수동성' 안에 무엇을 포함할 것인가? 화폐의 모든 가능한 기능인가, 아니면 시장적 조정의 가격-소득-비용-이윤 메커니즘을 통해서만 적용되는 기능인가? 이 책은 후자의 입장을 따른다. 이는 가치 단위로 이루어지는 집계가 경제활동에 영향을 미친다는 점을 부인하지 않는다.

- 사적 부문의 생산자들은 경성예산제약과 이윤 증가라는 강력한 유인 때문에 효율적으로 생산하도록 강요당한다.
- 사적 사업과 가계로부터의 수요는 이용할 수 있는 소득과 부에 따른 경성 제약 아래 놓여 있다.

다소 단순화하면, 고전적 사회주의 체제는 금융 업무라는 측면에서 두 개의 거대한 영역으로 나눌 수 있다. 하나는 연성예산제약과 수동적 화폐의 영역이고, 다른 하나는 경성예산제약과 능동적 화폐의 영역이다.

6. 행정 생산자 가격

다음으로 고찰할 주제는 가격결정이다. 다양한 거래에 사용되는 가격들이 차례로 검토될 것이다. 가격은 판매자와 구매자에 따라 분류되었다.

공적 소유 부문, 즉 판매자와 구매자가 모두 이러한 사회 부문에 속해 있는 영역의 기업 간 가격으로부터 시작해 보자(〈표 8-3〉의 4.4, 4.5, 5.4, 5.5 항목에서 사용되는 가격들). 일반적으로 **생산자 가격** (*producer prices*) [29] 으로 알려진 이것은 고전적 사회주의 체제하의 **행정가격** (*administrative prices*) 이다. 그것은 판매자와 구매자 간의 합의

---

[29] 엄밀하게 말해서 공식적이고 비공식적인 사적 부문에서 판매되는 생산수단과 서비스의 가격은 '생산자 가격'이다(8장 8절 참조).

에 따른 시장의 수평적 조정이 아니라 수직적인 관료적 조정의 산물이다. 경제가 저발전 상태에 머물러 있을 때 가격은 중앙집중적으로 정해진다. 그러나 생산의 점진적 차별화는 이렇게 하는 것을 기술적으로 불가능하게 만든다. 이제는 가격 책정이 방대하고 다층적이며 위계적인 기구를 지닌 분야가 된다.[30]

경제이론은 수요, 공급, 산출, 품질, 그리고 가격이 서로 불가분의 관계를 가진다는 사실을 분명히 한다. 수량과 가격은 이론적 모델들에 의해 동시에 결정된다.[31] 그러함에도 불구하고, 고전적 체제하의 관행은 수량과 가격을 완전히 분리한다. 수량과 가격은 2개의 확연히 다른 관료기구의 두 부문에 의해 조정되는데, 이 두 부문은 가계가 구매하는 소비재와 서비스 분야에서는 실질적인 작동 관계를 유지하지만(다음 절에서 고찰할 것임), 기업 간 거래 영역에서의 가격 문제에 있어서는 서로를 거의 신경 쓰지 않는다.

명목상으로 각각의 단일가격이 생산기업에 공식적으로 제시되지만, 실제로 가격 책정 당국들은 만들어지는 방대한 수의 생산물에 대한 정보가 부족하다. 따라서 그들의 결정은 (구체적인 규제조항에 의존하면서) 기업이나 상급기관이 제시한 수치에 근거해야만 한다. 이것

---

30) 조직의 실제 형태는 국가와 시대에 따라 다양하다. 보통 최상위기관(중앙가격위원회)은 장관급 권한의 부서이다. (장관급 부서들과 지역 기관들 내의) 보다 낮은 층위에서는 (장관급 부서나 지역 기관 그리고 중앙 가격 당국 양자에 의한) 이중 감독하에 분리된 가격 담당부서들이 있다.

31) 이것은 이른바 고정점 모델들(예컨대 H. Scarf(1973)) 속에서, 그리고 실제적인 계산 목적을 위해 만들어진 이 모델들의 단순화된 형태인 계산 가능한 일반균형모델들 속에서 행해진다. K. Davis, J. de Melo, and S. Robinson (1982)을 참조하라.

은 종종 현실에서는 가격 책정 당국들이 진짜 행정가격이 아니라 의사행정(*pseudo-administrative*) 가격을 책정한다는 것을 의미한다. 그들은 생산자가 책정한 가격을 승인할 뿐이기 때문이다. 이러한 가격은 수평적인 시장 흥정을 통해 책정되지도 않는다. 그것은 수직적인 관료적 흥정으로부터 출현한다. [32]

가격을 책정하기 위해 가격 책정 당국들은 공식적으로 제정된 원칙들을 적용해야만 한다. 다음은 가장 강조되는 원칙들이다. [33]

1. 가격은 사회적 필요비용을 반영해야만 한다. 이 원칙에 대한 공식적인 표현은 마르크스식 정치경제학 용어로 표현된다. [34] 그것의 실용적 적용은 서구의 실업계와 경제계에서 원가가산 원칙으로 알려진 것과 일치한다. 실질적 비용에는 예산의 일반적인 그리고 당기 순이익 지출들로 간주되는 회사의 수익이 가산되며, 가격은 반드시 이러한 항목들의 총합을 모두 포함하여야 한다.

첫 번째 원칙이 적용될 때, 가격 책정 관료기구는 여러 심각한 문제들의 목록에 직면하게 된다.

---

[32] 이 모든 것이 실패하면 생산자는 위장된 가격 상승을 만들어 낸다(8장 4절 참조). 공식적으로 책정된 가격이 너무 낮다고 생각될 경우에는 그 대신 제품의 질이 변경된다.

[33] 그로스만(G. Grossman, 1977b)은 유사한 기준 목록을 제시한다.

[34] 실제로 마르크스식 정의는 가격이 사회적 필요비용을 감안하기만 하면 된다는 점을 함축한다. 그러나 효율성을 증진시키는 경쟁이 부재한 상태에서 생산자가 사회적 불필요 노동을 생산물에 투여하지 않을 것이라고 말할 근거는 없다. 실제로 마르크스식 원칙은 평균 비용에 대한 자동 인식으로 대체되었다.

- 마르크스주의 정치경제학의 가르침에 고무되어, 가격 계산은 평균 비용에 근거한다. 따라서 평균보다 더 열악한 상태에 있는 상당수의 생산자들은 그들의 생산이 수요를 만족시키는 데에 필요하더라도 적자를 내게 된다(이것만으로도 예산제약을 연성화하는 충분한 이유가 된다).
- 동일한 이론적 영향 아래에서, 토지 이용과 자본 사용은 '비용'으로 계산되지 않으며, 토지 지대나 이자 모두 가격 계산에서 나타나지 않는다.[35)]
- 명목임금 수준은 다른 요소들의 가격과 비교할 때 비현실적으로 낮다(8장 7절 참조).
- 수입을 통한 물품취득 비용은 원가에 적절하게 반영되지 않는다. 국내 수입가격 결정은 실질적인 수입취득 비용으로부터 분리되고, 환율은 자의적이기 때문이다.

이러한 왜곡들은 그 자체로 첫 번째 원칙이 일관성 있게 적용되는 것을 막는다.

2. 가격은 생산자들이 특정한 업무를 수행하도록 격려하는 경제 관리자들의 수단이 되어야 한다. 예컨대, 보다 근대적인 농업 생산수단(비료, 기계)의 가격은 근대적 기술의 확산을 고취하는 의도에서 낮게 유지된다.

---

35) 특정 국가와 특정 시기에 이자가 결국 실용적인 근거에서 계산된다고 해도, 이자율은 터무니없이 낮다.

가격정책을 공식적으로 내세울 때에 시장기제와 연관된 표현들을 사용하지 않으려고 하지만, 가격정책은 결국 가격 책정을 통해 자신이 선호하는 대로 생산자들의 공급과 수요에 영향을 미치기 위한 경제 관리자들의 시도이다. 그러나 이러한 희망은 환상이다. 앞 절에서 진술한 것처럼 공적 소유 기업들은 오히려 가격에 반응하지 않는다.

공급, 수요, 가격이 서로서로 조정되도록 하는 자동적인 시장기제가 작동하지 못하면, 두 번째 원칙이 첫 번째 원칙과 충돌할 수밖에 없게 된다. 인위적인 가격 인하는 장기적인 생산 보조금 지급을 불가피하게 만든다. 그와 반대되는 경우 가격은 상승하지만 그 결과 발생하는 가외 순소득은 기업이 지불해야만 하는 특별세를 부과하거나 이윤율을 올림으로써 회수된다.

3. 가격은 안정적이어야 한다. 이것은 개인 소득의 구매력을 유지하고 계획의 기술적 처리 과정을 돕기 위해 바람직한 것으로 간주된다. 경제 관리자들은 인플레이션에 대해 과도한 공포를 갖는다.[36] 인플레이션을 피하기 위해, 경제 관리자들은 장기간(심지어 일부 지역에서는 수십 년 동안) 가격이 변하지 않도록 내버려 둠으로써 발생하는 병적인 경직성을 기꺼이 받아들이려고 한다.[37] 물론 이것은 첫 번째 원칙과 격렬하게 충돌한다. 왜냐하면 이것은 가격이 비용에 순응하는 것을 저해하고, 불변하는 가격과 변화하는 비용 사이의 간극을 메우

---

36) 여러 국가(소련, 중국, 동유럽) 지도부는 경제가 심각한 인플레이션을 겪고 있을 때 그리고 안정을 회복하는 데 엄청난 어려움을 겪고 있을 때 어떻게 사회주의 체제가 권력을 장악할 수 있었는지에 대해 생생한 기억을 갖고 있다.
37) 예컨대 동독에서는 많은 가격이 30년 동안 변하지 않았다.

기 위한 보조금과 징세의 복잡한 체계를 불가피하게 만들어 내기 때문이다.

이러한 세 가지 원칙의 동시적 적용은 주요한 결과를 낳는다. 그 가운데 하나는 이런저런 기회에 반복적으로 언급되어 왔다. 세 원칙의 동시적 적용은 복잡한 국고 재분배 체계의 창출을 필연적으로 수반한다.[38] 다양한 근거와 추가 부담에 따라 제공된 보조금들과 다양한 근거로 공제된 세금들로 구성된 침투할 수 없는 망이 발생한다. 이것은 예산의 세입과 지출 부분 모두에서 나타난다(8장 2절 참조). 국고 재분배는 예산제약의 연성화를 가져오는 수단(과 이유)을 제공한다.

두 번째 결과는 다음과 같다. 여러 상호 모순적인 원칙들을 경제 관리에서 동시적으로 사용하려는 시도를 하기 때문에, 그 원칙들 가운데 어떤 것도 실제적으로 명백하게 실행되지 않는다. 시장 조정에서 가격의 기능 가운데 하나는 자원과 생산품의 상대적 희소성에 대한 정보를 간명한 형태로 전달하는 것이다. 여기에서 묘사된 가격들은 그러한 정보를 전혀 전달하지 않는다. 실제로 여기에서 묘사된 가격들은 거의 아무런 쓸모가 없는 정보를 전달한다. 쓸모 있는 정보들은 이질적인 가격 책정 원칙들의 충돌로 거의 모두 사라진다. 바꿔 말해서, 고전적 체제하에서 출현하는 상대가격은 자의적이고 비합리적이다.

가격체계에서 수백만 개의 가격들은 상호 의존적이다. 오로지 근본적으로 중요한 몇 가지 가격들이 임의적으로 정해지는 것만으로도 거

---

38) 이에 대한 상세한 묘사와 헝가리 자료에 대해서는 J. Kornai and Á. Matits (1987, 1990, pp. 54~98)를 참고하라.

의 전체적인 가격체계를 왜곡하는 파급효과를 충분히 가져온다. 산출 가격의 자의성은 사용자의 비용에 영향을 미치고, 이는 사용자의 산출 가격에 영향을 준다. 이러한 영향은 계속된다. 단지 몇몇 가격이 왜곡되는 것보다 훨씬 더 포괄적인 관련이 일어나기 때문에, 자의성은 상호작용을 통해 거대하게 확대된다.

한쪽에서는 연성예산제약 및 이윤에 대한 적은 관심, 다른 한쪽에서는 가격의 자의성, 이 양측 사이에서 악순환이 발생한다. 수익성이 한 기업의 생사 문제는 아니기 때문에, 판매자도 구매자도 합리적 가격을 위해 열심히 싸울 가치가 없다. 가격이 일반적으로 자의적이라고 알려진 경우에는 그것에 반응할 가치가 거의 없다. 그러나 비용 및 판매 가격의 왜곡에 의해 야기되었다고 주장되는 손실에 대한 보상을 요구하는 것은 정당화될 것으로 보인다.

누구도 자의적 가격에 기초해서 어떤 종류의 합리적 계산을 할 수는 없다. 어느 정책결정자가 대안적인 투입 조합들(예컨대, 대안적 생산 기술, 투자, 혹은 신제품으로 이루어진) 사이에서 선택을 할 때, 비용과 수익 계산에 의해 보다 효율적인 투입 조합이 확인될 것인지 여부는 전혀 확실하지 않다.

또 다른 결과는 가격체계가 생산과 소비, 공급과 수요 사이의 균형을 창출하는 데 기여하지 못한다는 것이다. 자의적 가격들은 '시장 청산' 가격들이 아니며, 공식적 가격 책정 원칙들은 자의적 가격들이 시장 청산 가격들이 되도록 요구하지도 않는다.

실제로 근저에 깔린 인과관계는 역방향이다. 시장 조정, 곧 공급과 수요의, 판매자와 구매자의 상호작용이 가격 책정으로부터 강제적으로 배제되기 때문에, 가격은 자의적이다. 관료적 조정기제가 원하지

않는다고 해도, 그것은 기껏해야 자의적 가격 책정에 도달할 수 있을 뿐이다.[39]

지금 검토한 영역에서 가격의 실질적인 주요 기능은 집계적인 양적 지표에 도달하는 데 필요한 가중체계를 창출하는 것이다. 직접적인 관료적 통제의 시각에서 볼 때, 사실 계획의 모든 지시가 실물적 측정 단위로 주어질 수 있다면 그것이 바람직하다. 그러나 그렇게 될 수는 없다. 정보 업무를 줄이기 위해서 집계는 불가피하다. 따라서 관료적 조정은 기본적인 경제 문제들 가운데 하나인, 질적으로 다른 사물을 측정하는 문제에 직면한다. 그리고 그것이 이루어져야만 한다면, 어떤 종류의 가격을 책정하는 것 이외의 대안은 없다. 이 경우 이는 자의적이고 불합리한 가격체계의 사용을 의미한다. 왜냐하면 그러한 가격체계는 가치 단위로 측정하여 집계된 모든 개별 양적 지표(산출량, 자본량 등)의 경제적 의미에 대해 의심을 만들기 때문이다.

7. 행정 소비자 가격

이제 공적 소유 부문에 의해 생산되고 가계에 의해 구매된 생산품과 서비스의 가격으로 눈을 돌려 보자(〈표 8-3〉의 8.4 및 8.5 항목에 있는 생산품과 서비스). 이것들은 소비자 가격의 주요 부분을 구성한다.[40]

---

39) 가격 책정 당국이 시장청산적인 균형가격들을 정해야 한다는 생각은 1930년대의 사회주의 논쟁에서 랑게(O. Lange)로부터 처음 제기됐다(21장 1절, 22장 3절 참조).

40) 물론 소비자 가격에는 사적 부문에 의해 가계에 팔린 생산품과 서비스 가격도

이 영역도 역시 행정적으로 가격을 책정한다. 소비자 가격 책정은 당연히 정치적 문제로서 더 많이 인식되기 때문에, 대부분의 생산자 가격보다 더욱 엄격하게 중앙집중화된다.

자명한 차이들을 제외하고는, 앞 절에서 묘사한 양상들이 이 영역에 적용된다. 처음의 세 원칙에 더해, 소비자 가격에 대해 분명하게 적용되는 두 가지 원칙을 추가할 수 있다.

4. 소비자 가격은 국가를 운영하는 사람들이 바람직하다고 생각하는 방식으로 주민들의 수요에 영향을 미치도록 책정되어야 한다.

(가격으로 생산자들의 결정에 영향을 미치는) 두 번째 원칙은 대부분 기업에 대한 연성예산제약으로 환상이 되고 마는데, 이 원칙과 달리 네 번째 원칙은 실질적이다. 가계에 대해서는 경성예산제약이 존재하는데, 이는 가계가 상대가격에 가장 민감하게 반응하기 때문이다. 따라서 소비자 가격정책은 가계에 강력한 영향을 미친다.

이 원칙의 실효성은 아니더라도, 이 원칙에 대한 윤리적 정당화는 논의할 만하다. 경우가 어떻든, 이것은 확실히 가부장주의의 생생한 실례이다(4장 4절 참조). 경제 지도자들은 자신들이 소비자들에게 진정 좋은 것이 무엇인가를 소비자들 자신보다 더 잘 알고 있다고 생각한다. 경제 지도자들은 소비자들 자신의 잘못된 결정으로부터 소비자들을 기꺼이 보호하려고 한다. 개인의 자율과 소비자 주권에 높은 가치를 두는 모든 사람들은 이러한 원칙이 적용되는 것을 반대한다. 네 번째 원칙은 개인들의 자유로운 선택을 존중하는 가치체계하에서는

───────

포함된다. 이는 다음 절에서 다룬다.

오직 예외적으로만 승인될 수 있다. 41)

5. 소비자 가격의 결정은 소득 재분배의 목적으로 사용되어야 한다. 따라서 기본적인 주요 생산품과 서비스 가격은 보조금을 통해 인하되어야 하며, 예를 들어 사치품의 가격을 올리는 특별세가 있어야 한다. 이 원칙의 현실적 표현 중 하나는 대부분의 기본적인 공적 서비스(특히 보건 및 교육)가 무료로 제공된다는 사실이다. 어떤 경우에 소비자 가격 책정은 예를 들어 촌락으로부터 도시로 소득을 재분배함으로써 '계급 정책'을 촉진하기 위해 사용되기도 한다.

다섯 번째 원칙에 대해 그것이 실제로 작동한다고 말할 수도 있다. 다섯 번째 원칙의 사용은 소득의 실질적 이동을 가져온다. 하지만 그것은 심각한 문제들을 야기한다. 무엇보다도 소득 재분배 목표는 정치적으로, 또 윤리적으로 논쟁의 여지가 있으며, 게다가 그 목표에 찬성하는 사람들조차 그 목표가 (소득이 아니라) 가격을 통해 적용되어야만 하는지에 대해서는 의심을 품을 수도 있다. 소비자 가격을 통한 재분배는 충분히 정확성 있는 '목표로 수립될' 수 없다. 소득 재분배를 통해 지원을 받도록 계획되어 있지 않은 사람들도 보조금을 향유할 수 있고, 높은 세금으로 불이익을 받도록 계획되어 있지 않은 사람들도 높은 세금에 따라 부담을 질 수 있다(13장 6절 참조).

이하의 논평은 원칙 4와 5에 모두 적용된다. 보조금에 의해 인위적

---

41) 예컨대 마약과 총기류의 경우 소비자의 선택의 자유는 제한되는 것이 바람직할 수 있다. 그런 경우조차도 소비자 주권에 대한 제한은 정당한 민주적 기관(예를 들어 자유롭게 선출된 의회)에 의해 부과되어야만 한다.

으로 맞춰진 소비자 가격은 〔그리고 극단적 경우로, 무상 분배의 '무가' (無價) 는〕 수요의 무분별한 증가를 낳는다. 공급이 보조를 맞출 수 없기 때문에 이는 만성적 결핍을 초래한다. 고전적 체제의 공식 이데올로기에 있는 약속들 중에는 인민의 기본 필요를 만족시킨다는 목표가 있다(4장 3절 참조). 그것이 소비자 가격 책정정책(특히 원칙 5)이 해야만 하는 것이다. 하지만 그 결과는 오히려 경제발전 수준이 매우 낮은 상태에서 그 약속이 어떻게 실현되지 못하였고 또 유지될 수 없는가를 부각시키고 만다. 종종 '저렴하게' 하려고 의도했던 바로 그 생산품과 서비스들이 부족이 가장 심각하게 느껴지는 것들이다(13장 6절 참조).

원칙 4와 5의 적용으로 앞 절에서 논의된 원칙들 간의 충돌이 악화된다. 생산자 가격으로부터 분리되기는커녕, 소비자 가격은 다양한 방식으로 생산자 가격에 반응한다. 한 가지 방식은 기업들도 마찬가지로 일차적으로 가계에 의해 구입되는 생산품과 서비스를 구매하고, 그렇게 하여 소비자 가격 책정정책에 따르는 것이다. 다른 방식은 소비자 가격 책정정책이 명목임금 수준에 영향을 미치는 것이다. 임금 책정은 무상 소비 혹은 상당한 보조금이 지급된 소비의 실질적인 사회적 비용을 고려하지 않기 때문에 노동은 다른 비용들에 비해 상대적으로 너무 '저렴한' 것으로 나타난다. 앞 절에서 언급한 심각한 문제(가격은 자의적이고 합리적 계산은 불가능하다)는 소비자 가격 책정정책의 반작용 때문에 더욱 심각해진다.

국정가격에 좌우되는 소비자 수요가 국가 계획에 마련된 공급과 일치할 것이라는 보장은 없다. 그렇게 되지 않을 경우, 소비자가 조정의 거의 모든 부담을 지게 된다. 가격과 이윤 변동을 통해 생산자들이 공

〈표 8-4〉 동독과 서독의 상대 소비자 가격 (1989)

	상대 소비자 가격 (밀가루 1kg 비율 기준)	
	동독	서독
소고기 1kg (수프용)	4.39	8.04
소고기 1kg (굽기용)	7.42	14.26
폭찹 1kg	6.06	9.02
감자 1kg	0.13	0.85
흑빵 1kg	0.39	2.63
흰빵 1kg	0.75	2.61
밀가루 1kg	**1.00**	**1.00**
커피 1kg	53.03	7.23
우유 1L	0.51	1.01
계란 1개	0.26	0.20
버터 1kg	7.27	7.03
구다 치즈 1kg	5.45	10.02
설탕 1kg	1.17	1.54
전기 1kWh	0.06	0.25
갈탄 1톤		
배급	1.29	
시장	2.66	16.57
공공교통 표 1개 (시내)	0.15	1.69
여성용 스타킹 1개	10.60	4.23
세탁기 1대	1,742.42	791.13
냉장고 1대	1,079.50	450.80
컬러TV 1대	3,712.12	1,241.13
특급 국내우편	0.15	0.80
신 공공아파트 1평방미터 가격	0.6~0.95	3.22~6.45
공공유치원 등록 요금	11.36	72.58

출처: Statistisches Amt der Deutschen Demokratischen Republik (Berlin, East Germany, 1990, pp. 309, 311), Statistisches Bundesamt (Stuttgart, West Germany, 1990, p. 549), R. Götz-Coenenberg (1990, p. 15)에 근거하여 C. Krüger가 이 책을 위해 편집하였다.

급과 수요 사이의 불일치에 주의하고 또한 순응하도록 강제하는 자동적 시장 효과는 적용되지 않는다. 소비자의 선호는 생산자에게 아무런 영향을(혹은 매우 작은 영향밖에) 미치지 않는다.

이제 판매자로서의 공적 부문과 구매자로서의 가계로 구성된 〈표 6-1〉의 항목이 왜 (B의 간섭을 받는) 'M'으로 표시되는지를 설명할 수 있다. 공식적으로 이것은 재화와 화폐의 주인이 바뀌는 수평적 시장 관계이다. 하나의 중요한 기준에 의해 그것은 시장의 성격을 지닌다. 어느 누구도 구매자에게 구입할 것을 말하지 않는다. 그러한 한도 내에서, 그는 자발적으로 이러한 관계에 들어간다. 그러나 관료적 조정이 일방적이고 자의적으로 행정 소비자 가격을 책정할 때, 이러한 시장 조정은 관료적 조정과 중첩된다.

〈표 8-4〉는 소비자 가격에 대해 지금까지 이야기되었던 것을 동독과 서독의 상대 소비자 가격을 비교함으로써 실례로 보여 준다. 동독에 관한 세로줄의 가격은 대부분 행정가격이며, 시장가격도 일부 포함되어 있다. 사회주의 가격체계의 자의성은 두드러진다. 예컨대 감자 가격이 이상하리만치 저렴하고 버터와 여성용 팬티스타킹 가격이 매우 비싼 것을 설명할 합리적 원칙은 없다.

8. 시장가격

확실하게 수평적인 시장 관계인 구매자-판매자 합의에 기초한 가격은 판매자가 비공식 사적 부문이고 구매자가 가계나 공식 또는 비공식 사적 부문인 영역에서만 출현한다(〈표 8-3〉의 6.7, 7.7, 8.7 항목 가격).

반(半) 합법적 또는 불법적 생산물과 서비스, 상거래 활동과 관련해서, 시장가격은 판매자가 처벌받을 수 있는 것과 같은 위험 프리미엄도 감당해야만 한다. 처벌은 확실성을 지니는 것이 아니라 개연성의 수준만을 지닌다. 위험 프리미엄은 처벌이 초래할 손실에 대한 예상 보상 가치와 같은 것이다. 처벌 확률이 높아질수록 가격도 높아진다.

공식 사적 부문으로 눈을 돌려 보면, 가격 당국들은 공식적 허가를 얻은 사적 직인들과 상인들에 의해 매겨진 가격을 행정적으로 낮추려고 한다. 그러나 판매자들이 내놓고 구매자들이 받아들인 가격, 즉 합의된 가격에 맞서 이러한 규제들42)을 강제하기는 실제로 힘들다.

독특하고 중간 정도의 범주는 농산물 자유시장이다. 이 시장의 주요 구매자는 가계 부문이다. 반면 판매자는 다양한 사회 부문에 속한다. 생산물 가운데 일부를 이러한 시장에 내다팔 자격을 가진 협동조합,43) 가계농장, 그리고 농업에 종사하지는 않지만 개인 정원이나 자그마한 보유지의 생산물(과일, 채소, 고기)을 파는 사람들이 바로 그들이다.44) 이러한 영역에서는 구매와 판매가 진정한 시장가격에서 일

---

42) 이것은 공식 사적 부문에 대한 관료기구의 제한 수단 중 하나지만 유일한 것은 아니다. 이것은 〈표 6-1〉의 3.3 및 3.5 항목이 왜 (B의 간섭을 받는) M으로 표시되었는지를 설명해 준다.

43) 소련과 여러 동유럽 국가에서 협동조합은 현물세(그것이 존재하는 경우)를 내거나 자신들의 생산물 중 특정 비율을 인위적으로 낮춰진 공식가격으로 국가의 상거래 조직에 팔아야만 했다. 생산물 중 일부는 협동조합 자체의 경작(종자 등)에 필요했고, 다른 일부는 조합원 가계의 소비에 충당되거나 아마도 가족 농장에 사용된다. 만일 이런 뒤에도 판매 가능한 생산물이 여전히 남아 있다면(많은 시기에 남는 것은 거의 없거나 전혀 없었다), 협동조합은 그것을 자유시장에 팔 자격을 받는다.

44) 5장 6절에서 가계 농업은 공식 사적 부문에, 농업에 종사하지 않는 사람들에

어난다. 이러한 자유시장가격은 보편적으로 행정 소비자 가격보다 훨씬 높았는데, 이는 공적 부문으로부터의 불충분한 공급과 행정가격의 비현실적으로 낮은 수준을 간접적으로 보여 준다. 45)

나는 합법적 자유시장과 다양한 반합법적 또는 불법적 시장(회색시장과 암시장)들을 공통으로 포괄하는 용어로 **병행시장** (*parallel market*)이라는 집합용어를 사용할 것이다.

9. 비가격 신호

이 장에서 지금까지 살펴본 것은 공적 소유 기업의 지도부를 포함해 관료기구들이 어떤 층위에서든 가격 신호에 거의 반응을 보이지 않는다는 점이다. 더군다나 8절에서 논의된 진정한 시장가격 이외의 가격은 어떤 유용한 정보도 전달해 주지 못한다. 그렇기 때문에, 어떤 경우이든 이러한 가격에 주의를 기울이는 것은 별로 소용이 없는 짓이 될 것이다.

그러나 모든 조정기제는 정보를 필요로 한다. 앞에서 얘기한 것을 반복하거나 이후의 장에서 나올 내용을 미리 꺼낼 위험을 무릅쓰더라도, 사회주의 제도에서 보편적이었던 주요 비가격 신호들을 포괄적으로는 아니더라도 간략하게 살펴보고자 한다. 46)

의한 농업 생산은 비공식 사적 부문에 놓아두었다.

45) 가령, 1988년에 루마니아에서 우유의 자유시장가격은 행정가격의 220~230% 였다. 몇 가지 다른 식료품들의 가격 비율은 다음과 같다. 계란: 330%, 감자: 320%, 젖소유 치즈: 180~220% (P. Ronnas, 1989, p. 554).

1. **계획 입안 의사소통.** 이러한 의사소통에서 가장 중요한 것은 위로부터 내려오는 계획지침이며, 여기에 계획 제안서, 논평, 아래로부터의 보고서 등이 추가된다(7장 2절 참조). 대부분의 의사소통은 수직적으로 흐르는 것이지만, 계획이 개정되고 수정되는 동안에 수평적으로 흐르는 것도 있다. 정부 부처 간 논의, 지부 당국 간 논의, 회사 간 논의 등이 있다.

2. **기타 직접적인 관료적 정보.** 이 범주에는 경제 관리자들 구성 내부에서 이루어지는 의사소통이 속한다. 하부로 전달되는 즉석 지시, 독촉, 금지, 해명 요구 등과 상부로 전달되는 제안, 요청, 항의 등이 그러한 것들이다(7장 3절 참조).

3. **수평적 운영 정보.** 비록 수직적 의사소통이 더 커다란 영향력을 발휘하지만, 수평적 정보 흐름도 당연히 지속적으로 존재한다. 같은 층위의 당국이 서로 접촉한다. 기업들이 서로 직접 접촉하기도 하는데, 주문과 주문의 확인 혹은 거부, 인도 조건에 대한 논쟁, 독촉, 요구 등이 그것이다.

4. **부족 혹은 잉여의 신호.** 이러한 문제영역은 11, 12장에서 더 자세히 다루어진다. 여기서 미리 언급하고자 하는 것은 부족과 잉여 모두 가격의 움직임에 반영되어 있지 않다 할지라도 여전히 인지 가능하다는 것이다. 판매자의 재고가 줄거나 완전히 바닥나기 시작할 때, 주문

---

46) 이에 대해서는 R. P. Powell(1977)을 참조하라.

서가 보통 이상으로 늘어날 때, 이것은 대개 공급에 비해 수요가 증가했음을 나타낸다. 전에는 사람들이 줄을 서지 않던 제품을 위해 줄을 서거나 생산품에 대한 기존의 대기 줄이 보통 이상으로 길게 늘어난다면, 이것도 같은 상황을 보여 준다. 이러한 언급된 모든 징후에 반대되는 징후는 아마도 공급에 비해 수요가 줄어들었음을 보여 준다.[47]

이러한 형태의 정보가 중요한 것은 그 특성상 분산된 것이기 때문이다. 모든 기업과 공장 단위는 자체 재고량과 주문량, 자신들이 선 대기 줄, 자신들이 만든 생산품 앞에 선 대기 줄을 관찰할 수 있다.

5. **재앙의 징후.** 보통 문제들은 꾸준히 누적되지만, 종종 재앙을 불러일으킬 때가 되어야만 감지된다. 홍수가 발생해야 그동안의 홍수 예방조치에 대한 무시가 드러나며, 비행기 관리의 결함은 비행기가 추락해야 드러나는 식이다. 이런 형태의 정보는 엄청난 사상자를 발생시키기는 하지만 효과적이다.

6. **'항의'**(*voice*). 아래로부터의 제안, 비판, 반대 등이 결합해서 하는 중요한 역할에 대해 허쉬만(Hirschman)이 적절하게 붙인 표현은 이미 언급되었다(6장 3절 참조). 사실 이것은, 비록 주로 관료기구 내에서의 피드백의 형태이기는 하지만, 유형 1~5 정보 흐름 중 한 구성요소로서 등장한다. 그러나 '아주 밑바닥'에서부터 올라오는 항의, 곧

---

47) 특정한 단순화된 가정하에서 사회주의 체제의 기본적인 양적 조정을 통제하는 충분한 정보가 재고량, 주문서, 대기 줄 조사 등으로 제공된다고 이론적으로 제시될 수 있다. J. Kornai and B. Martos, eds. (1981), B. Martos(1990), A. Simonovits(1981)를 참조하라.

대중들의 불평, 낮은 목소리의 불만이나 시끄러운 항의 등은 사회주의 체제의 정치적 관용 수준에 따라 중요한 역할을 하기도 한다.

신호는 대부분 어떤 경제적 변수가 임계치, 다시 말해 한계치에 이르렀을 때 나타난다. 어떤 분야에선 이러한 수치가 습관이나 일상적 절차에 의해 정해지기도 하고(예를 들면 투입 목록의 임계치), 다른 경우엔 살아 있는 경제행위자들의 허용 한계에 의해 정해지기도 한다(예를 들면 공개 항의로 이어지는 실질임금의 하락 폭).48)

다양한 유형의 정보의 작용은 체제특수적 성격을 얼마나 지니는가? 유형 3~6의 비가격 정보 흐름은 자본주의 사회에서도 중요하다.49) 유형 2는 한편으로 다양한 부분적 관료기구 내에서건, 다른 한편으로 국가 관료기구의 만연한 간섭을 통해서건 낯설지 않다. 그러나 국민경제계획이 어떤 형태로든 도입된 자본주의 국가에서만 유형 1의 일부 요소가 나타나며, 거기에서조차 산발적으로 나타난다.

동전의 다른 면을 보자면, 고전적 사회주의 체제하에서조차 가격정보가 차지하는 사소하지 않은 역할이 이 장에서 지금까지 자세히 논의된 것이다.

다시 말해, 차이는 자본주의하에서는 가격 신호만이 작동하고 사회

---

48) 그로스펠드(I. Grosfeld, 1989a)는 허용 한계에 따른 수학적 통제 모델 확립에서 뛰어난 연구를 남겼다. 그녀는 이 모델을 사용하여 투자 변동을 분석하였다.
49) 오랫동안 경제이론가들은 비가격 신호들이 자본주의 체제하에서 어떤 역할을 수행하는지 제대로 연구하지 않았다. 그러나 이 주제에 대한 관심이 최근 증가하고 있다. 예를 들면, 스펜스(A. M. Spence, 1974)는 교육이 취업시장에서 신호로 사용되는 경우를 연구하였다. 최근의 연구로는 J. J. Laffont(1989)를 참조하라.

주의하에서는 비가격 신호만 작동한다는 것이 아니라, 오히려 각 체제가 각 신호에 부과하는 상대적 가중치가 체제에 따라 서로 다르다는 것이다. 자본주의 경제에서는 가격 신호가 가장 중요하고도 효율적인 메시지를 전한다면, 고전적 사회주의하에서는 비가격 신호가 그 역할을 수행한다.

여러 면에서 가격과 비가격 신호는 서로를 보완하는 역할을 한다. 그러나 서로 보완되지 않고 후자가 전자를 대체하는 곳에서는 다양한 결점이 나타난다. 사적 재산과 시장 조정의 경우에는 가격 신호에 자동적으로 인센티브가 결합된다. 반면 비가격 신호는 간접적 수단을 통해서만 인센티브 체계와 결합될 수 있다. 가격과 비용은 쉽게 측정할 수 있다. 그러나 통상 각기 다른 비가격 신호를 서로 직접적으로 비교할 수는 없다. 이 때문에, 각 신호에 부가되는 중요도는 정책결정자의 주관적 판단에 따르게 된다. 요약하자면, 비가격 신호도 역시 조정의 실행 가능성을 보장할 수 있다. 비가격 신호가 할 수 없는 것은 체제를 미세 조정하거나 체제의 효율적 작동을 보장하는 것이다.

제 9 장

투자와 성장

7장과 8장은 주로 경제에 대한 단기 통제를 다루었고, 중기 및 장기 통제에 대해서는 기껏해야 대략적으로만 언급하였다. 이 장에서는 중기 및 장기 통제를 주제로 삼아 다룰 것이다.

처음의 두 절은 참여자들의 동기와 투자과정의 제도적 구조에 대해서 기술한다. 나머지 절은 성장의 구조와 동학에 대해서 검토한다. [1] 지금까지 연구문헌들은 고전적 사회주의 체제의 특수한 성장 유형에 대하여 다양한 명칭을 부여해 왔다. **강행성장**(*forced growth*), **돌진**(*rush*), 그리고 **조급증**(*haste*) 등이 그것이다. [2] 이 장에서는 고전적

---

[1] 일반 성장이론에 관해서는 R. M. Solow(1970/1988)를 참조하라. 근대 성장역사에 관해서는 E. F. Denison(1962, 1967), A. Gerschenkron(1962, 1968), S. Kuznets(1964, 1971), 사회주의 국가들에 적용한 연구들에 관해서는 A. Bergson and S. Kuznets, eds. (1963)와 A. Bergson(1974, 1978a)을 참조하라. 사회주의 국가들의 경험에 대한 더 많은 참고문헌은 이 장의 다음 절들을 참조하라.

체제하에서 성장률을 결정하는 요인들이 무엇인지, 그리고 그러한 성장 과정의 사회적 비용은 무엇인지를 설명하고자 한다.

여러 사회주의 국가들의 주요 성장 지표는 이 장의 끝 부분에 있는 〈표 9-10〉, 〈표 9-11〉, 〈표 9-12〉, 그리고 〈표 9-13〉에서 제시되며, 그 후 성장의 성과에 대하여 간략하게 평가한다(9장 7~9절 참조).

1. 팽창 추구와 투자갈망

강행성장, 돌진, 혹은 조급증의 배후에 존재하는 동기들은 무엇인가? 이 물음에 답하려면 무엇보다도 먼저 이 체제의 최고지도자들을 이러한 관점에서 평가해 보아야 한다.

대체로 사회주의 혁명의 옹호자들은 가난하고 후진적인 국가에서 권력을 장악했다. 사회주의 체제가 권력을 잡든 그렇지 않든 간에 모든 후진적인 국가들의 경우 '후발자'(late arriver)에게 전형적으로 나타나는 조급증의 징후들, 즉 더 발전되고 부유한 국가들에게 심하게 뒤처져 있다는 침울한 인식의 징후들이 관찰될 수 있다. [3] 모든 개발도

---

2) 나는 '돌진'(rush)이라는 용어를 만들었다. '조급증'이라는 말에 대해서는 M. Lewin(1986/1974)과 G. Grossman(1983)을 참조하라. 오퍼(G. Ofer, 1987)는 조급증이라는 용어를 '강행성장'(forced growth)과 동의어로 사용한다.

　이 장에서는 오퍼(G. Ofer, 1981)의 훌륭한 요약평가를 이용한다. 비록 오퍼가 주로 소련의 성장에 관한 문헌들을 보고 있기는 하지만, 그것을 넘어서는 몇 가지 일반적인 진술들을 포함한다.

3) 후진성의 결과와 '후발자'가 됨으로써 나타나는 결과를 논의한 고전적 저작은 A. Gerschenkron(1962)이다.

상국들에서 명백하게 나타나는 이러한 조급증은 사회주의 국가들의 경우에는 사회주의 혁명가들이 승리를 거두기 이전에 했던 약속 때문에 더욱 강해진다. 그들은 일단 자신들이 권력을 잡게 되면 후진성을 매우 신속하게 없애 버릴 것이라고 약속했다. 이는 광범위한 사회 계층을 그들의 편으로 끌어들인 사상들 중 하나이다. 혁명이 승리한 후에도 그 약속은 계속해서 반복되었다. 혁명가들 스스로도 조급했지만, 그들은 또한 거대한 공공 대중들이 가진 조급함이 가하는 압력을 느끼고 있었다.

최초의, 그리고 자주 반복되는 그러한 약속은 그들이 사회주의 체제의 우월성에 힘입어 선진국들을 매우 신속하게 따라잡을 수 있다는 신념에 기대고 있다. 이러한 신념은 공식 이데올로기의 주요 구성요소이다. 지도자들은 급속한 성장을 강조하는데, 이는 급속한 성장이 사회주의 체제의 우월성을 보여 주는 더 나은 증거를 제공할 것이기 때문이다.

결국, 더 발전된 국가들을 보다 신속하게 따라잡아야 한다는 요청은 군사적이고 방위적인 고려에 의해서 강화된다. 근대화와 경제력은 막강한 군대를 창출하기 위해서 필요하다.

1931년에 스탈린이 한 연설은 인용할 가치가 있다. "구 러시아 역사에서 하나의 특징은 낙후와 후진성으로 인해 겪은 계속적인 패배였다. … 우리는 선진국에 50년에서 100년 뒤처져 있다. 그 간극을 10년 안에 메워야 한다. 그렇게 하지 않으면 그들이 우리를 짓밟을 것이다."[4] 마오쩌둥과 여타 사회주의 국가 지도자들처럼, 스탈린의 후계

---

4) J. V. Stalin (1947, p. 356).

자들도 되풀이해서 똑같은 생각으로 되돌아갔다(흐루쇼프는 사회주의 체제가 서구 세계를 매장할 것이라는 내용의 인상적인 위협을 가했다). [5] 조급증은 마오쩌둥이 중국 경제사의 한 국면에 부여한 명칭에서 발견한 것이다. 그것은 바로 '대약진'(Great Leap Forward)이다. [6]

최고지도자들은 가능한 한 가장 급속한 성장 정책을 철권을 통해 강요하고자 한다. 이것이 연차 계획과 5개년 계획의 주요한 동기이다. 이러한 동기는 수치상 성장을 극대화하고 다른 모든 지시들보다 상위에 있는 생산 계획들에서, 경제 관리에서 역시 명백하게 나타나는 양적 추구에서, 그리고 고도로 야심찬 투자계획에서 표출된다.

그러나 강행성장률은 상층 지도부가 중하층 지도부에게 그들의 일반 의지에 반하면서까지 따르도록 억지로 강요할 필요가 있는 정책은 아니라는 점이 강조되어야만 한다. 반대로 중하층 지도부는 이미 내부에 강력한 **팽창 추구**(*expansion drive*)를 가지고 있다. 7장 4절에서 관료제의 동기에 대해 분석했던 것으로 되돌아가 보자.

중하층 수준의 관료기구 구성원들은 지도자들과 동일한 정치적 신념에 물들어 있다. 그들은 신속한 성장의 필요성을 느끼고 있는데, 그

---

5) 흐루쇼프(Khrushchev)는 미국 방문 중에 기자회견에서 다음과 같이 말했다. "Q. 당신이 한 리셉션에서 어떤 외교관에게 우리를 묻어 버릴 것이라고 말했다고, 흐루쇼프 씨, 바로 당신이 그랬다고 종종 이야기됩니다.

K. 만약 이 일이 나에게 일어나게 된다고 하더라도, 나의 인생은 너무나 짧아서 당신들 모두를 묻어 버릴 수 없을 것입니다. … 그 리셉션에서 나는, 역사적 진보의 과정에서 그리고 역사적 의미에서, 자본주의는 매장될 것이고 공산주의는 자본주의를 대체하게 될 것이라고 말했답니다."(N. S. Khrushchev, 1959, pp. 76~77)

6) 대약진운동의 주요 슬로건 중 하나는 "15년 이내에 (경제에서) 영국을 추월하고 미국을 따라잡자"는 것이었다.

러한 필요성은 공식 이데올로기를 전파하는 방대한 기구들에 의해서도 역시 그들에게로 전달된다(동기 1).

그들은 자신의 직무와 자신을 동일시(identification) 함으로써 역시 팽창으로 이끌린다. 그의 명령하에 있는 단위의 활동이 실제로 중요하다고 생각하는 사람이라면 누구나 그러한 활동이 확대되기를 진정으로 원한다. 전 세계의 대학 총장들은 자신의 대학이 보다 많은 교수, 보다 많은 학생, 보다 많은 강의실, 그리고 보다 나은 설비를 갖추기를 원한다. 병원 책임자는 보다 많은 의사와 병동, 그리고 보다 많고 보다 나은 시설을 열망한다. 군대 사령관은 더 많은 그리고 보다 현대적인 무기를 요구한다(동기 2).

모든 수준의 관료기구 지도자들은 자신의 권력과 위신이 자신이 이끄는 단위의 확장에 따라서 증가하고, 많은 경우에 자신의 금전적 보상도 그렇게 증가한다고 생각한다(동기 3, 4 그리고 5).

고전적 사회주의 체제하에서는 추가적으로 주요 요인이 존재한다. 중하층 지도자들은 자신들의 부서, 관리부문, 혹은 기업이 제공해야 할 생산품과 서비스가 만성적인 부족 상태에 있다는 것을 인식하고 있다. 채워지지 않은 수요의 압력이 역시 그들을 팽창하도록 강제한다. 더욱이, 그들이 자신들의 투입재들을 획득함에 있어서 직면하는 어려움들은 그들로 하여금 기업이나 지부 내에서 이것들을 생산하도록 부추기는데, 이것이 다시 투자를 요구한다.

앞에서 제시한 팽창 충동들 중 어떤 것들은 체제특수적이지만, 다른 것들은 사회주의뿐 아니라 자본주의하의 관료적 지도자들에게도 동일하게 적용된다. 팽창 추구는 임명되거나 고용된 관료기구 지도자들뿐 아니라 자본주의 기업가들에게서도 매우 강하다고 말할 수 있는

데, 이들은 팽창이 보다 커다란 이윤을, 따라서 보다 큰 권력과 위신을 가져다줄 것으로 기대한다.

주요한 체제특수적 특징은 팽창을 위한 실질적 노력에 있지 않고, 그것에 거스르려는, 내부적으로 생성된 자제심에 있다. 자본주의 기업 소유자들(혹은 그들을 대신하여 기업을 관리할 책임을 진 경영자들)의 눈에는 팽창이 매력적이지만 또한 커다란 위험이기도 하다. 그들은 확장된 회사의 생산품들이 팔릴 수 있을 것인지, 그리고 만약 그렇다면 어떤 가격과 수익성에서 팔릴 수 있을 것인지를 신중하게 고려해야 한다. 잘못된 투자결정에 의해 발생한 손실은 모두 그들의 돈주머니에 타격을 입힌다. 그들은 번창하리라는 희망으로 팽창을 시도하겠지만, 불리한 상황에 처할 위험성 때문에 막무가내식 팽창은 하지 못하게 된다.

이것이야말로 고전적 사회주의 체제가 제거하는 고삐이다. 만성적 부족 때문에 팽창으로부터 나타나는 여분의 생산은 아마도 팔릴 수 있을 것이다(12장 2절 참조). 연성예산제약 때문에, 기업은 아무리 비용과 재정적 손실이 높을 수 있다고 하더라도 어떤 잘못된 투자결정으로 인해 파산하지는 않을 것이라고 생각할 수 있다. 위계제의 모든 수준에 있는 아주 많은 사람들이 투자결정에 부분적으로 참여하지만, 어떠한 손실도 그들 누구의 돈주머니에도 타격을 입히지 않을 것이다(5장 3절 참조).

팽창 추구는 관료기구의 어쩔 수 없는 현실이다.[7] 그리고 이 체제

---

[7] 관료적 행동의 이러한 특징은 관료의 객관적 기능이 자신의 가용 예산을 극대화하는 것이라는 모델을 통해서 파악된다. W. Niskanen(1971)을 참조하라.

에는 실제 소유자는 없고 오로지 관료들만 존재하기 때문에, 이러한 팽창 추구를 억제할 수 있는 내부적인 자기억제가 거의 전적으로 결여되어 있다. [8] **투자갈망**(*investment hunger*)은 도처에 있다.

케인지안 거시경제학이 묘사하는 자본주의의 기본 문제 중에는 바로 기업가들의 자기억제로 인하여 투자갈망이 기업가들에게 충분히 강력하지 않다는 문제가 있다. 이에 대한 해결책은 기업가들의 '동물적 본성', 즉 팽창 노력을 자극하는 것이다. [9] 이런 문제는 고전적 사회주의하에서는 전적으로 존재하지 않는다. 고전적 사회주의에서는 충족될 줄 모르는 투자갈망이 존재하기 때문이다. 물론 여기에도 강력하고 효과적인 제약이 존재한다. 그러나 그것은 잘못된 결정을 할지 모른다는 두려움 때문에 일반적으로 기업이나 중하급 정책결정자에게 내부로부터 제기되지 않는다. 그 대신에 외부적 제약들이 관료적 투자 배분 과정을 통하여 부과되는데, 이는 투자 할당량을 책정하거나 투자 프로젝트에 대한 허가 요청을 강제함으로써 이루어진다.

---

8) 두 가지의 내부적인 자기억제장치를 언급할 필요가 있다. 하나는 동기 6과 관련되어 있다. 지도자는 조용한 생활을 원하고, 그에 반해서 각각의 새로운 투자는 성가심과 추가 책임을 가져다준다. 다른 자기억제는 흥정 과정에서의 책략(*maneuvers*)과 관련되어 있다. 약삭빠른 공무원은 항상 뭔가를 요구하고 있다는 인상을 주지 않을 것이며, 때때로 자기억제를 행사할 것이다.

9) J. M. Keynes(1936, p. 162)를 참조하라.

2. 중앙 배분과 투자긴장

투자과정 통제는 일상적인 생산보다 훨씬 더 엄격하게 중앙집권화되어 있다. 첫 번째 검토하려는 것은 투자 프로젝트 이전의 투자계획과 정책결정이다.

한편으로 국가경제계획은 계획을 수립하고 정책을 결정하는 과정을 통하여 투자기금을 다양한 부서들에 할당한다. 기금 할당은 일반적으로 하향식으로 이루어진다(7장 2절 참조). 할당량은 금액으로 설정되며 대개 몇 가지 주요한 지출 항목으로 나누어진다(예를 들면 건설 총액과 기계설비류 총액으로, 그리고 두 번째 항목의 경우 국내에서 획득하는 기계류와 외국으로부터 들여오는 기계류로 나누어진다). 다른 한편으로, 중앙계획은 모든 투자 프로젝트 중 우선순위를 갖는 프로젝트가 무엇인지를 하나하나 개별적으로 결정한다. 우선 투자 프로젝트 각각으로부터 생긴 설비가 무엇을 생산해야 하는지, 사용하는 기술이 어떤 것인지, 어디에서 운용할 것인지, 언제 준비되어야 하는지, 그리고 그것을 설립하는 데 비용이 얼마나 드는지 등은 중앙에서 결정한다.

앞 절에서 언급했듯이, 모든 공적 소유 기업과 기관들을 총체적으로 살펴보면 투자갈망은 충족될 수 없다. 계획이 종국적으로 결정되기 이전에, 하위 단위들은 상위 수준의 배분자들이 분배할 수 있는 것보다 더 많은 투자기금을 항상 요구한다.[10] 자원들이 충족시킬 수 있는 것보다 항상 더 많은 우선순위의 프로젝트들이 제안된다. 이러한

---

10) 물론 모든 부분들 혹은 모든 기업들과 기관들이 이러한 격투에서 똑같이 공격적인 것은 아니다. 어떤 커다란 투자 과제를 맡았지만 그 과제를 위한 자원을 충분히 받지 못했다고 느끼는 사람들은 특별한 경계심을 표출한다.

특수한 형태의 과잉 요구는 수직적 부족의 발로이다(하급자와 상급자 간의 흥정 과정에서 나타나기 때문에 '수직적'이다) (11장 3절 참조). 투자 결정을 준비하는 사람들에 대한 상부와 하부로부터의 압력은 보통 너무나 강력하기 때문에 극도로 야심차고 종종 비현실적인, 과도하게 팽창된 계획이 만들어진다.

이는 종종 투자 프로젝트의 계획 입안자들이 그 계획의 수용 가능성을 증가시키기 위해서 예상되는 투자 비용과 완공 시기를 고의적으로 빈번하게 과소평가한다는 사실에 의해서 악화된다. 중하위 관리자들의 바람은 무엇보다도 자신들의 제안이 수용되어 계획에 포함되는 것이다. 일단 그렇게 된다면, 비용이 예상했던 것보다 훨씬 더 큰 것으로 판명이 난다 해도 아무도 그 프로젝트를 중단시킬 수 없다. 그러한 현상은 동유럽의 기업 용어에서 '계획 속으로 기어오르기'(*clambering into the plan*)로 잘 알려져 있다. 11)

상부의 배분자는 투자기금을 분배하거나 우선순위의 프로젝트를 승인하기 위한 방법을 결정할 때 어떤 근거를 사용하는가? 미래의 투자자가 어떤 프로젝트의 예상 수익성, 활용 가능한 신용의 이자와 상환 조건, 혹은 투자 위험 등을 진지하게 고려하는 자본시장은 존재하지 않는다. 어느 누구도 이윤 전망을 하지 않는데, 무엇보다도 이는 어느 누구도 현행 물가와 이자율 및 환율에 기초한 계산이 계획된 프로젝트의 효율성을 측정하는 데에 적합하다고 생각하지 않기 때문이다.

비록 자본주의 체제하에서 관례로 되어 있는 지도기준(*guidance criteria*)은 부족할지라도, 선택은 여기서도 역시 아무렇게나 하는 것이

---

11) T. Bauer(1981, p. 500)를 참조하라.

아니다. 명확한 우선순위들이 투자 배분에 적용된다(9장 4절 참조).
계획 과정에서 산정된 부족분들과 관료기구가 받는 부족 신호들이 다
른 기반이 되는데, 이로부터 관료기구는 예상 수요를 만족시키기 위
해 어떤 새로운 생산 설비들이 필요한지를 추론할 수 있다. 그리고 물
론, 앞에서도 언급했듯이, 배분은 정치적 압력과 다양한 방면으로부
터의 로비에 의해서도 영향을 받는다.

　투자계획의 집행과 관련하여 경제학적 용어로 **투자긴장**(*investment
tension*)이라 불리는 투자 재화와 용역에 대한 초과수요가 존재한다.
총괄해서 보면, 공식적으로 승인된 투자 프로젝트들은 물리적으로 가
용한 것보다 많은 투입재를 요구한다. 이것이 투자 재화의 공급자와
사용자 간의 관계에서 나타나는 수평적 부족이다. 그에 대한 반응은
대개의 경우 직접적인 관료적 통제의 틀 내에서 발생한다. 상위의 조
직들은 현재 공급이 부족한 상태에 있는 생산품 혹은 자원을 누가 수
령해야 하는지 그리고 누가 제외되어야 하는지에 대한 즉흥적 결정을
내리면서 개입한다.

　통상적으로, 진행 중인 프로젝트는 어느 것도 완전히 중지되지는
않는다. 무엇보다도 각 프로젝트는 관료기구 내에 강력한 지지자들을
갖기 때문이다. 대신에 사업 지연은 수많은 다른 프로젝트들을 동시
에 지체시킨다. 이러한 관행은 투자 낭비, 승인과 완공 시기의 심각한
연기,[12] 그리고 비용의 대대적 증가를 유발한다.

---

12) 승인 획득 과정이 너무 길어서 결정될 무렵이면 그 프로젝트는 쓸모가 없어진
　　다. 소련의 경우 1980년대에 프로젝트의 25%가 10년에서 20년 일찍 기획되
　　었다. R. Judy and R. Clough(1989)를 참조하라. 한 대표적인 조사에 따르
　　면, 1973년과 1974년에 개시된 대규모 프로젝트의 3분의 1에서 2분의 1에 대

모든 투자결정은 관료기구의 여러 부문들과 수준들이 개입하는 길고 지리한 합의와 흥정 과정을 거쳐 이루어진다. 그것은 사전에 계획되지 않은 활동들에 관해서 신속하고도 유연하게 결정내리는 것을 방해하게 된다. 어찌되었든, 어떤 새로운 프로젝트(말하자면, 어떤 새로운 발명품의 신속한 응용 혹은 갑작스럽게 생긴 수출 기회의 포착)에 사용할 수 있는 자유롭고 어디에도 얽매이지 않는 자원이란 존재하지 않는다. 앞에서 언급한(7장 3절 참조) 이러한 경직성은 투자과정에서 특히 강하게 나타난다. 13)

3. 투자와 소비

다음으로 검토해야 하는 것은 성장 과정의 구조이다. 여기에서 연구할 첫 번째 문제는 국내총생산(GDP)의 지출 명세와 투자에 이용되는 비율이다. 대부분의 기간 사회주의 국가 대부분의 투자비율은 자본주의 국가 대부분에서보다 뚜렷하게 더 높다. 14) 이는 〈표 9-1〉에서 나

한 연간 지출은 2년째부터 계속 감소되어 투자기간을 연장하였다. T. Bauer (1981, appendix, p. 172)를 참조하라.

수많은 산업 투자 프로젝트들을 비교해 보면, 1960년대에 헝가리에서 한 프로젝트를 완료하는 데 걸린 시간은 일본에서보다 2배에서 5배 정도 길었다. Z. Pacsi(1979, p. 630)를 참조하라.

13) Y. Qian and C. Xu(1991)는 연성예산제약으로 인하여 사회주의 경제들이 투자갈망의 문제에 대한 최적의 조직적 대응으로서 투자 프로젝트를 사전에 선별하기 위한 관료적 절차들에 과도하게 의존하였음을 형식화된 모델로 보여준다. 이러한 관료적 절차들의 결과로서 프로젝트들이 지연되고, 전도유망한 프로젝트들이 거부될 수도 있다.

〈표 9-1〉 GDP 내 투자비율: 국제 비교

	투자, GDP의 백분율	
	1980	1988
사회주의 국가		
불가리아	28	27
중국	24	32
체코슬로바키아	27	26
동독	24	27
헝가리	29	21
폴란드	25	23
소련	30	30
자본주의 국가		
브라질	23	22
프랑스	23	21
서독	23	20
인도	19	21
이탈리아	24	22
네덜란드	21	22
스페인	22	24
미국	17	17

출처: P. Marer et al. (1991).

타나는데, 표는 몇 가지 비교 데이터들을 보여 준다.

고전적 사회주의 체제하에서 관료기구를 유지하고 군비를 대는 데 지출된 GDP 비율은 자본주의 국가들보다 적지 않다. 가계에 의한 직접적 개인 소비와 공공복지에 들어가는 집단 소비를 의미하는 소비에 대한 지출이 더 적을 때에만, 더 많은 부분이 투자에 들어갈 수 있

---

14) 논의가 고전적 사회주의의 일반적인 표준형에 관한 것이기 때문에, 투자비율이 사회주의 국가들 간에 다양하며, 또한 시간에 따라 변화하면서 때로는 증가하고 때로는 감소한다는 사실은 무시되어야 한다.

다. 15)

일들이 이렇게 진행되는 것은 주로 국가 지도자들이 완전히 의식적으로 그러한 것을 원하기 때문이다. 가능한 가장 빠른 성장을 성취하려는 지도자들의 조급함에 관해서는 이미 언급했다. 여기에서는 그들이 가능한 한 투자 규모를 크게 하는 것을 그러한 성장을 달성하기 위한 주된 수단으로 본다는 사실을 덧붙여야 한다. 성장이론의 용어로 말하자면, 그들은 (비록 자신들이 그것에 대해 전혀 들어본 적이 없을지라도) 자본이라는 단 하나의 생산요소만을 가진 해로드-도마(Harrod-Domar) 모델을 자신들 눈앞에 가지고 있었다. 그들의 극단적으로 단순화된 추론에 따르면, 투자비율이 클수록 성장률은 높아진다.

〈표 9-2〉는 고정자산에서의 투자가 비교 대상국인 자본주의 국가들보다 여기에 나와 있는 사회주의 국가들에서 훨씬 빠르게 성장한다는 것을 보여 준다. 또한 투자와 GDP 성장률들 사이의 간극은 대부분의 자본주의 국가들에서보다 훨씬 더 넓다는 사실에 주목할 필요가 있다. 이는 강요된 투자팽창과 관련하여 앞에서 제시된 관찰을 간접적으로 확인해 준다. 표는 또한 낮은 투자 효율성을 기록으로 보여 준다. 산출이 장기간에 걸쳐서 연간 $4 \sim 6\%$ 증가하려면 투자는 연간 $8 \sim 11\%$ 증가해야 한다. 이는 사회주의 경제 지도자들로 하여금 높은 투자비율을 집행하도록 강제하는 요인들 중 하나이다.

국가 지도부는 높은 투자비율을 원할 뿐만 아니라, 자신의 의지를 완전하게 강제할 수 있다. 역사상의 어떤 체제하에서도 그토록 작은

---

15) 여기서 분석은 특정 사회주의 경제가 외국의 자원을 사용했는지 안 했는지 여부는 무시한다(14장 3, 6절 참조).

<표 9-2> GDP 성장과 자본 투자: 국제 비교

	연평균 성장률 (1950~1979)	
	GDP	총고정자본투자
사회주의 국가		
불가리아	5.43	10.89
체코슬로바키아	3.67	6.11
동독	3.77	8.52
헝가리	3.64	8.85
폴란드	4.12	9.70
루마니아	5.81	11.33
소련	4.95	8.02
자본주의 국가		
오스트레일리아	4.54	4.43
캐나다	4.57	4.36
핀란드	4.48	4.54
그리스	6.20	7.16
이탈리아	4.92	4.79
네덜란드	4.58	5.10
노르웨이	4.15	4.93
스웨덴	3.69	4.18
서독	4.85	5.69

출처: F. L. Pryor(1985, p. 76).

인간 집단이 국가적 차원에서 투자-소비 비율을 그토록 엄격하게 지배한 적은 없다.

경제학자들은 자본주의 체제하에서의 투자와 저축 사이의 사전적인 (*ex ante*) 인과관계에 관하여 논쟁한다. 확실히 말할 수 있는 것은 투자와 저축 모두는 수백만 의사결정자들의 수중에서 이루어지는 철저하게 탈중앙집권화된 과정이라는 사실이다. 또한 비록 자발적 저축이 투자에 영향을 미치고 역으로 자발적 투자가 저축에 영향을 미치더라도, 아주 많은 경우에 두 종류의 결정은 분리되어 있다. 이는 고전적 사회주의의 경우와 대조된다. 고전적 사회주의에서는 투자결정이 극도로 중앙집권화되어 있으며 저축에 관한 결정도 역시 포함한다. 저축, 즉 비소비는 개인적 소득의 소유자인 가계가 좋아하든 싫어하든 간에 중앙 당국이 투자 목적을 위해서 소비로부터 빼내기에 적절하다고 생각하는 양과 같다. 16)

궁극적으로 투자 비율의 증가와 소비 비율의 하락을 제한하는 것이 있다면, 그것은 무엇인가? 이미 보았듯이, 고전적 사회주의 체제는 자본주의하에서 작동하는 것과 같은 자동적인 경제 메커니즘, 즉 개별적인 저축들과 투자결정들 간의 상호작용들, 자본시장, 그리고 상업은행 제도 등을 갖고 있지 않다. 국가 지도자들은 일반대중들이 인내할 수 있는 것의 한계를 기껏해야 간접적으로만 느낄 뿐이다. 이러한 인내의 한계가 소비의 축소를 제한한다.

고전적 사회주의 체제의 최고 통제자들이 대중의 물질적 복지에 실제로 얼마나 관심을 가지고 있는지를 말할 수 있는 방도는 달리 없다. 공표된 정치 프로그램들은 확실히 그것을 매우 강조한다. 이는 그들로 하여금 그 체제를 정당화하고 그 체제가 권력을 계속 유지하도록 하기 위해서 이러한 종류의 결과를 몇 가지 보여 주도록 강제한다. 이러한 이유만으로도 소비는 인내의 한계 아래로 무한히 축소될 수 없다. 17) 따라서 인내의 한계가 꽤 오랫동안 일인당 소비의 정체 혹은 심

---

16) 물론 '투자는 저축과 같다'(investment equals saving)는 정식은 자본주의와 사회주의 모두에서 사후적으로 적용된다. 그러나 이는 사전적인 인과관계 문제라는, 다시 말해서 투자정책 결정자가 과거의 저축과 예상되는 미래의 저축에 의해 얼마나 영향을 받는지, 그리고 역으로 저축에 대한 정책결정자가 투자기회나 그 기회와 연관된 인센티브에 의해 어떻게 영향을 받는지 등과는 하등 상관이 없는 일종의 대차대조표 항등식이다.

지어 축소를 가능하게 할런지, 아니면 소비에서 다소간의 증가를 강제할런지는 정치적 상황, 일차적으로 억압의 정도에 의존한다. 바로 그곳에 한계가 실제로 존재한다.

결과적으로, 공고화된 사회주의 국가들에서의 고전적 체제의 전반적인 역사적 경향을 보면, 소비에서의 상당한 증가를 볼 수 있다(13장 1절 참조). 그러나 심지어 이러한 국가들에서조차도 소비증가율은 GDP 성장에 비해 상당히 뒤쳐져 있다. 중국과 같은 국가의 경우, 일인당 소비는 오랫동안 다소 정체되었다.[18]

비록 관료들이 소비를 증가시키고 싶어 할지라도, 그리고 생활수준과 관련한 인내의 한계가 어쨌든 최저 소비 수준을 강제할지라도, 이러한 환경들은 투자비율을 극대화하려는 최고지도자의 내적 충동에 대해 기껏해야 하나의 고삐에 불과하다. 고도의 투자-소비 비율을 선호하는 것은 최고지도자 혹은 정상에 있는 제한된 지도집단만이 아니다. 방대한 하부 관료도 역시 투자의 빠른 성장을 지향한다(9장 1, 2절 참조). (팽창 추구, 연성예산제약, 투자갈망 등 핵심 용어들을 반복하는 것으로 충분하다.) 관료들의 미시적 동기들과 중앙 당국의 거시적 정책은 서로 일치한다. 높은 투자비율을 선호하는 중앙 지도부의 결정은 전체 권력 엘리트의 갈망과 목표를 표현한다.

역사적 '기능주의'(*functionalism*) 철학에 따르자면, 고전적 사회주

---

17) 대약진운동 시기 중국의 경우, 지도부의 입장은 중국의 오랜 속담을 인용함으로써 종종 특징이 드러났다. 그 속담은 "빨리 달리지만 먹일 필요가 없는 말이 필요하다"이다.

18) 중국의 경우, 국유기업 노동자의 실질임금은 1957년과 1978년 사이에 11.6% 하락했다(State Statistical Bureau, 1985, p. 556).

의의 제도적 체계와 관료의 동기부여(*motivation*)는 현재와 같이 되어 있는데, 이는 그것이 후진국가가 선진국가를 따라잡을 수 있도록 가장 잘 만들어 주기 때문이다. 급속한 성장을 강제하는 데 없어서는 안 될 정치적-경제적-이데올로기적 메커니즘은 빈곤하고 저발전된 국가의 참을 수 없는 조급성으로부터 나온다.[19] 비록 이러한 견해가 그 속에 진리의 요소들을 갖추고 있다고 하더라도, 나는 그것이 편향되었다고 간주한다. 이 책에서는 한편으로는 권력구조, 이데올로기, 재산관계가, 그리고 다른 한편으로는 경제성장의 유형이 일종의 상호 영향을 미치고 있다고 생각한다. 이러한 상호 영향에서 인과관계의 주된 방향은 첫 번째 요인들로부터 두 번째 요인들로 가고 있다. 만약 공산당의 분할되지 않는 완전한 권력과 공식 이데올로기가 관료적 공적 소유와 함께 주어진다면, 이 모든 요소들이 결합하여 나타내는 효과는 바로 강행성장률이다(15장 1절 참조).

투자와 소비 비율을 설정하는 것은 신고전파 경제학에서 정책결정자의 시간 선호(*time preference*: 경제주체들이 현재 소비를 미래 소비보다 상대적으로 얼마나 더 선호하는가를 나타내는 개념 — 옮긴이주)라고 알려진 문제영역과 매우 밀접하게 연결되어 있다. 고전적 사회주의의 공식 이데올로기는 지도부의 '미래 지향'(*future orientation*), 즉 미래의 더

---

19) 이러한 문제들에 관한 논의를 보려면 A. Nove(1964, 특히 1장 "스탈린은 정말로 필연적이었는가?")를 참조하라. 소련 산업화와 집단화에 관한 자신들의 기념비적 역사서에서, E. H. Carr and R. W. Davis(1969/1974)는 스탈린이 특별한 성장전략의 파생물이었다는 관점을 암묵적으로 주장한다. 1920년대 소련 경제학자들의 눈을 통해서 인지된 강제의 필요성에 대한 논의를 보려면 A. Erlich(1960)를 참조하라. A. Nove(1989)는 이 문제에 관한 최근의 소련 논쟁들을 많은 유용한 참고문헌을 통해서 개관하고 있다.

나은 생활을 위한 현 세대의 희생에 대한 요청을 공공연하게 찬양하려고 노력한다. 스탈린 시기에 헝가리의 지도자였던 마타슈 라코시[20]는 이를 다음과 같이 간결하게 표현했다. "우리는 미래에 황금 알을 낳을 암탉을 오늘 죽이지 않을 것이다."[21]

강행성장 시기의 시간-선호 체계의 성격을 묘사함에 있어서, 세 가지 현상이 특징으로 제시될 수 있다. 첫 번째는 대중이 자신의 현재 소비 일부를 포기함으로써 치르는 **희생**이다. 좀더 엄밀히 말하면, 어떤 종류의 생산품과 서비스에 대한 충족되지 못한 수요는 누적되지도 않고 훗날로 연기될 수도 없는데, 바로 그러한 종류의 생산품과 재화의 소비가 희생된다. 10년 동안 생리학적으로 바람직한 양의 우유를 절반밖에 소비하지 못하는 사람은, 그들이 다음 10년 동안에 그 양의 1.5배를 마실 수 있을 것이라는 확신에 의해 보상되지 않을 것이다. 경제가 첫 시기에 절약한 것은 완전히 최종적으로 절약된다.

두 번째 현상은 **연기**이다. 희생이 소비의 흐름과 관련되어 있는 반면에, 연기는 소비에 이바지하는 것들의 축적과 관련되어 있다. 즉, 주거 건물, 소매상점, 소비재 공장 등이 그것이다. 연기는 희생과 함께 간다. 왜냐하면 연기는 현재의 소비를 억제하기 때문이다. 하지만 그것은 소비를 완전히 최종적으로 '절약하는' 경우가 아니다. 한편으로는 비록 그것이 좀더 중요한 것으로 현재 평가되는 다른 투자 과제들을 위해서 자원을 풀어 주지만, 다른 한편으로는 생략된 행위들은

---

20) 〔옮긴이주〕 Mátyás Rákosi(1892~1971). 헝가리의 정치가로, 공산당 창당과 헝가리 10월 혁명에 참여했고 헝가리소비에트공화국 수립에 지도적 역할을 했다. 공산당 서기, 부총리, 사회주의 노동자당 총서기 겸 총리를 지냈다.

21) M. Rákosi(1950/1955, p. 244).

나중에 반드시 수행되어야 한다. 즉, 연기된 과제들은 누적된다. 이는 다음 세대의 계좌에 쌓이는 일종의 대부금과 같은 것이다. 모든 새로운 연기는 내부 부채의 부담을 더욱 증가시킨다. 22)

세 번째 현상은 **무시**이다. 연기의 순수한 사례는 돌이킬 수 없는 손해를 입히지는 않는다. 지어지지 않은 아파트, 상점, 혹은 의류 공장들은 나중에 지어질 수 있다. 만약 되돌릴 수 없는 손해가 존재한다면, 무시에 관해서 말할 수 있다. 무시는 **유기적**(*organic*) 발전을 요구하는 과정(고등교육, 보건, 혹은 환경보호 등과 같은 분야)에서 특히 발생한다. 만약 그러한 경우에 있어서 특수한 과제가 수십 년 동안 무시된다면, 나중에 갑작스런 자원 배분이나 보충적인 특별 행동으로 부족이 메워질 방도는 존재하지 않는다. 23)

강행성장의 증거는 대중이 겪는 매우 심각한 희생(13장 1절 참조)과 여러 개의 발전 지역에서 두드러지게 나타나는 연기와 무시이다. 이 장의 나머지 절들은 그것들을 되풀이해서 다룬다. 정책은 미래를 아주 잘 내다보지는 않는다. 향후 10년 혹은 20년에 도달 가능한 성장률의 극대화는 단지 현재와 미래 소비보다도 더 선호될 뿐만 아니라, 그보다 먼 미래의 생산을 위해 현재에 토대를 놓는 것보다도 더 선호된다.

---

22) 연기는 체제특수적 현상은 아니다. 연기는 자본주의 경제에서도 역시 다양한 형태로 발생하기 때문이다. 하나의 예를 들자면, 많은 발전된 국가들에서 예산으로 재정 지원되는 사회간접자본 투자의 무시이다.
23) 희생, 연기, 무시 간의 관계는 내가 1972년에 쓴 책에서 좀더 상세하게 논의하였다.

4. 우선순위

투자 배분에 적용되는 우선순위에 대한 논의는 **부문 구조**를 고찰하면서 시작한다.

 1. **투자재의 우선성.** 발전된 부문들은 주로 고정자본의 증가, 즉 투자재 생산을 직접적으로 유발하는 부문들이다. 집중적이고 자기반복적이며 자기유도적인 과정이 발생한다. 투자재 생산은 보다 많은 고정자본을 갖기 위해서 증가되는데, 바로 이 고정자본은 이번에는 고정자본의 성장에 다시 기여하는 투자재를 주로 생산해야 한다. 따라서 내부의 나선장치(혹은 나선추진기)에 관해서 언급하는 것은 일리가 있다. 왜냐하면 나선형의 운동은 항상 더 많은 투자와 고정자본, 그리고 궁극적으로는 더 많은 총산출을 유발하면서 나아가기 때문이다.

 매우 빠른 속도로 회전하는 내부의 나선장치는 다른 모든 부문들을, 비록 그것들이 훨씬 더 느리게 성장하기는 하지만, 끌어당긴다. 만약 투자배분자들이 앞에서 개관했던 견해를 채택했다면, 그들은 내부 나선장치의 빠른 전진 회전을 유지하는 데에 필요한 만큼의 다른 부문들을 발전시키는 것이 가치 있다고 생각할 것이다. 이렇게 해서 도달하게 되는 일반적인 우선순위는 이제 몇 가지 구체적이고 불완전한 우선순위들의 형태, 즉 투자계획을 작성할 때 적용되는 단순한 주먹구구식 규칙으로 표현된다.

 2. **수입에 대한 국내생산의 우선성.** 부문별 구조의 발전은 자급자족의 추구에 의해서 특징이 좌우된다. 여기서는 오로지 목록의 완전성

이라는 차원에서만 이를 언급한다(14장 1절 참조).

3. 생산 영역의 우선성. 마르크스 정치경제학에서는 '생산적' 활동과 '비생산적' 활동을 구별한다(5장 4절 참조). 사회주의 국가들의 계획과 통계에서는 여기에 실제적 의미가 부여된다. 실체적인 물질적 재화의 제조는 '생산적 영역'으로 간주되고, 대부분의 서비스 공급은 '비생산적 영역'으로 간주된다. [24) 우선순위를 보면, 비생산적 영역에 대해 생산적 영역은, 다시 말해서 서비스에 대해 물질적 재화의 생산은 투자 우위를 가지고 있어야만 한다. [25)

왜 비생산적 영역이 무시되는가에 대해서 몇 가지 이유가 존재한다. 현대 자본주의하에서 서비스의 일부분은 사적 생산자들에 의해서, 일부분은 예산제 기관들과 비영리 조직들에 의해서 제공된다. 전자에 해당하는 하위 영역에는 소비자 주권이 시장 조정을 통하여 지배적으로 나타나게 된다. 사적 생산자들은 수요가 존재하는 만큼의 주택, 사적 교육, 사적 보건의료 등을 충분하게 제공할 준비가 되어 있다. 여기에는 매우 많은 수익성 있는 사업 기회들이 존재하는데, 이것

---

24) 여기에 대한 명확한 예외는 수송인데, 마르크스에 따르면 수송은 공장 문을 넘어서는 생산의 확장으로서 생산적이다. 상업의 분류는 애매하다. 왜냐하면 생산적 요소들과 비생산적 요소들이 모두 다 있기 때문이다. 통계적 분류 문제에 대해서는 J. Árvay (1973)를 참조하라.

25) 또 다른 종류의 분류가 사회주의 국가들의 문헌에서 나타났다. 즉, 협소한 의미에서의 생산적 경제 부문(*productive-economy sector*)과 '사회간접자본'의 대비가 그것이다. É. Ehrlich (1985b)를 참조하라. 지면관계상 '사회간접자본'이 서구의 문헌에서 통상적으로 사용되는 '서비스 부문'이라는 개념과 얼마나 일치하는지에 대한 상세한 설명은 할 수 없다. 하지만 적어도 사회간접자본이 중요하지 않은 비우선순위의 영역에 속한다는 것은 확실하다.

이 이러한 하위 영역이 급속하게 발전하는 이유다. 공적 서비스를 위한 자원 할당에 관한 한, 이는 적어도 의회민주제하에서는 민주적 정치과정에 종속된다. 공적 서비스 영역은, 다수 대중을 대표하는 정당들이 그러한 서비스를 개발하기 위해 기꺼이 많은 금액을 할당하려고 하는 한, 무시될 수 없다. 대조적으로 고전적 사회주의 체제하에서의 할당자들은 어떠한 민주적 통제에도 종속되지 않는다. 더욱이 그들은 자본주의하에서는 궁극적으로 소비자들의 수중에 놓여 있는 수많은 배분정책 결정을 해야만 한다. 고전적 사회주의하에서 이러한 배분정책 결정은 관료의 수중으로 넘어갔다. 경제에 대해 관료적 통제를 행사하는 사람들의 입장에서 볼 때는 서비스를 개발하는 것보다 훨씬 중요한 해야 할 일이 항상 존재한다. 왜냐하면, 그들이 느끼기에, 서비스는 연기되거나 무시될 수 있기 때문이다.

4. 1부문 생산의 우선성. 마르크스 정치경제학은 한층 더 중요한 구별을 1부문과 2부문 생산 사이에 하고 있다. 전자는 생산수단을 만들고, 후자는 소비재를 만든다.[26] 우선순위를 보면, 1부문은 2부문에

---

26) 1부문 생산품의 목록에는 투자재뿐 아니라 현재 생산을 위한 원료와 반제품도 포함된다.

이러한 분류(그리고 또한 이러한 우선순위)가 갖는 하나의 문제점은, 순수하게 물리적 속성들의 관점에서 볼 때 많은 품목들이 생산수단으로서나 소비재로서 똑같이 기능할 수 있다는 점이다. 이는 대외무역이 고려된다면 특히 그러하다. 생산수단은 수출되는 소비재와의 교환으로 수입될 수 있다. 그리하여 2부문은 생산수단을 간접적으로 창출할 수 있다(혹은 역으로 1부문은 대외무역을 매개로 하여 소비재를 공급할 수 있다).

이 모든 이유로 인하여, 부분적인 우선순위 4(1부문 생산의 우선성 — 옮긴이 주)는 기본적인 우선순위 1(투자재의 우선성 — 옮긴이 주)의 일관된 주장을 확

대하여 투자 우위를 누려야 한다.

5. **공업의 우선성.** 공업은 성장의 엔진이라고 간주된다. 강행성장전략은 우선적으로 급속한 공업화를 의미한다. 우선순위를 보면, 공업은 경제의 다른 모든 부문에 대해 투자 우선권을 가져야 한다. 이에 대한 수치는 〈표 9-3〉에 제시되어 있다.

6. **중공업의 우선성.** 고전적 체제하에서 지배적인 공식적 관점에 따르면, 기계화는 생산성을 증가시키고 기술발전을 낳는 가장 좋은 수단이다. 거대한 양의 강철과 여타 금속들이 기계류와 무기 제조 모두에 이용된다. 우선순위를 보면, 공업화 우선권은 일차적으로 중공업에 부여되며, 중공업 중에서도 기계류와 제강이 우선이다.[27]

여기에 열거된 우선순위의 엄격한 고수는 조화롭지 못하고 기형적인 부문 구조를 유발한다. 강행성장의 초기 몇십 년 동안, 자원의 극단적인 중앙집중화는 우선순위 부문들이 매우 급속하게 성장함에 따

실하게 더 진척시키는 데 실패하고 있다.

[27] 이를 보여 주는 것을 살펴보면, 첫 번째는 소련의 수치이다. 1917년과 1976년 사이에 공업 투자의 84%가 중공업으로 갔다(Statistika, Moscow, 1977, p. 436).

두 번째는 중국의 수치이다. 중량급 수압 프레스의 수는 모든 EEC 국가들에서 운용하고 있는 그에 맞먹는 프레스 수와 동일하다. 한편, 중국의 일인당 GNP는 EEC의 일인당 GNP의 겨우 20분의 1에 불과하다. 중국의 한 경제학자에 따르면, "중공업의 구조와 규모는 경제가 지탱할 수 있는 규모를 초과한다"(S. Zhou, 1981, pp. 30~31).

마지막으로, 루마니아의 몇 가지 자료이다. 1951년과 1981년 사이의 총투자의 절반 이상이 공업으로 갔다. 이 중에서 77~80%는 중공업을 발전시키는 데로 갔다(M. Shafir, 1985, p. 108).

〈표 9-3〉 총투자 중 공업a 투자의 비율: 국제 비교

	불변 가격을 기준으로 한 연평균	
	1965~1973	1973~1983
사회주의 국가		
불가리아	44.5	42.3
중국b	51.5c	54.0d
체코슬로바키아	37.6	38.0
동독	50.2	-
헝가리	34.8	34.2
폴란드	38.8	38.0
루마니아	47.9	49.3
소련	35.0	35.3
	1965~1973	1973~1980
자본주의 국가		
벨기에	28.7	24.9
덴마크	16.1e	16.7
핀란드	24.6	27.1
프랑스	24.6	23.9
아일랜드	25.9	29.0
영국	31.3	32.4
서독	25.6	24.4

주석: a) 사회주의 국가에서 공업은 제조업, 에너지, 그리고 연료생산 부문들을 포함한
다. 자본주의 국가의 경우 공업은 제조업, 에너지, 연료생산 부문들과 전기, 가
스, 수도 설비 등을 포괄한다.
b) 현재가격 기준 국가 투자.
c) 1953~1962년.
d) 1971~1980년.
e) 1966~1973년.

출처: United Nations(1986c, 표 13, 16), Központi Statisztikai Hivatal(Central Sta-
tistical Office, Budapest) (1986, p. 28)에 기초하여 P. Mihályi가 작성하였다.

라 내부 나선형의 회전을 가속화하는 데 성공한 것처럼 보인다. 한편 다른 부문들은 뒤떨어졌으며, 그들 중 일부는 매우 심각했다. 그러한 부문들은, 내부 나선형으로부터 멀리 떨어질수록, 적어도 한동안은 내부 나선형의 회전을 덜 방해하며, 또한 그 자신들은 더욱더 뒤처지게 된다. 주로 소비재를 생산하는 부문들이 낙후되며, 서비스 부문도 그렇다. 그중에서도 주택 건설, 공동체 서비스, 무역 등이 특히 심각하게 영향을 받는다. 농업과 수송도 역시 뒤떨어진다.

이 모든 것들에 수반하는 것은 앞 절에서 언급한 세 가지 현상이다. 이는 강행성장 시기를 살아가는 세대의 중대한 희생, 미래 세대들에 손해를 주는 비우선순위로 강등된 과제들과 연기된 과제들의 누적, 마지막으로 무시와 돌이킬 수 없는 피해의 사례들이다.[28]

7. 군수공업의 우선성. 군대와 경찰 모두를 포함한 무장력에 대한 투자 수요는 민간의 개발 과제에 비해서 무조건적인 우선순위를 부여받는다.[29] 한편으로, 이는 우선순위 3, 5, 6과 밀접하게 관련되어 있는

---

[28] 몇몇 사회주의 국가들의 보건의료와 고등교육 분야에서 돌이킬 수 없는 무시의 사례들이 발생했다. 최근에 소련과 몇몇 동유럽 국가들의 보건 분야에서 전개된 엄중한 상황은 좋지 않은 인구통계학적 경향들을 낳았다. 낮은 기대수명과 높은 유아 사망률이 그것이다. 1960년과 1984년 사이에 사망률은 인구 1천 명당 7.1명에서 10.8명으로 상승했으며, 평균 수명은 서구의 74세에서 78세와 비교했을 때 약 70세에서 67.7세로 하락했다. 당시 서구 선진국들의 유아 사망률이 1천 명당 6~10명인 것과 비교했을 때 소련에서는 1천 명당 25명을 기록했다(A. G. Aganbegian, 1989, pp. 228~229).
자원 배분에서 보건의료 분야에 유리하게 실질적인 전환이 이루어진다고 하더라도(아직 전환이 이루어지지 않았는데), 그 해로운 경향들을 역전시키는 데는 여전히 수십 년이 걸릴 것이다.
[29] 현행 생산의 조정에서 차지하는 군수공업 부문의 위치를 여기에서 언급할 필

데, 이들 각각은 우선순위 1에서 언급되었던 내부 나선형을 가속화할 뿐 아니라 군수산업도 역시 발전시킨다. 다른 한편으로, 군수공급의 우선순위는 그 자체로 나타난다. 순수하게 군사적인 목적을 위한 공장 설립은 투자기금이 배분될 때 특히 세심한 주의를 받는다. 이는 공개된 계획으로부터는 부분적으로만 끌어 모아질 수 있는데, 군사와 경찰 목적을 위한 투자의 높은 비율은 비밀로 지켜지기 때문이다.

부문별 비율과 관련된 우선순위를 관찰했다면, 미시적 구조의 발전에 적용되는 우선순위에 대해 세 가지를 골라내어 논의해 보자.

8. 신규 설비의 우선성. 경제를 운용하는 사람들은 기존의 오래된 공장을 유지하는 것을 철저히 무시하는 반면에 새로운 공장을 가능한 한 많이 세우려고 한다. 이러한 동기는 주로 정치적인 것이다.[30] 신형의 공장을 설립하는 일은 오래된 공장의 기계류와 건물을 주의를 기울여 유지하는 고역과 비교했을 때 훨씬 눈부신 후진성 극복과 급속한 발전 성취의 사례를 만든다. 새로운 시설에 대한 득의양양한 중간보고서들이 작성될 수 있으며, 축제와 같은 제막식이 하나의 전국적인 이벤트

요가 있다. 군수 목적을 위한 상당 부분의 생산은 하나의 독립적인 부처나 부문 관리부의 통제하에 있으면서, 민수 생산과는 조직적으로 구분된다. 그러나 군수와 민수의 중첩이 존재하는 곳에서는, 심지어 심각한 부족의 경우에도, 군수 생산 주문을 수행하는 것이 우선순위를 받는다. C. Davis(1990)를 참조하라.

30) 이러한 현상은 이전의 의견(5장 3절 참조)을 명확히 보여 준다. 관료적 지도자는 자신이 실질적인 소유자라고 느끼지 않는다. 어떤 소유자라도 끊임없는 재산의 하락을, 만일 피할 수 있다면, 그대로 받아들이지 않는다.

로 전환될 수 있다. 강행성장전략은 이러한 건설 열기를 필요로 한다. 노동자들의 열광은 생산 향상 요소로 간주되기 때문이다.

비록 이러한 우선순위가 생산 투자의 경우에 가장 현저하게 나타나지만, 이는 다른 영역에도 역시 적용된다. 보다 많은 자원이 이전 체제로부터 물려받은 주택을 유지하기보다는 새로운 주택 단지를 건설하는 데 들어간다. 이러한 상황은 새로운 학교, 대학, 철로 등에서도 마찬가지이다.

이러한 우선순위는 다시금 연기를 일으키는 특성을 갖는다. 유지와 보수에 들어가는 자원의 일부는 단기적으로 높은 우선순위를 갖는 과제에 사용되기 위해서 일시적으로 돌려진다. 그러나 조만간 연기는 그 자신의 목적에 어긋나게 되며 성장에 제동을 걸게 된다.

9. 거대 설비의 우선성. 경제를 책임지고 있는 사람들은 큰 것에 매료되고, 방대한 것에 더욱더 매료된다. 때때로 정말로 '규모에 대한 숭배'와 거대화 열병이 나타나기도 한다.[31]

그러한 현상은 물질적 생산에 한정되지 않는다. 만약 실제로 가능하다면, 다양한 서비스 시설들(대학, 도서관이든 혹은 병원이든)이 가능한 한 거대한 단위로 설립된다.

---

31) 이러한 선호는 새로운 설비의 규모 선택뿐만 아니라 기존 기업의 조직 형태 발전에도 적용된다. 사실 이러한 과정은 농업과 소규모 공업의 국유화 및 집단화와 함께 개시되었는데, 당시 대규모 공적 기업들과 협동조합들은 소규모 가족기업들과 소규모 자본주의적 기업들을 대체하기 위해서 설립되었다. 그러한 과정이 완료되고 난 뒤에 국유기업 혹은 협동조합 사이에 연속적인 합병의 물결이 이어졌다. 그 결과, 고전적 사회주의 체제하에서 매우 강력한 생산의 중앙집중화가 존재하게 되었다(〈표 17-2〉~〈표 17-6〉 참조).

몇 가지 요인들이 이러한 우선순위의 방향으로 정책결정자들을 압박하여 몰아간다.[32] 첫 번째 요인은 보다 거대한 규모와 산출량으로부터 오는 규모의 경제에 대한 기대이다.[33] 그러나 실제로는 규모와 양의 확대는 비용 절감뿐 아니라 추가 비용을 수반한다. 양자의 균형이 순수하게 경제적인 관점에서 공장의 최적 규모를 결정한다.[34] 특정 장소와 시기에 가장 유리한 공장 규모는 부문의 성격, 기술, 관리자의 능력, 시장 구조, 그 외 많은 다른 요소들에 의해 결정된다. 이는 다양한 규모의 조직들이 시장 경쟁에서 나란히 살아가는 이유를 설명한다. 이와는 대조적으로 강행성장 과정에서는, 몇 개의 중규모 혹은 심지어 소규모 단위들이 가장 효율적일 수 있는 곳에서, 종종 거대한 기업들과 기구들이 나타난다. 보다 큰 규모의 단위들을 설립하려는 무분별한 선호는 성장률을 빠르게 하는 데 기여하지 못한다고 확실히 말할 수 있다.

권력의 고려들이 경제적 기준과 동등한 역할, 혹은 훨씬 더 큰 역할을 한다. 상급 지도자들은 적은 수의 하부자들을 통제하는 것이 더 쉽다는 것을 발견한다. 하부 단위들의, 말하자면 특정 기업이나 특정 공공기관의 지도자들에 관한 한, 통제하는 단위가 커질수록 그들의 권력과 권위는 확실히 증가한다.

---

32) 집단화에 관한 분석에서, 관련성은 있지만 동일하지 않은 문제가 제기되었다 (5장 5절 참조).
33) 마르크스와 레닌의 경제적 개념들은 중앙집중화 경향과 소규모 공장에 비한 대규모 공장의 이점에 커다란 강조점을 둠으로써 이러한 관념을 주입하는 데 기여하였다.
34) 5장 5절의 각주 27번에 나오는 문헌을 참조하라.

10. 우선순위의 생산품과 우선순위 투자 프로젝트. 우선순위를 갖는 수천 개의 생산품이 존재한다(7장 2절 참조). 이들 중에서 '모든 것들 가운데서 가장 중요한 생산품들'로 구성된 보다 작은 생산품 집단을 식별할 수 있다. 이 생산품들은 연간계획과 그 계획의 실행에서만이 아니라 투자배분과 투자결정의 수행에서도 역시 특별한 주의를 받는다. 철강산업에서 중요한 것은 강철과 가장 일반적으로 사용되는 유형의 압연강을 직접적으로 생산하는 단위들을 가능한 한 빨리 준비시키는 것이다. 농업 기계 제조의 경우, 가장 중요한 과제는 완제품 트랙터와 복식 수확기를 생산하는 단위들을 완성하는 것이다. 우선순위를 갖는 생산품의 제조에 기여하는 모든 보조공장, 부품공급 기업들, 수송체계, 수리소, 그리고 제품보관소 등이 적시에 적절한 규모로 작동하도록 하는 데에는 주의가 훨씬 덜 기울여진다. 사용자들(예를 들어, 철강산업의 생산품을 가공하는 엔지니어링 산업, 그리고 농업 엔지니어링 산업의 생산품들을 사용하는 농장 등)은 우선순위를 지닌 생산품들뿐 아니라, 수많은 보완적인 생산품들 역시 필요로 한다. 그러나 이들의 균형 잡힌 발전은 우선순위를 갖는 생산품들의 성장에 뒤처진다.

이는 대단히 많은 생산 정지를 낳으면서, 만성적인 부족의 한 원인이 된다(12장 1절 참조). 이러한 명백한 경제적 결점에도 불구하고, 그러한 경향은 환경에 의해 설명될 수 있다. 여기서 재차 전반적인 정보 문제가 발생한다(7장 7절 참조). 중앙집중화된 관료적 정책결정은 한꺼번에 수많은 과제들에 동등하게 주의를 기울일 수 없다. '우선순위 설정'은 그 일을 다룰 수 있도록 만드는 것이다. 거기에 덧붙여서 대중동원, 정치 캠페인, 그리고 선전이라는 고려사항이 존재한다. 효과적이기 위해서, 이것들은 비교적 적은 수의 행동에 초점을 맞출 것을 요구한다.

선택된 투자 프로젝트들의 우선순위 지위는 하나의 관련된 현상이다. 사실상 양자는 부분적으로 중첩되는데, 우선순위를 가진 투자들 대부분은 완료될 때 우선순위를 가진 생산품들을 생산할 것이기 때문이다. 우선순위를 지니는 투자 프로젝트들은 권력 엘리트들이 좋아하는 것들이다. 모든 새로운 시설의 건설은 그 자체의 매력을 갖고 있다. 미디어는 철저하게 그것을 다룬다. 관련 기구의 모든 부서들은 사업의 진척을 수차례 모니터한다. 그 사업의 요구사항들은 언제나 수용된다. 가장 혹독한 부족상황 속에서도 물자가 공급된다. 이 장에서 강행성장에 관하여, 돌진에 관하여, 그리고 충동적인 조급증에 관하여 일반적인 용어로 언급되는 모든 것들은 우선순위를 가진 투자 프로젝트를 둘러싼 일련의 연속적 사건들에서 생생하게 경험할 수 있다.

어떤 관점에서 볼 때 '우선순위를 갖는 생산품'과 '우선순위를 갖는 투자'에 대한 일방적인 배려도 마찬가지로 연기의 영역에 속한다. 만약 우선순위를 지니는 생산품의 산출이 빠르게 증가한다면, 그 사실은 계획 보고서에 발표될 수 있다. 만약 우선순위를 갖는 투자 프로젝트가 완료되면, 그것은 즉각 하나의 생생한 성취를 제공한다. 우선순위를 갖지 않는 다른 생산품의 생산에서 발생하는 상대적인 지체, 보조적인 생산 기구의 병행적 건설에 대한 무시, 그리고 우선순위를 갖지 않는 투자 프로젝트들에 대한 성의 없고 세심하지 못한 관리 등은, 비록 그 효과가 결국에는 나타난다고 하더라도, 단지 얼마간 시간이 지난 후에야 느껴지는 제동(制動) 효과를 낳을 뿐이다.

11. 환경을 희생시키는 경제 개발. 생산증가는 삼림과 여타 녹지대를

파괴하고, 물과 공기를 오염시키고, 자연의 동물 왕국에 해악을 끼치는 등의 비용을 지불하면서 이루어진다. 더욱 커다란 환경 손상이 인간의 다른 활동들(수송, 난방, 도시화 등)에 의해서 일어난다. 투자와 환경보호 간의 관계는 두 가지 형태를 취한다.

첫째, 생산 혹은 여타 목적을 위한 투자 프로젝트들과 그러한 프로젝트들에 의해 세워진 시설이 환경을 해치지 않는 것이 보장되는가? 환경에 해를 끼치지 않는 추가 투입이 필요하다. (예를 들면 폐수를 처리하거나 연기를 여과하는, 보다 값비싼 방법이 요구될 수 있다.) 그러므로 대답은 보통 '아니다'이다. 강행성장이 한창 진행될 때, 이러한 추가 투입은 망각된다. 좀더 낮은 발전 수준에서는 공기와 물의 오염을 유발하는 공업, 도시 수송 등이 아직은 거의 존재하지 않는다는 관점이 취해지는 경향이 특히 존재한다. 그것은 오로지 산업적으로 발전된 자본주의 국가들에서의 문제이다.

둘째, 계획들(그리고 특히 우선순위 투자들)은 환경을 보호하려는 목적을, 어쩌면 이전의 환경파괴를 개선하려는 목적을 명시적으로 가진 어떤 특수한 투자 프로젝트들을 포함하는가? (그러한 예로는 새로운 하수처리 공사들 또는 환경보호 설비를 만드는 공장의 설립 등이 있다.) 또다시 대답은 보통 '아니다'이다. 그러한 프로젝트들은 최고 우선순위 프로젝트들과 우선순위 1의 내부 나선형과는 너무나 동떨어져 있다. 특수한 환경보호 투자에 들어가는 비용을 절약함으로써, 자원은 보다 높은 우선순위를 가진 사업을 위해 사용될 수 있다.

자연환경에 해를 입히는 것은 체제특수적이지 않다. 다른 모든 사회체제들도 역시 그럴 수 있다. 그것은 자본주의 체제의 심각한 결점 중 하나이다. 많은 사람들은 환경손상이 사적 재산의 탐욕과 이기심을 폐지함으로써 정확히 종결될 것이라고 생각했다. 그러나 그런 일은 발생하지 않았다. 강행성장, 돌진, 절박한 조급증의 한가운데 있는 고전적 사회주의 체제의 관료기구는 다른 체제의 정책결정자들보다 이 점에서 훨씬 더 근시안적이다. 이는 그 체제에 특수하게 존재하는 단점과 결합하게 된다. 필요하다면 경제정책 결정자들과 대면하여 맞설 능력이 있는 자율적이고 강력한 환경운동을 사회 내에서 조직할 방법이 존재하지 않는다. 〈표 9-4〉는 산성비의 배후물질 중 하나인 이산화유황의 방출을 두 개의 국가군으로 나누어서 비교하고 있다.

환경보호의 실패는 연기의 (그리고 어느 정도는 회복불능의 무시의) 사례들 중 하나다. 이러한 실패가 영원히 지속될 수는 없다. 왜냐하면 환경보호의 실패는 조만간 생산도 지체시키기 시작하고, 또한 그것이

〈표 9-4〉 공기 오염: 국제 비교(1985)

산화 유황(인구당 kg)			
사회주의 국가		자본주의 국가	
체코슬로바키아	203a	오스트리아	18a
동독	300	핀란드	73
헝가리	132	프랑스	31
폴란드	116	아일랜드	39
		포르투갈	32
		스페인	75
		영국	65
		미국	90
		서독	42

주석: a) 이산화유황만을 보여 주는 수치이다.
참조: 한편으로는 공업 발전과 자동차 밀도 수준, 다른 한편으로는 산화유황에 의한 대기 오염 수준은 강한 정(+)의 상관관계를 보인다. 공기 오염이 상대적으로 낮은 경제발전 수준에서 형성되기 시작했다는 것은 환경보호에 대한 심각한 무시를 보여 준다.
출처: UN(1987, pp. 1~30)과 유엔유럽경제위원회 사무국과의 직접적인 의사소통에 기초하여 P. Mihályi가 이 책을 위해서 정리하였다.

삶의 질에 미치는 악영향은 대중들의 불만을 강하게 불러일으키기 때문이다.

우선순위에 관한 이러한 개관의 말미에서, 우리는 지금까지의 목록이 확실히 완전하지는 않지만, 가장 중요한 것들을 아마도 포함하고 있다고 결론지을 수 있다. 공식 이데올로기는 우선순위들 중 몇 가지를 강조하여 언급하고 있다. 다른 것들은 언급되지 않거나, 수치스러운 것으로 간주되거나, 심지어 부정된다. 그러나 수치심을 불러일으키거나 부정되는 우선순위들조차도 현실화된다.

최적화 모델의 틀을 통해서 사고하기를 좋아하는 사람들에게 강행성장의 목표는 다음과 같이 정의될 수 있다. 강행성장의 목표는 넓은 의미에서 사회복지의 극대화가 아니다. 극대화 과제에 대한 시간 척도는 무한하지 않으며, 역사적 척도로 측정했을 때에는 심지어 정확하게 '장기적'이지도 않다. 목표는 그보다 훨씬 더 제한적이고 근시안적이다. 그것은 공식 통계에 기록된 것으로서의 총산출 증가율을 극대화하는 것, 그리고 이를 역사적 척도 위에서 오로지 '중기적'으로, 다시 말해서 다음 10년 혹은 20년 동안에 실현하는 것이다. 이는 앞에서 개관했던 우선순위들에 의해서 달성되는 목적인데, 하지만 그러한 우선순위들은 오로지 얼마 동안만 보다 빠른 성장률을 진작시킬 수 있을 뿐이다.[35] 우선순위 1에서 11의 결과로 경제구조는 조화롭지 않게 되며, 또한 그런 상태로 고정된다.

---

[35] 심지어 이러한 효과도 성장이 어떻게 측정되는가에 대체로 의존한다. 그 결과는 많은 점에서 성장의 외관뿐이다. 이 문제에 대해서는 나중에 검토한다(9장 7절 참조).

5. 외연적 방법과 내포적 방법

이제 성장과정에서 나타나는 생산요소들과 산출 간의 관계를 검토할 때가 되었다. 이 분야에 대해서는 방대한 양의 일반적인 이론적 저작이 존재한다. 자본주의 체제를 분석하기 위해 고안된 분석방법들, 즉 일차적으로 총생산함수들과 그것들에 기반한 성장모델들이 어느 정도로 사회주의 체제에 적용될 수 있는지를 명확히 설명하려는 몇몇 중요한 시도들이 이루어졌다. 36) 가장 큰 어려움은 자료의 부족 혹은 신뢰 불가능성 때문에 나타난다. 측정의 문제들은 나중에 검토한다(9장 7절 참조). 어쨌든 나는 그 질문과 관련한 논쟁을, 또는 그로부터 획득된 수많은 결과들을 요약하려고 나설 수가 없다. 여기서의 논의들은 단지 생산요소들과 산출 간의 관계를 주요 유형들로 분류하고, 몇 가지 관계들이 갖는 체제특수적인 역할을 명백히 하고자 할 뿐이다.

---

36) 생산요소들과 산출 간의 관계에 관한 통계학적이고 계량경제학적인 저작들 중 아브람 버그슨(Abram Bergson)의 저작을 제일 먼저 언급해야만 하는데, 그는 다른 연구자들에게도 지대한 영향을 미쳤다. 그의 최근 저작들 중에서 소련의 성장과 기술발전에 관한 연구(1983)에 시선이 간다. 소련의 성장에 관한 계량경제학적 분석에 걸출하게 기여한 연구들로는 P. Desai(1976, 1986a, 1986b, 1987), V. Kontorovich(1986), M. L. Weitzman(1970, 1983) 등이 있다. 소련 성장의 배후에 존재하는 요인들에 대한 전반적인 설명은 E. A. Hewett가 개혁에 관한 그의 저서(1988, chap. 2)에서 제공하였다.

계량경제학적 방법에 의해 중국의 성장을 분석한 연구도 몇 가지 존재한다. 세계은행(World Bank) 보고서(1985)와 K. Chen et al. (1988)의 연구를 꼽을 수 있다.

다른 사회주의 국가들에 관한 문헌은 얼마 되지 않는데, T. P. Alton(1977)은 일종의 요약적 설명을 제공한다.

여기서 사용된 분류와 많은 측면에서 관련된 설명을 제공하는 포괄적인 검토는 F. L. Pryor(1985)에서 발견된다.

간단하게 말하면, 나는 요소-산출 관계들을 두 주요 그룹으로 열거할 것이다. 첫 번째 그룹은 어떤 요소의 증가에 의해서 발생한 결과들을 포함한다. 예를 들면, 생산에 지출된 자본 스톡 혹은 총노동이 증가하고, 그에 따라 산출이 비례적으로 증가한다. 두 번째 그룹은 어떤 요소의 생산성 증가에 의해 발생된 결과들을 포함한다. 예를 들면 자본 혹은 노동이 보다 효율적으로 이용되고, 그에 따라 산출이 증가한다. 이러한 구별과 그에 수반되는 용어는 서구 학자들에게는 상당히 확산되어 있지만, 사회주의 국가 학자들은 **외연적** 방법과 **내포적** 방법을 구별하는 다른 한 쌍의 표현을 사용하기를 좋아한다. 이 두 쌍의 표현은 동의어이다. 요소 증가는 외연적 방법이며, 요소-생산성 증가는 내포적 방법에 상응한다는 것이다. 이하에서는 '동구권'의 용어가 일반적으로 사용된다.

구체적으로 들어가기 전에, 또 다른 사전 경고가 필요하다. 다양한 외연적 혹은 내포적 방법들을 가르는 엄격한 구분선들은 오로지 추상적인 분석 틀 속에서만 가능하다. 현실에서는 두 방법들이 함께 나타나는 것이 정상이다. 심지어 가장 정확하고 꼼꼼한 계량경제학적 검토 작업들조차도 효과들을 수치상으로 분리하려고 시도할 때에는 커다란 어려움에 직면한다. 여기에서는 그러한 시도를 하지 않는다. 체제의 규칙성들을 설명하려는 이 책의 목표를 성취하기 위해서 그렇게까지 할 필요성은 없기 때문이다.

외연적 방법의 우세는 사회주의 체제가 외연적 관점에서 보았을 때 보통 자신들의 자원을 거의 사용하지 않는 후진적이고 성장이 더딘 국가들에서 권력을 장악했다는 사실에 의해서 우선 설명된다. 그리하여 그러한 자원 활용을 확립할 수 있는 수많은 기회들이 존재한다.

1. **고용자 수의 증가.** 권력을 장악했을 때에, 주로 농업 부문에서의 은폐된 실업과 함께, 일반적으로 공개 실업이 존재한다. 여성 고용의 수준은 낮다. 가장 중요한 두 생산요소인 자본과 노동만을 고려할 경우, 극도로 높은 투자율이 경제에서 짜내어지고, 활용 가능한 충분한 양의 노동과 연결될 수 있다. 체제는 이러한 기회를 이용한다. 고용자 수는 급속하게 증가한다(10장 1절 참조).

두 현상이 결합된다. 높은 투자율과 부단하고 빠른 고용 증가는 고전적 체제하에서의, 특히 처음 10년 혹은 20년 동안의 높은 성장률을 설명하는 두 개의 주된 요소이다.

2. **보다 많은 교대와 노동 시간 연장.** 투자의 양이 거대할지라도, 고정자본은 한동안 풍부하게 활용할 수 있는 인력에 비해 상대적으로 부족하다. 그리하여 경제를 운용하는 사람들은 자신들이 관할하는 고정자산을 가능한 한 많은 노동과 결합하고자 노력한다. 즉, 그들은 하루 24시간과 일주일 168시간에서 가능한 한 많은 시간을 공장의 운용과 가동 시간에 포함시키려고 한다. 대체로, 고전적 사회주의 체제에서 대다수의 공장들과 기관들의 경우, 종업원들은 대부분의 자본주의 경제에서보다 더 많은 교대근무를 한다.

노동 시간 연장 역시 성장률을 가속화하는 데 도움을 주는 요소 중 하나다.[37] 몇몇 국가들의 경우 관료는, 심지어 경제가 좀더 높은 발

---

37) 이러한 경향은 다양한 경제 부문에 걸쳐서 단일하게 나타나지는 않는다. 가족 사업에서 일하는 농민 혹은 장인은 자신과 가족들에게 고되게 일을 시킨다. 국유화와 집단화 이후에는 그 입장이 변화한다. 농업 협동조합 조합원들이 조합에서 일하는 노동 시간은 자신들의 땅을 경작할 때 쓰는 가족들의 총 노동

전 수준에 도달하고 노동력이 좀더 짧은 노동 시간을 요구할 때조차도, 노동 시간에 대해 양보하기를 주저한다. 노동자의 이익을 위해 투쟁하고 노동자들로 하여금 자신들의 요구를 달성하게 하는 독립적인 노동조합이 존재하지 않는다.

1항과 2항에서 논의된 확장 잠재력은 제한되어 있다. 일정 시간이 지나면 노동 예비는 바닥난다. 이러한 상황이 발생할 때, 노동 예비의 고갈은 성장 감속의 배후에 있는 가장 중요한 요소가 된다. 38)

3. 경작지의 증가. 지금껏 경작하지 않은 지역은 경작지로 전환될 수 있다. 이러한 가능성도 역시 얼마 뒤에 고갈된다.

4. 광물자원의 보다 광범한 개발. 광물 자원의 이용에서도 외연적 확장이 이루어질 수 있다. 그렇지만 많은 곳에서 꾸준히 증가하는 비용을 들인 후에나 그러한 확장이 가능할 것이며, 또한 결국에 가서는 가능성이 고갈되고 말 것이다.

외연적 방법에 관해서 언급해 온 것에 좀더 간략한 하나의 언급을 덧붙일 수 있다. 결과적으로 발생하는 상황은 다른 체제들의 전시 상황과 유사하다. 심지어 평시에조차, 고전적 사회주의는 일종의 **동원**

시간보다 짧다.

38) 다음의 정식화는 이러한 주제에 관한 문헌에서 일반적이다. 노동 예비가 고갈될 때, '외연적 성장 시기'는 종말을 고하며 '내포적 시기'가 시작된다. 초기 저작들에서 나는 이러한 시기 구분을 사용했지만, 이 책에서는 사용하지 않는다. 왜냐하면 부정확하기 때문이다.

경제를 갖는다. 39) 나는 앞에서 공식 이데올로기에 의해 '전쟁 의식'이 끊임없이 주입되는 방식을 언급했다. 경제 건설은 후진성과 내·외부 적들에 대한 전투이며, 어느 누구도, 그 무엇도 그러한 전투로부터 후퇴해서는 안 된다(4장 5절 참조). 그러한 투쟁은 모든 온전한 인간들과 물적 자원들의 동원을 요구한다.

이제 나는 다양한 내포적 방법들에 대해서 논의하고자 한다. 강행 성장의 실행 과정에서 이러한 내포적 방법들은 서로 결합하여 나타난 다는 사실을 미리 언급해 두자.

1. **노동 강도.** 주어진 물적 투입재로부터 획득할 수 있는 산출은 주 의력, 집중, 근면 등에, 즉 노동자들이 자신의 직무를 수행하는 강도 에 상당 정도 의존한다. 혁명을 전후로, 사회주의자들은 자본주의의 지배로부터 벗어난 노동자들이 자본주의의 고용 임금 노동자들보다 훨씬 더 자발적으로, 근면하게, 그리고 강도 높게 일할 것이라고 믿는 다. 이러한 조짐들이 적어도 사회주의적 지배의 혁명적-과도기적 시 기에는 존재했다(2장 4절, 6장 6절 참조). 이러한 행동은 고전적 체제 하에서 완전히 중지되지 않는다. 40) 그러나 대부분의 사람들의 경우

---

39) P. Hanson(1971)의 적절한 특징 묘사이다.

40) 소련에서 이에 대한 하나의 표현은 스타하노프(Stakhanovite) 운동이다. 다른 사회주의 국가들에서 이와 유사한 운동들(이른바 사회주의 노력경쟁 등)이 일어났다. 그 국가들은 극도로 자기희생적이면서 고도의 숙련을 쌓은 사람들의 진실로 생산적인 노력들을 다른 사람들을 자극하기 위해서 고안된 허위 기록들의 조작 및 인위적 설정과 결합했다. 이러한 양면성은 폴란드 감독 안제이 바이다(A. Wajda: 폴란드 영화계는 물론 1950~1960년대 동유럽 영화계 전체를 대표하는 거장 영화감독. 〈재와 다이아몬드〉, 〈철의 사나이〉 등의 영화를 만들었다 — 옮긴이주)의 영화 〈대리석의 사나이〉(*The Man of Marble*)에서

이러한 초기의 열광은 식어 버리고, 받은 만큼만 일해야 할 것이라는 기대에 자리를 양보한다. 이 시점에서 보다 강도 높은 노동과 규율을 노동자들로부터 유도하기 위해 고안된 물질적 · 도덕적 인센티브의 효율적 작동이 결정적 요소가 된다. 이와 관련해서 많은 심각한 문제들이 존재한다(10장 4, 5절 참조). 이 체제는 충분히 효율적인 인센티브 제도들을 발견하지 못한다.

2. **기술 진보.** 고전적 사회주의 체제하에서 상당한 기술진보가 발생한다. 그러한 기술진보 중 일부는 사회주의 건설의 열정과 밀접하게 연관된다. 농촌에서 최초로 등장한 전기등, 들판에서 최초로 등장한 트랙터, 최초의 공장 자동화 라인 등이 그것이다.

면밀하게 검토해 보면, 비록 기술발전이 실제로 발생하더라도 그것이 성장에 기여하는 것은 많지 않다는 사실을 알 수 있다. 게다가 이렇게 그다지 크지 않은 진보조차도 고전적 체제의 후기 단계에서는 느려진다.[41] 기본적으로 이러한 기술발전은 선례를 따라하는 모방적인 종류의 것이다. 자본주의 국가들에서 도입된 새로운 기술과 생산품은 보통 오랜 시간이 지나서야 받아들여진다(12장 11절 참조).

3. **숙련 노동의 발전.** 어떤 의미에서 기술진보의 일부일 수도 있겠지만, 인력 개발은 독립적인 항목으로 고려할 가치가 있다. 생산이, 일

시각예술로 표현된 바 있다.

[41] 소련의 기술진보와 관련해 V. Kontorovich (1986) 의 놀라운 자료를 참조하라. J. Klacek and A. Nesporová (1984) 는 체코슬로바키아와 관련하여 기술진보의 낮은, 그리고 점차 감소하는 기여를 확인시켜 준다. 좀더 자세한 참고문헌은 12장 11절을 참조하라.

차적으로는 공업이 미숙련의, 무경험의 노동대중을 흡수하는 것이 강행성장하에서는 전형적이다. 비록 궁극적으로는 장기간에 숙련이 증가하겠지만, 인력의 질적 개발은 생산에서 급속하게 증가하는 그에 대한 수요에 훨씬 뒤처진다.

4. **조직화의 향상**. 예정된 생산 중지(예를 들면, 야간이나 일요일)와 가령 원료가 도착하지 못해서, 노동자가 자신의 근무지에 없어서, 혹은 기계가 고장 나서 생산이 중단되는 경우들은 구별되어야 한다.[42] 생산과 사용자들을 향하는 생산품 흐름이 더욱더 조직화되고 규율화될수록 이 과정에서 손실되는 시간은 더 줄어든다.[43]

이 점에서 고전적 사회주의는 결과가 나쁘다. 관리 기준과 내부 생산조직은 후진적이다. 모든 개발도상국들에서 나타나는 환경들(예를 들면, 농촌에서 방금 도착한 공업노동자들의 낮은 생산 적응)과 체제특수적 효과들(예를 들면, 만성적인 부족 사례들에 의해서 유발되는 투자긴장과 여타의 지체들)이 동시에 존재한다. 그리하여 이것은 생산증가에 거의 기여하지 못하는 내포적 방법이다.

5. **질을 희생한 양**. 여기서 '질'(quality)이라는 단어는, 엔지니어가 어떤 기계나 원료의 질이라고 말할 때처럼, 또는 상점에서 소비자가

---

42) 고정자본의 사용에 관한 문헌은 이러한 의미에서 외연적 이용과 내포적 이용을 구분한다. 이 설명에 따르면, 외연적 이용은 외연적 방법에 관한 논의의 2항에서 다루어지며, 내포적 이용은 내포적 방법에 관한 3항에서 다루어진다.

43) 생산함수를 이용하는 거시계량경제학 문헌에서 등장하는 모델들은 보통 내포적 방법 2와 3을 구별하지 않는다. 이른바 잔여적 요소(residual factor)가 그 두 가지가 결합된 효과를 포괄하는 의미를 지닌다.

어떤 재화의 질이라고 말할 때처럼 일상적인 의미로 사용된다. 그것은 많은 상이한 속성들을 포괄한다. 현대성, 외관, 완벽한 재료와 가공, 내구성 등이 그것이다. 이러한, 그리고 유사한 이용 특성들의 관점에서 가능한 한 좋은 생산품을 만들려고 노력하는 생산자는 대개 보다 많은 자원을 요구한다. 그리고 반대로, 그가 주어진 산출량의 질을 희생할 의지가 있다면 자원을 절약한다.

자본주의적 재산형태와 시장 조정은 질을 향상하도록 강력한 인센티브를 제공한다. 슘페터의 이론이 지적하는 것처럼, 기업가들은 만약 그들이 새롭고, 보다 낫고, 보다 현대적인 생산품을 가지고 시장을 석권할 수 있다면 승리하는 위치에 있다. 질의 향상은 중앙의 조치들에 의해서가 아니라 미시적 수준에서 내부적 인센티브에 의해서 이루어진다. 이러한 내부 원동력이 고전적 사회주의 체제에는 없다. 모든 것들이 경제 지도자를 이러한 양과 질의 선택 문제에서 양을 선택하도록 압박한다. 이미 앞에서 양적 추구에 관해서 언급한 바 있다(7장 6절 참조). 계획과 직접적인 관료적 통제 모두는 양적 지시들을 전면에 둔다. 양은 가능할 경우에는 미세한 특징들을 반영하지 못하는 생산량의 물리적 지표나 집계적이고 조잡한 가중 지표로 측정된다. 질의 향상은 공식 발표들에서 관례상으로 언급되지만, 관료적 조정은 질의 향상을 강요할 수도 없고 그럴 열망도 없다.

확실히, 질을 희생한 양적 성장은 공식 통계에서 대서특필되는 높은 성장률에 지대하게 기여하는 내포적 방법의 하나이다.

6. 서비스 수용능력을 넘어서는 이용. 비록 바로 앞의 내포적 방법 5의 특별한 경우로 해석될 수도 있지만, 여기서는 하나의 독립적 항목

으로 이것을 언급한다. 적절한 기준에 알맞은 수준이 있지만, 주거 지역에는 더 많은 주민들이, 병원 병동에는 더 많은 환자들이, 교실에는 더 많은 학생들이 밀어 넣어진다. 수송과 원거리통신의 발전은 완전히 무시되는데, 이는 기차와 도로가 초만원이라는 것을, 또한 전화선이 거의 없다는 것을 의미한다. 과도한 시설 이용을 증명하는 하나의 사례로서 〈표 9-5〉는 특정 사회주의 국가들과 특정 자본주의 국가들에서 철도망에 가해진 부하를 보여 준다. 그 차이는 놀랄 만하다.

과부하의 영구화나 확대와 결합된 수송과 서비스 수용능력의 초과 이용은 경제 지도자로 하여금 서비스 부문에 투자와 여타 자원들을 가능한 한 빈약하게 제공하고, 보다 높은 우선순위를 가진 부문에 투자 기금을 할당할 수 있도록 해준다. 44) 이러한 점에서 여기서 언급한 현상들은 우선순위 3(9장 4절 참조) 과 밀접하게 연관된다. 45)

이러한 현상을 내포적 방법들과 함께 열거하는 것이 정당화되는데, 그것이 동일한 고정자본 투입(때때로 동일한 노동 투입과 결합해서) 으로 보다 많은 산출을 낳기 때문이다. 내포적 방법 5의 사례에서처럼, 추가해야 할 유일한 단서는 산출이 조잡한 양적 척도(주로 조잡한 물리적

---

44) 고전적 사회주의 체제하에서 초과이용과 초만원 상태의 증상들은 특히 보건 부문에서 첨예하게 나타난다. 예를 들면, 소련에서의 이러한 점에 대해서는 C. Davis(1989)에 의한 연구를 참조하라.

45) 레온티에프(Leontief)의 투입-산출 분석의 언어를 사용하자면, 여기에서 논의된 문제는 다음과 같이 기술될 수 있다.
생산영역 부문에서 현재 이용 계수와 자본 계수 모두는 특정 시기에 상당히 고정되어 있다. 다른 한편, 생산과 공공 소비에서의 서비스 영역의 이용계수(현재 투입 계수와 특히 자본 계수)는 상당히 유연하다. 산출에 대한 투입의 비율은 장기간 그리고 상당한 정도로 사용자의 희생을 통해 삭감된다.

<표 9-5> 철도망에 가해진 과부하: 국제 비교(1979)

	화물 수송량 (킬로미터당 백만 톤 - kms)
사회주의 국가	
불가리아	4.07
체코슬로바키아	5.56
폴란드	5.55
루마니아	6.84
자본주의 국가	
핀란드	1.21
그리스	0.34
아일랜드	0.32
이탈리아	1.14
포르투갈	0.24
스페인	0.78
터키	0.71

참조: 표에 표기된 지수들은 킬로미터로 측정된 철로의 총길이당 수송된 화물의 양을 의미한다. 화물의 양은 1킬로미터 거리를 수송된 1톤의 단위로 측정한다.
출처: United Nations(1981, 표 6, 8B)에 기반하여 G. Kwon이 이 책을 위해서 정리하였다.

지표: 얼마나 많은 가족이 묵고 있는지, 얼마나 많은 사람이 병원에서 치료를 받았는지, 혹은 얼마나 많은 사람이 학교에서 교육을 받았는지 등)에 의해서 측정된다는 것이다.

요약하자면, 강행성장이라는 조건하에서 외연적 방법들은 내포적 방법 5와 6의 보완을 받으면서 지배하게 된다. 그런데 내포적 방법 5와 6은 해로운 결과를 가져온다. 내포적 방법 1부터 4까지의 공헌은 경미하다.

이러한 일반적 결론은 수많은 계량경제적 분석에 의해서 뒷받침되고 있다. 이 절의 첫 부분에서 언급한 것처럼 이러한 분석들이 다양한 방법론적 난관에 부딪힐지라도, 그리고 그러한 분석의 수치적 결과들

〈표 9-6〉 산출 증가에서 차지하는 요소 생산성의 비율: 국제 비교

	시기	연평균 변화율		산출 증가에서 차지하는 요소 생산성의 비율
		산출	요소 생산성	
사회주의 국가				
체코슬로바키아	1960~1975	3.0	1.0	0.33
	1976~1980	2.2	0.7	0.29
	1981~1988	1.4	0.1	0.07
폴란드	1960~1975	5.1	2.4	0.47
	1976~1980	0.7	-0.6	-
	1981~1988	0.8	0.2	0.40
소련	1960~1975	4.6	1.2	0.26
	1976~1980	2.3	0.5	0.22
	1981~1988	1.9	0.5	0.13
자본주의 국가				
프랑스	1960~1973	5.8	3.9	0.67
	1973~1979	2.8	1.7	0.65
	1979~1988	1.9	1.5	0.75
일본	1960~1973	10.8	6.6	0.61
	1973~1979	3.6	1.8	0.43
	1979~1988	4.1	1.8	0.43
영국	1960~1973	2.9	2.2	0.76
	1973~1979	1.5	0.5	0.60
	1979~1988	2.2	1.9	0.95

참조: 1973년 이후 시기 자본주의 국가들의 경우 산출의 척도는 GDP이며, 그 이외에는 산출의 척도는 GNP이다.

출처: 사회주의 국가 - 1960~1975년의 경우에는 P. R. Gregory and R. C. Stuart (1980, pp. 378~379), 1976~1980년과 1981~1988년의 경우 산출은 1976~1980년 소련에 대해서는 A. Åslund (1989, p. 15), 다른 모든 자료에 대해서는 P. Marer et al. (1991)에서 나왔다. 요소 생산성은 M. Mejstrik (1991, p. 27).

자본주의 국가 - 1960~1973년의 경우 J. W. Kendrick (1981, p. 128), 1973~1979년과 1979~1988년의 경우에 산출은 OECD (1990, p. 48), 요소 생산성은 M. Mejstrik (1991, 표 2a).

이 많은 경우에 서로 충돌을 일으킬지라도, 나는 이러한 질적 결론을 부정하는 연구를 발견하지 못했다. 〈표 9-6〉은 실례로서 몇 가지 계산들을 발췌해서 보여 준다. 표의 가장 오른쪽 세로줄을 보면, 총요소 생산성의 증가 — 즉, 내포적 방법의 적용 — 가 고전적 사회주의 국가들에서 전체 성장에 상대적으로 별로 기여하지 못하고 있다는 것은 명백하다. 표는 이것이 체제특수적 특징이라는 사실을 확실하게 보여 준다. 요소 생산성의 증가는 동일한 시기 자본주의 체제하에서 성장에 두드러지게 더 커다란 기여를 했다.

6. 성장의 변동: 순환 주기

이제 성장에서 나타나는 몇몇 동태적 특징에 대해 고찰하고자 한다. 세 종류의 변동이 구별될 수 있다.

1. '캘린더' 파동. 이것은 연차 계획과 가장 직접적으로 관련되어 있다. 연차 계획의 양적 목표를 달성하려는 강력한 물질적·도덕적 인센티브가 존재하기 때문에, 업무 속도는 연말을 향해 갈수록 가속화된다. 〈표 9-7〉은 비용, 인력 고갈, 품질 하락에 상관없이 생산이 가속화되는 연말의 역주에 대한 수치를 제공한다. 다음 해의 출발점에서 업무 수행은 갑작스럽게 다시 하락한다. 46)

---

46) A. Bródy(1956), M. Laki(1980), J. Rimler(1986), J. Rostowski(1988), J. Rostowski and P. Auerbach(1986)를 참조하라.

<표 9-7> 연말의 역주: 국제 비교

국가(관찰 연도)	다음 해 월 평균 생산a에서 차지하는 12월 생산 비율(%)
사회주의 국가	
체코슬로바키아(1968~1982)	102.4
헝가리(1968~1982)	114.0
폴란드(1971~1981)	106.7
자본주의 국가	
오스트리아(1955~1981)	99.9
핀란드(1976~1981)	94.5
이스라엘(1958~1977)	93.4
이탈리아(1974~1982)	92.8
포르투갈(1968~1981)	98.1

주석: a) 다음 해 1~11월 평균을 말한다.
참조: 자료는 제조업에 관한 것이다.
출처: J. Rostowski and P. Auerbach (1986, pp. 297, 301).

5개년 계획에 의해 발생하는 파동은 덜 뚜렷하다. 계획 기간 초기의 전형적 특징은 새로운 투자 프로젝트들 여러 개가 동시에 시작된다는 것이다.

2. 내생적 투자 변동. 이것은 보다 작은 동유럽 국가들에서, 중국에서, 그리고 특정 시기의 쿠바에서 더 뚜렷하게 나타난다. 무엇보다도 우선, <그림 9-1>과 <표 9-8>에서 이것을 보여 주기 위해 폴란드와 중국의 데이터를 각각 하나의 시계열로 제시하였다. 시계열은 투자에서의 뚜렷하게 높은 변동 상황을 보인다. <표 9-9>는 장기 평균성장률을 중심으로 한 변동의 측정 단위로서 사용된 변이 계수의 국제적 비교를 제공한다. 이러한 비교는 결정적 결과를 유도하지는 않는다. 어떤 사회주의 경제는 상대적으로 완만하게 성장하는 반면, 다른 사회주의 경제는 거친, 많은 자본주의 경제보다 훨씬 큰 변동을 보인다.

〈그림 9-1〉 폴란드에서의 투자 변동

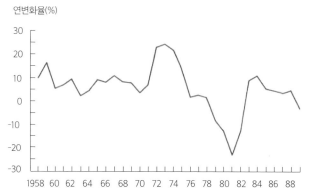

출처: 1958~1976년의 경우 T. Bauer(1981, pp. 156, 176, 187), 1977~1989년의 경우 Glowny Urzad Statystyczny(1990, pp. xxxiv-xxxv).

〈표 9-8〉 중국의 고정자산 총투자 변동

연도	연변화율(%)	연도	연변화율(%)	연도	연변화율(%)
1951	106.9	1963	33.7	1975	17.6
1952	85.7	1964	42.2	1976	-3.9
1953	110.3	1965	30.7	1977	4.6
1954	12.1	1966	17.5	1978	22.0
1955	2.5	1967	-26.3	1979	4.6
1956	52.8	1968	-19.3	1980	6.7
1957	-6.0	1969	62.9	1981	-10.5
1958	84.5	1970	49.1	1982	26.6
1959	31.9	1971	13.4	1983	12.6
1960	13.2	1972	-1.1	1984	24.5
1961	-62.5	1973	6.1	1985	41.8
1962	-44.1	1974	5.7	1986	12.2

출처: 1950~1982년은 H. Chang(1984, p. 1287), 1983~1986년은 State Statistical Bureau, People's Republic of China(1987, p. 60)에 기초해서 계산하였다.

<표 9-9> 투자의 변동: 국제 비교(1960~1989)

	연평균 투자증가율의 변이 계수 (%)
사회주의 국가	
체코슬로바키아	131
동독	98
헝가리	171
폴란드	187
소련	47
유고슬로비아	278
자본주의 국가	
오스트리아	127
캐나다	94
프랑스	106
아일랜드	159
일본	90
스페인	122
스웨덴	130

참조: 변이 계수는 표준편차와 평균값의 비율이다. 서구의 수치는 1985년의 불변 가격과 미국 달러 환율로 표시된 자료에 기초하고 있다. 동구의 자료는 다양한 연도의 불변 가격으로 계산되었다.
출처: UN Economic Commission for Europe, Common Data Bank의 자료에 기초하여 P. Mihályi가 이 책을 위해서 계산하였다.

변동은 일차적으로 투자 착수에서 나타나며, 또한 투자에 대한 연간 총지출에서도 나타난다. 생산에서의 변동은 좀더 억제되어 있으며, 고용은 그들 중에서 가장 변동하지 않는다.[47] 어떤 파동들은 규칙적인 패턴을 전혀 보여 주지 않는다. 어떤 다른 변동들은, 적어도 특정 사회주의 국가들과 특정 시기에, '정지' 국면과 '진행' 국면이 번

---

47) 이는 사회주의 체제가 고용과 직업 안정성을 보장한다는 주목할 만한 간접 증거이다(10장 1, 2절, 13장 3절 참조).

갈아 교체되는 특수하고도 주기적인 규칙성을 갖고 있다. 급제동, 둔화와 정체, 조심스런 회복, 그리고 무제한적 팽창 등의 연속적인 단계들이 존재하며, 그 이후에 제동과 국면들의 유사한 연속이 다시 발생한다. 그 이후 순환 주기가 끊임없이 되풀이하면서 재개된다.

수많은 연구자들이 이러한 현상을 기술하고 설명하려고 시도했다. 일정 범위의 대안적 설명들이 제출되어 왔다. 48) 여기에 제시된 입장에는 여러 저자들이 동의한다. 49)

---

48) 초기의 선구자들 중에서 가장 주목할 만한 연구는 A. Bródy(1969b), J. Gács and M. Lackó(1973), J. Goldmann and K. Kouba(1969)이다. 바우어(T. Bauer)의 포괄적 작업은 후속 연구들과 논쟁을 위한 출발점의 역할을 했다. 그의 연구는 헝가리어(1981)로만 완전하게 발행되었다. 바우어의 생각 중 몇 가지는 영어(1978)로 출간되었다. 바우어의 작업은 이 책에서 언급한 투자와 순환 주기에 관한 생각들의 주요 원천 중 하나이다. 몇몇 학자들은 그의 이론에 이의를 제기했다. 그 예로서 K. A. Soós(1975, 1986)를 참조하라. 또 다른 주목할 만한 공헌은 P. Mihályi(1988)와 B. W. Ickes(1990)로부터 나왔다. 몇몇 저자들은 투자와 여타 경제적 변수들의 변동에서 어떤 규칙성을 가정하는 것이 과연 올바른지에 관해서 의혹을 표명한다.

여러 저자들이 통계적 토대 또는 가능하다면 계량경제학적 모델을 통해 단일 국가에서의 투자 변동을 검토하였다. 헝가리에 대해서는 M. Lackó(1980, 1984)와 M. Marrese(1981)를, 중국에 대해서는 B. Chavance(1987), M. Harrison(1985), C. Hsin(194)을, 소련에 대해서는 G. Roland(1987), M. Harrison(1985), 그리고 V. Kontorovich(1990)를, 폴란드에 대해서는 I. Grosfeld(1986)를, 쿠바에 대해서는 C. Bettelheim(1987)을 참조하라. A. Simonovits(1991a, 1991b)는 투자 순환 주기에 대한 이론적인 수학적 모델들을 고안했다. B. W. Ickes(1986)는 논쟁의 몇 가지 측면에 관한 요약적 평가를 제시한다.

덧붙여 말하자면, 사회주의 경제를 검토한 경제학자들이 수용 가능한 일반론을 도출하는 데 실패했다는 사실은 놀랄 만한 일이 아니다. 연구자 집단이 1세기 동안 자본주의 경제에서의 경기 순환 변동을 다루어 왔지만, 그들의 설명들에서는 어떤 입장 통일이 여전히 존재하지 않는다. V. Zarnovitz의 리뷰(1985)를 참조하라.

언뜻 보면, 자본주의 체제와 사회주의 체제의 주기적 변동 사이에는 두드러진 유사성이 존재하지만, 좀더 주의 깊게 살펴보면 뿌리 깊은 차이가 드러난다. 자본주의 경제의 경우에, 둔화와 침체는 대개 수요의 불충분과 연결된다. 생산은 현재 수요와 예정된 미래 수요에 비해 지나치게 빨리 확대된다. 경기 전망은 불확실해진다. 경제정책 결정자들은 이것을 깨닫게 될 때 갑작스럽게 속도를 늦춘다. 이러한 제동은 중앙집중화되지 않은 과정이다. '상부'에서 어느 누구도 지시를 내리지 않는다. 공황이 시장에서 수평적으로 확산된다.

그러나 사회주의 경제의 경우, 이러한 과정은 중앙집중화된다. 제동이 중앙통제에 의해 이루어지고, 감속하라는 지시가 위계제의 단계들을 수직적으로 통과한다. 불충분한 수요는 제동을 야기하는 요인들에 속하지 않는다. 그와는 반대로, 제동을 걸 것을 결정하는 지도자들은 가속화된 성장과정에 이용되는 자원이 불충분하다는 점을 감지한다. 전체 순환 주기는 돌진, 팽창 추구, 투자갈망, 투자긴장, 만성 부족이라는 조건들 속에서 발생한다. 이러한 것들은 관료기구의 모든 수준에 있는 정책결정자들의 행위를 규정짓는다. 그들은 가능한 한 많이, 가능한 한 빨리 투자하고 싶어 한다. 반면 그들은 추가적인 가속화를 배제하는 순환의 정점에서 제약에 직면한다. 우리는 이를 다음과 같이 표현할 수 있다. 최고지도자는 추가적인 가속화를 막는 장애물에 관해서 그들에게 알려 주는 신호를 받는다. 신호는 세 그룹으로 구분될 수 있다.

---

49) 이 서술은 주로 마우어(T. Bauer)와 라츠코(M. Lackó)에 의해 그리고 이전 저작들에서 나 자신에 의해 표현된 몇 가지 사상들을 포함한다.

첫째, 수입과 부채는 무제한으로 증가할 수 없다(14장 3절 참조). 많은 경우에, 특히 동유럽의 작은 국가들에서는 수입과 부채가 추가적인 가속화를 실제적으로 제한하는 것으로 증명되었다.

둘째, 투자긴장은 감당하기 힘든 것이 된다. 경제 지도자와 기술 지도자들은 훨씬 더 빈번해지는 중단(interruptions), 물자공급 문제, 지연 등이 견딜 수 없다고 느낀다.

셋째, 투자팽창은 대중이 인내할 수 있는 한계를 넘어서까지 개인소비를 심하게 축소시킨다. 불만이 들릴 수 있을 정도로 증가하며 지배 엘리트의 권력을 위태롭게 만든다.

때때로 이 세 가지 신호 중에서 오직 하나만으로도 경제를 운용하는 사람들이 제동을 걸도록 만드는 데 충분하다. 두 가지 혹은 심지어 세 가지 제약이 동시에 투자 경로를 봉쇄하는 일이 발생할 수 있다. 그렇게 되면 공황은 가장 강력하며, 제동도 가장 철저하다. 이러한 동시발생은 폴란드에서 가장 극단적인 형태로 한 번 이상 나타났지만, 다른 국가들, 예를 들면 중국과 헝가리에서도 역시 발생했다.

투자 영역에서의 모든 개입은 지연 요소들의 망을 통해서 앞으로 전달된다. 이것이야말로 왜 하향 및 상향 운동이 여러 국면들로 분리되는지, 왜 감속(deceleration)이 오로지 점진적으로만 가속(acceleration)에 자리를 양보하는지에 대한 이유가 된다.

만약 경제의 물리적 상태와 대외경제 잠재력이 허용만 한다면, 항구적인 동기들이 효과를 나타내기 시작하기 때문에 가속화는 결국에 재개된다. 팽창 추구와 투자갈망은 과도하게 엄격한 계획이 비현실적이라는 것에 대한 냉철한 깨달음과 공황에 의해서만 오로지 일시적으로 억제된다. 조만간에 이러한 동기들은 다시 살아난다. 모든 수준의 지도부는 긴장이 감소하고 심지어 약간의 여분, 즉 자원의 명백한 미사용이 나타났다는 것에 안심한다. 그리하여 생산과 투자에서 통상적이고 정상적인 긴장과 팽창 추구로 되돌아 갈 시간이 된다. 모든 것이 처음부터 다시 시작된다.

3. 정치노선의 변화. 고전적 사회주의는 항상 적용되는 어떤 기본적인 특징들을 갖는다(이 책의 2부 전체는 여기에 할애되어 있다). 그러나 그것은 관료기구 내에서의 정치 투쟁과 분파 대결의 발생을 배제하지는 않는다(3장 5절 참조). 정치권력 관계에서의 혹은 지도자가 취한 입장에서의 어떤 변화는 심지어 동일한 지도자가 권력을 잡은 시기 동안에도 갑작스럽고 극적인 전환을 야기할 수 있다. 레닌하에서 일어난 전시공산주의로부터 신경제정책으로의 전환, 스탈린하에서 일어난 느린 협동화 전개로부터 급속하고 공격적인 집단화로의 전환, 마오쩌둥하에서 일어난 '백화제방'의 개방적인 정책으로부터 '대약진'으로의 전환 등이 그러한 사례들이다. 다른 경우에, 예전 지도자가 사망하고 그의 후계자가 새로운 정책방침을 채택할 때 급격한 변화가 일어난다. 어떤 경우이든 간에 이러한 갑작스런 노선 변화는 경제에 광범위한 영향을 미치며, 모든 지표들에서 거대한 변동을 만들어 낸다. 예를 들면, 소련 집단화는 농업 생산 격감을 초래했다. 중국의 '대약진'은 투자를, 그중에서도 특히 중공업 발전을 급속하게 일으켰다.

다음과 같은 생각이 제시되어 왔다. 이러한 방침 변화들은 마찬가지로 규칙적인 패턴 혹은 리듬을 가지고 있는데, 비교적 '연성'(soft)의 억제된 국면과 비교적 '경성'(hard)의 급진적 국면이 번갈아 교체된다. 정치노선이 연성일수록 보다 신중하며, 반면에 강성일수록 보다 긴장

된 투자 프로그램을 가져온다. 50)

지금까지 기술한 다양한 종류의 변동들은 상호 간에 배타적이지 않다. 51) 파동은 겹쳐질 수 있으며, 서로의 효과를 강화할 수도 있다. 예를 들면, 투자 순환주기의 끝에 위치한 팽창 국면은 새로운 5개년 계획의 시작과 동시에 발생하며, 혹은 내생적인 경제 순환주기 내에서의 정체는 인적 변화를 포함한 정치노선의 변화에 대한 이유를 제공한다. 구체적 사례로서, 그러한 일이 1970년에 폴란드에서 발생했다.

한 가지는 확실히 말해 둘 수 있다. 사회주의 계획은 그것이 자본주의하에서의 변동, 정체, 후퇴 등으로부터 자유로운, 원활한 성장을 낳을 것이라는 희망을 저버렸다. 비록 사회주의하에서의 변동들이 자본주의하에서의 변동들과는 다른 기제들에 의해 야기되고 다른 결과들을 갖지만, 파동은 존재하며 수많은 종류의 손상을 유발한다.

---

50) A. Ungvarszky(1989)는 헝가리 경제사에서 이러한 변화들의 전체 과정을 확인하였다. 그녀의 발견에 따르면, 주기적으로 교체되는 정치적 시기 내의 성장 정책, 대외경제 정책, 그리고 제도적 변화 사이에는 밀접하고도 관찰 가능한 추이의 상호관계가 존재한다. D. M. Nuti(1986b)와 E. Screpanti(1986)를 참조하라.

51) 다른 변동도 역시 존재한다. 예를 들면, J. C. Brada(1986)는, 다섯 개의 동유럽 사회주의 국가들의 농업 생산이 그들 국가가 자본주의 체제였을 때보다 훨씬 크게 변동했다고 보고했다. 그 변동은 주로 생산 정책에서의 빈번한 변화와 관련이 있다.

7. 총산출의 측정

결론적인 언급을 하기 전에, 측정이라는 주제에 관하여 짤막한 언급이 필요하다. 이 책의 전반적 특징을 유지하면서, 나는 통계학적 방법론에 대해 상세하게 논의할 생각은 없고 가장 필요한 관찰에 대해서만 논의하겠다.

사회주의 국가들의 공식 통계는 수많은 왜곡들을 포함한다. 이러한 왜곡들은 단순히 부정확한 측정에 의해서만 유발되지 않는다. 이 왜곡들은 진정한 결과보다는 보다 바람직한 결과를 의도적으로 제시하려는 목적을 분명히 지닌다.[52] 여기에서 관심사는 무엇보다도 가치로 측정된 산출의 총계지표를 왜곡시키는 주요 요인들이다. 몇 가지 난점들이 〈표 9-10〉에서 개략적으로 제시되었는데, 표는 몇몇 사회주의 국가들의 총산출에 대한 계산 결과들을 보여 준다. 각 국가들의 첫 번째 줄은 공식 통계이며, 다른 줄들은 대안적인 추정치들이다. 논쟁

---

52) 사회주의 국가들의 경제통계에서의 왜곡에 대해 광범위한 논쟁이 존재한다. 예를 들면, A. Bergson(1961, 1978a), A. Bródy(1964, 1979), Z. Dániel (1975), A. Eckstein(1980), M. Ellman(1982), P. Marer(1985), 그리고 A. Nove(1983)를 참조하라.

두 명의 소련 학자가 쓴 논문이 엄청난 주의를 끌었는데, V. Seliunin and G. Khanin(1987)이 그들이다. 이들은 소련의 산출 통계에서 심각한 왜곡을 들춰냈다. 카닌(Khanin)은 은폐된 왜곡들을 1960년대에 이미 들춰내기 시작했지만, 그가 발견한 것들을 더 일찍 출간할 기회가 오지 않았다. 카닌은 나중에 또 다른 주목할 만한 논문(1988)에서 몇 가지 좀더 진전된 대안적 수치들을 제공하였다. 소련의 논쟁에 대해서 조망하려면 A. Åslund(1990), B. P. Orlov(1988), 그리고 R. Ericson(1990)을 참조하라.

동독의 GDP는 최근 수차례 다시 계산되기도 했는데, 계산할 때마다 추정치가 계속 낮아졌다(*DIW-Wochenbericht*, 1991. 2. 14).

<표 9-10> 공식 성장추정치와 대안적 성장추정치: 국제 비교

		1961~1970	1971~1980	1981~1985	1986	1987	1988	1989
불가리아	NMP (O)	7.7	7.0	3.7	5.3	4.7	2.4	-2.0
	GDP (EO)	-	6.8	3.4	4.2	6.0	2.6	-1.9
	GNP (A)	5.8	2.8	0.8	4.9	-0.9	2.0	-
중국	NMP (O)	4.0	5.8	10.0	7.7	10.2	11.1	3.5
	GDP (O)	-	5.5	10.1	8.3	11.0	10.9	3.6
	GNP (A)	-	5.8	9.2	7.8	9.4	11.2	-
체코슬로바키아	NMP (O)	4.4	4.7	1.8	1.8	2.7	2.6	1.2
	GDP (EO)	-	4.7	1.7	3.2	2.7	2.2	1.2
	GNP (A)	2.9	2.8	1.2	2.1	1.0	1.4	-
동독	NMP (O)	4.3	4.8	4.5	4.3	3.6	2.8	2.0
	GDP (EO)	-	4.8	4.3	3.9	3.3	3.1	2.3
	GNP (A)	3.1	2.8	1.9	2.2	1.1	1.1	-
헝가리	NMP (O)	5.4	4.6	1.2	0.9	4.1	-0.5	-1.6
	GDP (O)	5.3	4.7	1.8	1.5	4.1	-0.1	0.2
	GNP (A)	3.4	2.6	0.7	2.2	1.1	1.1	-
폴란드	NMP (O)	8.4	5.4	-0.8	5.2	2.0	4.8	0.1
	GDP (EO)	-	5.3	0.1	4.2	2.0	4.1	-1.0
	GNP (A)	4.2	3.6	0.6	2.7	-1.7	2.1	-
루마니아	NMP (O)	8.4	9.4	3.0a	3.0a	0.7a	-2.0a	-7.9a
	GDP (EO)	-	9.1	3.2	2.3	0.9	-0.5	-5.8
	GNP (A)	5.2	5.3	-0.1	2.9	-0.9	-1.5	-
소련	NMP (O)	6.9	5.0	3.2	2.3	1.6	4.4	2.4
	GDP (O)	7.6b	5.5	3.7	3.3	2.9	5.5	3.0
	GNP (A)	4.9	2.6	1.9	4.0	1.3	1.5	-

주석: a) 루마니아의 1980~1989년 국민계정 데이터는 1990년에 발표된 상당히 수정된 수치들이다.
  b) 1966~1970년.
참조: 표의 **공식**(*Official*) 통계들은 해당 국가의 통계연보나 세계은행에 해당 국가기관들이 제출한 보고서들로 부터 온 것이다. **확장된 공식**(*Extended Official*) 추정치들은 세계은행 자문관들이 공식 NMP의 수준과 성장률을 고려하고, 해당 국가에서 관련 자료가 있다면 NMP와 GDP의 관계 또는 다른 국가들의 비율을 고려하여 만든 것이다. 따라서 공식 성장률에 들어 있는 왜곡들은 어떤 것이라도 확장된 GDP 성장률에 역시 포함된다. **대안적**(*Alternative*) 추정치들은 미국 CIA(1989)로부터 온 것이다. 대부분의 경우 이 추정치들은 공식적으로 발표된 물리적, 양적 지표들을 사용하는데, 이것들은 생산품의 요소 비용이나 조정된 요소 비용에 의해 적절한 가중치가 주어진다. CIA 총계량은 동유럽 국민소득 연구 프로젝트(the Research Project on National Income in East Central Europe)에서 T. Alton과 그의 공동연구자들이 내어 놓은 데이터들을 포함하여 여러 자료들에 기반을 두고 있다.
  괄호 속의 O는 공식 통계, EO는 확장된 공식 추정치, A는 대안적 추정치이다.
출처: P. Marer et al. (1991)에 기초하여 J. Árvay가 이 책을 위해서 작성하였다.

에서 어떤 입장을 취하는 것은 이 책의 목적이 아니다. 하나의 공통적인 특성을 지적하는 것만으로도 충분하다. 모든 대안적 추정치들은 공식 수치들보다 낮은 성장률을 보인다. 이러한 대안적 추정치들의 저자들은 이하에서 기술되는 통계적 왜곡들을 제거하려는 데에 일차적 관심을 갖고 있었다.

1. 사회주의 국가들은 세계의 나머지 국가들과 상이한 회계 체계를, 즉 국민계정 체계(System of National Accounts: SNA)가 아니라 물적 생산물 체계(Material Product System: MPS)를 이용한다.[53] 몇 가지 크고 작은 차이들 중 하나만 언급하면, MPS의 출발점은 '생산적' 활동과 '비생산적' 활동의 구별이다(9장 4절, 우선순위 3 참조). 그 결과, 거시적 수준에서의 총산출('사회적 생산품')과 순산출('국민소득', '순물적 생산물')은 오직 생산영역만을 가리키며, 서비스 영역의 산출을 무시한다. 근간이 되는 이론적 가정에 따르면, 서비스 영역은 (마르크스 정치경제학의 의미에서) '가치'를 창출하지 않으며, 따라서 서비스 소비는 오로지 국민소득의 이차적 분배를 의미할 뿐이다. 대조적으로, SNA하에서의 산출 측정(국민총생산: GNP, 국내총생산: GDP)은 서비스도 역시 포함한다.[54] 서비스 부문의 발전이 무색하게 된 체

---

53) 이 두 가지가 어떻게 다른지를 자세하게 보려면 J. Árvay(1973)와 United Nations(1977)를 참조하라.

54) 일부 국가의 중앙 통계국들과 몇몇 연구자들은 원래 MPS로 만들어진 데이터를 SNA로 전환하여 계산했으며, 그 반대로도 계산했다. 그렇게 함으로써(그리고 다른 적절한 조정을 실시하면서) 그들은 그 데이터들을 SNA의 초기 단계에서부터 측정된 데이터와 비교할 수 있도록 만들었다. A. Bergson(1961)을 참조하라.

제하에서는 이것이 총산출 지표의 상향 왜곡을 유발한다. [55]

2. 회계에 심각한 왜곡이 발생하는 것은 가격체계의 자의적인 특성들 때문이다. 예를 들면, 비현실적으로 낮은 가격이 사회간접자본 서비스(어쨌든 무시되는)와 주택 시설에 매겨지며, 반면에 많은 공업 생산품들은 과대평가된다.

3. 가격체계는 제품의 질에서 나타나는 부진한 개선, 지체, 혹은 하락을 적절하게 반영하지 못한다. 질의 희생을 통해 생산된 증가량을 생산량에 단순히 더하는 것(9장 5절 참조)은 총산출 지표를 상향 왜곡한다.

4. 고전적 체제하에서는 은폐된 인플레이션이 존재하는데, 이는 공

체코슬로바키아에 대해서는 V. Nachtigal(1989)이 NMP를 GNP로 다시 계산하였다.

헝가리는 1968년 이래로 MPS와 SNA 모두로 생산 수치를 공표해 온 유일한 사회주의 국가였다.

55) 다음과 같은 가설적 사례를 들어 보자. 자본주의 국가 A의 경우, 생산 부문과 비생산 부문 모두가 각각 6% 성장하지만, 사회주의 국가 B의 경우, 생산 부문은 6% 성장하지만 비생산 부문은 겨우 2% 성장한다. 만약 MPS가 양국에 적용된다면, 양 국가는 총 6%의 성장을 보여 줄 것이다. 그러나 만약 SNA를 이용할 경우, A의 성장률은 여전히 6%이지만, B의 성장률은 6%와 2%의 가중평균이 될 것이다. 이 가중평균은 어떤 경우든 실질적으로 6% 이하가 될 것이다.

Z. Dániel(1975)은 성장의 '광학'(optics)에 관한 연구에서 이 문제영역뿐 아니라 다음의 문제 2에 대해서도 검토하였다. 그 연구는 투입-산출 모델을 이용한 계산을 통해 헝가리의 산출 통계표에 존재하는 왜곡의 정도에 관한 수치적 추정치를 만들어 내었다.

식 통계에는 나타나지 않는다(11장 7절 참조). 따라서 물가의 상승 효과를 제거하기 위한 전환 지표(가격수정인자, *deflators*)는 너무 낮은데, 이 사실은 발표된 성장이 실제 성장보다 크다는 것을 의미한다.

사회주의 국가들의 경영성과를 실제보다 밝게 보여 주기 위해 고안된 공식 통계상의 은폐된 왜곡의 존재가 전문가들에게 이전에 이미 알려졌을지라도, 왜곡의 규모는 이제야 밝혀지기 시작했다. 일련의 국가들이 자신들의 통계 작업을 가렸던 베일을 벗겨 비밀을 드러냈기 때문이다. 수많은 정량적 검토 결과들은 새롭고 보다 정확한 자료들에 비추어 재검토되어야만 할 것이다.

그렇게 되기 전까지는, 공식적인 사회주의 수치들을 교정하고 그것들을 서구의 방법론에 더욱 다가가도록 하기 위한 고생스러운 계산 작업에 만족해야 한다. 〈표 9-10〉은 이러한 종류의 몇 안 되는 추정치를 제공했으며, 다른 표들은 앞에서 언급한 왜곡 요인들을 극복하려고 가능한 최대로 노력했다. [56]

---

[56] 매우 중요한 작업은 I. B. Kravis와 그의 동료가 수행한 유엔의 국제 비교프로젝트(the United Nations International Comparison Project: ICP)이다. 이들은 단일한 형태의 구매력을 가진 가상의 통화로 모든 국가들에 대한 수치를 표현하면서 국가 가격체계의 왜곡효과를 제거하고자 했다. 이들의 연구결과에 대한 수많은 보고서들이 존재한다. 예를 들면, I. B. Kravis, A. W. Heston and R. Summers(1978, 1982)를 참조하라.

또한 주목할 만한 것은 미국 CIA(1989)가 내놓은 추정치들과 T. P. Alton이 이끈 동유럽 국민소득 연구 프로젝트가 계산한 추정치들이다. 예를 들어, T. P. Alton(1977, 1981)을 참조하라.

물리적 단위로 측정된 몇 가지 지표들의 평균에 의해서 한 국가의 경제발전 수준을 표현하는 방법은 F. Jánossy(1963)에 의해서 시작되었고, 이후에는 É. Ehrlich(1981)에 의해서 주로 사용되었다.

8. 체제특수적인 성장 유형: 강행성장

이 장은 고전적 체제에 전형적으로 나타나는 성장과정의 주요 특징들을 보여 주려고 했다. 이러한 특징들 중 일부는 다른 체제들에서도, 특히 비사회주의적 경로를 추구하는 개발도상국들에서도 나타났다. 그렇다고 하더라도, 특징들의 이러한 결합 형태는 체제특수적이다. 이러한 주요 특징들의 총합은 이 장 서론에서 강행성장으로 묘사되었던 유형을 규정한다. '강행적'(forced)이라는 단어는 속도의 가속화가 사회에서 필수적이고 자기추동적인 운동으로부터 발생한 것이라기보다는 관료에 의해 위로부터 강요된다는 것을 암시한다. '강행적'이라는 단어는 또한 체제가 자신의 다리로 달릴 수 있는 것보다 더 빨리 달리려고 한다는 것을 암시한다.

주요 특성들의 이러한 전형적 조합은 다음과 같이 요약될 수 있다.

1. 매우 높은 투자 비율과 낮은 소비 비율
2. 일련의 특수한 우선순위들
3. 외연적 발전을 위한 명백한 잠재능력의 가속화된 사용; 질을 희생한 양의 추구

주요 특성들의 이러한 조합을 하나의 명확한 '성장전략'이라고 칭하는 것은 올바르지 않다. '전략'이라는 것은 군 사령관에 의해 의식적으

세계은행 찬조하에 이루어진 통계작업이 중요한 기여를 하였다. P. Marer (1985) 를 참조하라. 이 연구는 계속되고 있다. P. Marer et al. (1991) 에 의한 세계은행의 자료 수집은 이 책에 나오는 여러 표들의 자료 원천이 되었다.

로 선택된 특별한 성질의 계획을 의미하며, 반면에 강행성장에서 의식적 선택의 요소들은 자생적이고 부수적인 현상들과 섞여 있으며 심지어는 지도자의 바람에 반하여 전개되는 경향들과 섞여 있다. 우선순위 1~6은 마르크스와 레닌, 그리고 공식 이데올로기에 대한 다른 기여자들의 사상에 영향을 받아 의식적으로 적용된다. 그러나 질을 무시하고, 서비스 영역을 과도하게 이용하고, 자연환경에 해를 입히고, 어떤 시기들에는 소비를 축소하는 등의 정책을 아무도 의식적으로 채택하지는 않는다. 그래도 주요 특성들의 그러한 조합은 하나의 유기적인 전체를 형성한다. 계획된 우선순위와 자생적인 우선순위, 의식적인 방법들과 본능적인 방법들, 바람직한 결과들과 바람직하지 않은 결과들이 함께 나타난다. 결국 이러한 특성들은 특정한 계획자 자신의 선호에 따라 선택된 것이 아니다. 이러한 성장 유형과 이에 참가하는 사람들의 부수적인 행위와 상호 관계는 주로 그들의 사회적 상황에 의해서 형성되는데, 바로 이에 따라 정책결정을 위한 그들의 시야가 제한된다. 지배적인 권력구조, 이데올로기, 재산관계, 그리고 조정기제의 조합은 빈곤과 후진성으로 특징 지워지는 체제의 초기 상태와 결합해서 성장과정이 이 장에서 기술한 체제특수적 경로 위에서 이루어지도록 한다.

지면 관계상 성장에 관한 다양한 이론적 문헌들에 견주어서 강행성장의 특성들을 포괄적으로 검토할 수가 없다. 강행성장의 특징들을 세 가지 이론적 경향들과 매우 간단하게 대조하는 데에 논의를 한정할 수밖에 없다.

첫째, 1920년대에 소련에서 성장 정책에 관한 격렬한 논쟁이 발생했는데,[57] 그 시기에 '좌익'의 최선두 경제학자 중 한 명이던 프레오브라젠스키(Preobrazhenskii)는 그의 유명한 사회주의 원시축적 이론을 내어놓았다. 마르크스는 자본주의 원시축적에 관하여 잘 알려진 사상을 갖고 있었는데, 자본주의 원시축적은 토지로부터 농민들의 잔혹한 추방, 높은 저축률의 강제, 그리고 그것에 의해 자본주의 성장을 가속화한 첫 번째 '도약'(*big push*)을 수반하였다. 프레오브라젠스키에 따르면, 사회주의 체제하에서 유사한 일이 불가피하게도 일어나야만 한다. 투자는 공업, 그중에서도 특히 중공업에 집중되어야 하며, 경공업과 농업의 지체는 의식적으로 받아들여야만 했다. 투자에 필요한 자원들은 강제 저축에 의해서 획득되어야만 했다. 소비는 엄격하게 통제되거나 심지어는 후퇴되어야 했다. 농산물은 농민들로부터 싼 가격에 구매되어야 했으며, 농민들의 구매력은 세금과 높은 공산품 가격에 의해서 더욱 축소되어야 했다. 또한 농업의 집단화가 가속화되어야 했는데, 이는 다른 무엇보다도 공업화에 요구되는 노동력을 해방시킬 것이기 때문이었다.

역사의 비극적 아이러니에 의해서, 프레오브라젠스키와 그의 사상의 많은 옹호자들은 스탈린 테러의 희생자가 되었다. 그런데 스탈린은 이후에 프레오브라젠스키의 권고사항 중 몇 가지 요소들을, 심지어 프레오브라젠스키가 아마도 상상하지 못했을 방식으로 실행하기 시작했다.

둘째, 아서 루이스(Arthur Lewis) 이론의 주요 사상 중 하나는 그의 권위 있는 논문 제목, "무제한적 노동공급을 통한 경제발전"(1954)으

---

57) P. R. Gregory and R. C. Stuart(1974/1986) 그리고 A. Erlich(1960)는 그 논쟁에 관하여 훌륭하게 정리했다.

로 표현된다.[58] 루이스는 자본주의 개발도상국들의 성장을 분석하였는데, 그곳에서는 이중경제가 작동한다. 근대적이고 급속히 성장하는 자본주의 부문이 후진적이고 쇠퇴하는 전통 부문과 공존하고 있다. 전자는 후자로부터 풀려 나온 노동력을 성공적으로 흡수한다. 자본주의 부문으로 흘러들어 오는 노동력의 임금은 내생적 시장의 힘에 의해서가 아니라 생활수준에 대한 사회적 규범에 의해서 결정된다.

이 장의 서술은 루이스가 기술하는 상황과 고전적 사회주의의 강행성장 간의 유사점과 차이점들을 명확하게 해준다(10장에서는 양자의 비교를 조금 더 할 것이다). 루이스의 이론과 강행성장의 실행 모두에서 외연적 방법 1이 핵심 역할을 하는데, 고용의 급속한 확장과 실제로 무제한적인 노동공급 — 그 여지가 고갈될 때까지 — 이 그것이다. 여기에서는 주요 차이점들만을 언급한다. 우리들의 경우에, 근대적인 부문은 자본주의적이지 않고 사회주의적이다. 루이스의 분석에 따르면, 자본주의 발전과 이윤 동기는 정체된 개발도상국들의 저축률을 4~5%에서 12~15%로 끌어올릴 수 있다. 이 장에서 기술한 동기부여는, 사회주의적 관료가 이용할 수 있는 역사적으로 전례 없는 방법과 함께, 심지어는 30~40%의 저축률을 강제할 수 있다.[59]

셋째, 불균형 성장 이론은 주로 허쉬만(Hirschman), 스트리튼(Streeten)과 연결된다.[60] 그것은 하나의 규범적인 이론이다. 이 이

---

58) 좀더 자세하게 보려면 A. W. Lewis(1955)를 참조하라.
59) 임금에서도 역시 본질적 차이가 하나 존재한다(10장 참조). 강행성장 시기에 임금 수준은 '사회 규범'이나 시장력에 의해서 결정되지 않는다. 기본적으로 그것은 축적과 소비의 비율이어야만 한다고 관료가 결정하는 것에 맞추어진다. 이러한 결정은 뒤이어서 소비에서도 역시 사회 규범을 형성한다.

론에 찬성하는 사람들은 소수의 '주도적인'(driving) 부문들이 선두로 나서고 그 부문들의 초과수요가 다른 부문들로 하여금 따라잡도록 자극하게 된다는 성장전략을 권고했다. 이러한 전략이 자본주의적 경로에 있는 개발도상국들이 정말로 선호할 수 있는 전략인지를 결정하는 것은 이 책의 과제가 아니다. 여기서 언급할 필요가 있는 것은, 고전적 사회주의가 실제로 이러한 경로를 따른다는 것이다. 이는 다른 무엇보다도 앞에서 기술했던 우선순위의 조합에 의해서 일어난다. 불균형성장의 옹호자들이 권고한 '후방연관'(backward linkages)의 견인과 사회주의 체제의 만성적 부족(11, 12장 참조)은 많은 점에서 개념적으로 중첩된다.

9. 성장의 성과

이 장의 끝에 이르러 이제 강행성장의 결과를 요약하려고 한다. 〈표 9-11〉, 〈표 9-12〉, 〈표 9-13〉은 몇몇 사회주의 국가들의 총성장 지표들을 보여 주며, 이것들을 자본주의 국가들의 유사한 성장 지표들과 비교한다.

지금은 고전적 체제 시기에 한정해서 언급할 것이다.[61] 성장의 성과는 실재하지만 두드러지지는 않다. 자본주의적 경로를 채택한 많은

---

60) 예를 들면, A. O. Hirschman(1958)과 P. Streeten(1959)을 참조하라.
61) 몇몇 국가들의 경우에, 두 개의 표는 개혁 시기도 포함한다. 나중에 나는 이 표들의 개혁 시기 부분들에 대해 언급할 것이다(16장 1절, 23장 2절 참조).

국가들은 그보다 빠른 성장을 달성했다. 그러나 나는 특히 초기 몇십
년 동안에 고전적 사회주의 체제하의 국가들이 많은 자본주의 국가들
보다 빠르게 성장할 수 있었다는 사실을 덧붙여야만 한다. 고전적 사

〈표 9-11〉 총산출 성장: 국제 비교

	연평균 성장률		
	1961~1970	1971~1980	1981~1988
사회주의 국가			
불가리아	5.8	2.8	1.2
체코슬로바키아	2.9	2.8	1.4
동독	3.1	2.8	1.8
헝가리	3.4	2.6	1.0
폴란드	4.2	3.6	0.8
루마니아	5.2	5.3	-0.1
소련	4.9	2.6	2.0
자본주의 국가			
오스트리아	4.7	3.6	1.7
프랑스	5.6	3.2	1.9
그리스	7.6	4.7	1.5
이탈리아	5.7	3.8	2.2
일본	10.5	4.6	4.0
네덜란드	5.1	2.9	1.3
포르투갈	6.4	4.7	2.2
스페인	7.3	3.5	2.6
미국	3.8	2.7	3.2
서독	4.5	2.7	1.7

참조: 사회주의 국가들의 산출 데이터는 GNP를 가리키는데, 해당 시기에 그 데이터는 거
의 GDP 추정치들과 일치한다. 자본주의 국가들의 산출 데이터는 GDP를 가리킨
다. 앞에서 논의한 대로, 사회주의 국가들의 성장과 관련한 공식 통계와 대안적 추
정치 모두의 유효성에 대해서는 전문가들 사이에 의견이 일치하지 않는다. 그러나
대안적 추정치들이 실질 성장을 더 잘 반영한다는 일반적 합의는 존재한다. 그러므
로 이 추정치들이 자본주의 국가들의 데이터와 비교하는 데에 사용된다.
출처: J. Árvay가 이 책을 위해서 작성하였다. 사회주의 국가들의 데이터 출처에 대해서
는 〈표 9-10〉 대안적 추정치들 참조. 자본주의 국가들의 데이터는 OECD(1991)에
기반을 두고 있다.

회주의는 많은 국가들을 혹독한 후진성의 상태에서 적어도 중간 수준의 개발 상태로 확실히 이끌었다. 만약 자료가 훨씬 더 하향으로 수정되어야만 하는 것으로 판명되면, 이러한 성취에 대한 인식도 역시 완화되거나 아니면 아마도 심지어는 철회되어야 할 것이다.

〈표 9-12〉 소련과 미국의 총산출 성장률

연도	연평균 GDP 성장률(%)	
	소련	미국
1900~1913	3.5	4.0
1913~1950	2.7	2.8
1950~1973	5.0	3.7
1973~1987	2.1	2.5

참조: 매디슨의 추정치는 여러 이유 때문에 〈표 9-10〉에 있는 소련 성장률 추정치와 직접 비교될 수 없다. 예를 들면, 시기 구분이 다르다. 매디슨의 추정치는 공식 소련 통계에서 주어진 성장률보다는 〈표 9-10〉의 대안적 추정치에 더 가깝다.
출처: A. Maddison(1989, p. 36)에 기초한 W. D. Nordhaus(1990).

〈표 9-13〉 총산출 성장률: 중국과 자본주의 국가들의 비교

	연평균 GDP 성장률(%)	
	1965~1980	1980~1987
중국	6.4	10.4
저소득 및 중소득 자본주의 국가		
아르헨티나	3.5	-0.3
브라질	9.0	3.3
인도	3.7	4.6
인도네시아	8.0	3.6
멕시코	6.5	0.5
파키스탄	5.1	6.6
한국	9.5	8.6
태국	7.2	5.6
터키	6.3	5.2

출처: J. Echeverri-Gent(1990, p. 105).

이러한 점에서 판단은 유보되어야 하지만, 후에 수치에 대한 감사 결과가 어떻든 간에 일정한 관찰 결과가 충분히 제시될 수 있다.

사회주의 국가의 지도자들은 급속한 성장에 높은 내재적 가치를 부여하는 경향과 심지어는 총산출 성장률을 숭배하는 경향이 있으며, 어떤 대가를 치르든 간에 성장률 증가를 추구하는 경향이 있다. 그러나 불편부당한 관찰자는 이러한 근시안적 평가기준을 받아들일 수 없다. 설령 이런저런 사회주의 국가에서 적어도 어떤 시기에 성장률이 높았다고 하더라도, 문제는 여전히 남는다. 그러한 성장률을 위해서 어떤 희생이 감수되어야만 했는가? 그리고 총지표의 배후에는 어떤 경제 구조가 존재하는가?

강행성장을 위해 치른 대가는 매우 값비싸다. 그것은 대단히 많은 금욕을 요구하며, 당대인들에게 많은 고통을 유발한다.[62] 동시에 이러한 성장 유형은 그 자신의 경제성과를 손상시킨다. 심지어 처음에 높은 성장률이 달성되는 곳에서조차 그것은 계속 유지될 수 없다. 조만간에 성장률은 점점 더 두드러지게 하락하기 시작한다. 각 세대는 다음 세대에 파멸적인 유산을, 심각하고 미루어지고 점점 더 긴급한 과제들과 조화롭지 못한 구조를 가진 경제라는 유산을 남긴다.

---

62) 부족과 소비를 논의할 때(11, 12, 13장 참조) 이것에 대해서 다시 언급하게 될 것이다.

제 10 장 고용과 임금

마르크스의 사상 체계에 따르면, 자본주의하에서 노동자의 노동력은 하나의 상품, 시장에서 화폐를 통해 주인이 바뀌는 물건처럼 구매와 판매의 대상이다. 여기서 해방되기 위한 하나의 조건은 노동력이 품고 있는 상품으로서의 성격, 상품성을 중지시키는 것이다.

사회주의 국가들에서 공식적으로 가르쳤던 정치경제학은 이러한 일이 사회주의하에서 일어났으며, 개인의 노동 능력이 더 이상 상품이 아니라는 것을 강조한다. 1) 그러한 용어들을 이 책의 언어로 번역하자

---

1) 스탈린 시기의 공식적인 정치경제학 교과서에는 다음과 같은 구절이 있다. "사회주의하에서의 임금은 자본주의하에서의 임금과 본질적으로, 또한 근본적으로 다르다. 사회주의하에서 노동력은 상품이기를 멈추며, 임금은 노동력의 가격이 아니다. 임금은 착취자와 피착취자 사이의 관계를 표현하지 않으며, 사회주의 국가에 의해 대표되는 전체 사회와 자신을 위해, 그가 속한 사회를 위해 노동하는 개별 노동자 사이의 관계를 표현한다." (*Politicheskaia Ekonomiia Sotsializma*, 1954, p. 452)

면, 노동의 배분이 시장 조정기제에 의해서 이루어지지 않는다는 것을 의미한다.

이 장에서는 고전적 사회주의에서의 노동 배분을 검토한다.[2] 마지막 부분에서는 공식 교과서에서 제기한 주장을 다시 검토하는데, 이는 이 책에서 제시된 분석을 감안하여 그것이 얼마나 타당한지를 살펴보려는 것이다.

이 장은 장기, 그리고 단기 노동 배분의 특징을 보여 주면서 시작한 후, 계속해서 단기 노동 배분에 참여하는 사람들의 행위와 그들 서로간의 관계에 대해서 분석하고자 한다.

이 장을 통틀어 공적 소유 부문(예를 들어, 국유기업, 비기업 성격의 국가기관, 그리고 협동조합)의 고용 문제들만이 다루어질 것이다.[3] 이미 제시되었듯이 다른 사회 부문은 고전적 체제하에서 중요하지 않은 역할만을 한다. 따라서 이들 부문의 고용 문제는 개혁과정을 다루는 이 책 후반부에서 검토하는 것이 더 적절할 것이다(19장 2절, 22장 2절, 23장 1절 참조).

---

2) 전반적인 개요를 보기 위해서는 J. Adam(1982, 1984), A. Bergson(1944), J. G. Chapman(1963), M. Ellman(1985, chap. 9), 그리고 A. Kahan and B. Ruble, eds. (1979)를 참조할 것.

3) 따라서, 적절한 수식어가 언급되지 않을 때조차도, 이 장에서 '고용'과 '노동수요'와 같은 표현들은 공적 소유 부문에서의 고용, 노동수요 등만을 전적으로 의미한다.

1. 완전고용에 이르는 길

강행성장에서 사용하는 가장 중요한 외연적 방법은 **노동잉여**(*labor surplus*)를 동원하는 것이다(9장 5절 참조).[4] 다음의 목록들은 공적 부문에 의해 흡수될 수 있는 노동공급의 모든 원천을 열거하였는데, 잉여 내에서 차지하는 각각의 비율은 국가마다 다르다.

  1. **공개 실업.** 이는 직업을 가지고 있었으나 어떤 이유로 직업을 잃은 사람들 모두(대부분은 도시 거주자들)를 포함한다. 실업자 중 일부는 이전의 자본주의 체제로부터 물려받았을 수 있다. 이러한 종류의 공개 실업은 대부분의 자본주의 국가들에서는 공식적으로, 예를 들면 직업소개소에 의해서 기록된다.

  2. **잠재(은폐) 실업.** 이는 주로 잘 발전되지 않은 국가들에서 나타나며, 앞에서 언급한 바와 같이 권력을 쟁취했을 당시의 사회주의 국가들이 대부분 여기에 속한다. 이 범주는 임시로 임금노동을 수행하거나 아마도 임시로 어떤 생산품을 팔거나 서비스를 제공해서 수입을 얻지만 상시적인 일자리는 갖지 못한 사람들로 구성되어 있다. 대신에,

---

4) '잉여'(*surplus*)라는 표현은 '부족'의 반대되는 짝으로 사용된다. 나는 의도적으로 중립적인 단어를 선택해 왔다. '예비'(*reserve*)는 인정과 승인의 느낌을 가진다. 반면에 '초과'(*excess*)는 경멸적이고 비난하는 느낌을 가진다. 그리하여 노동 예비 혹은 노동 초과라는 표현은 그러한 승인 혹은 비난을 의도할 때만 사용될 것이다.

　유사한 용어 문제가 어떤 생산품, 서비스, 혹은 자원의 잉여라는 보다 광범위한 맥락 속에서 발생한다(11장 4절 참조).

그들은 가족농장에서 일할 수도 있는데, 그 농장은 심지어 그들의 도움이 없이도 잘 운영되기도 한다. 이러한 '불완전고용'(underemployment)은 주로 농촌에서 대규모로 나타나지만, 도시에서도 역시 존재한다. 농촌에 존재하던 잠재적 잉여노동력 일부는 좀더 나은 일자리를 희망하며 도시로 떠나지만, 그들 중 상당수는 도시에서도 역시 실업 상태로 남아 있게 된다. 공개 실업에 속하는 사람들과 달리 이들은 심지어 자본주의 체제하에서조차도 직업소개소에 기록되지 않지만, 수적으로는 공개 실업자보다 몇 배 많을 수 있다. 보다 빈곤하고 산업적으로 더 후진적이고 정체된 국가일수록 이 집단에 속하는 사람들의 수가 많다.

3. **가족사업 노동자.** 대규모 집단화(5장 5절 참조)와 국유화는 소규모 가족농이나 소규모 사적 상공업에 종사해 왔던 사람들을 공적 소유 부문의 피고용인으로 만든다.

농업에서의 상황을 보면, 집단화 이전에도 어떤 사람들은 농업을 주업으로 삼아 자기 자신과 가족을 위해 하루 종일 일했지만, 지금은 공적으로 소유된 사업체를 위해서 일한다. 이들 이외의 다른 사람들은 실제로 잠재 실업자에 속하는데, 그들의 노동력은 잘 활용되지 못했으며, 그들의 지위도 '가족 내에만' 머물러 왔기 때문에 이전에는 명확하지 않았다. 그러나 집단화는 그들의 노동이 제대로 활용되지 못했다는 사실을 명백히 하고 가시화했다. 그들은 자신이 거주하는 마을이나 도시의 지역 협동조합, 국유기업 혹은 국유농장에서 일자리를 찾으라는 압력을 받는다. 그리하여 농업 집단화는 방대한 노동잉여를 만들어 내어 다른 부문, 주요하게는 공업 부문으로 흘러가도록 한다.

4. 몰락 계층(*the 'declassed'*). 대자본가, 지주, 그리고 다른 부자들의 재산은 대개 과도기적 체제가 여전히 가동되는 동안인 혁명의 첫 번째 시기에 몰수당한다. 그 이후 고전적 체제에서는 대부분의 경우 자신의 재산에 의지해서 살던 중간 계급이 소유한 생산수단에 대한 전유가 이어진다. 그들의 개인 재산은 설령 몰수되지 않았다 하더라도 조만간 고갈된다. 대규모 집단화 과정에서 하나의 중요한 요소는 부농 계급의 제거와 그들이 가진 재산의 완전한 몰수이다(5장 5절 참조)

이러한 사회집단의 일부 구성원들은 이주하지만, 반면에 다른 구성원들은 처형되거나 투옥되거나 강제노동에 처해진다. 그러한 운명을 피한 사람이나 나중에 감옥이나 노동수용소에서 풀려나온 사람들은 공적 소유 부문에서 일자리를 잡는다.

5. 가정에서 일하는 여성. 이들은 2, 3, 4 집단과 부분적으로 겹친다.

여성의 대대적인 고용 진입은 가정생활 수준에 관한 새로운 규범과 그러한 규범을 반영한 임금 수준 때문에 주로 발생한다. 경제성장 과정이 진행됨에 따라, 모든 가정들은 남편과 아내가 모두 고용되어야만 사회 규범에 의해 설정된 수준으로 살아갈 수 있다는 사실을 점차 인식하게 된다. 남편의 임금만으로는 그의 아내와 가족 구성원들에게 관습적이고 사회적으로 수용될 수 있는 생활수준을 제공할 수 없다.

6. 인구 증가. 이는 노동력 잉여에서의 통상적인 인구통계학적 증가와 관련 있다. 대부분의 사회주의 국가들의 경우, 고전적 체제하에서 전체 인구와 노동연령 인구는 두드러지게 증가한다.

특정 시기의 특정 국가 지도부는 인구 증가율에 만족하지 못하여 이를 높이기 위해서 관료적 조정 방법을 동원한다. 그러나 다른 국가의 인구 정책 목표는 완전히 그 반대로, 야만적 방법을 통해 인구 증가를 막으려고 한다.[5] 그 목적이 무엇이든 간에, 이런 수단은 전통적으로 가족조정의 가장 내밀한 보호구였던 영역에 대한 관료적 개입이다.

지금까지 살펴본 1~6 집단은 모두 고전적 사회주의 체제하에서 외부적인 노동잉여를 이루고 있다.[6] 지금까지 서술에 따르면, 여기에서 잉여라고 불리는 총집단이 공개 실업자 집단을 수적인 면에서 훨씬 초과하고 있다는 것은 분명하다. 여기서 잉여로 분류된 대부분의 사람들은 이전에 고용된 경험이 없었으며, 그런 의미에서 '실업' 상태라고 할 수 없다.

강행성장 과정이 진행됨에 따라 6개 범주 모두로부터 점점 더 많은 노동이 흡수되고 마침내, 실질적으로 말하자면 6개 범주의 노동잉여는 완전히 소진된다. 그리하여 이러한 외연적 방법을 사용할 더 이상의 여지가 존재하지 않게 된다.[7] 이와 관련된 몇 가지 자료들은 〈표

---

5) 인구 증가를 강요한 대표적인 사례는 1950년대와 1970년대의 헝가리이다. 관료적 개입을 위한 전형적 수단은 피임기구의 공급 부족을 고의적으로 만들고 낙태에 대해 엄금하는 것이다(건강상, 도덕적, 혹은 종교적 근거에서가 아니라 사회의 경제적 이해와 생산 노동의 필요성이라고 공공연하게 언급한다). 또한 어린이 수를 증가시키면 국가로부터 재정적 보상을 받게 된다.
　중국은 헝가리와는 정반대 유형의 개입을 하였는데, 중국은 바람직하지 않은 인구 증가를 방지하기 위해서 야만적 방법을 사용했다.
6) '외부적'이라는 수식어는 다음과 같은 생각에 의해서 등장했다. 고전적 사회주의 체제는 간단히 말하자면 '공장 문 안의 실업'을 갖고 있다. 이것은 내부적인 노동잉여를 구성한다.
7) 인구 증가라는 여섯 번째 원천의 경우에 무조건적 고갈을 말할 수는 없다. 비록 어떤 국가가 특정 순간에 그 국가 전체의 노동잉여를 흡수했다고 하더라도,

〈표 10-1〉 40~44세 연령 집단에서 여성의 경제활동 참가율: 국제 비교

	1950	1960	1970	1980	1985
사회주의 국가					
불가리아	78.5	83.4	88.5	92.5	93.3
체코슬로바키아	52.3	67.3	79.9	91.3	92.4
동독	61.9	72.7	79.1	83.6	86.1
헝가리	29.0	51.8	69.4	83.2	84.7
폴란드	66.4	69.1	79.5	83.2	84.7
루마니아	75.8	76.4	79.5	83.1	85.1
소련	66.8	77.9	93.2	96.9	96.8
북유럽 국가	30.9	39.9	53.8	69.9	71.1
서유럽 국가	34.5	39.5	46.4	55.1	55.6
남유럽 국가	22.4	25.3	29.7	35.7	37.1

참조: 포함된 국가는 오스트리아, 벨기에, 프랑스, 서독, 네덜란드, 스위스, 룩셈부르크, 영국(이상 서유럽), 그리스, 이탈리아, 몰타, 포르투갈, 스페인(이상 남유럽), 불가리아, 체코슬로바키아, 동독, 헝가리, 폴란드, 루마니아, 소련(이상 사회주의 국가), 스칸디나비아 국가(북유럽)이다. 지역적 평균은 가중치를 두지 않았다. 이 표에서 지역에 따른 국가 분류는 ILO의 원래 분류와는 다르다.
출처: 국제노동기구(ILO, 1987)에 기초하여 J. Köllö가 이 책을 위해서 작성하였다.

10-1〉과 〈표 10-2〉에 제시되어 있다.[8] 고용 가능한 전체 인구에서 실제로 고용된 비율을 의미하는 이른바 경제활동 참가율은 허용 한계에 도달하였다. 〈표 10-1〉은 사회주의 국가들이 무엇보다도 여성을 생산에 더욱 광범위하게 참가시킴으로써 자본주의 국가보다 전반적으로 높은 참가율에 도달하였음을 보여 준다.[9] 여기에서 〈그림 10-1〉

인구 증가는 계속적으로 노동공급의 추가적 원천을 만들어 낼 것이다.
8) 소련의 참가율(15~64세 전체 인구 중 고용 인구의 비율)은 1980년에 86.6%였는데, 이는 유럽 OECD 국가들이 66.5%, 미국이 70.9%인 것과 대비된다. 여성의 참가율은 87%로서 유럽 OECD 국가의 48.5%, 미국의 59.7%와 각각 대비된다(G. Ofer, 1987, p. 1793).
9) 〈표 10-1〉은 40~44세 연령 집단을 뽑아냄으로써 여성의 높은 참가율을 특별

<表 10-2> 소련의 노동인구 증가

연도	노동인구(백만)a	시기	노동인구 연평균 증가율(%)
1927	11.3	-	-
1932	22.8	1927~1932	15.1
1937	27.0	1932~1937	3.4
1950	40.4	1937~1950	3.1
1955	50.3	1950~1955	4.5
1960	62.0	1955~1960	4.3
1965	76.9	1960~1965	4.4
1970	90.2	1965~1970	3.2
1975	102.2	1970~1975	2.5
1980	112.5	1975~1980	1.9
1985	117.8	1980~1985	0.9
1986	118.5	-	-
1987	118.5	-	-
1988	117.2	-	-
1989	115.4	1985~1989	-0.5

주석: a) 협동농장(kolkhoz) 구성원은 제외하였다.
출처: 다음 자료에 기초하여 C. Krüger가 이 책을 위해서 작성하였다 ― 1927, 1932년 A. Nove(1969, p. 192); 1937년 A. Nove(1969, p. 226); 1950, 1955년 A. Nove (1969, p. 342); 1960, 1970, 1980, 1985년 *Finansy I Statistika*(1987, p. 414); 1965, 1975년 *Finansy I Statistika*(1977, p. 463); 1986, 1987년 *Finansy I Statistika*(1988b, p. 38); 1988, 1989년 *Finansy I Statistika*(1989a, p. 48).

에 나타난 현상을 주시할 필요가 있다. 경제발전 수준과 참가율 사이에는 일종의 느슨한 양의(*positive*) 상관관계가 존재한다. 만약 동일한 경제발전 수준에 있는 사회주의 국가와 자본주의 국가의 참가율을 비

히 확실하게 만들었다. 이 연령 집단에 속하는 여성은 자신의 교육 시기를 넘겼으며, 심지어 그들의 자녀들은 보통 10대에 속한다. 따라서 그들의 아이들은 부모의 통제를 덜 필요로 하며, 반면에 그들 자신은 퇴직 연령 훨씬 아래에 있다. 표가 보여 주듯이, 그들의 노동 참가는 자본주의 국가들에서보다는 사회주의 국가들에서 훨씬 더 광범위하다.

〈그림 10-1〉 경제활동 참가율과 발전 수준(1980)

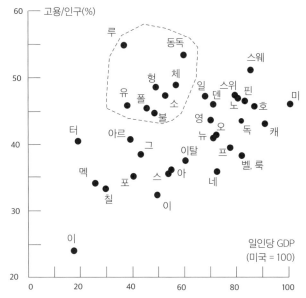

참조: 명확하게 하기 위해서, 국가들의 완전한 이름은 그림에 넣지 않았고, 대신에 일인당 GDP 순으로 여기에 기입했다. 이집트, 터키, 멕시코, 칠레, 루마니아, 유고슬라비아, 아르헨티나, 포르투갈, 그리스, 폴란드, 불가리아, 헝가리, 이스라엘, 소련, 스페인, 아일랜드, 체코슬로바키아, 이탈리아, 동독, 일본, 영국, 뉴질랜드, 덴마크, 오스트리아, 네덜란드, 프랑스, 스위스, 노르웨이, 벨기에, 룩셈부르크, 서독, 핀란드, 스웨덴, 오스트레일리아(호주), 캐나다, 그리고 미국. 모든 사회주의 국가들은 비교 가능한 발전 수준의 자본주의 국가들보다 위의 원으로 그려진 영역에 있다는 점에 특별히 주의해야 한다. GDP 순서로, 거기에 포함된 사회주의 국가들은 루마니아, 유고슬라비아, 폴란드, 불가리아, 헝가리, 소련, 체코슬로바키아, 그리고 동독이다.

출처: 이 그림이 토대를 둔 수치와 통계는 J. Köllö에 의해서 작성되었다. GDP에 관한 자료의 출처는 É. Ehrlich (1985, p. 100)이다. 자본주의 국가들의 고용과 인구에 관한 수치는 *UN Demographic Yearbook*에서 얻었고, 사회주의 국가들의 수치는 *CMEA Statistical Yearbook*에서 얻었다.

교한다면, 사회주의 국가의 참가율이 경제발전의 각 수준에서 가장 높다는 사실이 밝혀진다. 이는 〈그림 10-1〉에서 확실하게 드러난다.

노동잉여는 일종의 잠재적인 노동공급이지만 모든 환경하에서 그런 것은 아니다. 따라서 특정한 유인책들이 요구된다.

첫 번째 유인은 실제적인 기회이다. 어느 날 근처에 새로운 공장이 건설되고 있다는 사실이 알려지기 전까지는, 충분히 활용되지 못하고 있는 노동력이 마을에서 하는 일 없이 지내고 있다. 기회는 일종의 자석과 같은 역할을 한다. 이전에는 이러한 노동력 범주에도 속하지 못했던 많은 사람들이 고용을 적극적으로 찾는 것이다. 그들은 노동공급의 일부가 되며, 그러한 의미에서 장기적인 성장과정이 이루어지는 동안에는 노동수요가 그 자체의 공급을 창출한다고 말할 수 있다.

두 번째 자명한 유인은 상시적 고용에 존재하는 재정적 이익이다. 공개 실업 집단에 속하는 사람들은 순수하게 생계의 필요성으로 인해 일자리를 찾으려고 서두른다. 안정적인 상시고용은 실업자들에게 매우 커다란 위안이다. 생계의 필요성은 조만간 몰락 계층 집단, 즉 이전에 특권 계급에 있던 사람들에게도 역시 고용을 찾도록 한다. 가사노동 여성 집단, 즉 지금까지 가계에 머물렀던 여성에 대한 특수한 금전적 동기부여에 대해서는 이미 언급했다.

세 번째 유인은 관료적 강제인데, 이는 다양한 형태를 취할 수 있다. 사회주의 국가들은 노동할 권리뿐 아니라 노동할 의무를 법으로 규정해 놓았는데, 이는 실제로는(나중에 언급될 어떤 예외들이 있지만) 공적 소유 부문을 위해 노동할 의무를 의미한다. 노동을 못 하는 사람들은 '기생충'으로서 법적으로 괴롭힘을 당하며 당국에 의해서 일자리를 갖도록 강요당한다.

미시적 수준에서 보면, 의심할 여지 없이 공급의 통상적인 관계가 가장 커다란 역할을 한다. 임금상승이 노동공급을 증가시킨다(10장 5절 참조). 그러나 여기에서 고려하는 거시적 수준에서 보면, 그러한 관계가 감지되지 못한다. 노동공급이 증가하는 이유는 고용주가 더 높은 임금을 주기 때문이 아니다. 만약 평균 명목임금과 평균 실질임금이 장기간에 걸쳐 정체하거나 심지어 하락하더라도, 전체 노동공급은 여전히 증가한다.[10] 심지어는 명목임금과 실질임금이 동결되거나 감소되어도 방금 기술했던 집단에게 상시적 고용을 갖도록 하는 유인은 여전히 작용한다.

공산당 강령은 정권을 잡기 훨씬 이전부터 실업 철폐와 완전고용을 공약하고 있다. 일단 고전적 체제가 공고화되면 그 약속은 헌법 속에 안치된다. 그렇다고 하더라도, 헌법에의 명기 자체는 노동잉여의 흡수를 종국적으로 끌어내는 완전고용을 달성하도록 기획된 의식적인 고용 정책이 아니라는 점을 분명히 해야 한다. 완전고용 현상은 강행 성장 과정의 부산물이거나 부수효과인 것이다. 앞 장에서 자세히 언급한 것처럼, 이 체제는 어떤 대가를 치르더라도 가능한 한 가장 빠른 성장을 추구하며, 이를 달성하기 위한 가장 직접적인 가능성은 외연적 방법 1에 의해 제공된다. 즉, 노동잉여를 공적 소유 부문의 생산에 빠르게 동원하는 것이다.

일단 이러한 과정이 발생하고 공식 이데올로기에 의해 체제의 근본적 성취에 속한다고 평가되면, 그것은 고전적 체제가 역전시킬 수 없

---

10) 사실, 앞에서 언급한 것처럼, 여성들은 바로 임금이 낮기 때문에 고용으로 몰려 들어갈 수 있다.

으며 역전시키기를 원하지 않는 하나의 현상(status quo)으로서 노동자들의 '획득된 권리'가 된다. 그때부터 완전고용은 (그리고 어느 정도는, 나중에 검토하게 될 것처럼, 상시적 직장도) 보장된 권리로서 규정된다. 이것은 그저 명목적으로 선언되는 권리가 아니라 실질적 권리이며, 고용정책의 원칙과 실제 관례에 의해서뿐만 아니라 무엇보다도 노동부족이 만성적으로 되풀이되는 고전적 체제의 작동기제에 의해서도 보장된다.

몇 가지 궁극적인 도덕적 가치의 측면에서 볼 때, 상시적 완전고용은 확실히 고전적 체제의 근본 성취이다. 완전고용은 폭넓은 의미를 지니며, 단순히 고정 수입에 따른 직접적인 재정적 이익에만 관련된 것이 아니다. 완전고용은 재정적 안정성을 유도하고, 고용주에 대한 노동자의 의지와 결의를 강화시키며, 여성을 위한 평등권을 가져오는 데 도움을 주는 등 부가적으로 중요한 역할을 한다.

하지만 이러한 성취는 어두운 측면도 갖고 있다. 무엇보다도 그것을 유도하는 경로를 다시 검토해야 한다. 이전의 공개 실업과 잠재 실업의 희생자들과 일자리를 찾는 새로운 세대들인 1, 2, 6집단 사람들은 분명히 승리자들이다. 그러나 수백만의 농민들과 독립적으로 살았던 다른 사람들인 3집단의 생활 방식은 집단화에 의해서 전복된다. 대다수는 그들의 의지에 반하여 공권력에 의하여 공적 부문에서 일하도록 강제된다. 이전에는 부유하고 특권을 누렸던 4집단 사람들은 비극적인 손실을 입는다. 가정을 떠나야 하는 5집단 여성들의 지위에도 애매함이 없는 것은 아니다. 그들은 어떤 면에서는 혜택을 입지만 다른 측면에서는 손해를 본다(6장 7절 참조). 이것들은 과도기에 발생하는 인적 비용의 일부, 즉 완전고용으로 가는 길에서 나타나는 희생이며 또한 절반의 승리자들이 입는 손실이다. 게다가 완전고용이 공고화되고 다음 세대들에게 자명해지면, 이러한 노동 배분 상태는 수많은 경제적 결점들 역시 수반하게 된다. 이러한 결점들에 대해서는 이후의 분석에서 조명할 것이다.

끝으로 성장과정과 완전고용의 상관관계에 관해 하나의 의견이 제시되어야 한다. 몇몇 사회주의 국가들(소련과 동유럽 국가들)은 고전적 체제의 틀 속에서 완전고용에 도달했다. 다른 사회주의 국가들(중국과 같은)은 완전고용을 달성하지 못했다. 개혁과정은 노동잉여가 완전히 흡수되기 훨씬 이전에 시작되었다.

2. 만성적 노동부족의 전개

사회주의 체제는 완전고용에 도달하기 전까지 동원할 수 있는 거대한 외부적 노동잉여를 가지고 있다. 그러나 그 사이에도 부분적인 **노동부족 현상**이 나타나게 된다. 여기에는 몇 가지 이유가 존재한다.

- 대부분의 잉여노동은 미숙련인 반면, 빠르게 성장하는 경제, 특히 공업은 특수한 숙련을 가진 노동력이 부족하여 고통받는다(9장 5절 집약적 방법 3 참조). [11] 부족은 숙련의 모든 수준에서 나타

---

11) 미숙련 노동의 부족도 또한 거대한 육체적 노력을 요구하거나 쾌적하지 못한 조건에서 실시되는 일자리에서 주로 나타날 수 있다. 일반적인 잉여가 주로 여성 노동력으로 구성되어 있는 상황에서, 그러한 일자리들이 남성에 의해 담당되어야 한다는 전통이 이러한 현상과 연관된다. 흔한 해결책은 여성들이 힘

난다. 쉽게 구할 수 있는 숫자보다 더 많은 숙련 노동자들, 중·고등교육을 받은 전문가들, 그리고 경험을 가진 관리자들에 대한 수요가 존재한다.

- 잉여노동의 대부분은 농촌에 존재하지만, 노동력 부족은 주로 도시에서 일어난다. 잉여노동이 농촌으로부터 도시로 이동할 수 있지만, 그 전에 도시의 주택과 여타 서비스들이 재빨리 발전해야 한다. 그러나 그것들은 우선순위가 낮아 항상 뒤로 미루어지는 과제에 속한다.

- 노동부족의 또 다른 원인은 불균등한 지역 발전이다. 어떤 지역은 빠르게 발전하여 거대한 노동수요를 낳는데, 노동잉여는 종종 다른 지역에서 나타난다. 노동력 부족 문제가 특히 첨예해지는 경우는, 개발이 사람들에게 그다지 매력적이지 못한 지역에서 일어나는 경우와 기후 조건이 혹독하고 문명화 수준이 상대적으로 낮은 지역에 새로운 산업이 위치하는 경우이다. [12]

이 세 현상 모두는 **구조적**인 노동력 부족의 경우이다. 이는 어떤 체제하에서도 존재하지만, 언급된 형태들은 체제특수적 성격을 마찬가지로 갖고 있다.

어떤 경제가 노동잉여나 노동부족 중 하나만을 겪는다고 생각하면 잘못 판단한 것이다. 이 둘은 서로 배타적이지 않다. 만약 가장 세부적인 면까지 들어가 초미시적 수준에서 노동 배분을 검토한다면, 확

든 육체노동을 하는 것이다.

[12] 소련에서 볼 수 있는 사례는 시베리아 개발이다.

실히 잉여와 부족은 서로 배타적이다. 예를 들면, 어떤 특정 시기에 하나의 공장은 특정한 수의 일자리를 제공하고, 그 일자리는 특수한 자질을 가진 사람들에 의해 채워질 수 있다. 공장 주변 지역은 그러한 일자리를 채울 수 있고 그럴 의지를 가진 특정한 수의 주민들을 보유하고 있다. 구체적이고 정확하게 특정된 공급과 수요를 비교하면 특정한 장소와 시기에 잉여가 존재하는지 아니면 부족이 존재하는지를 알 수 있다. 그러나 만약 몇 개의 공장, 직업, 지역에 대해 좀더 장기적으로 수치들을 합쳐서 그러한 상황을 좀더 총괄적으로 보게 되면, 초과공급과 초과수요가 동시에 일어나는 사례들이 존재할 수 있다. 총괄하는 영역이 넓어질수록, 그러한 진술은 점점 더 타당해진다.

〈그림 10-2〉는 이른바 비버리지 곡선(Beveridge curve)을 보여 준다.13) 이는 사회주의 국가의 총노동력을 표현하는 것으로, 즉 어떤 특정 시기 노동 배분 상태의 거시적 수준에 대한 조사 결과로 이해되어야 한다. 가로축은 노동잉여, 세로축은 노동부족에 대한 여러 가능한 측정 결과들 중 하나를 나타낸다. 가로축은 전체 노동연령 인구수와 전체 고용자 수의 차이, 세로축은 결원 상태의 일자리 수이다. 곡선 위의 각 점들은 노동의 잉여와 부족의 특정한 결합을 나타낸다.

강행성장은 A점에서 시작된다. 거대한 잉여가 존재하며, 이미 약간의 노동력 부족도 존재한다. 성장과정이 계속되면서 잉여는 꾸준히 감소하고 부족이 증가한다. B점은 중간 상태를 보여 주며,14) C점은

---

13) 영국 노동경제학자인 윌리엄 비버리지(W. Beveridge)의 이름을 땄다. 도형은 노동경제학에 폭넓게 이용된다. 예를 들면 K. G. Abraham and J. L. Medoff (1982)의 논문을 참조할 것.

14) 이 지점은 예를 들면 중국이 개혁과정을 시작했을 때 도달했던 단계를 보여 줄

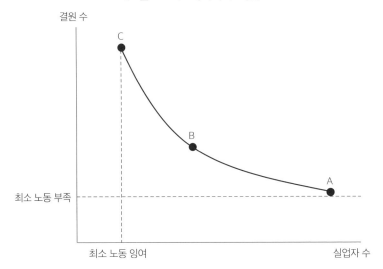

〈그림 10-2〉 비버리지 곡선

결원 수

C

B

A

최소 노동 부족

최소 노동 잉여   실업자 수

더 이상 고용으로 끌어들일 동원 가능한 노동잉여가 존재하지 않고 노동부족이 매우 극심한 상태에 도달했음을 보여 준다.

이어서, C점이 보여 주는 상황은 한 국가의 특정 상황에서 고용의 상한선에 다다른 것이기 때문에 완전고용이라고 불린다. 하지만 완전고용이라는 용어에는 문제가 있다. 이 그림은 육체적·정신적으로 일할 수 있는 사람들 모두가 직장을 가지고 있다는 의미에서는 심지어 C점에서조차도 아직 완전고용이 이루어지지 않았다는 사실을 또한 보여 준다. 일할 수 있는 능력이 있음에도 고용될 수 없는 집단이 존재하는 것은 다음과 같은 요인에 의해 설명된다.

───────

수 있다.

1. 어떤 사람들은 자발적으로 고용되지 않으려고 하며, 관료기구는 만약 특정한 기준을 충족시키기만 하면 그들을 일반적 노동 의무로부터 면제시켜 줄 준비가 되어 있다. 예를 들면, 대가족의 어머니들은 공적 소유 부문들에서 일자리를 잡을 필요가 없다는 것이 인정된다. 한편으로 개인들이 직업과 관련해서 하고자 하는 것이 무엇인지, 그리고 다른 한편으로 그러한 개인적 요구들을 수용하거나 거부할 때 관료기구가 적용하는 기준이 무엇인지는 국가마다, 시기마다 다르다.

  2. 일시적이고 마찰적인 실업이 존재한다. 이는 모든 체제하에서 어느 정도는 불가피하다. 설령 극심한 노동부족이 존재한다고 하더라도, 자발적으로 그만두든 해고당하든 일자리를 떠나는 피고용인이 항상 새로운 일자리를 즉각적으로 찾는 것은 아니다. 이러한 현상은 앞에서 언급한 노동공급과 노동수요 사이의 구조적 불균형과 밀접하게 연관되어 있으며, 또는 좀더 엄밀하게 말하면 그 체제의 적응적 특징들과 밀접하게 연관되어 있다. 체제가 작동하면서 나타나는 마찰의 정도와 체제가 수요와 공급 사이에서 적응할 수 있는 속도가 바로 적응적 특징들이다. 고전적 사회주의의 경우, 노동 이동에 대해 많은 제한이 존재한다. (주택 부족과 같은) 어떤 것들은 앞에서 언급했고, 반면에 다른 것들(피고용인이 그들의 기업에 구속되는 방식과 이동에 대한 여타의 제약)은 나중에 다룬다(10장 5절 참조). 생산과 노동의 재배분은 관료적 조정의 경직성에 의해서 방해받는다. 노동 공급과 수요는 서로에게 매우 느리게 적응한다. 〈그림 10-2〉가 보여 주는 비버리지 곡선은 적응의 **마찰**을 표현하는데, 왜냐하면 완전고용을 나타내는 C점에서 여전히 상당한 노동잉여가 존재하기 때문이다. [15]

이상의 논의로부터 왜 노동잉여라는 단어에 '동원 가능한'이라는 한정사가 지금까지 반복적으로 붙어 다녔는지 명백해졌다. 노동잉여에 도달하기 위해서는 노동할 능력은 있지만 고용되지 않은 사람들 모두에서 방금 막 제기된 이유 중 하나로 인하여 공적 소유 부문의 고용에 실제로 동원될 수 없는 사람들을 항상 제외해야만 한다.[16]

〈그림 10-2〉로 돌아가서, 수직 점선은 최소 노동잉여, 즉 인구 중에서 일할 수 있는 능력은 있으나 고용을 위해 동원할 수 없는 사람들의 수를 나타낸다. 이러한 장벽은 노동-흡수 과정 중에 넘어설 수 없다. 수평 점선은 최소 노동부족을 나타낸다. 즉, 노동잉여가 아무리 크다고 해도 결원 상태의 일자리 수는 이 선이 나타내는 수치보다 적을 수 없다. 경제의 고용 상황은 점선에 의해 제한된 안쪽 영역 내에 존재한다.

만약 성장과정이 언제든 경제를 C점으로 이끌고 가면, 경제상태는 항상 그 점 주위에 머물게 된다. 그때부터 만성적 노동부족을 언급할 수 있다. 그림에서 C점은 경제의 정상 상태, 정상적인 노동부족과 노

---

15) 소련을 포함한 대부분의 사회주의 국가들에는 전체 경제에 대단히 많은 결원이 존재함에도 일자리를 찾으면서 결실 없이 몇 달을 소비하는 사람들이 있다.
　　몇몇 저자들은 만약 구직자가 한 달 내에 직장을 발견하지 못한다면 이를 공개된 일시적이지는 않은 마찰 실업으로 간주한다. 이러한 토대 위에서 계산한 P. R. Gregory and I. L. Collier(1988, p. 617)는 설문지를 이용한 소련 망명자들에 대한 조사에 기반한 논문에서 1974~1979년에 실업률이 1.1%에 도달했음을 밝혔다. I. Adirim(1989)은 훨씬 더 높은 실업률을, 특히 특정 아시아 지역들에 대해 보고하였다.

16) 추가적인 이유가 하나 더 존재한다. 비록 이 장에서는 이것을 전반적으로 다루지 않지만, 어떤 사람은 관료의 동의를 얻어서 사적 부문의 다양한 부분들(독자적으로 일하는 지식인, '사영 수공업자' 등)에서 일하고 있다는 사실에 주목해야 한다. 이러한 개인들은 공적 부문에서의 고용에 이용할 수 없다.

동잉여의 결합을 보여 준다. 그 체제의 참여자에 의해서든, 분석자에 의해서든 '정상성'이라는 개념에는 어떠한 가치판단도 포함되지 않는 다. 어느 누구도 C 상태가 진정으로 바람직하다고 생각하지 않을지도 모른다. '정상적'이라는 것은 단지 이것이 그 체제하에서 익숙한 상태, 사회적으로 통상적이라고 간주되는 상태라는 것을 나타낼 뿐이다. 부 족과 잉여의 일반적인 값은 변할지도 모르지만, C점은 현실에서 관찰 된 자료의 시점 간 평균을 나타낸다(정상적 부족과 정상적 잉여의 개념 은 다음 장에서 좀더 상세하게 다룰 것이다). 17)

증대하는 노동부족은 〈그림 10-3〉에서 보이는 폴란드의 수치들에 서 나타난다. 그림은 구직자에 대한 결원 상태에 있는 일자리의 비율 을 보여 준다. 설령 여전히 어떤 구조적 부족과 잉여가 존재한다고 해 도, 부족과 잉여가 전체적으로 서로 간에 균형 잡혀 있을 경우에 지표 는 1의 값에 접근한다. 폴란드 경제는 이미 1960년대에 이 중요한 한 계를 넘었으며, 20년 내에 자료의 값은 100에 근접했다. 다른 말로 하 면, 구직자 1명에 대하여 결원 상태의 일자리 100개가 존재했다.

노동부족의 발생 없이 완전고용에 도달하는 것이 바람직할 것이다.

---

17) 다음은 만성적 노동부족의 중요한 간접 증거이다. 많은 사회주의 국가들에서 는 주기적 경기변동이 발생한다(9장 6절 참조). 투자량은 매우 강하게 변동하 고 생산은 정도가 덜하지만 여전히 꽤 강하게 변동하는 반면에 고용은 거의 변 하지 않는다는 사실에 주목해야 한다. 고용은 심지어는 경기하락 시기에도 매 우 적게 감소한다.

투자에서의 변동을 평균성장률을 둘러싼 표준편차로 표현하는 〈표 9-10〉은 여기에서도 한계가 있는 자료이다. 표에 나와 있는 자료는 6개 동유럽 사회주 의 국가들에서의 투자에 대한 표준편차가 합쳐서 5%임을 보여 준다. 대조적 으로 (동일한 방식으로 계산된) 고용에 대한 표준편차는 겨우 0.4%이다(자료 출처에 대해서는 〈표 9-10〉을 참조할 것).

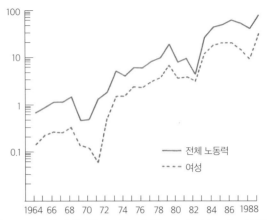

〈그림 10-3〉 폴란드에서의 결원/구직자 비율

전체 노동력
여성

출처: 그래프는 J. Köllö가 작성하였다. 자료 출처는 Z. M. Fallenbuchl(1985, p. 33)과
    R. Holzmann(1990, p. 6).

그러나 잉여와 부족의 완벽한 제거는 이론적 모델의 영역에서만 가능
하며, 여러 가지 종류의 마찰을 가지고 작동하는 실제 경제에서는 불
가능하다. 고전적 사회주의하에서 실질적 완전고용을 위한 주요 보장
책은 바로 '완전 균형'을 넘어서서 만성적이고 격심한 노동부족으로의
전환이다. 이렇게 되면 일자리를 원하는 사람들은 비교적 쉽게 이를
발견할 수 있다.

노동부족은 경제를 운용하는 사람들로 하여금 노동을 자본으로 대
체하기 위해 더 커다란 노력을 기울이도록 밀어붙이기 시작한다. 다
른 말로 하면, 노동부족은 노동을 적게 사용하는, 상대적으로 좀더 자
본집약적인 기술들을 이용하도록 자극하기 시작한다. 정책결정자들
로 하여금 이렇게 하도록 유도하는 것은 이윤 계산, 곧 상대적으로 희
귀한 노동이 자본을 이용하는 가격과 비교했을 시에 더 비싸진다는 사
실 때문이 아니다. 설령 가격 신호들이 상대적 희소성을 반영한다고

하더라도, 그들은 가격 신호에 거의 구애받지 않는다(8장 참조). (더욱이, 가격 신호는 여기에서 희소성 변화를 반영하는 데에도 실패하고 있다. 10장 5절 참조.)

다시 말하자면, 정책결정자들은 비가격 신호에 의해 더 큰 영향을 받는다(8장 9절 참조). 그들은 매일같이 부족에 관한 다양한 신호들을 받는다. 예를 들면, 구인 광고에 대한 반응이 없다. 종업원들은 자신들이 다른 일자리를 쉽게 구할 수 있다는 사실을 알기 때문에, 그들이 먼저 고용관계를 끝내는 일이 더 일상화된다. 계속해서, 관료는 모든 것들 중에서 가장 중요한 자원인 인력을 구할 수 있는 상한선에 직면한다. 정책결정자들은 '이대로는 안 된다'는 것을 거의 피부로 느낀다. 만성적 노동부족에 대한 적응은 불가피해진다.

3. 고용과 임금에 대한 직접적인 관료적 통제

지면상의 이유로, 이 장의 나머지 부분의 주제는 고전적 체제가 완전고용에 도달했거나 적어도 다가갔던 시기에 나타난 체제의 상태로 범위를 좁혀야만 한다. 그 체제가 그러한 상태에 도달하는 시기까지의 노동 배분 메커니즘은 여기서 검토되는 특징들과 유사하기도 하고 상이하기도 한 특징들을 가지겠지만, 그러한 특징들에 대한 기술은 생략할 것이다.

이 절과 다음 절에서는 수직적 통제를 두 단계로 나눠 주로 다루겠다. 3절은 중앙 관리에서부터 작업장 책임자에 이르기까지의 관료기구 내부의 과정에 집중할 것이며, 4절은 관료기구와 관료적 기능을 갖지 않는 종업원들 사이의 관계를 다룰 것이다.

마지막으로 5절은 관료적 메커니즘과 시장기제가 임금에 대해 미치는 결합 효과를 검토할 것이다. 다른 관점에서 본 임금의 경제적·사회적 문제들도 이 마지막 절에서 다루게 될 것이다.

관료기구 내부의 규제 과정들로 돌아가서, 경제에 관한 연차계획 관리와 일상 관리에 대한 기술들을 되새길 필요가 있다(7장 참조). 노동 배분에 대한 관료적 통제가 완전히 이것과 결합되어 있기 때문에, 세부 내용 모두를 되풀이할 필요는 없다. 강조할 필요가 있는 것은 그중에서 가장 전형적인 경제 관리의 특징들이다.

그 과정은 교육과 함께 시작하는데, 젊은이들은 체제를 위한 '교육을 받게' 된다. 다른 말로 하면, 부모들 그리고 관련된 젊은이들에게 열려 있는 선택에 대해서 엄격한 제한을 가함으로써, 젊은이들은 상급학교 진학의 기회를 부정당하고 다른 방향으로 가도록 만들어진다. 또는 상급학교 진학의 경로는 금지와 의무 요구사항에 의해서 제약도 받게 된다. 일단 이들이 학교를 졸업하면 유사한 상황이 다시 발생한다. 작업장으로 '몰아가기'에서부터 작업장으로의 강제적 배치에 이르는 개입 형태들이 사용된다.

종업원들이 학업을 끝내고 직장에 배치되는 단계에서 후속 과정이 시작된다. 이 단계에서는 노동의 배분이 고용과 임금의 통제에 의해 주로 이루어진다. 계획화와 관리는 모든 계획 지표에, 그리고 경제활동의 모든 측면에 주의를 똑같이 기울일 수는 없다(7장 7절 참조). 대신에 계획화와 관리는 어떤 것을 우선적으로 다루려고 한다. 종업원 총수와 임금은 가장 높은 우선순위가 주어지는 문제들에 속한다. 이 둘에 대한 규제는 가장 엄격한 준수가 요구된다.

자본주의하에서의 국유기업을 떠올리는 사람은 이러한 상황을 오해할 수도 있다. 고전적 체제에서의 목적은 국유기업으로 하여금 최대한 많은 수의 사람들을 고용하도록 자극하는 것이 아니다. 그와는 반대로, 고용 인원수는 상한 제한에 묶여 있다.[18] 만성적 노동부족 상태, 곧 고전적 체제가 관료적 수단, 금지, 할당량 등을 통해서 고용증가를 제한하려고 노력하는 상태가 이제는 존재한다는 사실을 잊지 말아야 한다. 수직적 노동부족 사태가 발생한다. 즉, 노동력 신청 기업의 노동력 총수요는 배분자가 분배할 수 있는 총량보다 더 크다.[19]

임금에 대해서도 이와 유사한 상한 제한이 존재한다. 이러한 제한들은 몇 가지 형태를 취한다. (절대적 임금기금으로 알려진) 임금으로 지불해야 하는 총액에 대해 상한 제한이 설정될 수도 있고, 평균임금이 (전체 혹은 직업별로) 규정될 수도 있고, 지불될 수 있는 임금이 어떤 방식을 통해서 생산 결과와 연계될 수도 있고, 또 다른 형태도 있다. 사실상 이것은 화폐에 '특별 용도 지정'(*earmarking*)을 하는 하나의 사례이다(8장 1절 참조). 하지만 어떤 기업이 원료나 다른 경비들을 아무리 많이 절약한다고 하더라도, 그 기업은 규정된 제한선 이상으

---

18) 노동잉여가 최종적으로 바닥나기 전에, 대부분의 국가에서 기업은 자신들이 고용해야 할 새로운 종업원이 몇 명인지를 기술한 채용 할당량을 받게 된다. 할당량은 공격적인 모집 운동을 통해서 채워지게 된다. 경제지도부는 이러한 절차들을 사용하도록 자극을 받는다. 왜냐하면, 비록 거시적 차원에서는 여전히 대량의 잉여가 존재한다고 하더라도, 어떤 기업들은 이미 대대적인 노동부족에 직면해 있기 때문이다(앞 절의 구조적 부족에 관한 논의를 참조할 것).

19) 상당한 규모의 기업 하나만을 가지고 있는 어떤 구역의 경우, 노동력 흥정에서의 상한 제한은 서류상으로 분배할 수 있는 노동력 할당량에 의해서보다는 실제로 인식할 수 있는 그 구역의 노동공급에 대한 실질적인 제약에 의해서 오히려 설정된다.

로 절약분을 임금 지불에 쓸 수 있는 권리를 갖고 있지 않다. 기업의 총지출에 대한 예산제약은 유연하지만, 총지출의 한 항목, 임금 지출에 대한 제약은 매우 경직적이다.

계획에서 노동규정은 흥정의 대상이다. 신청자는 노동력과 임금에 대한 계획을 가능한 한 느슨하게 받기를 원한다. 그렇게 되면 생산 계획을 수행하기가 (혹은 투자 프로젝트를 실현해야 하는 사람들의 경우에는 그러한 투자 과제를 성취하기가) 더 쉬울 것이기 때문이다. 배분자는 흔히 야누스의 얼굴을 보인다. 그는 아래에 있는 사람들에게는 엄격하려고 하며, 상부에 있는 사람들과는 보다 느슨한 계획 목표를 위해 흥정한다.

수직적 흥정 과정에서 지도자들의 이해관계와 행동을 면밀히 고찰할 필요가 있다. 흥정이 지속되는 동안, 그들은 보다 많은 투자(팽창으로의 유인, 투자갈망) 와 그에 걸맞은 보다 많은 임금기금(더 쉽게 노동을 획득하고 그들의 종업원들에게 더욱 많은 만족을 줄 수 있다) 을 얻기 위해 운동을 할 필요가 있다. 이를 또한 다음과 같이 표현할 수도 있겠다. 두 개의 요구 사이에는 명확한 거시경제적 모순이 존재함에도, 그들은 보다 많은 투자와 보다 많은 소비를 동시에 얻으려고 노력한다. 생산을 투자(군대와 같은 여타 종류의 국가 사용과 함께) 와 소비로 분할할 때, 오직 최고위 중앙 지도부만이 이 두 개의 갈등적 요구를 마침내 대치시키게 된다. 그들은 결정할 권리를 갖고 있지만, 현존하는 정치적·경제적 구조하에서 그것은 의무이기도 하다. 그리고 그들이 내린 결정이 무엇이든 간에, 그들은 투자 아니면 소비를 억제하고 그것들을 활용 가능한 자원과 일치시키는 데 있어서 자발적으로 그들을 지지해 줄 수 있는 자연적 협력자들을 갖고 있지 않다. 모든 사람, 심지어는 그들의 하급자들조차도 그들을 압박하여 투자와 소비를 증가시키려고 한다. 그리하여 그들은 행정지시들을 통해서, 그리고 사람들이 행정지시를 이행하도록 유인하는 상여금과 처벌 제도를 통해서 인위적 협력자들을 만드는 수밖에 없다.

4. 공장 내 고용주-종업원 관계

이제 권력의 회랑으로부터 공장으로 나아가 보자. [20] 많은 점에서 공장들은 다른 체제하의 공장들과 유사한 모습을 보인다. 적어도 언뜻 보면, 유사성은 기술과정과 생산조직(여기에서는 검토되지 않는)을 넘어서 개인과 개인의 관계에서까지 보인다. 최고책임자, 회사 경영자, 노동 관리자, 작업 지시를 내리는 현장감독, 그러한 지시를 수행하는 노동자들이 있다. 비록 최고책임자들도 실제로는 임금을 받는 고용인들이기는 하지만, 자본주의 기업에서 그들과 동일한 위치에 있는 책임자들과 마찬가지로 고용주의 대표들이다. 그들은 그러한 자격으로 여러 측면에서 종업원들과 대립하는 위치에 놓여 있다.

그들이 맡은 역할이 갖는 정체성은 그들의 행위에 있어 많은 유사성을 만든다. 이 책의 구상에 맞추어, 여기에서는 사회주의 기업에만 나

---

20) 이 장에서는 처음부터 끝까지 기업과 공장을 다룬다. 기업 내에 두 가지 수준 이상의 분할(가령, 공장 내의 작업장들이나 독립적인 작업장 단위들)이 존재하는 곳 어디에서든지, 이 논평들이 자명하게 그것들에도 역시 적용된다.
여타의 가능한 확장들이 언급될 필요가 있다. 기업에 관해서 언급되는 것 대부분이 비(非)기업적 국가기관에도 역시 적용된다.

타나는 체제특수적인 것에 초점을 맞출 것이다. 21)

종업원과 고용주 모두는 자신들의 행위와 그들 서로 간의 관계에서 분명히 매우 애매한 상태에 있다. 먼저 종업원들을 살펴보면, 고용주와의 관계에서 그들의 지위를 약화시키는 요인들을 살펴보기 전에, 그들의 지위를 강화시키는 것들을 언급해야 할 것이다.

분석의 대상이 되는 시기는 노동부족이 이미 첨예화되었을 때이다. 시장기제의 용어를 빌리자면 '판매자 시장'이 존재하며, 진정한 시장 환경 속에서 판매자들(이 경우에는 노동의 판매자로서의 노동자들)은 구매자들(이 경우에는 노동의 구매자로서의 고용 기업)에게 자신들의 조건을 제시할 수 있을 것이다. 앞 절에서 설명한 바와 같이, 비록 관료적 통제가 근본적인 역할을 할지라도 노동에 대한 항상적인 초과수요는 그 상황에 대해, 그리고 궁극적으로는 노동자의 행위에 대해 매우 강력한 시장 방식의 영향력을 여전히 행사한다. 만약 노동조건과 소득이 불만족스럽다면, 노동자들은 다른 일자리를 얻을 수 없을 것이라는 공포를 느끼지 않고 자신의 일자리를 보통 주저 없이 떠난다. 22) '출구'(다시 허쉬만의 표현을 사용하자면)가 존재한다는 사실을 안다는 것은 노동자들에게 믿을 만한 구석을 만들어 줌으로써, 노동자들이 더 대담하게 상관을 비판하고 그들의 지시에 반대하게 만든다. 이러한 점에서 고전적 사회주의는 완전고용과 만성적 노동부족이 오랫동

---

21) M. Haraszti(1978)는 최고책임자와 노동자 간의 갈등에 대해서 훌륭하게 설명하고 있다.

22) 하지만, 만약 노동자의 직업 훈련과 경험이 정말로 자신의 현재 일자리에서만 활용될 수 있는 종류의 것이라면, 이는 당연히 그 노동자에게 그 일자리를 자발적으로 떠나는 위험을 증가시킨다.

안 지속되는 유일한 체제로서 매우 독특하다.

자신의 일자리를 그만두는 것 이외에 혹은 대신에 노동자들이 자신의 이해관계를 방어하기 위해 갖고 있는 다른 중요한 무기는 작업 수행과 관련되어 있다. 어떤 노동자들은 단지 고된 일을 좋아하지 않고 또한 커다란 노력을 보이지 않고도 임금을 얻는다고 확신할 수 있기 때문에 '할 일을 태만히 한다'. 또 어떤 노동자들은 최고책임자로부터 임금과 다른 근무 조건에 대한 양보를 뽑아내는 위치에 있기 위해 의식적으로 작업 수행을 더디게 한다. 그들이 이러한 무기를 사용하는 것은 자신들이 반드시 필요한 존재라는 인식과 최고책임자가 노동자들을 처벌하기 전에 망설인다는 생각 때문이다.

공식 이데올로기에서 하나의 중요한 요소는 자신의 정치체제가 노동계급의 권력을 구현하고 있음을 강조하는 것이다. 노동자가 그것을 믿든, 반신반의하든, 혹은 완전히 믿지 않든, 그러한 선언 자체가 노동자로 하여금 최고책임자들에 대해 보다 공공연하게 반대 행동을 하거나 조용하게 저항하도록 만든다.

그러나 종업원들의 지위를 약화시키는 요소들도 존재한다. 노동자 자신들의 이익에 대한 어떤 자동적인 방어도 노동자들이 독립적인 노동조합을 갖지 못한 것을 완전히 보상해 줄 수 없다. 공식적인 노동조합 운동은 권력을 쥔 당에 부속된 대중의 역할, 즉 당의 현행 정책을 조합원들에게 전달하는 인전대로서의 역할을 공개적으로 채택한다. 상당수의 노동조합 간부들은 모순적인 소속감을 느낄 수 있으며, 그리하여 애매한 행위를 보인다. 그들은 한편으로는 조합원들, 기업의 노동자들을 대표하고 싶어 하면서, 또 한편으로는 조합 관료기구와 당 기구에 있는 자신의 상급자들을 만족시키고 싶어 한다. 후자의 충성은 보통 고전적 체제하에서 더욱 강하게 나타난다.

종업원들은 회사와 작업장의 최고책임자에게 다양한 방식으로 의존한다. 물론 이러한 의존이라는 단순한 사실은 모든 체제에 자명하고 공통적이다. 이 체제에만 특수하게 나타나는 것은 고전적 사회주의의 공장에만 적용되는, 그리고 고용주의 지위와 행위를 기술할 때 잠시 뒤 논의할 법적, 경제적, 정치적 관계들의 특별한 형태이다. 그러나 이로부터 종업원들에게 나타나게 될 것을 미리 언급해 보자. 이미 설명한 만성적인 노동부족과 여타 요인들이 종업원들로 하여금 작업 수행을 더디게 하거나 일을 그만둠으로써 자신의 최고책임자에게 반대하도록 부추기지만, 그들은 결국 그렇게 하기 전에 재고한다. 왜냐 하면 최고책임자도 역시 자신의 의지를 강제할 효과적인 무기들을 갖고 있기 때문이다.

이 두 대립하는 힘들의 상호작용 결과는 항상 동일한 것은 아니다. 결과의 대부분은 나라와 그 나라의 역사발전 단계, 관료기구가 사용하는 억압 수단의 강도, 그리고 작업장에서 특정 노동자의 필요 불가결성 등에 달려 있다. 심지어 개인적 특성조차도 영향을 미친다. 과도한 노력을 쏟아붓는 노동자들이 있으면 게으름을 피우는 노동자들도 존재할 수 있으며, 강제적인 작업 수행 수준을 요구하는 도급제와 함께 훌륭한 노동과 나쁜 노동을 동일하게 보상하는 지불제도가 존재하며, 양심적인 노동과 날림으로 하는 노동이 공존한다. 이 모든 것들은 일정하지 않은 빈도와 비율로 발생할 수 있다. [23]

동전의 다른 쪽 면에는 회사와 공장의 최고책임자인 고용주의 행위

---

23) 노동 강도에 관한 문제는 앞에서 이미 논의했다(6장 6절, 9장 5절 참조).

가 있다. 그들 각자는 여기저기서 나타나는 다양한 유형의 압력을 피할 수 없다. 관료기구 지도자의 동기부여에 관한 서술(7장 4절 참조)은 이러한 관계들에도 역시 기본적으로 적용되며, 어떤 부가적이고 특수한 특징들을 보여 준다. 무엇보다도 최고책임자는 그 자신의 상관과 잘 지내고 싶어 한다. 왜냐하면 그의 승진, 봉급, 그리고 특별 상여금과 처벌 등을 결정하는 것은 주로 그들이기 때문이다. 그리하여 앞 절에서 언급한, 인력 수준과 임금에 대한 계획의 편성과 집행에 관한 모든 것들이 기업의 상위 수준에 적용되는 만큼이나 가장 낮은 기업 내부 수준에도 적용된다.

하지만 어디에서나 최고책임자는 그들의 종업원들에게 의존한다. 이는 회사 및 공장의 최고책임자와 노동자 간의 관계에서도 똑같이 적용된다. 노동부족이 심하면 심할수록, 해당 노동자들이 더 많이 요구할수록, 최고책임자는 종업원에 대한 이러한 의존을 더욱더 강하게 느낀다. 그가 추구하는 순조로운 생산과 공장 내 평온은 그가 가능한 한 노동자의 요구를 만족시켜야만 얻을 수 있다. 그리고 만약 그가 공식 이데올로기를 총체적인 확신을 가지고 수용한다면, 그는 자신을 '고용주'가 아니라 노동자와 연대해서 행동해야 하는 노동자 대표로 간주할 것이다. 이 모든 요소들은 최고책임자로 하여금 노동자들의 불만과 요구를 자신 위에 있는 조직들에 설명하도록 촉구하고, 그를 노동자들의 요구를 표명하는 '대변인'(voice)으로 만든다. 이러한 점에서 그는 어느 정도 노동조합 간사의 전통적 역할을 맡고 있는 것이다.

불가피하게도 최고책임자의 행동은 양면적이다. 종업원들에 관해서 말했던 것들과 동일한 것이 최고책임자에 대해서도 언급될 수 있다. 이러한 두 개의 대립하는 동기들의 상대적 비중은 나라에 따라,

시기에 따라, 그리고 관련된 개인에 따라 다르다. 그러나 궁극적으로, 고전적 사회주의에서는 전형적으로 기업과 공장 관리자의 관료적 이해관계가 우세하다.

　기업과 공장의 최고책임자는 수많은 무기를 소유한다. 이미 권력과 재산에 관한 장들에서 언급했듯이, 경제 혹은 '사업' 영역은 국가의 정치와 행정 영역으로부터 분리되지 않는다. 기업의 지도 집단 ― 노동조합 비서로부터 지지를 받는 당 비서와 관리자 ― 은 다음과 같은 기능들을 동시에 수행한다.

- 생산 관리: 생산 관리자는 노동자들에게 구체적 업무를 할당하며, 그와 동시에 상부로부터 받은 일반적인 가이드라인 내에서 임금과 상여금을 설정한다(10장 3절 참조). 그들은 어떤 사람들에게는 호의를 베풀고 다른 사람들에 대해서는 차별을 하는 수단을 갖고 있다. 이는 자명하며 체제특수적이지 않기 때문에, 거기에 대해 더 이상 언급할 필요가 없다.
- 노동자들이 강제적으로 배치 받은 작업장에 대한 감독: 노동자 대부분은 작업장을 스스로 선택하기보다는 작업장에 배치를 받는다. 기업은 고용을 보장하지만 동시에 종업원들을 공장에 법적으로 묶어 놓는다. 고전적 체제의 보다 엄격한 정권하에서는 설령 직장을 그만두는 과정이 노동자에 의해서 시작될 수 있다고 하더라도 이는 관리진의 동의가 있어야만 완료될 수 있다. '자의적' 사직은 국가에 의해 법적으로 금지되어 있다. 어떤 나라와 어떤 시기에 종업원들은 직장의 허가 없이는 심지어 자신의 거주지(농촌 혹은 도시)를 떠날 수조차 없다. [24]

- 정치권력과 이데올로기의 지역 대표: 작업장은 다양한 정치선전 활동의 현장이다. 사람들을 확신시키고, 그들에게 영감을 불어넣고, 도덕적 인센티브를 제공하고, 옳지 못하다고 생각되는 관점을 논박하는 과정들이 작업장에서 이루어진다.

- 관료기구의 포괄적 선발 활동의 지역 대표: 작업장은 의회 의석이나 중앙 부서 직위에까지 이르게 하는 경력을 위한 출발점이라 할 수 있다. 그러나 작업장은 바람직하지 못한 행동을 하는 사람을 전국적인 블랙리스트에 올려놓을 수도 있다.

- 범죄예방 당국의 지역 대표: 기업 지도자가 '사보타주하는 사람'과 '말썽꾼', 혹은 지역 지도자들에 의해 그런 사람이라고 간주된 사람을 체포하거나 다른 형태로 박해하기 위한 계획을 짜는 것은 쉬운 일이다.

- 국가 행정조직의 지역 대표: 시민들은 거주지 이전이나 여권 취득, 출국 허가에서부터 전화 신청이나 은행 대출에 이르기까지 수많은 종류의 공식적인 업무를 위해서 자신이 근무하는 기업의 동의나 특별한 증명서를 필요로 한다.

- 소득분배 당국의 지역 대표: 종업원들은 벌어들인 모든 별도 소득을 자신의 기업에 보고해야 하며, 외부 일을 떠맡기 전에 작업장의 허락을 받아야 한다.

- 가부장주의적 사회서비스 공급의 지역 지부 역할: 대부분의 기업들은 제도적으로 소유한 아파트를 제공하며,[25] 기업 자체 내에

---

24) 이는 소련과 중국에서 오랫동안 지속되었던 상황이다.
25) 제도적으로 소유한 아파트의 분배(3장 4절 참조)는 (혹은 그러한 아파트를 얻

진료실, 휴양소, 유치원, 주간 탁아시설 등을 보유하고 있다. 최고책임자가 이러한 서비스들이 어떻게 배분될지를 결정한다. 많은 국가와 시기에 있어서, 기업들은 배급 식료품과 어쩌면 (컬러 텔레비전이나 자동차 같은) 여타 희소 재화의 분배를 맡기도 했다.

- 가족생활 지도: 어떤 국가 및 시기에 있어서, 기업 책임자들은 가족생활에도 개입한다. 그들은 노동자들로 하여금 이혼하지 못하도록 하고, 아이를 갖도록 설득하거나 이를 만류하고, 노동자의 자식이 대학에 입학 지원하는 것을 도와주거나 방해한다.

이 모든 기능들[26]은 자신의 종업원에게 행사할 수 있는 거대한 권력을 기업과 공장 관리자들에게 부여한다. 기업은 그저 단순한 노동의 현장이 아니라 전체주의적 권력의 하나의 세포가 된다.

기업 책임자들을 이끄는 대안적 동기들의 분산적 성격과 그러한 동기들이 갖는 상대적 비중의 차이가 지금까지 언급되었다. 밀접하게 연관되는 것은 이러한 기능들의 구체적 배열 형태들, 그리고 사용되는 다양한 방법의 상대적 비중이 갖는 분산적 성격이다. 특정한 기업이나 공장 내에서 앞에서 언급한 모든 방법들이 하는 실제 역할은 국가와 시기, 그리고 관련된 개인에 따라서 다양하다. 그러나 어떤 경우

으려는 희망조차도) 노동자들을 기업에 묶어 놓는 주요한 속박 수단 중 하나이다. 자발적으로 일을 그만두는 것과 같은 반항 행위는 대대적인 주택 부족이 존재할 때에는 심각한 타격이 되는 아파트의 상실을 유발할 수 있다.

26) 마오쩌둥 치하의 중국 인민공사는 목록에 올라 있는 것들 외에도 두 가지 다른 기능, 즉 국가 행정의 전권대사적 지역 조직으로서의 기능과 집단화된 소비의 기관으로서 기능을 수행했다.

든 간에 기업에 근무하는 모든 노동자는 대체로 최고책임자의 처분에 의존하게 된다. 그와 동시에 노동자들은 관료기구가 기업을 통해서 특정 사회계층으로까지 확대하는 특권들을 공유할 수 있으며,27) 그 기업의 최고책임자가 특정한 기업이나 공장의 노동자들을 위해서 힘들게 획득한 특별한 이익들을 공유할 수 있다.

만약 근면한 노동이 모든 인민의 삶에서 하나의 필요(a need)가 된다면 좋겠지만,28) 사회주의에서 살아가는 대부분의 실제 인민들에게는 그렇지 않다. 따라서 불가피하게도, 노동 규율과 임금 규율을 강제하는 인센티브 수단들로 무장한 최고책임자들이 있어야 한다.

자본주의에서의 재산 관계는 자본주의적 소유자와 임금 노동자 간에 협력과 계급 갈등 모두를 유발한다. 소유자는 임금으로 지불되는 여분의 달러가 자신의 주머니로부터 얼마나 빠져나가는지, 한 노동자가 허비하는 매 분의 시간이 자신의 이익을 얼마나 손상시키는지를 느낀다. 소유자들은 규율을 유지하도록 명령을 받을 필요가 없다. 임금 노동자와 계약을 하는 자본주의적 소유자–고용주들은 자신의 이익을 위한 임금 규율과 노동 규율의 대표자들이다. 대조적으로 고전적 사

---

27) 예를 들면, 몇몇 국가들에서는 사람들이 다른 사회계층보다는 산업노동자를, 혹은 대공장 노동자와 같은 산업노동자의 좀더 좁은 집단을 더 선호한다. 이러한 종류의 특별한 이익은 가령 사회보장, 보건의료, 주택공급에 적용될 수 있다. 이와 유사한 특별대우는 기업 내에서 소비재를 분배할 경우 더 심화될 수도 있다.

28) 심지어 마르크스조차도 이것을 오로지 공산주의의 높은 단계에 도달했을 때에만 기대했다. K. Marx(1875/1966)를 참조할 것. 그것이 언젠가 일어날 것인지는 확신할 수 없다. 또한 확실하게 말할 수 있는 것은 체제가 자본주의를 완전히 넘어서지 못하는, 공산주의 사회로 가는 경로의 첫 번째 단계인 가까운 미래에 그것이 이루어지리라는 희망을 마르크스가 갖지 않았다는 사실이다.

회주의하의 관료는 실질적인 소유주도 아니며 실질적인 '고용주'도 아니다. 관료 구성원들은 임금과 노동 규율로부터 나오는 어떠한 종류의 자동적이고도 직접적인 이익도 받지 않는다. 사실상 규율의 강제는 그들과 노동자들의 관계를 악화시킨다. 관료 구성원들은 자신을 관료기구에 통합시킴으로써 임금 규율과 노동 규율의 집행자가 되어야 할 의무가 있다. 관료기구가 사적 재산의 폐지에 따라 만들어진 규율의 진공상태를 채우는 것이다.

최고책임자와 종업원, 기업과 노동자 사이에 나타나는 이러한 관계는 내부 고용 분야에서 그 영향력을 느끼도록 만든다. 직장을 떠난 노동자를 대체하기가 힘들기 때문에, 또한 상부 기구가 미래의 인력 충원 계획에 대해 인색할 가능성이 존재하기 때문에, 기업으로서는 내부에 노동잉여를 축적할 필요가 있는 것이다. 재화 부족이 현재에 남아도는 재화의 축장을 유발하는 것과 마찬가지로, 노동부족은 노동 축장의 경향을 야기한다. 현재에 불필요한 노동이라도 계속 보유하고 있어야 하는데, 그것이 미래에는 필요할 수 있기 때문이다. 그렇다면 추가적인 사실이 존재하게 되는데, 노동자의 상당 부분이 자신의 능력과 집중력을 완전히 발휘한, 실제로 강도 높은 노동을 하지는 않는다는 것이다. 사실상, '게으름피우기'가 비정상적인 것이 아니다. 이러한 현상들이 결합해서 **직장에서의 실업**(unemployment on the job)이라는 효과를 야기한다. 따라서 2절에서 이미 언급한 것에 덧붙여서, 만성적 노동부족은 구조적, 마찰적, 외부적 노동잉여뿐 아니라 직장에서의 실업이라는 내부적 노동잉여와 양립 가능하고 또 그것들과 동시에 일어난다.

일단 그러한 상황이 발생하면, 부족은 내부 잉여를 동원함으로써 쉽사리 해결될 수 있기 때문에 이런 '실질적' 노동부족도 존재하지 않는다는 상투적 주장을 거론하는 것은 착각에 불과하다. 내부 잉여는 특정한 경제 지도자들의 개인적 실수로부터 발생하는 것이 아니다. 그것은 고전적 체제의 본질적 속성으로부터 발생하며, 고전적 체제가 지속되는 한 계속해서 재생산된다. 조만간 고전적 체제는 사회를 완전고용의 지점으로 인도하겠지만, 그것이 고용된 사람 모두가 실제로 그들의 능력을 다 바쳐서 노동한다는 것을 보장할 수는 없다.

5. 임금에 대한 관료와 시장의 영향

앞의 두 절에 따르면, 관료 조정과 시장 조정은 노동 배분에서 공존하고 결합되어 있으며, 관료 조정이 우세하다. [29] 관료 조정기제와 시장기제가 임금에 어떠한 영향을 미치는지를 검토함에 있어서, 거시 수준과 미시 수준에서의 상대가격들이 서로 구분된다. 거시 수준 상대가격의 하나의 예는 총 노동 가격과 총 자본 가격 사이의 비율이다. 직종, 난이도, 위험성, 그리고 여타 기준들에 따라 차이가 나는 노동 서비스에 대한 임금들 사이의 비율들은 미시 수준 상대가격의 사례들이다.

관료기구는 기본적으로 전체 경제에서 임금의 거시적(평균) 수준을 결정한다. 그 취지는 계획된 연간 평균임금 인상이 투자와 소비에 대

---

[29] 이것이 바로 'B + M'이 〈표 6-1〉의 국유 부문에 의한 임금 지불을 가리키는 칸에 등장한 이유이다.

한 거시 계획과 조화를 이룰 수 있도록 설정하는 것이다(9장 3절 참조). 중앙 관리진은 투자량을 결정할 때 그와 동시에 투자자원을 강탈해 가는 고삐 풀린 소비를 막으려고 노력한다. 가격 수준이 상당히 효과적으로 통제될 수 있기 때문에,[30] 계획된 임금 수준은 결정적인 역할을 한다. 중앙 관리진은 이 분야에서 최고의 결정을 내릴 수 있는 매우 광범위한 활동 영역을 보유한다. 그들은 명목임금, 물가 수준, 그리고 궁극적으로는 실질임금이 인상되는지, 정체되는지, 혹은 하락하는지를 실질적으로 통제할 수 있다. 어떤 다른 사회의 관료기구에도 이러한 결정적인 영역에서 그와 같은 최고 권한을 가진 중앙 관리진은 존재하지 않는다.

생산의 기본 요소들의 거시적 상대가격(그중 평균임금)은 그것들의 상대적 희소성과 사회적 생산에 대한 기여를 반영하는 데 실패한다(8장 6절 참조). 이러한 상대가격들이 설정되면, 각 요소들이 풍부한지 희소한지에 대해서는 어떠한 관심도 기울여지지 않는다. 자본시장은 존재하지 않는다. 생산자나 투자자는 무료로 자본을 받거나, 자의적으로 결정된(그리고 자본의 부족이 있음에도 매우 낮은) 이자율을 지불한다. 앞에서 언급했듯이, 관료기구의 임금정책은 평균임금의 규모를 계획된 실질소비율(그리고, 다음 장에서 설명하겠지만, 시장에서 소비재의 평상시 통상적인 부족의 규모)에 맞게 조절한다.

이 책의 계획에 따라, 일차적으로 실증적 기술을 통해서 문제에 접근해 간다. 이러한 관점에서 고전적 사회주의에서는 생산요소들의 상

---

30) 하지만 가격은 임금만큼 엄격하게 규제되지 않는다. 예를 들면, 위장된 가격 인상에 대한 설명(8장 6절)을 참조할 것.

대가격이 그것들의 상대적인 한계 생산성과 어떠한 관계도 없다고 확실하게 말할 수 있다.

또 다른 문제는 생산 효율성의 관점에서 발전하는 상황을 어떻게 평가할 것인가의 문제이다. 생산요소들의 자의적인 상대가격은 기술이 선택될 때의 비용과 가격에 기초한 합리적 계산을 불가능하게 한다. 이러한 것은 일상적 생산과 장기적 투자 모두에서 이루어지는 정책결정의 토대에도 적용된다.[31]

임금 설정과 밀접하게 관련된 하나의 문제는 집단적 소비에 대한 개인 소비의 비율이다(13장 3절 참조). 모든 고전적 사회주의 체제에서는 가계가 돈으로 직접적으로 구매하는 생산품과 서비스의 개인적 소비를 줄이는 경향과 관료기구가 현물로 분배하는 집단적 소비의 비율을 증가시키는 경향이 동시에 강하게 나타난다.[32]

따라서 물론 가계가 받는 실수령 급여(*take-home pay*)는 그들이 현물로 받는 생산품과 서비스를 구매할 수 없을 수준에서 설정된다. 공식 이데올로기에서 사용하는 용어로 말하면, 국가가 주택, 휴가, 보건의료를 '제공해 준다'. 그러나 이 모든 재화와 서비스가 비용과 이윤 및 세금의 평균 수준을 포함한 가격으로 현금 판매되었다면, 노동자들은 매우 분명하게 평상 수준으로 설정된 임금으로는 그것들을 구매할 수

---

31) 사실 합리적 계산은 발생하지 않는다. 그것은 소득에 대해 민감하게 반응하지 않고 연성예산제약하에 존재하는 국유기업 책임자들의 관심사항이 아니거나, 그러한 계산을 하는 그들의 상급자들의 관심사항이 아니기 때문이다.
32) 이 책에서는 이 점을 몇 가지 관련성 속에서 이미 다루었는데(6장 7절, 8장 2절, 10장 4절 참조), 조정기제, 예산 조달, 그리고 기업 내 가부장주의라는 각도에서 그러한 현상을 조명하였다.

없었을 것이다. 그리하여 가계는 국가가 제공하는 이 모든 생산품과 서비스를 신청하는 것 외에는 다른 선택이 없다.

이는 생산요소의 상대가격에 또 다른 왜곡을 더한다. 임금 비용은 노동이 사회로 하여금 실제로 치르게 하는 것에 비해서 비현실적으로 낮다.

관료적 임금통제의 다음 단계는 마지막 두 개 절에서 서술했던 전반적인 계획화와 관리 활동이다. 반복을 피하기 위해서, 여기서는 그것의 중대한 의미를 강조하면서도 단지 언급만 해야 할 것이다. 임금 설정이 전반적으로 관료기구의 수중에 남아 있도록 보장하는 것은 정확히 수백만 개의 부분적인 행위의 총합이다.

이제는 임금에 영향을 미치는 시장요소에 대해서 논의해 보자.

앞에서의 분석은 거시 수준에서의 평균임금이 어떻게 설정되는가를 검토하는 것으로부터 시작했다. 미시 수준에서의 임금 평균의 분산, 즉 다양한 업종과 직업 간의 임금 비율, 상이한 지역 간의 임금 격차, 그리고 성과에 따른 임금 격차 등에서의, 한마디로 하면 상대임금에서의 위치는 어떻게 결정되는가?

경험적으로 볼 때, 그것들은 구체적이고 현존하는 노동의 공급과 수요에 의해서 강하게 영향을 받는다. 이는 심지어 노동잉여의 흡수가 여전히 발생하는 상황에서도 어느 정도까지는 사실이고, 만성적 노동부족 단계에서는 더욱더 그러하다.

단기적으로 결정을 내리는 노동자들은 요구되는 노동, 근로 조건, 그와 관련된 신체적 난관과 위험, 급여 등을 고려하면서 다양한 직장들이 갖는 장점들을 매우 조심스럽게 검토한다. 만약 그들이 어떤 선택을 한다면(그리고 이미 살펴본 것처럼 대부분이 선택을 한다), 그들은 더 나은 작업장을 찾아 열악한 작업장을 떠나는 '발로 하는 투표를 한다'. 그들은 자신들이 가진 불만에 대해 단지 '항의'를 표시하거나 작업 수행을 늦추면서 위협을 가할 수 있다. 고용 노동자들과 그들의 직속 상관들 사이의 흥정은 광범위하게 발생한다. 맡은 작업이 더 중요하고 긴급할수록, 또한 고용 노동자가 더 필수적일수록, 노동자의 협상 지위는 더욱 강해진다.

또한 시장의 힘들도 경력과 거주지의 선택과 같은 개인의 장기적 결정에 영향을 미친다. 어떤 직종들은 선택하는 사람들이 점점 줄어드는 반면에, 다른 직종들은 너무 많은 지원자들이 몰린다. 어떤 지역은 인구가 줄어들고, 다른 지역은 인구가 넘쳐 난다. 이러한 환경은 일차적으로 가능해 보이는 소득 전망과 여타 조건들에 따라 좌우된다.

모든 수준의 관료기구는 이러한 신호들에 반응해야 한다. 기업 내에서도 관료기구는 모든 특수 분야에서의 노동 요건들을 유인 매력이나 의욕 상실적 요소들과 함께 평가하면서 이러한 신호들에 반응해야 한다. 상부기관에서도 임금 비율의 설정을 통해서 이러한 신호들에 반응해야 한다. 궁극적으로 상대임금은 노동 공급과 수요의 관계로부터, 그리고 상대적 초과수요의 분배로부터 강력한 영향을 받는다고 말할 수 있겠다. 그와 동시에 상대임금은 상대 공급, 즉 전체 공급의 직업별, 직장별, 지역별 분배에 강력한 영향력을 행사한다(이미 논의했던 이유로 인하여 그러한 것들은 수요에 대해서는 영향을 훨씬 덜 미친다). 한마디로, 시장 조정은 미시 수준에서 강력한 영향력을 행사한다.

지금까지 한편으로는 미시 수준에서의 상대임금 문제와, 다른 한편으로는 다른 생산요소들에 비교한 거시적 평균임금 수준 문제를 추상적인 수준에서 구별해 왔다. 사실상 그것들은 서로 간에 전적으로 독립적이지는 않다.

실제로, 고전적 사회주의에서의 명목임금은 완전한 하방경직성을 갖고 있다. 공개적인 임금 삭감은 비록 특정 시기(예를 들면, 스탈린 시기에 임금 기준의 수정이 발생했을 때)에 발생한 바가 있기는 해도 거의 드물다.[33] 따라서 앞에서 언급한 상대임금의 이와 같은 항상적 조정은 다른 집단의 상대임금이 인상되는 동안 동일한 수준에 머물러 있는 어떤 집단의 명목임금과 보통 관련이 있다. 상대임금의 조정은 일련의 부분적인 임금 인상을 통해서 발생한다. 우선 1번 집단의 임금이 인상된다. 그리고 이는 2번 집단의 소득이 상대적으로 뒤처졌다는 것을 의미하고, 조만간 거기서 노동력 부족 문제가 악화될 것이다. 그리하여 2번 집단의 임금도 역시 인상되어야 하고, 그 시점에 3번 집단의 문제도 일어난다. 이런 식으로 문제가 퍼져 나간다. 각각은 마치 등 짚고 뛰어넘기 놀이를 하는 것처럼 차례대로 보다 높은 임금을 계속 요구하려고 애쓴다.

여기서 언급된 것은 수직적 임금 교섭(10장 3절 참조)을 이해하는 데 또 다른 도움을 준다. 등 짚고 뛰어넘기는 '아래로부터' 자생적인 임금 드리프트(평균임금률을 넘어서는 임금 상승 경향)를 수반한다. 하위 수준과 중간 수준의 모든 경제 지도자들은 상대임금의 긴장을 이유로 내세우면서 임금 인상을 확보하려고 노력한다. 그와 동시에 '위로부터' 강력한 저항이 존재한다. 평균임금 수준이 거시적 수준에서 최종적으로 어떻게 전개되는가는 현존하는 권력 관계에 좌우된다.

---

33) 비록 기업들이 절대 단위에서 어떤 집단의 명목임금을 삭감하는 일이 공황 시기에는 드물지 않지만, 이러한 과정에 의존하는 일은 현대 자본주의 체제에서도 상대적으로 드물게 일어난다.

임금 압력은 최소한 명목임금과 관련해서는 어느 정도는 나타날 수 있다. 이는 명목임금 수준을 행정적으로 설정하려는 것, 곧 앞에서 기술한 관료적 영향에 대항한 시장효과로 해석될 수 있다.

중앙 관리진은 다른 목적(투자, 국방비 지출)을 염두에 둔 자원들을 계획을 초과하는 소비자들의 소비력이 갖는 흡입 효과로부터 지켜 내기 위하여 임금 압력을 상쇄시키려고 노력한다. 그러한 대응은 가격을 의식적으로 상승시키는(혹은 자생적인 물가 인상을 수용하는 것이 되는) 경향을 갖는다. 이 모든 관계들은 개방형이든 은폐형이든 간에 인플레이션을 유발하는 데 중대한 역할을 한다.

노동 할당과 임금에 대한 검토가 완료되었기 때문에, 이 장의 첫 부분에서 제기했던 문제, 즉 노동은 사회주의하에서 '상품'이 아니라는 공식적인 정치경제학 교과서의 주장으로 돌아갈 수 있게 되었다.

이 장에서 제시된 관찰 결과에 따르면, 그렇게 강경한 형태의 어조로 된 주장은 실효성이 떨어진다. 시장 조정은 노동 할당과 임금에 대하여 실질적인 영향력을 행사한다. 하지만 이러한 주장은 시장의 영향력이 이차적이라고 하는 한도 내에서만 진실이다. 관료 조정의 영향력은 시장 조정의 영향력보다 훨씬 더 강력하기 때문이다.

여전히 의문이 남는 것은 이러한 현상을 어떻게 평가할 것인가 하는 점이다. 마르크스 사상의 초기 신봉자들이 노동이 마치 생명 없는 물체처럼 사거나 팔리지 않을 사회를 꿈꾸었을 때, 그들은 시장 관계 대신에 국가 권력과 경제적 제약이라는 무기에 의해 통치되는 종업원들을 보고자 하지는 않았다. 많은 관점에서 볼 때, 국가 권력과 경제적 제약이 가하는 억압은 단순한 시장 관계에서 생겨난 의존성보다 더욱 심각하다.

제11장　부족과 인플레이션

현상

기존 문헌들은 11장과 12장에서 논의될 일군의 현상들에 대해 다양한 명칭들을 부여한다. 좀더 통상적인 명칭들만을 언급하자면, 부족, 초과수요, 불균형, 판매자 시장, 흡인(suction), 혹은 억압된 인플레이션 등이 그것이다. [1] 이 용어들은 정확하게 서로 일치하지는 않기 때

---

1) 11, 12장에 제시된 생각들의 상당 부분은 나의 이전 저작들에 기반을 두고 있
다. 첫 번째 책 *Overcentralization in Economic Administration*(1957/1959)에
서 이미 부족 문제에 대해서 논의했다. 그것은 또한 *Anti-Equilibrium*(1971)
과 *Economics of Shortage*(1980)의 중심 테마 중 하나였다. 다음에 나올 개념
체계와 분석의 상당 부분은 언급한 나의 저작들로부터 가져온 것들이다.

　　이 주제에 대한 내 생각은 수십 년의 연구 기간에 수차례 변화했다. 부분적
으로는 다른 저자들의 저작, 부분적으로는 내 글을 둘러싼 논쟁으로부터 영향
을 받아 변화한 것이다. 이 책에서 나는 다른 저자들의 생각에서 내가 수용할
수 있는 모든 것들을 포함하려고 노력했다. 나는 내가 동의할 수 있는 모든 것
을 전체적인 설명에 통합하려고 했다. 나는 한 곳 혹은 두 곳에서 약간 분리된
성격의 논평을 하는 것 외에는, 남아 있는 의견 차이에 관한 좀더 상세한 분석
을 제공하지는 않는다. 이 책의 전반적인 계획에 따라, 나는 오직 몇 가지 예

문에 나중에 좀더 많은 설명이 필요하겠지만, 용어들의 목록은 여기에서의 주제를 분명하게 나타내기에는 충분하다.

이 장의 의도는 부족을 기본적으로 체제의 내재적 특성으로 설명하는 것이다. 그러므로 앞 장들에서와 마찬가지로 외부 관계의 효과는 당분간 무시된다(14장 3, 4절 참조).

외를 제외하고 이 장들을 논쟁의 공간으로 이용하지 않겠다. 나는 이 책에서 표현된 입장이 나의 이전 관점과 얼마나 일치하고 얼마나 다른가에 관한 상세한 설명으로 독자들에게 부담을 주고 싶지 않다.

부족이라는 주제에 관한 지적 영감은 두 가지 원천으로부터 비롯했다. 하나는 마르크스로, 그는 시장균형으로부터 오랫동안 벗어나는 현상에 관한 분석, 특히 노동잉여 분석의 걸출한 선구자였다(*Capital* (1867~1894/ 1978) 제 1권 23, 24장, 제 3권 14, 15장을 참조하라). 다른 하나는 실업, 거시적 수요, 투자 사이의 관계를 연구한 케인스의 저작(Keynes, 1936)이다.

비(非)왈라스적 균형과 불균형에 관한 최근의 문헌은 문제영역을 연구하는 데 두드러진 역할을 하였다. 이러한 학파의 선구자들은 R. W. Clower(1965)와 A. Leijonhufvud(1968)이다. 나아가 J. P. Benassy(1982년의 그의 포괄적인 작업), E. Malinvaud(1977), J. Muellbauer and R. Portes(1978), R. Portes and D. Winter(1980), R. Portes et al. (1987) 등이 있다. 이 그룹은 많은 저작들에서 불균형학파(Disequilibrium School)라고 불린다.

사회주의 체계하에서의 만성적 부족이라는 주제에 관해서는 다음과 같은 선구적 저작들을 언급해야 한다. L. N. Kritsman(1926), V. V. Novozhilov (1926), M. Kalecki(1970, 1972), F. D. Holzman(1960), 그리고 H. S. Levine(1966).

내가 부족이라는 주제에 관해서 표현한 생각들에 이의를 제기하는 저작들에 특히 주목하자. R. Portes와 여타 불균형학파 구성원들의 매우 영향력이 큰 저작들은 그중에서도 특히 강조할 필요가 있다. 여타 논쟁적 저작들로는 K. A. Soó(1984)와 S. Gomulka(1985)가 있다.

부족이라는 분야의 주요 연구들에 대한 다른 참고문헌은 11, 12장의 이하 각주들에서 발견할 수 있다. C. Davis and W. W. Charemza(1989)에 의해 편집된 책과 J. M. van Brabant(1990)의 훌륭한 요약 논문은 논쟁에 대해 폭넓게 개괄하고 있다.

체제의 일정하고 지속적인 특징들이 집중적으로 검토될 것이다. 부족현상의 강도와 분포에서의 단기 변동들에 영향을 미치는 요인들은 지나는 길에 간단하게만 언급된다. 우리는 고전적 사회주의를 다른 체제, 무엇보다도 자본주의와 영구히 구별해 주는 현상들의 주요 부분들에 주목할 것이다.

생산에 관한 분석에서는 주로 공유 부문에 초점을 맞춘다.[2] 그러나 공식·비공식 사적 부문, 그리고 회색(*gray*) 시장과 암(*black*) 시장은 가계에 대한 공급원들을 다룰 때 언급될 것이다.

부족과 인플레이션이라는 주제는 두 장에 걸쳐서 논의된다. 11장은 부족과 인플레이션의 현상을 기술하며, 12장은 이러한 서로 연관된 두 현상의 원인들에 대해서 논의한다.

1. 부족현상과 부족경제

다소 단순화되고 정형화된 형태를 이용하여, 개인적 소비를 위해 어떤 생산품을 구매하려는 구매자, 예를 들면 식료품을 사려고 하는 어떤 여성이 직면한 선택들에 대해서 검토할 수 있다. 그녀가 자신이 알고 있는 시중가격들을 고려하면서 소고기를 구매하려는 명확하게 정리된 구매의도를 가지고 있다고 가정해 보라. 운이 나쁘면 그녀의 쇼

---

2) 공식, 비공식 사적 부문은 비록 개혁 시기에는 상당한 비중을 차지하지만, 고전적 사회주의 체제하에서 겨우 작은 역할만을 한다. 따라서 한편으로는 사적 생산과 다른 한편으로는 부족과 인플레이션 사이에서 나타나는 관계에 관한 분석은 이후로 연기된다(19장 1, 5절, 23장 5절 참조).

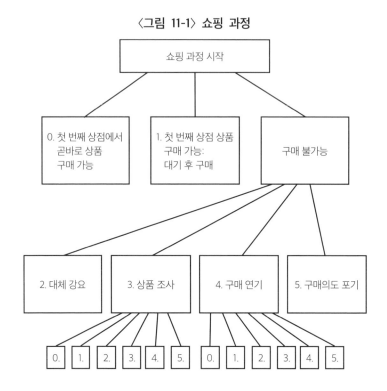

〈그림 11-1〉 쇼핑 과정

```
                    쇼핑 과정 시작

  0. 첫 번째 상점에서    1. 첫 번째 상점 상품
     곧바로 상품            구매 가능:            구매 불가능
     구매 가능             대기 후 구매


  2. 대체 강요    3. 상품 조사    4. 구매 연기    5. 구매의도 포기


   0. 1. 2. 3. 4. 5.          0. 1. 2. 3. 4. 5.
```

핑은 단 한 번의 행위로 끝나는 게 아니라, 〈그림 11-1〉에서 보는 바
와 같이 하나의 과정, 곧 여러 단계들과 분기들이 나타나는 일련의 결
정들이 될 수도 있다.

결과 0이 가장 바람직하다. 필요로 하던 생산품은 고객이 들른 첫
번째 상점에서 구매할 수 있으며, 그녀는 그것을 즉각 구입한다. 그녀
에게 쇼핑 과정은 여기에서 끝난다.

결과 1의 경우, 소고기는 구매할 수 있지만 고객들은 이를 위해서
대기해야 한다. 이는 흔한 일이다. 고전적 사회주의에서 고객들은 빈
번하게 기다려야만 한다. 어떤 상품의 경우에는 계산대 앞에 혹은 상

점 바깥으로 실제로 '사람들이' 줄을 선다. 또 어떤 상품의 경우에는 이런 표현이 오로지 비유적으로만 사용될 수 있다. 고객들은 지원 순서대로 번호표를 받고, 자신의 차례가 오면 상품을 집도록 호출되는 것이다. 앞에서 언급한 여성 고객으로 다시 돌아가 보면, 그녀가 찾는 상품은 즉각적으로든 기다린 후든 전혀 구매할 수 없을 수도 있다. 그럴 경우 그녀는 이후에 진행되는 일련의 대안 가운데 하나를 선택해야만 한다.

결과 2는 **강요된 대체**(*forced substitution*)이다. 고객은 자신의 원래 구매의도를 포기하고, 대략적으로 그것을 대체할 다른 것을 구매한다. 그것은 근접한 대체물, 가령 소고기 대신에 다른 종류의 육류일 수도 있고, 보다 멀리 있는 대체물, 가령 냉동되거나 캔으로 처리된 종류의 육류일 수도 있다. 아니면 훨씬 멀리 있는 대체물, 즉 모든 종류의 식료품일 수도 있다. 강요된 대체는 고객으로 하여금 질적 양보를 하도록 만든다. 그녀는 자신이 찾던 것보다 덜 좋아하는 재화를 구매한다. 그렇지 않으면 그녀는 자신이 구매하고 싶었던 것보다 좋은 생산품을 위해서 높은 가격을 치르려고 할 수도 있으며, 덜 좋아하는 것을 더 비싸게 사야만 할 수도 있다.

강요된 대체는 부족 증후군을 이해하는 데 중요한 역할을 한다. 강요된 대체는 자발적 대체와 구별되어야 한다. 만약 어떤 고객이 서로가 근접한 대체물이며 둘 다 공급 측면에서 쉽게 구매할 수 있는 A와 B라는 두 개의 상품 중 지금까지는 첫 번째 것을 선택했었고, 지금은 취향이 바뀌거나 두 상품의 상대가격이 변화하여 다른 것(A 대신에 B)으로 변경했다면, 그 대체는 자발적인 것으로 생각할 수 있다. 그러나 만약 A를 입수할 수 없어서 B를 구매했다면, 그 대체는 강요된 것이다. 어떤 사람들은 만약 상품 A가 B보다 훨씬 비싸진다면 고객이 경제적 강요하에 있게 될 것이라고 주장하면서, 이러한 용어들이 적절하다는 것을 부정한다. 이에 대한 의미론적 논의에 들어갈 필요는 없다. 중요한 것은 구별할 수 있는 기준을 명확히 하는 것이다. 만약에 A와 B 모두 여전히 구매할 수 있다면, 아무리 A가 비싸지더라도 그들 사이에 선택할 기회가 존재한다(예를 들면, 어떤 비용을 지불하더라도 A를 포기하려고 하지 않는 고객은 대신에 다른 비용을 삭감하려고 할 것이다). 만약 A를 획득할 수 없다면, 이러한 입장은 상당히 달라진다. 그럴 경우, 부족은 명백하게 고객에게 다른 선택을 하도록 강요한다.

강요된 대체의 한 가지 사례가 〈표 11-1〉에 제시되어 있다. 헝가리 자동차 구매자들을 대표할 표본 집단에게 만약 헝가리에서 친숙한 동유럽의 모든 수입차 모델을 공급 제한이나 대기 없이 쉽게 구매할 수 있다면 어떤 모델을 구입하고 싶은지를 물어보았다. 표에서 주대각선은 대기를 하더라도 원하는 모델을 여전히 구입할 것이라는 사람들을 나타낸다. 이들은 구매자들 중 매우 낮은 비율을 차지한다. 그 나머지는 강요된 대체를 하고 있다.[3]

식료품 고객으로 다시 돌아가 보면, 그녀는 강요된 대체를 할 각오가 되어 있지 않을 수도 있다. 대신에 그녀는 다른 상점들에서 **상품 조사**에 착수하는 결과 3을 선택할 수 있다. 만약 운이 좋다면 그녀는 두 번째 상점에서 약간의 소고기를 발견할 것이며, 쇼핑 과정은 거기서

---

3) Z. Dániel and A. Semjén (1987)은 설문에 기초해서, 부다페스트의 임대주택 부문에서 세입자의 3분의 2 이상이 강요된 대체를 수행했다고 밝혔다. 지배적인 임대 구조를 고려하여 볼 때, 그들은 자신들이 살고 싶어 하는 것과는 다른 크기와 다른 품질의 주택에서 살고 있었다.

〈표 11-1〉 헝가리 자동차 시장에서의 강요된 대체(1977)

주문된 모델	즉시 배달 경우의 선호						
	Trabant	Wartburg	Skoda	Zhiguli	Moskvich	Polski Fiat 126	Dacia
Trabant	47	21	1	19	0	5	1
Wartburg	16	7	7	53	0	1	6
Skoda	5	10	0	80	0	0	5
Zhiguli	5	30	7	30	1	3	2
Moskvich	25	25	0	25	0	0	0
Polski Fiat 126	25	11	11	39	0	0	0
Dacia	0	25	0	50	0	0	0

참조: 이 조사는 4,120명을 대상으로 실시되었고 1,406명이 유효한 응답을 보내왔다. 강
요된 대체의 비율은 주대각선에 있지 않은 요소들의 총계로 표현된다. 하지만 대부
분의 총계들은 100 아래에 머물렀는데, 설문 대상자들의 일부는 목록에 포함되지
않은 제품들을 선택했기 때문이다.

출처: 헝가리 시장리서치연구소(Hungarian Market Research Institute, 1978), Központi
Statisztikai Hivatal(Central Statistical Office, Budapest, 1980b), Merkur Car
Trading Co. (1980)에 토대를 둔 Z. Kapitány, J. Kornai, and J. Szabó(1984,
p. 239).

종료된다. 그러나 그녀가 소고기를 발견하기까지 세 번, 네 번, 혹은
훨씬 더 많은 시도를 할 수도 있으며, 그 최대 횟수는 상품 조사에서
그녀가 얼마나 결단력이 있는지에 달려 있다.

그녀는 첫 번째 방문한 상점이나 그 다음 상점에서 그 상품이 현재
구매할 수는 없지만 추가 납품이 예상된다는 말을 자주 듣게 된다. 그
러한 정보나 과거의 쇼핑 경험에 기초해서, 그녀는 구매를 기다리기
로 결정할 수도 있다. 결과 4는 **연기**(*postponement*)이다. 이는 소비자
가 기다리는 기간에는 미래 구매를 위해 돈을 지출하지 않는다는 사실
에 적용된다. 결과적으로 연기(혹은 장기간의 상품 조사)를 수반할 때
강요된 저축(*forced saving*)도 역시 존재하게 된다. [4]

마지막으로, 고객은 결과 5를 선택할 수 있다. 이는 구매의도의 포

기이다.

결과 0, 1, 2와 5는 구매 과정의 대안적 결과들이다. 그러나 그림에서 보듯이 결과 3과 4가 있으므로 구매 과정이 반드시 종결되지는 않는다. 상품 조사의 경우, 고객은 상점 2, 3, 4 등에서 선택 가능한 모든 대안들에 항상 직면한다. 이와 동일한 상황이 한두 주일, 혹은 그 이상을 기다린 이후에 다시 구매 활동을 시작할 때 발생한다.

여기서는 결과 1~5를 총칭해서 **부족현상**(*shortage phenomena*)이라고 한다. 비록 그 구체적 내용과 결과가 다를지라도, 그것들 모두는 찾고 있는 상품의 부족에 의해서 발생하며, 모두 고객에게 불쾌감, 불편함, 희생, 혹은 여타의 손실을 유발한다.

앞의 사례는 개인적 소비를 위한 상품과 서비스를 구매할 때 발생하는 부족현상을 기술하였고, 따라서 고통을 받는 자는 가계이다. 사례에서 공급 부족 상태에 있는 것은 물질적 재화, 소고기였다. 유사한 현상이 비물질적 성격을 가진 이른바 서비스에서도 발생한다. 유치원, 학교, 혹은 대학에서의 자리 부족이라든지 보건시설이나 문화시설에서의 자리 부족 등이 존재할 수 있다.

이와 똑같은 결과 분류가 생산수단, 원료, 반제품, 기계 및 설비, 그리고 생산 서비스를 획득하는 과정에서 발생하는 부족현상에 완벽하게 적용될 수 있다. 이때는 고통 받는 자가 기업이다. 결과 1: 기업은 주문이 쌓여 있는 투입재 공급 기업 앞에 줄을 선다. 결과 2: 기업은, 예를 들면 품질이 보다 빈약하거나 보다 비싼 투입재를 사용함으

---

4) 부족에 의해 야기된 강요된 저축과 행정적 수단, 가령 국가채권의 강압적 구매에 의해 강제된 강요된 저축은 구별할 필요가 있다.

로써 원래 계획했던 기술을 변경하도록 강요받는다. 기업이 애초에 가공하려고 했던 투입재는 구매할 수 없기 때문이다. 결과 3: 기업은 자신이 원하는 투입재를 제조하거나 비축하고 있는 다양한 기업들 사이에서 원하는 투입재를 찾기 시작한다. 또는 기업은 원하는 투입재의 재고가 우연히 발생한 다른 기업으로부터 이를 빌릴 수도 있다. 결과 4: 기업은 재고를 가지고 있기 때문에, 혹은 재고를 가지고 있지 않다면 선택의 여지가 없기 때문에, 투입재 구매를 연기한다. 그리하여 심지어는 이런 이유로 인해 생산이 중단될 수도 있다. 마지막으로 결과 5: 기업은 투입재를 구매하려는 의도를 포기하고, 오히려 생산 계획과 원자재 관리 계획을 변화시키려고 한다.

생산 부문에서 나타나는 일군의 부족현상을 특별히 언급할 필요가 있다. 투자 계획들을 위한 기계, 설비, 건설 능력의 부족, 이른바 투자긴장 현상이 그것이다(9장 2절 참조).

중간재 생산품 획득 과정에서 발생하는 부족현상과 대체로 유사한 부족현상이 노동력의 고용과 활용에서 발생한다(10장 2, 5절 참조).[5]

부족현상은 대외무역에서 발생할 수 있으며, 그와 연결되어 대외 금융 관계에서도 역시 발생할 수 있다(14장 3, 4절 참조).

5) 순전히 하나의 실례로서, 강요된 대체와 연기의 경우를 살펴보자. 만약 어떤 기업에 의해 고용된 노동자가 그의 작업이 없어서는 안 되는 날에 일하러 나오지 않았다면, 생산 관리자는 임시방편으로 그 사람보다는 숙련과 경험이 없는 다른 누군가를 그의 자리에 투입해야 한다. 결국에는 그 관리자가 결근한 노동자의 작업을 한다. 또는 그 관리자는 생산 계획의 순서를 변경할 수도 있다. 필요한 노동자들이 모두 나와 있는 과제를 앞에 배치하고, 필요한 노동자가 나와 있지 않아서 노동자가 필요한 작업을 연기하는 것이다. 이러한 모든 행동들은 재촉(precipitation), 중지(holdup), 그리고 손실(losses)을 가져온다.

부족경제라는 개념을 소개하자. 다음의 상황들이 동시에 발생한다면, 그 경제체제는 부족경제이다. ① 부족현상이 전반적으로, 즉 경제의 모든 영역(소비자를 위한 상품과 서비스, 투자재를 포함한 생산 수단, 노동, 수출입 상품, 그리고 국제 지불 수단 등의 거래)에서 발견된다. ② 부족현상이 단순히 예외적으로 발생하거나 산발적으로 발생하는 것이 아니라 빈번하게 발생한다. ③ 부족현상이 경제에 참가하는 참가자들의 행위와 환경에서, 그리고 경제 과정의 특성과 결과에서 그 영향력이 매우 강력하게 느껴질 정도로 강도 높게 나타난다. 그리고 ④ 부족현상이 만성적인 것으로서 그저 일시적으로 발생하는 것이 아니라 항상적으로 나타난다.

　　'부족현상'과 '부족경제'라는 표현을 사용하여, 다음과 같은 경제학적 명제를 만들 수 있다. 고전적 사회주의 체제하에서의 부족현상은 전반적이고(general), 빈번하고(frequent), 강력하며(intensive), 만성적이다(chronic). 고전적 사회주의 체제는 부족경제이다.

　　이 명제는 무엇보다 경험에 의해서 지지를 받을 수 있다. 〈표 11-2〉~〈표 11-4〉와 11~12장의 다른 많은 표들에는 실례들이 들어 있다. 게다가 그러한 명제를 경험적으로 뒷받침하는 방대하고 다양한 문헌들도 존재한다. 그러나 그러한 명제의 진실성을 통계적으로 증명하는 것은 사회주의 국가에서 사는 사람들에게 필요 없다. 그들은 소비자와 생산자로서 일상생활에서 구매의도 좌절, 줄서기, 강요된 대체, 상품 조사, 그리고 구매 연기 등 헤아릴 수 없이 많은 좌절감을 경험한다.

　　부족현상은 자본주의 국가에서도 상당히 빈번하게, 강력하게 그리고 어떤 지역(가령, 많은 자본주의 국가들의 보건 또는 교육 부문과 대부분 자본주의 국가들의 도시주택 부문)에서는 지속적으로 발생한다. 그리고 부족현상들은 전시경제와 같은 예외적 상황에서는 상당히 일반적인 것이 될 수 있다. 그렇다고 하더라도, 만약 자본주의 경제의 일반적이고 항상적인 상태를 생각한다면, 자본주의 경제는 부족경제가 아니라고 말할 수 있다.

〈표 11-2〉 주택 대기: 국제 비교

	1980년대 대기 목록에서의 평균 시간(햇수)
불가리아	5~20
체코슬로바키아	6~8
동독	3~4
헝가리	4~6
폴란드	15~30
소련	10~15

참조: **불가리아**: 규모가 큰 도시의 경우, 주택 지원자들은 6개 범주로 분류됐다. ① 매우 형편없는 주거 조건(가령 부엌, 지하창고, 혹은 다락방)에서 사는 가족들, ② 하나로만 되어 있는 주택의 공동차지인으로서 사는 가족들, ③ 전차인 혹은 매우 밀집된 주거 조건(일인당 주거공간이 5평방미터 미만)에서 사는 가족들, ④ 밀집된 주거 조건(일인당 주거공간이 5~12평방미터)에서 사는 가족들, ⑤ 덜 밀집된 주거 조건(일인당 주거공간이 12~20평방미터)에서 사는 가족들, ⑥ 가장 밀집되지 않은 주거 조건(일인당 주거공간이 20평방미터 이상)에서 사는 가족들이 그것이다. 실제로는 국가 주택은 오로지 범주 ①~④에 해당하는 가족들만이 얻을 수 있었다. 그러한 범주에 해당하는 사람들이 평균적으로 대기하는 시간은 범주 ①은 5~6년, 범주 ②는 7~8년, 범주 ③은 9~10년, 범주 ④는 15~20년이다.
체코슬로바키아: 규모가 큰 도시에 대한 1987년 수치이다.
동독: 1982년 국가 평균이다.
헝가리: 부다페스트에 대한 1986년 수치이다.
폴란드: 정부가 보조금을 지급한 공동 주택의 구매에 대한 1987년 수치. 폴란드에서는 최근에 국가 주택이 건설되지 않았다.
소련: 실제로는 국가임대 주거지가 일인당 주거 공간 5~7평방미터 미만에 거주하는 가족들에게만 할당되었다.
출처: 이 책을 위해서 G. Such and I. J. Tóth가 편집하였다.

〈표 11-3〉 전화 대기: 국제 비교

	전화 신청자 수 비율로 본 대기 목록 길이(5년 평균, %)		
	1971~1975	1976~1980	1981~1985
사회주의 국가			
체코슬로바키아a	25.1	30.2	11.3
동독b	23.3	36.7	-
헝가리a	36.6	47.2	55.5
폴란드b	33.6c	45.7	57.1
자본주의 국가d			
오스트리아b	14.1	8.5	2.9
벨기에b	0.8	1.2	0.7
프랑스b	13.1	7.9	0.9

주석: a) 본선(*main lines*)에 대한 총수요에 기초해서 계산되었다. 여기에는 새로운 지원
자와 재설치 지원자가 포함되어 있다. 재설치는 본선에 대한 명목 수요인데, 가
입자가 한 장소에서 다른 장소로 전화를 옮기기를 원하는 수요이다.
   b) 본선에 대한 대기목록에 기초해서 계산되었다. 여기에는 기술적 능력(장비, 전
화선 등)의 부족으로 인해 만족이 연기되어야만 하는 수요가 포함되어 있다.
   c) 1972~1975년.
   d) 대부분 자본주의 국가에서는 모든 전화 수요가 거의 즉각적으로 만족될 수 있다.
출처: 세로줄 1 - Union Internationale des Télécommunications(1980, pp. 42, 52, 130,
   154, 260; 1982, p. 254), 세로줄 2, 3 - Union Internationale des Télécommuni-
   cations(1986, pp. 56, 66, 150, 180, 280, 288, 348).

〈표 11-4〉 자동차 대기: 국제 비교(1989)

	대기 기간 (연수)					
	차종					
	라다	스코다	모스코비치	바르트부르크	트라반트	다키아
불가리아a	10~12	5	2	2	1	1
체코슬로바키아	3~4	-	-	-	-	-
동독	17	16	-	14~16	14	15
헝가리	4~6	6	-	1	0	-
폴란드	5~6	6~8	-	3~4	2~3	-
루마니아b	-	-	-	-	-	4~6

주석: a) 1988년.
   b) 다키아 외 자동차는 활용할 수 있는 자료가 존재하지 않거나 구매할 수 없었다.
출처: 이 책을 위해서 Z. Kapitány가 편집을 해주었고, 부분적으로는 Z. Kapitány and
   L. Kállay(1989)에 기초해서 작성하였다.

2. 수요 조정 과정

이 절은 부족경제에서의 구매자의 행동으로 다시 돌아가는데, 우선 개인적 소비를 위한 재화와 서비스의 구매자인 가계에 대해 구체적으로 살펴본다. 현 시점에서 목적은 실제 행동(구매, 강요된 대체, 연기 등)이 아니라 구매의도를 추적하는 것이다. 이러한 구매의도의 형성은 일종의 역동적 과정이다. 논의를 보다 명확하게 하기 위해서 관찰과 측정이 갖는 실천적 문제들은 무시하기로 한다. 구매자에게 질문함으로써 특정한 시기에 갖고 있는 구매의도를 정확하게 발견할 수 있다고 가정하는 것이다.

첫 번째 질문은 다음과 같다. 현재의 가격, 구매자 수입과 부, 사회·경제 조건 등을 가정하고, 만약 자신의 구매의도를 수행하는 데 공급 측면의 제약이 존재하지 않는다면, 구매자의 구매의도는 무엇인가? 이 질문에 대한 구매자의 대답이 **가상수요**(*notional demand*)이다. [6]

단순하게 설명하자면, 그 질문은 현재 상태에서의 구매의도와 관련 있다. 실제로, 만약 가격, 소득, 부 등이 현재 적용되는 것들과 다르다면 구매의도는 어떻게 될 것인가를 물어볼 수도 있다. 그럴 경우 가상수요 함수를 발견할 수도 있을 것이다. 앞에서 제기한 의도적으로 단순화시킨 질문에 대한 대답은 단순히 이러한 함수의 어떤 한 지점을 드러낼 뿐이다.

이러한 논의는 부분적 문제를 첫 접근으로서 검토함으로써 단순화

---

6) 이 용어는 클라우어(R. W. Clower, 1965)에 의해 도입되었다. 좀더 구체적인 논의를 위해서는 배네시(J. P. Benassy, 1982)를 참조하라.

되기도 한다. 보다 엄격하고 풍부하게 논의하다 보면 모든 재화와 서비스에 대한 모든 구매와 판매 의도를 함께 분석하게 될 것이다. 7)

두 번째 가능한 질문은 다음과 같다. 모든 공급 제약들이 알려져 있고 구매의도가 그에 따라 조절되었다면, 구매자는 무엇을 구매하려 하겠는가?8) 이에 대한 대답은 **완전조정수요**(completely adjusted demand)라는 범주라고 할 수 있다. 9) 이 개념은 기대이론의 관점에서 이해될 수 있다. 이러한 종류의 구매의도는 구매 시점의 공급 제약에 대한 기대에 기반을 두고 있다. 10)

---

7) 사실, 공급 측면에 대한 제약이 없다는 가정을 말할 경우에는 좀더 자세한 설명이 필요하다. 실제로, 이는 질문을 받는 구매자가 이전에 쇼핑할 때 현실에서 마주했던, 그러나 일시적으로 부족이 있을지도 모르는 재화와 서비스를 의미한다. 이는 기껏해야 소문으로 들어서 알게 된 재화와 서비스가 아니다.

8) 한 명의 구매자가 한 번의 구매 행위를 한다고 가정할 경우, 그는 결정론적 의미에서 구매할 재화의 공급에 관한 정확한 정보를 소유해야만 한다. 만약 복수의 구매자들 그리고/혹은 시간 속에서 계속 반복되는 복수의 구매 행위들을 고려한다면, 일종의 확률적 분석이 적용될 수 있다.

9) 이것은 불균형이론에서 말하는 '유효수요'(effective demand) 개념과 동일하지 않다. 생산품 A의 유효수요라는 것은, 만약 구매자가 생산품 A에 대한 양적 제한만을 무시하면서 다른 모든 상품과 서비스 B, C 등의 구매(그리고 판매)와 관련된 양적 제한들을 고려한다면, 그가 생산품 A를 얼마나 많이 구매하기를 원할 것인가 하는 가설적 질문에 대한 구매자의 대답이다.

강제된 수요 조정(forced adjustment of demand)은 수요를 공급과 분리하고, 공급 함수와 수요 함수를 각각 독립적으로 설정하는 것을 매우 어렵게(그리고 일부 이론가에 따르면 불가능하게) 만든다.

그런데 이 중대한 식별의 문제는 루카스(R. E. Lukas, 1985)가 지적한 사적 부문의 행위를 그것에 영향을 미치는 국가의 경제정책으로부터 분리시키기 어려운 것과 유사하다. 버켓(J. P. Burkett)은 나로 하여금 두 개의 식별 문제 사이에 존재하는 유사성에 주목하도록 만들었다.

10) 카렘자(W. W. Charemza)는 불균형 모델을 한층 더 발전시킬 수 있는 여지를 분석하는 자신의 연구(1989)에서 소비자의 조정과 시장 상황에 대한 기대

가상수요와 완전조정수요는 수요 형성 과정의 이론적인 양극단으로 간주할 수 있다. 양극단 사이에는 수많은 중간 등급들이 존재하는데, 이것들을 **부분조정수요**(*partially adjusted demand*) 라는 집합명사로 부를 수 있다. 부분조정수요는 구매자가 구매의도에 도달함에 있어서 어느 정도는 공급 제약들을 알아차린다는 점에서 가상수요와 다르다. 그런데 구매자는 그러한 제약들에 관한 정확한 지식을 갖고 있지 않으며/않거나 공급에 맞추는 데까지 나아가기를 거부한다. 당분간 그는 공급 제약의 영향 아래에서 자신의 가상수요로부터 자신을 충분히 분리시킬 수 없거나, 분리시키려는 의도가 없다. 이하의 설명에서 **조정된 수요**(*adjusted demand*) 라는 용어는 특별한 단서가 없을 때는 완전조정수요와 부분조정수요 모두를 포함한다.

구매자에게 가상수요로부터 부분조정수요를 거쳐 완전조정수요에 이르는 길은 좌절, 실패, 임박한 부족에 대한 심각한 소문들, 그리고 강요된 조정의 연속으로 점철되어 있다. 완전조정수요는 만성적인 부족에 체념한 구매자가 가진 구매의도이다. 11)

사이의 관계가 갖는 중요성을 강조하였다.

11) 만성적 부족이 존재하지 않고 구매자의 구매의도가 수요 제약에 직면하지 않는 곳에서는 실제 구매는 가상적 구매의도를 충실하게 반영하는 것으로 추측할 수 있다. 이러한 상황하에서는 실질소비 수치에 속하는 함수를 수요 함수로서 취하는 것은 당연하다.

이러한 가정은 부족경제에서는 당연하지 않다. 왜냐하면 실제 구매는 일련의 강제된 조정을 거친 이후의 구매자의 행동을 반영하기 때문이다. 이 문제를 놓고 발생한 논쟁이 하나 있다. 많은 사람들은 부족경제에서의 수요 함수는 오로지 간접적으로만 평가될 수 있다고 주장한다. 가령, Z. Dániel (1989) 은 구매자에게 직접적으로 질문하여 헝가리에서의 임대주택에 대한 수요 함수에 대한 추정치를 내놓았다. L. Podkaminer (1988) 는 자본주의 국가들에서 물론 수요의 형성은 여기서는, 오로지 설명을 단순화하기 위해서, 시간 순서에 따라 변하는 인식과 적응의 일련의 연속적인 사례로서 기술된다. 사실, 연속이라는 것은 훨씬 덜 '규칙적'(*regular*)이다. 공급의 현실과 기대에 따른 수요조정은 실제 생활에서는 아마도 서로 충돌하는 의사소통, 희망, 실패 등을, 그리고 구매 행위의 성공과 실패 등을 배경으로 발생한다. 때때로 구매자 자신이 자신의 고유한 의도를 확신하지 못하기도 한다. 구매자는 즉흥적이고 임시변통으로 행동하며, 설령 정직하게 대답하려고 해도 시장 연구자들에게 견실하게 답변할 수 없을지도 모른다.

조정 과정 동안 구매자는 어떤 구매의도들을 완전히, 돌이킬 수 없을 정도로 포기할 수도 있다. 그리하여 그런 구매의도들은 나중에 가서는 심지어 가상적 구매의도로서의 특징도 갖지 않게 된다. 여기에는 실업에 관한 서구의 문헌에서 '실망 실업자'(*discouraged worker*)로 묘사하는 현상과 유사성이 있다.[12] 오랫동안 일자리를 찾았으나 허사로 돌아갔기 때문에, 많은 사람들은 구직 투쟁을 결국 포기한다. 이후 그들의 이름은 직업소개소에 기록되지 않으며, 그리하여 그들은 실업 수치에서 무시된다. 수요 부족에 실망한 노동 판매자의 자진 포기가 노동잉여의 낮은 수치를 유발하는 것과 마찬가지로, 공급 부족에 실망한 구매자의 자진 포기는 가시적 재화 부족을 감소시킨다.

어떤 구매자의 공급 부족 상태에 있는 생산품에 대한 조정된 구매의

추정된 수요 함수의 매개변수(*parameters*)를 폴란드 가계의 행위를 설명하는 함수로 이전시켰다.

12) 나는 이러한 유추를 버켓의 논문(J. P. Burkett, 1988)으로부터 가져왔다.

도는 가상수요보다 낮은 데 반해서, 강요된 대체로 간주할 수 있는 재화들에 대한 그의 조정된 수요는 가상수요보다 높다. 13) 아마도(확실하지는 않지만) 조정된 수요에서의 두 개의 대비되는 변화가 서로를 상쇄할 것이다.

공급에 따른 수요의 조정은 완전히 일방적이지는 않다. 정도는 덜하지만, 생산자–판매자도 역시 다소간 예상되는 수요에 맞추어 간다.

결국에는 어떤 특이한 균형상태가 (확실하지는 않지만) 아마도 나타날 것이다. 이것을 **강요된 조정균형**(*forced adjustment equilibrium*) 이라고 부를 수 있다. 공급에 따라 조정된, 모든 상품에 대한 모든 가계의 총수요(*the aggregate demand*) 는 가계가 이용할 수 있는 총공급으로부터 충족될 수 있다. 이러한 강요된 조정균형의 출현은 구매자의 지속적 좌절감과 양립 가능하다. 왜냐하면, 구매자는 자신의 가상수요를 만족시킬 수 없으며, 강요된 대체에 자신의 돈을 소비하지 않으면 안 되기 때문이다. 14)

지금까지 언급한 것은 부족경제의 역설이라고 부를 수 있는 것을 이해하는 데에 도움이 된다. 한편으로, 소비자들은 공급 부족 상태에 있

---

13) L. Podkaminer는 앞에서 언급한 그의 연구(1988) 에서 가상수요의 일관성이 1965~1978년 폴란드에서 어느 정도였는지에 대한 추정치를 제공한다. 그는 만약 공급 제약과 왜곡된 상대가격의 확산 효과가 없었더라면 폴란드의 육류에 대한 가상수요가 실제 수요보다 상당히 적었을 것이라고 추측했다.

14) 여기에서 논의된 강요된 조정균형이라는 것은 기본적으로 구매자의 조정을 통해서 발생하는 것인데, 공급 측면에서 팔리지 않는 재고품이 존재하는 상황과 양립 가능하다. 그러한 개념 정의가 조건으로서 요구해야 하는 것이라고는 어떤 누적적 과정이 발생하지 않는다는 것, 즉 팔리지 않는 재고의 점진적 증가가 존재하지 않는다는 것뿐이다.

는 품목들과 관련하여 매우 불만족스러워하며 당연히 불평한다. 다른 한편으로, '전면적 균형'(global equilibrium, 동유럽의 전문적 용어를 사용하자면) 이 결국에는 발생한다. 강요된 조정이라는 구매자의 고통스런 과정은 이러한 역설의 양 측면 모두가 적용되도록 만든다.

나는 방금 강요된 조정균형이 확실하지는 않지만 아마도 발생할 것이라고 주장하였다. 어떤 구매자는 수용 가능한 대체물을 발견하지 못할 수도 있고, 그가 가진 전체 가상 지출 의도보다 적게 소비하려고 할 수도 있다. 다시 말해, 부족이 유발하는 강요된 저축이 발생한다. 이것은 일시적 연기로부터 나타나는 결과일 수 있다. 구매자는 지출하지 않은 돈을 쌓아 놓고 있다가, 그의 가상수요를 충족하는 공급이 나타날 때 구매한다. 이 경우, 강요된 저축을 통해서 축적된 돈은 지출할 기회를 위해 준비된 상태로 대기한다. 15) 그러나 이러한 일이 일어나지 않을 가능성도 존재한다. 어쩌면 강요된 저축은 전혀 용도가 결정되어 있지 않을 수도 있다. 구매자는 단지 그것을 현명하게 지출하는 데 실패했을 뿐이며, 어떠한 매력적인 지출 기회도 나중에 발생하지 않았던 것이다. 만약 이러한 일이, 지출하지 않고 지출할 수 없는 강요된 저축이 점점 더 가계의 수중에 쌓이게 되는 하나의 누적적 과정이 된다면, 가계 영역은 가상적인 초과수요뿐 아니라 진정한 초과수요도 유발하면서 강요된 조정균형으로부터 점점 더 멀어질 것이다. **일종의 통화 과잉**(monetary overhang) 이 발생하고, 이는 소비자를 위한 재화와 서비스의 영역으로 확산되고 거기에서 긴장을 야기한다.

---

15) M. Lackó (1975) 는 이러한 중요한 관계를 계량경제학적 분석을 통해서 증명하였다. 주민들의 실제 총소비 혹은 총저축은 자동차와 아파트의 공급 상태에 밀접하게 의존하고 있다. 또한 A. Simon (1977) 을 참조할 것.

마지막으로, 또 다른 가능성이 고려될 필요가 있다. 가계는 자신의 돈 일부를 공식·비공식 사적 부문에서, 즉 합법적으로 허용된 자유시장 혹은 회색시장과 암시장에서 지출할 수 있다(8장 8절 참조). 비록 공적 소유의 기업 부문과 관련된 가상수요 일부가 여전히 만족되지 않은 채로 남아 있고 구매자가 이러한 방향으로 완전히 강요된 조정을 하지 않을지라도, 구매자는 지출을 위한 돈을 모두 결국에는 사용할 수 있다. 병행시장(*parallel markets*) ─ 자유 가격으로 유통되는 합법적 시장, 혹은 회색시장과 암시장 ─ 은 강요된 저축을 (전적으로 혹은 부분적으로) 방지할 수 있다.16) 그로부터 나타나는 상황은 일종의 강요된 조정균형과 유사할 것으로 생각한다. 여기서는 국유기업의 생산품과 관련된 강요된 대체가 회색시장과 암시장에서의 구매에 의해서 보완된다.17)

지금까지는 소비자의 소비를 위한 물품과 서비스의 거래를 살펴보았다. 다른 경제영역의 경우, 앞에서 말한 특별한 의미에서의 강요된 조정균형은 결코 발생하지 않을 것이며, 어떤 실제적이고 지속적인 초과수요가 만연한다.18) 그러한 영역 가운데 하나가 바로 투자재의

---

16) 그로스만(G. Grossman, 1977b)이 처음으로 이러한 생각을 내놓았다.

17) 누티(D. M. Nuti, 1986a)에 따르면, 불균형학파(각주 1번 참조)의 몇몇 연구들이 소비자 시장에서의 거시적 균형을 증명한다는 사실에 대한 주요한 설명은, 구매자들이 자신들의 돈을 비공식 시장에 지출할 수 있다는 것이다.
   어떤 국가들의 경우, 국내 통화로 이루어진 강요된 저축은 암시장에서 외국 경화를 사는 데에 지출될 수 있다. W. W. Charemza and S. Ghatak(1990)은 이러한 현상을 폴란드를 사례로 하여 보여 준다.

18) M. Lackó의 연구(1989)는 헝가리 기업들의 투자 신용 수요의 흐름이 통화 신용 공급에서의 변화에 따라 얼마나 긴밀하게 조정되는지를 보여 준다. 그러나 수요는 규칙적으로 그리고 현저하게 공급을 초과한다. 즉, 완전균형이 발생하

거래이다.

어느 영역이 전형적으로 강요된 조정균형을 갖고 있는지 그리고 어느 영역이 만성적 초과수요로부터 고통을 받는지 등의 질문은 당분간 그대로 둘 것이다. 그러나 반드시 덧붙이자면, 강요된 조정균형이 마침내 이루어진 영역에서조차도, 충족되지 못한 가상적 구매의도들(그리고 유사하게는 부분적으로 조정된 구매의도들)은 단순히 가상적 수량(notional quantities)에 불과한 게 아니다. 그것들은 실제적으로 작용하는 힘을 가지고 있으며, 구매자와 판매자 모두의 행동에 커다란 영향력을 행사한다. 앞에서도 언급했듯이, 구매자들은 그들이 원래 가졌던 의도들이 좌절되었기 때문에 쓰라림을 느낀다. 이러한 쓰라림이야말로 그들을 '체념하게 만들고' 조정하도록 강요한다. 그와 동시에, 동일한 가상적 초과수요의 존재는 판매자에게는 확신을 준다. 그들은 자신들의 생산품들을 큰 문제없이 판매하는 것을 기대할 수 있다.

마지막으로, 용어에 관한 비평이 하나 필요하다. 몇몇 저자들은 '초과수요'와 '부족'이라는 표현을 동의어로 사용한다. 이 책과 나의 초기 저작들은 폭넓은 의미를 가진 하나의 집합용어로서 '부족현상'(shortage phenomena), 혹은 단순하게 '부족'(shortage)을 좀더 광범위한 의미에서 사용하는데, 이는 사회주의 국가들에서 흔히 사용하는 어법을 따른 것이다. 이 용어는 초과수요, 즉 충족되지 못한 구매의도뿐 아니라 모든 강요된 조정 형태들, 즉 강요에 의한 의도의 변화와 실제의 조정 행위들(즉, 강요된 대체, 상품 조사, 연기, 그리고 강요된 저축)을 포괄한다. 19)

지 못한다.

3. 수평적 부족과 수직적 부족

1절과 2절에서 검토한 현상은 구매자와 판매자의 관계에서 발생한다. 법적인 의미에서 보면, 적어도 그들은 수평적 관계에 있다. 비록 판매자가 권력적으로 우위에 있다고 하더라도, 판매자는 행정적 의미에서 구매자의 상관이 아니다. 따라서 이러한 부류의 부족현상들을 수평적 부족(horizontal shortage) 이라고 부를 것이다.

이것은 수직적 부족(vertical shortage) 과 다르다. 수직적 부족은 상급자와 하급자 사이의 수직적 관계에서 나타난다(9장 2절 참조). 어떤 기업의 연간 자재 할당량 설정을 예로 들어 보자. 기업은 상급기관, 즉 양자의 관계에서 자원 배분자의 기능을 수행하는 부서에 자신의 필요량을 제출한다. 배분자는 이미 자신의 상급자, 즉 부(ministry) 로부터 어떤 할당량을 받았으며, 그것이 그가 담당하는 기업들에게 분배할 수 있는 최대치가 된다. 앞에서 언급했듯이, 기업은 가능한 한 느슨한 계획을, 다른 말로 하면 최대한의 투입 할당량과 결합된 최소한의 산출 의무를 받으려고 한다. 이러한 상황하에서 기업이 제출한 필요량의 합은 배분자가 분배할 수 있는 할당량을 초과하게 된다. 이러한 불일치를 여기서는 수직적 부족이라고 언급한다.

부서와 기업 간에 자재 배급량을 놓고 흥정이 벌어질 때 발생하는

---

19) 이는 논쟁이 이루어지던 중 나타난 오해의 경우였다. '초과수요'는 나의 초기 저작들이나 이 책에서 '부족'이라는 단어를 대신할 수 없다. 이 글들 속에서는 전체로서의 부족 신드롬(syndrome) 을 구성하는 하나의 특수한 구성요소에 대해서, 곧 초과수요에 대해서 명확한 언급이 있는 곳에서만 '초과수요'라는 단어가 사용된다.

이러한 수직적 부족은 관료적 위계제의 모든 수준(예를 들면, 부서와 부 혹은 부와 계획기관에서도 마찬가지로)에서, 그리고 반제품, 부품, 기계, 인력, 임금기금, 투자 할당량, 혹은 수입 허가량 등 모든 자원과 생산품의 배분에서 공통적으로 나타나는 현상의 한 사례이다.

이러한 상황은 구매자의 수요가 판매자의 공급을 초과하는 상황과는 확실히 다르다. 이는 이후에 일어날 어떤 실제 거래에 대한 관료기구 내의 선행사항에 해당할 뿐이다. 미래의 구매자는 자신이 가진 화폐를 가지고 나중에 구매를 할 수 있도록 그의 상급자로부터 허락을 얻는 중이다. 그러나 두 종류의 현상, 즉 수평적 부족과 수직적 부족 사이의 연관성은 누가 보아도 명백하다. 다른 구매자들로부터의 경쟁에서 유리한 지위를 확보하기 위해서 충분한 자재 배급을 받는 것이 기업에게 매우 중요하도록 만드는 것은 아마도 수평적 부족일 것이다.

이 두 가지 유형의 부족은 서로 간에 독립적이지 않다. 수평적 부족을 예상하는 하부 단위는 흥정 과정에서 수직적 부족을 악화시키면서 과대하게 계산된 신청서를 제출한다.

수평적 부족과 수직적 부족의 특수한 결합은 관료적 배급 체계를 통해 정부기관들이 소비자들에게 분배하는 생산품과 서비스의 경우에 나타난다.[20] 많은 국가들에서 주요 식료품에 대해서 오랫동안 쿠폰

---

20) '배급'(rationing)이라는 단어에 대해 불균형이론으로 알려진 이론에서는 광범위하고 비유적인 의미를 부여한다. 이에 대해서는 가령 J. P. Benassy(1982)를 참조하라. 초과수요의 존재는 '부족한' 측면에서의, 즉 공급 분배 측면에서의 절차 적용을 제외하고는 어떠한 선택의 여지도 남기지 않는다. 비록 관료적 분배 형태가 아닌 것들이더라도, 불균형에 관한 참고문헌은 그러한 모든 절차들을 '배급'라고 칭한다. 이 책에서는 문자 그대로의 일상적 의미에서만 그 단어를 사용한다.

제도를 적용해 왔으며, 어떤 경우에는 대량 생산된 내구 소비재에도 쿠폰 제도를 적용하기도 한다. 〈표 11-5〉에서는 몇 가지 사례를 보여 준다. 대부분의 사회주의 국가들의 경우, 고전적 시기를 통틀어 주민들에게 국가 소유 주택 임차, 전화선, 공공의료 서비스, 교육, 공유 휴가시설에서의 휴가 등이 배급되었다. 어떤 배급은 국가 당국에 의해서 이루어지고, 어떤 배급은 관련 재화나 서비스를 제공하는 독점 기업 혹은 기관, 아니면 아마도 대중조직(가령, 노동조합)에 의해서

〈표 11-5〉 사회주의 국가에서의 배급

국가	배급 물품(1명당 월 배급량)
	쌀(2.3kg), 설탕(1.8kg), 식물성 기름(0.46kg), 식용유(0.23kg), 콩(0.46kg),
쿠바	육류(0.7~1.0kg), 닭고기(0.46kg), 담배(4갑), 여송연(1개), 토마토퓌레(2통),
	6세 이하 어린이용 우유(30리터), 6~14세용 우유(3통), 65세 이상을 위한
	통조림 우유(6통), 비누(1개), 빨래 비누(2개), 가루비루(0.23kg), 행주(1개)
	커피, 버터(0.75kg), 육류(2.5~8.0kg), 식물성 기름(0.375kg), 밀가루(1kg),
폴란드	쌀(1kg), 설탕, 초콜릿(20g), 담배, 술
	가솔린a(24~36리터), 가루비누, 비누, 신발
	빵(하루 0.3kg), 계란(10개), 건면(0.5kg), 닭고기(0.5kg),
루마니아	돼지고기 혹은 쇠고기(1kg), 버터(0.1kg), 세몰리나(0.5kg), 쌀(0.5kg),
	밀가루(0.5kg), 옥수수 가루(1kg), 설탕
	천연가스b(153~203cn. m.), 전력(43kWh)
소련c	육류, 밀가루, 버터, 계란, 설탕, 치즈
베트남	쌀(9kg), 면(4kg), 육류(1kg), 설탕(0.7kg)
유고슬라비아d	커피, 식용유, 설탕, 가솔린(40리터), 가루비누

주석: a) 폴란드의 가솔린 배급은 주어진 한계 내에서 엔진의 능력에 따라 다양했다.
    b) 루마니아에서는 1984년 이후 에너지 소비에 심각한 제한이 존재했다. 도시의 경우, 미리 정해진 제한을 넘어서는 사람들은 벌금을 지불해야 했으며, 그들에 대한 공급은 월말까지 삭감되기도 하였다.
    c) 소련에서는 여러 공화국과 도시에서 매우 다양한 쿠폰 체계가 도입되었다. 표는 많은 장소에서 이러한 방식으로 배급된 식료품을 보여 준다.
    d) 유고슬라비아의 쿠폰 체계는 구역마다 차별화되었다. 예를 들면, 1983년 세르비아에서는 114개 주거지 중 80개에 하나의 쿠폰 체계가 존재했다.
참조: 표는 1980년대의 배급을 기술하였다. 간단히 말하자면, 다양한 국가와 지역에서 각 상품에 대한 배급이 도입되고 폐지된 것에 대한 정확한 자료는 포함하지 않았다.
출처: 신문, 잡지들에 기초하여 G. Such와 I. J. Tóth가 이 책을 위해서 작성하였다.

이루어지며, 어떤 것들은 작업장에서 배급된다(10장 4절 참조). 앞에서 언급한 각 기관 및 조직이 배급을 수행하는 비율은 국가마다 그리고 시기마다 다르지만, 모든 고전적 사회주의 경제에서 상당하다.

쿠폰이나 다른 형태의 배급 체계가 도입된 영역이라면 어디에서나 부족이 존재한다. 배분을 담당하는 당국이나 기관은 수직적 부족의 압력을 느낀다. 사전에 미리 지원을 해야 하는 영역 어디에서나(예를 들면, 주택이나 휴가의 경우) 필요량 전체는 분배할 수 있는 양을 초과한다. 강력한 수평적 부족이 동시에 나타난다. 이 모든 영역들에서, 관련 생산품이나 서비스는 무료로 혹은 매우 낮은 가격으로 이용할 수 있도록 되어 있다. 관료적 조정을 불가피하게 만드는 것이 부족인지, 아니면 그 반대인지의 질문은 나중에 인과관계 분석에서 다루어진다(12장 3, 4절 참조).

4. 부족과 잉여

앞의 세 절에서는 부족현상들만 다루었다. 이제는 그 반대 현상, 잉여에 대해 검토할 시간이다. [21]

---

21) 이것은 10장 1절에서 이미 마주친 용어 문제를 다시 제기한다. 《부족의 경제학》(1980)에서 나는 '여유'(slack)라는 표현을 부족의 반대말로 사용했으며, 헝가리어 교재에서조차 영어 단어를 사용했다. 나의 목적은 '예비'(reserve)라는 용어가 암시하는 호감의 느낌과 '초과'(excess)라는 용어가 갖는 경멸적인 느낌을 피하는 것이었다. 그러나 부족의 반대말로서의 '여유'는 영어로나 헝가리어로나 모두 충분한 이해를 얻는 데 실패했다.

경제학자들의 영어 용법이 표준적인 것은 아니지만, 부족의 반대말로 가장 단 한 번의 판매/구매가 일어날 경우에는 부족과 잉여는 서로 배타적이다. 구매자는 특정한 수요를 가지고 특정한 시점에 상점에 들어간다. 같은 시점에, 상점은 특정한 재고를 갖고 있다. 만약 구매자가 자신이 찾던 재화를 받는다면, 그리고 그 상품이 그 상점에서 마지막 상품이라면, 거래 이후에 부족도 잉여도 존재하지 않는다. 그러나 서로가 엄격하게 배타적인 두 개의 다른 경우도 가능하다. 구매자는 자신이 찾던 상품을 받지 못할 수도 있고(부족), 상품의 재고가 상점에 남아 있을 수도 있다(잉여). 따라서 그러한 초미시적 수준에서는 부족과 잉여가 동시에 존재할 수 없다.

만약 상황이 어떤 종류의 집합적 형태로 묘사된다면, 가령 여러 개의 생산품, 여러 명의 구매자, 여러 명의 판매자, 또는 보다 긴 시간대가 고려된다면, 이러한 입장은 달라진다. 합계의 경우에는 부족(여전히 만족하지 못한 채로 존재하는 구매자의 어떤 수요)과 잉여(팔리지 않은 생산품을 계속 떠안고 있는 어떤 판매자)가 동시에 존재할 수 있게 된다.

고전적 사회주의 체제가 부족경제라는 사실이 잉여의 출현을 불가능하게 만들지는 않는다. 사실, 이러한 잉여들이 만들어지도록 직접적으로 영향을 미치는 이 체제의 몇몇 특징들이 존재한다.

재화를 획득할 수 있는 전망이 덜 확실할수록, 구매자는 더 강하게 재화를 비축해야만 한다. 22) 이러한 비축 경향은 기업, 비기업 기관,

---

흔히 사용되는 용어는 '잉여'(*surplus*)다. 비록 '여유'가 완전히 이해 가능할지라도, 영어에서는 매우 드물게 사용되며 또한 다른 맥락으로 사용되는 경향이 있다. 이 모든 것들을 고려하여, 나는 여기서 '잉여'(*surplus*)라는 단어를 사용하려 한다. 찬성(*approbation*)이나 반대(*disapprobation*)가 함축되어 있을 때에는 '예비'와 '초과'라고 언급할 것이다.

그리고 가계에서 명백하게 나타난다. 구매자들은 무언가를 사용해야 할 시간이 되었을 때가 아니라 재화를 구할 수 있을 때(만약 그들의 주머니가 허용한다면) 쇼핑을 하는 데 익숙하다. 거대한 투입 재고가 쌓이고, 생산자들은 또한 공급이 가장 부족한 상태에 있는 노동과 병목 현상이 나타날 수 있는 모든 생산 능력에서 예비를 확보하려고 한다.

하부 단위로 하여금 예비를 쌓게 하고 그러한 예비의 존재를 배분담당 상급기관으로부터 숨기도록 만드는 또 다른 유인은 계획흥정 현상이다(7장 5절 참조).

생산자 겸 판매자(*producer-cum-seller*)는 (다음 장에서 검토하게 될 몇 가지 이유로 인하여) 수요에 잘 적응하지 못한다. 생산의 적응에서 발생하는 마찰들로 인하여 팔 수 없는 잔여 재고들이 발생한다. 이 재고들은 부족으로 인해 가장 고통을 받는 구매자들에게조차도 억지로 떠안길 수 없는 것들이다.

두 종류의 현상을 각각 분리해서 관찰하고 평가하는 것은 유용하다. 특정한 생산품, 서비스, 혹은 자원의 부족으로 인해 고통을 받는 사람들은 잉여물들, 미활용된 생산시설들, 그리고 동결된 재고품들이 경제의 어딘가에 존재한다는 사실을 안다고 하더라도 보충을 받지 못한다. 그 체제가 가진 타성, 많은 경직성, 그 내부에서의 강력한 마찰들은 어떤 종류의 잉여물이 다른 종류의 부족을 적시에 상쇄하는 데 사용될 것이라는 어떤 보장도 배제해 버린다. [23]

---

22) 일련의 수학적 모델들은 비축을 유발하는 유인들을 분석한다. S. M. Goldfeld and R. E. Quandt(1990a, 1990b), J. Kornai and J. W. Weibull(1983), R. E. Quandt(1986)를 참조할 것.

23) 많은 경제적 분석들은 거시수준의 '순초과수요'(*net excess demand*)라는 범주를

부족의 발생 빈도와 강도는 잉여의 규모와 지속성과 매우 다양한 관계를 갖고 있음을 알 수 있다. 이들 중 어떤 것들은 비버리지 곡선과 유사한 모습으로 쉽게 인식될 수 있다(〈그림 10-2〉 참조). 하나의 사례로서 다음과 같은 문제를 고려해 보자. 어떤 구매자가 특정한 재화를 찾고 있다. 각 상점들에 재고가 다양하면 다양할수록, 구매자가 방문해야 할 상점의 수는 적어진다. 혹은 다른 사례를 들어 보자. 비어 있는 주거지의 규모, 품질, 환경이 다양할수록, 숙소를 찾는 누군가가 적절한 것을 재빨리 찾을 수 있는 가능성은 커진다. 구매자(혹은 투입물 사용자)가 활용할 수 있는 동원 가능한 잉여와 실제 경험하는 부족현상의 빈도와 강도 사이에는 일종의 음의 관계가 존재한다.[24] 다소간의 부족현상들이 크고 작은 잉여들과 동시에 존재하는 것이 모든 경제체제하에서는 공통적이다. 이는 생산과 소비 그리고 공급과 수요 간의 조정에서 발생하는 불가피한 마찰로부터 나타난다. 오로지 완벽하게 조정된 체제만이 절대적으로 마찰 없이, 다른 말로 하면 어떠한 종류의 부족이나 잉여 없이 작동할 수 있다. 사회주의 경제가 가진 체제특수적 특징은 그러한 마찰이 대규모라는 것이다. 부족이 빈번하고

사용한다. 다른 말로 하면, 초과공급에 대한 개별적 사례의 합계는 초과수요에 대한 개별적 사례의 합계로부터 도출된다는 것이다. 그 차이점은 적응적 특징이 유리한, 다른 말로 하면 초과수요와 초과공급의 개별적 사례가 곧 서로를 상쇄하는 체제를 위해서 사용될 수 있는 지표이다. 그러나 이러한 '순량 산출' 계산은 강력한 마찰을 지닌 체제에서의 적응에서 취약점을 드러낸다. 부족과 잉여의 총량 측정과 분할 측정 문제에 대한 보다 심층적인 논의를 고찰하려면 G. Roland(1990)를 참조할 것.

24) 이러한 관계의 수학적 모델링에 대해서는 J. W. Weibull(1983, 1984)을 참조할 것.

강력하지만, 잉여도 역시 거대하다. 왜냐하면 잉여 중 상당 부분이 구매자나 사용자에게 더 잘 공급되기 위해 동원될 수 없고, 그리하여 사용되지 않은 채로 방치되기 때문이다.

5. 시장체제: 구매자 시장과 판매자 시장

부족경제에서 사는 사람들은 구매자가 판매자에게 좌우되는 상황을 매일매일 경험한다. 다음 주제는 구매자와 판매자 사이에 존재하는 이러한 불평등하고 비대칭적인 관계이다.

두 종류의 시장체제(*market regime*)가 구별될 수 있다. 바로 **구매자 시장**과 **판매자 시장**이다. 여기서 체제(*regime*)라는 단어는 구매자와 판매자 관계의 일시적 상태가 아니라 항상적 특징을 기술하기 위한 의도를 내포하고 있다. 두 체제의 주요 속성들은 〈표 11-6〉에서 확인할 수 있다. 표와 표에 들어 있는 내용들의 주된 목적은 두 개념을 설명하는 것이다. 그런데 우리는 앞에서 한 진술(11장 1절 참조)과 부합되게 어떤 경제적 진술을 즉시 덧붙일 수 있다. 고전적 사회주의 체제는 판매자 시장으로 특징지을 수 있으며, 반면에 자본주의 체제, 혹은 좀더 엄밀히 말하자면 자본주의 체제 내에서도 불완전한 경쟁의 틀 속에서 작동하는 영역은 구매자 시장으로 특징지을 수 있다. [25]

---

25) 완전경쟁의 이론적 모델에는 총체적인 대칭이 존재한다. 판매자나 구매자 모두 지배력을 갖지 못한다. 자본주의 경제들에는 실제 작동이 완전경쟁의 이론적 모델에 근접하는 영역들(*spheres*)이 존재한다. 가령, 곡물 시장에서는 거대한 수의 판매자와 구매자가 곡식을 거래할 때 서로 대면한다.

<표 11-6> 구매자 시장과 판매자 시장의 주요 특징들

주요 특징	구매자 시장		판매자 시장	
	구매자의 상황과 행동	판매자의 상황과 행동	구매자의 상황과 행동	판매자의 상황과 행동
1. 정보활동		주로 판매자	주로 구매자	
2. 다른 측면에 대한 적응		주로 판매자	주로 구매자	
3. 다른 측면에 대해 이기려는 노력		주로 판매자	주로 구매자	
4. 불확실성의 결과		주로 판매자 부담	주로 구매자 부담	
5. 상대적인 권력	구매자의 지배력			판매자의 지배력

따라서, 판매자 시장은 고전적 사회주의 체제로부터의 사례들을 통해서 검토될 수 있으며, 구매자 시장은 자본주의 체제와 그것의 불완전경쟁 영역으로부터의 사례들을 통해서 검토될 수 있다. 두 체제를 가능한 한 완전하게 비교하기 위해서 11장 1~4절의 여러 곳에서 반복이 있었다.

<표 11-6>의 각 줄은 부분적으로 중첩되는 현상들의 영역을 분할해서 검토한다. 그런데 이러한 분할은 문제들의 각기 다른 결합들을 집어내는 데에 도움이 된다.

1. **정보**(*information*). 정보는 판매자와 구매자가 서로 만날 수 있기 위해서 필요하다. 구매자 시장에서는 정보가 주로 판매자의 관심사항인데, 판매자는 광고를 하거나 구매자 주위로 세일즈맨을 보낸다. 물

E. Domar (1989) 와 T. Scitovsky (1951/1971, 1985) 는 구매자 시장체제가 다양한 형태의 **불완전경쟁**에 의해서 지배되는 자본주의 체제의 영역들에서 최대한으로 발전한다는 사실을 보여 주었다. 이러한 시장 형태가 현대 자본주의에서 우세한 것은 전형적이다. 나는 12장 1절에서 인과분석과 관련해서 이 주제로 돌아간다.

론 구매자에게도 마찬가지로 해야 할 것들이 있다. 광범위한 선택 범위 속에서 자신의 길을 발견하기란 쉽지 않다. 심지어 구매자 시장에서도 서로 밀접한 대체재 사이의 가격 차이는 구매자에게 가장 유리한 가격-질 조합의 탐색과 발견을 위한 인센티브가 된다.

판매자 시장의 경우, 정보는 주로 구매자의 관심사이며, 구매자는 정보를 획득해야만 한다. 고전적 사회주의 경제에서는 실질적으로 광고가 존재하지 않는다. 만약 가계가 아니라면, 구매자로서 기업은 판매자에게 대리인을 보낸다. 구매자는 원하는 생산품이 어디에 있는지를 발견하는 데에 종종 커다란 노력을 기울여야 한다.

2. 적응(*adjustment*). 구매자 시장의 경우, 판매자는 구매자가 필요로 하는 것을 가능한 한 정확하게 식별하고, 가능한 한 많이 거기에 맞추려고 노력한다. 그가 비축한 재화들은 수요가 있을 것으로 기대하는 재화들이다. 만약 주문을 받아서 작업을 한다면, 그는 그 주문들을 가능한 한 꼼꼼하게 수행하려고 노력한다.

다른 한편으로 판매자 시장의 경우, 구매자는 판매자에게 적응한다. 강요된 대체, 탐색, 연기, 공급제약에 맞춘 구매의도의 조정, 혹은 구매의도의 완전한 포기 등은 부족에 의해서 유발되는 다양한 형태의 강요된 적응이다. 물론, 이는 판매자가 구매자를 전적으로 지배한다는 말은 아니다. 판매자는 예상되는 수요를 어느 정도 고려해야만 한다.

3. 다른 측을 끌어들이기 위한 구매자들과 판매자들의 노력. 구매자 시장의 경우, 판매자들은 구매자들의 호의와 신뢰를 얻기 위해, 그리고

궁극적으로는 구매자들의 구매 의지를 얻기 위해 경쟁한다. 그리하여 이것을 판매자들의 경쟁이라고 말하는 것은 정당하다.

완전경쟁이라는 조건하에서, 일반적으로 적용할 수 있는 가격 수준은 비인격적인 과정으로부터 만들어지며, 판매자와 구매자 모두는 가격수용자이다. 즉, 그들은 시장가격을 수용할 수밖에 없다. 실제로, 이러한 종류의 시장은 오로지 그것들이 가진 모든 질적 특성들이 (앞에서 언급한 곡물의 사례에서와 같이) 명확하게 알려져 있는 표준 제품들의 교환에서만 작동한다. 가격과 질이 설정되고 나면, 판매자와 구매자에게는 오로지 한 번의 추가적인 결정만이 남게 된다. 그들이 각각 판매하고 구매하기를 원하는 양이다(당연하게도, 아무것도 판매하지도 구매하지도 않는 것도 가능한 결정 중 하나다).

비표준적이고 차별화된 생산품의 경우에 반드시 발생하는 불완전경쟁의 조건들에서는 상황이 전적으로 달라진다. 어떤 판매자를 다른 판매자와 구별하는 것이 생산품이나 서비스의 질이든 아니면 판매 장소나 특정한 판매 시간이든 간에, 모든 차별화된 생산품과 서비스의 판매자는 어느 정도는 '독점자'이다. 가격은 외부적으로 설정되지 않는다. 판매자가 가격설정자이다.[26]

판매자들은 보다 낮은 가격을 부른다면, 유사하지만 완전히 똑같지는 않은 재화를 가지고 경쟁자들로부터 구매자를 쟁취할 수 있다. 게다가 판매자들은 비가격 경쟁에 들어갈 기회를 가지고 있다. 판매자들은 (앞의 1번과 2번에서 언급된 것들을 반복하자면) 좀더 설득력 있게

---

26) 티보 시토프스키는 가격설정자와 가격수용자의 구별을 도입했다. 이 절에서의 자본주의에 대한 설명은 이미 인용한 바 있는 시토프스키와 도마의 저작들에 대체로 의존했다.

광고함으로써, 좀더 영리한 판매원들을 고용함으로써, 그리고 구매자가 원하는 것을 좀더 잘 추측함으로써 구매자들을 단골로 만들 수도 있다. 다른 노력들이 추가될 수 있다. 판매자들은 구매자들에게 그들이 할 수 있는 한 최대로 친절하고 정중하게 대할 것이다. 그들은 광범한 것들을 제공하고, 보다 매력적이고도 조심스럽게 상품을 포장하고, 아마도 구매자에게 배달 서비스를 하고, 기한을 보다 단축하고, 보다 유리한 지불 혹은 신용 수단을 제공하는 등 많은 특별 서비스를 가급적이면 그들의 경쟁자들보다 더 잘 수행할 것이다. 무엇보다도 가장 중요한 것은, 그들은 보다 나은 품질을 갖춘 새로운 생산품들로 구매자들에게 호소할 것이라는 점이다. 구매자들을 잡기 위한 경쟁에서 가장 중요한 무기는 품질 향상과 생산품 혁신이다. 27)

이 모든 노력들은 유해한 것들과 뒤섞여 있다. 허위 광고, 생산품에 대한 외관상의 변화, 겉치레식 혁신 등을 통해 구매자를 속이려는 시도들이다. 부패는 모든 사회에 존재한다. 구매자 시장의 경우, 판매자는 구매자를 속이려고 한다.

판매자 시장의 경우에는 상황이 정반대이다. 여기에서는 판매자들의 호감을 사기 위해, 좀더 정확하게 말하면 판매자들의 판매 의지를 얻기 위해 구매자들 간의 경쟁이 존재한다. 정보를 획득하려는 구매자들의 노력과 그들의 강요된 적응에 대해서는 이미 언급했다. 거기에다 이전 목록에서 언급했던 모든 발생 사항의 정반대 것들을 추가할 수 있다. 판매자는 구매자에게 친절하지 않고 정중하게 대우하지도

---

27) 생산품 품질과 시장체제 간의 관계는 J. Kornai and J. W. Weibull (1983) 이 쓴 논문에 정형화되어 있다. M. L. Weitzman (1987) 은 두 종류의 시장 상황 (market state) 에서 구매자를 잡으려는 판매자들의 노력들을 모델화하였다.

않는다. 반면에 구매자는 판매자에게 아첨하려고 하며 그들의 호감을 얻으려고 노력한다. 부패는 정반대 방향으로 향한다. 소매업의 경우, 구매자는 그 상점에서 어떤 상품을 획득하기 위해서 판매원에게 '뇌물'을, 추가적인 불법 대금을 지불한다. 기업들은 '자재 인수원'〔러시아어로 톨카치(tolkachi)〕을 고용하는데(6장 4절 참조), 이들은 개인적 연줄을 통해 선물을 주거나 아마도 뇌물을 제공함으로써 자신이 속한 기업이 필요로 하는 투입재를 획득한다. 선택의 폭은 좁고, 포장은 추하고 조잡하며, 구매자는 자신이 할 수 있는 최선을 다해 구매품을 스스로 운송해야 한다. 주문에 따라 작업하는 생산자 혹은 판매자는 마감일을 길게 잡으며, 그것을 맞추는 데 종종 실패하기도 한다. 일반적으로 신용 판매는 존재하지 않는다.[28] 가장 심각한 부작용은, 생산자나 판매자들로 하여금 제품의 질을 향상시키거나 혁신하도록 자극하는 경쟁이 존재하지 않는다는 것이다.

4. 불확실성. 경제적 과정들은 불확실성 속에서 일어난다. 어떤 판매자도 다른 판매자들이나 구매자들의 의도와 능력을 정확하게 알지 못한다. 반대로, 어떤 구매자도 다른 구매자들이나 판매자들의 의도와 능력을 정확하게 알지 못한다. 그 문제는 1번 항목에서 논의한 정보의 획득과 관련 있지만, 다른 측면들도 역시 언급할 필요가 있다.

불확실한 상황에서는 예비를 갖는 것이 유용하다. 구매자 시장과 판매자 시장은 누가 예비를 구축해야 하는가에 따라 다시 달라진다.

---

28) 몇몇 사회주의 국가들에서는 구매자가 판매자에게 신용을 제공한다. 하나의 사례는 헝가리에서 자동차 구매 대기 목록에 올라 있는 사람들인데, 이들은 1989년까지 가격의 절반을 미리 지불했다.

구매자 시장의 경우, 주로 판매자가 예비를 구축한다. 업종의 기술적 성격이 재고 판매를 관례화하도록 강제하는 업종에 종사하는 생산자 혹은 판매자는 상당한 산출품 재고를 갖고 있다. 업종의 기술적 성격이 주문에 따른 생산 혹은 배달을 관례화하도록 강제하는 업종에서는 판매자는 상당한 예비 생산역량을 보유한다. 그러나 심지어는 재고를 위해 생산하는 부서들조차도 보통 어느 정도의 예비 생산역량을 갖추고 있다. 산출품 재고와 예비 생산역량은 판매자가 구매자의 요구에 재빨리 적응할 수 있도록 하는 데에 필요하다. 어떤 구매자든지 경쟁자의 단골이 되지 않게 하기 위해서는 가급적이면 그 구매자가 실망해서 혹은 불만족한 채로 떠나서는 안 된다.

그러나 판매자 시장의 경우, 쓸모없는 제품의 낡은 재고가 아닌 이상 구매자들이 산출품을 순식간에 채어 가기 때문에, 산출품 재고가 눈에 띄게 축적될 수 없다. 실질적인 예비 생산역량도 존재하지 않는다. 상부 조직들은 생산역량의 한계까지 생산을 하도록 최대한 압박하려고 한다. 설령 생산자가 계획흥정을 하는 동안에 자신의 생산역량의 일부를 감추는 데에 성공한다고 할지라도, 그는 그러한 잉여 생산역량을 구매자를 위해 사용하려고 하지 않으며, 그리하여 그 잉여 생산역량은 동원 가능한 예비 생산역량으로 간주되지 않는다.

부족현상과 불확실한 물량 확보는 구매자로 하여금 축장을 하도록, 즉 거대한 투입재 재고를 비축하도록 유도한다(11장 4절 참조). 구매자들은 필요하다면 자신들에게 부족한 투입재를 자체 생산함으로써 동원 가능한 생산자 예비 생산역량의 부재를 벌충한다. 이러한 것은 잡역부 일을 손수 하는 활동의 형태로 가계에서도 발생하며, 또한 고전적 사회주의의 생산자 기업들에서 대단히 전형적이다. 이러한 생산

<표 11-7> 투입과 산출의 재고 비율: 국제 비교

제조 부문에서의 평균 산출 재고에 대한 평균 투입 재고(1981~1985)			
사회주의 국가		자본주의 국가	
불가리아	5.07	오스트리아	1.06
체코슬로바키아	3.07	오스트레일리아	1.36
헝가리	6.10	캐나다	0.92
폴란드	4.49	핀란드	1.92
소련	3.16	서독	0.71
		일본	1.09
		노르웨이	1.10
		포르투갈	1.66
		스웨덴	0.81
		영국	1.02
		미국	1.02

출처: 이 책을 위해서 A. Chikán이 작성하였다.

자 기업들의 높은 수직적 통합은 대부분 부족 증후군에 의해 설명된
다.[29] 가능하다면 토목공사 단위는 자신의 부품들을 만들고, 자신의
주조공장을 소유하며, 심지어는 자신의 건설 부서를 갖고 있는데, 이
는 외부의 어떤 기업도 부품이나 주물을 가져다주거나, 혹은 적시에
또는 순서에 맞춰 건설 서비스를 제공해 줄 것이라 결코 믿지 않기 때
문이다.

이러한 논리는 재고 구성에 대한 국제 비교를 제공하는 <표 11-7>
을 평가하기 위한 토대를 제공한다. 수치들은 현재 가설과 일치하여,
투입품 재고가 구매자 시장을 가진 국가에서는 상대적으로 낮으며,

---

29) 여기에서 '수직적'(vertical)이라는 단어는 종속과 우위와 연관하여 제5장에서
    정의된 의미와 같은 의미로 사용한 것이 아니라, 산업 조직(industrial organi-
    zation)에 관한 문헌들에서의 개념정의를, 즉 생산과정에서의 연속적 단계들을
    가리키는 개념정의들에 따라 사용한다.

산출품 재고의 비율이 상대적으로 높다는 사실을 명확하게 보여 준다. 판매자 시장이 작동하는 것으로 추정되는 국가들의 경우, 그 비율은 반대이다. 이러한 지수는 상당히 안정적이다. 이 지수는 경제의 일시적 상태에서의 변화들에도 거의 달라지지 않는데, 따라서 두 종류의 체제를 통계학적으로 구별하는 데에, 다른 말로 하면 판매자 시장과 구매자 시장 사이의 영속적 차이를 구별하는 데에 매우 적절하다.

설령 광범위한 정보활동을 하고 상당한 재고를 유지한다고 하더라도, 경제의 몇몇 부분들은 불확실성으로부터 불가피하게 손실을 경험한다. 이러한 손실은 구매자 시장에서 주로 판매자들이 겪는다. 경쟁하는 판매자들 중 일부는 가능한 상황을 평가함에 있어서 기술이나 행운이 부족하며, 그리하여 보다 적은 수익을 남기거나 심지어는 파산한다. 구매자는 불확실성으로부터 영향을 덜 받는다.

대조적으로, 판매자 시장에서는 구매자들이 불확실성의 결과들 거의 모두를 감당한다. 만약 그들이 상황을 좋지 않게 판단하거나 혹은 운을(또는 연줄을) 전혀 갖고 있지 않다면, 그들은 제품을 받지 않거나 좀더 강요된 적응을 해야만 한다. 판매자들은 걱정할 것이 전혀 없다. 그들은 거의 모든 산출품이 판매 가능하다고 추정할 수 있으며, 만약 어떤 난관들이 존재한다면, 가부장주의와 그에 수반되는 연성예산제약이 그들을 견디게 해줄 것이다.

5. 상대적 권력(relative power). 두 체제의 주요 속성들을 요약할 때가 되었다. 누가 더 강한가? 누가 다른 측에 대해 권력을 가지고 있는가? 누가 다른 측이 자발적으로는 하지 않았을 일을 하도록 강제할 수 있는가? 판매자는 판매자 시장에서, 구매자는 구매자 시장에서 지배

력을 갖는다. 이는 단순히 두 개의 가능한 이산상태(*discrete states*)의 문제가 아니다. 상대적 권력의 크기를 잴 수 있다.[30] 설령 이 시점에서 척도의 눈금을 정확하게 매길 수 없다 하더라도, 판매자가 구매자에 대해서 작은, 중간의, 혹은 매우 강한 권력 우위를 갖는 것이 가능하며 그 역도 가능하다는 사실을 지적할 필요가 있다. 부족이라는 협소한 주제에서 본다면, 판매자가 구매자와의 관계에서 더 강한지 혹은 약한지 여부와 구매자가 판매자에게 어느 정도 좌우되는지 여부는 부족의 빈도, 확산 범위, 강도에 의존한다.

어떤 특정 국가에서 상대적 권력은 시기에 따라, 또한 경제 부문들 간에도 다양할 수 있다. 구매자에 대한 판매자의 우위는 체코슬로바키아에서는 1978년과 1980년 사이에 감소했을지도 모르며, 같은 시기 헝가리에서는 증가했을지도 모른다. 그리고 양 국가에서 그러한 지배력은 의류 시장보다는 국가 주택 부문에서 더 확연하게 나타났을 수도 있다. 그러나 현재의 논의는 이러한 단기적이고 일시적인 변화와 부문별 변이를 다루려고 하는 것이 아니다. 〈표 11-6〉에서 비교하는 것은 두 체제가 갖는 지속적인 속성들, 그 본성들이다.

판매자와 구매자의 관계는 가장 중요한 사회적 관계들에 속한다.

---

30) 많은 저자들이 **소비자 주권**이라는 개념을 사용한다. 이러한 표현을 이론적으로 명확하게 해석해 보면 사실상 척도 위의 한 극단을 의미하는데, 거기서는 모든 권력이 소비자의 수중에 있다. 현실에서는 이것이 결코 이러한 극단적이고도 명확한 방식으로 적용되지 않는다. 구매자가 실질적인 지배력을 가지고 있는 곳에서조차 그것은 기껏해야 권력의 분할 상태이며, 구매자에 대한 권력 일부가 여전히 판매자에게 남아 있다. '소비자 주권'이라는 표현을 구매자가 판매자에 대해 압도적인 지배력을 갖는 어떤 시장체제를 의미하는 것으로 좀 더 광범위하게 해석할 필요가 있다.

마르크스는 그리스 극(*Greek drama*)에 기대어 등장인물들이 착용했던 마스크의 은유를 말한다. 비극적 가면과 희극적 가면이 있으며, 영웅의 가면과 악인의 가면이 있다. 가면 밑에 감추어진 사람의 개인적 표정은 중요하지 않다. 극에서 배우가 하는 역할은 가면에 의해서 표현된다. 사회적 관계들은 이런 종류의 등장인물 가면들을 만들어 낸다. 판매자가 구매자 시장에서는 자비롭고 혹은 판매자 시장에서는 악의적이다고 말할 수 있는 사람은 아무도 없다. 판매자로 하여금 구매자 시장에서는 구매자에게 주의를 기울이고 우호적이게끔, 판매자 시장에서는 구매자에게 소홀히 대하고 비우호적이게끔 만드는 것은 바로 상황, 자신의 이익, 그리고 현존하는 조건들하에서 자신이 행하는 역할 등이다. 판매자의 역할을 할 때 구매자에게 무례하게 대하는 사람이 구매자의 입장에 처했을 때는 그 무관심 때문에 화를 낸다. 궁극적으로, 이는 권력이 판매자와 구매자 사이에서 한쪽이 이득을 얻고 다른 쪽이 손해를 보도록 분할되어 있는 일종의 사회적 관계이다.

여기에서 간단한 용어상의 우회가 필요하다. 상세한 인과 분석은 나중에 나오겠지만, 한편에 있는 대규모의 만성적 부족현상과 다른 한편에 있는 관료적 조정기제의 지배적 역할 사이에 밀접한 관계가 존재한다는 것은 이미 확실하다. 이러한 추정은, 관료적 영향력이 미미한 정도로만 시장 조정기제의 작동을 제한하는 경제에서는(혹은 그러한 경제들의 어떤 영역들에서는) 대규모의 지속적 부족이 발생하지 않는다는 잘 알려진 사실에 의해서 간접적으로 지지를 받는다. 그리하여 사실상 시장 성격을 거의 갖지 않거나 전적으로 시장 성격이 부족한 조정 형태를 '판매자 시장'으로 기술하는 것은 만족스런 용어 선택이 아니다. 그렇지만 나는 이 책에서 그러한 표현을 사용하지 않을 수 없

다. 그것이 이러한 주제에 관한 다른 저작들에서 가장 널리 사용되는
표현이기 때문이다. 31)

6. 정상적 부족과 정상적 잉여

설명하려는 체제가 어떤 체제이든 간에 가장 중요한 특징들 중 하나는
어떤 시장체제가 그 속에서 작동하는가이다. 고전적 사회주의 체제의
규칙성들 중 하나는 판매자 시장이 우세하다는, 다시 말해서 그 체계
가 부족경제라는 것이다.

비록 모든 고전적 사회주의 체제가 예외 없이 이러한 특징을 공유하
지만 국가에 따라, 한 국가 내에서는 역사 속에서의 영역과 시기에 따
라 부족의 강도와 구매자에 대한 판매자의 우위 규모가 다양하게 나타

---

31) 여기에서 개인적 주석을 달자면, 나의 책 *Anti-Equilibrium*(1971)은 이러한
두 상황을 체계적으로 비교하고, 11장 5절에서 '구매자 시장'과 '판매자 시장'
이라고 이름 붙인 것들 사이의 차이를 상세하게 묘사한 첫 번째 시도이다. 그
책에서 나는 구매자 시장을 '압력'으로, 판매자 시장을 '흡입'(suction)으로 부
르는 또 다른 전문용어를 만들어 내려고 했다. 그 용어들은 은유에 기반하였
다. 생산품들이 파이프 시스템 안에서 순환하고 있다. 어떤 경우에는 그것들
이 판매자들의 압력에 의해서 구매자에게로 나아가며, 또 다른 경우에는 구매
자의 흡입에 의해서 구매자에게로 나아간다.
  이러한 한 쌍의 표현이 갖는 이점은, 그것들이 이러한 맥락에서 오해의 소
지가 있는 '시장'이라는 단어를 피해서 간다는 것이다. 그러나 나는 '압력-흡입'
이라는 용어 쌍이 거의 확산되지 않았다고 말해야 한다. 비록 (내 생각으로
는) 그 용어들이 명료할지 모르겠지만, 경제학자들에게서 시민권을 얻지 못한
그 용어에 돈키호테 식으로 집착하는 것은 아무런 의미가 없을 것이다. 이것
이 내가 여기서 '시장체제', '판매자 시장', 그리고 '구매자 시장'이라는 표현을
사용하는 이유이다.

난다. 이러한 점에서 상당한 편차를 관찰할 수 있다.

만약 **정상적 부족**과 **정상적 잉여**라는 개념을 도입한다면 분석이 보다 쉬워진다.[32] 이러한 범주들은 어디에서나 보편적으로 도입될 수는 없으며, 상당히 긴 기간에 걸쳐서 특정 국가에서의 부족과 잉여에서 일정 정도의 일시적 안정성이 관찰될 수 있을 때에만 적용할 수 있다. 국가 A에 관해서 상당히 오랜 시간에 걸친 기간 간 평균(*intertemporal mean*)이라는 측면에서 보았을 때, 소비자들은 전형적으로 공공임대주택에 대해서는 평균 8년을, 차에 대해서는 평균 6년을 기다린다고 말할 수 있다. 분기별 기록이 8년과 6년이라는 평균에서 어느 정도 차이가 나더라도, 그것들은 평균으로부터 크게 벗어나지는 않는다. 항상 대기자 명단이 존재하며, 대기 줄은 결코 언급된 평균들을 훨씬 넘어서 길어지지는 않는다. 한편, 국가 B의 경우, 상당히 긴 기간의 평균을 보면 사람들은 전형적으로 주택에 대해서는 3년만을, 차에 대해서는 2년만을 기다린다. 예를 든 두 국가는 부족경제를 가지고 있으며, 주택과 자동차 부문에 판매자 시장체제가 적용된다. 그러나 정상적 부족이 B보다 A에서 더욱 강하다는 사실은 양국 간의 중요한 차이이다. 물론 예로 든 주택과 자동차의 대기 기간은 단지 사례일 뿐이다. 강요된 대체 비율에서부터 구매가 이루어지기 전에 방문한 상점의 수, 혹은 거부된 주문이나 승인된 주문 비율에 이르기까지, 많은 다른 지표의 평균치에 관하여 이와 유사한 분석을 실시할 수 있다.

정상적 부족과 정상적 잉여, 포괄적으로 **정상 상태**(혹은, 동태적 상

---

32) 정상적 부족에 관한 형식적 기술은 나와 J. W. Weibull(1978)에 의해 시도되었다.

태에서는, **정상 경로**)의 숫자 지표는 항상 유효한 것이 아니다. 고전적 체제 내에서조차 외적 정치 상황과 내적 정치 상황에서, 혹은 사회 내 정치적·경제적 제도들의 체계에서 변화가 일어날 수 있으며, 이는 새로운 정상 상태를 가져온다. 예를 들면, 그러한 변화들은 평시경제 에서 전시경제로의 전환 혹은 그 반대로의 전환으로 인해 나타날 수도 있고, 매우 높은 성장정책을 보다 온건한 성장 정책으로 대체하는 것 등에 의해 나타날 수도 있다.

고전적 사회주의는 결코 판매자 시장체제에서 구매자 시장체제로 변화하지 않는다. 고전적 사회주의는 부족경제가 아닐 수 없다. 그렇 다고 하더라도, 다양한 역사적 상황하에서 정상적 부족과 정상적 잉여의 규모를 설정하는 것은 중요하다. 또한 부족과 잉여의 다양한 지표들이 특정 국가에서 특정 역사적 시기에 걸쳐서 그것들의 정상치 주위로 해마다 혹은 분기마다 변동하는 방식은 추적해 볼 만하다. 왜냐하면 고전적 체제에서는 특수한 기제가 작동하고, 비록 이러한 것들이 단기적 변동을 허용할지라도 부족과 잉여가 정상적 부족과 정상적 잉여에 가까운 수치로 항상 되돌아오기 때문이다. 이러한 기제들은 다음 장에서 인과 분석을 하면서 좀더 상세하게 논의할 것이다.

방금 언급한 것을 포괄적 국제 비교를 통해 논증할 방법은 없다. 부족과 잉여 현상을 규칙적으로 관찰하고, 측정하고, 그 결과를 공표하는 것이 가장 유익했을 것이지만, 불행히도 어떤 사회주의 국가도 그렇게 하지 못하였다. 그러한 상황은 자본주의 국가들이 자신들의 체제특수적 문제, 즉 실업에 대한 수치를 결코 발표하지 않으려고 하는 것과 오히려 흡사하다. 공식적인 통계 기관들은 그 과제가 고도로 측정하기 어려운 일이라는 것을 핑계로 용서받을 수 없다. 요즘에는 부족과 잉여 현상, 강요된 조정과정, 그리고 판매자와 구매자의 행동과 상호관계들을 포괄적으로 분석할 수 있는 유용한 지표들이 잘 알려져 있으며 많이 존재한다.[33] 부족에 관한 몇 가지 산발적인 자료들이 이 장과 다음 장에 제시되어 있다. 심지어 이들 몇 안 되는 사례만 봐도 부족현상을 관찰하고 측정하는 것이 가능하다는 것은 확인된다.[34]

부족과 잉여는 손실을 유발하는데, 이는 12장 11절에서 논의한다. 그런데 그것들은 고전적 체제하에서 익숙하고도 정상적인 생활 질서에 속하는 것이며, 따라서 정상적 부족과 정상적 잉여를 언급하는 것은 타당하다. 상품들이 공급 부족 상태에 있다는 것에, 혹은 줄을 서야 한다는 것에 아무도 놀라지 않았다. 주부, 기업을 위한 투입재 구매자, 현장 주임, 노동자들은 자신들의 삶의 방식과 행동 규범을 부족경제라는 정상적 조건에 적응시켰던 것이다.[35]

정상 상태는 균형(*equilibrium*)과 관련된 개념이다. 균형은 여러 의미를 가지고 있기 때문에 약간의 개념적 설명이 요구된다. 보다 넓은

---

33) 비록 그것들이 이론적 분석과 경제 관리에 몹시도 필요하지만, 부족, 잉여, 강요된 조정의 다양한 국면들을 조명하는 많은 부분적 지표들을 적절한 요약적 지표로 종합하기 위한 적절한 방법론이 아직 출현하지 않았다.

34) 잉여를 측정하는 경우에 발생하는 특수한 어려움들을 언급하는 것이 정당화되지 않는다. 실업과 설비가동을 측정할 수 있는 방법론은 자본주의 국가들의 통계 실무에서 고안되었으며, 필요로 하는 부분을 개조함으로써 이 방법론을 사용할 수 있다.

35) 불법적으로 배포되었다가 나중에 영어로 번역된 한 저작에서, 헝가리 사회학자 J. Kenedi(1981)는 사적인 건설 프로젝트에 관하여 자재와 숙련 노동자를 구하기 위한 노력들, 그리고 결국에는 부패에 의존하지 않을 수 없는 잦은 상황들 등을 통해 풍자적으로 설명했다. 이 책은 사회주의 경제하에서 살아가는 시민들이 부족경제에 어떻게 적응해야만 하는지에 관하여 실생활과 똑같이 묘사하고 있다.

의미에서 보면, 균형은 동태적 체제의 안정된 상태를 의미한다. 이런 방식으로 이 개념은 동태적 체제에 관한 수학적 이론과 그것의 장치들을 이용하는 자연 과학에서 이해된다. 이 개념은 가치-중립적 개념이다. 화학적 체계 내에서의 균형상태가 '좋은 것'이라고는 아무도 주장하지 않는다. 대부분의 경제학자들은 이러한 의미를 수용한다. 그 경우, 어떤 체계는 자신의 균형상태, 즉 전형적인 안정된 상태로부터 벗어날 때 불균형상태에 있는 것이다. 이는 케인스주의적 거시경제학이 '실업 균형'을 사용하는 의미이다. 그 체제하에서는 어떤 통상적이고 안정된 실업률이 존재하는데, 만약 그 실업률이 무너지면 통상적인 실업을 복원하기 위해서 기제들이 작동하게 된다. 동일한 의미에서, 정상적 부족의 동의어로서 **부족 균형**이라는 표현을 사용할 수 있다. [36]

다른 경제학자들은 균형 개념을 수요와 공급 사이의 바람직한 등가 상태라는 보다 협소한 의미에서 사용한다. 각종 이론서들은 이러한 특수한 유형의 균형을 구별하기 위해 특정한 형용사를 사용하는데, 그것이 바로 왈라스적 균형이다. 물론 부족경제는 이러한 좁은 의미에서의 균형에 있지 않다. 좀더 엄밀하게 말하자면, 경제의 특정 시기와 특정 영역에서 어떤 특정한 종류의 집계적 균형이 나타나는데, 이는 11장 2절에서 강요된 조정 균형이라고 불리었다. 하지만 그것은 수요와 공급 사이의 다양한 불일치를 수반하며, 또한 11장 1~5절에서 논의한 수많은 손실 유발적인 부족현상들을 수반한다. [37]

---

36) E. Malinvaud(1977)는 보다 넓은 의미에서 케인스주의적이고 고전적인 실업 균형에 관하여 말하며, J. E. Stiglitz and A. Weiss(1981)는 신용할당 균형 (*credit rationing equilibrium*)과 초과수요 균형(*excess demand equilibrium*)에 관하여 말한다.

7. 개방된 인플레이션, 공표된 인플레이션, 그리고 은폐된 인플레이션

부족과 인플레이션의 관계에 대해서는 다음 장에서 연구한다. 여기에서의 과제는 인플레이션 현상과 역시 관련 있는 몇 가지 개념들을 명확하게 한 후에 몇 가지 진술에 이르는 것이다.

인플레이션은 체제특수적인 현상이 아니다. 인플레이션은 어떠한 체제에서도 나타날 수 있다. 항상 인플레이션은 아주 많은(단지 몇 가지가 아니라) 생산품들의 가격에 대한, 그리고 전반적인 가격 수준에 대한 상향 압력과 결부되어 있다. 이러한 상향 압력은 초과수요의 끌어당김, 생산품과 서비스의 비용 증가의 밀기, 혹은 이 두 가지 밀고 당김의 조합으로부터 직접적으로 유래할 수 있다. 수요와 비용의 효과는 보통 밀접하게 연결된다.

시장균형이 한 번의 가격 상승 물결에 최종적으로 완전하게 적응하는 경우는 인플레이션이라고 말할 수 없는데, 인플레이션은 항상 동

---

37) 불균형학파(Disequilibrium School)가 자신들의 계량경제학적 모델을 통해서 얻게 된 발견들은 그들이 사용하는 용어가 아닌 실질적인 결론이라는 관점에서 보면 앞에서 언급한 사고방식과 양립할 수 있다(각주 1번에서 언급한 저작들을 참조할 것). 자신들의 특유한 장치들을 사용하면서, 그들은 사회주의 경제의 단기(연간) 상태가 그 자체의 정상적이고 안정된 상태를 중심으로, 즉 그것의 부족 균형을 중심으로 어떻게 변동하는지를 기술한다. 언급된 연구들은 11장 2절에서 정의한 의미에서의 강요된 조정 균형이 존재할 수도 있는 소비자 시장을 실질적으로 검토한다.

나는 불균형학파의 거시계량경제학적 발견들에 대한 해석과 거기에 이용된 용어들에 대해 초기 저작들에서 반대했는데, 지금도 그렇다. 단기적 변동들을 전반적 '초과수요'나 전반적 '초과공급' 어느 쪽으로도 기울어질 수 있는 체제의 사례들로 해석함으로써 잘못된 관념의 연합이 발생할 수 있다.

태적 과정이기 때문이다. 가격에 가해진 최초의 상향 압력은 인플레이션의 과정을 유발하도록 끊임없이 다시 만들어져야 한다.

만약 가격 수준이 행정적 저항을 받지 않고 꾸준히 증가한다면, 이는 **개방된 인플레이션**(*open inflation*)이라고 한다. 만약 가격 수준의 증가(그리고 정상적으로 수반하는 명목상 임금 수준의 상승)가 행정적 가격 통제에 의해서 늦추어지거나 심지어는 멈추어질 때에는 **억압된 인플레이션**(*repressed inflation*)이 존재한다. [38]

〈표 11-8〉과 〈표 11-9〉는 몇몇 국가들에 대한 공식가격 통계를 보여 주는데, 그 통계의 신뢰성은 곧바로 검토될 것이다. 장기간 매우 강력한 개방된 인플레이션이 존재했다는 사실이 심지어는 소련의 공식적인 수치들로부터 나온다. 중앙의 엄격한 가격과 임금 통제에도 불구하고, 고전적 사회주의 체제는 완전한 가격 안정성을 보장하는 데에 실패하고 있다.

그렇지만 제 2차 세계대전 후 첫 번째 인플레이션 물결 이후에, 대부분의 사회주의 국가들은 적어도 공식 통계에 따르면 가격 수준을 상당히 확고하게 안정화할 수 있었다. 이것은 공식 이데올로기에서 빈번하게 인용하는 성취 중 하나이며, 당국은 이를 대부분의 자본주의 국가들에서 나타나는 훨씬 더 높은 인플레이션율과 열심히 대비한다.

그러나 이러한 공식 통계는 얼마나 믿을 만한가? 어떤 국가에서든지 가격 수준을 측정하는 것과 관련하여 많은 방법론적 문제가 존재한다. 하지만 정치적 자유와 과학적 자유가 존재하는 곳에서는, 국가의

---

38) 인플레이션과 관련한 개념적 명료화와 억압된 인플레이션 이론에 대해서는 B. Hansen(1951)을 참조할 것. D. M. Nuti(1986a)는 사회주의 국가들에서의 인플레이션 과정들과 그와 관련된 용어 문제들을 검토하였다.

<표 11-8> 소련의 공식가격 지표: 장기 시계열(long time series)

시기	공식 소매가격의 연평균 변화 (%)
1928~1937	20.5
1938~1940	5.9
1941~1947	18.1
1948~1957	-8.2
1958~1976	0.0
1971~1975	-0.1
1976~1980	0.6
1981~1985	1.0
1986~1989	2.1

출처: 1928~1975년에 대해서는 D. M. Nuti (1986a, pp. 42~44), 1976년부터는 United Nations (1990a, p. 136).

<표 11-9> 인플레이션율: 국제 비교

	1960~1980년 소비 가격의 연평균 변화 (%)
사회주의 국가	
불가리아	4.05
체코슬로바키아	2.79
동독	1.21
헝가리	3.70
폴란드	4.97
소련	2.30
자본주의 국가	
오스트리아	4.70
핀란드	8.06
그리스	7.82
서독	3.95
아일랜드	9.24
이탈리아	9.08
스페인	10.05

출처: F. L. Pryor (1985, p. 123).

통계 수치에서 특정한 편향이 발견된다면, 독립적인 전문가들이나 노동조합을 위해 일하는 연구자들과 같은 특정 사회계층의 전문적인 대표자들에 의한 문제 제기가 일어날 수 있다. 이는 고전적 사회주의 체제하의 상황과 대조적인데, 고전적 사회주의 체제에서는 중앙통계국이 가격 통계 작성에 대한 전반적 독점권을 갖고 있으며, 그러한 통계의 산출에 대해 공개적인 비판을 제기할 기회가 존재하지 않는다. 나아가, 고전적 체제에서 경제를 운용하는 자들은 가능한 한 어떠한 수준의 인플레이션이라도 부정하는 데 관심을 갖는다. 만약 가격 안정성이 일종의 선전전의 승리로서 장식되어 왔다면, 가격 수준이 상승하고 있다는 사실의 인정은 체제의 고유한 논거를 침해할 것이다. 더욱이 높은 성장률은 일종의 성취로서 과시된다. 만일 더 큰 디플레이터(가격 수정 인자)가 생산량을 고정가격으로 계산하기 위해 사용되었다면, 시가로 측정된 산출물 성장률은 훨씬 더 낮게 보였을 것이다. 다른 말로 하면, 가격 수준에서 상승이 존재했다는 사실을 인정하는 것은 자기 정당화를 위한 근거를 역시 약화한다. 공식 통계는 다양한 방식으로 체계적으로 왜곡된다. 가격 통계가 감추고 있는 **은폐된 인플레이션**(*hidden inflation*)이라는 수단이 존재한다.

은폐된 인플레이션과 억압된 인플레이션을 혼동해서는 안 된다. 인플레이션의 억압은 상향 압력에도 물가가 상승하지 않는다는 것을 의미한다. 반면에 은폐된 인플레이션이 존재한다면, 비록 공식 통계가 가격 인상이 발생한 것을 부정할지라도 물가는 상승한다. 그러한 의미에서 개방된 인플레이션 전체는 두 개의 구성요소로 이루어진다. 공식 통계에서 공표된 인플레이션과 은폐된 인플레이션이 그것이다.[39]

그 이면을 살펴보면, 총계 수치와 전체 가격 지표를 의도적으로 왜곡한 사례들을 발견할 수 있을 것이다. 그러나 그 가능성을 배제할 수는 없을지 몰라도, 결정적인 증거 역시 존재하지 않는다. 하지만, 가격 지표는 중앙에서의 조잡한 위조에 의지하지 않고도 왜곡될 수 있다. 네 가지 방법이 언급될 필요가 있다.

1. 중앙의 가격 지표는 아래로부터의, 생산과 무역 회사들로부터의 보고에 의존한다. 각각의 보고서가 위계제의 몇 단계를 거치면서, 그것을 전달하는 사람들은 가격 상승이 자신들에게 나쁘다는 사실을 깨닫는다. 어떤 노골적인 가격 인상에 대해 얼버무리고 넘어가는 것이 그들의 관심사가 된다.[40] 그리하여 중앙은 사전에 왜곡된 보고서들을 종합하게 된다.

2. 기업은 종종 위장된 가격 인상을 시도한다(8장 4, 6절 참조). 앞에서도 언급한 것처럼 이윤이 기업들에게 사활이 걸린 문제가 아니어

---

39) 은폐된 인플레이션이 개방된 인플레이션의 한 구성요소라는 진술은 약간 역설적으로 들린다. 그렇기는 하지만, 이러한 사용법은 그것이 일반적으로 통용되고 있기 때문에 채택되어야 한다.

　만약 이 문맥에서 '개방된'이라는 단어를 진실에 대한 솔직하고 정직한 진술이라는 생각과 연결시키지 않는다면, 개념적 혼동은 해결된다. 가격결정 과정은 인플레이션 압력에 개방되어 있으며, 물가 상승에 대한 행정적인 억제는 존재하지 않는다.

40) 헝가리 연구자 M. Petschnig(1985)는 공식 인플레이션율이 5%보다 작았던 시기에 구체적인 현지 관찰로부터 얻은 다음과 같은 경험을 기록하였다. 중간 수준에서 가격 통계를 작성하는 기관은 5% 이하의 가격 상승에 관한 보고서는 아무런 언급도 없이 모두 받았지만, 5% 이상의 가격 인상에 관한 보고서에 대해서는 특별한 설명들을 요구했다. 확실히, 이는 보고하는 사람들에게 임계치 이상의 가격 인상을 언급하지 말라는 압력을 가한 것이다.

서 어떤 손실이 발생해도 기업들이 자포자기하지는 않지만, 상부조직에 도움을 청하는 것보다는 오히려 가격 인상을 통해 손실을 회피하는 것이 여전히 더 편안하다.

만약 생산 비용이 증가한다면, 대부분의 경우 현행 행정가격의 인상을 통해 이용 증가를 공식적으로 인정받으려고 하는 것은 시간낭비에 지나지 않는다. 생산품에 아주 단순한 변형을 가하여 그 생산품이 새로운 가격이 책정될 수 있는 일종의 '신상품'이 되도록 하는 것이 훨씬 쉽다. 그때 가격 책정은 사전에 증가된 비용을 포함하는데, 새로운 행정가격에 대한 결정이 취해질 때 증가된 비용이 인정된다. 그러한 경우에 가격 당국도 무슨 일이 일어나는지를 역시 알고 있지만, 그들의 동기('가격 안정성'을 보여 주려는 열망)는 기업의 이해관계와 일치하며, 그리하여 그들은 취해진 절차들을 조용하게 승인한다.

기업은 현재 시가로 계산된 생산 계획을 충족하기 더 쉽도록 만들수 있기 때문에 역시 위장된 가격 인상에도 관심을 갖는다는 사실을 여기에 덧붙이고 싶다.

3. 가격 지표의 작성에서 통계적 비교가능성의 원칙이 준수되어야한다. 두 해의 가격 수준을 비교할 때에는 올해와 완전히 똑같은 품질로 작년에 만들어진 제품과 서비스에 대해서만 비교가 이루어져야 한다. 일반적으로, 표준화된 생산품은 이러한 비교가능성의 엄격한 기준을 충족하지만, 특화된 생산품은 대개 그 기준을 만족하지 못한다. 특화된 제품의 경우에는 품질에서 항상 변화가 존재하기 때문이다.

만약 가격에 대한 행정적 통제가 존재하지 않고 시장기제가 완벽하게 작동한다면, 표준화된 생산품과 특화된 생산품의 가격 운동 사이에는 밀접한 상호관계가 발전한다. 표준화된 생산품군과 특화된 생산품군 모두의 가격이 자유롭게 안착되고, 표준화된 생산품의 가격 수준이 특화된 생산품의 가격 수준에 뒤처질 가능성은 존재하지 않는다. 그럴 경우에는 표준화된 생산품을 만들 하등의 가치가 없기 때문이다. 그리하여 설령 전체 생산이 표준화된 생산품에 의해 대표된다고 하더라도, 가격 산출은 장기적으로 보았을 때 가격 지표의 구성요소들에 의해 왜곡되지 않는다.

생산과 가격이 관료적으로 조정되는 체제에서는 상황이 다르다. 대부분의 경우, 가격 당국은 표준화된 생산품에 대해서 실질적인 행정가격을 설정할 수 있다. 거기서는 가격고정이 장기간에 걸쳐서 강제될 수 있다. 대부분의 특화된 생산품들에 대해서는 오로지 유사 행정가격만이 실생활에서 설정될 수 있다. 가격 당국은 그것들을 완전히 통제할 수 없고, 위장된 가격 인상이 흔히 일어난다. 따라서 표준화된 생산품과 특화된 생산품의 가격 운동 사이에는 느슨한 상관관계가 존재한다. 사실상 특화된 생산품의 가격 수준은 표준화된 생산품의 가격 수준보다 훨씬 빠르게 인상될 수 있다.

만약 표준화된 제품이 (비교 가능성을 주장하면서) 이러한 상황에서 전체 가격 수준의 운동을 대표하도록 선택된다면, 가격 지표는 체계적으로 하향 편향을 갖게 된다. 41)

---

41) 어떤 자본주의 국가와 사회주의 국가가 자신들의 가격 지표를 작성하기 위해서 완전히 동일한 생산품 목록(비교 가능성의 기준을 충족하고 주로 표준화된 생산품들로 구성되어 있는)을 이용한다 하더라도, 자본주의 국가는 방금 기술한 조건하에서 편향성을 갖지 않을 것이고, 사회주의 국가는 확실히 편향성을 갖게 될 것이다.

기술진보와 소비증가는 필연적으로 전체 생산에서 특화된 생산품의 비율을 증가시키게 될 것이다. 특화된 생산품의 비율이 커질수록, 그리고 유사행정적 가격 설정의 영역이 넓어질수록, 가격 지표에서의 편향은 점점 더 커지게 된다.

4. 고전적 사회주의에서도 비공식 사적 부문이 존재한다. 이 부문에서의 가격 변동은 공식가격 지표에 포함되지 않는다. 반면에 비합법적이거나 불법적인 시장가격의 대폭적 증가는 국가와 협동조합 부문의 재화와 서비스 부족을 가장 확실하게 반영한다. 진정으로 포괄적인 가격 지표는 공식 부문과 비공식 부문의 실질적 양에 따라 가중치를 부여한 두 부문의 평균이어야 한다. 전체 산출에서 비공식 부문이 차지하는 비율에 따라서, 그리고 공식 부문과 비공식 부문의 가격 수준의 차이에 따라서 편향은 상당히 커질 수 있다.

서구의 많은 경제학자들은 방금 언급한 왜곡 요인들 중 몇 가지를 제거하고 대안적인 추정치들을 정교화하려는 실험에 많은 노력을 기울여 왔다. 〈표 11-10〉은 이러한 노력의 두 가지 사례를 제공한다. 표는 공식적 통계에 은폐되어 있는 왜곡이 상당하다는 사실을 보여 준다. 물론 이러한 실험들이 통계에 대한 내부의 양심적인 감사를 대신할 대체물을 제공하지는 못한다. 필요한 수치들 모두는 오직 그 국가 내부에서만 구할 수 있기 때문이다.

판단에 사용할 전적으로 확실한 수치가 없다면, 일반적 진술에 도달하기는 어렵다. 그러나 다음과 같은 작업 가설을 제출할 수는 있을 것이다. 고전적 사회주의 체제의 통제 메커니즘들은 가격이 인플레이션 압력에 저항할 수 있도록 만든다. 모든 국가들이 모든 시기에 그런 것은 아니지만, 적어도 여러 국가들은 장기간에 걸쳐서 상당한 정도로 가격 안정성을 보장할 수 있었다.

〈표 11-10〉 사회주의 국가들의 가격 지표: 대안적 추정치

		연평균 가격 변화율 (%)		
		공식수치	Alton	Culbertson-Amacher
불가리아	1963~1970	1.1	-	3.4
	1971~1975	0.2	3.0	-
	1976~1978	0.5	3.2	-
체코	1963~1970	1.2	-	5.0
슬로바키아	1971~1975	0.1	2.2	-
	1976~1978	0.9	1.6	-
동독	1963~1970	0.0	-	3.4
	1971~1975	- 0.3	0.7	-
	1976~1978	0.0	1.3	-
헝가리	1963~1970	0.9	-	4.1
	1971~1975	2.9	4.1	-
	1976~1978	4.3	4.4	-
폴란드	1963~1970	1.2	-	5.5
	1971~1975	2.5	5.7	-
	1976~1978	5.9	8.0	-
루마니아	1963~1970	0.4	-	6.3
	1971~1975	0.5	-	-
	1976~1978	0.7	-	-
소련	1963~1970	0.1	-	8.6

참조: 비록 〈표 11-9〉와 〈표 11-10〉의 시대구분이 달라 직접 비교할 수는 없지만, 〈표 11-10〉에 나오는 몇몇 국가들에 대해 주어진 공식 지표들이 〈표 11-9〉에 나오는 지표들보다 낮다는 것은 확실하다. 위 수치들을 제공한 서구 연구자들은 서로 다른 공식 통계자료들을 사용했다.

출처: D. M. Nuti(1986a, pp. 50, 52). Nuti는 다음의 자료를 사용하였다. 1963~1970년 세로줄 1과 3에 대해서는 W. P. Culbertson and R. C. Amacher(1972), 1971~1975년과 1976~1978년 세로줄 1과 2에 대해서는 T. P. Alton et al. (1979).

제12장 부족과 인플레이션

원인

고전적 사회주의 경제에서 발견되는 부족과 인플레이션은 어떤 단 하나의 원인으로 인해서는 나타날 수 없는 일군의 현상들을 이룬다. 대부분의 복잡한 사회경제적 현상들과 마찬가지로 이러한 현상도 복잡한 인과관계의 분석을 필요로 한다.

사회주의적 경제라는 조건하에서 발달하는 부족과 인플레이션의 원인을 두고 경제학자들 사이에 광범위한 논쟁이 존재한다. 대부분 학자들은 부족과 인플레이션이 여러 요인들의 결합효과(*combined effect*)로부터 나타난다는 사실을 의심하지 않는다. 이제 논쟁은 각각의 설명 요인들이 갖는 상대적 중요성과 그것들이 인과적으로 연결되는 정도와 좀더 관련된다. 다른 말로 하면, 의문은 이차적 원인들이 추론될 수 있는 일차적 원인들이 존재하는가 여부이다. 인과적 연쇄(*causal chains*)는 어디에 존재하는가?

이 장에서는 이러한 논쟁에서 제기된 인과관계적 설명들을 종합하려는 시도를 할 것이다. 1) 단순히 미시적 수준, 또는 거시적 수준에서의 인과관계에 한정하지는 않을 것이다. 1~4절은 미시적 수준, 5~9절은 거시적 수준에서의 인과관계를 다루고, 10절에서는 이를 간략하게 요약할 것이다.

많은 연구들은 소비자 시장과 가계가 경험한 부족현상에 관한 분석으로부터 출발하며, 어떤 경우에는 그것들에 한정해서 검토한다. 여기에서 숙고를 위한 출발점은 생산영역을 운영하는 생산자 기업과 관료기구가 어떻게 행동하는가에 관한 고찰이다. 소비자 시장과 가계는 이후 단계에서 분석할 것이다.

1. 기업의 행동: 단기 결정

두 개의 순수한 사례 혹은 원형들을 대조하면서 11장 5절에서 시작한 비교를 계속할 필요가 있다. 하나는 불완전경쟁의 틀 속에서 작동하는 자본주의하의 사적 기업이며, 2) 또 하나는 고전적 사회주의하의 국유

---

1) 통합 시도에 관한, 11장 각주 1번에서 표현된 모든 단서들은 이 장에도 역시 적용된다.

2) 불완전경쟁이론의 선구자들은 E. H. Chamberlin(1933/1962)과 J. Robinson (1933)이 있다. 그 이후에 불완전경쟁이론은 대대적으로 발전했다. 예를 들면, H. R. Varian(1978)은 불완전경쟁이론의 현재 상태에 대해 훌륭한 요약을 보여 준다.

불완전경쟁이론은 다양하고 특수한 시장 형태들, 즉 불완전경쟁시장, 독점적 경쟁시장, 과점적 시장(그리고 이것의 특수한 경우로서 복점적 시장), 그리고 이 모든 것들의 다양하고도 특수한 변이들을 구별한다. 하지만 고전적 사회주의 국가의 국유기업과 비교하는 데에는, 비록 다른 연관관계에서 이러

기업이다. 간략하게 말하자면, 전자는 경쟁적 사적 기업이라 부를 것이며, 후자는 고전적 사회주의하의 국유기업이라 부를 것이다. 이 기업들이 가진 이해관계와 행동의 측면에서 보았을 때 나타나는 양자의 전형적 차이는 〈표 12-1〉에 상세하고도 일목요연하게 요약되어 있다. 이러한 차이들은 일차적으로 그 기업들의 재산형태(*property forms*)의 차이라는 측면에서 설명된다.

첫 번째로 검토되는 것은 기업의 공급과 그에 수반되는 동기부여와 행동 패턴에 대한 단기적 통제이다. 이 절의 끝부분에서는 기업의 수요에 대한 단기적 통제에 대해서 다루고, 그 다음 절에서는 장기적인 투자결정에 대해서 다룬다.

〈표 12-1〉의 첫 번째 줄은 두 종류의 기업에게 동기를 부여하는 이해관계를 서술한다. 이러한 서술은 완벽을 기하려고 하지 않는다. 경쟁적 사적 기업의 정책결정자들은 전적으로 이윤에 관심을 갖고 있다든지, 고전적 사회주의에서 국유기업 책임자가 가진 유일한 목적이 자신의 상급기관의 승인을 획득하는 것이며 이러한 승인을 얻는 유일한 방법은 지시를 정확하게 따르는 것이라든지 하는 식으로 서술되어 있지 않다(7장 4절 참조). 여기에서 '극대화하기'(*maximizing*)라는 표현은 피하는 것이 더 나을 것이다. 왜냐하면 현재의 관점은 특정한 정책결정자의 동기를 모형화할 때, 어떠한 형식화가 가장 적절한지에

한 다양한 시장형태들이 갖는 중요성이 존재할지라도, 이러한 미세한 구별들은 불필요하다.

불완전경쟁에 관한 표준적 작업들은 현재의 논의 계통에서 매우 핵심적인 역할을 하는 스키토프스키(T. Scitovsky)와 도마(E. Domar)가 전면에 배치해 둔 영역에 거의 주의를 기울이지 못한다. 그 영역이란 바로 구매자를 위한 비가격적 성격의 경쟁이다(11장 각주 25번을 참조할 것).

관하여 취해야 하는 특정한 입장을 요구하지 않는다. 하지만, 언급된 목적들이 기업의 행동에 결정적 영향력을 행사한다는 것은 확실해 보인다.

표의 두 번째 줄은 경쟁적 사적 기업이 경쟁자들에 의해 에워싸여 있다는 점을 확실하게 한다. 비슷한 대체재를 만들고 판매하는 수많은 경쟁자들이 존재하며, 새로운 경쟁자가 어느 때든 나타날 수 있다. 경쟁의 위협에 대한 이러한 의식은 고전적 사회주의하 국유기업의 삶

〈표 12-1〉 체제 간 비교: 기업의 단기 행동

주요 특징	불완전경쟁의 틀 속에 있는 자본주의하의 경쟁적 사적 기업	고전적 사회주의하의 국유기업
1. 이해관계	• 일차적으로 이윤 증대	• 일차적으로 상급기관으로부터의 인정 • 가장 중요한 기준: 지시 수행
2. 진입과 퇴장	• 시장에 의해 결정, 진입 자유 • 사업실패는 퇴장	• 관료기구가 모든 진입과 퇴장을 결정한다.
3. 예산제약	• 경성(hard)	• 연성(soft)
4. 가격 반응성	• 강함	• 약함
5. 가격결정	• 기업이 판매가격을 결정한다. • 가격은 한계비용보다 높다.	• 가격 당국이 판매가격을 정하지만, 기업은 거기에 영향을 미친다. • 가격과 한계비용 간의 관계는 자의적이다.
6. 수요에 대한 정보 생산자-판매자 가설	• 기업은 수요에 대해 확실하게 알 수 없다. • 기업은 가상적 초과수요를 기대하지 않는다. • 팔리는 양은 자신의 노력에 달렸다.	• 기업은 수요를 확실하게 알고 있다. • 기업은 가상적 초과수요를 기대하고 있다. • 팔리는 양은 자신의 노력에 달려 있지 않다.
7. 가상적 초과공급	• 기업은 설정된 가격에서 구매자가 사고자 하는 것보다 많이 팔려고 한다. • 가상적 초과공급과 가상적 초과설비가 존재한다.	• 기업은 가격 당국이 설정한 (승인한) 가격에 자신의 생산 한계라고 생각하는 양보다 많이 팔려고 하지 않는다. • 가상적 초과공급이나 가상적 초과설비는 존재하지 않는다.
8. 투입재 수요	• 제한된다.	• 벗어나려는 경향이 있다.

에는 존재하지 않는다. 고전적 사회주의에서는 다만 관료가 각 부문에서 어떤 기업이 운영될지, 그들의 '프로필'(영업 분야)이 무엇인지를 결정한다.

퇴장과 관련해서는 표의 두 번째 줄과 세 번째 줄을 주시할 필요가 있다. 경쟁적 사적 기업의 경우, 생존은 시장에 의해서 결정된다. 예산제약은 경성이며, 기업이 계속해서 손실을 보면 시장의 자연선택 (*the natural selection*)에 의해서 제거된다. 하지만 고전적 국유기업의 경우, 기업의 죽음은 탄생과 마찬가지로 관료의 수중에 있다. 관료기구의 판단에 따라서는 비록 이윤을 내고 있더라도 기업을 폐쇄할 수 있으며, 역으로 지속적인 재정 실패와 무관하게 기업을 계속 유지하도록 할 수 있다. 관료기구는 예산제약을 연성화하는 모든 수단을 가지고 있다.

지금까지 언급했던 것으로부터, 경쟁적 사적 기업은 구매자를 끌어오려는 매우 강력한 동기를 갖고 있음을 알 수 있다. 이러한 동기들은 고전적 국유기업에게는 적용되지 않는다.

이러한 차이는 부족현상과 밀접하게 연관된다. 경쟁적 사적 기업 (기존 기업이든 혹은 잠재적인 진입자이든)은 수요에 대한 공급의 신속하고 유연한 적응에 커다란 관심을 가지고 있다. 만약 경쟁적 사적 기업이 어떤 수요가 충족되지 못했다는 사실을 알아차린다면, 기회를 포착하는 일은 그 기업이 노력할 만한 가치가 있다. 하이에크(Hayek)를 인용하면서 앞에서 논의한 정보 문제를 기억해야 할 것이다(7장 7절 참조). 경쟁적 사적 기업은 자신이 가진 지식을 총동원해서 어떠한 부족이 존재하는지에 관한 정보를 획득하고 부족에 의해 발생한 간격을 메우기 위해 자신의 공급을 즉각적으로 확장하는 데에 지대한 관심을 가진다.

고전적 국유기업과 이 기업을 책임진 관료기구 내 상급자들은 이 모든 혁신이 부족하다.[3] 이 기업은 어떤 부족이 존재하는지 혹은 어디에 충족되지 못한 수요가 존재하는지에 관해 자신의 힘으로 정확하게 알아내려고 하는 데에 관심이 없다. 그 기업의 공급을 신속하게 증가시키거나 전환함으로써 구매자에게 유연하게 적응하려는 관심도 없다. 의무적인 산출목표로 인하여 그러한 적응에 제약을 받기도 한다. 대신에 기업은 구매자가 판매자에게 적응할 것으로 기대할 수 있다.

이제 가격에 대해서 논의해 보자(네 번째 줄과 다섯 번째 줄). 상대가격과 전반적 가격 수준은 모두 다음 절에서 논의한다. 여기서는 가격 문제의 오로지 한 측면만을 고려할 것이다. 기업이 가격에 대해서 갖는 관계가 바로 그것이다. 이러한 관점에서 제기되는 주요한 사안은 기업이 가격에, 여기에서는 판매가에 어느 정도 민감하게 반응하는가 하는 점이다. 경쟁적 사적 기업은 가격에 대단히 민감하다. 결국, 경쟁적 사적 기업은 '시장에 의존해서 살아간다'. 고전적 국유기업의 가격 반응성은 약하다. 완전히 중요하지 않은 것은 아니지만, 판매가는 이들 기업에 사활적으로 중요하지는 않다. 이들 기업은 실제로 시장이 아니라 관료의 자선(charity)에 의존해서 살아가는 것이다.

누가 어떤 기준에 따라 가격을 결정하는가 하는 문제는 비교적 부차적이다. 물론 자본주의 체제와 사회주의 체제를 비교하기보다는 오히려 자본주의 체제 내부에 존재하는 다양한 시장 형태들을 비교한다면,

---

3) 이는 K. A. Soós(1984)가 만든 표현에서 주로 언급되었던 특징이다. 즉, 사회주의 국유기업의 '제도적 비유연성'(institutional inflexibility)이 그것이다.

가격결정의 중요성은 증가할 것이다. 한편으로, 엄격한 의미에서 독점은 구매자들을 모아들이려는 특별한 노력을 기울이지 않고서도 고객을 잃는다는 두려움 없이 한계비용보다 높은 가격을 설정할 수 있다.[4] 다른 극단에서는 완전경쟁이라고 부르는 경우에 생산자-판매자를 위한 판매 가격이 설정된다. 그때 생산자는 생산량을 통해 그 상황에 적응한다. 그는 가격이 한계비용과 일치하도록 보장하는 데에 필요한 양을 생산하는 것이다. 그러한 경우 제품의 질에 커다란 향상을 가할 수 있는 인센티브는 존재하지 않지만, 그렇다고 기업은 제품의 질을 저하할 여유도 가질 수 없다. 기업은 제품 질, 인도(*delivery*) 등에 관한 성문 혹은 불문의 기준들을 준수함으로써 시가(*prevailing price*)에 자신의 상품을 판매할 수 있게 되거나, 혹은 그러한 기준들을 준수하지 못하여 시장 밖으로 밀려나게 된다.[5] 이 절이나 11장 5절에서 논의한 현상들, 즉 실질적 경쟁자와 잠재적 경쟁자로부터 구매자를 확보하려는 생산자-판매자의 노력은 불완전경쟁의 경우, 즉 독점과 완전경쟁 사이의 중간적인 형태의 시장에 적용된다.

고전적 사회주의의 경우, 기업의 판매가가 한계비용과 어떤 관계에 있는지에 관해서 언급할 수 있는 명확한 진술이 존재하지 않는다. 그 관계는 임의적이다. 가격에 대한 기업의 반응성이 대단히 약하기 때

---

4) 엄격한 의미에서 독점이라는 것은 바로 이것이다. 하지만 대개 비전문가들이 생각하는 독점이라는 것은 불완전경쟁하에서 작동하는 기업이거나 지나치게 멀리 떨어져 있지는 않은 대체 상품 및 서비스와 경쟁하는 기업이다.

5) 여기서의 언급은 이론적으로 순수한 완전경쟁의 경우에 대해서이다. 만약 어떤 판매자가 특별한 노력[제품의 질을 향상시키거나 보다 나은 인도(*delivery*) 조건을 제공하는 등]을 기울임으로써 다른 판매자로부터 자신을 차별화할 수 있다면, 그는 불완전경쟁의 영역으로 진입하게 된다.

문에 판매가가 기업의 행동에 확실하게 영향을 미치지도 않는다.

여섯 번째 줄로 돌아가서, 경쟁적 사적 기업은 구매자의 수요를 개략적으로 짐작할 수는 있지만, 그에 대한 정확한 정보는 갖지 못한다. 이러한 불확실성은 무사안일주의로부터 기업을 구하는 역할을 한다. 기업이 생산하기를 원한 것이 무엇이든 간에 그것을 구매할 의사가 있는 구매자들에게는 잠재적인 가상의 초과수요가 존재한다고 상정할 수 없다. 따라서 기업은 구매자들이 자신의 경쟁기업보다 자신을 더 선호하도록 만들기 위해서 매우 열심히 일해야 한다.

대조적으로, 고전적 국유기업은 수요를 확실한 것으로 간주한다. 대부분의 경우, 그것은 상품 대기 행렬에서 혹은 훨씬 이전에 생산품을 맡아 놓는 주문들에서 명백하게 나타난다. 또한 부족의 신호는 많은 다른 형태를 취할 수도 있다. 기업은 잠재적인 가상의 초과수요의 존재를 가정한다. 공급에서의 어떠한 증가에도 부응하려는 구매자들이 존재할 것이며, 그리하여 구매자들을 끌어들이려는 어떤 특별한 노력을 기울일 필요가 없다.

비록 이 절이 주로 기업과 그 미시적 행동을 다루고 있기는 하지만, 수요와 관련된 기대들의 부분적이고 미시 수준의 요소들(기업이 자신의 생산품에 대해서 무슨 수요를 기대할 수 있는가)은 일반적 성격을 지닌 거시 수준의 요소들(수요 전체는 어떻게 발전하는가)과 결합된다. 이는 현재의 인과 분석이 미시적 단위의 이익과 행동을 검토하는 데만 전적으로 한정될 수 없다는 점을 사전에 드러낸다.

가상적 초과수요 현상은 11장 2절에서 자세히 검토했다. 〈표 12-1〉의 일곱 번째 줄에서 다루어진 대칭적으로 등가적인 범주, 곧 **가상적 초과공급**에 대해 하나의 설명이 주어질 수 있다. 가상적 초과수요의 경우에서처럼 가장 단순한 접근방법은 질문 형태로 그 개념에 대한 실마리를 찾는 것이다. 만약 판매자들의 판매에 대한 수요 제약이 존재하지 않는다고 가정한다면, 그들이 현재 가격으로 기꺼이 팔고자 하는(그리고 팔기를 원하는) 상품은 그들이 실제 팔고 있는 상품보다 얼마나 더 많은가? 이 질문에 대한 대답이 바로 가상적 초과공급이다. 그 양은 부분적으로 혹은 전적으로 팔리지 않은 재고(*unsold stocks*)의 형태를 취할 수 있다. 그러나 생산자들은 전혀 그렇지 않다. 생산자들은 자신이 상대적으로 갑작스런 통보를 받고도 그것을 생산할 능력이 있다는 것을 알기만 하면 되는 것이다. 그리하여 가상적 초과공급이란 **가상적 초과설비**(*notional excess capacity*)와 관련된 범주라고 할 수 있는데, 이는 현재 가격으로 상품을 처분할 수 있는 구매자들만 존재한다면 생산자들이 기꺼이 사용하려고 할 미사용 설비를 말한다.

경쟁적 사적 기업의 경우, 이러한 가상적 초과공급 혹은 가상적 초과설비가 존재한다. 그 다음의 논리전개는 불완전경쟁이론으로 잘 알려져 있다. 상품의 가격을 매기는 기업은 가격을 한계비용보다 높게 책정하고, 그에 따라 생산량을 설정한다. 그 가격에 그만큼의 생산량을 정확하게 팔 수 있다고 애초에 가정하는 것이다. 그러나 그 생산량은 가격이 한계비용과 일치하게 될 양보다 적다. 양자의 차이는 여기서 가상적 초과공급 혹은 가상적 초과설비를 뜻한다.[6] 많은 학자들은 이러한 초과설비의 존재를 불만족스럽게 생각하는데, 이는 이것을 완전경쟁과 비교했을 때 불완전경쟁이 초래하는 불이익으로 간주하기 때문이다. 그러나 스키토프스키(Scitovsky)와 도마(Domar)는 그것이

---

6) H. R. Varian(1978, p. 95)을 참조할 것.

결점이라기보다는 오히려 이점이라는 것을 보여 주었다. 경쟁적 사적 기업으로 하여금 구매자들을 획득하기 위해 전력을 다하도록 하는 자극제를 제공하는 커다란 공헌자 역할을 하기 때문이다.

이러한 초과설비는 시장경제에서 나타나는 유연한 적응에 대한 하나의 설명이 된다. 만약 구매자가 존재하게 된다면, 그 구매자의 수요를 만족시킬 설비는 항상 존재한다. 게다가 이것은 구매자의 자신감을 증가시킨다. 구매자가 허쉬만의 의미에서의 이탈(exit)을 가지고 판매자를 협박할 수 있기 위해서는 반드시 가상적 초과설비가 존재해야 한다. 만약 구매자들이 적절한 대우를 받지 못한다면, 그들은 자신들의 수요를 채워 줄 여유 있는 설비를 분명히 가지고 있는 경쟁자에게로 간다.

고전적 국유기업에게는 가상적 초과공급도 가상적 초과설비도 존재하지 않는다. 물론 기업이 사용하지 않는 설비들을 가지고 있을 수도 있다. 기업은 계획흥정 과정 동안 자신의 설비 중 일부를 숨기는데, 그렇다고 하더라도 구매자를 위해서 그것을 노출하는 것은 꺼려 한다. 심지어 기업은 대단히 심각한 부족 상태 속에서도 생산역량을 모두 발휘하지 않기도 한다.[7] 그와 달리, 부족과 연관된 공급 문제로부터 병목 현상이 나타날 수 있는데, 이는 기업의 다른 자원들을 사용되지 않은 채로 남아 있게 만든다. 그러나 이것은 수요를 충족시키기 위해 동원될 수 있는 그러한 잉여는 아니다. 비록 양적 추구를 자극하는 많은 요인들이 존재할지라도(7장 6절 참조), 역량 발휘의 유보와 투입재의

---

7) K. A. Soós(1984)는 이러한 현상이 공급 제약을 만들어 내는 데 지대한 역할을 한다는 사실에 주목했다.

실물적 제약은 기업의 생산에 대해 상한선을 설정한다.

따라서, 궁극적으로는 구매자들을 획득하도록 기업을 유도할 가상적 초과공급이나 가상적 초과설비는 존재하지 않는다. 그리하여 동원할 수 있는 초과설비의 부족은 적응을 훨씬 더 힘들게 만든다. 이 모든 것들이 구매자에게도 똑같이 나타나는데, 구매자들은 이러한 이유로 인해서 이탈의 위협을 이용하려고도 하지 않는다.

여섯 번째 줄과 마찬가지로, 가상적 초과공급과 가상적 초과설비의 거시적 측면에 대해서는 나중에 반드시 다루도록 한다.

공급 측면을 검토했다면, 이제 수요 측면에 대한 단기적 통제(표의 8번째 줄)를 살펴보도록 하자. 표의 1~3번째 줄에 기술된 동기와 네 번째 줄에 보이는 가격 반응성은 경쟁적 사적 기업이 투입재를 절감하는 데에 가지는 관심을 설명한다. 이들 기업은 부족 상황을 고려할 필요가 없기 때문에, 적절한 재고정책을 고려하면서 자신들이 필요로 하는 양의 투입재를 항상 획득한다. 이 모든 것들로부터 도출되는 명백한 결론은 투입재에 대한 수요는 제한된다는 것이다.

고전적 국유기업은 상황이 다르다. 상부기관들로부터 인정을 받고 그들의 지시를 따르기 위해서는 기업은 중단 없이 생산해야 한다. 부족상황에 있는 공급물품을 획득하는 문제는 이를 방해한다. 그리하여 기업은 투입재를 비축하려 한다. 사실, 공급물품의 제약만이 실제로 작동한다. 만약 어떤 기업이 어떤 식으로든 투입재를 얻게 된다면, 그 기업은 그것들의 구매에 필요한 자금을 확실하게 구할 수 있다. 기업의 연성예산제약은 어떤 장애도 발생시키지 않기 때문이다. 기업은 정말이지 가격에 반응하지 않으며, 특히 투입 측면에서는 더욱 그렇다. 그리하여 현재의 생산에 필요한 투입재에 대한 기업의 수요는 엄격한 제약을 받지 않는다. 오히려 그 수요는 통제되지 않는 경향이 있다.[8] 수요에 대한 기업의 자발적 제약이 얼마나 가능한지를 질문하는 것은 불필요하다. 왜냐하면 심지어는 그보다 적은 양이라도 공급 제약(혹은, 나중에 논의되겠지만, 투입재를 배급해 주는 당국이 강제하는 행정적 제약)에 직면할 것이기 때문이다. 고전적 국유기업의 투입재 수요가 갖는 거시적 측면에 대해서는 나중에 언급할 것이다.

'통제되지 않는 수요'(*runaway demand*) 현상은 투자재의 배분에서 훨씬 더 첨예하게 나타난다. 이는 다음 절의 주제이다.

2. 기업의 행동: 장기 결정(long-term decision)

이 절에서는 계속해서 자본주의의 사적 기업과 고전적 사회주의의 국유기업을 비교한다. 투자의 경우, 불완전경쟁 영역에만 논의를 한정할 필요는 없다. 하나의 사적 기업이 임의적으로 선택될 수도 있다. 이론적 비교를 분명히 하기 위해서 사적 투자 활동과 투자에 대한 자본주의 국가의 국가기구 혹은 국유기업에 의한 국가 개입은 무시된다.

팽창 추구와 그에 따른 투자갈망은 체제특수적 현상들이 아니다. 동일한 노력이 자본주의적 사적 기업들에도 영향을 미치기 때문이다. 한 체제 혹은 다른 체제에서 전형적으로 나타나는 특수한 성질은 투자 결정자들이 보여 주는 특별한 자기통제이다. 어떤 요인들이 그들의

---

8) 나의 초기 저작에서는 이와 같은 경우에 대해 '거의 무한정의' 수요라는 표현을 사용했다. 이는 오해를 유발했다. 나는 위에서 사용한 표현('통제되지 않는 경향')이 보다 명확할 것이라는 희망을 갖고 있다.

능력과 의지가 팽창 추구에 반대할 수 있도록 도와주는가? 그리고 어느 정도나 그들은 그렇게 할 수 있으며, 또 할 의지가 있는가?

사적 기업가에게는 자신의 기업을 발전시키도록 자극하는 '동물적 충동'이 작동한다는 케인스의 발언에 대해서는 이미 언급했다. 그러나 사적 기업가는 그러한 충동에 지배되지는 않는다. 투자결정에 관련된 위험들을 감당해야 하는 것은 사적 소유자들이기 때문이다. 이는 가족 소유의 소기업이나 대규모 주식회사에도 동일하게 적용된다. '순소득'은 소유주에게 귀속된다(5장 2절 참조). 설령 그러한 결정이 경영자들에 의해서 직접적으로 취해졌다고 하더라도, 그 성공은 소유자들을 부유하게 만들 것이며, 실패는 소유자들의 주머니를 털어 갈 것이다. 심각한 폭락이 가족의 부나 주식에 투자한 자본을 먹어치울 수 있다. 따라서 투자결정은 사활적 중요성을 갖는 문제이다. 그러한 결정을 내리고 실행하는 경영자들의 경력은 바로 그 문제에 달려 있다.

투자결정은 불가피하게도 위험과 관련 있다. 바로 이러한 이유 때문에, 투자결정을 취하는 사람들은 사업 전망이 좋은지, 경제의 미래가 유망한지, 그리고 투자나 확장을 한 상품에 대한 수요가 정말로 존재하는지, 그리하여 그 상품이 좋은 가격에 팔려 이윤을 남길 수 있는지 등을 확인하려고 한다. 이러한 폭넓고 신중한 고려는 팽창 시도들을 자발적으로 억제하도록 만든다.

투자 열광은 경제활동의 일반적인 경기순환 기능처럼 영고성쇠를 거듭한다. 부흥은 수요를 증가시키고 추가적인 프로젝트를 낳고 궁극적으로는 경제의 '과열 현상'을 유발하는 투자 프로젝트의 확산과 더불어 낙관주의의 물결을 가져올 수 있다. 그러나 그러한 시기에, 심지어는 그러한 환경하에서도 팽창을 방해할 다양한 요인들이 개입할 수 있다. 노동 수요의 증가는 임금을 밀어올리고, 신용 수요의 증가는 이자율을 올리고, 원료의 공급과 배송에서 장애가 발생할 수 있다(가령, 비록 약한 형태일지라도 부족현상이 나타난다). 9) 이러한 신호들은 경제의 '냉각 국면'을 만들어 내는 데 충분할 수 있다. 심각한 경기후퇴가 존재할 때까지 그것이 일어나지는 않지만 말이다. 어찌되었든 사업전망 악화, 비용 상승, 예상되는 투자효율성 저하는 조만간 많은 기업가들이 자신들의 투자 의도를 자발적으로 억제하도록 만든다.

결론은 분명하다. 투자자원에 대한 수요는 제약받게 된다. 비록 그것이 때때로 급격하게 증가할 수 있을지 모르지만, 통제되지 않는 지속적 수요 증가는 존재하지 않는다.

고전적 사회주의 기업의 경우에는 상황이 현격하게 다르다. 방금 서술한 자기통제는 많은 이유로 인하여 적용될 수 없다(9장 1절 참조). 예산제약이 연성이기 때문에, 의사결정자들은 투자가 재정 실패를 유발할 수도 있다는 사실을 두려워하지 않는다. 투자 프로젝트를 승인하였고 심지어는 기업이 그 프로젝트를 수행하도록 압박했던 상부기관들과 책임을 나누어 지기 때문에 그는 그러한 두려움을 훨씬 덜 느끼게 되는 것이다. 투자 실패에 대해서 어떤 종류의 재정적 구제책이 선택된다 하더라도, 계산서는 궁극적으로 국가에 의해서 지불된다. 다시 말하자면, 계산서는 모두에 의해서 지불되는데 이는 결국 아무도 지불하지 않는 것이다. 손실이 발생했을 때 자신의 주머니에 타격을 받게 되는 사적 기업 소유자와 같은 사람은 존재하지 않는다. 어느

---

9) 자본주의 경기순환의 확장 국면에 대한 설명을 보려면 G. H. Moore(1983)를 참조할 것.

누구도 돈 관리에 신중을 기하는 일에 진정한 내적 관심을 기울이지 않는다. 그 돈은 국가의 돈일 뿐이다. 그리고 이것이야말로 투자욕구를 저지하는 자발적 억제가 왜 부족한지를 설명하는 근본 원인이다.

판매 전망은 전혀 문제가 아니다. 무엇이 생산되든 간에, 수요는 공급에 적응할 것이다. 만성적인 부족은 안전한 판매 기회들을 보장한다.[10] '과열현상'은 특별한 위험 징후들을 만들지 않는다. 한편으로는 사람들이 그것들에 익숙해지도록 성장했기 때문이다(격렬한 투자긴장은 그 체제하에서 정상적인 상태의 일부이다). 다른 한편으로는, 임금 상승이 행정적 임금통제에 의해 봉쇄될 수 있으며 이자율이 중앙집권적으로 설정되기 때문이다(비록 그것들이 어떤 경우에도 투자결정에 영향을 미치지 않는다 하더라도 말이다).

다시 말하지만 결론은 분명하다. 고전적 사회주의하의 국유 부문으로부터는 투자자원에 대한 통제되지 않는 수요가 항상 존재한다. 실행될 수 있는 것보다 더 많은 투자 제안들이 승인과 자금 조달을 해달라고 상위 당국들에 제출된다. 투자 대출에 대한 수요는 공급을 초과한다. 플랜트, 건설, 장비 설치에 대한 수직적 요청과 수평적 요구는 그것들을 배분하는 당국이 수중에 가지고 있는 것보다 더 많으며, 그것들의 생산자들이 물리적으로 제공할 수 있는 것보다 더 많다.

---

10) 여기에서(그리고 이러한 사고방식의 몇몇 다른 지점들에서) 우리는 자기충족적 기대에 직면한다. 투자자원에 대한 통제되지 않는 수요는 만성적 부족의 원인 중 하나이다. 동시에, 부족의 만성적 성격은 판매 문제에 대한 두려움 없이 투자가 착수되도록 만든다. 이는 통제되지 않는 투자 수요를 야기하는 요인들 중 하나이다.

3. 생산관리 관료의 행동

앞의 두 절에서는 두 체제를 쉽게 비교하기 위하여 두 종류의 기업들을 대비해 보았다. 사실, 고전적 사회주의 기업을 그것만 분리시켜 검토할 수는 없다. 이 책 앞부분에서는 기업의 최고책임자들이 어떻게 생산 부분에서 관료기구의 하위층을 형성하고 있는지를 설명하였다. 그들이 다양한 흥정 과정을 통해 의사결정에 커다란 영향력을 행사하고 있다고 하더라도, 의사결정의 상당 부분은, 특히 보다 중요한 의사결정은 높은 수준의 관료기구에서 결정된다.

고전적 사회주의하에서 나타나는 국유기업의 단기 및 장기 행동에 대해 이미 언급한 내용들은 중간 및 상위 수준의 관료에 관해서도 그대로 언급될 수 있다. 하나의 문제만을 언급하자면, 투입재(특히 투자 자원)에 대한 관료의 수요가 통제되지 않는 경향이 항상적으로 존재한다. 하지만 이에 대해서는 약간의 보충적인 의견을 곁들여야 한다.

계획화 과정에서 배분을 담당하는 사람은 하부 단위들에 긴장된 계획을 부과하고자 하며, 그들이 상대적으로 적은 투입으로 가능한 한 많은 산출을 내어놓도록 유도하려 한다(7장 5절 참조). 이러한 의도 자체로부터 수직적 부족이 발생하는 것 같은데, 왜냐하면 부족한 배분은 하달된 생산 계획을 충족하고 일반화된 양적 추구를 만족시킬 수 있는 투입재를 확보하기 어렵게 만들기 때문이다.

의사결정이 이루어지는 단위의 수준이 높으면 높을수록, 담당자들은 총지표를 더 많이 사용하지 않을 수 없다. 11) 이는 이미 몇 차례 다

---

11) Banerjee and M. Spagat(1987)을 참조할 것.

루었던 정보 문제(7장 7절 참조 ― 옮긴이주)로 다시 되돌아가게 한다. 예를 들어, 의류 공장의 책임자는 어떠한 스타일, 어떠한 색상, 어떤 사이즈의 의상을 생산 계획에 포함시켜야 할지 고려하지 않을 수 없다. 이와는 대조적으로 의류 산업을 담당하는 정부부서의 책임자들은 오로지 좀더 광범위한 총계의 관점에서만 생각한다. 즉, 남성, 여성, 아동 의상이 얼마나 많이 생산되는지만을 고려하는 것이다. 경공업부 장관은 전체 의류 산업이 전체 생산 가치에 기여하는 정도만을 고려하면서 한층 더 통합된 지표들을 다룬다. 하위 책임자의 수행 실적은 직속 상급자가 자신들의 총계 기준에 기초하여 작성한 보고서로만 평가되므로, 세부적으로 고민하거나 구매자 수요에 꼭 맞추려고 할 필요가 없다. '계획은 달성되어야 한다'라는 말은 수요량보다 훨씬 많은 녹색 드레스나 훨씬 적은 청색 드레스를, 훨씬 많은 통 큰 바지나 훨씬 적은 통 좁은 바지를 만드는 한이 있더라도 총산출량 목표는 달성되어야 한다는 것을 의미한다. 이 점이 바로 부족과 잉여가 동시에 발생하는 하나의 이유가 되는 것이다.

산출량 할당의 결정처럼, 투입재의 관료적 배분은 개략적이고 총량적인 할당량에 기초해서 이루어진다. 유사한 단순 사례를 살펴보면, 의류 공장은 아마도 몇 개의 품질 등급으로 분류된 면 또는 모 원단을 일정량 받게 된다. 그러나 백여 개의 관련 품질 특성에 따른 직물들의 정확한 분류가 명기될 수는 없다. 이는 관료들이 태만해서가 아니라, 그러한 작업이 가망 없는 작업이기 때문이다. 근대적 생산의 무수한 원료, 반제품, 완제품들을 행정적으로 분류하는 것은 불가능하다. 조잡한 배급 체계는 오류, 부족, 잉여를 대규모로 발생시킨다.[12]

부족현상으로 생겨난 문제들과 씨름하는 업무는 항상 관료기구에

던져진다. 이는 생산을 통제하는 모든 수준의 국가조직뿐 아니라 당 기구에도 해당된다. 만약 어떤 기업이 원료 배송의 지연으로 자신의 생산 계획을 달성하는 데 실패할 위험에 처한다면, 그 기업의 당 비서 가 공급 회사의 당 비서, 지역 당 위원회, 혹은 심지어는 중앙당과도 교섭을 시도하여 선처를 호소하는 경우가 흔하다. 시장경제하에서는 구매부서 내 하급 직원의 업무가 고위 정치지도자의 통상적 일상업무 가 된다. 이 업무는 고위 정치지도자들이 매우 불평을 많이 하는 부담 이지만, 동시에 권력 과시의 하나이기도 하다. 관료기구 직원들은 자 신들에게 도움을 청하는 하급부서를 위해 늦어지는 할당을 빨리 이루

---

12) 스탈린의 폭압정치 시기에는 부족현상의 진짜 원인이 적에 의한 의식적인 사 보타주에 있다는 식으로 고발이 행해졌다. 부하린과 그 관련자들에 대한 중대 한 재판의 기록은 인용할 만하다. 부장검사인 비신스키(Vyshinsky)는 "왜 여 기저기에서 공급의 중단이 존재하는지, 왜 우리의 물질적 부와 풍족한 상품들 을 갖고서도 처음에는 한 물건, 다음에는 또 다른 물건에서 부족현상이 존재 하는지 이제야 확실해졌다. 그러한 문제에 책임을 져야 할 자들은 바로 이들 반역자이다"라고 언급했다. 피의자 중 한 명인 그린코(Grinko)는 다른 사람에 대해 말했다. "젤렌스키(Zelensky)는 우파 진영과 트로츠키파의 교사에 따라 엄청난 양의 상품을 수확이 좋지 못한 구역으로 보냈고, 적은 양의 상품을 수 확이 좋은 구역으로 보냈다. 그리고 이것은 어떤 지역에서는 상품이 선반 위 에 계속 남아 있도록 만들었고 어떤 지역에서는 상품의 부족을 유발했다." 이 는 수확이 좋지 못한 구역에는 공업품을 살 충분한 돈이 없고, 반면에 충분한 구매력이 존재했던 수확이 좋은 구역에는 충분한 상품이 없다는 것을 의미한 다. 이러한 사실은 R. Conquest(1968/1973, pp. 563, 504)에서 인용했다.

　다른 재판의 경우, 식품거래 기업 관리자는 다음과 같이 고백했다. 새로운 소비에트 헌법의 채택 시기에 반혁명 집단의 우두머리가 "조직원들에게 헌법에 서 요약한 주요한 업적들을 의도적으로 손상시키는 과제를 설정했다. … 우리 들은 인민들 사이에서 대규모 불만족을 조직해야 했다. … 이는 빵의 공급을 조직적으로 방해하면서 빵가게 앞에서 기다리는 대기 줄을 만들어 냄으로써 가 장 잘 성취할 수 있었다". 이러한 고백은 스탈린의 가장 친한 동지 중 한 명이 었던 V. M. Molotov(1937/1950, p. 24)의 연설에 인용되었다.

어지도록 하거나 특별대우를 받아 주는 능력을 발휘하여 권력을 과시한다.

이것은 한 방향의 인과관계보다는 일종의 상호작용 효과로 좀더 잘 설명할 수 있는 또 다른 현상이다. 일단 부족현상이 발생하면, 관료들은 적어도 가장 심각한 문제들을 해결하기 위하여 부단히 개입하는 것이 필수적이다. 하지만 이처럼 매우 성급한 '소방차'식 접근법은 투입과 산출의 교통 혼잡을 증가시켜서 경제에 존재하는 수많은 교차로에서 부족 문제를 악화시킨다.

4. 상대가격

가격의 역할을 검토할 때, 두 부분으로 나눠 분석해 왔다. 그것들은 처음에는 미시적 측면에서, 즉 상대가격의 관점에서 검토되고, 그 다음에는 거시적 측면에서, 즉 억압된 인플레이션의 문제영역과 함께 일반(평균) 가격 차원에서 검토된다.

지금까지 이 책에서 사용된 접근방식에 의거할 때, 경제는 크게 두 영역으로 나뉠 수 있다. 하나는 기업 간 영역으로, 여기서 생산자와 사용자는 모두 기업이다. 다른 하나는 소비자 영역으로, 여기서 생산자는 기업이고 사용자는 가계이다(전자는 〈표 8-2〉의 4.4, 4.5, 5.4, 그리고 5.5에, 후자는 4.8, 5.8에 해당한다).

1. **기업 간 영역.** 기업 간 가격은 확실히 임의적이고 비합리적이며, 정보를 거의 담고 있지 않다(8장 5, 6절 참조). 그러나 이런 이유로 부

족과 잉여가 발생하는 것은 아니다. 기업들은 상대가격에 실제로 주의를 기울이지 않는다. 그들의 예산제약은 연성이고, 가격에 대한 반응성은 낮다. 일차적으로 그들의 공급과 수요는 상급 조직들의 지시와 승인에 의존하고, 또한 다른 비가격 신호에 의존한다. 문제는 그러한 가격이 '나쁘'다는 게 아니라, 그것들이 효과적이지 못하다는 것이다. 다른 말로 하면, 수요, 공급, 가격을 상호 간에 조화시킬 수 있는 시장기제는 제거되었으며, 이 영역에서의 생산과 소비는 대신에 관료적 조정에 의해서 통제된다.

2. **소비자 영역.** 여기에서 상황은 확연히 다르다(8장 5, 7, 8절 참조). 가계의 예산제약은 경성이고, 상대가격에 대한 가계의 반응은 아주 민감하다. 많은 영역에서 이루어지는 행정적인 소비자 가격설정은 공급과 수요의 균형을 맞추기에는 불가능한 가격들을 만들어 낸다. 그러한 가격이 갖는 경직성은 적응을 더욱더 힘들게 만든다. 임의적이고 비합리적인 상대가격체계는 부족현상의 중요 원인이다.

이러한 일반적 설명과는 별개로, 여기에서 좀더 자세하게 살펴보아야 할 소비자 가격 책정정책의 한 가지 측면이 존재하는데, 이는 무료로, 혹은 비용에 비해 매우 낮은 국가보조금 지원 가격으로 대중에게 제공되는 일부 소비자 품목과 서비스이다. 대부분의 고전적 사회주의체제 국가들에서 이러한 것들에 포함되는 것은 주식(빵, 설탕, 육류 등), 대중교통, 임대주택, 보건·문화·교육 서비스 등이다.

이 가격 책정정책은 고전적 사회주의의 공식 이데올로기에 깊이 뿌리 내리고 있으며 체제의 거대한 '기본 약속'에 닿아 있기 때문에 임의적이지 않다(4장 3절 참조). 약속한 대로 사회는 모든 노동자들과 그들 가족들의 기본 요구를 최소한 충족해 주어야 한다. 그리하여 이들 생산품과 서비스는 누구나 이용 가능한 가격으로 또는 무료로 제공받을 수 있어야 한다.

이러한 목표들은 고귀한 것이기는 하지만, 이를 따르는 일은 수많은 유해한 결과들을 수반한다. 그중 가장 두드러지게 나타나는 결과들이 이 장의 주제이다. 무료 제공이나 매우 저렴한 가격은 수요를 엄청나게 증가시키는데, 결국 공급은 도저히 이러한 수요를 감당할 수 없다. 그 결과는 이들 생산품과 서비스의 강력한(그 강도가 한결같지는 않더라도) 부족현상이다. 이는 가격 책정정책의 불가피한 결과이다.

기본 욕구를 충족해 주는 이들 생산품과 서비스를 배분하는 기능은 시장에서 관료기구로 넘어간다. 그것들은 행정적 배급에 의해서 분배된다. 이러한 일의 배후에 있는 원동력이 무엇인지, 그리고 그 결과는 무엇인지를 판단하는 것은 정치학자들과 사회심리학자들의 몫이다. 만약 고귀한 뜻으로 만들어진 분배원칙들과 그러한 원칙들을 적용하기 위해 고안된 가격 책정정책이 부족현상을 만들어 왔다면, 관료기구는 강제적으로 그러한 배분 임무를 떠맡아야 하는 것인가? 아니면 관료기구의 실제 목표는 시장기제를 일단 분배 영역에서 제거한 다음에는 자신이 할 수 있는 대로, 권력의 주요한 수단으로서 기본적인 생산품과 서비스의 분배를 담당하는 것인가? 이에 대한 적절한 대답은 이 두 종류의 동기가 결합해 있다는 것이다.

행정적 배급에는 몇 가지 기준이 적용될 수 있다.

1. 필요(가족의 규모, 건강 상태)

2. 경제적 혹은 다른 사회적 성취에 대한 인식(정치적 고려사항과는 무관)

3. 정치적 공로에 대한 인정. (예를 들어) 사회계급을 이유로 한 정치적 특혜와 차별

4. 관료적 위계제에서의 지위와 위신

5. 소득과 재산 상황

6. 연줄, 뇌물

이러한 기준들 사이에는 양(+)의 상관관계 또는 대립되는 상충관계들이 존재할 수도 있다. 어떤 관료적 배급제도는 공개적으로 자신들이 적용하는 기준들을 천명하고, 어떤 제도는 그렇지 않다. 설령 공개한다고 해도, 발표 기준과 실제 적용 기준 사이에는 불일치가 존재할수도 있다(13장 6절 참조). 관료적 배급과 나란히 또는 (반합법적으로 또는 완전 불법적으로) 관료적 배급 속에 뒤섞여서, 회색시장이나 암시장이 존재할 수도 있다. 13)

인위적으로 설정된 소비자 상대가격과 행정적 배급 체계는 사회 내다양한 집단들 사이에서 재분배를 하는 것 이상의 기능을 수행하는데, 즉 누가 사회적 생산물을 나눠 가지는가를 좌우한다. 동일한 방식으로 관료기구는 시민들이 무엇을 소비하는가에 크게 영향을 미칠 수 있다. 이것은 가부장주의의 주요 영역 중 하나이다(4장 4절 참조). 비록가계가 선택의 자유를 어느 정도 보유하고 있다고 하더라도, 관료와 생산자들은 소비자들에 대해 독재를 행사한다. 14)

---

13) 분배와 관련된 구체적인 평가는 13장에서 다룬다.

여기에서 기본 생필품에 대한 가격 책정정책과 배급제도가 갖는 또 다른 이데올로기적 측면을 언급할 필요가 있다. 교조적 마르크스주의자들은 이러한 분배체계를 미래 역사의 특정 시기, 즉 **공산주의의** 첫 번째 전조로 간주했다. 잘 알려져 있는 공산주의의 분배원칙은 이러하다. "능력에 따라 일하고, 필요에 따라 분배한다."[15] 그 주장에 따르면 이 원칙은 당분간은 작은 영역(예를 들어, 초등 교육에)에만 적용될 수 있지만, 생산력의 발달에 따라 훨씬 더 넓은 영역으로 확대될 수도 있다.

실제로는 이 원칙은 가까운 미래나 먼 미래에 모두 적용할 현실적 기회가 전혀 없는 유토피아적인 것이다. 물론, 단일하고 아주 구체적인 사람들의 필요는 충족될 수 있다. 예를 들어 오늘날의 전화기 기술을 보면, 언젠가는 모든 사람이 전화기를 보유하고 자신이 원하는 만큼 충분히 쓸 수 있는 단계에 도달하는 것이 분명히 가능하다. 그러나 문제는 원거리 통신에 대한 사람들의 욕구는 기술이 발전할수록 증가한다는 것이다. 일단 원하는 만큼 충분히 전화를 할 수 있게 되면, 사람들은 타인을 스크린에서 보기를 원하고, 차 안에서 전화를 사용하기를 원하고, 전화로 서류를 보내기를 원하며, 전화를 통해서 컴퓨터들을 연결하기를 원할 것이다. 이러한 것들은 오늘날 알려진 단지 몇 가지 가능성만을 언급한 것이다. 경험적으로 볼 때, 기술 진보는 의심의 여지 없이 항상 새로운 필요를 창출하며, 따라서 이러한 필요들의

---

14) 이것의 윤리적, 정치적, 사회적 측면에 대해서는 F. Fehér, Á. Heller, and G. Márkus(1983)를 참조할 것.
15) K. Marx(1875/1966)를 참조할 것.

총합은 무제한적이다. 필요에 따른 분배라는 공산주의 원칙이 제시하는 유토피아는 무상분배에 대한 실험들에 어떠한 합리적 정당성도 제공하지 못한다.

5. 기업 간 관계에서의 억압된 인플레이션

앞 절들에서는 미시적 관점에서 인과관계 분석을 실시했는데, 이제는 거시적 수준에서 논의를 하려고 한다. 앞 절의 주제, 즉 가격에 대한 검토는 계속하겠지만, 상대가격 대신에 일반가격 수준에 대해 논의할 것이다. 주요 목적은 다음과 같은 질문들에 대한 답을 얻는 것이다. 부족현상과 인플레이션 간의 관계는 무엇인가? 억압된 인플레이션의 존재는 어느 정도까지 부족현상을 설명할 수 있는가?

앞 절에서와 똑같이 구별되는 것이 있다. 12장 5절과 6절은 각각 첫째로 기업 간 영역을 논의하고, 둘째로 소비자 영역을 논의한다. 기업 간 영역에서는 생산자와 사용자 모두가 국유기업이거나 협동조합이다. 소비자 영역에서는 생산자-판매자 역할은 기업이 담당하지만, 사용자-구매자 역할은 가계가 담당한다.

비록 그 목적이 거시적 수준의 결론들에 도달하는 것이라 할지라도, 〈표 12-1〉의 8번째 줄에서 보여 주는 관찰 사항을 상기하고 확장하면서 미시적 수준의 진술에서 시작해야만 한다. 기업의 구매의도에 대한 실질적 제한은 공급 측면에 있다. 이는 수직적으로 적용되기도 하고(기업은 배분 당국으로부터 자신이 원하는 만큼 배분을 받지 못한다) 수평적으로 적용되기도 한다(투입재를 생산하거나 보관하고 또 분배하는 기업은 구매자 기업이 원하는 만큼의 양을 갖고 있지 않다). 수요는 공급과 충돌하게 되는데, 투자재, 건설 서비스, 첨단기술 기계류의 수입 등의 경우에 특히 선명하게 나타난다.

구매자 기업 자체의 지불 능력은 그 기업에 대한 실질적 제약이 아니다. 물리적 활동들이 현행 생산이든 투자이든, 계획에 의해 규정되었든 인가되었든, 또는 계획 달성을 촉진시킨다고 최소한 해석될 수 있든 간에, 구매자 기업은 모든 물리적 활동들에 필요한 투입재를 획득할 권리를 갖고 있다. 만약 투입재가 배분되지 않았거나 획득될 수 없다면, 그러한 사실은 수용될 수 있다. 일어날 수 없는 일은 자금 부족으로 인한 조달 실패이다. 이는 고전적 사회주의하의 계획 수립 및 금융 체계에서 공표되어 온 원칙이며 적용되어 온 관행이다. 만약 기업이 자체로 가진 현금 보유액이나 이미 공급된 신용수단으로 지불할 수 있다면 아무 문제도 없다. 하지만 이러한 자원들이 청구서를 감당할 수 없다면, 기업은 몇 가지 방법들 중 하나를 활용하면서 여전히 추가 자금을 만들어 낼 수 있다. 긴급자금대출,[16] 채무상환 연기나 예산 지불, 다양한 임시 조치들에 의해 동결된 기업의 화폐보유액을 자유롭게 만들기 등이 그러한 방법들이다.

거시적 관점에서 볼 때, 방금 설명한 관행은 다음과 같은 것을 의미한다. 기업의 총 화폐 수요는 기본적으로 계획에서 규정한 실제 활동들을 실행하는 데 필요한 자금 수요에 의해 결정된다. 그러한 화폐 수요를 충족시키는 총 화폐 공급은 총 화폐 수요에 수동적으로 적응한다. 통화 정책은 지나치게 관대하다.[17]

---

16) 예를 들면, G. Tallós(1976)를 참조할 것.

덧붙여 말할 수 있는 것은 이자는 채권자나 채무자 어느 측에서도 뚜렷한 역할을 하지 않는다는 점이다. 이자는 은행이나 기업의 행동에 영향을 미치지 않으며, 신용 공급이나 신용 수요에도 영향을 미치지 않는다.

재정과 통화 모두를 포함하는 금융정책은 종속적이고 수동적인 역할을 한다.[18] 기업의 수익세, 이자율, 혹은 총 화폐 공급이 축소되었거나 증대되었다고 가정해 보자. 자본주의 체제에서는 이러한 종류의 변화는 영업 세계에서 변화 자체가 확실하게 감지되도록 할 것이며, 예를 들어 기업의 실제 활동의 수축 혹은 확장, 그리고 투자의 증가와 감소를 유발할 것이다. 그러한 재정 혹은 통화의 변동들은 고전적 사회주의 체제에서 아무런 영향도 미치지 않는다. 기업의 실제 활동들은 오로지 생산 계획을 올리거나 낮추거나, 부처의 위원을 기업에 내려 보내 추가적 지시를 내리거나, 혹은 투자를 개시하라는 중앙의 결정을 하달받거나 하는 등의 조치들에 의해서만 영향을 받는다.

이 모든 것으로부터 기업 부문은 '진정으로는' 화폐화되지 않았다는 결론에 도달할 수 있다. 기업 부문은 오직 그런 인상을 준다. 비록 모든 것들이 역시 화폐로 계산된다고 할지라도, 기업 부문은 오로지 절반 정도로만 화폐화되어 있다(8장 5절 참조). 기업 부문의 반(半) 화폐화 상태(와 같은 결과를 낳는 재정과 통화 정책의 수동성에 의한 피해)는 부족의 근본 원인들에 속한다. 앞에서도 언급했고 이 장의 나머지 부

---

17) 가령 체코슬로바키아의 경우, 1971년과 1980년 사이에 금융제도에 의해 확대된 총신용은 생산보다 약 두 배 정도 빨리 증가했다. M. Hrncir(1989, p. 30).
18) 화폐의 수동성이라는 주제에 관해서는 8장의 각주 3번에서 언급한 참고문헌들을 참조할 것.

분에서 다시 다루게 될 것처럼, 이는 여러 영역에서 수요를 '통제되지 않게' 만든다. 그러나 설령 이것을 근본 원인 중 하나로 간주한다 하더라도, 이는 그 자체만으로 변화될 수 있는 독립적 원인이 아니다. 기업 부문은 가격과 화폐라는 무기를 가진 시장 조정에 의해서가 아니라, 직접적인 통제라는 무기를 주로 사용하는 관료적 조정에 의해 통제된다. 재정 및 통화 정책의 수동성은 단지 이 사실이 금융 차원에서 표현된 것일 뿐이다.

이는 우리를 억압된 인플레이션이라는 문제로 이끌고 가지만, 우선 통화 과잉(monetary overhang)이라는 개념(11장 2절 참조)으로 돌아가야 한다. 통화 과잉은 구매의도로, 따라서 유효 수요로 발전할 수 있는 잠재력을 가지고 경제에 '달라붙어 있는'(hangs over) 구매력을 가리킨다. 통상적으로, 이는 화폐 소유자의 주머니(혹은 은행 계좌) 속에 들어 있는 축적된, 소비되지 않은 비축 화폐로 이해될 수 있는데, 이 화폐들은 언제든지 수요로서 상품 시장에 나타날 수 있다. 그런데 고전적 사회주의 기업은 자율적인 화폐 소유자가 아니다. 한편으로는 자신의 화폐를 소비하는 과정에 수많은 행정적 제약이 따르고, 반면에 자신이 가진 화폐 일부 혹은 전부가 언제든지 동결될 수 있다. 다른 한편으로는, 앞에서도 언급했듯이, 고전적 사회주의 기업은 사실상의 '백지 수표'를 갖고 있다. 만약 어떤 '정당화'된 목적을 위해 화폐가 필요하다면, 기업은 국가가 여러 가지 형태로 뒤에서 지불한다는 점을 알고 있기에 언제든지 화폐를 자유롭게 쓸 수 있다. 이러한 의미에서 기업 간 영역에서는 소비되기를 그리고 유효한 구매의도로 전환되기를 기다리는 화폐 과잉이 항상 존재한다. 따라서 이러한 의미에서 고전적 사회주의하에서는 기업 간 영역에서 억압된 인플레이션이 존재한다. 그러나 강조되어야 할 사항은 이것이 자본주의적 전시경제에서 발생하는 형식과 같이, 일반적인 사례들과는 몇 가지 본질적 측면에서 다른 매우 특수한 종류의 억압된 인플레이션이라는 것이다. 양자 간의 주된 차이점은 자본주의 전시경제가 사적으로 소유되며, 적극적으로 이윤을 추구하는 기업들을 가지고 있다는 점이다. 이들 사유기업들은 초과수요를 감지하면 가격을 인상하려는 강력한 시도를 하게 된다. 반면에 전시 정부는 가격을 강제로 인하하려고 필사적으로 노력한다. 여기서 '강제 인하'(forcing back)라는 표현은 적절한데, 강력한 인플레이션 압력은 모든 힘을 다하여 후퇴시켜야 하기 때문이다. 긴장은 증가한다. 왜냐하면 모든 사람들이 체제의 정상적인 작동과는 다른 특이하고 이례적인 사태가 존재한다고 느끼기 때문이다. 이 모든 것들은 고전적 사회주의 체제하에서는 훨씬 덜 격렬하게 발생한다. 앞에서 언급한 이유로 인해 기업들은 가격에 그다지 흥미를 느끼지 못한다. 초과수요와 행정적 가격통제는 일상생활의 익숙한 부분이다.

6. 소비자 영역에서 억압된 인플레이션

소비자 영역은 진정으로 화폐화되어 있다. 구매자들의 예산제약은 경성이며, 그들은 가격에 민감하게 반응한다. 이러한 사실은 소비자 영역에서의 억압된 인플레이션이라는 문제를 심사숙고하기 위한 출발점이 되어야 한다.

분석을 단순화하기 위해서, 기업 간 영역과 소비자 영역이 서로 철저하게 분리된다고 가정해 보자. 기업 부문이 가계에 제공하는 생산품과 서비스는 다른 기업들이 구매할 수 없다. 이러한 가정은 이 장의 후반부에서는 폐기될 것이다.

이 절에서 진실이라고 논증하려고 하는 주장을 먼저 제시하도록 하겠다. 억압된 인플레이션이 소비자 영역에서 반드시 나타난다는 사실이 고전적 체제의 본성 또는 기본 속성들로부터 오는 것은 아니지만, 그것의 출현과 지속은 고전적 체제와 양립 불가능한 것이 아니다. 억압된 인플레이션의 출현은 결코 심층적이고 체제특수적인 뿌리를 갖지 않는다. 거의 대부분의 경우, 그것은 추진되어 온 경제정책의 결과이다.

논의는 두 개의 단계로 이루어진다. 먼저, 지금까지 알려진 고전적 체제의 속성들은 억압된 인플레이션이 존재하지 않는 상태와 양립 가능하다는 것이 증명된다. 그 다음에 상보적 주장이 지지를 받는다. 즉, 고전적 체제의 본성은 억압된 인플레이션의 가능성을 배제하지 않는다.

1. 논의에 대한 근거는 강요된 조정 균형에 관한 11장 2절과 정상적인 부족현상에 관한 11장 6절에서 제시된 관찰결과들로부터 온다. 수요 측면에서 볼 때, 모든 가계는 정상적인 부족현상에 익숙해져 있다. 예를 들면, 가계들은 통상적인 기간 동안 기다릴 것이라고 예상하고, 강요된 대체품을 통상적인 비율로 사용하며, 원하는 상품을 발견하기 전까지 통상적인 수의 가계를 방문한다. 가계들은 공급 제약에 맞추어서 자신의 수요를 완전히 조절한다. 가계들은 강요된 대체를 선택하지만, 강제 저축은 존재하지 않는다. [19] 가계의 저축 경향은 변하지

않는다. 공급 측면에서 볼 때, 생산자–판매자 기업은 구매자의 요구를 관습적으로 무관심하게 처리하며, 구매자에 대해 관습적 조정 이상을 할 필요가 없다. 이런 방식으로 강요된 조정 균형이 소비자 영역에서 나타난다.

경제의 중앙관리자들은 현행 소비자 물가 수준에서 어떤 변화도 일으키지 않는다.[20] 그들은 부족현상의 통상적 강도를 변화시키기 위해 가격 및 임금 정책을 사용하려는 의지를 갖고 있지 않다. 부족현상으로 고통받는 시민들도 그러하듯, 그들은 이러한 부족현상을 정상적이며 어쩔 수 없는 현실로 간주한다.

소비되지 않은 화폐는 이러한 경제의 소비자 영역에서는 축적되지 않는다. 시장 위로 떠돌거나 구매력으로 전환될 준비가 되어 있는 통화 과잉도 존재하지 않을 뿐 아니라, 지속적이고 실제적인 초과 가계 수요도 존재하지 않는다. 그리하여 억압된 인플레이션은 나타나지 않는다.

2. 만약 부족현상이 유발하는 강제 저축이 일시적으로뿐만 아니라 반복적으로 혹은 심지어 지속적으로 발생하면, 다시 말해서 만약 소비되지 않은 화폐가 누적적 과정을 통해 가계 수중에 점점 더 많이 쌓이게 되면, 상황은 변하게 된다. 이렇게 되는 데에는 여러 가지 이유가 존재할 수 있다.

---

19) 혹은 기껏해야 일시적인 강제 저축이 존재한다. 이러한 강요된 저축도, 연기된 가상수요를 만족시키는 이후의 공급에 의해 흡수된다.

20) 상기할 것: 이 지점에서 공식 그리고 비공식 사적 부문들은 무시된다. 나는 이 절의 마지막 부분에서 이 문제를 다룰 것이다.

a. 공급의 구성요소들이 가상수요의 구성요소들로부터 너무나 멀리 벗어나서, 구매자는 돈의 일부를 전혀 소비하지 않으려고 하면서, 더 이상 강요된 조정에 완전히 따르려고 하지 않는다.

b. 경제를 담당하는 사람들은 명목소득이 가격 수준을 넘어서게 만들고, 그리하여 강제저축을 유발할 정도의 규모로 부족현상의 강도를 증가시킨다.

이러한 경제는 앞의 1에서 묘사된 상황과는 다른데, 이제는 실제의 초과 가계 수요가 발생하여 아마도 꾸준히 증가하는 정도로까지 축적된다. 소비자 가격에 대해 상승 압력이 존재한다. 만약 국가의 가격결정 당국이 그러한 압력에 반대한다면, '표준적인'(regular) 억압된 인플레이션이 발생하게 된다.

이 두 가지 상황의 발달은 고전적 사회주의 체제에서 지배적인 권력구조, 재산형태, 그리고 조정기제의 조건하에서 상상할 수 있다. 사실, 두 가지 상황의 역사적 사례를 발견할 수 있다.[21]

2b의 경우가 존재하는 곳에서는, 초과수요의 창출과 억압된 인플레이션은 가격과 임금 정책에 의해서 발생해 왔다고 말할 수 있다. 초과

---

[21] 오랫동안 소련, 동독, 그리고 체코슬로바키아에서의 소비자 영역은 강요된 조정 균형이라는 인상을 창출해 내는 경향이 있었다. 예를 들면, J. Goldmann (1975)은 체코슬로바키아의 사례에서 이것을 지적하였다. 그러나 1970년대의 폴란드 혹은 1970년대 후반과 1980년대 초반의 소련과 같은 경우(즉, 두 국가가 개혁에 착수하기 전), 억압된 인플레이션이 전개될 수많은 조짐들이 존재했다.

여기서는 오로지 '인상'(impression)에 대해서만 말할 수 있을 것이다. 가격지표의 왜곡과 부족 측정 문제의 미해결로 인하여, 그러한 관찰을 뒷받침할 확고한 경험적 증거는 존재하지 않는다.

수요의 출현을 통화정책 탓으로 돌리는 것은 부적절하다. 왜냐하면 통화정책은 (다른 맥락에서 언급한 것처럼) 수동적이고 관대하며, 이 체제하에서는 그렇게 될 수밖에 없기 때문이다. 정치권력을 가진 사람들은 자신들의 가격 및 임금 정책을 결정하지만, 금융 당국은 단순히 그러한 정책을 수행하는 데 충분한 돈을 찍어내기만 할 뿐이다.

나는 여기서 공식 사적 부문과 비공식 사적 부문의 역할, 그와 동시에 병행시장들(parallel markets)의 역할이라는 문제를 다루어야 한다(11장 2절 참조). 대중은 공적 부문에서 자신들이 실현할 수 없는 구매를 위해 정해 둔 화폐의 전부 또는 일부를 사적 부문에서 대신 소비할 수 있다. 이는 2a의 사례, 즉 강요된 조정 균형[22]을 창출하는 데 기여할 수 있으며, 억압된 인플레이션이 존재하는 2b의 사례에서 인플레이션 압력을 완화시킬 수도 있다.

7. 거시적 수준에서의 초과수요

이제 논의의 방향을 실제로 존재하는 그대로의 경제, 즉 하나의 연결된 전체로서의 경제로 돌린다. 관료적 조정은 다양한 행정적 제약들을 세움으로써, 할당량(quotas)을 적용함으로써, 다양한 방식으로 화폐를 배정함으로써 전체 경제가 단일 시장을 형성하는 것을 확실히 막는다. 그러나 경제 순환(economic flows)의 혈관들 사이에는 여전히 수

---

22) 앞서 언급한 것처럼, D. M. Nuti(1986a)는 이것을 불균형학파가 실시한 계량경제학적 조사 대부분이 지속적인 잉여 수요를 예증하는 데 실패할 수밖에 없는 주요한 이유로 간주한다.

많은 자생적인 '누출'과 '흡입'이 존재한다. 더 중요하게도, 경제를 운영하는 사람들은 생산품, 자원, 노동을 한 영역에서 다른 영역으로 이전시킬 수 있는 권력을 가지고 있다.

첫 번째로 해야 할 일은 거시 수준에서 수요의 구성요소들을 검토하는 것이다. 어떠한 검토도 완전하게는 이루어지지 않고, 이 장의 주제에 좀더 중요한 특정 영역에만 초점을 맞춘다. 수요의 주요 구성요소들이 단순히 열거되지는 않는다. 각각의 구성요소들은 상이한 부문들의 수요가 통제되지 않고 증가하기 쉬운 정도에 따라서, 각각의 수요를 창출하는 사람들이 관련 생산품과 서비스의 분배에 자신들을 위해서 개입할 수 있는 힘의 정도에 따라서 바로 분류된다.

1. 현행 생산에 필요한 투입재에 대한 기업의 수요. 엄격한 산출 계획에 못 미치는 불충분한 투입재 할당량, 공급의 불확실성, 수직적 수평적 부족의 예상 등은 기업으로 하여금 미래에 기업이 필요로 할 수 있는 것을 가능하면 모두 구매하도록 유도하는 축장 경향을 낳는다.

2. 투자재에 대한 기업의 수요, 팽창 추구에 의해 유발된 투자갈망. 이러한 현상을 통해 강행성장은 부족현상을 설명하는 요인들에 포함된다(9장 참조). 그러한 모든 요인들 중에서도 거의 지칠 줄 모르는 투자갈망은 통상적으로 초과수요에 대해 가장 강력한 영향력을 행사한다.

3. 수출할 수 있는 생산품에 대한 해외무역 부문의 수요. 이 부문은 태환성이 있는 통화를 얻을 수 있는 생산품에 대해 특별히 강력한 수

요를 갖는다. 비록 해외시장에서의 수요가 제한되어 있다고 할지라도, 국내생산의 상당 부분은 결국에는 해외에서 적절하게 인하된 가격으로(즉, 가격보조금이라는 정확한 조치를 통해서) 팔릴 수 있다. 강제수출에 전념하는 해외무역으로부터의 수요도 역시 통제되지 않고 증가하기 쉽다.

4. 자신들의 운영에 필요한 투입재를 획득하기 위해 권력에 거대한 영향력을 행사할 수 있는 국가기관들로부터의 수요. 확정적인 수요를 만들 수 없고 자신에게 할당된 빈약한 투입재에 만족할 수밖에 없는 관료기구의 '약한' 부서가 존재한다(예를 들어 보건과 교육 부문이 있다). 그러나 (군대와 같이) '강한' 기관들은 자제력을 행사하기 싫어한다. 그들은 분배를 받을 때 스스로 생산품과 서비스를 확보하려는 왕성한 노력을 기울인다.[23)]

5. 소비자 영역으로부터의 수요. 앞 절에서 지적한 것처럼, 실제의 초과수요는 여기서도 역시 나타날 수 있다. 그러나 다른 한편으로는, 강요된 조정 균형이 일어났다면 그렇지 않을 수도 있다.

이들 다섯 영역들(그리고 여기서 언급하지 않은 경제의 다른 부분들)의 결합된 수요는 결합된 공급과 맞선다. 거시적 총량들의 관점에서 볼 때, 고전적 사회주의하에서는 초과수요가 지속적으로 존재한다.[24)]

---

23) 이러한 관찰은 C. Davis(1989, 1990)가 잘 보여 준다.
24) 거시적 수준에서 초과수요가 어느 정도 측정될 수 있는지에 관한 논쟁이 존재한다. 기업 간 영역의 수요에서 어떤 구성요소들은 통계학적으로 분명하게 정

영역 1~4는 그들이 사용하는 생산품, 서비스, 자원에 대해 거의 충족될 수 없는 욕구를 가지고 있다. 그들의 예산제약은 연성이다. 그들의 수요는 항상적으로 통제되지 않고 질주하기 쉽다. 여기에다, 만약 억압된 인플레이션이 존재한다면(12장 6절, 사례 2) 영역 5의 수요, 즉 소비자 영역의 초과수요가 첨가될 수 있다. 그러나 이것은 거시적 초과수요의 출현을 위한 전제조건이 아니다. 설령 영역 5에 억압된 인플레이션이 존재하지 않는다 하더라도(12장 6절, 사례 1) 영역 1~4는 충분한 초과수요를 창출해 낼 것이며, 이는 초과수요가 경제 전체로 확장되도록 확실하게 만들 것이다. 소비자 영역에서 억압된 인플레이션은 네 부문의 수요가 통제되지 않고 질주하도록 하는 데도 필요하지 않다. 사실, 팽창 추구 속에서 발생하는 투자갈망은 그 자체로 전체 경제에서 초과수요를 발생시키는 충분조건이 된다. 물론 투자갈망은 보통 영역 1, 3, 4의 통제되지 않는 수요와 결합된다.

최초의 이론적 접근법을 보다 명확하게 하기 위해 소비자 영역을 경제의 다른 부분들로부터 분리했던 12장 6절 초반부에서 세운 가정을 폐기하는 것이 이제 가능하다. 사실 영역 1~4는 영역 5, 즉 가계 소비로부터 상품과 서비스를 흡입하려고 한다. 25) 재화가 자신의 물

의내리기 힘들다. 초과수요를 구성하는 다양한 항목들을 합산하는 데는 몇 가지 경제학적 그리고 방법론적 문제가 존재한다. 활용 가능한 통계자료가 전체 경제를 포괄하는 총수요를 대표할 수 있는 하나의 총량변수(혹은 그것의 값에 대한 수용 가능한 근사치)에 도달하는 데 사용될 수 있는지 의문이다.

그래서 나는 나의 초기 저작과 이 책에서 거시적 수준의 수요(혹은 초과수요)가 하나의 숫자로 반영될 수 있는 어떤 표현 수단도 사용하기를 꺼려 온 것이다. 대신 나는 은유적인 표현을 선호한다. 수요의 어떤 구성요소들(그리고 결과적으로 총수요)은 공급이 한참 뒤처지도록 만들면서 통제되지 않고 증가한다.

리적 특성 때문에 오직 국내 가계의 목적만을 충족시키는 경우는 매우 드물다. 만약 그러한 재화들이 거래 가능하다면, 그때는 그 재화의 수출이 고려될 수 있다. 게다가, 대부분의 소비자 물품과 서비스는 가계가 아닌 국내의 다른 구매자들을 발견할 수 있다. 사무실은 아파트로 옮겨갈 수 있고, 택시가 기업이나 기관에 의해 임대될 수 있고, 식료품이 외식산업에 의해 구매될 수 있으며, 가구들은 사무실에 설치될 수 있다.

또한, 완제품은 다른 데에서 가져가기가 그다지 쉽지 않다. 아마도 여전히 좀더 중요한 것은 소비자 영역의 공급에 기여할 수 있지만 또한 경제의 다른 부분에 쓸모가 있을 수도 있는 자원(원료, 반제품, 노동, 부동산, 투자, 수입을 위한 외환)을 전용할 가능성이다. 그러한 위협은 배분에 대한 계획홍정에서 사용될 수 있는 커다란 정치적 영향력을 가진 모든 영역으로부터 나올 수 있다(7장 5절, 9장 2절 참조).

그리하여 궁극적으로 소비자 영역에 대한 공급은, 경성예산제약을 받는 자신만의 화폐를 가진, 그리고 자신의 고유한 구매의도에 따르는 가계뿐만 아니라 연성예산제약과 맹렬한 흡입 성향을 가진 여타 다른 부문들과 마주치게 된다.

전체 공급이 가계로부터 다른 부문으로 흡입되지 않는 유일한 이유는 경제의 통제권을 쥔 사람들에 의해 이러한 흡입이 행정적으로 방지되기 때문이다. 그들은 공급의 특정 비율은 확실하게 가계에 도달해

---

25) 여기서 '흡입'(*siphoning off*)이라고 기술한 현상은 앵글로-색슨계 영업과 경제 용어법의 '구축'(*crowding out*)이라는 용어와 관련된다. 밀어내기는 배분 과정(예를 들어, 신용 배분)에서 강한 집단이 보다 높은 가격을 부르거나 국가개입의 도움을 통해서 약한 집단을 밀어내는 것을 의미한다.

야 한다고 주장한다. 그들은 일반대중들이 구매하는 상점에서는 기업이 구매할 수 없도록 하며, 사무실용으로 주택을 사용하는 것을 금한다. 심지어 그 이전에, 그들은 투입재의 계획할당량을 소비자 물품을 제조하는 산업에 제공한다. 물론 이 모든 것들은 직접적인 관료적 통제라는 무기를 가진 관료적 조정에 의해 이루어진다.

어떤 경우에든지, 기본적으로 소비자 시장을 위해 생산하는 생산자-판매자들은 거시적 수준에서 초과수요가 존재한다는 사실을 알고 있다. 설령 그들이 가계 전체로부터 나오는 초과수요를 경험해 보지 못했을지라도(즉, 어떤 강요된 조정 균형이 발전해 왔다), 그들은 구매자 시장체제(buyers' market regime)가 그들에게 요구하였을 방식으로 행동하도록 여전히 자극을 받지는 않는다. 그들은 판매 문제가 아마도 일시적일 것이라고 생각한다. 조만간 직접적으로 또는 간접적으로 영역 1~4가 구매자로 나타날 것이다. 만약 경제 전체에서 거시적 수준의 초과수요가 존재하고 판매자 시장체제가 지배적이라면, 그들의 행동 결과는 모든 곳으로 확산될 것이다. 그리하여 구매자 시장체제는 결코 오랫동안 섬으로 남아 있을 수 없다.

거시적 수준에서 존재하는 초과수요에 관한 논의는 10장에서 다룬 문제영역인 노동 배분에 관한 상황에 악영향을 미친다. 고전적 체제에서는 꽤 긴 시간 동안 양분 현상이 존재한다. 생산품에서는 부족이 잉여를 지배하지만, 노동에서는 그 반대가 적용된다. 이러한 양분 현상은 잉여노동의 흡수가 완료될 때까지 지속된다. 그러나 궁극적으로 강행성장은 노동 부족이 두드러지고 만성적으로 되는 상황을 야기할 것이다(10장 2절 참조).

초기의 양분 현상은 불가피하게 제거되고, 이는 부족 증후군(short-

age syndrome)의 불가결한 부분이 된다. 생산의 적응과 기술의 발전에서는 확실히 경직성이 존재하며, 가격과 비용에 기초한 엄격한 계산은 적용되지 않는다. 그렇다고 할지라도, 계획자들과 경영자들은 노동과 원료 투입재 사이에 존재하는 대체 범위를 여전히 감지한다. 그들은 특정한 투입재의 부족, 즉 어떤 경우에는 노동자, 또 어떤 경우에는 원료나 기계, 여타 장비의 부족이 종종 어떻게 존재하는지를 경험한다. 이러한 환경하에서 그들은 투입재 사이에서 즉흥적으로 강요된 대체를 종종 실행할 수밖에 없다. 부족현상이 모든 곳에서 지배적이기 때문에, 이는 다른 곳에서 발생하는 심각하고 지속적인 부족현상을 완화시킬 수 있는 생산요소라면 어떤 것이라도 그것의 잉여가 장기적으로 존재하지는 않는 상황을 결국 유발한다.

다른 맥락에서 이미 이야기한 것처럼, 상호 연결된 경제에서는 고립체들이 자신들의 내부에서 시장체제가 자신을 둘러싼 다른 체제에 대해 우위를 차지한 상태에서 발전하고 생존할 가능성을 갖지 못한다. 만약 체제 전체가 부족경제라면, 조만간 노동의 배분도 역시 부족경제로서 작동할 것이다. 26)

---

26) 동일한 것이 정반대 상황에도 적용된다. 규범적 사고에 따르면, 노동자들의 이익을 증진하기 위해 노동 배분에서 판매자 시장이 유지되어야 하며, 반면에 소비자의 이익을 증진하기 위해 생산품 배분에서 구매자 시장이 도입되어야 한다. 이러한 이분법은 바로 대체 가능성(그리고 그것을 이용해야 하는 경제적 필요) 때문에 장기적으로 유지될 수 없다.

8. 인플레이션 경향: 부족현상과 인플레이션의 관계

인플레이션 과정을 형성하고 지속시킬 수 있는 요인들이 고전적 사회주의하에 존재한다는 사실은 10장과 11장으로부터, 그리고 현재까지의 12장으로부터 명백해졌다. 주요한 것들만을 언급하다면, ① 생산과 서비스에 대해 거시적 수준에서 지속적인 초과수요가 존재한다. ② 생산자-판매자는 가격을 인상하는 데 어느 정도 이해관계를 갖고 있다. ③ 노동부족은 임금 상승 압박을 일으킨다. ④ 관대한 통화정책은 초과수요를 창출할 정도로까지 화폐공급을 증가시킬 수 있다.

이러한 요인들이 결합하여 고전적 사회주의 경제에서 인플레이션 경향을 만든다. 고전적 사회주의 경제는 고유한 속성들 때문에 인플레이션 과정이 일어날 조건들을 내부에 안고 있는데, 그러한 과정은 반드시 '갑자기 터져 나오는' 것이 아니라 일어나더라도 단지 심하지 않은 형태로 일어날 것이다. 경향이라는 용어는 이러한 사실을 전달하기 위해 사용되었다. 방금 열거한 요인들 중 몇 가지는 존재하기는 하지만 큰 힘을 발휘하지는 않는다. 오로지 요소 1, 즉 초과수요만은 매우 강력하다. 요소 2, 즉 가격 상승 압박은 크지 않다. 연성예산제약하에서 수익은 기업에게 사활의 문제가 아니다. 발생하는 어떤 손실도 가격을 인상하는 방식이 아니라 다른 방식을 통해 보상받을 수 있으며, 어쨌든 기업의 이해관계는 다른 방향을 가리킨다. 요소 3, 즉 임금 상승 압박은 강하지 않다. 독립적인 노동조합이나 파업이 존재하지 않으며, 행정적인 임금통제가 엄격하다. 마지막으로 요소 4에 관한 한, 확실히 통화 정책은 관대하다. 그러나 그것은 기업 활동을 확장하기 위해 인위적으로 화폐 공급을 주입함으로써 수요에 특별히 인플레이션적인 자극을 주려고 하지 않는다. 27) 팽창 유인은 특별한 자극 없이도 완벽하게 작동한다.

고전적 사회주의하에서 만성적 부족현상과 인플레이션 경향은 동일한 근원으로부터 유래한다. 그것들은 동일하거나 서로 관련된 요인들에 의해 만들어진다. 그것들은 단지 서로 동시 발생할 뿐인가, 혹은 그들 사이에 상쇄관계가 존재하는가? 이러한 생각은 종종 경제 문헌에서 나타난다. 이러한 형태의 질문은 두 개의 일반적인 용어로 표현되는데, 따라서 그것은 두 개의 좀더 구체적인 용어로 구분하여 제기될 필요가 있다.

1. 고전적 사회주의 경제에서 발생하는 인플레이션 과정이 존재하지만, 그것이 국가의 가격 및 임금 정책에 의해서 부분적으로 혹은 전적으로 억제된다고 가정해 보자. 그 사이에 부족현상이 나타난다. 만약 인플레이션의 억제가 부분적으로 혹은 전적으로 풀려서 인플레이션 과정이 중단되지 않는다면, 즉 억압된 인플레이션이 부분적으로 혹은 전적으로 실제 개방된 인플레이션으로 나타나게 된다면, 부족현상의 강도는 감소할 것인가?

나는 이 질문에 부정적으로 대답하는 사람들에 동의한다. 이러한 정책은 특정한 부족현상을 일시적으로 극복하거나 개선할 수는 있지만, 통상적인 부족현상이 나중에 다시 나타나게 된다.

이러한 예측은 앞 절에서 언급한 모든 것들로부터 나온다. 우선, 연

---

27) 이러한 종류의 통화 주입은 케인스주의적 거시 정책에 따라서 경기후퇴와 공황에 맞서기 위해서 때때로 자본주의 경제에서 이루어진다.

성예산제약과 낮은 가격 반응성을 가진 기업 간 영역은 가격 변화에 거의 반응하지 않을 것이다. 경성예산제약과 가격 반응성을 가진 가계는 반응해야 할 것이다. 가계의 수요와 실제 구매는 감소할 것이다. 가격 상승의 첫 번째 파도 이후에, 전체 가계 지출은 하락할 것이다. 그러나 만약 그동안에 다른 어떤 변화도 발생하지 않는다면, 12장 7절에서 언급한 영역 1~4는 가계에 의해 구매되지 않은 상품과 서비스에 대해서 강력한 흡입 작용을 일으킬 것이다. 높은 임대료 때문에 가계가 입주하지 못해서 빈 아파트는 사무실로 바뀔 것이고, 사무실은 높은 가격을 쉽게 지불할 수 있을 것이다. 가계에 의해 더 이상 요구되지 않는 직물은 군대에 의해 어떠한 문제도 없이 흡수될 것이다. 가계가 구매하지 않는 가솔린과 난방유는 국유의 산업 혹은 수송 부문에 의해 구매될 것이다.

이것은 단지 원래는 가계를 위해서 만들어졌지만 팔리지 않은 완제품과 서비스의 문제가 아니다. 여전히 좀더 중요한 것은 배분에 대한 직접적인 관료적 통제를 통한 간접적 효과이다. 가계 수요의 하락은 계획자들이 가장 긴급한 요구라고 생각하는 영역 쪽으로 투입재가 옮겨 가도록 만든다(12장 9절 참조). 그래서 이는 가계에 대한 공급을 감소시킨다.

결국 대중들은 아마도 가격 상승의 결과를 실질소비 감소라는 고통의 형태로 겪을 것이다. 그러나 부족현상은 지속될 것이다. 또는 좀더 정확하게 말하자면, 부족과 인플레이션 현상이 동시에 확산될 것이다.

2. 이제까지 일정한 비율로 유지되어 온, 개방된 인플레이션 과정이 존재한다고 가정해 보자(가령, 가격 수준이 연간 약 5%의 상당히 낮

은 비율로 상승하고 있다). 인플레이션과 함께, 항상 부족현상이 존재해 왔다. 이제 질문은 다음과 같다. 만약 인플레이션이 가령 연간 5%에서 10%로 가속화된다면, 부족현상의 강도는 감소하는가?

다시, 나는 '아니오'라고 대답하는 사람들에 동의한다. 재차 상세한 논의를 제공할 필요는 없다. 이는 앞에서 논의한 것들로부터 바로 나오기 때문이다. 오직 하나의 논지만이 확실하게 드러난다.

거시적 관계에서 출발해 보자(12장 7절 참조). 인플레이션이 가속화되기 전에 체제에 초과수요가 존재했다고 가정한다. 영역 1~4는 거의 충족할 수 없는 욕구를 가지고 있는 것으로 드러났다. 만약 지금부터 수요, 공급, 실제 판매와 구매를 측정하는 모든 수치들이 1.1배, 그리고 매년 또 1.1배 계속 증가해야만 한다면, 무엇이 변화하겠는가? 여기서 중요한 것은 수요와 공급 각각에 대한 비율에 있지, 사용되는 측정 단위의 종류(즉, 화폐 한 단위가 구매력을 더 갖는가 덜 갖는가)에 있지 않다.

요약하자면, 고전적 사회주의 체제의 속성들은 불가피하게 부족경제를 창출한다. 인플레이션에 관한 한, 그러한 속성들은 오로지 하나의 경향만을 낳을 뿐이다. 그 다음 그러한 성향이 얼마만큼, 어떤 형태로 실현되는지(얼마만큼의 인플레이션이 개방되어 있는지, 얼마만큼이 억압되어 있는지, 그리고 얼마만큼의 개방된 인플레이션이 표출되었으며 얼마만큼이 은폐되었는지)는 추진되는 경제정책에 달려 있다.

9. 부족의 자기 유도 및 재생산

부족은 부족을 낳는다. 물론 이런 종류의 교차 효과들은 주요한 설명 요인들에 속하지 않는다. 부족의 유래가 먼저 있어야 한다. 그러나 일단 부족이 존재하게 되면, 부족에 대한 인식은 경제 참여자의 행동을 좌우한다. 문제의 현상들은 흔히 **자기-충족적 기대**(*self-fulfilling expec-tations*)라 불린다. 나는 몇 가지만 언급할 것인데, 이 모든 것들은 이미 언급되었기 때문에 간략하게 상기하는 것만으로 충분할 것이다.

판매자 시장에서 판매자와 구매자 양쪽 모두 부족 상황의 가능성을 예상한다. 부족현상의 가능성은 판매자에게 자신감과 구매자에 대한 무관심을 증가시키지만, 구매자에게는 굴욕감과 무능감을 야기한다. 일단 양쪽이 이 같은 상황에 대해 심리적으로 스스로 준비하게 되면, 판매자는 구매자를 얻기 위한 어떤 노력도 실제로 할 필요가 없게 되며, 강요된 조정이 구매자에게서 실제로 발생하게 된다.

구매자는 미래의 공급에 대해 확신이 없고 부족현상을 예상하기 때문에 축장을 한다. 이러한 축장 경향은 초과수요의 발달을 가져온다.

배분에 관한 계획의 흥정이 이루어지는 동안 모든 지원자들은 투입재의 부족을 예상한다. 따라서 그들은 자신들의 필요를 과장하게 되는데, 이는 수직적 부족을 증가시킨다.

부족은 또한 보다 먼 미래에도 예상될 수 있다. 투자자들은 판매의 문제가 없을 것이라 느끼는데, 이는 투자자들을 투자재에 대한 협상에서 어떤 자제력도 보이지 않도록 만든다. 그에 따라 거의 충족될 수 없는 투자갈망이 초과수요를 야기하는 가장 중요한 요인들 중 하나가 되는 결과가 나타난다.

이러한 순환 과정들(과 이들과 비슷한 다른 순환 과정들)은 부족의 자기유도(*self-inducement*)로 귀결된다.

통상적 수준의 부족, 즉 일상적 부족이 유지되고 보존되도록 하는, 많은 분야에서 작동하는 정보 및 조절 기제에 주목할 필요가 있다. 상대가격의 변동은 시장 조정하에서 자신이 가지고 있던 정보 역할을 고전적 사회주의하에서는 담당하는 데에 실패한다. 상대가격의 변동은 시장 조정하에서는 상대적 부족의 신호이고, 따라서 부족과 잉여에 대한 분권화된 의사결정자들의 주의를 끈다. 이 같은 가격 신호 체계는 부족과 잉여의 신호들에 의해 부분적으로 대체되기도 하지만, 이조차 상당히 조잡한 방식으로 이루어진다(8장 9절 참조).

예를 들어, 헝가리 자동차 시장의 경험을 살펴보자.[28] 헝가리는 자동차를 생산하지 않았다. 대신에 독점적인 자동차 판매기업이 다른 사회주의 국가로부터 수입된 차를 전적으로 소비자에게 공급했다. 인민들은 차를 받기 위해 평균 2~3년을 기다리는 데에 익숙해졌다. 만약 자동차를 받기 위한 줄이 상당히 더 길어지면, 필요한 조치(예를 들어, 가격인상)를 취해 대기 줄이 일상적인 길이로 돌아가게끔 했다. 반대 방향으로의 이탈 또한 오래 지속되지 않았다. 만약 대기 줄이 비정상적으로 짧아져서 부족현상이 제거되면, 수입은 억제되고 대기 줄은 일상으로 돌아왔다. 양 사례에서 행해진 조치는 기업과 상급자 입

---

28) 헝가리 자동차 시장은 Z. Kapitány, J. Kornai, and J. Szabó(1984)가 쓴 논문에 기술되어 있다. 그 후 Z. Kapitány(1989a)는 계속해서 헝가리 자동차 시장의 상태와 통제 메커니즘을 고찰하고 있다. 정밀하고 구체적인 내용들은 그 논문에 실려 있다. 여기에서는 시장의 작동이 정형화되고 고도로 단순화된 형태로 기술되는데, 이는 단지 일반적 개념을 밝히려는 의도를 갖기 때문이다.

장에서 보면 이해할 만하다. 평소보다 현저히 길어진 대기 줄은 불만을 야기할 수 있다. 평소보다 훨씬 짧은 대기 줄은 판매자가 가진 이점을 빼앗고, 구매자를 특별한 존재로 만들지도 모른다. 게다가 '너무 짧은' 대기 줄은 자원(예를 들어 수입 쿼터)이 그 영역에서 회수되어 부족현상이 평소보다 더 강하게 발생하는 영역으로 이전될 수 있다는 신호이다.

이 같은 사고방식은 일반적으로 적용된다. 계획을 짜는 사람들은 부족과 잉여의 신호에 주의를 기울인다. 그들은 평소보다 공급이 악화되고, 기다리는 시간이 더 길어지고, 더 빈번하게 강요된 대체현상이 발생함으로써 불평이 더 많이, 더 크게 일어나는 곳에 공급을 늘리기 위해 노력한다. 물론 이러한 이전을 하기 위해서는 생산품과 자원을 다른 곳으로부터 회수해야 한다. 문자 그대로 잉여가 존재하는 영역으로부터 회수가 이루어지는 경우는 거의 없다. 그래서 부족현상이 존재하지만 평소보다 덜 심한 곳으로부터 강탈이 일어나야 한다.[29]

초점을 보다 위쪽으로 맞추면, 전체 소비자 시장에 대한 통제를 검토해 볼 수 있다. 가계소비에 대한 거시적 계획(7장 2절, 9장 3절, 12장 7절 참조)을 여기에서 다룰 필요가 있다. 경제 관리자들은 소비자 가

---

[29] 이러한 배분 메커니즘의 이론적 모델들은 나와 B. Martons가 편집한 책의 여러 연구들에 제시되어 있다. 제목은 위에서 언급한 것에 대한 메시지를 전달하는데, 바로 《비가격통제》(*Non-Price Control*, 1981)이다. 몇몇 모델들은 정상 재고량과 주문장 수준으로부터의 이탈에 대처함으로써 정상적인 경제상태를 복원시키는 환류 통제 메커니즘에 대해 서술했다.

그러한 모델들에 기초해서, 그 메커니즘이 비록 최적의 배분을 보장하지는 못한다고 하더라도 생존 가능하다는 것, 즉 투입-산출 과정을 조정할 수 있다는 것을 형식적으로 증명할 수 있다. 좀더 자세한 참고문헌은 8장의 각주 47번을 참조할 것.

격 수준, 주민들의 명목 소득, 소비를 위한 공급 등을 계획한다. 또한 일반적으로 그들은 대중이 그들 소득의 얼마를 저축할지, 바꾸어 말하면 실제로 일어날 전체 지출은 얼마나 될지 잘 예측한다. 단기적으로, 경제를 책임지는 사람들은 이 같은 거시적 조치를 계획할 수 있고, 또한 그 계획이 정확히 이행되는 것을 보장할 수 있다.

이러한 사용 가능한 수단들을 가지고, 사실 그들은 한 번의 큰 결정으로 소비자 영역에서 발생하는 부족현상의 빈도와 강도를 극적으로 줄일 수도 있다. 그들이 해야 하는 일은 다른 모든 것은 변하지 않게 그대로 유지한 채로 소비자 영역에 연결된 공급을 급격히 늘리는 것이다. [30] 그러나 이러한 일은 대개 발생하지 않는다. 이는 다른 곳으로부터 생산품과 서비스를 갑작스럽게 회수하는 것을 수반하고, 그렇게 되면 마찬가지의 부족과 긴장이 경제의 다른 영역, 즉 생산, 투자활동 및 해외무역에서 발생한다. 대중과 경제지도부 둘 다 소비자 영역에서의 일상적 부족에 익숙하게 된다. (적어도 정치적, 경제적 상황이 충분히 안정적인 기간에는) 거시적 계획화 과정에서 그들은 부족현상이 평소보다 심각해지지 않도록 특별한 주의를 기울인다. [31] 하지만 부족현상을 평상시보다 좀더 실질적으로 온순하게 만들기 위해 수요보다 공급을 더 빨리 증가시키려는 어떤 노력도 이루어지지 않는다.

사실상 고전적 체제는 부족경제의 덫에 걸려 버렸다. 일단 체제가

---

30) 앞 절에서 언급된 논리전개의 의미에서 보면, 부족현상의 감소는 오로지 일시적인 것이다. 이는 현재의 논의에서 무시되었다.

31) J. P. Burkett, R. Porters, and D. Winter (1981)에 의한 계량경제학적 연구는, 초과수요가 소비자 시장에서 나타날 경우에 경제 관리자들이 수출을 감소시키고 소비자 상품의 수입을 증가시킨다는 사실을 보여 준다.

부족경제의 덫에 걸리면, 부족현상은 스스로를 재생산하게 된다. 이는 적잖이 습관화와 타성의 힘을 통해서 일어난다.

10. 원인의 체제특수적 성격

인과 분석은 끝났다. 지금까지 언급된 것 외에 어떤 설명요소도 추가되지 않을 것이다. 다음에서 언급될 일련의 사고는 원인들의 '깊이'를 설명하기 위한 것이다. 그것들은 얼마나 임의적이고 피상적인가, 혹은 체제의 기본적 속성에 얼마나 깊이 내재되어 있는가. 분류가 완벽하다거나 보편적으로 타당할 것이라는 주장은 접어 두고, 네 가지 유형의 설명을 구분하였다. 어떤 점들에서는 학술적 연구보다는 부족현상에 대한 대중들의 태도, 정치적 논쟁, 그리고 공식 발표 등에서 일반적으로 발견되는 다른 견해들에 대해 검토하였다.

1. 진행 과정에서 참여자들의 실수. 이것은 비록 학술저작에서는 아니더라도 공식 선전과 미디어에서, 그리고 그것들의 영향으로 대중들 사이에서 가장 흔한 설명방식이다. 이런 또는 저런 생산품을 구할 수 없는 이유에 대해 상업 부문이 이것을 제때 주문하지 않았기 때문에, 공장 관리자가 그 상품의 생산을 보장하는 데 실패하였기 때문에, 담당부서가 계획에 착오를 일으켰기 때문에, 해외무역 회사가 그 상품의 수입을 늦게 준비했기 때문에 등으로 설명하는 식이다.

그 자체의 협소한 맥락에서 그 같은 주장이 사실이라고 생각할 수도 있다. 모든 체제에서 모든 참여자들은 연약한 인간이고, 실수가 그들의 업무에 어느 틈에 들어올 수 있다. 그러나 과학적 설명의 목적은 왜 특정 상황하에서 한 종류의 실수가 다른 종류의 실수보다 더 보편적으로 발생되는지 — 왜 실수들이 확실히 명확한 어떤 방향으로 나아가는지 — 를 파악하는 것이다.

물리적이든 사회적이든 간에 모든 체계는 마찰을 보인다(11장 4절 참조). 부분들은 서로 완벽히 일치하지 않는다. 기관은 삐걱거리기 마련이다. 관료적 투자 통제와 주식시장 양자 모두가 그들 각각의 배분 기능을 수행하는 방식에는 마찰이 존재한다. 그런데 각 마찰의 종류는 체제특수적이다. 과학적 설명은 왜 특정한 종류의 마찰 현상들이 하나의 체제에서 적용되며, 다른 곳에서 나타나는 마찰 현상들과는 다른지를 보여 줘야 한다.

2. 경제적 후진성. 부족경제는 가난하고 후진적인 국가에 널리 퍼져 있다는 설명을 자주 듣는다. [32] 널리 퍼진 이러한 견해는 개념상 확연히 구별되는 두 개의 현상을 혼동한다. 하나는 낮은 수준의 생산과 소비를 수반하는 낮은 수준의 경제발전이고, 다른 하나는 구매자를 만족시키는 데 실패한 부족현상이다. 동독은 일인당 생산량과 소비량에서 세계에서 가장 고도로 발전한 국가들 중 하나였지만 여전히 부족경제였다. 동독 시민들은 자신의 돈으로 사고 싶은 것을 구입할 수 없었

---

32) 나는 빈곤과 후진성이 부족 증후군을 직접적으로 설명할 수 있다는 사고를 거부한다. 이 절에서는 부족의 체제특수적인 원인이 일차적이라는 나의 입장을 명확히 하고자 한다. 그러나 나는 체제 그 자체의 탄생과 그것의 기본적인 특성의 형성이 관련 국가의 경제적 후진성과 관계있다는 사실을 인정한다. 나는 이러한 관계를 이 책의 앞부분에서 다루었다(2장 2절, 8장 1절 참조).

다. 한편, 많은 자본주의 국가들은 부족경제가 아니지만 경제적으로 후진적이다. 구매자들의 수요는 그들의 소득에 따라 크든지 작든지 할 것이지만, 그들의 수요를 만족시키는 것에 대한 공급제약은 존재하지 않는다.[33]

3. 불완전한 경제정책. 이 경우에 부족은 정치적, 경제적 통제의 불완전한 노선 탓으로 여겨진다. 이러한 신념은 고전적 사회주의 체제 하의 관료들 내에서, 그리고 개혁에 대한 초기 개척자들과 지지자들 사이에서 특히 널리 수용된다. 몇 가지 변이들이 나타난다.

   a. 생산 계획이, 또는 보다 일반적으로는 역시 투자 계획이 너무 긴장되어 있다. 옳은 말이지만, 계획을 지나치게 조이는 경향은 이 체제에 고유한 것이다.

   b. 임금정책이 잘못됐다. 일반적인 비판에 따르면, 경제관료는 임금을 충분히 붙잡지 못했고, 따라서 임금은 생산성과 비교해서 너무 빠르게 상승했다. 몇몇 경우에 이러한 관찰은 타당하다. 그러한 임금정책이 어떻게 소비자 시장에서 초과수요와 억압된 인플레이션의 형성에 기여할 수 있는지는 강조한 바 있다(12장 6절 참조). 그러나 이는 어떤 경우에만 적용되는, 부족-인플레이

---

33) 여기서 관심사는 가치 판단을 표현하는 것이 아니라 개념들을 명확히 하는 것이다. 이러한 방식의 논의는 정치적으로든 도덕적으로든 빈곤이나 후진성을 지지하지 않는다.

   또 하나의 단서가 필요하다. 지면의 제약 때문에 이 책은 자본주의적 길을 가고 있는 개발도상국의 특정 환경에서 엄중한 공급 제약이 발생하는 방식에 대해서 언급하지는 않는다.

션 현상의 배후에 존재하는 하나의 요인일 뿐이다. 반면에 몇몇
다른 요인들은 선택된 경제정책과 상관없이 부족-인플레이션 현
상에 지속적으로 적용된다(12장 7~8절 참조).

c. 가격정책이 불완전하다. 몇몇 생산품과 서비스 그룹의 가격이
너무 낮게 책정되었다. 12장 4절은 이러한 주장이 어디까지 적
절한지 다루었다. 그리고 12장 전체는 이 주장이 어쨌든 문제의
일부만을 설명한다는 점을 보이도록 계획되었다.

4. 체제특수적 원인들. 이 장에서 전개된 일련의 논의는 체제특수적
원인들이 다중 인과적 현상 배후에 존재하는 가장 중요한 요인들임을
주장한다. 그들의 존재는 부족 증후군 출현의 충분조건이다.

이 장에서는 문제를 거시적 관점과 미시적 관점 모두에서 다루었다.
그러나 거시적 분석은 특정한 사회적 사건과 과정들을 국가적 규모에
서 총계적 형태로 묘사하는 하나의 분석적 장치일 뿐이라는 사실을 무
시해서는 안 된다.[34] 독립된 별개의 '거시적 설명'은 존재하지 않는
다. 총계적 지표들의 도움으로 설명되는 과정은 경제에 참여한 사람들
이 행동하는 방식이라는 관점에서도 설명될 수 있기 때문이다.[35]

---

34) 흔히 발생하는 용어의 혼돈에 주의할 필요가 있다. 많은 사람들은 '거시적 변
수들'과 중앙정부의 수중에 있는 도구적 변수들을 동일하게 바라본다. 가격의
예를 들어 보자. 중앙정부는 개별적인 행정가격을 결정할 수 있으며 또한 다
른 방식으로 가격의 전개에 영향을 미칠 수 있다. 하지만 중앙정부는 가격 지
표, 즉 모든 (국가가 설정하든 자생적이든) 가격 변화들의 평균을 결정하지는
않는다. 후자는 중앙정부의 도구적 변수가 아닌 거시적 변수인 것이다.
　정부는 경제체제에서 하나의 참여자이다. 거시적 변수들은 모든 참여자들
ー정부, 관료기구, 기업, 비기업 기관, 그리고 가계ー의 결합된 행동의 결
합된 속성이다.

다양한 형태의 거시 차원의 초과수요는 만성적 부족과 인플레이션 경향을 발생시키는 데에 중요한 역할을 한다(12장 5, 7절 참조). 그러나 수요가 통제되지 않고 증가하는 다양한 경향들은 행정기관의 경제정책이 아니라 그 체제의 참여자들(관료기구, 그리고 관료기구 안의 국유기업 지배인들)의 이해관계와 행동으로부터 되짚어 볼 수 있다. 유사하게, 미시적 차원에서 구매자에 대한 생산자-판매자의 태도(12장 1절 참조)도 역시 규칙적인 행동 패턴을 보인다. 이전의 장들은 이러한 이해관계와 행동이 그 체제의 기본적 특성들과 어떻게 궁극적으로 연결되는지를 보여 주었다. 권력구조, 공식 이데올로기, 관료적 공적 소유, 그리고 다른 조정형태에 대한 관료적 조정의 지배 등이 그러한 특성들이다.

　3~6장과 부족 증후군에 관련된 논의를 연결하면서 전체적인 인과관계 사슬을 다시 추적할 필요는 없다. 단지 상기하는 의미에서, 궁극적인 체제특수적 원인들은 어떤 중간의, '중준위 수준'(medium-level)의 설명들을 통해 그 결과, 즉 부족 증후군과 연결된다고 다시 한 번 말하고 싶다. 예를 들면, 자신의 상사로부터 인정을 받고자 하는 기업지배인의 이해관계가 그러한 것들 중 하나이다. 또 다른 것은 연성예산제약과 투자갈망이다. 여타 현상들과 함께, 이 세 가지 현상은 부족의 주요하고 직접적인 원인을 형성하는 동시에, 결과이기도 하다. 그것들은 이 체제의 보다 깊은 특성인 권력의 전형적 구조, 이데올로기, 소유, 조정 등으로부터 완전하게 도출된다(15장 1절 참조).

---

35) 이러한 사고는 자본주의 경제의 거시이론과 그러한 거시이론의 미시적 기초에 관한 논쟁에서 표면화했다. 가령, G. C. Harcourt, ed. (1977), R. E. Lucas and T. J. Sargent(1981), 그리고 E. S. Phelps et al. (1970)을 참조할 것.

<표 12-2> 부족 증후군 : 체제 간 비교

비교의 기준	자본주의	고전적 사회주의
1. 시장 레짐	구매자 시장	판매자 시장
2. 시장 균형으로부터의 지배적인 일탈	잉여	부족
3. 노동배분의 상태	노동 잉여	노동 부족
4. 실제 작동하는 제약	수요-제약적 체제	자원-제약적 체제(행정적 쿼터, 공급 제약, 물리적 투입재 제약)

이제는 체제들의 비교로 돌아갈 시간이다(11장 5, 6절 참조). 주요 내용은 〈표 12-2〉에 요약돼 있으며, 설명도 추가되어 있다. 또한 이 표는 독자들이 문헌들에서 사용되는 용어를 스스로 이해하는 데에 도움이 될 것이다.

〈표 12-2〉의 두 개의 종렬은 자본주의와 고전적 사회주의 체제를 비교한다. 각각의 횡렬은 두 개의 반대되는 특징으로 표현하는 전형적인 이분법을 취한다. 미리 말해 둘 필요가 있는데, 두 체제는 추상적인 명확성을 가지고 비교되었기 때문에 일련의 단서들, 예외들, 비전형적인 기간들과 부문들이 두 개의 종렬 양쪽 모두에서 언급될 수 있다. 예를 들면, 자본주의 체제에서는 자본주의 전시경제에서의 판매자 시장, 경기순환의 정점에서의 광범위한 노동 부족, 또한 사회화된 보건 부문의 부족현상을 언급할 수도 있다. 이와 유사하게, 고전적 사회주의 체제에서는 공식, 비공식 사적 부문 일부에서의 구매자 시장을 지적할 수도 있다. 하지만 줄마다 예외를 반복하기보다는 전형적 상황들 사이에서 뚜렷한 대조를 보여 주려고 노력하였다.

첫째 줄(시장 레짐) 은 〈표 11-1〉과 연관해서 자세하게 논의했기 때문에 설명이 필요하지 않다. 구매자 시장은 자본주의의 전형적인 시장 레짐이고, 판매자 시장은 고전적 사회주의의 전형적인 시장 레짐이다.

둘째 줄(시장 균형으로부터의 지배적인 일탈)에 따르면, 자본주의 체제는 부족경제라는 고전적 사회주의의 특성과 반대되는 '잉여의 경제'이다. 이러한 비교는 일찍이 1920년대에 소련의 경제학에서 이루어졌다. 크리츠먼(L. N. Kritsman)은 1925년에 쓴 책에서 "일반적 잉여는 상품-자본주의 경제에서 나타나고 일반적 부족은 프롤레타리아 특성의 경제에서 나타난다"고 언급했다. 노보질로프(V. V. Novozhilov)는 1926년에 '일반적 부족'과 '일반적 과잉생산'을 대비시켰다. 36)

둘째 줄의 경우, 두 개의 용어가 항상 왈라스적(Walrasian) 시장균형으로부터의 두 개의 이탈 중 지배적인 것 하나를 표시한다는 점에 주목해야 한다. 부족과 잉여는 모든 체제에서 나란히 나타나기 때문에(11장 1, 6절 참조), 질문은 단지 두 개 중 어느 것이 지배적인가 하는 것이다.

넷째 줄(실제 작동하는 제약)은 생산과 판매 활동에서 실제로 어떤 제약들이 작동하는지를 보여 준다. 37) 전형적인 경우, 자본주의 체제는 산출 측면에서 수요 제약이 나타나고, 따라서 수요 제약 체제로 기

---

36) L. N. Kritsman(1926)과 V. V. Novozhilov(1926)를 참조할 것. 바우어(T. Bauer)와 사무엘리(L. Szamuely)는 내가 이 책에 주의를 기울이도록 했다.
　　1920년대에 소련의 많은 경제학자들은 부족에 대한 이론적 분석에 몰두했다. 하지만 이러한 저작물들은 스탈린 공포정치 시기에 잊혔다. M. P. Afanas'ev(1990)는 그 논쟁을 재검토하였다.
37) 칼레츠키(M. Kalecki)는 여기에 주의를 기울였으며(1970, 1972), 공급-결정적 체계와 수요-결정적 체계를 구별하였다. 이와 관련된 생각은 R. J. Barro and H. I. Grossman(1971, 1974)과 J. Goldmann and K. Kouba(1969)에 의한 연구들에서 찾을 수 있다.

술된다. 고전적 사회주의 체제는 전형적으로 투입 측면에서의 제약에 직면한다. 이는 여러 방식으로 나타날 수 있다. 직접적인 관료적 통제를 통한 배분 제약, 투입재 획득에서의 공급 제약, 혹은 생산에서의 병목현상과 투입재 부족이라는 실물적 제약 등이 그것이다. 일단 투입 측면에서 나타나는 이 모든 제약들을 염두에 둔다면, 다음과 같은 집합적 용어를 사용할 수 있다. 고전적 사회주의는 자원-제약 체제이다.

11. 경제 효율과 기술진보

부족현상들과 그 원인들을 살펴보았으므로, 이제는 부족이 생산과 소비에 미치는 결과들을 보아야 한다. 그러나 이 결과들은 이전 장들에서 논의한 다른 현상들의 영향들로부터 분리될 수 없으며, 따라서 더욱 포괄적인 접근이 요구된다. 이 절에서는 고전적 사회주의 체제하에서의 효율과 기술발전의 상태를 일반적인 용어로 논의한다. 한편, 소비자 복지문제는 다음 장을 위해 남겨 두겠다.

　고전적 사회주의는 체제의 약속에도 불구하고 높은 수준의 효율성을 달성할 수 없다. 하나의 특이한 모순이 생산에서 관찰된다. 한편으로, 계획은 긴장되어 있고, 생산을 통제하는 사람들은 이용 가능한 투입재로부터 규정된 산출량을 생산할 수 없다는 것에 대해 자주 불만을 터트린다. 원료, 부품, 그리고 노동의 부족이 존재하기 때문이다. 마치 높은 수준의 자원 활용이 존재하는 것처럼 보인다. 다른 한편으로, 모든 국제적 비교들은 고전적 사회주의하에서 일어나는 자원 활용과 생산에서의 투입과 산출 사이의 비율이 자본주의하에서보다 나쁘다는

⟨표 12-3⟩ 동독과 서독의 생산성(1983)

	광업 및 에너지 생산에서의 생산성		
	동독	서독	동독/서독(%)
갈탄 생산량/종업원(톤)	2,699	5,905	0.46
가스 생산량/종업원(1천 ccm)	904	2,251	0.40
화력발전소 전력 생산량/종업원(MWh)	3,186	7,065	0.45

출처: Bundesministerium für Innerdeutsche Beziehungen(1987, 표 3.1~4).

⟨표 12-4⟩ 에너지 및 철강 집중도: 국제 비교

	1천 U. S. 달러a의 산출b에 소비된 에너지 양 (등가의 석탄으로 표현: kg, 1979)	1천 U. S. 달러a의 산출b에 소비된 철강 양 (kg, 1979)
사회주의 국가		
동독	1,356	88
폴란드	1,515	135
6개 CMEA 국가c	1,362	111
자본주의 국가		
프랑스	502	42
이탈리아	655	79
영국	820	38
서독	565	52

주석: a) 1979년 U. S. 달러.
    b) 산출의 측정은 GDP.
    c) 불가리아, 체코슬로바키아, 동독, 헝가리, 폴란드, 소련을 가리킨다.
출처: J. Winiecki(1986, p. 327).

것을 보여 준다.[38] ⟨표 12-3⟩, ⟨표 12-4⟩, 그리고 ⟨표 12-5⟩는 이를 보여 준다.[39] 생산 부문에서의 노동 생산성 및 여타 다른 요소들의

---

38) 효율성과 생산성에 대한 체제 간 비교를 다룬 광범위한 문헌들이 존재한다. 특히 A. Bergson(1978a, 1987)과 G. Ofer(1988)는 언급할 만하다.

39) ⟨표 12-3⟩, ⟨표 12-4⟩, 그리고 ⟨표 12-5⟩에서 투입은, 나아가 ⟨표 12-3⟩에서도 산출은 물리적 용어로 측정되었다. 이는 비교에서 측정의 어려움들을 감

〈표 12-5〉 물질 집중도: 국제 비교

	총부가가치 단위당 중간재 투입(1975년 전후)			
	경제a	공업과 농업	공업	제조업
CMEA 국가				
체코슬로바키아	1.43	1.65	1.67	1.73
헝가리	1.41	1.77	1.91	2.10
폴란드	1.56	1.82	1.88	2.03
유고슬라비아	1.15	1.65	2.05	2.37
CMEA 평균	1.47	1.75	1.82	1.95
자본주의 국가				
캐나다	1.07	1.21	1.32	1.70
덴마크	0.96	1.10	1.13	1.14
프랑스	0.73	0.93	0.95	0.98
서독	1.12	1.45	1.46	1.51
이탈리아	0.93	1.24	1.40	1.40
일본	1.12	1.60	1.77	1.85
네덜란드	1.23	1.68	1.79	1.83
노르웨이	1.15	1.44	1.54	1.80
포르투갈	0.88	1.17	1.50	1.59
스페인	1.02	1.40	1.56	1.69
스웨덴	0.98	1.20	1.28	1.37
영국	1.16	1.59	1.59	1.74
자본주의 국가 평균	1.03	1.33	1.44	1.55
CMEA 평균/OECD 평균	1.43	1.31	1.26	1.26

주석: a) 경제의 원료 영역에 따라 정의되었다.
출처: S. Gomulka and J. Rostowski(1988, p. 481).

생산성은 다른 체제하에서보다 훨씬 느리게 증가한다(〈표 9-7〉참조). 원료와 에너지의 낭비가 존재한다.

소시킬 수 있게 해준다.
　〈표 12-4〉는 사회주의 경제가 자본주의 경제보다 많은 에너지를 동일한 산출량을 생산하는 데에 사용하고 있음을 보인다. J. R. Moreney(1990)의 연구에서 제시된 계량경제학적 분석은 이러한 결론을 뒷받침한다.

<표 12-6> 제강(製鋼)에서의 연속 주조: 국제 비교

	연속 주조/총생산 (%)		
	1970	1980	1987
사회주의 국가			
불가리아	0	0	10
체코슬로바키아	0	2	8
동독	0	14	38
헝가리	0	36	56
폴란드	0	4	11
루마니아	0	18	32[a]
소련	4	11	16
자본주의 국가			
프랑스	1	41	93
이탈리아	4	50	90
일본	6	59	93
스페인	12	49	67
영국	2	27	65
미국	4	20	58
서독	8	46	88

주석: a) 1986년.
출처: *Finansy I Statistika* (Finance and Statistics, Moscow, 1988a, p. 109).

고전적 사회주의하에서의 기술진보 발생은 선진 자본주의 국가에 도입된 혁신들을 그대로 베끼는 것으로만 거의 이루어진다. 그러나 이런 모방적인 기술발전조차도 무계획적으로 진행된다.[40] 〈표 12-

---

40) 이 주제에 관한 방대한 문헌들 중에서 다음에 주목할 필요가 있다. R. Amann, J. M. Cooper, and R. W. Davies, eds. (1977), R. Amann and J. M. Cooper, eds. (1982, 1986), J. S. Berliner (1976), S. Gomulka (1986), P. Hanson (1981), P. Hanson and K. Pavitt (1987), K. Z. Poznanski (1987, 1988), 그리고 A. C. Sutton (1968, 1971, 1973)에 의한 포괄적 저작들이 그것이다.

　Y. Qian and C. Xu (1991)는 수학적 모델의 도움으로 혁신과 연성예산제약

6〉은 최신 야금술 공정 확산에 대한 국제적 비교를 통해 이 같은 일반적 관찰을 예증한다.

기술발전의 가장 중요한 요소는 생산과 사람들의 생활방식 및 소비습관을 바꾸는 혁명적인 신생산품의 발견과 산업적 적용이다. 그러한 혁신은 예를 들면 컴퓨터, 복사기, 합성섬유, 그리고 컬러텔레비전 등이다. 〈표 12-7〉은 20세기의 모습을 바꿔 놓은 광범위한 혁명적 신생산품들을 나열하였다. 적어도 이들 중 상당한 비율을 사회주의 국가들에서 먼저 도입했다면 이는 사회주의 체제의 우수성을 증명했을 것이다. 하지만 하나 혹은 두 개의 예외만 가지고서는 그렇다고 할 수 없다. 41) 이는 체제의 성과에 대한 평가에서 부정적인 측면에 놓여 있는 가장 강력한 논거들 중 하나이다.

효율성과 기술진보의 빈약한 결과에 대한 단일한 설명은 없다. 그것은 다중 인과적 현상이다. 그 현상의 설명 요인들 사이에는 이미 이 책에서 검토된 다양한 결합들이 두드러지게 나타난다. 그러한 결합들 중 가장 중요한 것들을 간단히 요약해 보겠다.

보상과 벌칙 체계가 약하다. 자본주의에서 혁신을 도입하는 기업의 소유주와 경영진은 막대한 경제적 이득을 얻을 가능성이 크다. 마찬

사이의 연관성을 분석했다.

41) 〈표 12-7〉은 오로지 민간 생산에서의 혁신과 관련되어 있다. 소련과 여타 사회주의 국가들이 군사 혁신을 도입하고 정교화하는 데에서 개척자적인 역할을 했는지 여부의 문제는 여기서 검토되지 않는다.

어쨌든, 전문가들 사이에는 사회주의 국가들의 독립적인 공헌이 군사기술의 발전에 어떠하였는지, 그리고 사회주의 국가들이 이 부문에서 어떤 모방적인 성격의 기술혁신에, 즉 스파이를 통해 알아 낸 혁신을 활용하는 데에 어느 정도 의존했는지에 관한 논쟁이 존재한다.

〈표 12-7〉 중요한 기술진보가 처음으로 나타난 국가: 국제 비교

상품 혹은 서비스	개척자 국가	도입 시기
1. 정보, 통신		
부품		
트랜지스터	미국	1947
집적회로	미국	1958
LSI(대규모 집적회로)	미국	1968
마이크로프로세서	미국	1971
광섬유	미국	1973
메모리, 저장		
MOS ROM(읽기 전용 기억장치)	미국	1967~1968
플로피디스크	미국	1970
프로그래밍 언어		
포트란	미국	1954
프롤로그	프랑스	1975~1979
컴퓨터		
에니악 컴퓨터(제 1세대)	미국	1945
트랜지스터 컴퓨터(제 2세대)	미국	1951
집적회로 컴퓨터(제 3세대)	미국	1960~1970
퍼스널 컴퓨터	미국	1975~1981
소프트웨어		
문서편집기(text editor)	미국	1964
컴퓨터 네트워크	미국	1981
비즈니스, 은행업		
신용카드	미국	1950
위성		
위성	소련	1957
통신 위성	미국	1960
기상 위성	미국	1960
정지궤도 위성	소련	1976
텔레비전		
비데콘 TV 카메라 튜브	미국	1945
컬러 TV	미국	1953

상품 혹은 서비스	개척자 국가	도입 시기
비디오 리코딩		
흑백 비디오 리코딩	미국	1951
비디오디스크	서독	1970
레이저비디오디스크	일본/네덜란드	1983/1983
가전제품		
쿼츠 시계	일본	1967
2. 에너지(핵에너지)		
전기를 생산하기 위한 핵분열 반응기	미국	1951
3. 원료		
에폭시 수지	미국	1947
눌어붙지 않는 요리기구	프랑스	1958
4. 기계와 기술		
철강 및 엔지니어링		
컴퓨터 수치제어 금속 가공	미국	1965~1969
프로그래머블 로봇	미국	1956
어셈블링 로봇	미국	1980
농업		
플라스틱 포일 텐트	일본, 프랑스	1954
	소련, 이탈리아	1954
	루마니아	1954
녹색 혁명 하이브리드	멕시코	제 2차 세계대전
급속 냉동	미국	1950
프린팅		
레이저 프로젝션을 갖춘 컴퓨터 사식 조판	서독	1965
랜드 폴라로이드 카메라	미국	1959
건조 인쇄	미국	1952
레이저	소련, 미국	1960
레이저 프린트 기술	미국	1979
5. 항공		
초음속 항공기	미국	1947
제트 여객 항공기	영국	1949

<표 12-7> 계속

상품 혹은 서비스	개척자 국가	도입 시기
6. 의약품		
페니실린	미국	1945
인슐린(생물학적으로 생산)	미국	1982
경구용 소아마비 백신	미국	1955
경구 피임약	미국	1957
초음파 주사기계	영국	1955
의학적 치료를 위한 레이저 사용	미국	1964
컴퓨터 단층촬영(CAT)	영국	1971
	미국	1974
핵자기공명(NMR)	미국	1981

출처: P. Gerencsér and Á. Vészi가 이 책을 위해서 편집하였다.

가지로, 낮은 효율성과 기술적 후진성은 그들에게 높은 경제적 손실을 초래하고, 매우 낮은 성과는 치명적 실패로 이어질 가능성이 크다. 이런 결과들은 복잡한 인센티브 제도가 아니라 시장기제와 시장청산 가격의 자연적인 작동에 의해 보장된다.

반대로, 고전적 사회주의 경제에서는 높은 효율성과 신속한 기술발전이 특별한 이득을 창출하지 못하고, 낮은 성과도 실패로 이어지지 않는다. 이러한 부족 혹은 낭비도 나중에 연성예산제약에 의해 자동적으로 양해된다.

자본주의는 기업가들이 신기술, 새로운 조직 형태, 또는 새로운 생산품을 도입하도록 허용한다. 기업가들은 이것을 기존의 조직을 통해서 착수할 수 있지만, 만일 그들이 저항에 직면한다면, 자유로운 진입의 가능성이 남아 있다. 새로운 회사를 만들고 자본시장에서 자금조달을 받는 것이 가능하다. 이런 것들이 방금 나열한 새로운 생산품들 중 상당수가 어떻게 도입되었는지를 설명한다. 슘페터(1912/1968)가

기술한 사회경제적 메커니즘은 자본주의 경제의 역동성에 대한 결정적으로 중요한 설명이다.[42]

그러나 고전적 사회주의에서는 사적 이익에 의해 추동되는 새로운 진입이나 새로운 기업을 위한 공간이 없다. 어떤 종류의 새로운 구상이라도 관료기구의 승인과 적극적 지지를 필요로 한다. 사실, 관료적 조정의 영향은 혁신을 거의 불가능하게 만드는 것에만 그치지 않는다. 관료적 조정의 영향은 일상적이고 그날그날 이루어지는 생산의 능률 또한 손상시키기 때문이다. 직접적인 관료적 통제는 엄격하다. 공급과 수요의 미세 조정은 불가능하며, 자원의 효율적인 결합을 가져오는 수백만의 미세한 조치들도 불가능하다.

상황은 전반적이고, 강력하고, 만성적인 부족에 의해 더욱 악화된다. 이것은 생산에 끊임없는 장애를 일으킨다. 이런저런 투입재가 늦게 도착하거나 동시에 고갈됨으로써, 이용 가능한 투입재가 낮은 효율성을 가지고 사용되고, 비용이 많이 들고 품질에 손상을 일으키는 광적인 조급성과 강요된 대체가 일어나게 된다. 축장하는 경향과 공장 내부의 실업의 존재로부터 낭비가 생겨난다. 판매자 시장은 경쟁이라는 장려책을 제거한다. 판매는 어떤 경우든지 보장되기 때문에 구매자를 확보하기 위해서 가격을 깎거나, 품질을 향상시키거나, 또는 새로운 생산품을 도입하기 위한 노력을 할 필요가 없다.[43]

---

42) 이러한 사고는 P. Murrell(1990a, 1990b)에 의한 분석에서 크게 강조되었는데, 그의 분석은 개혁 이전의 사회주의 경제와 개혁된 사회주의 경제 모두가 갖는 가장 중대한 결점으로서 슘페터식 기업가 정신의 부재를 지적한다.

43) 자본주의 국가의 자동차 산업은 생산품 종류를 항상 갱신하려고 노력한다. 대조적으로 동독의 바르트부르크(Wartburg)와 트라반트(Trabant) 모델, 그리

요약하자면, 낮은 효율성과 기술적 후진성 및 보수성은 일련의 체제특수적 요인들의 결합효과에 의한 것이라고 할 수 있다.

고 소련의 모스크비치(Moskvich) 모델은 20년 이상 제조되었다. 그러나 고객들이 이런 구형 모델을 사기 위해 5년, 10년, 심지어 15년이나 기다릴 의향이 있는데, 동독이나 소련의 자동차 공장들이 굳이 왜 많은 비용이 들고 위험한 혁신에 성가시게 신경 쓰겠는가?

제13장   소비와 분배

이 장에서는 시민들이 고전적 사회주의 체제하에서 어떻게 살아가는 지를 고찰한다. 이 장의 첫 번째 부분에서는 복지, 소비, 경제적 안정의 평균적 특징들을 살펴보고, 두 번째 부분에서는 사회의 다양한 집단들 간에 이러한 것들이 어떻게 분배되는지를 검토한다.

1. 소비의 증가

장기간에 걸친 평균을 살펴보면, 일인당 실질소비는 일반적으로 상당히 증가하는 경향이 있다. 하지만 그 결과는 자본주의하에서 발전하는 국가들의 소비 증가에 비교해서 특별히 인상적이지 않다. 이러한 비교는 좀더 어려운데, 다양한 국가들은 경제발전 수준의 관점에서 서로 출발점이 다르기 때문이다. 따라서 사회주의와 자본주의하에서

<h3 style="text-align:center;">〈표 13-1〉 소비증가: 국제 비교(1951~1978)</h3>

	일인당 실질소비의 연평균 증가율
사회주의 국가	
체코슬로바키아	1.6
헝가리	2.6
폴란드	2.9
소련	3.7
자본주의 국가	
프랑스	3.9
이탈리아a	3.8
일본b	6.5
영국a	2.1
미국	2.3

주석: a) 1952~1978년.
　　　b) 1953~1978년.
참조: 자료는 사적 소비 지출의 증가율을 의미한다.
출처: G. E. Schroeder(1983, p. 315).

각각 살아가는 개인들의 평균 실질소비 비율이 시간이 경과함에 따라 어떻게 변화하는지를 살펴보고자 시도할 것이다.

〈표 13-1〉에 나타난 사회주의 국가들의 수치는 아마도 상향 왜곡되었을 것이다.[1] 그러나 심지어 이들 수치조차도, 가장 급속하게 발전하는 자본주의 국가들과 비교했을 때 그 격차가 고전적 사회주의의 수

---

1) 이들 수치는 생산량 측정과 관련하여 언급했던 것과 동일한 왜곡 요인들에 의해 영향을 받았다(9장 7절 참조). 게다가 여기에는 '미용 시술'(cosmetic treatment)을 의심할 수 있는 훨씬 더 많은 이유가 존재한다. 소비에 관한 자료는 특별한 선전적 중요성을 갖고 있기 때문이다.
　슈뢰더(G. E. Schroeder, 1990a, 1990b)는 소련의 공식적 소비의 시계열에서 나타나는 왜곡 현상을 설명하고, 그에 대한 대안적 추정치들을 제공하였다. 고르바초프 시기가 시작하기 직전의 마지막 몇 해였던 1981~1985년의 경우, 한 CIA 추정치는 연평균 실질소비증가율을 0.7%로 보았다. 다른 말로, 거의 정체했다는 의미이다. G. E. Schroeder(1990b: 표 1)를 참조할 것.

⟨표 13-2⟩ 전화 보급률: 국제 비교(1986)

	주민 100명당 본선 수
사회주의 국가	
불가리아ᵃ	15.1
체코슬로바키아	12.5
동독	9.8
헝가리	7.2
폴란드	7.0
루마니아ᵇ	6.7
소련ᶜ	9.0
유고슬라비아	11.6
자본주의 국가	
사이프러스	24.7
그리스	33.0
아일랜드	21.2
포르투갈	14.8
스페인	25.2
터키	5.3

주석: a) 1983년. b) 1979년. c) 1982년.
출처: International Communications Union(1988, pp. 401~405)에 기초하여 P. Mihályi
가 이 책을 위해서 편집하였다.

십 년이 경과하면서 더 좁혀진 것이 아니라 사실상 증가했다는 사실을
보여 준다.

⟨표 13-2⟩와 ⟨표 13-3⟩은 생활수준의 국제 비교를 제공하는데, 유
럽의 자본주의 국가들에 비해서 소련과 동유럽 국가들은 전화기를 훨
씬 적게 보유하고 있으며, 자가용도 매우 드물게 보유하고 있다는 사
실을 보인다.

가장 생생하게 대조되는 것은 동독과 서독이다. 출발점은 대략 동
일하다.[2] ⟨표 13-4⟩는 동서독 경제에서 각각 살아가는 시민들의 물
질적 생활 조건을 비교하기 위한 몇 가지 지표들을 보여 준다. 이러한

〈표 13-3〉 승용차 보급률: 국제 비교

	주민 천 명당 승용차 수	
	1980년	1987년
사회주의 국가		
불가리아	56	127
체코슬로바키아	127	174
동독	151	209
헝가리	86	157
폴란드	64	111
루마니아	11	12
소련	26	44
유고슬라비아	108	129
자본주의 국가		
오스트리아	298	355
덴마크	271	309[a]
이탈리아	302	392
일본	202	241
노르웨이	302	387
네덜란드	322	349
스위스	355	418
스페인	201	251
서독	388	462

주석: a) 1986년.
출처: Z. Kapitány and L. Kállay(1980, p. 165, 1991, p. 90), 그리고 자본주의 국가들에 대해서는 각기 다른 국가 통계.

비교는 더욱더 흥미로운 사실을 드러낸다. 왜냐하면 고전적 체제가 동독에서 1989년까지 작동했기 때문이다.

두 체제의 상대적 지위는 〈표 13-5〉에 확실하게 나타난다. 서독 시민이 한 시간 노동하여 얻는 소비품목 하나를 위해, 동유럽 시민은 더

---

2) 처음부터 약간의 차이들이 존재했지만, 이러한 차이들이 거대한 격차를 설명하지는 못한다. 주요한 이유는 동독과 서독의 체제가 다르다는 점이다.

<표 13-4> 동독과 서독의 소비(1970)

	서독과 비교한 동독의 소비 (%)
100가구당 내구 소비재 보유	
TV	93
컬러TV (1973)	7
냉장고	66
냉동고 (1973)	14
세탁기	89
자동세탁기 (1973)	3
일인당 식음료 소비	
고기	86
우유	105
치즈	46
감자	149
채소	134
과일	44
차	59
커피	51
포도주, 샴페인	29
맥주	68

출처: 1970년 내구 소비재 - Statistisches Amt der Deutschen Demokratischen Republik (Berlin, East Germany, 1971, p. 345), Statistiches Bundesamt (Stuttgart, West Germany, 1970, p. 467). 다른 자료 - Bundesministerium für Innerdeutsche Beziehungen(1987, 표 4. 3, 4. 3-2).

오래 — 어떤 품목들의 경우에는 2배, 5배 또는 10배 — 일해야 한다. 유일한 예외는 빵이며, 어떤 국가에서는 차와 담배가 예외 품목이다.

지금까지의 표들은 고전적 사회주의 체제에 사는 개인들의 소비가 자본주의 체제에 사는 개인들의 소비보다 뒤처져 있는 상황을 확실하게 보여 준다. 이러한 간격은 생산증가에서보다 소비증가에서 더 크다. 그것은 확실히 소비보다는 투자에 우선권이 주어지는 강행성장전략으로 인해 나타난 결과이다. 주민들은 자신의 동의도 없이 성장을 이루기 위해 기획된 투자를 위해서 자신의 잠재적인 현재 소비를 희생할 것을 강요당한다. 투자 효율성이 꽤 낮다는 것은 또한 완전히 다른 문제이다. 사실 보다 작은 소비의 희생으로 보다 빠른 성장률이 성취될 수도 있는 것이다.

〈표 13-5〉 선택된 소비재 구매에 요구되는 노동 시간: 국제 비교(1988)

품목	단위	1단위의 소비재를 구매하는 데 요구되는 노동 시간(서독 = 1)					
		불가리아	체코슬로바키아	동독	헝가리	폴란드	소련
식료품							
돼지고기	kg	4.1	3.4	1.3	2.4	2.0	2.7
쇠고기	kg	5.9	3.7	1.0	2.6	1.7	3.0
닭고기	kg	5.4	4.7	2.8	3.5	2.8	5.5
계란	개	5.5	3.8	2.4	2.6	6.6	4.2
우유	리터	2.7	2.0	0.5	1.8	0.7	2.9
버터	kg	6.0	3.6	1.9	2.5	3.5	4.0
흰 빵	kg	0.9	0.5	0.4	0.5	0.5	0.8
설탕	kg	7.1	3.3	1.4	3.2	3.6	4.5
감자	kg	3.7	1.1	0.3	3.2	-	1.6
사과	kg	1.6	1.6	1.2	1.4	-	7.1
와인	리터	2.9	5.8	0.5	2.8	10.6	13.4
맥주	리터	3.8	2.0	0.3	2.7	7.0	2.7
커피	kg	18.2	10.4	6.8	7.2	17.8	11.3
차	kg	-	3.2	1.0	0.7	0.7	2.4
담배	상자	1.7	1.0	1.7	0.7	0.6	1.4
비식료품							
남성 양복(동복)	벌	2.2	5.4	2.0	2.5	3.7	3.1
남성 신발(가죽)	켤레	1.2	1.2	1.2	1.8	2.0	1.7
자동차	대	4.0	2.5	2.4	2.3	9.2	3.6
컬러TV	대	5.3	6.6	5.6	4.0	13.4	4.6
세제	kg	1.5	-	2.6	4.1	5.1	4.2
가솔린	리터	8.1	7.0	2.6	5.7	5.0	4.0

출처: United Nations(1990a, p. 121).

2. 물질적 복지의 다른 요소들

물질적 복지에 대한 통상적인 척도들 — 일인당 실질소비, 다양한 상품의 일인당 소비 등 — 은 개인의 물질적 복지에 영향을 미치는 모든 요인들을 적절하게 반영하지 못한다.

소비자의 행복은 원래의 가상적 구매의도의 공급에 따른 조정, 강요된 대체 혹은 구매의도의 포기 등으로 인해 감소된다. 마침내 무언가를 획득했을 때의 만족감은 그 생산품이 구매자가 진실로 원했던 것이 아니라는 사실을 깨달았을 때 약화된다.[3] 생산품 혹은 서비스가 오로지 지루한 줄서기, 탐색 혹은 심지어 오랜 연기 이후에만 획득될 수 있게 된다면 소비의 기쁨은 마찬가지로 줄어든다.

부족이 소비자들에게 유발하는 손실은 때때로 단지 사소한 짜증 정도로 묘사될 수 있다. 어떤 때에는 피해가 악화되어, 삶의 질을 심각하게 침해하는 부족현상이 드물지 않게 된다. 기본적인 식료품의 심각한 부족은 특정 국가와 특정 시기에 나타난다.[4] 전화기의 부족은 나이든 사람이나 병든 사람들의 삶을 망가뜨릴 수 있는데, 이들이 도

---

[3] 콜리어(I. L. Collier, 1986)는 강요된 대체의 효과에 관하여 흥미로운 계산을 했다. 그가 제기한 질문은 동독 시민이 현행 가격에서 가상수요를 만족시킬 수 있는 권한을 위해 무엇을 지불할 것인가였다. 그는 동독 마르크의 가상적 구매력과 실질 구매력의 차이를 측정하여 원래 소비자 지출의 백분율로 표시했다. 그는 13%의 차이가 난다고 결론 내렸다.

[4] 예를 들면, 이것은 1980년대에 루마니아에서 발생했다. P. Ronnas(1990)의 자료에 따르면, 1980년대의 일인당 상업 판매를 100으로 했을 때 1989년의 일인당 상업 판매는 고기 46.6, 우유 74.6, 낙농 제품 47.6, 설탕 78.8, 그리고 쌀 43.6이었다(p. 15).

움이 필요할 때 도움을 요청할 수가 없기 때문이다. 주택 부족은 독립적으로 살기를 원하는 사람들을 한 지붕 밑에 살도록 함으로써 그들의 인간관계에 해를 입히고, 방해받고 싶지 않은 사생활을 영위할 물리적 기회를 그들로부터 박탈한다.

사람들 사이의 관계는 통계상으로는 보이지 않지만 인간적인 관점에서 보면 매우 중대한 피해를 입는다. 흔히 판매자(혹은, 배급 체계의 경우에는 관료기구의 공무원)는 불친절하고 무례하게 구는 반면에 구매자들은 다음번에 훨씬 못한 취급을 받지 않으려면 그것을 웃으며 견뎌야 한다. 무방비 상태의 소비자들은 자신들이 굴욕적인 상황에 있음을 빈번하게 발견한다.

가끔씩 예외적으로 구매자 시장이 소비자에게 이러한 손실들을 피하게 해주기도 한다. 좀더 나은 대우를 받으려면 당연히 대가를 지불해야 한다. 구매자 시장에서 가격을 정할 때, 판매자는 구매자의 관심을 끄는 데 들어가는 비용 일체를 포함시킨다. 즉, 광고, 판매팀, 매력적인 상점 꾸미기, 포장, 택배, 다양한 것들을 제공하는 창고 비용, 예비 재고와 예비 능력, 신속한 서비스를 보장할 추가 직원 등이 그것이다. 모든 부문 혹은 지역에서는 아니지만, 좋은 서비스를 갖췄지만 좀더 비싼 판매점들과 서비스는 덜하지만 값싼 아웃렛들 사이에서 구매자들이 선택할 수 있는 여지는 많이 존재한다. 경험상으로 보았을 때, 구매자들 중 높은 비율이 구매자-판매자 관계에서 우월한 지위를 얻을 수 있다면 그에 대한 대가를 지불할 용의가 있다. 이러한 선택이 불가능한 곳에서 소비자가 결정하게 될 것에 관해서는 추측만 할 수 있을 뿐이다. 5) 나의 추측으로는, 만약 자발적 선택이 존재한다면 대부분의 사람들은 적당한 혜택을 위해서 구매자 시장의 추가적 비용을 지불하려고 할 것이다.

구매와 소비가 마침내 발생했을 때, 생산품이나 서비스의 품질에 빈번하게 문제가 존재한다는 사실로 인해 만족은 대대적으로 감소한다. 생산품이나 서비스가 제 기능을 하지 못하거나, 쉽게 망가지거나, 곧 닳아 버리거나, 구식이거나, 보기에 흉한 등의 문제가 발생하는 것이다. 예를 들면, 〈표 13-3〉은 고전적 사회주의 체제의 소비자들이 자본주의 체제에 사는 소비자들보다 상품과 서비스를 양적으로 덜 받고 있다는 것을 보여 준다. 수치들이 표현할 수 없는 것은 품질에서의 차이이다. 몇 가지 사례들만 언급하겠다. 전화기를 보유한 소련 주민들은 미국이나 서유럽에서보다 훨씬 적다. 그런데 소련에서 전화기를 가진 사람들은 그것을 사용하는 데에 더 많은 문제가 있다. 통화연결이 더 힘들고, 국제전화를 연결하려면 더 많은 시간을 기다려야 하는 것이다. 가구당 주거 공간이 더 작을 뿐 아니라 과밀 수용으로 추가적인 불편사항들이 존재하기 때문에, 사회주의 국가들은 자본주의 국가들보다 상황이 더 나쁘다. 건물의 기본 수준은 훨씬 더 엉망이며, 유지 보수가 소홀하기 때문에 건물의 상태는 계속해서 나빠진다. 높은 비율의 주택이 상수도나 근대적 하수도, 난방 체계를 갖추지 않았다. 사회주의 국가에서 생산된 자동차는 자본주의 국가들에서 생산된 유사한 규모와 성능을 가진 차보다 믿음이 덜 가고, 덜 편안하고, 연

---

5) 프라이어(F. L. Pryor, 1977)는 1960년대의 소련 소비자는 미국과 소련 상점 직원들의 총노동 시간에서의 차이만큼이나 쇼핑(탐색과 줄서기도 포함해서) 하는 데 시간을 보냈다고 계산했다. 다른 말로 하면, 미국과 소련 사회는 소비자 구매와 판매에 동일한 시간을 소비했다는 것이다. 판매자 시장레짐의 경우 이러한 시간은 구매자에 의해서 하루 일과에 덧붙여 지출되었으며, 구매자 시장 레짐의 경우에 이러한 시간은 판매자의 유급 근무 시간을 구성한다.

료가 더 많이 들며, 외관이 덜 매력적이다.

품질에서의 격차는 두 체제의 차이에 의해서 설명할 수 있다. 대략적으로 몇 가지 요인들을 언급해 보자.

1. 명령경제는 오직 집계적 지표의 관점에서만 생산 지시를 내릴 수 있다. 품질의 미세한 차이들은 중앙집권적으로 규제될 수 없다. 그리하여 품질을 향상시키기 위한 적절한 인센티브는 수직적인 관료적 통제라는 틀 내에서는 제공될 수 없다.

2. 관료적이고 중앙집권적인 가격통제하에서 설정된 가격들은 시장에서 결정된 가격만큼 정확하게 품질의 차이를 반영하지 못한다. 가격설정과 관련된 관료기구는 가격들이 품질 차이를 반영하도록 만들기 위해 그다지 노력하지도 않는다. 이러한 기준은 실제 가격에 기반을 둔 가치 단위로 이루어지는 모든 계산에서 밀려난다.

3. 강행성장 전략은 제품의 질을 희생해서라도 생산의 양적 성장을 달성하는 데에 우선순위를 두도록 만든다.

4. 판매자 시장의 경우, 생산자–판매자는 심지어 제품의 품질에 결함이 있더라도 자신의 생산품을 팔 수 있다. 구매자 시장의 경우, 품질 향상은 생산자–판매자가 구매자를 확보하기 위해 사용하는 방법 중 하나이다. 구매자 시장에서 인센티브를 발생시키는 강제적 힘은 만성적 부족경제에서는 거의 존재하지 않는다.

주민은 자신의 물질적 상황을 어떻게 평가하는가? 그에 대한 대답은 다른 국가 주민의 물질적 조건과 자신의 생활수준을 비교할 수 있는 어떤 기회가 존재하는가에 달려 있다. 오랫동안 소련, 중국 혹은 몽골의 대다수 주민들은 거의 은자처럼 외부세계로부터 단절되었다. 그들은 외국으로 여행할 수 없었고, 자신의 국가를 방문한 소수의 외국인들과 접촉할 수도 없었다. 그들은 서구 사람들의 생활을 보여 주는 서구의 영화나 잡지를 볼 수도 없었다. 이러한 폐쇄적 체제에서 살아가는 대부분의 사람들은 달성된 소비 수준과 그것이 갖는 바람직하지 않은 많은 부작용들에 대해 강력하게 불만을 갖지는 않았다. 그들은 자신들의 힘든 생활방식이 불가피하며 어떤 사회에서든 존재하는 일상생활의 일부라고 생각했다. 그들은 자신들의 처지가 좀더 먼 과거에서부터 계속 개선되어 왔다고 느끼는 경향이 있었다. 이러한 폐쇄적 국가에서 기존 조건에 대한 수용과 효과적인 물질적 환경에 대한 포기는 고전적 체제의 강건함을 설명해 주는 것들 중 하나이다.

당-국가는 동유럽 인민들을 고립시키는 데에서는 훨씬 덜 성공적이었다.[6] 서방과의 모든 비교를 통해, 동유럽 인민들은 당국에 의해 자신들의 체제보다 열등하다고 낙인찍혔던 다른 체제인 자본주의 체제가 시민들에게 제공하는 만큼의 생활수준을 자신들의 체제가 보장할 수 없다는 것을 인식하게 되었다. 그리하여 고전적 체제하에서의 물질적 생활 조건에 대한 불만족은 소련의 대부분 지역이나 아시아 사회주의 국가들에서보다는 동유럽의 작은 국가들에서 더욱 강하게 나타

---

6) 이것은 특히 동독에서 더 그러했다. 동독에서는 시민들이 서독의 텔레비전을 시청하는 것을 막을 수 없었다. 그리하여 모든 동독 시민들은 서독에 거주하는 동포들의 생활방식과 자신의 생활방식을 비교할 수 있었다.

났다. 이는 개혁과 혁명이 동유럽에서 더 일찍 시작하게 되는 데에 중요한 역할을 했다.

3. 경제보장

사회보장은 보다 넓은 의미에서 공포가 없는 삶을 보장하는 모든 것들을 포괄한다. 이는 고전적 체제하에서는 불가능하다. 정치적 억압이 만연하고, 실제적이든 잠재적이든 모든 저항을 분쇄하고, 인민들로부터 기본적인 정치적 자유를 박탈한다(3장 6절 참조). 정서적으로 불안감을 느끼는 것은 현행의 법과 규칙을 위반하거나 실제로 체제의 적으로 행동하는 사람들만이 아니다. 폭정은 누구든 공격할 수 있기 때문이다. 그러한 의미에서 그 체제의 고유한 추종자들조차도 안전하지 않다. 특히 정치적으로 능동적이거나 어떤 중요한 기능을 수행하는 사람들은 안전하게 살 수 없다. 지식인들은 불안감에 휩싸여 있는데, 그들의 존재 자체가 관료를 불신으로 가득 채우기 때문이다.

이제 가장 협소한 의미에서의 경제보장에 대해서 알아보자. 이는 물질적 생활수준에 대한 검토와 밀접하게 연관되어 있는 안전의 측면이다. 여기에서는 정치와 아주 멀리 떨어져 있으면서 또한 정치적 희생으로부터 확실하게 자신을 구할 수 있는 적어도 최소 수준의 순응을 보여 주는 사람들에 관련해서 논의하게 될 것이다. 일단 고전적 체제가 공고화되면, 대다수 주민들은 이러한 범주에 빠지게 된다.

이 체제의 주요 성취 중 하나는 체제에 순응하는 대중에게 기본적인 경제보장을 보증해 주는 것이다. 나는 이러한 경제보장의 기본적인 요소들을 열거할 것이며, 동시에 경제보장이 결코 완전하지 않으며 여러 결점들을 가지고 있다는 사실을 보여 줄 것이다. 서술을 하면서 염두에 둔 고전적 사회주의의 원형은 주로 소련과 동유럽 사회주의 국가들의 특징으로부터 일반화한 것이다. 이 국가들은 그 체제의 내적 경향들이 가장 일관성 있게 발전한 사회들이기·때문이다. 경제발전 수준이 낮은 중국과 여타 아시아, 아프리카 국가들에서는 경제보장의 성취가 훨씬 덜 달성되었다.

1. 완전고용이 존재하며, 더욱이 광범위한 노동부족이 나타났다. 이는 고전적 체제의 보다 성숙한 조건들에서는 영구적으로 일어난다. 이것은 아마도 가장 중요한 요소일 것이다. 이 체제는 자본주의하에서 노동자들에게 매우 억압적인 영향을 미치는 실업의 위협으로부터 인민들을 해방시킨다.

2. 공공교육은 무료이다. 보건 서비스는 어떤 국가들에서는 모든 사람들에게 무료이며, 어떤 국가들에서는 특정 계급에게만 무료이다. [7] 확실히 이러한 서비스의 질은 미흡한 점이 많지만, 국가가 이를

---

7) 고전적 체제에서 무료 보건은 소련과 동유럽 국가 주민 거의 전체를 포괄한다. 중국의 경우에는 국가 부문 종업원들에게만 적용된다. 심각한 질병일 경우에는 농민과 그 가족 구성원들에게 여러 가지 서비스를 무료로 받을 자격이 주어졌지만, 일반적인 경우 농민들은 자신들의 의료비용을 내야 했다.
  무료 의료에 관해 말하자면, 의사와 간호사에게 '감사 표시의 사례비'를 주는 관행이 확산되어 있고, 그렇기 때문에 사람들이 실제로 의료 서비스에 무료로 접근한다고 말할 수 없다. 그러나 의사와 간호사에게 주는 팁은 강제적이지는 않다. 사례비를 제공할 수 없는 사람이나 제공할 의사가 없는 사람들도 여전히 치료를 받는다. 따라서 적어도 기초적인 수준에서 개인을 위한 기

무료로 제공한다는 사실은 시민들의 안전감을 높여 준다.

3. 중앙집중화되고 포괄적인 공적 연금 체계가 존재한다. [8] 연금 수준은 일반적으로 매우 낮지만, 광범위하게 적용되고 많은 국가들에서 전체 주민들을 포괄한다는 사실은 경제보장에 커다란 기여를 한다.

4. 공식 이데올로기와 헌법조항에 따르면, 주택을 제공하는 것은 국가의 과제이다. [9] 사실 주택은 우선순위가 낮고 소홀히 취급되는 부문 중 하나이며, 따라서 주택 부족은 심각하다(〈표 11-2〉 참조). 하지만 거리에서 밤을 지새우는 노숙자들은 없다. 전면적 노동 의무가 존재하며, 일할 곳을 가진 사람은 누구든지 어떤 종류의 안식처를 얻을 수 있다. 만약 다른 곳에 없다면, 대규모의 노동자 호스텔이나 이미 만원 상태의 꽉 찬 주거지에서 잘 곳을 구할 수 있다.

5. 자신을 돌볼 수 없는 사람들을 담당하는 복지 망이 존재한다. 의지할 데 없이 홀로 남겨진 고아, 병자와 노인이 그들이다. 이들에게

본적인 공급은 보장되어 있다는 진술은 보건 의료에도 역시 적용된다.

8) 여기에서 상황은 보건 의료의 상황과 유사하다. 성숙한 사회주의 단계에서, 소련과 동유럽의 모든 종업원들은 자동적으로 연금을 받을 자격을 갖는다. 고전적 체제의 중국에서 중앙집권화된 국가 연금제도는 인민공사의 구성원들을 포괄하지 못했다. 가족과 인민공사가 노인들을 보살펴야 했다.

9) 소련 헌법 44조: "소련 인민은 주택을 제공받을 권리를 가진다. 이 권리는 국가 및 사회 주택의 개량과 유지, 협동조합 및 개인의 주택건설에 대한 장려, 안락한 주거를 위한 주택건설계획 실시에 따라 제공되는 주택의 사회적 통제 하의 공정한 배분, 그리고 낮은 임대료와 공공 서비스 요금 등에 의해 보장되어야 한다." 1977년 소련 헌법이며, B. Kotlove(1986, p. 17)가 인용하였다.

제공되는 의료는 초라한 수준에서부터 수용 가능한 수준에 이르기까지 단일하지 않으며, 국가와 시기에 따라 다양하다. 그러나 어떤 수준에서든 가족 차원에서 그들을 부양할 방법이 존재하지 않을 경우에는 국가가 그들을 보살피게 될 것이다.

이러한 기본적인 보장 요소들 중에서 완전고용, 전반적 노동 의무, 그리고 사회안전망은 고전적 사회주의 체제하에서는 왜 실제로 거지들이 존재하지 않는지를 설명해 준다. 하지만 이러한 경제적 설명은, 만약 구걸행위가 법이나 공식적인 공중도덕에 의해서 금지되지 않는다면 자신의 동료 서민들에게 구호나 자선을 베풀어 주기를 요청하는 사람들이 확실히 존재할 것이라는 언급에 의해 제한되어야 한다. 이러한 구걸 금지는 강제적으로 실행할 수 있는데, 왜냐하면 이 체제는 실제로 사람들에게 기본적인 경제적 생활필수품들을 보장할 수 있기 때문이다.

그러나 이러한 안전망이 보장하는 것은 정말로 기본적인 물질적 필수품에 불과하다는 사실을 덧붙여야 한다.[10] 안전망의 존재를 인정하는 것이 곧 고전적 체제에 광범위한 빈곤이 존재한다는 주장을 부정하는 것은 아니다. 사실, 상당히 많은 사람들이 사회적으로 받는 혜택이 너무나 부족하여 기본적인 생계를 꾸릴 수 없을 정도이다.

6. 범죄는 당연히 존재하지만, 치안은 자본주의 국가들에서보다 훨

---

[10] 이 책의 전반적인 접근법에 따라서, 고전적 체제의 발전된 원형이 서술된다. 이와 다르고 또한 훨씬 악화된 상황이 특정 국가와 시기에 발생할 수도 있다 (소련과 중국에서의 기근을 참조하라).

씬 엄격하다. 이는 부분적으로 앞에서 언급한 경제보장의 요소들과 관련 있다. 범죄를 저지를 경제적 인센티브가 덜 존재하는 것이다. 그러나 부분적으로 이는 고전적 체제가 일종의 전체주의적 경찰국가라는 다른 한편으로는 대단히 우울한 사실이 갖는 긍정적 효과라고 할 수 있다. 범죄자는 숨을 곳이 없다. 어떤 사람이 낯선 장소에서 겨우 이틀을 지낸다고 하더라도, 반드시 경찰에 등록해야만 한다. 만약 당사자가 등록하지 못했다면, 숙박을 제공한 사람이 대신 등록해야만 한다. 누구든지 위법 행위를 발견하면 보고를 해야 한다. 보고하지 않는 행위도 역시 처벌 대상이 될 수 있다. 경찰 첩자들이 사회 곳곳에 스며들어 있다. 게다가 모든 아파트 단지와 거리에는 특이한 사건들과 오래 머무는 낯선 사람들의 존재를 모두 보고하도록 권력기구로부터 임무를 받은 사람들이 있다. 마지막으로, 체포 후 구형된 범죄자들에 대한 처벌은 매우 엄하다. 감옥과 노동수용소의 조건은 극도로 열악하며 대부분의 경우 견딜 수 없을 정도이다.

2번에서 5번까지 언급된 현상들은 가계가 지불하는 개인적 소비와 국가예산이 재원을 대는 집단적 소비 사이에서 이루어진 총소비의 분배에 전체적으로 반영되어 있다. 이 문제는 다양한 관점에서 조사되었다(〈표 13-6〉 참조). 국민생산의 사용 비율들을 살펴보면, 체제 간에 뚜렷한 차이는 존재하지 않는다. 유럽의 사회주의 국가들은 그들과 비교되는 자본주의 국가들보다 확연하게 '복지국가'인 것으로 판명되지 않았다. 그러나 마지막 세로줄(1969년 전체 확대 소비에서 차지하는 비율로서의 분할 가능한 공적 소비 ― 옮긴이주)에서는 매우 커다란 차이가 존재한다. 이는 물리적 특성의 관점에서 분배 가능한 그리고 그러한 측면에서 볼 때 관료적 조정기제나 시장 조정기제에 의해서 똑같이 잘 분배될 수도 있을 생산품과 서비스의 분배를 포괄한다. 지금까지의 분석으로 볼 때 사회주의 체제하에서는 관료적 조정에 훨씬 많은 강조점을 둔다는 사실이 확실해진다.

이는 매우 얽히고설킨 윤리적 문제들로 우리를 이끈다. 고전적 체제가 경제보장을 보증하는 데에서 많은 성취를 기록했음을 앞에서 지

〈표 13-6〉 집단적 소비: 국제 비교

	1976년 GDP에서 차지하는 비율로서의 집단적 소비(%)				1969년 전체 확대 소비에서 차지하는 비율로서의 분할 가능한 공적 소비(%)a
	교육	보건	복지	전체	
사회주의 국가					
불가리아	3.9	3.1	10.3	17.3	-
체코슬로바키아	3.9	3.8	16.3	24.0	-
동독	4.9	5.1	11.7	21.7	49.0
헝가리	3.4	5.3	11.6	20.3	40.0b
폴란드	3.2	3.3	7.1	13.6	44.2
루마니아	2.5	1.9	5.0	9.4	-
소련	3.7	2.6	9.3	15.6	48.9
자본주의 국가					
오스트리아	4.6	4.6	21.1	30.3	-
프랑스	-	-	-	-	15.1
이탈리아	5.0	6.1	14.8	25.9	18.0
스위스	-	-	-	-	30.7
미국	5.0	2.9	11.3	19.2	-
서독	3.8	5.1	20.6	29.5	-

주석: a) 분할 가능한 공적 소비의 범주에는 시장뿐 아니라 비시장적 수단에 의해서도 역시 분배될 수 있는 모든 상품과 서비스가 속한다. 의약품과 병원 서비스가 그 예이다. 전체 확대 소비는 시장과 비시장 소비의 합계이다.
　　　 b) 1968년 수치.
출처: 세로줄 1~4는 F. L. Pryor(1985, p. 224), 세로줄 5는 V. Cao-Pinna and S. S. Shatalin(1979, p. 186).

적했다. 이는 인구의 상당한 비율이 그 체제를 받아들이고 있고 어느 정도 그 체제를 정당화하는 이유 중 하나이다. 그러나 이 모든 성취들에는 어두운 측면도 동시에 존재한다. 고전적 사회주의의 공식 이데올로기에서 중요한 요소 하나는 주민에 대한 당과 국가의 가부장주의적 보호이다(4장 4절 참조). 이는 많은 형태로 나타나는데, 대중의 선호에 부합했을 구조로부터 소비를 돌려놓는 세금과 보조금에서 시작해서, 관료주의적 배급의 효과로 계속되고, 마지막으로는 방금 논의한 사회보장에 대한 요구와 연결되는 현상으로 끝나게 된다. 이러한 종류의 가부장주의적 국가 보호는 개인의 선택의 자유에 대한 제약과 관련 있는데, 이는 방금 언급한 여섯 가지 현상 모두에서 명백하게 나타난다.[11] 완전고용과 만성적 노동부족에 의해 제공되는 안전감은 직업과 작업장을 선택할 자유에 대한 관료적 제약과 결합된다. 노동할 권리는 노동할 의무와 병행한다. 가부장주의적 보호의 대부분은 작업장에서 이루어지는데, 이는 종업원들을 그의 고용주에게 묶어 놓는 유대를 강화한다. 무상 교육과 의료는 특정한 학교, 의사, 병원으로의 강제적 배치를 수반한다. 국가는 필요하다면 모든 이에게 주거지를 보장하지만, 누가 어디에서 어떤 조건하에 살 것인지를 결정한다. 국가는 모든 무능력자들을 보살피지만, 능력자와 무능력자를 포함한 모든 사람은 똑같이 사회 전체를 포괄하는 국가망에 편입된다. 국가 병원에서 태어나서 국가 주간탁아시설을 거쳐 국가 양로원, 필요하다면 국가가 제공하는 장례식에 이르기까지 시민들에게 복지가 이어진

---

11) 이러한 이슈의 윤리적이고 정치철학적인 측면에 관해서는 F. Fehér(1982)를 참조할 것.

다. 그러나 이러한 평생 복지는 평생에 걸친 감시 및 이데올로기적 세뇌와 함께 이루어진다. 경찰은 범죄자들로부터 효과적인 보호를 받도록 해주지만, 결백한 시민들도 똑같이 효과적으로 감시한다.

복지, 약자와의 연대, 사회 내 안전, 개인의 자유는 상당수 인민들의 도덕체계 내에서 높은 본질적 가치를 가진 요구사항들이다. 이러한 것들은 많은 측면에서 상호보완적이다. 어떤 것에 대한 주장은 다른 것들에 대한 주장과 부합한다. 그러나 여러 측면에서 그것들은 갈등을 벌이기도 한다. 그러한 갈등이 발생할 경우, 어떤 가치를 앞세워야 할지를 고유한 가치척도에 따라서 결정하는 것은 모든 사람들 각각의 몫이다. 요컨대 고전적 사회주의 체제에 관해서 다음과 같이 밝힐 수 있다.

협소하게 정의된 물질적 복지라는 관점에서 보면, 이 체제는 발전의 속도와 생활 조건의 질적 향상 양쪽 모두에서 많은 자본주의 국가들에 뒤처져 있다. 연대와 안전에 관하여 이 체제가 일구어 낸 성취에도 양면성이 존재한다. 무엇보다도 가장 중요한 것은 이러한 측면에서 이 체제가 주장할 수 있는 모든 성취의 대가는 정치적, 사회적, 경제적 자유의 근본적인 축소와 심각하고도 대대적인 침해라는 점이다.

4. 첫 번째 접근: 화폐소득 분배

다음 과제는 복지의 분배를 분석하는 것이다. 공산당이 권력을 장악한 이후 부와 소득의 급진적인 재분배가 이루어졌다(2장 4절 참조). 역사적 시간의 척도로 따진다면 혁명적-과도기적 국면은 짧은 순간이

며, 이 시기에 사회주의 체제는 평등주의적 원칙들을 적용하는 데에 가장 가까이 접근한다. 12)

이 책에서는 혁명적-과도기적 체제의 지속적인 변화과정을 다루지 않는다. 우리는 곧바로 성숙한 고전적 사회주의 체제를 검토한다. 13)

첫 번째로 검토할 것은 인민들 사이의 화폐소득 분배이다. 국제 비교는 〈그림 13-1〉에서 제시되는데, 로렌츠 곡선(Lorenz Curves)을 사용하였다. 14) 불평등을 측정하기 위해서 수많은 지표들이 사용된다. 〈표 13-7〉과 〈표 13-8〉은 지니 계수와 여타 불평등 척도들의 국제 비교를 보여 준다. 15) 이 그림과 표들은 고전적 사회주의 경제에서

---

12) 혁명 이전에 획득된 재산의 몰수와 여타 재분배 조치들은 앞에서 언급했기 때문에, 여기에서는 권력을 장악한 사람들의 물질적 상황에 대해서만 관찰한다.

　불법적 위치에서 각광을 받는 상황으로 나아갔던 혁명가들이 권력을 잡게 되었던 이 국면에서, 대다수의 지도적 관료들은 철저한 청교도주의를 보였다. 그들은 물질적 특권의 수용을 거부하였으며 그들이 계속 일을 하는 데에 꼭 필요한 만큼의 안락함을 요구했을 뿐이다. 매우 검소하게 가구가 갖추어진 레닌의 아파트는 여전히 크렘린 박물관에서 볼 수 있다. 새로운 지도자가 자신을 노동하는 인민과 동일시하는 현상은 심지어는 그들이 입는 검소한 의복에서도 표출된다. 마오쩌둥은 평생 동안 간편한 노동복을 고집했다. 사실, 마오쩌둥이 통치한 시기 동안 전 국민은 동일한 종류의 의복을 입도록 강요되었다.

13) 이 주제에 관해서는 풍부한 저술들이 존재하는데, 그중에서 다음의 저작들이 선택될 수 있다. A. Bergson(1984), J. G. Chapman(1977, 1989), W. D. Connor(1979), A. McAuley(1979).

14) 로렌츠 곡선은 다음과 같이 이해될 수 있다. 수평 축은 인구의 누적 비율을 측정하며, 수직 축은 전체 소득의 비율을 측정한다. 만약 소득분배가 절대적으로 평등하다면, 곡선은 두 축 사이의 대각선과 일치하게 된다. 곡선이 대각선에 근접할수록 분배는 더욱더 평등하다. 곡선이 아래쪽으로 볼록하게 처질수록 불평등은 커진다.

15) 지니 계수는 다음과 같이 계산한다. 로렌츠 곡선과 대각선 사이 영역은 〈그림 13-1〉에서 좌하점, 우하점, 그리고 우상점에 둘러싸인 전체 삼각형 영역으로

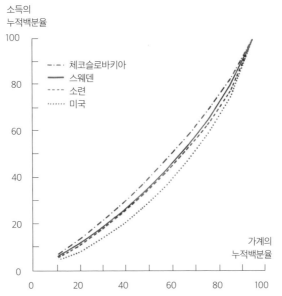

〈그림 13-1〉 로렌츠 곡선: 국제 비교

소득의
누적백분율

- ‒·‒·‒ 체코슬로바키아
- ———— 스웨덴
- ‒ ‒ ‒ 소련
- ·········· 미국

가계의
누적백분율

참조: 그림은 가계의 분배에 토대를 두며, 가계 순소득에 따라서 등급이 매겨지고 백분위
로 분류된다. 소득은 엘리트의 비화폐소득을 고려하지 않는다.
출처: C. Morrisson(1984, p. 133).

의 화폐 소득 분배가 대부분의 자본주의 국가들에서보다 더 평등하다
는 사실을 보여 준다. 16) 그러나 자본주의 국가들은 단일한 집단이 아

나누어진다. 절대적 평등의 경우 지니 계수 값은 0이며, 절대적 불평등의 경
우 지니 계수 값은 1이다. 계수의 값이 높으면 높을수록 불평등은 커진다.
〈그림 13-1〉의 로렌츠 곡선에 대한 지니 계수는 〈표 13-7〉에 제시되어 있
다. 몇몇 다른 국가들의 지니 계수도 역시 제시되어 있다.

16) 화폐소득 분배를 계산할 때 왜곡 현상이 규칙적으로 발생한다. 한편으로 높은
소득을 가진 사람들은 소득의 어떤 부분들의 존재를 부정하려고 한다. 다른
한편으로 통계 작성자들은 가장 빈곤한 사람들에게 결코 다가가지 않으며, 빈
곤한 사람들 대부분은 교육받지 않아서 그들의 수입에 대하여 믿을 만한 설명
을 제공하지 못한다. 비록 두 종류의 왜곡은 모두 사회주의 체제하에서보다는

〈표 13-7〉 소득분배: 국제 비교

	총소득의 비율		지니 계수	
	가장 빈곤한 40%의 개인	가장 부유한 20%의 개인	모리슨	슬라마[a]
사회주의 국가				
불가리아	-	-	-	0.21
체코슬로바키아(1973)	27	31	0.19	0.21
헝가리(1977)	26	32	0.21	0.25
폴란드(1975)	23	37	0.27	0.22
소련(1973)	23	37	0.27	-
유고슬라비아	-	-	-	0.21
자본주의 국가				
캐나다(1969)	20	37	0.30	0.39
핀란드	-	-	-	0.47
프랑스	-	-	-	0.52
그리스	-	-	-	0.38
이탈리아	-	-	-	0.40
일본	-	-	-	0.42
스웨덴(1970)	24	35	0.25	0.39
영국(1975)	24	35	0.25	0.34
미국(1970)	18	41	0.34	0.40
서독(1969)	-	-	0.32	0.39

주석: a) 세로줄 4의 자료는 1972~1973년 것이다.
출처: 세로줄 1~3은 C. Morrisson (1984, p. 133), 세로줄 4는 Sláma (1978, p. 315).

자본주의 체제하에서 더욱 강할 것으로 생각되기는 하지만, 이 모든 왜곡들은 어느 체제의 경우든 역시 적용될 수 있다. 이러한 추정은 다음과 같은 사고방식에 기초한다.

최고소득 집단에 관한 한, 사회주의적 조건하에서의 그들의 물질적 특권은 화폐소득과는 다른 형태들을 취하는 경향이 있다. 이것들은 곧바로 논의된다. 가장 빈곤한 집단에 관한 한, 그들은 자본주의 체제보다는 사회주의 체제에서 더 잘 파악된다.

<표 13-8> 농촌의 소득불평등: 저소득 자본주의 국가에 비교한 중국

	총소득의 비율		지니 계수
	가장 빈곤한 40%의 가계	가장 부유한 20%의 가계	
중국 (1979)	16	44	0.37
아시아 자본주의 국가			
필리핀 (1971)	17	47	0.39
인도네시아 (1976)	16	46	0.40
태국 (1970)	14	51	0.45
말레이시아 (1970)	13	52	0.48
인도 (1967)	13	53	0.48
비아시아 자본주의 국가			
코스타리카 (1971)	18	44	0.37
멕시코 (1963)	13	55	0.48
온두라스 (1967)	13	55	0.49

참조: 수치들은 총가계소득에 의한 농촌 지역 가계의 분배이다.
출처: M. Selden (1966, p. 147).

니라는 사실이 덧붙여져야 한다. 강력하게 재분배적인 성격을 갖는 과세는 사회민주당이 오랫동안 집권했고 '복지국가'가 발달한 국가들에서 적용되어 왔다. 이는 세후 화폐소득이 다른 자본주의 국가들보다 그런 국가들에서 훨씬 더 평등하다는 것을 의미한다.[17] 예를 들면, 스웨덴의 세후 화폐소득 분배는 소련보다 더 평등하다.

---

17) 자본주의 국가들의 경우, 통계 기준은 세후소득이다. 개인소득세는 고전적 사회주의 국가들에서는 부과되지 않기 때문에, 이러한 특징은 그들의 경우에 아무런 역할을 하지 않는다.

5. 물질적 복지의 분배: 다른 표시들

물질적 복지의 분배는 화폐소득에 의해서는 완전하게 표현되지 않는다. 복지 분배를 보여 주는 다른 표시들을 설명하려는 시도도 이루어져야 한다.[18] 충분하지는 않겠지만, 여기에서는 세 가지 현상을 검토한다.

1. 거래세(*turnover tax*)와 가격 보조금(*price subsidies*). 재분배는 소득에 대한 과세뿐만 아니라 다양한 소비품목들에 대한 거래세(*turnover tax*)와 가격 보조금을 통해서 이루어진다.

간단한 예를 들어 보자. 사회주의 국가들에서 대중교통의 가격은 실제 비용보다 훨씬 낮다. 가격 보조금 수준이 매우 높은 것이다. 그에 반해서 자가용에는 높은 거래세가 부과된다. 이러한 절차 이면에 흐르는 사고는 다음과 같다. 대중교통은 기본적 필요를 만족시키지만, 자가용은 사치품으로 간주될 수 있다. 대중교통은 가난한 사람들이 이용하지만, 자가용은 부자들이 이용한다. 따라서 이러한 형태의 가격 보조금과 거래세는 가난한 사람들을 위한 재분배이다.

이러한 상당히 단순한 사례에서조차도 재분배가 부자들을 희생시켜서만 발생한다는 것은 확실하지 않다. 경제발전 수준이 높아지면 자동차 사용이 대중화되며, 많은 사람들은 대중교통이 부족하거나 그들이 종사하는 직업상의 이유 때문에 거의 어쩔 수 없이 자가용을 사용

---

18) 논리 전개에 대한 어떠한 오해도 피하기 위해서, 여기에서는 오로지 복지의 분배 현상만이 다루어진다는 사실을 강조할 필요가 있다. 현상에 대한 설명 — 인과분석 — 은 13장 6절에서 논의된다.

하게 된다. 그리고 가격 보조금과 거래세의 재분배 효과는 대다수의 경우에 자동차의 경우보다 훨씬 덜 명확하다. 예를 들면, 사람들로 하여금 저렴한 비용으로 예술에 접근할 수 있도록 한다는 생각으로 도서와 축음기판이나 극장, 오페라, 콘서트 좌석 가격을 낮은 상태로 유지하는 가격 보조금이 존재한다. 그러나 경험에 따르면, 심지어 가격 보조금이 제공되었을 때조차도, 이러한 서비스의 주된 고객은 고소득 지식인들이었다. 결국 가격 보조금은 저소득층보다는 오히려 고소득층에 제공되는 국가의 선물이다.[19]

기대에 어긋나는 재분배 효과의 너무나 명백한 사례 하나는 공공 주택 임대료를 줄이기 위한 보조금이다.[20] 보조금의 표면상 목적은 저소득층 주민을 포함한 모든 사람들이 자신의 주택을 위한 비용을 지불할 수 있어야 한다는 것이다.[21] 사실 일부 주택 재고는 사적으로 소유된다. 이는 촌락에서의 주요한 재산형태이며, 도시에서도 전혀 예외적이지 않다. 이들 사적 소유자들은 자신의 집을 건설하는 모든 비용을 지불하며, 만약 그 집을 다른 누군가에게 팔 경우에는 새로운 소유자가 보조금을 받지 않는 금액을 지불한다. 소득분배의 측면에서 봤

---

19) S. N. Zhuravlev(1990, p. 81)는 고소득 가계가 그들이 구매한 물품에 대해 저소득 가계보다 더 많은 양의 거래세를 지불했다고 하더라도, 그들은 가령 그들이 더 많이 소비하는 육류, 과일, 채소 소비에 대해서, 그리고 그들이 더 많이 이용하는 대중교통과 통신에 대해서 보다 많은 가격 보조금을 받는다는 사실을 보여 주는 구체적인 계산을 제공한다.

20) Z. Dániel의 연구(1985)는 주택 보조금의 효과 분석을 위한 하나의 자료로 쓸 모가 있다. 또한 J. Ladányi(1975), I. Szelényi(1983), M. Alexeev(1986, 1988a, 1988b)를 참조할 것.

21) 각주 9번에서 인용한 소련 헌법 조항을 기억할 필요가 있다.

〈그림 13-2〉헝가리의 소득 및 주택 분배

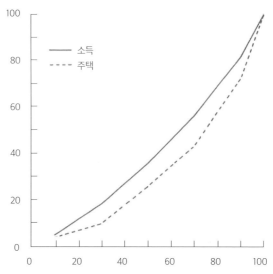

참조: 소득분배 자료는 인구조사 센서스에 토대를 두었다. 주택 분배에 관한 자료는 중앙
통계국(Central Statistical Office)의 가계 통계에 기초한 것이다. 한 가계의 주거
실태에 대한 측정 단위는 질(*quality*, 가령 위치, 난방 방식 등)을 감안한 거주지의
방 개수이다.
출처: Z. Dániel(1985, p. 399).

을 때, 모든 주택 소유자가 부유하고 모든 국가 세입자가 가난하다는
것은 확실히 사실이 아니다. 대다수의 사적 소유자들은 저소득계층
혹은 중간 소득계층이며, 국가 소유 주택의 거주자들은 저소득계층에
한정되지 않았으며 많은 이들이 벌이가 좋고 높은 지위를 갖고 있었
다. 그리하여 국유주택에 사는 사람들에게는 유리하고, 자가소유 주
택에 사는 사람들에게는 손실을 초래하는 재분배가 일어난다. 다른
한편으로, 앞에서 언급한 집단별 소득분배 때문에 실질적으로 화폐는
상대적으로 빈곤한 주택 소유자의 주머니에서 상대적으로 부유한 국
가 세입자의 주머니로 이전하게 될 것이다. 결국 우리는 이러한 복잡

한 재분배의 순결과가 보다 평등하지 않고 보다 불평등한 복지 분배일 가능성을 배제할 수 없다. 〈그림 13-2〉는 헝가리와 관련한 두 개의 로렌츠 곡선을 보여 준다. 하나는 화폐소득 분배를 나타내고, 다른 하나는 주택 분배를 나타낸다. 그림에서 보듯이, 국가 보조금이 있음에도(혹은 부분적으로는 엄밀하게 말하자면 국가 보조금 때문에), 주택은 화폐소득보다 덜 평등하게 분배된다.

지금까지 제시된 조사결과는 확실하고도 일반적인 결론들을 유도하지는 않는다. 하지만, 거래세와 가격 보조금의 결합이 물질적 복지의 분배에서 불평등을 감소시킬 수 있다는 사고의 실현은 확실하게 증명되는 것처럼 보이지 않는다.

2. 재화와 서비스의 무상 공급. 사실 이것은 가격 보조금 지급의 극단적 경우이다. 국가는 특정한 생산품과 서비스의 전체 비용을 감내하려고 하며, 그것들을 무료로 제공한다. 문제는 경제보장의 요구사항과 밀접하게 관련된다(13장 3절 참조). 교육과 보건의료 서비스를 무료로 제공한다는 것은 그러한 서비스에 대해 적어도 기본적인 필요를 충족시킬 정도로 모든 이들이 접근 가능하도록 만든다는 것이다. 이는 심지어 가장 가난한 사람들의 생활에 대한 보장을 확대한다. 이러한 분배 형태를 지지하는 사람들은 그것이 실질소비의 분배에 대해서 평등화의 효과를 행사할 것이라고도 희망한다. 사실상 이러한 기대는 일관성 있게 실현되지는 못한다. 다양한 불평등이 재화와 서비스의 무상 공급에도 침입해 들어간다.

학교와 보건 서비스의 질은 농촌보다 도시에서 현저하게 좋다. 국유기업과 국유기관에서 일하는 사람들은 협동농장 구성원들보다 더 자주 휴가를 얻었다.

당 기구와 국가기구 구성원들은 다른 시민들에게는 제공되지 않는, 더 나은 장비를 갖추고 덜 붐비는 의료기관의 서비스를 받았다. 많은 부서에서 고위 공직자들은 추가적인 무상혜택을 받았다. 그들은 기관 소유의 무상 아파트와 기사가 딸린 공용차를 제공받았으며, 평균적인 기업의 휴양시설보다 더 안락한 휴양시설을 제공받았다.[22]

이와 유사한 차이들은 모든 체제에서 나타난다. 앞에서 언급된 현상을 체제특수적인 것으로 만드는 것은 말과 행동의 현저한 불일치이다. 사회주의 체제의 공식 이데올로기의 평등주의적 슬로건들은 누구나 똑같이 무상 공급을 받을 자격을 갖는다고 선언하지만, 이것은 결코 달성되지 않는다.

3. 공급부족 상태에 있는 재화에 대한 접근. 만성적 부족경제에서, 공급부족 상태의 재화와 서비스에 대해 비용을 지불할 용의가 있는 모든 이들이 그것을 획득할 수 있는 평등한 기회를 가졌는지 여부는 커다란 차이를 만든다. 사실 그러한 기회는 매우 불평등하게 분포해 있다.

이러한 불평등 중에서 어떤 것은 공공연하게 선언된다. 예를 들면, 사회의 특정 계급들에게 유리한 배급제가 있을 수 있다(12장 4절 참조). 공공연하게 선언된 다양한 형태의 우선권들이 주택의 배분이나

---

22) 이러한 유형의 혜택은 모든 체제에서 국가기구와 기업의 고위직에게 제공되었다. 그러나 자본주의 체제에서 이러한 혜택이 갖는 가치는 그들의 화폐소득과 비교했을 때 그리 중요하지 않다. 하지만 화폐소득이 상당한 정도로 균등해져 있는 고전적 사회주의 체제하에서 이러한 종류의 특별 혜택은 복지 격차를 결정하는 데 매우 유리한 것이 된다.

진학 희망자가 정원을 초과한 대학들의 학생 선발에서 적용된다. 다음 절에서 그러한 사례들을 다룰 것이다.

그 외의 불평등들은 감추어져 있다. 하지만 이것들은 다양한 형태로 스스로 드러난다.

a. 여기에서는 부족과 관련해서 앞의 2번 항목(재화와 서비스의 무상 공급)에서 다룬 문제를 다시 언급해야 한다. 일반주민의 접근이 제한되어 관료기구 종사자들에게만 제공되는 상점과 서비스 기관의 네트워크가 그것이다. 이 상점들은 질 좋은 수입 공산품과 같은 재화를 제공하는데, 이러한 재화는 일반주민들이 드나드는 상점에서는 좀처럼, 혹은 결코 볼 수 없는 것들이다. 접근이 제한된 레스토랑과 휴양시설은 물자가 더욱 충분하게 공급되며, 손님들은 대중이 이용하는 식당, 휴양소 혹은 식품점에서는 볼 수 없는 식료품을 제공받는다. 접근이 제한된 병원은 이미 언급한 바 있다. 어떤 국가와 시기에는 접근이 제한된 네트워크가 수직적으로 다시 세분화된다. 관료기구의 고위 관료는 낮은 직위의 관료들보다 선택권을 더 많이 제공하는 상점을, 더 매력적인 휴양시설을, 더 근대적 설비를 갖춘 병원을 이용할 수 있었다.

b. 사람들은 공급부족 상태에 있는 일부 품목을 상점이 아니라 자신의 작업장을 통해서 획득한다. 주요 식료품과 여타 대중 소비품목들의 부족상태가 심하면 심할수록, 이러한 분배 방법이 더 많이 도입된다. 작업장에 대한 공급은 단일한 형태를 취하지 않는다. 특정 경제부처와 국가지역에 유리하도록 다양한 정치적, 경제적 기준들이 적용되며, 특권은 보통 대공장들에게 제공된다.

c. 판매장에 적절한 연줄을 갖고 있거나 그곳에 대한 상급의 권한을 가진 사람들은 공급부족 상태에 있는 물품들을 보다 쉽게 획득할 수 있다. 23) 이것은 원하는 재화를 보다 싸게 취득하는 혜택을 받는 사람의 문제가 아니라, 어쨌든 그 재화를 취득하는 혜택을 받는 사람의 문제이다. 예를 들면, 그 재화가 그를 위해 옆에 챙겨져 있거나, 그가 대기 목록의 더 높은 곳으로 올려진다. 가끔은 제한된 집단만 활용 가능한 정보를 갖는 혜택만으로 충분하다. 가령, 공급부족 상태에 있는 물품이 상점에 언제 도착하게 될지를 듣는 식이다. 24) 대단히 많은 것들이 그러한 특별대우를 받도록 누군가를 도와줄 수 있다. 높은 지위, 판매원과의 개인적 우정, 뇌물 등이 바로 그것이다.

1~3번 항목들로부터 나온 결론을 요약하자면 다음과 같다. 고전적 사회주의에서 적용되는 실질적 불평등은 〈그림 13-1〉, 그리고 〈표 13-7〉과 〈표 13-8〉에서 보이는 불평등보다 훨씬 더 크다. 25)

---

23) 동유럽의 경우 이러한 현상을 '사회주의적 연줄'(socialist connections) 이라고 하며, 소련의 경우에는 블라트(blat) 라고 한다. 중국의 경우 인민들은 '뒷문'에 의한 서비스라고 말한다.

24) 망명 작가 소로킨(V. Sorokin, 1985) 의 러시아 소설 《대기 줄》(The Line) 은 자동차 구입 대기자 목록을 만들기 위한 일련번호 분배가 다음날 시작될 것이라는 것을 개인적 연줄을 통해서 알게 된 모든 사람들이 한 광장에 모인 모습을 묘사하면서 시작한다. 반복해서 말하자면, 그들은 자동차를 위해서가 아니라 자동차 구입 대기자 목록의 순번을 위해서 다음 날 줄을 서기 시작해야 하는 것이다! 이러한 미리 줄서기는 전날 밤부터 시작되며, 사람들은 며칠 동안 줄 서서 기다린다. 대기 줄 번호의 분배를 시작하는 시간에 관한 정보를 획득한다는 것은 이미 특권으로 간주된다.

6. 분배에 대한 설명

몇 가지 요소들을 조합해 보면 복지의 분배를 설명할 수 있다. 설명해야 할 현상(복지의 분배), 설명 요소들, 그리고 그것들 간의 관계를 그대로 보여 주는 것이 바람직하다. 불행하게도, 활용할 만한 연구는 존재하지 않는다. 설명 요소들의 상대적 비중은 수치적인 형태로 보여 줄 수 없으며, 훨씬 부족한 것에 만족해야만 한다. 설명 요소들의 목록과 그것들의 영향력의 강도를 측정하기 위한 시도가 그것이다.

여기서의 주요한 목표는 (모든 요소들에 대해서는 아니더라도) 특정한 사항들에서 공식 이데올로기에서 선언된 분배원칙들과 실제 삶에서 실행된 것들을 대조하면서 실제의 인과관계를 보여 주는 것이다. 더욱이 분배원칙들도 서로 대조할 것인데, 선언된 가치들이 서로 간에 충돌하는 여러 사례가 존재하기 때문이다. 26)

1. 노동과 실적. 고전적 사회주의의 공식 이데올로기는 소득의 평등을 약속하지 않으며, 실제로는 소득의 평등을 원하는 사람들에게 이의를 제기한다. 오히려 이러한 일관된 평등주의적 접근은 서구의 신좌파 사이에 더 광범위하게 퍼져 있다. 고전적 사회주의하에서 모든

---

25) 〈표 13-8〉의 출처가 되는 연구를 한 C. Morrisson(1984)은 비화폐적 혜택이 어떻게 불평등을 증가시키는지에 관한 추산을 제공한다. 예를 들면, 소련에서 화폐소득 분배만을 계산한 지니 계수 값은 0.270이었지만, 비화폐소득이 포함되었을 때 지니 계수 값은 0.309였다. 폴란드의 경우는 각각 0.270과 0.308이었다.

26) 분배 이론에 관해서는 A. Sen(1973, 1981)을 참조할 것. 사회주의 체제하에서의 분배원칙들에 관해서는 Z. Dániel(1985)을 참조할 것.

교과서에 저술되어 있는 사회주의적 분배원칙은 "각자에게 각자의 노동에 따라서"(To each according to his work) 이다. 27)

그러나 실적이 어떻게 측정될 수 있으며 실적에 비례하는 소득은 어떻게 되어야 하는지에 관한 문제는 여전히 남는다. '노동에 따른 분배' 원칙은 적어도 근로소득의 경우 어느 정도는 자본주의에서도 적용된다. 자본주의에서는 익명의 분권화된 과정에 의해서 주로(그러나 반드시 그러한 과정에 의해서만은 아닌 방식으로) 실적이 측정되고 보상이 정해진다. 노동시장이 그것인데, 거기에서 상대임금들이 나온다. 28) 그에 반해서 고전적 사회주의 경제의 경우, 노동의 양과 유형에 따라 어떤 소득이 적정하게 지불되는지의 문제는 그것을 결정하도록 임명된 사람들에 의해서 임의적으로 결정된다(10장 5절 참조). 비록 임금-통제의 결정을 내리는 사람들이 지불 격차를 설정할 때 노동시장으로부터의 신호에 어느 정도 주의를 기울이기는 하지만, 보다 나은 소득의 책정은 노동부족이 존재하는 곳으로 노동력을 유인하려고 할 때 사용

---

27) 이러한 원칙을 표현할 때는 대개 마르크스의 《고타강령 비판》(Kritik des Gothaer Programms, 1875/1966)에서 인용한다. 마르크스가 실제로 사용한 표현은 이러하다. "개별 생산자는 사회에 그가 기여한 것을 ― 그중 일부의 공제액이 감해진 후에 ― 정확하게 사회로부터 되돌려 받는다. 그가 사회에 준 것은 그의 개인적 노동량이다. 불평등한 권리는 불평등한 노동의 대가이다."
　　마르크스는 이러한 원칙을 반드시 적용해야 한다고 생각했다. 새로운 사회주의 질서는 자본주의의 자궁으로부터 방금 막 태어났기 때문이다. 노동은 아직은 마르크스가 공산주의하에서는 그러할 것이라고 예견한 것처럼 하나의 기본적인 욕구가 되지 못한다. 그러한 조건하에서는 성과를 거두도록 인센티브를 갖추는 것이 필수적이다. 이를 위해 노동에 따른 분배가 요구된다.

28) 여러 자본주의 국가들에서는 국가가 가령 최저임금을 설정함으로써 임금수준에 개입한다. 자본주의하에서 임금이 결정되는 메커니즘을 검토하는 것은 이 책의 과제는 아니다.

하는 하나의 방법이다.

비록 기업 최고관리자들의 소득과 육체노동자들의 평균 소득 사이에 격차가 꽤 존재할지라도, 자본주의 기업에서의 격차보다는 훨씬 작다. 심지어 고전적 사회주의하 대기업의 경우에조차도 그 비율은 대개 5 대 1보다 크지 않다. 그에 반해서 미국에서는 그 비율이 20 대 1까지 벌어졌다. 29) 이는 경영자 노동시장(*managerial labor market*)의 상이한 상황에 의해서 부분적으로 설명된다. 자본주의에서는 기업들이 최고의 경영자들을 놓고 경쟁한다. 경영자들은 공급부족 상황에 있으며 자신의 계약조건을 거의 제시할 수 있다. 가장 거대하고 가장 이윤을 많이 내는 기업들은 높은 보수를 제안하며 서로 경쟁한다. 어떤 경영자가 절정의 경력을 갖고 있다면 가장 높은 보수를 제공하는 회사의 경영자 자리를 차지하는 것이다.

고전적 사회주의에서는 상황이 완전히 다르다. 높은 보수를 제안하여 역량 있는 관리자들을 한 곳에서 다른 곳으로 유인할 필요가 없다. 각각의 관리자들은 똑같이 중앙집권화된 관료기구에 소속해 있다. 각각의 관리자는 당의 병사들이며, 당은 누구를 그 자리에 임명할지 결정할 때 단순히 경제적 기준에만 국한해서 결정하지 않는다. 가장 규모가 큰 기업의 최고관리자로 임명된다고 해서, 그 자리가 그 사람의 경력에서 잠재적인 정점인 것은 결코 아니다. 길은 여전히 훨씬 더 높은 지위로 열려 있다. 그는 장관이나 지역 당 비서가 될 수도 있으며, 당 중앙에 있는 기구에 들어갈 수도 있다. 이러한 고위직으로의 임명

---

29) 소련의 비율은 1970년대에 약 4 대 1이었다(A. Bergson, 1984, pp. 1085~1086).

은 실질적 보상이라 할 수 있다. 따라서 인센티브라는 관점에서 볼 때, 관리자에게 매우 높은 봉급은 필요하지 않다.

그리고 일종의 부가적인 억제 효과가 존재한다. 비록 공식 이데올로기는 평등주의적 원칙을 부정하지만, 소득의 평준화 경향은 분명히 드러난다.

2. 정치적 공로와 권력상의 지위. 바로 앞 항목에서의 논의는 은연중에 엄밀한 의미에서의 경제적 실적에 관한 것이었다. 적어도 추상적 분석 수준에서는 소득격차의 또 다른 기준이 그것으로부터 구별될 수 있다. 정치적 신뢰성과 충성스런 봉사에 대한 보상이 바로 그것이다.

이러한 보상은 주로 경력과 정치 사이의 어떤 연계를 통해서 간접적으로 이루어진다. 재능을 통해서, 보다 중요하게는 지배적인 당 정책에 대해 충성스럽게 또 규율에 따르면서 무조건적으로 헌신함으로써 고위직으로 진입한 사람들은 바로 앞에서 논의한 특권과 연줄들을 획득해 나가면서 물질적 복지의 모든 차원에서 지속적인 이익을 향유한다. 게다가 어떤 다른 경우들에 대해서는 정치적 공로에 대한 직접적인 물질적 포상이 주어지기도 한다. 이는 국가 훈장에 따라 나오는 상금에서부터 돈벌이가 되는 해외 배치, 그리고 토지 혹은 별장의 수여 등에 이르기까지 매우 다양한 형태를 취할 수 있다.

이러한 기준은 공식 이데올로기 속에서 부분적으로 용인되고 부분적으로 은폐된다. 이러한 것들이 가진 '성과주의적' 측면은 인정된다. '노동에 따른 분배' 원칙에 들어 있는 '노동' 개념을 약간만 확장한다면, 체제에 대한 충실한 정치적 봉사는 노동 개념 속으로 맞추어 들어갈 수 있다. 하지만 이 체제의 이데올로기는 인민들이 진정으로 도덕적 동기에 의해서만 자극받아서 추구해야 할 공적에 대해 재정적 보상이 제공된다는 사실을 숨기려 한다.

3. 계급, 계층, 지역에 따른 차별대우. 많은 경우, 물질적 복지의 분배는 시골보다는 도시에, 다른 지역보다는 수도에, 농업이나 서비스업 종사자보다는 공업노동자들에게 유리하게 이루어진다.

특히 심각한 문제는 규모가 크고 다민족으로 구성된 국가들에서 발생한다. 소련, 중국, 동유럽의 경우, 경제발전과 물질적 복지에서 상당한 지역적 격차는 이 체제가 오랫동안 권력을 장악한 이후에조차 여전히 남아 있다.

어떤 사회에서든 복지의 분배를 결정하는 데에는 어떤 특수 이익집단들이 정치인, 입법부, 정부에 가하는 압력이 일부분 작용한다.[30] 고전적 사회주의에서 이러한 현상은 특수 이익집단을 조직할 수 있는 여지가 더 큰 의회민주주의 체제에서보다는 덜 나타나기는 하지만, 그러한 현상이 전혀 없는 것은 아니다(3장 5절 참조). 때때로, 특수한 직업이나 지역을 옹호하는 집단들이 로비 활동이나 정치적 협박을 통해서 스스로 이득을 얻으려고 한다.

대부분의 경우, 이러한 종류의 차별은 앞의 1번 항목에서 기술한 원칙, 즉 노동에 따른 분배원칙과 갈등을 일으킨다. 고전적 체제하에서의 실제 관행에 따르면, 개인들은 자신들이 일하는 부문이나 지역에 따라 동일한 노동을 하고도 다른 임금을 받을 수 있다. 효율적인 시장경제의 경우, 자본과 노동의 이동은 동종의 노동과 동일한 실적에 대

---

30) M. Olson(1982)과 A. Nagy(1990)를 참조할 것.

한 보수를 고전적 체제보다 훨씬 더 평준화한다. 이는 다음과 같은 사실에도 불구하고 그렇다. 고전적 사회주의 체제는 이러한 종류의 평준화를 의식적인 윤리적-정치적 기본 원리로 규정하는 반면, 시장경제에서의 평준화 경향은 시장의 맹목적 힘에서 나온다.

4. 생활필수품과 생활곤궁자. 고전적 체제는 필요에 따른 분배라는 기준에 대하여 양면적인 접근을 취한다. 이러한 원칙은 마르크스가 승인한 노동에 따른 분배라는 기본 원칙과 명백히 갈등한다.[31] 마르크스는 "각자의 능력에 따라 일하고 각자의 필요에 따라 분배한다"는 원칙의 적용을 사람들이 물질적 동기 없이 일하며 생산력이 매우 발전하여 모든 이의 필요를 충족할 수 있는 유토피아적 상태인 먼 미래의 공산주의가 실현될 때까지 연기하였다(12장 4절 참조). 실용성에 경도된 공식 이데올로기는 이러한 현저히 유토피아적인 개념을 조심스럽게 건너뛰려고 한다. 그러나 특히 사회의 어떤 구성원이나 집단들이 사회의 나머지 부분으로부터 확실하게 도움을 필요로 하기 때문에, 물질적 재화의 분배에서 필요가 어느 정도 고려되어야 하는가 라는 매우 어려운 문제로부터 빠져나갈 길은 존재하지 않는다. 이를 인정하면서, 고전적 사회주의 체제는 체제가 공식적으로 보장하는 분배 원칙들 속에 노동에 따른 분배라는 주요 원칙과 함께 약자를 위한 연대와 배려라는 윤리적 가치에 토대를 둔 일부 다른 부수적 원칙들을

---

31) 분배와 관련하여 가장 자주 인용되는 저작인 《고타강령 비판》에서 마르크스는 상당히 평이한 언급을 한다. 노동에 따른 분배원칙을 적용하는 것은 어떤 의미에서는 불평등을 낳게 되는데, 이는 가령 여러 명의 아이들을 가진 노동자가 아이가 없는 노동자들보다 개인적으로 일인당 보수를 덜 받기 때문이다.

포함한다.

이제 공식 이데올로기에 관한 서술로부터 실제 상황에 대한 분석으로 옮겨가 보자. 분배에 관해 결정할 때 당국은 가족 규모, 임금 노동자의 부양가족 수, 노동 능력의 하락 등을 고려한다. 일부는 화폐로, 일부는 현물 급부로 지원이 제공된다. 불우한 사람들은 주택 배정 등에서 배려를 받는다. 이런 정도에서, 고전적 체제도 역시 복지국가의 재분배적이고 소득평준화적인 특징들을 보여 주는데, 이는 체제가 성취한 것으로 정당하게 인식될 수 있다. 그러나 이러한 호의적인 가치판단을 약화하는 수많은 유보적 평가들이 추가되어야 한다.

경제의 상대적 후진성을 지적함으로써 이 모든 복지혜택의 절대적인 양이 크지 않다는 사실은 눈감아 줄 수 있다. 또는 불우한 사람들을 위한 물질적 지원에 투여된 공공지출의 상대적 비율이 일부 자본주의 국가들보다 낮다는 사실은 경제발전 수준에 의해서가 아니라 성장 패턴의 우선순위에 의해서 설명될 수 있다.[32] 복지지출은 속성상 잔여적인 것으로 취급되는 경향이 있다. 이는 호황기에는 좀더 강조되다가, 불황기에는 뒷전으로 밀려난다. 빈곤, 심지어는 완전한 궁핍 상태가 사회주의하에서 상당한 정도로 지속적으로 존재한다는 사실이 경제보장과 연관해서 이미 언급되었다.

이 책 전체에서 '사회주의적' 체제라는 표현은 어떤 규범적인 함의 없이 공산당이 지배하는 국가들을 지칭하기 위해 사용된다(1장 6절 참조). 그러나 이 지점에서 이러한 정의를 잠시 유예할 필요가 있다. 전세계에 걸쳐서 '사회주의'라는 용어에 특수한 윤리적 원칙을 부여하면

---

32) 예를 들면, 〈표 13-6〉의 복지지출에 관한 자료를 참조할 것.

서 어떤 규범적 의미로 이 용어를 사용하는 정치적 흐름들이 존재한다. 비록 그들이 사회주의의 가치체계를 수많은 다양한 방식으로 해석할지라도, 대부분은 공통적인 구성요소를 갖는다. 그들은 빈곤에 맞서 싸우고 가난한 사람들, 약한 사람들, 불우한 사람들을 도와주는 것을 사회주의의 주요 목적 중 하나로 간주한다. 이러한 개념 정의에 의하면, 어떤 사회주의 국가든 물질적 복지를 보다 공정하게 재분배해야 할 의무를 지닌다. 이제 이 척도로 측정하면, 고전적 사회주의 체제는 자신의 임무를 그저 부분적으로만 수행한다. 고전적 사회주의 체제의 어떤 기관들은 그 임무를 수행하는 데 도움을 주지만, 다른 기관들은 그것을 방해한다. 이러한 점에서 고전적 사회주의 체제의 정책은 모순적이며 자가당착적이다. 이 기준을 사회주의적 사회체제의 특징이라고 생각하는 사람들에게는 스칸디나비아 국가들이 사회주의 국가들보다 사회주의를 향한 진보를 훨씬 더 많이 이루어 내었다.

5. **재산과 시장성공.** 고전적 사회주의 체제하에서 개인들은, 비록 그 정도는 상대적으로 적을지 모르지만, 노동 대신에 재산을 통해서 소득을 분명 획득한다. 어떤 소득은 합법적이다. 여기에는 은행예금이나 국가공채(종종 강제 대부임)로부터 나오는 이자가 있을 수 있다. 또 다른 것들은 비록 그것들이 항상 합법적인 것은 아닐지라도 당국에 의해서 용인된다. 이러한 범주에는 사적으로 소유한 주택을 임대하여 얻는 집세가 있을 수 있다.

생산품과 서비스를 공급하는 사적 부문은 매우 제한되어 있으며, 그중 일부는 불법이다. 사적 부문으로부터 얻는 소득들은 앞의 1~4번 항목에 포함되지 않는 여러 요소들에 또한 의존한다. [33] 단지 몇 가

지만 언급해 보자. 사적 기업이 공급하는 생산품과 서비스의 부족상
태는 어느 정도로 심각한가?[34] 소유자는 기회들을 활용하는 데에서
얼마나 영리한가? 사적 기업이 고객에게 부르는 가격에 당국은 어느
정도 개입할 수 있으며 어느 정도 개입할 의사를 갖고 있는가? 전반적
으로 이러한 소득의 분배는 시장성공에 의존한다고 말할 수 있다.

　재산과 시장이 작동하는 생경하고도 적대적인 정치적, 사회적 환경
은 그러한 영역으로 어쨌든 용감하게 진입하는 사람들의 소득을 증가
시킨다. 만성적 부족경제에서는, 국유상점에서 획득할 수 없는 농산
물을 자유시장에 가져가는 농민은 모든 농산물들이 자유시장에서 팔
리는 때보다 더 높은 가격을 획득하게 된다. 이러한 현상은 암시장에
훨씬 더 강하게 적용되는데, 암시장에서는 법을 위반하여 발생하는
위험에 대해서 구매자가 판매자에게 보상을 해야 하기 때문이다. 방
금 언급된 시장성공으로 인해 획득한 보다 높은 소득에는 사적 거래를
제한하는 당국의 허점을 찌르는 데 성공한 것이 포함된다.

　여기에서 시장기제를 통해 획득한 고소득의 왜곡된 형태 중 하나를
언급할 필요가 있다. 공적으로 소유된 상업에 종사하는 종업원이 종종
자신의 주머니에 집어넣는 사적 수익이 바로 그것이다. 건전한 시장
상황에서는 초과수요가 가격을 상승시키고 생산자–판매자에게 일시

---

33) '또한'(also)이라는 단어는 이러한 소득도 1번 항목의 요소, 즉 사적 기업에서
　　일하는 사람들의 노동에 의존하기 때문에 대체로 정당화된다.
34) '사적 기업'(private enterprise)은 가장 광범위한 의미로 사용된다. 이러한 맥락
　　속에서 사적 기업은 소규모 서비스업(service smallholding), 혼자 일하는 사적
　　장인(private artisan), 심지어는 반합법적 '주야 겸업 부업자들'(moonlighter)
　　등을 포함한다.

적으로 좀더 높은 이익을 보장한다. 좀더 높은 이익이라는 인센티브는 공급 증가를 유발하는데, 이는 이후에 가격을 떨어뜨리며, 따라서 추가적 소득이 중지된다. 이러한 균형 메커니즘은 부족경제와 관료적 조정의 조건하에서는 작동하지 않는다. 뇌물 증여자에게 공급부족 상태에 있는 어떤 물품을 공급하도록 매수된 판매자는 부족상황을 종결시키기 위해 아무것도 하지 않으며, 또한 할 수도 없다. 사실, 부족상황의 종결은 판매자의 이익에 반할 것이다. 부족상황이 추가적 소득을 발생시키기 때문이다. 경제적 의미에서 볼 때, 이러한 추가소득은 특별한 종류의 지대(rent)로 간주될 수 있다.

방금 언급한 소득의 원천은 사회주의적 분배원칙과는 확실히 맞지 않다. 설령 전체 소득에서 차지하는 추가소득의 비중이 크지 않다고 하더라도, 조사분석을 완전하게 하기 위해서는 그러한 소득에 대해서 반드시 언급해야 한다. 확실히, 고전적 사회주의하에서 재산 및 시장 성공과 관련한 이 요소들이 갖는 효과는 그것들이 자본주의 체제에서 물질적 복지의 분배에 미치는 효과에 비하면 왜소해 보인다.

6. 상속. 개인의 물질적 복지는 부모에게 물려받은 유산과 집안 배경에 의해 좌우된다. 이는 부분적으로는 실제 유산과 가족에 의해 제공되는 실질적인 물질적 지원으로 이루어진다. 자본주의에서 발견되는 규모만큼의 재산은 축적되지 않는다. 다른 말로 하면, 유산의 규모가 현재 소득 규모를 거의 설명하지는 못하겠지만, 유산의 효과는 미미하지 않다.

하나의 예로서 주택 분배를 살펴보자. 만약 한 청년이 안락한 주거환경에서 성장했다면, 그는 다른 방식으로 인생의 첫걸음을 내딛는

<표 13-9> 고등교육에 대한 열망: 헝가리

아버지의 교육 수준	고등교육에 대한 어린이의 열망(13세 대상, 표본 내 비율)
대학	51.5
중등학교	40.1
초등학교	15.2
8년의 의무 초등학교 이하	6.4

출처: M. Csákó et al. (1979, p. 124).

다. 가족들이 그가 사적으로 소유할 아파트를 사주거나, 그가 부모의 집을 물려받을 수도 있다.[35] 그렇게 되면 그는 국유 아파트를 수년 동안 기다리거나, 자신의 집을 사거나 짓지 않아도 된다.

가족에게 상속받거나 얻은 물리적 형태의 부 못지않게 중요한 것이 지적 유산이다. 이후의 삶의 관점에서 보면, 어떤 젊은이가 문화적으로 낙후된 환경에서 자라났는지 아니면 좀더 교육받은 가정에서 자라났는지 여부는 사회주의 국가에서도 역시 거대한 차이를 만들어 낸다. 이러한 차이는 그가 흡수한 언어 능력과 지적 훈련뿐 아니라 그가 가진 야망에서도 나타난다. <표 13-9>는 이러한 관계를 보여 주기 위해 헝가리의 자료를 사용한다.

한 사람의 인생은 위계제에서 부모가 가진 권력 지위와 위치에 의해서도 영향을 받는다. 2번 항목에서 언급한 모든 것이 그 가족의 가장뿐 아니라 자식들에게도 적용된다. '간부의 자식들'은 학교, 대학 혹은 첫 직장을 지원할 때 우선권을 가질 가능성이 충분히 높다.

이러한 환경과 여러 다른 요소들은 사회적 계층이동에 상당한 영향력을 행사한다. <표 13-10>은 노동계급과 농민 가계 출신의 아이들이

---

35) 실제로는 국유 아파트의 임차도 사유 주택에 대한 진짜 재산권처럼 상속된다.

〈표 13-10〉 사회적 계층이동: 국제 비교

	비농업 육체노동자에서 비육체노동자로	농민에서 비육체노동자로
사회주의 국가		
불가리아	22.6	10.1
체코슬로바키아	35.9	20.6
헝가리	27.5	10.7
폴란드	27.6	10.3
유고슬라비아	26.1	17.1
자본주의 국가		
오스트레일리아	31.0	19.0
프랑스	27.8	17.2
이탈리아	24.9	11.8
노르웨이	25.8	22.1
스웨덴	29.7	17.7
서독	22.3	18.5

참조: 여러 다른 국가들에 대한 연구는 동일한 시기가 아니라 다양한 연도들에 걸쳐 이루어졌다.

출처: W. D. Connor(1979) 및 그곳에서 인용된 출처.

사무직 노동자가 되는 비율을 국제적으로 비교한다. 비록 사회주의 체제가 스스로를 '노동자와 농민의 국가'라고 선언하였음에도 불구하고, 그 비율의 분포는 사회주의 국가군이나 자본주의 국가군이나 크게 다르지 않다. 하나 이상의 자본주의 국가에서 상향 이동은 일부 사회주의 국가에서보다 활발하다. 36)

확실히, 탄생과 집안 배경에 따른 이러한 차별은 사회주의적 분배

---

36) R. Andorka(1988)는 충분한 통계적 관찰에 기초해 헝가리에서의 사회적 계층 이동에 관한 분석을 기술한다. 그의 발견에 따르면, 헝가리에서 사회주의 체제의 수립은 초기에는 사회적 계층이동 기회를 더욱 평등하게 만들었지만, 그 과정은 이후 단계에서 중지된다. 사회는 보다 경직화했으며, 사실상 폐쇄적이고 이동이 없는 사회로 변화하는 조짐이 나타났다.

원칙들과 마찰을 일으킨다. 그렇지만 물질적 복지의 분배에 미치는 그것의 두드러진 효과는 부인할 수 없다.

7. 평등화 경향과 차별화 경향

물질적 복지의 분배에 영향을 미치는 요소들을 6개의 주요 그룹으로 나누어서 작성해 보았다. 각각의 요소는 불평등을 낳는 효과가 있으며, 고전적 사회주의하에서 나타나는 차별화 경향에 기여한다. 그리하여 이 사회에 적용되는 엄격한 평등주의라는 문제는 전혀 존재할 수 없다.

다른 한편으로 평등화 경향이 존재하는데, 그것의 효과는 소득을 균등화하고 생활수준의 확대를 평균 근처로 억제하는 것이다. 이러한 경향에 대한 주요한 설명은 경제의 구조에 있다(13장 6절 5번 항목 참조). 자본주의에서 지배적인 재산형태는 사적 소유이고, 경제과정의 주요한 조정자는 시장이다. 소득의 범위는 재산과 시장성공에 연관된 고소득에 의해서 확대된다. 고전적 사회주의하에서 고위직 공무원의 물질적 복지는 노동자의 물질적 복지를 훨씬 초과할 수 있지만, 가장 성공적인 사업가가 축적할 수 있는 방대한 부와 견주어 볼 때 아주 작아 보인다. 고전적 사회주의 체제하에서 특정한 영화감독, 발명가 혹은 운동선수의 소득은 평균적인 시민들의 소득과 비교할 때 커 보일지 모르지만, 시장경제에서 그와 유사한 '스타들'이 받는 어마어마한 거액의 돈과 비교해 보면 그것은 아무것도 아니다. 시장경제에서는 그들의 개인적 재능이 만들어 내고 대중이 자발적으로 지불하려는 엄청난 수익 중 많은 부분이 그들의 주머니로 들어간다.

평등화 경향이 우위를 차지하도록 만드는 것은 사적 재산의 거의 완전한 청산과 시장의 거의 완전한 제거이다. 게다가 이데올로기적 세뇌 또한 확실하게 영향력이 있다. 인민들은 '과도하게 높은 소득'을 비도덕적인 것으로 생각하도록 교육받는다. '불로소득', '투기' 혹은 '밀매'를 통한 소득은 특별히 비난을 받게 되며, 여기에 일부분 사적 재산과 시장성공 덕으로 벌어들인 모든 소득도 덧붙일 수 있다. 공식 강령의 영향으로, 인민들은 시장경제에서 정직한 이윤으로 생각될 소득을 부당하고도 정직하지 못한 수입이라고 평가될 수도 있는 소득과 마찬가지로 취급하는 경향이 있다. 보다 높은 소득자들, 즉 분배 분포에서 가장 상층부에 위치하는 사람들에 대한 불신과 시기는 인민들의 의식과 감정 영역에 깊이 뿌리내린다. [37]

상호 간에 모순되는 두 경향인 차별화와 평등화 중에서 평등화 경향이 더 강력하다. 결국, 고전적 사회주의 체제하의 사회 전체에 존재하는 물질적 복지의 모든 차원들을 고려한다면, 그 체제하의 불평등은 현재의 자본주의 체제하의 불평등보다 덜하다.

---

37) 어느 정도는, 공식적으로 선언된 도덕률이 부메랑 효과를 낳는다. 지배 엘리트의 물질적 특권도 역시 비난받을 수 있기 때문이다. 이러한 엘리트의 특권들은 사적 소유에 기반을 둔 시장경제에서 상층 계층이 향유하는 물질적 이익과 비교하면 정말 보잘것없는 것이기는 하지만, 그것들은 공식적 도덕률의 청교도주의와 충돌한다.

　사회주의 체제의 대체를 가져오는 개혁의 마지막 국면이나 혁명 시기에, 국민들이 예를 들면 동독 지도자 호네커 혹은 루마니아 지도자 차우셰스쿠가 사치스럽게 살고 있다는 사실을 알게 될 때, 그들의 분노는 갑자기 폭발한다.

제14장　대외경제관계

고전적 사회주의 경제에 관한 3~13장의 분석에서, 대외경제관계는 몇 번의 간단한 언급을 제외하고는 거의 완전히 무시되었다. 일단 고전적 사회주의가 (내부 노력 그리고/혹은 외부 영향에 의해서) 생성되고 안정화되면, 그 기본 속성은 다른 체제와 마찬가지로 외부 환경이 아닌 내부 특성에 의하여 결정된다. 따라서 다양한 문제들에 관한 분석은 폐쇄경제(*closed economy*)가 검토되고 있다는 단순화된 가정에 의존해 왔다. 지금까지 기본적이고 내생적인 속성을 살펴보았다면, 이제 대외경제관계를 고찰할 때가 되었다. 이는 지금까지 논의된 현상들을 보다 잘 이해하는 데에도 기여할 것이다. 1)

---

1) 고전적 체제하에서의 대외무역의 주요한 특징들에 관한 분석은 E. A. Hewett (1980), F. D. Holzman(1976, 1989), A. Köves(1985, 1986), P. Murrell (1990a), P. J. D. Wiles(1968), 그리고 T. A. Wolf(1988) 등에 의해 이루어졌다. I. Szegvári와 I. Salgó는 이 장을 쓰는 데 커다란 도움을 주었다.

모든 국가의 대외경제관계는 각 국가의 특수한 상황에 크게 영향을 받는다. 국가의 크기, 경제발전 수준, 지리적 위치, 천연자원 등이 그 것이다. 이 장에서는 이 책의 지금까지의 접근법을 따르면서, 이러한 국가들 간 차이를 무시하고 모든 사회주의 국가들의 대외경제관계에 공통적인 특성들을 부각한다. 그 체제에 특수하고, 그 체제의 내적 논리에 따라 생겨나고, 따라서 앞의 장들에서 검토한 현상들과 밀접하게 연관된 것들이 주목을 받는다. 나중에 드러나겠는데, 대외경제관계에서 많은 중요한 특징들은 3~13장에서 논의된 주요한 내생적 특징들의 관점에서 설명될 수 있다.

서론을 대신하여 몇 개의 표가 제시되었다. 〈표 14-1〉과 〈표 14-2〉는 사회주의 국가의 수출과 수입이 그들의 주요 도착지와 원산지에 따라 어떻게 나뉘는가를 보여 준다. 〈표 14-3〉과 〈표 14-4〉는 몇몇 주요 제품군의 국제무역을 보여 준다. 마지막으로 〈표 14-5〉는 주요 제품군별로, 그리고 도착지와 원산지별로 분류되어 있는 대외무역 구조를 검토하기 위해서 대외무역 집약도라는 지수를 사용한다. 집약도 지수가 1보다 크면 수출 혹은 수입이 평균치, 즉 국제무역에서 볼 수 있는 '정상적' 흐름보다 더 많다는 것을 뜻한다. 그 반대도 마찬가지이다.[2] 이후 몇몇 곳에서 이 표들에 대해 언급할 것이다.

---

2) 이를테면, 국가 A의 수출이 세계 수입의 5%를 차지한다고 하자. 국가 B에 대한 국가 A의 수출은, 만약 국가 B가 국가 A로부터 자신의 수입의 5%를 들여온다면 세계 평균과 같다. 집약도 지수의 값은 세계에 대한 평균 비율과 실제 흐름의 비율을 비교함으로써 도출된다. 만약 국가 B가 국가 A로부터 자신의 수입의 5%가 아니라 15%를 들여온다면, 이 흐름의 집약도는 3이다.
　　세계 평균으로부터의 이탈은 다양한 요인에 의한 것일 수 있다. 수출하는 국가는 자신의 제품들을 덤핑하거나 그것들을 구매하도록 국가 B에 정치적 압

1. 외부 정치 환경

고전적 체제의 이데올로기에서 매우 중요한 요소 중 하나는 사회주의가 그것을 파괴하려는 적들에 둘러싸여 있다는 관념이다(4장 5절 참조). 사회주의 옹호자들은 외부의 적대적인 자본주의 세계를 경계하고 그들의 공격을 격퇴할 의무를 가진다. 이러한 관점은 스탈린 혹은 여타 지도자들이 겪은 '피해망상'(persecution complex)으로 간단히 설명해서는 안 된다. 왜냐하면 적어도 어느 정도는 실제의 역사적 경험에 의해서 입증되기 때문이다. 탄생한 바로 그때부터 소련은 적대적인 정치적 환경에 둘러싸였다. 내전 기간에 소련 체제를 타도하려는 국내 세력들은 외국으로부터 돈, 무기, 심지어는 군사력까지도 지원을 받았다. 이와 유사한 사건들이 몇몇 다른 사회주의 국가들의 초기 역사에서도 발생했다. 심지어 내전과 공공연한 개입이 중지된 이후에도, 국내의 반(反)공산주의 세력들에 대한 지원에서부터 봉쇄, 수출금지 혹은 다양한 형태의 무역차별을 통한 경제관계의 방해나 중단에 이르기까지 비우호적이거나 적대적인 행동들이 여전히 빈번하게 존재하였다.

력을 가할 수 있다. 아니면, 국가 B는 특별히 우호적인 관세율을 적용함으로써 국가 A로부터의 수입을 장려할 수 있다. 물론 지리적 위치가 중요한 역할을 한다. 어찌 되었든, 만약 집약도 지수가 1보다 훨씬 크다면, 수출하는 국가로부터의 '판매 촉진'이, 그리고/혹은 수입하는 국가로부터의 '수입 촉진'이 존재한다. 반대로, 만약 집약도 지수의 값이 1보다 훨씬 낮다면, 수출하는 국가 그리고/혹은 수입하는 국가에 대외무역의 자유로운 흐름에 대한 장벽이 존재한다고 가정할 수 있다.

집약도 지수에 대한 해석과 이러한 지수를 사용한 분석들이 갖는 고도로 유용한 결과들을 살펴보려면 A. Nagy(1979, 1985)를 참조하라.

⟨표 14-1⟩ 사회주의 국가의 주요 시장별 수출 구조

수출국		수입국 점유율 (%)		
		사회주의 국가	선진 자본주의 국가	개발도상 자본주의 국가
사회주의 국가 전체	1938a	11.0	73.9	14.1
	1958	69.8	19.5	9.2
	1970	59.4	24.5	16.1
	1980	47.6	33.9	18.5
유럽 사회주의 국가b	1938a	12.7	75.0	11.0
	1958	70.6	20.8	6.9
	1970	62.7	24.1	13.2
	1980	52.0	32.6	15.4
아시아 사회주의 국가c	1938a	3.1	69.0	28.6
	1958	65.7	12.7	21.6
	1970	22.1	28.8	49.1
	1980	13.7	43.7	42.6
소련d	1958	71.8	17.5	10.7
	1970	57.8	21.2	21.0
	1980	45.3	36.1	18.6

각주: a) 1938년 통계는 1958년에 사회주의였던 국가들의 자료를 포함한다.
　　 b) 1938년과 1958년은 몽골을 포함하고 유고슬라비아를 제외한다.
　　 c) 1938년과 1958년은 CMEA 회원국이 아닌 사회주의 국가들.
　　 d) 소련은 유럽 사회주의 국가 전체에 포함되지만, 그 통계는 별도로 제시되었다.
출처: Központi Statisztikai Hivatal(Central Statistical Office, Budapest, 1965, pp. 172
　　 ~173), United Nations(1986b, 1: 173)에 기초하여 I. Szegvári가 이 책을 위해서
　　 편집하였다.

〈표 14-2〉 사회주의 국가의 주요 시장별 수입 구조

수입국		수출국 점유율 (%)		
		사회주의 국가	선진 자본주의 국가	개발도상 자본주의 국가
사회주의 국가 전체	1938a	15.6	73.6	10.8
	1958	72.1	20.7	7.2
	1970	58.1	31.1	10.8
	1980	47.0	39.3	13.7
유럽 사회주의 국가b	1938a	20.1	72.4	7.7
	1958	74.1	19.4	6.5
	1970	62.6	27.7	9.7
	1980	51.3	35.2	13.5
아시아 사회주의 국가c	1938a	8.0	76.0	16.0
	1958	61.6	27.0	11.0
	1970	24.4	56.5	19.1
	1980	18.6	66.2	15.2
소련d	1938a	12.5	78.6	7.5
	1958	77.4	14.9	7.7
	1970	58.6	26.2	15.2
	1980	44.7	39.4	15.9

주석: a) 1938년 통계는 1958년에 사회주의였던 국가들의 자료를 포함한다.
　　　b) 1938년과 1958년은 몽골을 포함하고 유고슬라비아를 제외한다.
　　　c) 1938년과 1958년은 CMEA 회원국이 아닌 사회주의 국가들.
　　　d) 소련은 유럽 사회주의 국가 전체에 포함되지만, 그 통계는 별도로 제시되었다.
출처: Központi Statisztikai Hivatal(Central Statistical Office, Budapest, 1965, p. 170),
　　　United Nations(1986b, 1: 172)에 기초하여 I. Szegvári가 이 책을 위해서 편집하
　　　였다.

〈표 14-3〉 동유럽 사회주의 국가의 도착지별 및 주요 상품군별 수출 구조

		목적지: 주요 상품군 점유율(%)				
		선진 자본주의 국가	개발도상 자본주의 국가	동유럽 사회주의 국가	소련	아시아 사회주의 국가
식품 전체	1970	17.8	9.0	8.7	10.7	10.7
	1980	6.0	9.0	5.5	10.1	7.7
	1987	7.9	6.7	3.8	8.1	1.8
농업 원료	1970	11.9	2.8	4.2	0.9	5.2
	1980	6.6	4.1	2.6	1.3	6.2
	1987	5.9	5.8	1.9	0.9	4.5
광물과 금속	1970	10.9	1.4	5.8	2.0	1.5
	1980	3.9	4.1	2.6	0.6	0.6
	1987	3.3	3.3	1.9	0.3	1.2
연료	1970	16.6	4.5	8.1	2.6	9.4
	1980	49.4	13.4	18.5	1.6	9.9
	1987	38.9	17.6	25.4	1.0	15.6
공산품	1970	36.3	57.8	67.5	82.9	69.4
	1980	26.3	51.7	62.0	83.6	67.1
	1987	34.6	45.4	58.1	87.7	57.3

참조: 표는 소련을 포함한 모든 동유럽 사회주의 국가들의 수출 통계를 보여 준다. 도착
지별 분류에서 세로줄 3(동유럽 사회주의 국가)에 있는 수치는 소련의 수입을 포함
하지만, 소련 수입은 또한 세로줄 4(소련)에 따로 나타나 있기도 하다. 각 세로줄
수치의 합은 100이 되지 않는다. 왜냐하면 이 표에서 별도로 보고하지 않은, 전체
수출의 잔여 부분이 존재하기 때문이다.
출처: United Nations(1990b, p. 80).

〈표 14-4〉 동유럽 사회주의 국가의 원산지별 및 주요 상품군별 수입 구조

		원산지 : 주요 상품군 점유율(%)				
		선진 자본주의 국가	개발도상 자본주의 국가	동유럽 사회주의 국가	소련	아시아 사회주의 국가
식품 전체	1970	10.8	42.1	8.7	7.0	22.7
	1980	20.2	51.4	5.5	0.5	27.1
	1987	11.2	37.2	3.8	0.4	25.5
농업 원료	1970	7.0	20.6	4.2	9.1	11.8
	1980	3.9	8.7	2.6	4.4	9.5
	1987	4.2	7.1	1.9	3.0	6.6
광물과 금속	1970	3.7	9.5	5.8	12.0	8.0
	1980	3.6	6.9	2.6	4.4	11.7
	1987	2.0	5.7	1.9	2.9	10.8
연료	1970	1.3	2.4	8.1	15.0	0.0
	1980	1.5	22.3	18.5	40.8	0.0
	1987	1.7	15.4	25.4	52.6	2.8
공산품	1970	76.4	25.0	67.5	42.7	54.8
	1980	69.9	10.3	62.0	32.9	49.9
	1987	79.2	34.2	58.1	25.2	52.0

참조: 표는 소련을 포함한 모든 동유럽 사회주의 국가들의 수입 통계를 보여 준다. 도착 지별 분류에서 세로줄 3(동유럽 사회주의 국가)에 있는 수치는 소련의 수출을 포함 하지만, 소련 수출은 또한 세로줄 4(소련)에 따로 나타나 있기도 하다. 각 세로줄 수치의 합은 100이 되지 않는다. 왜냐하면 이 표에서 별도로 보고하지 않은, 전체 수입의 잔여 부분이 존재하기 때문이다.

출처: United Nations(1990b, p. 100).

<표 14-5> 주요 거래국과 제품군에 따른 대외무역의 집약도

	1차 상품			제조업 상품		
	사회주의 국가	선진 자본주의 국가	개발도상 자본주의 국가	사회주의 국가	선진 자본주의 국가	개발도상 자본주의 국가
사회수의 국가						
1955	7.43	0.33	0.32	8.60	0.19	0.24
1977	5.08	0.60	0.63	6.75	0.27	0.62
선진 자본주의 국가						
1955	0.30	1.11	0.95	0.18	1.10	1.06
1977	0.66	1.07	0.93	0.44	1.09	1.02
개발도상 자본주의 국가						
1955	0.26	1.04	1.24	0.25	0.81	1.53
1977	0.50	1.03	1.15	0.24	1.00	1.31

출처: A. Nagy and P. Pete(1980, p. 16).

외부의 자본주의 세계에 대한 공포가 어느 정도까지 실제의 부정적인 경험들에 의해서 유발되었는지, 그리고 그러한 경험이 어느 정도까지 국내 정치 투쟁 기간에 단순히 핑곗거리로 사용되었는지를 각 국가별로 상세히 분석하더라도 결정하기란 어려울 것이다. 3) 모든 권력자들은 강압적 수단으로 사회적 불안과 불만을 억제하려고 할 때 외부의 위협을 즐겨 언급한다. 다음 사항은 매우 확실해 보인다. 즉, 제2차 세계대전 이후에는 냉전이라고 알려져 왔던, 그러나 이미 소련의 탄생 이래로 존재했던 사태는 각 진영의 상대 진영에 대한 정치적·군사적·경제적 행위들과 적대적 선언들의 상호작용들로부터 발생했다.

---

3) 스탈린 공포정치 기간에 권력자들의 정치적 경쟁자들과 적들은 외국 첩보기관 요원이라고 부당하게 기소당했다. 그들은 간첩이라고 알려졌을 뿐 아니라 해외 강대국의 이익을 위해서 그 지시하에 국내 정치활동을 수행했다고 알려졌다.

이러한 상황을 검토하기 위해 외부세계를 다음의 국가군으로 분류할 수 있다.

1. 선진 자본주의 국가들. 이들과의 모든 형태의 경제관계(수출입, 신용거래, 외국인 전문가 활용, 연수 등)는 일차적으로 정치적 기준에 종속된다. 고전적 사회주의 체제 시기 동안, 앞에서 약술한 '피포위 의식'(혹은 농성 의식, *siege mentality*)이 지배적으로 나타날 때 고립은 불가피했다. 이는 자급자족(*autarky*) 성향을 낳았다. 소련이 유일한 사회주의 국가였을 때, 이러한 성향은 오로지 소련 그 자체에만 적용되었다. 나중에는 소련과 그 동맹국가들이 모두 자본주의 세계로부터 고립되는 경향이 있었다. 다른 말로 하면, 자급자족 성향이 진영 차원에서 나타났다는 것이다. 이는 진영 내부에서의 대외무역 팽창을 수반하였다.[4]

경제적 고립은 과학적, 문화적 고립에 의해 뒷받침된다. 서방 세계와의 과학적, 기술적, 문화적 관계는 손상되었고, 때로는 불신으로 인해 전적으로 금지되기도 한다. 이러한 상황은 화폐, 생산품, 자본의 자유로운 흐름뿐만 아니라 경험과 사상의 자유로운 흐름도 불가능하게 만든다. 오직 신중하게 선택받은 사람만이 다른 체제의 국가로 여행할 수 있다. 이러한 고립은 세계주의(*cosmopolitanism*) — 서방에 대해 '굽신거리는' — 를 비난하는 공식 이데올로기에 의해서 지지받는

---

4) 중국에서 고전적 시기 동안 GDP에 대한 수출 비율은 5%였다. 마오쩌둥 사망 이후 '개방'(중국 개혁가들의 용어를 사용하자면)이 이루어졌을 때, 그 비율은 이전에 자급자족 경향이 존재했다는 것을 보여 주면서 10%로 급속하게 상승했다.

다. 한편 정치적, 경제적, 문화적 고립은 공식 선전원들의 삶을 편안하게 만든다. 왜냐하면 이 고립은 사람들이 사회주의와 자본주의의 실제상황, 장점, 단점들을 직접적으로 비교하는 것을 가로막기 때문이다.

2. 개발도상의 자본주의 국가들. 방금 이야기한 것은 이 국가군과의 관계에도 역시 부분적으로는 적용된다. 사회주의 국가의 정부들은 (선진 자본주의 국가의 정부들과 마찬가지로) 이들 국가들과의 관계에서도 자신들의 외교정책 목표들에 강한 관심을 가진다는 사실을 덧붙일 필요가 있다. 그들은 정치적 혹은 군사적 목적을 위해 지지하고자 하는 개발도상국들과 경제적으로 손해를 보는 거래를 기꺼이 하려고 한다. 반대로 그들은 정치적, 군사적 관계를 추구하지 않는 곳에서는 경제적 기회들을 포기하려고 한다.

3. 사회주의 동맹국가들. 여기에서 사회주의 동맹국가들 사이의 경제관계에 대한 정치적 배경에 관해서는 극히 간단하게만 관찰한다. 한편으로 이들 국가는 공식적으로는 그들이 연대와 상호원조에 관심을 두고 있다는 점을 강조한다. 다른 한편으로는, 각 정부의 대표들은 가능한 한 자기 나라의 정치적, 경제적 이해관계가 요구하는 것을 상대에게 밀어붙이려고 한다. 여타 대내외 정책적 고려들도 역시 동맹국가들과의 경제관계에 강력한 영향을 미친다.

4. 여타 사회주의 국가들. 사회주의 국가들 간의 갈등은 수시로 일어난다. 예를 들어 소련과 소련의 동유럽 사회주의 동맹국들에 의한 유

고슬라비아와의 불화, 그리고 이후의 중국과 소련 간, 중국과 베트남 간 분쟁이 있다. 긴장 관계가 형성되면 각국 정부는 분쟁 중인 사회주의 국가와의 경제관계를 자신의 대내외 정책목표에 종속시킨다. 만약 적절하다고 느껴진다면 관계 축소, 수출금지 적용, 전문가 소환 혹은 보복행위 등을 한다. 5)

요약하면, 어떤 체제하에서든지 한 국가의 대내외 정책은 대외경제 관계에 영향을 미친다. 사회주의 국가의 경우 체제특수적 특징은 정치적 고려에 너무나 커다란 비중을 둔다는 것이다. 정치적 고려는 대외경제관계를 조절하는 제1의 기준이며, 보다 좁은 의미에서의 경제적 고려는 정치적 고려에 종속된다. 정치적 고려의 우선성은 〈표 14-1〉에 잘 나타나 있다. 이 표에 따르면, 1958년에 사회주의 국가였던 국가들 모두는 1938년에 전체 수출품 중 겨우 11%만을 서로 간에 수출했지만, 20년 뒤에 그 비율은 69.8%로 증가했다. 확실히, 이러한 급격한 변화는 그들의 경제적 환경이 아니라 국내외 정치적 상황의 변화에 의해 설명된다.

5) 소련과 중국, 이 두 개의 거대한 사회주의 국가들 사이의 무역이 얼마나 많지 않았는지는 주목할 만하다. 중국은 소련 수출의 1.5%를 차지하고, 소련 수입의 1.4%를 차지한다. 반면에 중국 수출의 4%와 수입의 3.3%는 소련과 이루어진다(R. E. Feinberg, J. Echeverri-Gent, and F. Müller, 1990, pp. 232~233).

2. 대외경제관계의 제도적 체계

사회주의 국가의 대외경제관계를 위한 제도적 틀에 대한 설명은 대외무역 제도에서 시작된다. 모든 종류의 대외무역 활동은 국가 독점이라는 것이 고전적 사회주의에서 공식적으로 천명된 원칙이다. 이러한 독점이 취하는 조직적 형태를 확인하기 위해서는 좀더 면밀한 검토가 요구된다.

원료의 일부를 수입하고 생산품의 일부를 수출하게 되어 있으며, 따라서 투입과 산출 양 측면에서 외부세계와 연계를 맺고 있는 국유생산기업을 살펴보는 것이 좋은 출발점이다. 고전적 체제하에서 이러한 기업은 해외 파트너와 직접적 관계를 맺는 것이 엄격히 금지된다. 해외 파트너와 수출입 거래를 하고 관계를 유지할 수 있는 유일한 권한은 특화된 조직, 즉 대부분의 국가에서 대외무역기업에 속한다.[6] 판매 혹은 구매를 위한 시장의 선택, 가격·인도 조건·납기일에 대한 흥정, 그리고 사실상 대외무역 거래에 관련한 모든 부분적 결정들은 대외무역기업이 맡는다. 생산기업은 비록 대외무역기업의 활동에 궁극적으로 영향을 미치게 될지라도 이러한 문제들에 개입할 권한이 없다. 이러한 권한의 분리가 바로 국내생산과 해외시장 사이의 큰 격차를 만든다.

---

6) 학술 저술에서 가장 널리 사용되는 표현은 대외무역조직(*foreign trade organization*)이다. 이 책은 고전적 체제하에서는 기업과, '기업'이라는 법적 범주하에서 운영되지 않는 예산제 기관을 구별한다(5장 3, 4절 참조). 이러한 정의에 따르면, 고전적 체제하에서의 대외무역조직은 기업으로 범주화되어야 하며, 바로 이것이 이 책에서 기업이라는 표현을 사용하는 이유이다.

보통 각각의 대외무역기업은 하나의 명확한 업무영역이 있다. 예를 들면, 각 기업은 특정 생산품이나 생산품군을 전문적으로 다루거나, 특정 생산 부문을 위한 해외무역 거래 모두를 담당한다. 몇몇 기업은 수출 혹은 수입만을 전적으로 취급한다. 그러나 아무리 영업 영역이 제한되어 있다고 해도, 각 기업은 자기 분야에서는 독점권을 갖는다. 법률적 의미에서 볼 때 대외무역조직들은 기업으로서 기능하지만 특정 생산품군의 수출 그리고/또는 수입에 대하여 완전히 책임을 져야 하기 때문에 많은 재량권을 갖는다. 대외무역기업은 순수한 기업이라기보다는 관료기구의 한 부분으로 간주하는 것이 훨씬 더 적절하다.

생산기업과 대외무역기업 간의 의사결정 영역 분리는 가격을 살펴보면 더 명확하게 드러난다. 대외무역기업이 수입할 때 외국의 판매자에게 지불하는 가격 혹은 수출할 때 외국의 구매자로부터 받는 가격은 국내생산자가 대외무역기업에게 지불하거나 받는 가격과는 전혀 상관이 없다. 국내가격은 보통 장기간 변하지 않으며, 설령 국내가격이 때때로 변한다고 하더라도 대부분의 변화는 수출가격이나 수입가격과는 하등의 관계가 없다. 국내시장에서 어떤 생산품의 가격상승을 초래한 원인이 바로 그 생산품의 수입에서 지불되는 세계시장가격의 상승일 수도 있겠지만, 그 반대가 똑같이 사실일 수도 있다. 즉, 수입가격 상승에도 국내가격은 변하지 않은 채로 남아 있을 수 있으며, 이것이 중앙 가격통제의 장점 중 하나라고 공식적으로 선전된다. 그 논리에 따르면, 국내 가격체계의 안정성이 자본주의 시장의 변덕에 영향을 받지 않는다는 것은 하나의 위대한 업적이다.

해외시장에서 지불하고 수취하는 수출입가격과 국내가격의 분리는 국내통화와 각각의 외국통화 사이에 단일한 환율이 존재하지 않는다는 사실과 밀접히 관련된다. 명목상, 공식 환율이 각각의 외국통화에 대해서 설정되어 있으며, 이는 공식 환율이 일관되게 적용된다는 인상을 줄지도 모른다. 그러나 실제로는 이 환율은 (1보다 크거나 적은) 다양한 승수에 의해서 변경된다. 이 승수들은 국가마다 다르고 시기마다 다르다. 모든 국가와 시기마다 관련된 해외시장과 생산품에 따라 승수들에 광범위한 차이가 존재한다.

대외무역 거래에 수반되는 실질적 환전에 또 다른 영향을 미치는 것은 세금과 보조금이다. 세금, 관세, 세금 및 관세 양허, 일시적 및 영구적 보조금 등이 뒤엉켜서 해외시장에서 주고받는 가격과 국내가격 사이에 개입한다. 7) 궁극적으로 1루블이 달러로 얼마만큼의 가치를 갖고 있는지 알 수 있는 방법이 없다. 어떤 수출 거래에서는 1달러를 벌 때 들어가는 국내비용이 30코페이카(kopeks)가 되고, 다른 수출 거래에서는 4루블이 될 수 있다. 예로 든 두 개의 환전 비율 사이에 불일치를 구체적으로 유발한 것, 즉 상이한 환율 승수, 상이한 양이나 음의 세율 혹은 아마도 양자의 결합 등은 금융적 절차의 부차적 문제이다. 핵심적인 것은 대외무역 품목을 구성하는 생산품의 국내가격과 해외가격이 거의 완전히 분리되어 있다는 점이다. 8)

이러한 분리는 세금과 보조금이 엉켜 있어 나타난 결과이며, 또한

---

7) 관세제도는 따로 논의하지 않는다. 이것은 확실하게 독립적인 역할을 가지고 있지 않기 때문이다. 관세제도는 다른 가교들을(조세와 보조금)과 함께, 어떤 제품의 가격과 비용 사이에 구축되는 일종의 금융적 가교이다.

8) 어쨌든, 외부가격과 국내가격이 더욱 밀접하게 연계된다고 할지라도, 국유기업의 가격 반응성은 여전히 약할 것이다. 다시 말하면, 국유기업도 해외시장에서의 가격변화에 강하게 반응하지 않을 것이다.

그러한 엉킴의 원인이다. 앞에서 언급한 예를 계속 들어 보자. 어떤 원료의 수입가격이 상승했고, 대외무역기업의 주도로 가격 당국이 국내의 원료 가격을 올렸다고 가정해 보라. 이는 그 원료를 사용하는 기업의 생산비용을 증가시킨다. 그럴 경우, 생산기업은 자신의 손실이 보전되어야 한다고 느끼게 된다. 왜냐하면 생산기업은 자신의 잘못이 아닌데도 생산비용이 증가했다고 주장할 수 있기 때문이다. 예산제약을 연성화하는 어떤 방법이 사용된다. 기업은 예를 들면 자신의 판매가격을 인상함으로써 비용상승을 떠넘길 수 있으며, 아니면 다른 방법을 통해 금융적으로 구제될 수 있다.

방금 기술한 상황은 어떤 대외 환율 정책도 무의미하다는 것을 설명해 준다. 자본주의 시장경제의 경우, 정부는 환율에 영향력을 행사하여, 또는 어떤 국가에서는 중앙통제를 통하여 무역 및 경상수지에 영향을 미치고자 한다. 채무가 지나치게 많다고 생각되는 경우에 취해지는 일반적인 수단은 국내통화를 평가절하하는 것인데, 이는 조만간 수입 감소와 수출 증가에 기여하게 될 것이다. 고전적 사회주의 경제의 경우 이러한 방법은 실패하는데, 왜냐하면 가격과 비용에 대한 반응성이 약하기 때문이다. 환율이 어떤 식으로 변동하든지, 그 효과는 조세와 보조금의 망에 의해서, 그리고 예산제약의 연성적 성격에 의해서 흡수된다. 고전적 체제하에서 경제 분야 지도부가 어떤 시장에서든 수입을 감소하고 수출을 증가시키겠다고 결정을 내려야만 한다면, 그들이 활용할 수 있는 유일한 방법은 직접적인 관료적 통제이다. 그들은 소비재와 중간재에 대한 국내수요를 종전보다 더 강력하게 삭감함으로써 수입 할당량을 과감하게 줄이고, 수출을 강제한다.[9] 만약 당국이 무역 및 경상수지를 조금이라도 조종하려고 한다면, 그것은 오로지 관료적 수단에 의해서일 뿐이다.

지금까지 외국과의 금융관계를 환율과 연계시켜서 언급하였다. 이제는 이것들을 좀더 자세하게 검토할 필요가 있다. 고전적 사회주의에서 통화는 태환성이 없다. 다시 말해, 국내통화는 외국통화로 자유롭게 환전될 수 없다. 외환거래는 엄격하게 통제되며, 외국통화를 소유한 사람들은 그것을 '단일은행'에 팔아야만 한다. 10) 모든 환전은 중앙당국이 결정한 고정환율로 이루어진다.

외환 관리자는 중앙은행이다. 중앙은행은 형식상 독립된 이런저런 기관에 특정 업무영역을 할당할 수 있는데, 예를 들면 국가 대외무역은행에 대외무역 금융을, 또는 일반대중에게 신용을 제공하는 은행에 관광객 외환거래를 할당한다. 그러나 이 기관들은 실제로는 단일은행의 지부들이다(8장 1절 참조). 이러한 의미에서 다른 국가와의 모든 종류의 금융관계는 엄격하게 중앙집권화되어 있다. 대외무역기업의 존재와 모든 대외무역 활동에 대한 그들의 독점은 국내생산에 대한 외국의 영향을 차단하는 첫 번째 방어벽이 된다. 그리고 다시 이 방어벽은 다른 절연체에 의해 둘러싸여 있다. 대외무역기구조차도 대외무역기업의 금융적 관계에 대해 독자적인 통제권을 전혀 갖지 않는다. 모든 금융거래는 조직적으로 독립된 매우 강력한 단일은행 시스템에 의해 지휘되거나, 모든 거래에는 반드시 단일은행 시스템의 허가가 필요하

---

9) 이러한 현상을 확실하게 보여 주는 사례는 1980년대 루마니아의 대외무역 정책이다.

10) 사적 개인들은 특별한 허가를 받아야만 엄격한 제한 속에서 태환성 통화를 살 수 있을 뿐이다. 그렇게 할 수 있는 기회라는 것은 어떤 개인들 혹은 집단에 대해 포상을 줄 때 사용되는 주요 특권에 해당한다.

기 때문이다. 이 기구는 은행으로 알려져 있으나, 실제로는 영업 서비스 업무를 수행하는 은행이 아니라 관료기구 내의 외환 당국이다.

지금까지의 서술은 고전적 사회주의 경제의 대외경제 활동이 시장 조정이 아니라 관료적 조정에 의해 통제된다는 것을 보여 준다. 공식적인 이념상으로는 대외무역과 국제금융 부문은 다른 부문과 비슷한 지위에 있어야 한다. 즉, 대외경제 부문도 생산 부문과 마찬가지로 계획과 관료적 관리라는 동일한 원칙에 따라 운영되고, 또한 동일한 방법을 사용해야 한다(7장 참조). 대외무역과 국제금융 관계에 대한 지표들은 계획의 한 장(one chapter)을 구성하며, 그 지표들은 대외무역 기업에게, 생산자와 이용자로서 수출입에 관련된 다른 기업들에게, 금융 시스템에게 내려진 명령을 통해 실현되어야 한다. 그러나 현실에서는 모순적인 상황이 발생한다. 비록 대외무역 영역이 관료적 조정의 특색을 갖고 있고 그만큼 다른 영역과 유사하기는 하지만, 그것들과 일치하지는 않는다. 심지어 경제가 폐쇄경제로 여겨질 때조차도 시장 폐지와 관료적 조정에 대한 의존으로부터 많은 문제들이 파생된다는 것을 알 수 있다. 사태의 진행이 대체로 외국 파트너에게 의존하는 이 영역에서는 모순들이 뒤섞인다. 해외의 구매자, 판매자, 은행은 국내의 계획 당국이나 부서의 명령을 받아야 할 의무가 없다. 그리고 그들은 계획 규율을 무시했다고 기소되지도 않는다. 당연하게도 그러한 환경 속에서는 외국의 시장을 차단하는 몇 겹의 절연체를 국내 생산 주위에 인위적으로 설치하는 제도적 체계가 발전한다. 여기에는 적어도 두 개의 이유가 있다. 하나는 앞 절에서 언급한 정치적 고려들 때문이고, 또 하나는 절연체들이 외부세계의 교란요인으로부터 내부의 명령경제 체계를 방어하기 때문이다.

이 체계의 그 어디에도 완벽한 위계제는 존재하지 않는다(6장 3절 참조). 모든 하급자는 하나 이상의 상급조직을 가진다. 관료기구 내 다양한 부문에 의한 이러한 중첩되고 때때로 상호 간에 모순적인 개입은 대외무역의 경우에 특히 뚜렷하게 나타난다. 일차적으로 그 책임은 대외무역 부서에 떨어지지만, 당 기구, 외교 담당부서, 대외관계를 감시하는 경찰과 군 조직들, 외환 담당기관들, 생산통제 부서들, 그리고 조세·관세·가격 통제 담당기관들 역시 모두 발언권을 갖고 있다. 기업의 영리한 관리자들은 이 모든 담당기관들 사이에서, 가령 어떤 사람과 문제가 존재할 때 다른 누군가의 지지를 획득하는 등 책략을 쓰는 방법을 곧 배우게 된다. 종종 하나의 결정이 내려지기 전에 관련 담당기관들 사이에 지리한 협상이 선행하기도 한다. 해외구매자, 해외판매자 혹은 해외은행과의 흥정보다는 관료기구 내부의 흥정에 더 많은 관심이 기울여진다. 그 복잡하고 지루한 의사결정 과정은 대외무역과 신용활동의 경직성을 더욱 악화시킨다. 생산자와 대외무역기업의 입장에서는 거래가 해외 고객을 만족시키거나 수출입 계약이 금융 수익을 극대화하는 것보다는 상급조직들의 승인을 얻는 것이 더 중요하다. 생산 부문은 해외시장의 상황에 유연하고 빠르게 적응하도록 고무되지도 않을 뿐만 아니라 의무도 없다. 대외무역은 심지어 잘 보이지 않는 변화에도 특별히 민감하고 빠르고 정확하게 적응해야 할 필요가 있는 영역이다. 그렇게 할 수 있는 유일한 제도는 시장조정인데, 시장 조정은 가격에 민감하게 반응하기 때문이다. 직접적인 관료적 조정에서 이용하는 둔감하고 성가신 방법들로는 필수적인 미세한 세부 조정을 수행할 수 없다.

내장된 완충벽과 절연층이 있음에도, 해외시장에서 발생하는 예기치 않은 변화는 국내 경제활동에 영향을 미치며, 때때로 계획들을 망쳐 놓고 계획의 실행을 방해한다. 결국 해외 파트너가 그 국가가 팔고자 하는 생산품을 구매할, 그 국가가 사고자 하는 것을 판매할, 또는 신용을 확대할 의향을 가지고 있는지 아닌지는 무시할 수 없다. 그리하여, 비록 한참 뒤에야 이루어지고 또 많은 종류의 손실을 본 이후이기는 하지만, 외부시장에 대한 어느 정도의 적응이 어떤 식으로든 일어난다.

3. 자본주의 국가와의 관계: 수입갈망, 수출 기피, 그리고 부채 성향

다음에 이어질 두 개의 절은 대외무역 및 금융관계에서 나타나는 참가자들의 행태와 경제적 경향들을 기술한다. 처음에는 자본주의 국가들과의 관계를, 그 다음에는 다른 사회주의 국가들과의 관계를 다룬다. 자본주의 국가들과의 관계는 지면상의 제약으로 인해 논의를 한정된 범위 내에서 비교적 단순화하여 진행하고자 한다.

　다른 화폐들로 자유롭게 교환될 수 있는 (일반적으로 경화로 알려져 있는) 태환성 화폐들의 거래에 대해서만 주의를 기울이고자 한다. 단순화를 위하여, 이 절에서는 '태환성 화폐(경화)를 위한 대외무역'과 '자본주의 국가들과의 대외무역'을 동의어로 취급한다. 11)

------

11) 사실 이것들은 몇 가지 이유에서 정확하게 겹치는 범주는 아니다. 예를 들면, 사회주의 국가와 자본주의 국가 사이의 무역에서 물물교환이 발생하기도 하는데, 이러한 교환에서는 상품을 통해 다른 상품을 보상하게 된다. 따라서 화폐

사실, 자본주의 국가들과의 무역을 단일한 집단으로 취급하는 것은 정당하지 않다. 왜냐하면 상대 자본주의 국가의 경제발전과 그와 밀접하게 관련된 기술 수준과 더불어, 앞에서 언급한 정치적 차이가 모두 역할을 하기 때문이다. 가령, 어떤 수출업자가 자신이 제공하는 상품에 대해 고도로 발전된 국가의 수요와 덜 발전된 국가의 수요 사이에 존재하는 차이를 느끼는 것과 꼭 마찬가지로, 모든 수입업자들은 고도로 발전된 자본주의 국가와 그보다 후진적인 자본주의 국가로부터 수입한 기계들 사이에 존재하는 차이를 안다. 지면상의 이유로 이러한 차이들은 단지 가끔씩 언급된다.

1. 수입. 투자갈망(9장 1절 참조)과 축장 경향(11장 5절, 12장 7절 참조)에서 없어서는 안 될 하나의 요소는 **수입갈망**으로, 특히 선진 자본주의 국가들의 생산품들에 대해 갖는 갈망이다.[12]

최고지도자에서 공장의 십장(*foremen*)에 이르기까지 투자를 원하는 모든 사람들은 무엇보다도 품질 좋은 최신의 기계와 설비를 간절히 바란다. 외국의 전문적인 연구들을 면밀히 고찰하고 또 연수를 통해 현대적 공장을 방문하는 기술자들은 자신들이 높은 품질을 가진 최신의

를 통한 지불이 일어나지 않는다. 사회주의 국가들 사이의 무역의 일부는 태환성 화폐로 이루어진다. 그러나 태환성 화폐를 위한 무역과 자본주의 국가와의 무역이 중첩되는 현상은 대단히 광범위하다. 개념적 불일치는 이 절에서 논의하는 경향들을 표현하는 데 방해가 되지는 않는다.

12) 차별화된 생산품들의 경우, 수입갈망은 주로 선진 국가들의 생산품들에 대한 수요에서 나타난다. 왜냐하면 그 생산품들은 높은 기술 수준과 신뢰할 만한 품질을 가졌을 것이기 때문이다. 식료품, 원료, 그리고 일반적으로 표준화된 상품의 경우에는 차이가 뚜렷하게 나타나지 않는다. 어쨌든, 대부분의 농업상품과 원료의 주요 공급자는 개발도상국들이다.

	OECD 국가a: 사회주의 국가와의 수출-수입 비율			
	1971~1975년	1976~1980년	1981~1985년	1986~1987년
불가리아	9.5	7.3	13.2	17.8
체코슬로바키아	2.5	2.9	2.5	3.3
동독b	1.5	1.6	1.6	2.0
헝가리	5.4	4.5	3.7	3.9
폴란드	6.1	3.7	2.3	2.8
루마니아	7.8	5.1	1.5	1.4
동유럽 전체c	4.3	3.5	2.7	3.2
소련	13.4	20.3	28.5	20.2

주석: a) 경제협력개발기구(OECD: Organization for Economic Co-operation and De-
velopment)는 1960년에 설립되었다. 현재 24개 선진 자본주의 국가들이 OECD
회원국으로(1992년 기준 — 옮긴이주), 19개 유럽 국가, 오스트레일리아, 캐나
다, 일본, 뉴질랜드, 그리고 미국이 그들이다.
b) 동독과 서독 간의 무역 추정치는 제외하였다.
c) 1985년 미국 달러 비중에 기초하여 유럽경제위원회(ECE: Economic Commis-
sion for Europe) 사무국이 계산한 지역 총계이다.
출처: United Nations(1989, pp. 76~78).

기계와 장비를 신청하는 것을 뒷받침할 좋은 논거들을 가지고 있다.
선진 자본주의 국가들이 생산한 최신의 기계와 장비에 대한 수요는 전
문 직업에서 우러나오는 열망에 의해서, 현대화하려는 노력에 의해
서, 믿을 수 있고 신뢰할 만한 기계류가 제공하는 보다 유연한 생산에
대한 바람에 의해서 부채질된다. 이러한 경향은 〈표 14-6〉에 나타나
는데, 표를 보면 유럽의 작은 사회주의 국가들은 선진 자본주의 국가
들이 생산한 투자재를 자신들이 이들 국가들에 수출할 수 있는 투자재
보다 3배나 많이 수입하며, 소련은 20배나 많이 수입한다.

수입 역시 만성적인 부족에 의해 촉진된다. 부족은 생산투입재와
소비재 품목에서 통상적이고 전형적인 강도로 비슷하게 전개된다. 만

약 어떤 생산품에서 평소보다 더 큰 부족이 존재할 경우, 대체물을 획득할 수 있는 가장 손쉽고 빠른 방법은 그것을 자본주의 국가로부터 수입하는 것이다. 13) 계획자들(혹은 극도로 긴급한 상황에서는 관리자들)은 수입을 통한 국내생산의 대체가 이익이 되는지 여부를 고려하지 않는다. 이러한 과정은 가격과 비용이라는 신호에 기초하는 것이 아니라 비가격 신호에 대한 반응으로서 발생한다. 14)

물론 최상위 정치경제기구들, 당의 정치위원회, 수상, 중앙은행장 등은 총수입비용에 대해서, 혹은 궁극적으로는 무역수지와 경상수지에 대해서 무관심하지 않다. 실제로 그들은 이러한 것들을 자신들의 가장 커다란 관심사 중 하나로 간주한다. 그러나 다른 선택의 문제의 경우에서와 마찬가지로(소비와 축적의 비율에 관한 결정을 보라. 9장 3절 참조), 그들은 자신들이 직면한 문제들을 위계제의 낮은 수준에, 그리고 궁극적으로는 생산기업들에 위임하여 탈중앙화할 수 없다. 피라미드의 정점에 있는 사람들을 제외한 모든 사람들의 관심사항은 자본주의 국가로부터의 수입이 가능한 한 많아지는 것이다. 수요를 자발적으로 제한하도록 만드는 내부 유인은 존재하지 않는다. 이러한 상황은 수입에 대한 직접적 통제를 불가피하게 만든다. 이는 수입쿼터를 엄격하게 부과하고 모든 거래에 대해서 특별허가를 얻도록 하는 것이

---

13) 예를 들면, 소련은 자체 수확량에 따라서 엄청난 양의 곡물 및 식료품을 수입했다.

14) 몇몇 사회주의 국가들은 대외무역의 효율성에 대한 계산이 국내생산 대신에 수입할 것인지 아니면 수출 목적을 위해 국내생산을 증가시켜야 할지를 판단하기 위해 이뤄져야 한다고 규정한다. 그러나 그러한 계산들은 정책결정 과정에 거의 영향을 미치지 못한다. 종종 그 계산들은 이미 내려진 결정을 지원하기 위해서 조작된다.

다. 그리하여 일종의 상호작용이 존재하게 된다. 수입갈망은 관료적 통제의 배후에 존재하는 하나의 요인이 되며, 동시에 관료적 통제는 수입갈망을 확장시킨다. 왜냐하면 모든 사용자들은 계획흥정이 이루어지는 동안 자신의 쿼터를 극대화하려고 노력하고, 자본주의 시장으로부터 들어오는 수입품 재고를 비축하려고 노력하기 때문이다. [15]

2. 수출. 여기에서는 정반대의 행위가 전적으로 발견된다. 자본주의 국가로부터의 수입에 대한 갈망이 위계구조의 모든 수준에서 자생적으로 나타나는 반면에, 자본주의 시장에 대한 수출에 대해서는 자발적 열망이 나타나지 않는다. [16] 구매자들이 줄지어 기다리면서 판매자에게 비위를 맞추어 주는 편안한 판매자 시장을 국내에 충분히 가지고 있는데, 왜 해외구매자 문제로 골머리를 앓겠는가? 목표가 되는 시장을 가진 국가가 발전되어 있으면 있을수록, 품질과 납품기한에 관하여 그 국가의 수입자들의 요구는 더 많아진다. [17] 자본주의 경제에

---

[15] 수입 규제는 사회주의 국가의 국내 산업을 보호하려는 일종의 보호주의적 열망에 의해서라기보다는 일차적으로 앞에서 서술한 바에 의해서 설명된다. 국내생산들은 판매자 시장체제에 의해서 충분히 보호된다.

[16] 심지어 가장 고립주의적인 사회주의 국가인 알바니아의 경우에도, 오랜 지도자 엔버 호자(Enver Hoxha)는 그의 인민들에게 경고해야만 했다. "현재 상황에서 외국으로부터 모든 것들을 기대하려는 경향에 대해서 단호히 맞서야 한다. 우리 자신의 능력과 힘으로 장비, 예비 부품, 기계를 가능한 한 국내에서 많이 생산하고 그것들의 수입을 줄이기 위해서 모든 가능성과 자원을 활용하는 것은 우리의 의무이다. 이외에도 우리는 수출을 증가시키고 그 범위를 확대하고 우리가 생산하는 상품의 품질을 향상하기 위해서 모든 방면의 조치를 취해야만 한다. 우리 모두는 수입하기 위해서는 수출하는 것이 필요하다는 것을 확실히 알아야 한다."(E. Hoxha, 1975, p. 10)

[17] M. Mejstrik(1984, p. 75)는 체코슬로바키아의 상품 특성을 검토하고 난 뒤에

서 경쟁자들과 경쟁하는 사적 기업은 해외시장을 발견하고는 몹시 기뻐한다. 고전적 사회주의하의 국유기업은 그렇지 않은데, 자본주의 시장으로의 수출을 꺼리며 **수출 혐오감**을 보여 준다. 국유기업의 위에 있는 기관들은 이러한 수출혐오감에 대해 행정적 강제로 싸워야 한다. 수출을 강요하는 관행이 발전한다. 수출할당량의 수행은 계획의 강제적 요구사항 중 하나이자, 사실상 계획지시 목록에서 가장 우선순위가 높은 사항 중 하나가 된다.

　자본주의 시장에 진입하는 사회주의 국가의 대외무역기업은 자신이 구매자 시장에 있다는 것을 발견한다. 이 기업은 제공되는 상품의 풍부함과 다양성에 놀라게 되며, 이는 수입에 대한 그 기업의 욕구를 증가시킨다. 한편, 이 기업은 수출업체로서 시장에서 품질, 현대성 혹은 신뢰성 있는 납품 등을 놓고 국내와 해외의 자본주의 기업들과 경쟁할 수 없다.[18] 경제체제는 한쪽은 국내의 판매자 시장을 바라보고 다른 한쪽은 해외의 구매자 시장을 바라보는 두 개의 완전히 다른 얼굴을 가질 수 없다. 만약 국내에 판매자 시장이 존재한다면, 구매자에 대해 군림하는 데 익숙해질 것이며 품질 향상 요구에 대해서 신경 쓰지 않아도 될 것이다.[19] 이러한 종류의 나태함과 태연함은 수출을 위

1970년대 후반에 겨우 2%만이 세계 기술적 표준을 만족했다고 결론 내렸다.

[18] 자본주의 측에서 일반적인 보호주의적 목적을 위해서, 그리고/혹은 정치적 차별의 표현으로서 만든 고립주의에 의해서 어려움이 가중될 수 있다.

[19] 이와는 반대되는 사례가 종종 제기되는데, 바로 무기 수출이다. 무기 수출은 자본주의 시장에서도 역시 성공적이다. 그러나 방금 제기한 논의에 대한 반박이라고 간주할 수는 없다. 국내에서나 국외에서나 무기 판매는 판매자 시장에서 결코 이루어지지 않는다. 구매자로서 군대는 구매자 시장을, 그리고 구매자 시장에 수반되는 품질 조건들을 함께 강요할 수 있는 충분한 힘을 가지고

한 생산에서도 역시 드러난다. 한 국가의 국내경제가 기업들로 하여금 품질을 향상시키고, 기술 방면에서 발전하고, 재빨리 믿을 만하게 공급하며, 구매자의 요구사항에 적응하도록 강제할 수 있는 자극책을 갖지 않는 한, 그 국가는 경화를 획득하기 위한 수출에서 항상 중대한 난관에 직면할 것이다.

그러한 상황에서 생산품의 매력을 증가시킬 유일한 수단은 가격인하, 아니면 최후의 수단으로 덤핑이다. 질 나쁜 상품 대부분은 만약 가격이 충분히 낮다면 태환성 화폐를 받고 팔릴 수 있다. 해외구매자들에게는 명백하지 않을 수 있겠지만, 종종 이러한 거래가 이루어진다. 수출 공급의 특이한 마이너스 가격 탄력성이 발전하게 된다. 사회주의 국가의 수출 목적은 수입 대금 지불에 필요한 외화를 획득하는 것이기 때문에, 수출계획이 설정될 때 다음과 같은 관계가 적용된다. 도달할 수 있는 수출가격이 낮아지면, 보다 많은 양이 수출되어야만 한다. 수출가격이 높아지면, 보다 적은 양의 수출로도 충분할 것이다.[20] 어쨌든 가격설정 과정은 앞에서 언급한 조세, 관세, 보조금의 망으로 빈틈없이 촘촘하게 짜인다. 일반대중은, 그리고 종종 경제지도부도 달러 혹은 파운드를 획득하는 데에 어떠한 국내 희생이 들어가는지를 알지 못한다. 그들은 해외 경쟁자들이 제의한 가격과 비교해서 얼마나 더 싼값으로 생산품이 팔리는지를 알지 못한다. 그들은 또한 그 제품을 만드는 데 얼마나 많은 국내 투입재가 들어갔는지도 알

있다. C. Davis(1990)를 참조하라.

20) 덤핑과 마이너스 공급 탄력성에 관해서는 F. D. Holzman(1976, 1983)과 J. Winiecki(1984)를 참조하라.

지 못한다.

수출입 거래를 다루는 사람들의 이해관계, 사회적 환경, 행위는 〈표 14-3〉과 〈표 14-4〉에 제시된 경제적 경향들을 대체적으로 설명해 준다.[21]

3. 무역 및 경상수지. 앞에서 살펴본 것처럼, 생산기업의 경영진을 포함한 모든 수준의 경제관료는 자본주의 시장으로부터 가능한 한 많이 수입하는 데 관심을 갖는다. 그 반대의 경향 또한 드러났다. 사회주의 국가는 자본주의 시장에 수출을 하고자 할 때 난관들에 직면한다.[22] 그 결과는 명확하다. 수입에 대한 지출이 수출로부터 얻는 소득을 초과하는 강한 경향이 나타난다.

직접적인 자본수입, 즉 자본주의 기업들의 사회주의 국가로의 사업 투자는 몇몇 예외를 제외하고는 금지된다. 이것은 이 장 서두에서 논의한 정치적으로 동기부여된 고립주의로부터 논리적으로 도출된다. 그리하여 대외무역적자는 오로지 자본주의 국가의 수출기업이나 은행에 의해 제공된 대출로만 해결될 수 있으며, 어떤 경우에는 정부 보증

---

21) 나는 그저 몇 가지 주목할 만한 경향들을 언급했을 뿐이다. 사회주의 국가들의 수출에서 기계류가 차지하는 비율은 하락하고 에너지 원료가 차지하는 비율은 증가한다. 기계류 수출은 사회주의 국가들 간의 판매가 지배적이라는 사실을 덧붙여야 한다. 사회주의 국가가 만든 기계류는 상대적으로 적은 숫자만이 자본주의 국가들, 특히 선진 자본주의 국가들에 의해 구매된다.

22) 관광은 많은 자본주의 국가들에 대한 상품 수출로부터 얻는 소득에 대한 상당한 추가분이라고 할 수 있다. 하지만 이러한 기회가 고전적 사회주의 체제하에서는 고립 정책에 의해서 혹독하게 축소된다. 게다가 무시되어 왔던 서비스 부문 또한 수출에 대하여 어떤 뚜렷한 기여도 할 수 없다.

대출이 이루어진다. 그리하여 부채 성향(*inclination to indebtedness*)은 자본주의 국가들과의 관계에서 나타난다.

고전적 사회주의의 경제지도부는 양면적으로 행동한다. 한편으로, 수입을 증가시키라는 거대한 압력이 그들에게 가해질 때 저항하기가 어려우며, 경화 신용대출을 사용함으로써 일부 문제들을 단기간에 쉽게 해결하려는 유혹에 빠진다. 다른 한편으로, 14장 1절에서 논의한 정치적 고려사항들이 부채를 강력하게 반대하는데, 그것은 아마도 과장되었기는 하지만 근거가 없지는 않은 대외 종속에 대한 위험의식을 일깨운다. 이 두 가지 영향 중 어떤 것이 얼마만큼 강한지는 국가마다, 그리고 시기마다 다르다.[23]

심지어 신용대출을 늘리려는 유혹이 효과적으로 제지된 곳에서조차 경상계정 수지와 관련한 고려사항들이 경제운영에서 매우 강력한 역할을 한다. 채무국은 부채 의무(이자와 만기가 된 상환금을 지불해야 할 의무)를 져야 한다는 끊임없는 요구와 부채 총액을 줄이려는 의향 때문에 경상수지를 개선할 것을 강요받는다. 부채를 지지 않은 국가는 보통 어느 정도 경화 보유를 축적하려고 한다.

여기서 이러한 논의선상에서, 왜 고전적 사회주의 체제는 항상 무역 및 경상수지를 개선하는 수단으로서 수출을 성공적으로 발전시키는 대신에 수입 대체에 의존하려 하는지를 알게 된다. 수입 대체는 관료적 방식으로 명령될 수 있다. 단기적으로는 단순하게 특정한 수입거래를 금지시켜야만 하며, 특정 국내 제조품을 이용하라고 명령해야만 한다. 장기적으로는 동일한 관료적 수단을 통해서 미래에 수입을

---

23) 대외 채무에 관한 자료는 〈표 23-7〉에 나와 있다.

대체할 국내투자를 명령해야 한다. 게다가 이것은 고립이라는 정치적 목적 및 자급자족 전략과 잘 어울린다. 다른 한편으로는, 명령을 통해서 경화 획득을 위한 수출의 성공을 보장할 수 있는 방법은 존재하지 않는다. 직접적인 관료적 통제는 기껏해야 수출을 압박할 수 있을 뿐이며, 그것이 성공할 수 있을지는 의문이다.

그런데, 강요된 수출이라는 문제는 만성적 부족경제에서 발생하는 악순환들 중 하나를 유발한다. 국내의 부족과 긴장은 수입갈망을 발생시킨다. 수입을 보충하기 위해서(그리고 수입으로 인해 늘어난 빚을 갚기 위해서), 어떤 희생을 치르더라도 가능한 한 많은 경화를 획득해야만 한다. 앞에서 지적한 것처럼, 만약 가격을 충분히 낮출 수 있다면 구매자들이 나타날 재화는 다량으로 존재한다. 그러한 상황에서는 자본주의 시장에서 잘 팔릴 수 있는 생산품에 대한 대외무역 부문의 수요는 거의 끝이 없다. 대외무역 부문은 이들 재화의 구매자로서 국내시장에서 나타나기 때문에, 그 상품의 국내 비용과 가격에 대해 실제적으로는 무감각하다. 국내의 비용과 가격이 아무리 높아도, 예산제약을 연성화하는 몇 가지 기법에 의해서 국내가격과 해외가격 간의 격차를 메울 수 있다. 그리하여, 수출에 대해 거의 만족할 줄 모르는 수요는 거시경제 수준에서 만성적인 초과수요를 유발하는 힘들 중 하나라는 것은 당연하다(12장 7절 참조). 자본주의 시장을 위한 수출의 강요는 만성적 부족을 야기하는 요인들 중 하나가 된다.

4. 사회주의 국가와의 관계:
연계, 수출 선호, 그리고 수지균형의 추구

수입과 수출. 우선, **경성 재화**와 **연성 재화**를 구분하는 것부터 시작하자. '경성'과 '연성'은 관련 재화의 항구적이고 일반적인 특징이 아니다. 그것은 언제나 두 국가 간의 구체적 관계 속에서 특정 시기에만 적용되는 하나의 속성이다. 협상의 주제가 되는 품목이 연성인지 경성인지는 두 국가의 일반적인 환경에 달려 있다. 구매자 국가 행정부와의 협상에서, 판매자 국가 행정부는 다음과 같은 경우에 자신이 생산한 재화가 경성이라고 간주한다. ① 자본주의 시장에서 커다란 문제없이 경화 거래로 팔릴 수 있는 경우, ② 또는 구매자 국가의 현재 국내 경제상황이 해당 상품을 절실하게 필요로 하고, 다른 어떤 사회주의 국가로부터도 그 상품을 획득할 수 없으며, 오로지 자본주의 시장에서만 엄청난 어려움과 희생을 치르고 경화 거래를 통해 그 상품을 획득할 수 있는 경우가 그것이다. 이러한 두 경우는 종종 동시에 일어나지만, 항상 그런 것은 아니다. 이를테면, 어떤 판매자 국가가 식량 수출을 협상한다고 가정해 보자. 보호주의 장벽이 경화로 판매하는 것을 어렵게 만들 수도 있다. 하지만 만약 구매자 국가가 심각한 식량부족으로 고통을 받고 있고, 그 지도자들이 부족분을 보충하는 데 요구되는 식료품을 위해서 자본주의 시장에서 경화로 지불해야만 한다는 것을 알고 있다면, 판매자 국가의 식량 수출은 수입하는 국가의 필요에 의해서 '경성화'된다.

만약 판매자 국가에서 어떤 재화의 여분이 존재하고(따라서 그 재화를 수출해야만 하고), 자본주의 시장에 그 재화를 판매하는 것이 불가능하거나 매우 어렵다면, 그 재화는 연성 재화이다. 만약 잠재적인 사회주의 구매자 국가가 상대적으로 쉽게 어떤 재화가 없이도 지낼 수 있다면, 그 재화는 마찬가지로 연성 재화이다.

개념들이 설명되었으니, 이제 먼저 검토해야 할 문제는 고전적 사회주의 체제의 정부 대표들이 다른 사회주의 국가의 대표들과 수출입의 양과 구성을 정하는 정부 간 협정에 대해 협상할 때 보이는 행동의 종류이다(여기서 주제는 경제 분야나 대외무역 분야의 위계제에서 고위직에 있는 공무원들의 행동이다. 낮은 직위의 공무원들의 행동은 나중에 언급된다).

협상이 시작되면 정부 대표들은 그들 국가의 경성 수출 재화를 자신들의 유리한 협상카드로 간주할 것이다. [24] 그러한 경성 재화를 제공함으로써 그들은 많은 것들을 성취하기를 원한다. 바로 ① 상대방의 경성 재화를 가능한 한 많이 획득하는 것, ② 자신의 연성 재화를 가능한 한 많이 판매하는 것, ③ 상대방의 연성 재화를 가능한 한 적게 받아들이는 것 등이 그것이다. [25] 최종적으로 볼 때, 물론 가격이 일부 역할을 하기는 하지만, 협상은 일차적으로는 거래가 이루어지는 가격

---

[24] 어떤 경성 재화는 생산 국가에 의해서 그 재화를 필요로 하는 국가에게 태환성의 화폐를 받고 팔린다.

[25] 물론 이러한 경우에도 역시 확실한 설명을 위해서 '경성'과 '연성'이라는 두 가지 성격이 이용된다. 사실상 그러한 현상도 역시 연속적 척도 위에서 측정될 수 있다. 비록 대부분의 기계류들이 연성 재화로 간주될지라도, 동독과 체코슬로바키아와 같이 산업적으로 보다 선진적인 국가들의 기계류는 대부분 덜 발전된 국가들의 기계류보다 훨씬 더 경성 재화이다. 게다가 어떤 특정 국가 내의 동일한 부문에서 생산된 각기 다른 생산품들의 질에서도 차이가 존재할 수 있다.

에 관한 것은 아니다. 훨씬 더 중요한 것은 두 국가 사이에서 교환되는 상품 '바구니'에 무엇이 반드시 들어가 있어야 하는가에 관한 문제이다. 바구니 안에는 경성 재화와 연성 재화가 어느 정도의 비율로 들어가 있어야 하는가? 대표들은 그들 국가의 연성 재화를 더 많이 상대 국가에게 팔아넘기고, 다른 국가의 연성 재화를 더 적게 받아들일수록 그 협상을 성공적인 것으로 평가한다. 궁극적으로, 정부 차원에서 이루어지는 그러한 과정은 상업에서 끼워 팔기(*tying in*, 연계하기)로 알려져 있는 것이다.

국내시장에서 부족과 과잉이 동시에 나타나는 현상에 관하여 앞의 두 개 장에서 논의한 것으로 잠깐 되돌아갈 필요가 있는데, 앞의 언급들이 이러한 현상에 대해 부가적 설명을 제공하기 때문이다. 경성 재화의 부족이 존재하는 한편, 연성 재화의 팔리지 않은 재고가 존재한다. 그 국가는 대외무역 협상에서 자신이 가진 잉여물자를 처리할 수 없었으며, 심지어는 상대 국가의 경성 재화를 획득하는 유일한 방법으로서 상대 국가의 연성 재화를 받아들이도록 강요당하기조차 했다.

이제 생산자 기업에서부터 시작하여 위계구조의 중간 및 하위 수준에서의 행동에 대해서 살펴보도록 하자. 구매자 국가는 경성 재화가 부족한데, 이는 경성 재화의 양, 제조일, 납기일 등에 관하여 강력한 요구를 할 수 없음을 의미한다. 그러므로 생산자가 사회주의 무역 파트너들이 경성이라고 생각하는 재화를 만드는 것은 상대적으로 쉽다. 유사하게, 수출을 책임지는 대외무역기업이 그러한 재화를 사회주의 시장에서 판매하는 것도 상대적으로 쉽다. 연성 재화에 대해서는 그 입장이 오히려 다른데, 연성 재화의 수용을 정부 간 합의에 억지로 집어넣기란 쉽지 않기 때문이다. 그러나 일단 수입하는 국가가 연성 재화들을 수용하기로 약속했다면, 생산자나 대외무역기업 어느 쪽도 더 이상 어떤 문제도 갖지 않게 된다. 재화의 질에서 차별점을 못 갖는다는 점을 제외한다면, 생산자와 대외무역기업에게 또 다른 이점이 존재한다. 즉, 정부 간 합의가 장기간 효력을 갖는다는 것인데, 이는 그들의 안도감을 증가시킨다. 국유 생산기업에게 또 다른 이점은 수입 상대인 사회주의 경제에서 자기 기업이 판매자 시장을 마주하고 있다는 것을 안다는 점이다. 26)

이 모든 이유 때문에 사회주의 외부시장에 대한 행위는 부분적으로는 자본주의 외부시장에 대한 행위와 유사하며, 부분적으로는 그 반대이다. 경성 재화에 대한 수입갈망이 존재하지만, 또한 연성 재화에 대한 수입 혐오도 존재한다. 일반적으로 수출 측면에서는 혐오가 존재하지 않는다. 그와는 반대로 생산과 대외무역 관료기구의 보다 낮은 수준에서는 자본주의 시장보다는 사회주의 시장의 편안함과 안정성을 확실하게 선호한다.

아마도 공산품보다는 원자재에서 경성 생산품이 더 많이 존재할 것이다. 만약 이러한 가정이 옳다면, 앞에서 언급한 경향이 갖는 효과는 〈표 14-5〉에 반영된다. 사회주의 국가들 간에 공산품 흐름의 집약도

---

26) 부족의 정도는 모든 사회주의 국가들에서 동일하지 않다. 부족의 강도가 강하면 강할수록(그리고 경화 계좌에서 불균형이 심하면 심할수록), 그 국가는 다른 사회주의 국가들로부터 더 많은 수입을 필요로 한다. 수출하는 국가의 정부는 경제상황이 좋지 않고 교환의 대가로 어떤 것도 제공할 능력이 없는 국가에 수출하기를 꺼려할 수도 있다. 그러나 생산기업에게 ─ 그 자신의 이익이라는 관점에서 볼 때 ─ 그것은 커다란 안도감이다. 그 기업이 무엇을 생산하든지 간에 결국에는 그것을 구매할 욕구가 있는 구매자가 존재할 것이기 때문이다. 국내의 부족경제의 효과들은 국제적 규모에서의 판매자 시장에 의해서 재차 강화된다.

는 대단히 높다. 게다가, 사회주의 국가들 간에 공산품의 무역 집약도는 자본주의 국가들에 대한 사회주의 국가들 공산품의 수출 집약도보다 높다. 집약도 지수에서의 이러한 차이들로부터 도출되는 또 하나의 결론은 사회주의 국가들이 자신들의 공산품을 서로에게 강요할 수 있으며, 반면 그들 국가들의 자본주의 시장에 대한 공산품 수출이 정상적인 수출 비율을 훨씬 밑돈다는 것이다.

이 시점에서 잠시 딴 얘기를 해보자. 사회주의 대외무역을 연구하는 몇몇 학자들은 어떤 국가가 다른 국가를 착취하는지에 관한 문제를 제기했다. 그들 간의 대외무역 관계에서 은폐된 부과금이나 보조금이 존재하는가?[27] 이 책은 이러한 논쟁에 대해 어떤 입장도 취하지 않는다. 비록 그 문제가 주목할 가치가 있다고 하더라도, 그것은 결국에 가서는 일군의 사회주의 국가들에 대한 하나의 특수한 재분배 문제와 연관된다. 여기서 이슈가 되는 것은 특정한 거래에서 상대적으로 누가 더 이익을 얻고 누가 덜 이익을 얻는가 하는 것이다. 문제는 이것이 한쪽이 이기면 한쪽이 잃게 되는 제로섬 게임이 아니라는 것이다. 왜 양 국가 모두에서 생산과 대외무역의 효율성이 낮은가? 양 국가의 내부 시스템 모두가 낮은 효율성으로 작동하기 때문이다.[28] 무엇보다도

---

27) M. Marrese and J. Vanous(1983)의 연구는 소련이 일반적인 세계시장가격보다 낮은 가격으로 경성 재화를 수출하는 경성 재화 순수출국이었으며, 세계시장보다 높은 가격으로 연성 재화를 수입하는 연성 재화 순수입국이었다고 주장한다. 소련은 그 지역에서 정치적 지배를 유지하기 위해서 이러한 종류의 보조금을 지급한 것이다. 이러한 주장은 J. C. Brada(1985), F. D. Holzman(1986a, 1986b), A. Köves(1983)에 의해 비판받았다.

28) 소비에트 수입자들은 소련이 종종 국가 간 계약에 의해서 많은 질 나쁜 생산품들을 포함해서 헝가리로부터 연성 재화들을 구매해야 한다는 사실에 매우 당

대부분의 대외무역을 자신들 사이에서만 실시함으로써 사회주의 국가들은 바로 서로에 대해, 외부시장의 높은 질적 기준이 제공할 수 있는 국가경제의 질적 발전을 위한 자극과 요구를 빼앗았다.

무역수지와 경상수지. 태환성이 없을 때, 어떤 쌍무관계에서의 적자는 다른 쌍무관계에서의 흑자를 통해서 메울 수 없다.

만약 (곧 언급될) 특정한 예외들을 무시한다면, 사회주의 국가들은 서로에게 투자하지 않는다. 그리하여 경상수지는 무역수지에 크게 의존한다. 그리고 흑자가 다른 시장에서는 태환될 수 없기 때문에, 어떤 국가도 자신이 획득한 흑자가 너무 많이 증가하거나 자신의 전체 대출이 증가하는 것을 좋아하지 않는다. 그 결과 수지균형을 추구하는 특수한 경향이 나타난다. 쌍무관계는 지속적인 잉여도, 지속적인 흑자도 만들지 말아야 한다.

지금까지 언급된 것들을 볼 때, 확실히 사회주의 해외시장은 자본주의 해외시장과는 다르다. 사회주의 해외시장에 참가하는 참가자들의 행위는 자본주의 해외시장과의 관계에서 나타나는 강요된 수출을 특별히 유도하지 않기 때문이다. 상부기관들은 경제가 경성 재화의 수입을 필요로 할 경우에 그 수입을 충당할 것으로 보이는 만큼에 대해서만 수출을 강요하며, 또는 정부가 국제 협약에 따라서 어떤 비용을 치르더라도 이행해야 하는 의무를 수행해야 할 때에만, 그렇게 하

연하게도 실망했다. 그와 동시에, 헝가리의 수출업자들은 동일한 계약에 의해서 기술적으로 낡은 상품들을 생산해야만 한다고 주장하면서 심하게 불평하였다. 예를 들면, 소련 농촌의 낙후된 전화망은 오로지 기존의 구식 장비와 호환되는 변전설비들만을 사용할 수 있었다.

라는 외국의 압력이나 어떤 다른 정치적 이유 때문에 수출을 강요한다. 이러한 고려사항들이 하나라도 적용되는 상황에서는, 이는 강요된 수출을 유발하는 힘들에 덧붙여진다.

마지막으로, 1절과 2절로부터 도출된 하나의 공통적인 결론이 존재한다. 〈표 14-1〉과 〈표 14-2〉로 돌아가 보자. 앞에서 언급한 것처럼, 사회주의 국가들 간 교역의 비율이 높은 것은 이것이 거시경제발전이나 기술발전에 명백하게 더 유리하다는 사실로는 설명되지 않는 것이 분명하다. 결정적 요인은 정치적 고려, 즉 자본주의로부터의 분리에 대한 열망이다. 그러나 일단 사회주의 파트너들과의 대외경제관계가 형성되어 굳어지면, 이러한 높은 비율은 적어도 수출 측면에서는 지속적으로 강화된다. 그러한 관계는 많은 면에서 경제 관료들과 생산기업의 관리자들에게 편안하고 안심이 되기 때문이다.

5. 통합의 시도: 경제상호원조회의(CMEA)

지금까지 이 장에서 소개된 모든 현상들은 사회주의 국가들의 통합 시도에 영향을 미쳤다. 실질적인 경험을 고찰하기 이전에 우선 이데올로기적 내력에 대해서 검토해 보아야 한다.

사회주의 사상의 고전들은 국제주의 사상을 선언한다. 마르크스와 엥겔스의 《공산당 선언》(*Communist Manifesto*) 이래로 "만국의 노동자여, 단결하라!"는 사회주의 운동의 주요 슬로건 중 하나였다. 민족국가들로 분리된 몇몇 사회주의 국가들이 상호 간에 경제관계를 구축하고자 하는 상황이 역사에서 발생하기 전에, 많은 사람들은 국경의 중요성이 쇠퇴할 것이며 초국가적인 사회주의 경제공동체가 나타날 것으로 기대하였다.

그러한 기대들은 현실에서는 여전히 충족되지 않았다. 현재까지는 오직 하나의 거대하고도 분명히 실재하는 조치만이 몇몇 사회주의 국가들의 경제통합을 창출하는 방향으로 시도되었다. 바로 경제상호원조회의(서구에서는 습관적으로 Comecon으로 알려진 Council of Mutual Economic Assistance)의 창설과 운용이 그것이다.[29] 이 기구가 어떻게 작동했는지를 검토하면 앞에서 언급했던 것들을 뒷받침하는 역사적 경험을 알 수 있다.[30]

국제주의 이념과 CMEA의 현실 간의 불일치는 그 회원국의 범위에서 시작되었다. 쿠바, 몽골, 베트남을 제외하면 중국과 여타 제 3세계 사회주의 국가들은 CMEA 회원국이 되지 못했다. 이는 그 자체로서 포괄적인 국제주의가 발생하지 못했다는 증거이다. 앞의 3개국을 제외하면, 상대적으로 발전한 유럽 국가들은 경제발전에서 그들보다 훨씬 뒤처진 국가들과 조직화된 통합적 관계로 진입하지 않았다.[31] 양쪽으로부터 반감이 있었다고 볼 수 있다. 한편으로, 보다 발전된 사회주의 국가들의 정부는 자신들의 경제를 희생시키면서 덜 발전된 국가들로 자원을 과도하게 이전해야 할지도 모른다고 우려했다. 이 문제는

---

29) CMEA는 1949년에 설립되었고 1991년에 해체되었다. 1990년에 그 구성원은 소련, 불가리아, 체코슬로바키아, 동독, 헝가리, 폴란드, 루마니아, 쿠바, 몽골, 그리고 베트남이었다. 유고슬라비아는 '제한된 참가국'이었다.

30) CMEA에 관한 광범위한 문헌 중에서 다음의 문헌들은 강조할 가치가 있다. S. Ausch(1972), J. M. van Brabant(1980, 1989), L. Csaba(1990), M. Kaser(1965).

31) 모잠비크는 CMEA에 가입을 요청했으나 거절당했다.

중국과 다른 사회주의 국가들 사이의 관계에서 매우 첨예하게 발생했다. 발전 수준을 균등화한다는 생각은 국민국가들 간의 자원 재분배에 해당되는데, 상대적으로 미발전된 국가들에게 유리할 수 있으며, 상대적으로 발전된 국가들로부터는 반대에 직면할 수 있다.[32] 다른 한편으로, CMEA는 아프리카와 아시아의 여러 국가에게 충분히 매력적이지 못했다. 어떤 국가들은 CMEA 가입으로 인해 자신들이 맺고 있는 자본주의 세계와의 경제관계가 위험해질 수도 있다고 염려했다.

다른 CMEA 회원국들과의 갈등으로 초기에는 유고슬라비아가 조직의 활동들로부터 탈퇴했고, 이후에는 알바니아가 탈퇴했다. 이러한 사례는 일상적인 정책의 적용이 국제주의라는 도덕적 이념이나 경제적 고려사항보다 더 강력하다는 것을 보여 준다.

국제주의 이념과 CMEA의 현실 간에 존재하는 불일치를 검토할 때 제기되는 또 다른 주요한 문제는 회원국들 사이의 조정방법이다. 시장 조정은 회원국들 내에서 단지 부차적인 역할만을 할 뿐이었다. 기본적인 통제기제는 관료적 조정, 더군다나 가장 극단적인 형태의 관료적 조정이었다. 즉, 강력하게 중앙집권화된 명령경제와 직접적인 관료적 통제였다. 그러한 논리를 가설적으로 확장하면 초국적으로 중앙집권화된 명령경제가 될 것이다. 개별 국가 내의 위계제 위에는 더 강력한 초국가적 수준의 위계제가 존재하게 될 것이다. 사회주의 국가들을 위한 중앙당국은 계획을 작성하고, 그것을 분할하여 국가들에게 내려보내고, 각 국가에게 강제적인 산출 의무량과 투입 할당량을

---

32) 균등화 문제는 CMEA 내에서도 때때로 발생했지만, 공개적인 형태는 아니었고 아마도 그리 강도가 센 형태도 아니었을 것이다.

지시하고, 국가들 간의 생산품 흐름을 위한 목표를 설정하게 될 것이다. 마치 국가 계획기구들이 부문별 혹은 지역별 계획을 다루는 것과 같다.

이러한 생각은 그저 관료적 조정의 논리에 의해서 제시되는 가설적 결론이 아니다. 사실상 이러한 종류의 무언가가 가장 강력한 회원국, 소련의 권력 의도들의 배후에 존재하는 궁극적인 목적이었다. 사실 이러한 생각은 소련뿐 아니라 소련의 동맹국들의 공산당 공식 이데올로기와 연결되었다. 소련의 동맹국들에서는 소련의 지도적 역할이 매우 강조된 것이다. 확실히 이는 소련의 우월성에 대한 인식, 곧 만약 국가 단위의 계획경제들 위에 어떤 초국가적 계획센터가 필요하다면, 그것은 오직 소련 행정부의 최고위층일 것이라는 인식으로부터 나온다. 초국가적 계획센터는 '사회주의 세계계획'(*socialist world plans*) 을 준비하는 공간이 될 것이며, 그러한 계획의 분할을 통해 각 국가들을 구속하는 강제적 국가계획들이 만들어질 것이다.

비록 이러한 생각을 추진하는 강력한 힘들이 존재했을지라도, 이 생각은 결코 실현되지 못했다. 그와 관련된 엄격한 중앙집권화는 하위 단위들의 자율성과는, 비록 그들의 자율성이 어쨌든 오직 부분적일지라도, 양립 불가능하게 될 것이다. 스탈린 지도부의 권력이 동유럽 소국들을 가장 강력하게 지배하고 이들 국가들이 가장 순응적이었을 때조차도, 대외무역과 금융협정들은 여전히 정부 간 협상과 흥정의 과정을 통해서 이루어졌다. 어떤 국민이 자신의 국가로서의 독립적인 존재와 자신의 각종 국가 주권을 총체적으로 없앨 수만 있다면, 관료적 조정은 비로소 그 국민의 독립적인 이익을 효과적으로 무시할 수 있다. 만약 그렇게 되지 않는다면, 그리고 실제로 동유럽 국가들의

경우에는 그렇게 되지 않았는데, 공통의 계획을 수행하도록 하는 규율적 강제는 부족한 것이다. 33)

대외무역: 수량과 가격. 〈표 14-1〉과 〈표 14-2〉는 대외무역 관계의 분포를 나타낸다. 사회주의 상대국들과의 무역의 매우 높은 비율, 그중에서도 CMEA 상대국들과의 무역의 매우 높은 비율은 이전 절들에서 기술한 효과들을 통해 대체로 설명할 수 있다. 그러나 동시에, 사회주의 국가들 간의 무역을 증가시키려고 끊임없이 노력한 CMEA의 활동도 그러한 상황을 만드는 데에 부분적으로 기여했다. CMEA 내부의 무역 비율을 증가시키는 것은 모든 회의와 모든 공적 평가에서 성공의 주요한 척도 중 하나로 간주되었다. 34)

그렇기는 하지만, 이러한 점에서 CMEA의 역할이 과장되어서는 안 된다. 공식 회기에서의 의례적 형태 이면에는 실질적 내용이 거의 존재하지 않았다. 기껏해야 그것들은 대외무역 관계에 하나의 느슨한 틀을 부여했는데, 이는 주로 쌍무적 협상에 기반을 둔 것이었다.

대외무역 관계에서 하나의 중요한 요소는 수출입 거래에 적용되는

---

33) 이는 주로 소련과 중국 같은 다인종 사회주의 국가들에서 발생했다. CMEA는 폴란드나 헝가리로부터 소련이나 베트남으로 자원을 재분배하기 위해서 결코 단순한 계획지시들을 통해 관리하지 않았다. 다른 한편으로 고전적 사회주의 체제하에서, 에스토니아에서 시베리아로 혹은 그루지야에서 벨로러시아로 자원을 재분배하는 데에는 모스크바의 고스플란(Gosplan)으로부터의 계획 명령들만으로 충분했다.

34) CMEA 회원국들의 공식적인 학술저서들은 모든 종류의 쌍무협정들을 마치 그것들이 CMEA의 권능 내에서 이루어졌고 CMEA 덕분에 도달한 것인 양 분류했다. 이러한 쌍무협정들이 CMEA의 공동 회의에서 인가되었으며 다국적인 협력협정에 추가되었기 때문에, 저자들은 더욱더 그렇게 할 수 있었다.

가격이다. CMEA는 단일한 원칙을 개발하려고 노력했다. CMEA가 회원국 내에서의 평균 비용에서부터 출발하는 '자체 가격 기준'을 고안해야만 한다는 생각이 등장했다. 하지만 결코 그러한 가격 기준을 고안해 내지는 못했다. 자본주의 시장에서 지불할 수 있는 수출가격이나 거기에서 받아낼 수 있는 수출가격은 특정 회원국들의 정부에 너무 거대한 영향을 주기 때문이었다(14장 3, 4절 참조). 그리하여 CMEA는 일종의 타협 원칙을 수용하였다. 비록 CMEA 내에서 사용되는 대외무역 가격이 자본주의 세계시장가격에 맞추어져야 할지라도, 회원국들은 이러한 가격의 시장변동으로부터 보호되어야 한다는 것이었다.[35] 이러한 논리적으로 일관성 없는 생각은 CMEA 국가들의 생산과 대외무역이 외부세계에 유연하게 적응하지 못하고, 바람직한 변화를 활용하거나 해로운 변화를 피할 수 없는 상황을 유발하였다.

노동분업과 투자. 반복되는 의례적 약속에도 불구하고, CMEA 내에서 국제적인 노동분업을 계획적으로 발전시키려는 노력은 거의 일어

---

35) 이는 1958년에 합의된 이른바 부쿠레슈티(Bucharest) 가격 원칙의 배후에 존재하는 지도적 이념이었다. 그 원칙은 5년마다 한 번씩 각 계획 순환이 시작할 때 CMEA 가격을 자본주의 세계시장가격으로 조정하기 위해서 만들어진 것이다. 그러나 가격은 5년 주기 내에서는 고정된 채로 있었다.

그 해결책은 결코 총체적 일관성을 갖지 못했으며, 1973년 석유가격 폭등 이후에 지속 불가능해졌다. 그 후 1975년에 '변동'(sliding) 가격제가 도입되었는데, 5년간의 평균값을 토대로 하여 매년 이동평균(moving-average) 원칙으로 조정하는 것이었다. 이러한 종류의 '변동' 가격은 오랫동안 CMEA 내에서 석유 거래에 적용되었다. 한편, 초기의 엄격한 가격설정 방법은 계속해서 다른 많은 분야에, 특히 규모가 작은 회원국들 사이의 관계에 적용되었다. 빈번한 가격변동은 대외무역 활동의 관료적 조정 내로 통합되기가 힘들다.

나지 않았다. 대부분의 영역들에서 각국에 형성된 생산구조는 당연한 것으로 받아들여졌다. 비록 몇몇 산업들에서 생산범위를 분할하기 위한 협정들이 존재했지만, 그렇게 하는 것의 경제적 편의는 대부분의 경우 의심스러운 것으로 증명되었다. 상당히 많은 분야에서 CMEA가 노동분업 원칙을 항상 천명했음에도, 각기 다른 회원국들이 동일한 기능을 가진 아주 유사한 시설들을 세웠다. 몇몇 합작 프로젝트를 제외하면 합작투자는 거의 없었으며, 회원국들 사이에 주목할 정도의 자본 흐름도 존재하지 않았다. 36)

금융 부문. 회원국들의 통화는 적어도 서로 간에는 태환되어야만 한다는 생각, 가령 불가리아의 화폐인 레프(*leva*)는 폴란드 화폐인 즐로티(*zlotys*)나 동독의 마르크(*marks*)와 자유롭게 교환될 수 있어야 한다는 생각은 공식적인 협상에서 제기조차 되지 않았다. 대신에 보다 온건한 목표가 제기되었다. **대체 루블**(*transferable ruble*)을 제도화하는 것이다. 실제로 대체 가능성(*transferability*)이란 국가 A가 회원국 B와의 쌍무관계에서 축적한 흑자를 회원국 C, D 등에서 자유롭게 사용한다는 것, 예를 들면 국가 B에 대한 흑자를 국가 A와 C, 혹은 국가 A와 D 사이의 쌍무관계에서 발생한 적자를 청산하기 위해서 자유롭게 지출하는 것을 의미한다. 그러나 이러한 종류의 실제적 대체성은 여러 가지 이유로 인하여 결코 나타나지 못했다. 그러한 생각에 대한 몇몇 회원국 경제지도부의 저항은 말할 것도 없고, 제도적 틀조차도 설립

---

36) 한편, 대부분의 회원국들이 제기한 반대는 소수의 합작투자들이 일단 완료된 뒤에는 관련 국가들에게 불리한 것으로 판명되었다는 것이다.

되지 못했다(앞 절을 참조할 것). 국가 A와 B 사이의 무역에서 획득한 대체 루블을 국가 C 혹은 D에서 자유롭게 지출하도록 허용하는 것은 국가 C 혹은 D 내의 관료적 조정의 가장 중요한 원칙과 마찰을 빚을 것이다. 대체 루블은 자원과 생산품을 재배분하고 국경을 횡단하여 그것들을 이전하기 위한 하나의 실질적인 수단이라기보다는 기껏해야 하나의 단일한 청산 단위로서의 역할을 할 수 있었다.

결국 회원국들 내에서조차 화폐가 정말 태환될 수 없을 때, 일정한 태환 가능성 혹은 대체 가능성의 실제 적용을 어떻게 기대할 수 있을까? 어쨌든, 국제협정들은 회원국 내부의 계획화와 통제과정에 맞추어서 기본적으로 현물 단위로(혹은 그것이 불가능한 곳에서는 집계 목적을 위해 사용되는 가치지표로) 표현된다. 화폐와 이윤의 관점에서, 이러한 '기업 범주들'로 대외무역을 측정하는 것은 관례적인 것이 아니었다.

몇 가지 요약적 진술로 이상의 간략한 검토를 마무리하자. 계획화와 계획집행 통제 과정에서의 기능부전과 난관은 이전의 장들에서 다뤘고, 이 장 앞부분에서는 각국의 대외무역 관리를 똑같이 관찰했다. CMEA의 존재는 경직성을 완화하기보다는 오히려 증가시키는 경향이 있었다. 어떤 결정이 내려지려면, 두 명의 관심 있는 사업 파트너나 심지어 그들의 상부에 존재하는 두 개의 정부가 동의하는 것만으로 충분하지 않았다. 그들은 적격한 CMEA 위원회의 다음 회기를 기다려야만 했는데, 협정이 승인되려면 그 위원회의 동의가 필요했기 때문이다.

이러한 상황을 서유럽 자본주의 국가들의 통합 노력과 비교할 필요가 있다. 상품, 자본, 노동, 화폐의 자유로운 시장 이동을 허용하면서 이들 경제들 사이에서 부분적인 초국가적 통합이 발생할 수 있다. 그 럴 경우 시장은 관련한 국가들을 함께 묶어 주는데, 이는 적절히 작명 된 유럽공동시장(Europe Common Market)에서 일어났던 일이다. 유 사한 전개 과정이 CMEA에서는 불가능했다. 각 국가들은 하나의 독 립적인 관료적 명령경제로서 기능했으며, 가격과 화폐는 회원국들 간 의 관계에서 거의 어떠한 역할도 하지 못했기 때문이다.

제15장   고전적 체제의 일관성

고전적 체제에 대하여 상세하게 기술해 보았다. 그러한 분석은 몇 가지 요약적인 결론들을 도출하기 위한 토대를 제공한다. 이 장에서는 고전적 체제의 구성요소에서 나타나는 규칙성들 간의 주요한 연관관계들을 확인하고자 한다.

이론(*theory*)이라는 단어는 다양한 과학철학 학파들과 실제 과학자들에 의해서 다양하게 정의된다. 만약 어떤 관념체계가 실제로 존재하고 관찰 가능하며 변함없이 일정한 현상군(*group*) 내의 주요 관계들을 밝히고 설명한다면, 그것은 이론으로 간주될 수 있다. 나는 이 견해를 따른다. 이러한 의미에서 이 장의 과제는 고전적 사회주의 체제에 관한 실증적 이론의 주제영역 내에 있는 몇 가지 일반적 진술들을 개관하는 것이다.

이 장의 과제에 관한 앞서의 정의에 대해 덧붙여 내가 당장 말해야 할 것은, 해명을 요구하는 고전적 체제의 모든 측면을 동시에 설명하

605

는 보편적이고 포괄적인 이론을 여기에서 제시하려는 의도를 갖고 있지 않다는 점이다. 이 장의 설명은 이러한 복합적인 현상군이 가진 또 다른 측면들을 설명함에 있어서 마찬가지로 중요한 역할을 할 수 있는 여타의 보완적인 이론적 접근법들과 당연히 양립 가능하다. 그러나 나는 3~14장의 자료에 기반을 두고 이 장에서 개략적으로 설명할 관념체계가 몇 가지 본질적인 관계들을 연구하는 데에 유용한 것으로 증명되리라 믿는다.

1. 인과관계의 주요 경로

고전적 체제에 관해 지금까지 이야기된 것들에 담겨 있는 논리는 다양한 현상들 사이에 여러 가지 방향으로의 상호영향력들이 존재할지라도, 확실하게 인지할 수 있는 인과관계의 주요 경로가 존재한다는 것을 암시한다. 인과관계의 주요 경로는 〈그림 15-1〉의 다이어그램 형태로 나타난다. 그림은 반응들(*reactions*), 즉 현실 생활에 존재하는 모든 종류의 반작용 효과들(*reverse effects*)을 의도적으로 무시하는데, 이는 주된 방향을 확실하게 강조하기 위해서이다.

고전적 사회주의 체제의 설명에서 핵심이 되는 것은 정치구조에 대한 이해이다. 출발점은 지배정당의 독점적 정치권력, 당과 국가의 상호침투, 그리고 당의 정책으로부터 벗어나거나 반대하는 모든 세력들에 대한 억압이다. 그리하여, 본질적 측면에서 바라본다면 고전적 체제는 일당체제이다(비록 한두 개의 사회주의 국가들이 명목적으로 존재하면서 정치연합에서 형식적 역할을 담당하는 다른 정당들을 갖고 있을지라도 말이다).

모든 일당체제들이 고전적 사회주의 체제의 형성을 유도하는 것은
아니다. 고전적 사회주의 체제가 형성되려면, 권력을 행사하는 정당
이 반드시 사회주의 체제의 공식 이데올로기를 갖고 있어야 한다. 일
반적인 어법상으로는 '마르크스-레닌주의 정당'이라는 용어가 성립 가

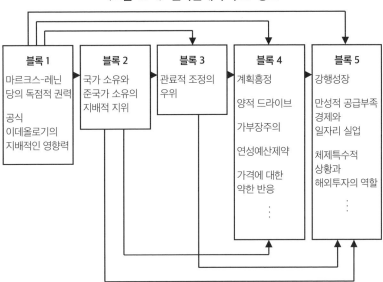

〈그림 15-1〉 인과관계의 주요 경로

참조: 그림은 왼쪽에서 오른쪽 방향으로 인과관계의 주요 경로를 보여 준다. 화살표는 각
각의 현상군이 앞의 현상군(즉, 단지 한 층 더 깊은 현상군)에 의해서뿐만 아니라
여타의 보다 심층적인 요인들에 의해서 직접적으로 혹은 간접적으로 얼마나 영향을
받는지를 가리킨다. 가령, 마지막 블록에 속한 현상군들 중 하나 ─ 만성적인 공급
부족의 발전과 재생산 ─ 는 연성예산제약이나 가격에 대한 약한 반응과 같은 현상
에 의해서만 설명되는 것은 아니다. 직접적으로 작용하는 설명 요소들 중에는 국가
소유 및 관료적 조정의 우위가 있다.
　　오른편에 있는 블록들의 아랫부분에 있는 3개의 점은 블록들이 완전한 목록이 아
니라 단지 몇 가지 사례만을 포함한다는 것을 의미한다. 이러한 논리체계(scheme of
logic)에 따라 이 책에서는 동일한 블록에 위치시킬 수 있는 수많은 다른 현상들을
논의한다.

능하지만, 4장에서 논의한 공식 이데올로기는 마르크스와 레닌의 사상과는 단지 부분적으로만 중첩한다. (모두는 아니고) 대부분은 그들로부터 물려받은 것이며, 온갖 종류의 사상이 그들의 사상에 추가로 덧붙여졌다.

여타의 체제특수적 현상들을 초래하는 가장 중요한 요소는 자신의 특수한 이데올로기를 가진 공산당의 독점적 권력이다. 4장의 말미에서 언급한 것을 상기할 필요가 있다. 이러한 당의 조직적 실체와 이데올로기는 이론적 분석이라는 견지에서만 구별할 수 있다. 그것은 육체와 영혼처럼 하나의 존재(*entity*)를 형성한다. 그리하여 〈그림 15-1〉의 왼쪽에서 그것들은 블록 1, 즉 인과연쇄의 첫 번째 고리를 형성한다.

고전적 체제하에서는 국가 소유(준국가 소유, 협동적 소유를 포함하여)가 우세하거나, 또는 적어도 경제의 핵심적 위치들, 즉 경제의 관제고지들이 국가 소유하에 놓여 있는 상황이 존재한다. 그림에서 이러한 현상은 인과연쇄의 두 번째 요소(블록 2)로서 다루어진다.

재산(*property*)의 역할을 두 번째 블록에 놓는 것은 논쟁을 유발하였다. 어떤 사람들은 재산의 역할을 정치구조와 동등하게 평가하고, 또한 어떤 관점에 따르면 국가 소유의 우세가 사회주의 경제의 가장 중요한 기준이다.[1] 이 문제는 완전히 사변적이지는 않은데, 왜냐하면

---

1) 이 분야에서의 논쟁들에서 나타나는 하나의 빈번한 경향은 실증적(기술적, 설명적) 접근법과 규범적 접근법을 혼동하는 것이다. 자신들을 사회주의자라고 부르는 어떤 사상학파들은 다음과 같은 규범적인 논의로부터 출발한다: 사회주의의 역사적 사명은 사적 재산과 착취를 제거하는 것이다. 그러므로 국가 소유의 우세는 일차적으로 사회주의 체제를 다른 체제들과 구별하는 것이다. 여기서 이 책이, 이 책의 용어법에서 '사회주의 국가'로 기술된 특수한 국가

역사적 경험이라는 견지에서 분석될 수 있기 때문이다. 만약 공산당이 중국이나 베트남과 같이 경제적으로 후진적인 국가에서 완전한 권력을 획득한다면, 그들은 조만간 국유화 정책을 시작할 것이며 그것도 완고하게 밀어붙일 것이다. 국유화의 수행이 얼마나 빠를지, 그리고 그 과정이 얼마나 자주 중지되고 또다시 시작될지는 사회경제적 환경들, 조직의 난점들, 당의 인내심 혹은 조바심에 달려 있다. 심지어 이발소와 마을 잡화점까지 상당히 신속하게 국유화되는 국가도 있으며, 한동안 체제가 자본가 계급들과 공존하는 국가도 존재한다. 그러나 이러한 종류의 모든 인내심과 공존은 권력을 장악한 이들에 의해서 일시적인 것으로 간주되는데, 그들은 국유화가 진전되기를 좀처럼 기다릴 수 없는 사람들이다. 일단 은행, 제조업, 그리고 수송이 국유화되면, 당국은 조만간 농업에서의 사적 소유를 제거하는 데 착수한다. 당은 심지어 권력을 장악하기 이전에도 공개적으로 이러한 목적을 선포한다. 그것은 단지 정치적 프로그램을 실천으로 옮기는 것에 지나지 않는다.

　재산형태 — 국가 소유 — 가 고전적 사회주의의 정치구조를 자신 위에 세우는 것은 아니다. 그와는 정반대이다. 주어진 정치구조야말로 자신이 바람직하다고 간주하는 재산형태를 가져온다. 비록 이 경우 이데올로기가 사회를 형성하는 데 두드러진 역할을 할지라도, 그것이 영향력의 방향에 대한 유일한 설명은 아니다. 권력의 비분할성과 그에

군(〈표 1-1〉 참조)을 고려한다는 사실을 상기할 필요가 있다. 이러한 정의를 가정한다면, 이들 국가의 주요한 특성들을 만드는 데 어떤 요소들이 일차적, 이차적, 삼차적 역할을 하는지의 문제는 이미 실증적이고 인과관계적인 분석 영역에 속한다.

수반하는 전체주의는 사적 소유가 수반하는 자율성(*autonomy*)과 양립할 수 없다. 이러한 종류의 지배는 개인적 주권의 심대한 박탈을 요구한다. 사적 소유의 제거가 가일층 진행되면, 그에 따라 완전한 복종이 더욱 강요된다.

지금까지 논의된 세 가지 현상군들 — 고전적 사회주의 체제에 전형적인 정치구조와 이데올로기, 그리고 재산형태 — 은 그림에 나오는 다음 방인 블록 3, 즉 체제특수적인 조정기제의 배열을 설명하기 위해서 결합한다. 여기서 관료적 조정이 주요 부문을 차지하며, 다른 모든 기제들은 기껏해야 보조적 역할을 수행하거나 쇠퇴한다. 이것이 이 책의 논리(*line of thought*)의 토대 중 하나이다. 이 체제의 특징들은 이 체제가 시장경제가 아니라는 사실로부터 도출되어서는 안 되며, 더군다나 가격들이 비합리적이라는 등의 사실로부터 도출되어서도 안 된다. 일단 정치적 구조, 공식 이데올로기, 그리고 국가 소유의 지배적 역할 등이 주어지고 나면, 그것들은 관료적 통제기제의 지배를 생산해 낸다.

관료적 조정의 실제 형태들은 국가와 시기에 따라 다양하다. 어떤 계획지령의 수행이 여기에서 가치를 인정받는다면, 다른 곳에서는 다른 계획지령의 수행이 가치를 인정받는다. 여기서는 부들(*ministries*)이 통합되며, 다른 곳에서는 분할된다. 한편, 당·국가기구의 공무원들과 전문 경제학자들은 각각의 형태가 갖는 이점과 결점에 관해서 활발하게 논쟁했다. 그러나 어떤 본질적인 요소들은 변하지 않은 채 남는다. 시장에서의 자유기업과 자율적인 행위자들의 제거와 그들 사이의 경쟁의 제거, 정책결정과 정보의 중앙집권화, 위계적 종속의 우세, 곧 수평적 관계에 대한 수직적 관계의 우세 등이 그것이다.

이러한 사실들은 다음 방인 블록 4로 우리를 인도한다. 거기에는 고전적 체제하에서의 행위자들의 이해관계(*interest*)와 동기부여(*motivation*), 그에 따른 그들의 행위, 그들 간의 관계들이 갖는 주요 특징들이 속한다.[2] 여기에 배치시킬 수도 있는 몇 가지 현상들은 완전한 목록 작성을 목표로 하지 않고 그냥 표지(*label*) 형태로 나열되었다. 즉, 계획홍정, 양적 돌격, 상급자의 가부장주의적 행동, 연성예산제약, 가격에 대한 약한 반응 등이 그것이다. 어떤 것을 선택하든지 간에, 그것은 기본 요소들, 즉 권력의 성격, 공식 이데올로기, 국가 소유와 관료적 조정의 우세 등에 기초해서 따로따로 설명될 수 있다.

다음 방인 블록 5는 몇 가지 전형적이고 지속적인 경제현상들의 목록을 포함한다. 그림에서는 가장 중요한 것들만을 기술한다. 강행성장, 노동력 부족, 직장 내에서의 실업, 만성적인 공급부족경제, 해외무역의 체제특수적 역할 등이 그것이다. 이러한 현상들이 갖는 주요 특징들은 앞에서의 논리에 따라 더 심층적이라고 평가되는 설명적 요소들로 거슬러 올라갈 수 있다. 말하자면, 거대하고 전능한 관료기구가 발전한 것은 공급부족이 존재하기 때문이 아니며, 계획들이 긴장하게 만들어진 것은 그 계획의 목적이 성장을 강요하기 때문이 아니며, 수입허가제도(*import-permit system*)가 존재하는 것은 수입갈망이 나타나기 때문이 아니다. 비록 이러한 종류의 반응들이 존재하기는

---

2) 어떤 필자들은 내가 나의 저작에서 습관적으로 취하는 접근법을 '행동주의적'(*behaviorist*)이라고 묘사했다. 그러나 이것은 정확한 묘사가 아니다. 비록 많은 것들이 참가자들의 행동에 의해서 설명될 수 있지만 행동 그 자체는 인과관계적 분석을 필요로 한다. 이는 〈그림 15-1〉의 구조에 반영된다. 행동적 특징들은 기본적인 설명 요소들과 직접 인지할 수 있는 경제현상들 사이의 중간에 위치하는, 인과연쇄의 '중간 지대'(*middle zone*)에서 발견할 수 있다.

하지만(그리고 다음 절에서 이러한 반응들을 상세하게 다루겠지만), 인과관계의 주요 방향은 그 반대이다. 언급한 현상들은 특수한 정치구조와 이데올로기가 영향력을 획득했기 때문에, 그 결과로 특수한 재산형태가 발전했기 때문에, 그리고 이런 것들이 관료적 조정의 우세와 참여자들의 전형적인 행동패턴을 유도했기 때문에 발전한다.

이러한 논의의 전개는 마르크스주의 정치경제학과 철학 위에서 성장한 연구자가 많은 어려움 없이 수용할 수 있는 요소들을 포함하지만, 그러한 논의의 전개 속에 있는 다른 요소들은 그 연구자의 마음속에 구축되어 있는 관념들과 근본적으로 다르다. 그 연구자는 현상들을 '좀더 심층적'인 것과 '좀더 피상적'인 것으로 분류하려는 시도에 반영된 접근법과, 상호작용의 망(web) 내에서 인과관계의 주요한 방향들을 발견하려는 열망에 친숙해질 것이다. 3) 개인들의 선호를 언급하는 데 만족하기보다는 이기심과 사회적 상황의 관점에서 사회집단의 행동을 설명하려는 시도에 친숙해질 것이며, 혹은 그러한 시도를 용인하게 될 것이다. 논리적 분석(인과관계의 주요 방향은 무엇인가?)이 역사적 접근법(주요한 사건들은 시대의 어떤 특징적 질서 속에서 발생했는가?)과 결합하는 방법은 마르크스주의 전통과 매우 흡사하다.

마르크스주의 정치경제학 위에서 성장한 바로 그 경제학자는 여기서 언급된 논의 경향이 '토대와 상부구조'의 관계를 논의하는 통상적

---

3) 이는 마르크스주의 연구자들을 신고전학파적 모델(neoclassical models)의 세계 속에서 살아가는 분석 경제학자들과 구별하는 방법들 중 하나이다. 분석 경제학자들은 나란히 배치된 가정들로부터 자신의 모델의 결론을 도출한다. 비록 그러한 가정들 중에는 '보다 심층적'인 전제와 '보다 피상적'인 전제가 존재할 수도 있겠지만 말이다.

패턴을 따르지 않는다는 사실을 발견하고는 당황할 수도 있다. '토대'라는 개념에 어떤 의미를 부여한다고 해도, 그 토대가 자체의 상부구조를 규정했다고 할 수는 없다. 2장에서 언급한 것처럼, 역사적 출발점은 거의 예외 없이 빈곤하고 후진적인 국가이다. 그런 국가는 당시까지 대공장을 거의 갖고 있지 않았으며, 생산과 자본집중은 낮았다. 자본주의 생산관계에 의해서 생산력 발전이 벌써 방해받는 그런 경우는 확실히 아니며, 혹은 일단 그러한 생산관계가 파괴되어야만 생산력이 발전할 수 있는 경우도 확실히 아니다. 중앙계획화를 실시하는 데 유리한, 잘 조직되고 집중된 생산체제가 사회주의 계획가들의 수중에 들어가도록 자본가들을 몰아내기만 하면 되는 경우도 확실히 아니다. 이들 국가는 여전히 마르크스와 엥겔스가 《공산당 선언》에서 기술한 상태, 즉 자본주의가 생산력의 발전에 거대한 자극을 제공할 수 있다고 말했던 그러한 상태에 있다.

고전적 사회주의가 걸어간 역사 발전 과정은 마르크스주의 역사철학의 안내서에 나와 있는 패턴과는 상당히 다르다. 혁명은 예전의 상부구조를 산산조각 냈고 인위적으로 새로운 상부구조를 구축했다. 혹은 좀더 엄밀히 말하자면, 혁명은 새로운 상부구조의 씨앗을 생산했는데, 그것이 뿌려지면 이후에는 저절로 거의 모든 것들이 진행되는 것이었다. 새로운 상부구조는 그것에 조화하지 않는 토대를 분쇄하고 그것을 전적으로 재편성한다. 새로운 상부구조는 국유화를 단행하고 집단화를 감행하며, 사적 재산을 꾸준히 제거하고 시장을 쥐어짜서 점점 더 작은 공간으로 밀어 넣는다. 경제적 통제를 위한 관료기구가 생겨나기 시작해서 모든 방향으로 확산된다. 이러한 과정이 계속됨에 따라 재산관계, 조정기제, 경제과정이 새로운 체제에 알맞게 변화되고, 이러한 변화들은 정치적 형태에 대해 계속적으로 반작용하며, 그 과정에서 이데올로기의 변화를 수반한다.

2. 체제의 구성요소 간 친화성

바로 앞 절의 인과관계의 주요 경로에 관한 논의는 결과가 원인에 반작용한다는 사실에 대해 반복적으로 언급하고 있다. 즉, 체제의 구성요소들 간에는 수많은 상호작용들이 발생한다. 앞의 장들은 이에 대한 풍부한 사례들을 언급했는데, 여기에서는 단지 몇 가지 사례만이 실례로서 다시 거론된다.

- 일단 국가 소유와 연성예산제약이 투자갈망, 수입갈망, 축장 경향, 임금 드리프트를 만들면, 투자와 수입 허가, 자재 할당, 배급과 배분 시스템, 임금기금 등의 행정적 수단들을 사용하는 것이 필수적이 된다. 일단 그러한 수단들이 사용된다면, 칭찬과 물질적 보상으로 경제적 규율을 장려하는 것으로는 더 이상 충분치 않게 된다. 처벌을 통해서 강제를 해야 하며, '투기꾼'과 '임금 사기꾼'에 대해서 단호한 조치들을 취해야 한다. 이 모든 것들은 정치적 분위기와 공식 이데올로기에 영향을 미친다(블록 4와 5는 블록 3과 1에 반작용한다).
- 국가 부문 임금에 대한 관료적 통제는 심지어는 노동력 부족이 존재할 때조차 임금에 대한 인상 압력과 싸우는데, 국가 부문 외부 자유시장에서 획득되는 좀더 높은 소득과 양립할 수 없다. 이러

한 요소들과 여타 다른 요소들은 가능한 한 완전히 사적 부문의 제거를 촉진하는 경향이 있다(블록 3과 4, 그리고 5는 블록 2에 반작용한다).

- 일단 경제가 강행성장에 착수했다면, 이러한 유형의 성장의 필연성과 혜택을 설명하는 사상들이 공식 이데올로기 내로 통합될 필요가 있다(블록 5는 블록 1에 반작용한다).

- 만약 생산관리자들이 만성적인 국내 판매자 시장과 몇 가지 다른 요소들로 인하여 해외의 경화 시장들을 획득하는 데에서 강력한 내적 이해관계를 개발하는 데 실패한다면, 그들을 강제하여 자본주의적 수출 목적을 위해 생산하도록 강요할 수 있는 어떤 기제와 인센티브 제도가 창출되어야만 한다(블록 5는 블록 3에 반작용한다).

고전적 체제가 공고화되어 갈수록 그 체제의 구성요소들은 하나의 일관성을 발전시킨다. 다양한 행동형태들, 관습들, 그리고 규범들은 서로 영향을 끼친다. 화학적 유비를 적용하자면, 현상들은 친화성을 나타낸다. 그것들은 서로를 끌어당기고 서로를 필요로 한다. (단지 주요한 현상군만을 언급하자면) 단일한 권력구조, 경직된 이데올로기적 교의들, 거의 전면화된 국가 소유, 직접적인 관료적 통제, 강행성장, 공급부족, 그리고 불신에 따른 세계 모든 지역으로부터의 철수, 이 모든 것은 하나의 집합으로서 전체를 이루며 서로를 강화한다. 이것은 독립적인 부분들로 이루어진 느슨한 집합이 아니며, 부분들의 합은 완전한 전체를 구성한다. 이러한 의미에서도 역시 이 구성체(*formation*)를 하나의 **체제**(*system*)로서 간주하는 것은 정당하다.

하나의 묘한 '자연선택'(*natural selection*)이 적용된다. 그 체제의 속성과 쉽사리 융화될 수 있는 새로운 제도, 규칙, 관습, 그리고 도덕적, 법적 규범이 생존하여 뿌리를 내린다. 반면에 융화될 수 없는 것들은 폐기된다.[4] 하나의 예를 들어 보자. 최초의 사회주의 체제가 생성되기도 전에, 인사문제 — 가령 임명, 전근, 해고 — 가 엄격하게 중앙집권화될 것이라고 사전에 계획한 사람은 아무도 없다. 이전에 제시된 사회주의의 청사진에서는 그 목적을 위해서 모든 수준, 모든 단위에서의 인사 결정들이 관련 당 조직에, 인민의 정치적 태도들을 끊임없이 추적하는 경찰제도에, 상급 인사 관리자에게, 아니면 관련 분야의 공식적인 국가 지도자, 경제 지도자나 대중운동 지도자에게 주어지는 위계적인 기구를 설립할 생각을 가지고 있었다는 흔적은 존재하지 않는다. 엄밀한 형태의 경력통제를 갖춘 매우 강력한 제도적 체계가 시행착오를 거치면서, 반복적인 재조직을 통해 조금씩 형태를 갖추었다. 그것은 최초로 소련에서 그 체제의 영구적인 부분이 되었고, 그 후 다소간 비슷한 형태로 각각의 사회주의 국가들에서 발전했다. 그 결과, 사회주의만큼 단일한 형태의 중앙적으로 통제된 인사관리 기구를 갖추고, 개별적 경력에 대하여 그토록 치밀하게 통제를 하는 사회체제는 없게 되었다. 이것은 특수한 형태들과 제도들이 그 체제 내에서 **유기적으로** 성장한다는 것을 보여 준다.

발생하고 발전해 온 경향들은 최고 정점으로 가는 하나의 강력한 성향을 보여 준다. 예를 들면, 직접적인 관료적 통제는 경제과제를 명령

---

4) 제도들 속에서의 자연선택이라는 관념은 슘페터와 하이에크의 저작들에서 나타난다. 좀더 상세한 설명을 위해서는 A. A. Alchian(1950)의 논문을 참조하라.

의 형태로 지시하면서 지배력을 획득한다(7장 참조). 그런데 일단 어떤 기업의 주요한 할당 지시가 총지표의 형태로 시작되면, 거기에는 정지란 존재하지 않는다. 속이기는 너무나 쉽다. 주요 할당은 수행되지만, 세부 항목들과 이차적인 과제들은 무시된다. 논리적으로 보았을 때, 다음 단계는 좀더 상세하게 각각의 과제를 할당하는 것이며, 만약 그것도 충분치 않다면 하부자의 손발은 훨씬 작은 부분으로까지 훨씬 정밀하게 분화된 명령에 의해 완전히 속박된다. 만약 전체주의적 권력 망과 그것의 수단, 즉 관료적 통제가 매우 성긴 그물코를 가졌다면, 대부분의 행위들이 그로부터 빠져나갈 수 있다. 거기에 대한 해결책은 빠져나갈 수 없는 좀더 촘촘한 그물코를 가진 망이다. 그 체제의 내적 논리는 관료적 권력으로 하여금 '완전주의'(perfectionism)로 향하도록 추동한다.

긍정적 선택, 즉 체제로의 통합의 사례들 이후에 그와는 정반대 과정들의 사례가 뒤따른다. 바로 체제에 의한 거부이다. 사적 소유와 사적 기업은 고전적 사회주의에 이질적인 것이며, 장기적으로 보았을 때 그것들을 관용할 수 없다. 중앙집권화되고 국유화된 이 사회의 질서는 거대한 규모의 자본에 의해서뿐 아니라 소규모 농민 소유의 존재에 의해서도 방해받는다. 인내심이 문턱에 다다른 중앙 권력은 조만간 그것을 제거하는 데 착수한다. 소련은 대규모 집단화에 착수하기 전에 10년 이상을 기다렸다. 베트남의 경우, 군사적 승리 이후 겨우 2년 만에 전쟁에 의해 발생한 경제적 손실을 복구하는 데 많은 진척이 이루어졌는데, 당시 당국은 비극적인 경제적 결과를 초래하면서 사적 농업과 생산물 거래 부문을 제거하고 그 활동들을 국유화하고 집단화하는 데 착수했다. 에티오피아 정부는 파멸적인 기근이 한창일 때, 농업 인구들을 내몰아서 집단화된 기지에 재정주시키는 사회주의적 농업 재조직화에 착수했다. 사례들을 언급하는 것을 넘어서서, 고전적 체제가 자신과 맞지 않는 제도, 관습, 태도, 규범 등과 지속적으로 공존하는 것이 불가능한 현상영역은 재산에만 한정되지 않는다는 사실이 강조될 필요가 있다. 성숙한 고전적 체제는 ① 반대가 되는 정치적 의견, 자치적인 제도, 위로부터 조직된 정치제도와는 독립적인 조직 등을 용인할 수 없고, ② 공식적인 것과는 다른 문화와 세계관을 용인할 수 없으며, ③ 자율적인 경제 단위들 사이의 자유시장 교환을 용인할 수 없다. 이 모든 현상들은, 비록 몇 번이고 반복해서 발생하겠지만, 언젠가는 협소한 영역으로 제한된다. 개인의 행동은 순응주의에 깊게 물든다. 상급조직들에 대항하는 독립적이고 비판적인 의견과 저항이 배제되는 것처럼, 기업가 정신으로부터 나오는 사상과 노동능력의 자발적 이용은 실질적으로 배제된다. [5]

이러한 통합과 거부의 사례에 공통적으로 존재하는 교훈을 요약하자면 다음과 같다. 제도와 행동패턴의 자연선택이 발생하며, 이는 궁극적으로 그 체제의 내적 일관성(*coherence*)을 어마어마하게 강화하고 엄청나게 공고화한다.

마르크스와 레닌은 승리를 거둔 사회주의 혁명 이후에 자본주의의

---

5) 앞에서 언급한 경로들은 역경향들(*countertendencies*)에도 맞서려고 하는 어떤 경향을 강조한다. 심지어 극단적인 전체주의적 권력이 지배하는 시기에도, 비록 축소된 영역에 한정되기는 하지만 일정 정도 협소한 개인적 자율성은 삶의 많은 영역들에서 생존한다. 진취적 기상(*spirit of enterprise*)은 잠재적으로 존재한다(그리고 이따금 왜곡된 형태로 돌발한다). 비록 극소수이긴 하지만 어떤 사람들은 감히 억압에 반대한다. 이 모든 특징들은 사회적 환경이 그들의 발전에 더욱더 우호적인 기회들을 제공할 경우에 갑작스럽게 강화된다.

잔존물이 여전히 사회에서 자신들의 인상을 남기는 과도기가 올 것으로 예견했다. "여기서 우리가 다루어야 하는 것은 그 자신의 토대 위에서 **발전한** 것이 아닌, 그와는 반대로 자본주의 사회로부터 **출현한** 공산주의 사회이다; 그리하여 그것은 경제적으로, 도덕적으로, 그리고 지적으로, 모든 측면에서 그것을 잉태하여 낳은 낡은 사회의 반점들이 여전히 찍혀 있다"[6] 라고 마르크스는 사회주의에 관해 말한다. 나중에 고전적 사회주의의 공식 이데올로기로 통합되는 이러한 관점에 따르면, 자본주의의 잔존물들의 존재는 과도기에서 어려움을 유발할 것이며, 일단 그것들이 폐지되면, 공산주의 체제의 모든 유익한 특성은 방해받지 않고 발전할 수 있다. 그러나 경험은 앞 장들에서 검토한 경향들과 내부 모순들이 자본주의 체제의 유산으로서 생존했다는 점을 부정하는 것처럼 보인다. 그와는 반대로, 고전적 사회주의 체제의 **독자적인**(*sui generis*) 특징들이 그러한 경향들과 내부 모순들을 발생하게 만들었다.

3. 원형과 국가적 변이

이 책은 일종의 궁극적 결정주의나 숙명론 같은 것이 역사에 적용된다는 견해에 동의한다는 사실이 이상의 논의로부터 따라오지는 않는다. 이러한 관점에서 검토해 볼 만한 두 개의 문제가 존재한다. 첫 번째는 특수한 역사적 경로를 따른 출발이라는 문제이며, 두 번째는 경로 그

---

6) K. Marx (1875/1966, p. 563).

자체의 보다 광범위하거나 보다 협소한 결정이라는 문제이다.

첫 번째 문제에서부터 시작하자면, 어떤 사회가 고전적 사회주의로 향하는 경로에 착수했는지 아닌지 여부는 매우 많은 환경들의 결합에 의존한다. 바로 앞 절에서 언급했듯이, 공산당은 그러한 과정을 진행시킬 수 있도록 정치권력을 완전하게 소유해야 한다. 이러한 역사적 정황(configuration)은 고전적 체제의 주요한 특징들을 그 속에 존재하는 모든 세포에 전달하는 '유전 프로그램'(genetic program)을 품고 있다. 7) 이는 그로부터 전체 유기체가 성장하는 새로운 사회의 씨앗이다.

여기서의 접근법(approach)은, 고전적 체제를 구성하는 모든 소립자들이 처음부터 끝까지 그것에 저항하는 사회조직에 인위적으로 부과된다는, 빈번히 언급되는 관점과는 상이한 것이다. 이러한 피상적인 개념에 따르면, 고전적 체제는 협박과 폭력을 통해 사람들에게 자신들의 지배를 강요하는 무자비한 독재자와 노비 근성을 가진 그의 비열한 하인들에 관한 사례에 불과하다. 만약 그러하다면, 이 바깥층(external layer)은 사회라는 몸체에 의해서 쉽게 벗겨질 것이다. 그러나 전혀 그러한 문제가 아니다. 도처에 확실하게 저항이, 때로는 더

---

7) 이러한 유추는 자신의 재생산을 통제하는 특수한 능력을 갖는 특별한 물질인 DNA에 의해 유전적 특징들이 전달된다는 근대 유전생물학 이론에 영감을 받았다. 그것은 자신의 통제하에 형성된 자신 이후의 분자들에게 유전적 특징들을 이전할 수 있다. 상속받은 유전 프로그램은 특수한 DNA 화학적 '언어'로 코드화되며, 그 후 그 코드는 유기체의 모든 단일 세포에서 재생산된다. DNA에 숨겨진 프로그램의 명령하에 생물학적 유기체의 모든 생화학적, 해부학적, 생리학적, 그리고 어느 정도는 행동적 특성들까지 그것의 성장 과정 동안에 결정된다. 생물 세계에서 DNA의 일관성(consistency)은 종족-특수적이다. 왓슨의 유명한 책(J. D. Watson, 1968)을 참조하라. 앞의 짤막한 설명을 위해서 나는 한 대학 생물학 교과서(N. A. Campbell, 1987)를 이용했다.

약하고 때로는 더 강한 저항이 존재하며, 권력의 소유자는 그러한 저항을 폭력을 통해 분쇄한다. 하지만 새로운 구조는 어떤 기본적인 힘, 스스로를 번식하여 모든 사회관계 속으로 침투해 들어가는 힘을 가지고 증식한다.[8] 일단 이러한 과정의 출발이 사회에 강요되면 그 과정은 자발적인 방식으로, 마르크스의 언급을 빌리자면 "자생적으로" (indigenously, 독일어의 naturwüchsig) 진행된다. 만약 또 다른 '유전 프로그램'이 그러한 특정한 역사적 전환점에 있는 어떤 국가에 적용된다면, 비록 출발점의 유사성이 있음에도 그 결과는 다를 것이다. 남한과 북한을 생각해 보라. 이들은 제 2차 세계대전 이후에 동일한 경제적 지위에 있었다. 남한은 출발점에서뿐만 아니라 심지어 전후시기에 적용된 정치적, 행정적 구조의 일정한 특징들에서도 북한과 유사했다. 즉, 언급하자면 남한은 반대를 용납하지 않는 무자비한 독재에 의해서 지배되었으며, 국가 관료기구는 대외무역, 투자, 신용 확대에 관한 결정에 개입하면서 경제를 운용하는 데 지대한 역할을 하였다. 그러나 차이는 근본적으로 중요하다. 남한의 공식 이데올로기는 북한의 것과 전혀 달랐다. 완전한 정치권력의 소유자들은 결코 사적 재산을 제거할 의도가 없이 그것과 협력했으며 오히려 그것의 번영을 도와주고자 했다. 비록 관료적 조정이 커다란 역할을 했지만, 시장을 폐지하자는 언급은 없었으며 시장은 엄청난 활력을 갖고 작동했다. 시간

---

8) 헝가리의 시인 굴라 일레스(Gyula Illyés)는 그의 시 *A Word about Tyranny* 에서 이것을 추진력으로서 기술한다. "당신은 죄수이자 동시에 간수이다. … 그리하여 노예 자신이 자신의 사슬을 만들고 채운다. … 독재자가 존재하는 곳에서 모든 사람이 사슬에 묶여 있다(*all are links in the chain*); 그것의 악취와 구토는 당신으로부터 나온다. 왜냐하면 당신도 역시 독재자이기 때문이다." (Illyés, 1950/1986, pp. 380~388, 1956년 초판)

이 경과함에 따라 북한은 결국 고전적 체제의 본질적인 특징들을 모두 보인 반면, 남한은 고통과 희생의 수십 년이 지난 후에 점차 일본의 발전경로를 닮았으며, 북한과 비교했을 때 훨씬 더 분명하게 차이나는 정치적, 경제적 체제를 발전시켰다. 이와 유사한 언급이 타이완과 중국 본토 사이의 혹은 서독과 동독 사이의 비교에 바탕을 두고 제시될 수 있다.

이 절의 앞부분에서 제기한 두 번째 문제로 되돌아가 보자. 경로는 얼마나 넓게 혹은 협소하게 결정되는가? 만약 어떤 국가에서 공산당의 권력이 공고화되고 사회가 자신의 '유전 프로그램'에 따라 역사적 발전의 경로를 시작하면, 이 책에서 간략하게 살펴본 이론에 따르면 어떤 주요한 특징들이 확실히 발전한다. 그러한 국가들이 사회주의 체제의 일군에 속한다는 점을 나중에 아무도 의심하지 않을 것이다. 1945년 이후 초기 몇 년 동안에 체코슬로바키아가, 혹은 피델 카스트로(Fidel Castro) 지배 시기의 초기 몇 년 동안에 쿠바가 어떤 체제가 될 것인지는 경로의 초창기에는 확실하지 않았을지 모르지만, 그렇게 생겨나게 된 체제가 레닌과 스탈린의 소련, 마오쩌둥의 중국과 매우 유사하다는 사실은 지금에 와서는 확실해졌다.

이 책의 3~14장이 주요한 공통의 특징들을 부각시켰지만, 여기서는 이것이 완전한 동일성(*perfect identity*)에는 이르지 못했다는 사실을 상기시키고자 한다. 각각의 사회주의 국가들은 매우 많은 개별적 특성을 갖고 있다. 이 역시도 지난 시기의 생물학적-유전적 유추에 의해 이야기될 수 있다. 동일한 부모가 낳은 일란성 쌍생아조차도 완전하게 동일하지는 않다. 주제로 다시 돌아가자. 몇 가지 요인들이 한 사회의 특수한 구조와 그 사회 내의 경제에 영향을 미친다. 지리적·자연적 조건들, 이전 정권으로부터 물려받은 경제적·문화적 유산, 새로운 권력 소유자들이 가진 정치적 노선, 최고지도자의 개인적 특성들, 관련 국가에 대한 외부 국가들의 행동, 세계적인 정치적 사건들 등이 그것이다. 따라서 '유전 프로그램'이 주어지면, 즉 공산당의 권력 장악이 일어나면, 모든 것이 이미 결정되어 있으며 역사는 '스스로 자신의 과정을 걷게' 된다고 상상하는 것은 상당히 잘못된 생각이다. 적용의 강도와 이 책에서 기술한 이러한 경향들의 특수한 배열은 국가와 시기마다 현저히 다를 것이다. 고전적 체제하에서는 모든 국면에서, 모든 국가에서 억압이 존재한다. 하지만 어떤 국가의 경우에는 특히 무자비한 방식으로 대대적으로 적용되며, 반면에 다른 국가 혹은 다른 시기의 경우에는 상대적으로 온화하게 느껴질 수 있다. 모든 곳에 명령경제가 존재하지만 그 명령경제가 어떤 곳에서는 아주 사소한 세부사항을 철저하게 관심사로 삼을 정도로 규칙에 얽매여 작동하며, 반면에 다른 곳에서는 적당히 얼버무리면서 신뢰할 만하지 않게 작동한다. 모든 곳, 모든 시기에 부족경제가 존재하지만 어떤 국가에서는 참을 수 없을 정도의 식량부족이 존재하고, 어떤 국가에서는 견딜 만큼 익숙한 부족이 존재한다.

이 책에서는 체제의 **성향들**(inclinations)을 기술한다. 하나의 성향이 우세할 수 있으며 혹은 그것이 어느 정도로 억제될 수도 있다. 어떤 선택을 하는가에 따라 상호 보충적인 성향들의 실질적인 조합이 영향을 받는다. 예를 하나 들어 보면, 고전적 체제는 강행성장으로 나아가는 성향이 있다. 지도부가 성장을 강요하면 할수록 대중에게 물자를 공급하는 데 더 많은 문제가 발생하며, 그 결과로 생겨나는 불만을 억누르는 데 더욱더 심한 억압이 사용된다. 만약 보다 온건한 지도부가

(어떤 시기에 어떤 국가들에서 일어난) 팽창 추구와 투자갈망을 억제하기를 선택한다면, 정치적, 지적 활동에 대한 제약들을 조금이나마 경감시킬 수 있을 것이다. 그리하여 비록 제한적이기는 하지만 '자유 활동'(*play*), 즉 움직일 수 있는 어느 정도의 자유가 존재한다.

여기서 앞서 언급된 것(1장 6절, 2장 2절 참조)을 확실하게 상기할 필요가 있다. 이 책은 일종의 이론적 모델인 고전적 사회주의의 원형(*prototype*)을 기술하고 있는데, 그것은 개별 국가들에 대한 구체적인 역사적 분석의 대체물로서는 기능하지 않는다. 그러한 과제는 다른 저작들을 위해 남겨 놓는다. 단지 여기에서 나의 목적은 정책결정에서 선택에 가해지는 항상적인 제약들이 존재하는 곳이 어디인지, 혹은 좀더 엄밀하게 말하자면, '유전 프로그램', 즉 이 체제군이 갖는 기본적이고 공통적인 특징들로부터 도출된 제약들이 무엇인지를 명확히 하는 것이다.

사회주의 경제에 관한 몇몇 관찰자와 비판자는 사회주의에서는 왜 보다 나은 정보와 인센티브 시스템이 도입되지 않았는지 질문하는 경향이 있다. 그들은 사회라는 것을 하나의 거대한 '주인-대리인'(*principal-agent*) 모델의 실현으로서 인식할 수 있다고 생각한다.[9] 만약 주

---

9) 저자는 사회주의에 대해 자세한 지식은 없지만 사회주의의 문제점들에 대해서는 흥미를 가진 서구의 이론 경제학자들에게서 주로 이러한 접근법을 발견했다. 이와 유사한 관념이 국제통화기금(International Monetary Fund), 세계은행(World Bank), 여타 국제기구 직원들의 사고에서 드물지 않게 보인다. 그 기구들은 서구에서 발생했음에도 사회주의 국가의 문제들을 연구하는 데 갑작스럽게 개입하고 있으며, 심지어는 실제 결정을 위해 준비하는 데도 개입한다. 오랫동안 유사한 개념이 소련의 수리경제학자들 사이에서 나타났다. 그들은 당시의 공식적인 지도부를 위하여 '최적의 경제 시스템'(*optimal economic system*)을 위한 제안들을 정교하게 만들려고 했다. 이 학파에 관한 서술을 보

인의 목적이 알려지면 그러한 목적에 가장 잘 부합하는 인센티브 제도가 안출될 것이며, 그 즉시 그 체제는 더 잘 작동하게 될 것이다. 싫든 좋든 간에, 이러한 논의 경향은 주인이 그에게 가장 잘 맞는 정보와 인센티브 체계를 눈앞에 두고도 발견하지 못할 정도로 우둔했다는 것을 의미한다.

이 책에서의 접근법은 지도부의 '목표들'이 무엇인지를 결정하는 것으로부터 시작하려고 하지 않는다. 적어도 그 목표들은 관찰하기도 어렵기 때문이기도 하다. 목표들은 공적 결의(public resolutions)와 정치 연설(political speeches)에 반드시 충실하게 반영되는 것은 아니다. 이것들은 공식 이데올로기의 구성요소들이기 때문이다. 지도자들의 '진정한' 목적을 확인하는 유일한 방법은 그들의 실제 행위를 관찰하는 것이다. 실제 행위 속에 그들의 의도(와 원래 의도에 강요된 어떠한 변경들)가 구현되어 있다. 게다가 어찌 되었든 목적 공동체(community of purpose)는 존재하지 않는데, 이는 지도부 영역 내에 존재하는 많은 갈등 때문이다.

관료적 피라미드의 제일 꼭대기에서부터 바닥에 이르기까지 고전적 사회주의 체제를 통제하는 사람들 모두는 결코 어리석지 않다. 그들은 자신들의 이해와 목표를 주장할 수 있는 능력을 잘 갖췄다. 그 체제가 지금까지 해왔던 방식으로 발전한 것은 그것이 바로 그 체제에 대해 기대되었던 기능들을 수행할 수 있는 구조이기 때문이다. 단지 재조직화에 대한 몇 가지 아이디어들을 적용함으로써 그 체제의 주요한 특징들이 개조될 수 있다고 생각하는 것은 순진한 일이다.

려면, 예를 들어 M. Ellman(1973)과 P. Sutela(1984)를 참조하라.

또 다른 종류의 비판적 접근법은 극단적 사례들에 주의를 집중한다. 이러한 과정은 사회주의에 대한 확고한 적대자들이 취하는데, 이들은 최악의 범죄행위, 난폭한 대규모 공포정치, 혹은 가장 뚜렷한 낭비 사례들에 주의를 집중시킴으로써 자신들의 메시지를 가장 효과적으로 나타낼 수 있다고 생각한다. 사회주의에 대한 확고한 옹호자들 일부도 동일한 접근법을 취하는데, 이들은 최고로 부정적인 사례들에 관해서 말하기를 즐긴다. 이들은 문제들이 '극단적인 것'과 '과도한 것'을 억제함으로써 해결되리라 희망하기 때문이다. 나는 상이한 접근법을 취하고자 하는데, 체제에서 일반적인 것, 전형적인 것, 정상적인 것에 초점을 맞추는 방법이 그것이다. 다른 말로 하면, 내가 주목하는 것은 평균, 즉 불규칙 변동의 적당한 예상 가치(the likely value)이다. 나는 독자들의 감정에 영향을 덜 미칠지라도 결론의 그림을 보다 견고한 기초 위에 놓을 수 있기를 바라면서 이러한 접근법을 취하려 한다.

개혁과 '탈스탈린화'(de-Stalinization)를 둘러싼 논쟁들이 진행되는 동안, 드물지 않게 제기된 쟁점 하나는 바로 다음과 같다. 스탈린의 공포정치는 피할 수 있었던 것인가? 사회주의 체제가 생존하기 위하여 스탈린 지배의 희생자들이 치른 대가는 과연 가치가 있었는가? 이러한 질문들이 갖는 지적이고 도덕적인 의미가 완전히 이해할 만할지라도, 여기서 그러한 질문에 답하는 것이 내 의도는 아니다. 지금 기술하는 이론적 모델은 스탈린 지배의 극단적 경향들을 배제하지는 않지만 그렇다고 반드시 포함하는 모델은 아니다. 이러한 원형에 관하여 분석하는 동안에 제기된 쟁점은 다음과 같다. 고전적 사회주의에 전형적으로 나타나는 권력구조, 이데올로기, 재산관계가 존재한다면, 적어도 하나의 경향 혹은 성향으로서 나타나는 사회의 구조와 작동의 주요 특징들은 무엇인가? 이러한 '유전 프로그램', 즉 특수한 권력구조와 이데올로기의 존재는 발생할 것으로 언급된 성향과 경향들을 위한 충분하고도 필요한 조건인가? 나는 이것이 '극단적 현상들'의 필연성이나 회피 가능성에 관한 이 문단 첫머리의 질문들보다 좀더 관대한 것이 아니라 좀더 엄격한 질문들이 될 것이라고 생각한다.

4. 소련 효과

과거 차르 러시아에서 공산당이 처음으로 권력을 장악했다는 역사적 사건은 고전적 체제의 구조와 주요 속성들에 어떠한 영향을 미쳤는가? 만약 세계적 차원에서 그것의 발달이 다른 국가에서 시작되었더라면, 사회주의 체제는 어떤 종류의 체제가 되었을까?

　이러한 문제를 제기하는 사람들은 레닌과 스탈린의 소련과 관련한 특징들이 러시아의 과거에 얼마나 깊이 뿌리 내리고 있는지를 지적하는 경향이 있다. KGB는 여전히 차르 시대 비밀경찰의 역할을 계속하고 있다. 경직되고 매정한 기구들은 구 러시아의 지배자들과 **치노프니끄스**(*chinovniks*, 특별히 악랄한 러시아 산업관리자 계층 — 옮긴이주)의 관료기구를 물려받았다. 콜호스 마을의 황량함과 콜호스 농민의 수동성은 구체제의 **무지끄스**(*muzhiks*, 제정 러시아 시대의 농민들 — 옮긴이주)의 생활방식을 상기시킨다. 그들은 습관적으로 이러한 논리 전개를 소련 국경을 넘어서도 적용하고자 한다. 만약 후진성과 반 아시아적(*semi-Asian*) 문명 결핍이 역사적 출발점에서 사회주의에 결합되지 않았다면, 사회주의는 다른 국가들에서 역시 다른 형태로 발전했을 것이다.

역사는 되돌릴 수 없다. 공산주의 국가의 독재가 처음에 어떤 다른 국가에서 발전하고 난 뒤에, 그 국가의 새로운 체제가 실제 역사 과정에서 소련이 행사했던 전 지구적 효과를 행사하는 실험을 실시할 방법은 전혀 없다. 이 정도로는 이 절의 시작 부분에서 제기한 문제에 대해서 완전한 확실성을 가지고 대답할 수 없다. 그렇다고 하더라도, 이 책의 논리 전개는 몇 가지 가설들을 제시한다.

1. 공산당이 권력을 장악할 수 있는 환경이 러시아에서 처음으로 생겨날 수밖에 없었던 것은 확실히 하나의 우연한 사건으로 생각할 수 있다. 그러나 주로 내적인 노력에 의해서 사회주의 혁명이 승리한 모든 국가들이 후진적이고 가난했다는 사실은 반복적 규칙성을 가진 것으로 평가해야 한다. 사회주의 이전 구체제는 잔인한 수단으로 통치했으며, 사회에는 심각한 불평등이 현저하게 존재했다(2장 3절 참조). 명백히 러시아의 앞선 사정들은 사회주의 체제의 일반적인 특징들을 발전시키는 데 일정한 역할을 수행했을 수도 있겠지만, 〈표 2-1〉에 나열된 모든 국가들에 공통적으로 특징적인 앞선 사정들이 훨씬 더 중요한 것으로 보인다. 그들 중 하나에서만 진정한 의회민주주의가 발전하지 않은 것은 아니다. 그들 중 하나에서만 성숙한 자본주의가 달성되지 않은 것은 아니다. 그들 중 하나에서만 시장이 지배적인 조정기제가 되지 않은 것은 아니다. 이 모든 국가들은 '후발자들'(*late arrivers*)이었다. [10] 이러한 공통의 앞선 사정들은 확실히 정치구조(민

---

10) A. Gerschenkron (1962) 을 참조하라.

주주의적 제도들의 전면적인 제거), 후진성을 제거하기 위한 강행성장 패턴의 발달, 소득 재분배를 요구하는 급진주의, 그리고 체제의 수많은 다른 특징들에 영향을 미쳤다. 이는 사회주의 체제를 창출한 '유전 프로그램'을 수용하기 쉬운 사회 유형이다. 11)

2. 소련 사례는 모든 국가들에서 고전적 사회주의의 구체적인 요소들(공식 이데올로기, 제도들, 그리고 행위 규범)을 형성하는 데 중요한 역할을 했다.

부분적으로 소련은 다양한 방법으로 이를 강요했다. 소련의 군사 점령하에 있던 모든 동유럽 국가들에게 소련군의 주둔 자체는 엄청난 압력이었다. 예를 들어 1953년 동베를린, 1956년 부다페스트, 1968년 프라하에서처럼 주민들이 체제에 반대하려고 했을 때, 이 저항은 소련군의 군사력에 의해서 진압되었다. 게다가 소련의 군사적 개입 위협에 대한 인식은 다른 국가들에서도 마찬가지로 원하던 효과를 얻었다.

직접적인 개입은 별도로 하더라도, 또 다른 매우 영향력 있는 요소는 공산당들이 소련과 소련 공산당에게 느낀 연계였다. 모스크바 중앙은 세계 공산주의 운동의 초기 몇십 년 동안 자신의 의지를 다른 국가의 공산당들에게 폭력적으로 강요했다. 소련의 모든 제도와 행동의

---

11) 이것을 강조할 필요가 있는 또 다른 이유는, 사회주의 세계의 위기와 사회주의 체제의 많은 국가들에서 나타난 단절이 이러한 경향을 최종적으로 끝내지 않았다는 사실이다. 자신들의 사회체제의 엄청난 불공정에 대항해서 목숨을 내걸고 싸우는 라틴아메리카의 게릴라들은 동유럽, 소련, 중국의 지도적인 공산주의자들에게 배신자라는 낙인을 찍는다. 그들은 자신들이 권력을 장악하고 진정한 사회주의를 창출하는 사람이 되리라 믿는다.

무조건적 수용은 어떤 당이 공산당이라고 주장하기 전에 갖춰야 할 일차적인 조건이었다. 공산당이 다른 국가에서 권력을 장악할 때, 소련 망명에서 돌아와 모스크바 중앙으로부터 계속해서 통제받던 지도자들은 그 국가들에서 커다란 역할을 하였다. 그들은 주저하지 않고 소련식 관행을 자신들의 국가에 이식했다. 소련 고문관의 존재는 커다란 영향력을 행사했으며, 다른 사회주의 국가들의 많은 정치인, 군 장교, 경제전문가들이 소련에서 공부를 마쳤다는 사실도 그러했다.

강압이 증가했고, 이는 자발적인 열성에 의해서 더욱 효과적이 되었다. 길고도 때로는 영웅적인 투쟁 이후에 권력을 장악한 공산주의자들은 소련을 인류 진보의 모범으로 바라보았다. 그들은 소련 모델을 충실히 모방할수록 자신들이 열렬히 원하던 사회주의를 더욱더 빨리 성취할 수 있다고 진정으로 확신했다.

이 모든 것들은 어떻게 고전적 사회주의 국가들이 본질적인 속성뿐 아니라, 때로는 국가 문장 디자인과 병사들의 군복에서부터 기업의 경영 구조에 이르기까지 외적인 세부항목들에서도 소련의 예를 따른 것으로 보일 수 있는가를 설명한다.

3. 비록 소련 효과가 강력할지라도, 훨씬 더 강력한 영향력은 고전적 체제가 갖는 고유의 논리에 의해서 행사되었던 것으로 보인다. 15장 2절에서는 그 체제를 궁극적으로 하나의 일관된 통일체(*coherent whole*)로 결합하는 제도와 운영 메커니즘 사이의 자연선택 과정을 서술했다. 일단 앞에서 언급한 유전 프로그램이 (소련 효과와 내부 힘들이 결합된 결과물로서) 작동하기 시작하면, 그 체제의 일관된 특징들이 발전하고 서로를 만들어 낸다. 동독이나 몽골의 부족경제를 만들어

내는 것은 소련 부족경제의 예를 따르는 자들이 아니라, 고전적 사회주의 체제의 고유한 성격이다. 소련 안보고문관의 권고가 정보원의 네트워크를 구축하고 저항의 기미만 보여도 박멸해 버리는 비밀경찰의 출현을 모든 국가에서 가져온 주요한 요인은 아니다. 이러한 경찰기구는 체제의 내적 필요에 의해 생겨나는데, 그 체제는 위협, 억압, 시민적 자유에 대한 제한 없이는 생존할 수 없다.

다음과 같은 결론을 도출할 수 있다. 고전적 체제의 국가적 변이들 (*national variations*) 사이의 차이점을 설명하는 요인 중 하나는 소련 영향력의 상대적 강도이다. 그러나 원형 그 자체를 형성한 것은 소련의 영향이 아니라 훨씬 더 심오한 효과들의 결합, 즉 15장 1절에서 개괄적으로 살펴본 인과연쇄 (*causal chain*) 이다.

5. 검증

앞의 절들은 몇 개의 명제들을 담고 있다.

1. 고전적 사회주의 체제는 여러 가지 기본 속성들에 의해서 다른 체제군들 (*system-families*) 과 구별된다. 이것들이 체제특수적 특성들이다.

2. 특수한 인과관계가 체제특수적인 현상군들 사이에 성립한다. 상호영향들의 복합체 내에는 하나의 특수한 주요 인과관계의 방향이 존재한다.

3. 체제가 출현하고 강화되는 데에는 특정한 조건들이 필요하고 또한 그 조건들로 충분하다. 이러한 '유전 프로그램'의 씨앗은 특별한 정치구조와 관련된 이데올로기이다. 공산당의 완전한 권력 헤게모니 구축을 중요 지침들 속에 포함하는 공식 이데올로기의 성행, 그리고 공적 소유의 지배이다.

4. 이러한 '유전 프로그램'은 사회를 그 자신의 이미지로 형성한다. 유전 프로그램은 다양한 구성요소들이 서로 연계되고 서로 반영하면서 서로를 강화하는 하나의 일관성을 가진 체제를 만들어 낸다.

한편으로, 이 이론은 연역적 특성을 갖는다. 최초의 기본적인 가정들과 중간 결론들은 이후의 분석을 위한 전제로서 기능한다. 그리하여 사고과정의 내적 일관성이 확인될 수 있다. 분석은 상호 모순적인 가정들을 포함하지 않는가? 논리적으로 오류가 있는 조치들이 이루어지지는 않았는가?

다른 한편으로, 이 이론은 하나의 경험적 성격을 가지며, 궁극적으로 고전적 사회주의의 실제에 대한 관찰에 의존한다. 그리하여 이론과 역사적 사실 사이의 관계는 특별한 주의를 요구한다.

시종일관 강조되었듯이 지금까지의 설명들은 이 이론과 관련된 실제적인 역사적 사실들의 '분산된 모습'(dispersion)과 양립 가능한 이론적 모델을 그려 내었다. 따라서 어떤 특정 국가 혹은 다른 국가의 상황이 모델에서 명시된 상황과 동일하지 않더라도, 혹은 그곳에서의 사건들이 모델에서 제시된 과정과 다소간 다르더라도, 이 이론은 반증되지 않는다. 그러나 이는 하나의 질문을 제기한다. 이 책은 도대체

하나의 이론을 다루고 있는 것인가, 아니면 검증(verification) 될 수도 없고 반증될 수도 없는, '고전적 사회주의'라는 범주의 정의(definition)를 다루고 있는 것인가?

이와 관련해서 나는 실증주의적 과학이론의 기준들을,[12] 특히 어떤 이론이든지 반증 가능하여야 한다는 기준을 수용한다. 개념 정의와 논리 전개의 표현방식이 진술들을 동어반복적인 것으로 만들어서는 안 된다. 다시 말해, 표현 방식이 진술들의 허위를 어떤 방식으로 발견할 가능성을 선험적으로 배제해서는 안 된다.

이 책의 맥락에서 볼 때, 이론은 장기간에 걸쳐 많은 국가들에서 관찰된 역사적 경험과 맞추어 보아야 한다. 이론을 수리논리학적 모델로 증명하거나 논박하는 것은 가능하지(혹은 필요하지) 않다. 기껏해야 이론의 부분적 결론들 몇 개가 경제통계에 관한 수리통계적 분석을 이용하여 계량경제학적으로 검증될 수 있다.[13] 가장 중요한 명제들은 덜 정교하기는 하지만 좀더 중요한 역사적 검증들을 거쳐야만 한다.

---

12) K. Popper (1959) 를 참조하라.

13) 통계학적 검증이 어떤 부분적 결론을 반증한다면, 이제는 더욱 정확하게 알려지고 기술된 현상이 그러한 부분적 결론을 유도하는 사고과정의 최초 전제와 어느 정도까지 양립 가능한지 검토되어야 할 것이다. 만약 필요하다면, 전제들도 역시 변경되어야 한다. 그러한 의미에서 하나의 부분적 현상에 대한 통계학적 분석은 보다 일반적인 이론적 전제들을 지지하거나 논박하는 중요한 수단이다.

이러한 절차는 자연과학에서 잘 알려져 있다. 어떤 근본적 이론들의 타당성을 실험에 의해 직접적으로 검증하는 것은 불가능하다. 그러나 한편으로는 다소 덜 기본적인 명제들이 존재하는데, 그것들은 논리적 추론에 의하여 근본적 이론으로부터 도출되며, 경험적으로 검증 가능하다. 만약 그 검증이 도출된 명제의 진실을 증명한다면, 이는 근본적 이론에 대한 강력한 간접 경험적 지지를 의미할 것이다.

왜냐하면 역사(그리고 역사를 연구하는 사람들)는 다음과 같은 질문에 대답할 수 있거나 있을 것이기 때문이다.

1. 이 책 2부에서 논의된 주요한 특징들이 명백하게 보일 수 없는, 이미 공고화된 사회주의 체제가 존재하는가?

앞에서 언급했듯이, 이 책은 주로 9개 국가의 경험에 의지한다(1장 2절 참조). 고전적 체제가 상당히 긴 기간 스스로를 공고히 했던 또 다른 국가들, 알바니아, 몽골, 베트남, 북한, 쿠바에서의 상황이 어떠했는지를 또한 아는 것이 유익할 것이다. 3~15장에서 제시된 일반적인 명제들은 이들 국가에서 일어난 일에 의해서 어느 정도로 확증되는가? 이들 5개 국가에 관한 거의 신뢰할 수 없는 정보는 집필 과정에서 걸러 내었다. 그런데 알바니아는 현재 더 이상 사회주의 국가가 아니며, 개혁적 변화가 몽골과 베트남에서 진행 중이다. 따라서 적어도 그러한 사건들 이후에는 그 국가들에 관한 보다 많은 자료와 경험적 정보들이 이용가능하게 될 것이다.

여기에서 반드시 상기시키자면, 많은 서술 과정에서 나는 추세들과 경향들의 완전 적용을 이야기하지 않고 추세들과 경향들을 단지 이야기했을 뿐이다. 예를 들면, 집단화 노력들이 폴란드의 정치 지도부에서 반복적으로 강력하게 나타나는 한, 완전 집단화를 시도하는 폴란드 농업의 실패는 5장에서 기술한 것을 반증하지 않는다.

2. 가장 중요한 검사장은 사회주의에서 진행되는 개혁과정이다. 〈그림 15-1〉로 되돌아가면, 블록 1은 '유전 프로그램', 즉 권력구조와 이데올로기를 담고 있다. 많은 국가들에서 개혁은 블록 1의 핵심적인 특징들을 변화시키지 않은 채 블록 2, 3, 4를 변경하려는 시도로 진행

된다. 권력구조의 주요 특성들은 계속 유지되며, 체제의 깊은 곳에 이르는 변경은 아직 기다려야 한다. 방금 개괄적으로 살펴본 이론적 진술들의 주요한 간접 증거는 개혁과정의 제약, 불일치, 실패들에 의해서, 그리고 고전적 체제로 회귀하려는 경향들, 즉 되풀이되는 복귀들에 의해서 제공된다. 그러나 만약 전체 체제가 블록 2, 3, 4에서 고전적 체제와는 급격하게 다른 새로운 특징들을 발전시킬 수 있다면, 그리고 전체 체제가 블록 1에서의 어떤 근본적인 변화 없이 이러한 수정된 형태로 생존하고 성장할 수도 있다면, 우리의 이론은 약화되거나 어쩌면 완전히 반증될 것이다.

이 책은 하나의 혁명적인 이론을 주장한다. 사회주의 체제는 공산당의 단독 지배와 국가 부문의 우위를 유지하면서 자신의 역기능적인 특징들로부터 스스로를 벗어나게 할 수 있는 어떠한 재생도 할 수 없다. 〈그림 15-1〉의 용어법을 사용하자면, 블록 3, 4, 5에서의 깊고 지속적인, 그리고 경제적 관점에서 효과적인 전환이 이루어지기 위해서는 블록 1과 2 ― 정치구조와 재산관계 ― 에서 급진적인 변화가 요구된다.

내가 이 책을 출간하면서 가진 신념은, 앞의 1~4항에 요약되어 있는 명제들이 아직 경험에 의해 논박되지 않았다는 사실이다. 이 책의 나머지 부분은 몇몇 국가들이 고전적 형태의 사회주의 체제로부터 벗어나고, 그 국가들에서 개혁과 혁명이 발생하는 과정을 검토한다. 이론적 명제들에 대한 궁극적인 검증이나 반증은 오로지 미래의 역사과정과 그것을 정리하는 과학적 분석에 의해서만 이루어질 수 있겠지만, 이러한 분석들은 좀더 심층적인 관찰을 통해서 앞에서 언급한 이론적 명제들을 옹호한다.

6. 고전적 체제의 생존능력

고전적 체제는 영구적으로 생존할 수 있을까? 그 대답은 적용되는 시간 단위(*time-scale*)에, 그리고 '영구적으로'라는 단어를 어떻게 정의하는가에 의존한다.

다음 장은 몇몇 사회주의 국가들에서 나타난 고전적 체제의 지속 기간에 관해서 개관할 것이다. 그 기간은 종결되었다. 개혁과정이 시작되었거나 훨씬 더 깊은 체제 변화가 발생했기 때문이다. 어쨌든, 고전적 체제가 가장 길게, 60년 이상 지속된 국가는 바로 소련이다.

고전적 체제가 여전히 우세한 국가는 오직 두 곳뿐이다. 바로 북한과 쿠바이다. 이들 국가에 관해서 말할 수 있는 모든 것은 이때(1990년대 초—옮긴이주)까지 고전적 체제가 30년 혹은 40년 동안 작동해 왔다는 것이다. 나는 소련, 중국 같은 두 강대국을 포함한 다른 모든 사회주의 국가들이 고전적 체제를 넘어서 나아가는 상황이 자신을 둘러싼 전 세계의 일반적 정세가 될 때 북한과 쿠바에게 어떤 미래가 닥칠 것인가에 관해서 어떤 추측을 제공할 의도가 없다.

그러나 이들 국가에 관한 어떤 직접적 예언을 삼간다고 할지라도, 세계사가 측정되는 수백 년이라는 척도에서 보았을 때 고전적 체제는 일시적 체제였다고 확실하게 말할 수 있다. 수 세기 동안 그럭저럭 생존해 온 사회경제적 구성체들과 비교했을 때, 고전적 체제는 상대적으로 단명한 체제임이 분명하다.

그러나 세계사를 측정하기 위한 세기라는 단위와 함께, 좀더 짧은 시간 단위들도 사용할 필요가 있다. 고전적 사회주의의 출현에서부터 종말에 이르는 수십 년의 기간은 몇 세대가 성인으로 살아가는 삶 전체에 걸쳐 있다. 중기적(*medium-term*) 관점을 취한다면, 고전적 체제는 생존 가능하다. 3~15장에서의 분석은 고전적 체제가 생존을 위해 필수불가결한 사회적 활동들을 통제하는 기본적 기능들을 수행할 수 있다는 것을 보여 주었다. 고전적 체제는 대중들에게 생존에 필요한 재화 및 서비스의 생산과 공급을 조직한다. 고전적 체제는 활동들의 조정과 사람들의 공존에 요구되는 규율을 자신의 고유한 방식으로 확보한다. 고전적 체제는 인민들이 자신들의 위치와 태도를 확인할 수 있는 법적·도덕적 체제를 수립한다. 게다가, 그 체제는 사회의 일부 집단으로부터 지지를 얻는데, 그들은 그러한 지지가 자신들에게 유리하다고 느낀다. 그 체제의 요소들은 서로 응집한다. 어떤 조건하에서 그 체제는 기존의 기준을 재생산할 수 있을 뿐 아니라 확장, 성장, 질적 발전도 할 수 있다. 그 체제는 대규모 군사력을 모을 수 있으며, 공격을 받았을 경우 이를 무장방어에 유용하게 사용할 수 있다. 고전적 체제는 모순과 내부 갈등으로 가득하지만, 오랫동안 이것이 그 체제의 존재 자체를 위협하지는 않았다.

앞의 문단은 어떠한 가치판단도 하지 않는다. 이 책의 첫 부분에서 사용한 은유로 되돌아가 보면, 체제에 대한 '성적표'(*school report*)가 만들어질 수 있다. 다른 말로 하면, 다양한 내적 가치들(1장 7절 참조)과 관련해서 그 체제의 수행평가가 이루어질 수 있다. 가장 중요한 일반적인 인간적 가치들 ─ 물질적 복지, 생산의 효율성과 혁신 능력, 개인적 자유의 준수, 평등, 사회적 연대 ─ 이 고전적 체제를 분석하는 동안에 연이어 등장하였다. 고전적 사회주의는 그러한 가치들 중 일부, 가령 평등과 연대를 실현하는 데에서 자본주의 체제에 비해 우월성을 보여 주는 데 실패했음이 드러났다. 더욱이 복지, 효율성, 자유와 같은 다른 근본적인 가치들에 대해서, 사회주의 체제는 민주적 정치 형태에서 작동하는 현대 선진 자본주의가 달성한 것들에 훨씬 못 미친다. 그러나 이는 실증적 분석에 추가된, 외부에서 이루어진 평가이다. 일반대중이 그 체제를 내부에서 어떻게 판단하는가는 상당히 다른 문제이다. 어떤 구성원들은 기존의 체제를 지지하는 쪽으로 편향되어 있다. 그들은 그 체제로부터 권력과 혜택을 나눠 받으며, 그 체제의 공식 이데올로기에 찬동하기 때문이다. 다른 구성원들은 불만을 품고 있지만, 그 체제의 성과를 올바르게 평가할 수 없다. 그들에게는 그 체제를 다른 체제들과 비교할 수 있는 방법이 없기 때문이다. 또한 일부 사람들은 강력한 비판적 견해를 가지고 있지만, 그것을 표출할 수 있는 기회를 갖지 못한다. 만약 불만이 증가한다면, 권력을 쥔 사람들은 억압을 강화해서 체제의 생존을 보장할 수 있다.

이는 앞에서 논의한 질문으로 되돌아가게 한다. 고전적 체제는 불만이 억압되어 있을 동안만 생존할 수 있다. 체제의 생존능력을 수백 년 단위가 아니라 수십 년 단위로 측정하면, 고전적 체제는 쉽게 무너지지 않고 내구력이 있는 것처럼 보인다.

그러나 그 체제의 생존은 보장하기가 힘들다는 사실을 덧붙여야 한다. 고유한 모순들 일부는 악화된다. 사회주의 체제는 자본주의와의 경쟁의 많은 영역에서 뒤처져 있을 뿐 아니라, 그 격차는 더욱 벌어진다. 이 모든 것이 고전적 체제를 변화시키려는 노력에 하나의 동기를 제공한다. 이로부터 우리는 3부의 주제에 도달하였다. 고전적 사회주의의 침식과 위기, 개혁, 혁명이 그것이다.

찾아보기(용어)

찾아보기(인물)

지은이 소개

야노쉬 코르나이(János Kornai, 1928~)

1928년 헝가리 부다페스트 생으로, 부다페스트의 칼 마르크스 경제대학(현 코르비누스 부다페스트대학)에서 역사철학을 전공하였으며, 1961년 칼 마르크스 경제대학에서 경제학 박사학위를, 1965년 헝가리 과학아카데미에서 박사학위를 취득하였다.

공산당 중앙기관지 〈자유로운 인민〉(Szabad Nép) 편집국, 부다페스트 경공업 계획국, 헝가리 과학아카데미 경제연구소 등에서 근무하였으며, 1986년 이후 하버드대학 경제학 교수 및 헝가리 과학아카데미 교수로 재직하였다. 2011년 이후에는 코르비누스 부다페스트대학 명예교수로 재직 중이다.

대표 저서로는 Overcentralization of Economic Administration(1956), Anti-Equilibrium(1967), Economics of Shortage(1980), The Soft Budget Constraint(1986), The Road to a Free Economy(1989), Highways and Byways: Studies on Reform and Post-communist Transition(1996), From Socialism to Capitalism(1998) 등이 있다. 2007년에는 코르나이 자신의 자전적인 노트라 할 수 있는 By Force of Thought: Irregular Memoirs of an Intellectual Journey를 발간하기도 하였다.

옮긴이 소개

차문석(車文碩)

성균관대 정치학 박사
전 성균관대 국가경영전략연구소 책임연구원
현 통일부 통일교육원 교수
저서: 《반노동의 유토피아》, 《대중독재의 영웅만들기》, 《뉴딜, 세편의 드라마》(역서), 《악의 축의 발명》(역서), 《북한의 군사공업화》(역서) 등

박순성(朴淳成)

프랑스 파리10대학 경제학 박사
전 통일연구원 부연구위원
현 동국대 사회과학대학 북한학과 교수
저서: 《북한 경제와 한반도 통일》, 《아담 스미스와 자유주의》, 《한반도 평화보고서》(공저), 《북한경제개혁연구》(공편), 《북한의 일상생활세계》(공저)